浙江省统计局 国家统计局浙江调查总队 · 编
ZHEJIANG STATISTICS BUREAU NBS SURVEY OFFICE IN ZHEJIANG

2015 浙江统计年鉴

ZHEJIANG STATISTICAL YEARBOOK

中国统计出版社
China Statistics Press

图书在版编目(CIP)数据

浙江统计年鉴. 2015 : 汉英对照 / 浙江省统计局, 国家统计局浙江调查总队 编.
—北京 : 中国统计出版社, 2015.8
ISBN 978-7-5037-7510-9

Ⅰ. ①浙…
Ⅱ. ①浙… ②国…
Ⅲ. ①统计资料－浙江省－2015－年鉴－汉、英
Ⅳ. ①C832.55-54

中国版本图书馆CIP数据核字(2015)第190468号

浙江统计年鉴——2015

作　　者/ 浙江省统计局　国家统计局浙江调查总队
责任编辑/ 余竞雄　胡　东
装帧设计/ 王美福
出版发行/ 中国统计出版社
地　　址/ 北京市丰台区西三环南路甲6号　邮政编码/100073
电　　话/ 邮购（010）63376909　书店（010）68783171
网　　址/ http://www.zgtjcbs.com
印　　刷/ 杭州恒力通印务有限公司
经　　销/ 新华书店
开　　本/ 890mm×1240mm　1/16
字　　数/ 129 千字
印　　张/ 38
印　　数/ 1-3500册
版　　别/ 2015年8月第1版
版　　次/ 2015年8月第1次印刷

定　　价/ 498.00元

本书附同版本CD-ROM一张，光盘内容以书面文字为准。
如有印装差错，由本社发行部调换。

《浙江统计年鉴－2015》编辑委员会和编辑部

Editorial Board and Editorial Department of Zhejiang Statistical Yearbook-2015

· 编辑说明 ·

一、《浙江统计年鉴-2015》是一部全面反映浙江国民经济和社会发展情况的资料性年刊,本年鉴收录了浙江及各市、县2014年经济和社会各方面大量的统计数据,以及改革开放以来浙江主要统计数据。

二、全书内容分为18部分,即:1. 综合;2. 人口和就业人员;3. 固定资产投资;4. 价格;5. 人民生活;6. 农业;7. 工业和能源;8. 建筑业;9. 交通运输和邮电通信业;10. 批发、零售贸易和餐饮业;11. 对外经济贸易和旅游;12. 财政、金融和保险;13. 城市建设和生态环境;14. 教育、科技、专利、测绘和标准计量;15. 文化、体育和卫生;16. 档案、司法、社会福利和工会组织;17. 各市、县国民经济主要指标;18. 附录(信心指数、开发区(园区)统计情况、投入产出表)。为便于读者使用,部分统计表下作了简要注释,每篇章后附有《主要统计指标解释》。

三、本年鉴对过去发表的统计资料重新予以核实,凡与本年鉴数据有出入的,以本年鉴为准。

四、本年鉴凡带续表的资料,如有注解均注在最后一张续表的下方。

五、本年鉴中符号使用说明:“…”表示数据不足本表最小单位数;“#”表示其中主要项;“空格”表示该项统计指标数据不详或无该项数据。

《浙江统计年鉴》自公开出版以来,受到了社会各界的关心和支持,对年鉴编辑工作提出了许多宝贵意见,对此我们深表谢意。为进一步提高统计年鉴的编辑水平,欢迎读者继续对年鉴的不足之处给予批评和指正。

· Preface ·

Zhejiang Statistical Yearbook 2015 is an annual statistics publication, which contains very comprehensive statistics of Zhejiang's social and economic development in 2014 and selected data since China adopted the policy of reforming and opening to the outside world.

The yearbook is composed of 18 parts. 1. General Survey 2. Population and Employment 3. Investment in Fixed Assets 4. Prices 5. People's Livelihood 6. Agriculture 7. Industry and Energy 8. Construction 9. Transportation, Posts and Telecommunications 10. Wholesale and Retail Sale Trade and Catering Trade 11. Foreign Economy and Trade, Tourism 12. Public Finance, Banking and Insurance 13. City Construction and Environment 14. Education, Science, Patent, Surveying and Mapping and Standard Calculating 15. Culture, Sports and Public Health 16. Archives, Judicature, Social Welfare and Labour Union 17. Major Indicators of National Economy by City and County 18. Appendix (Confidence Index, Development Zone, Input output table). In addition, brief notes are placed at lower part of some tables and explanatory notes on main indicators are provided at end of each part.

The statistics in former statistical yearbook have already been checked. The data in Zhejiang statistical yearbook 2014 shall be regarded as authentic ones. The footnotes are placed at the last page, if the table is a continued one.

Notations used in this yearbook:

"…" indicates that the figure is not large enough to be measured with the smallest unit in the table. "#" indiates the major items of the total. "blank" indicates that the data is unavailable.

Since published openly, Previous Editions of Zhejiang Statistics Yearbook have enjoyed wide concern and support, all circles have made many valuable suggestions, and we express heartfelt thanks. In order to improve yearbook editorial level, we welcome all candid comments and criticism from our readers.

目录
CONTENTS

一、综 合
Chapter 1 GENERAL SURVEY

二、人口和就业人员
Chapter 2 POPULATION AND EMPLOYMENT

三、固定资产投资
Chapter 3 INVESTMENT IN FIXED ASSETS

四、价　格
Chapter 4 PRICES

五、人民生活
Chapter 5 PEOPLE'S LIVELIHOOD

六、农　业
Chapter 6 AGRICULTURE

七、工业和能源
Chapter 7 INDUSTRY AND ENERGY

八、建筑业
Chapter 8 CONSTRUCTION

九、交通运输和邮电通信业
Chapter 9 TRANSPORTATION, POSTS AND TELECOMMUNICATIONS

十、批发、零售贸易和餐饮业
Chapter 10 WHOLESALE AND RETAIL TRADE AND CATERING TRADE

十一、对外经济贸易和旅游
Chapter 11 FOREIGN ECONOMY AND TRADE, TOURISM

十二、财政、金融和保险
Chapter 12 PUBLIC FINANCE, BANKING AND INSURANCE

十三、城市建设和环境保护
Chapter 13 CITY CONSTRUCTION AND ENVIRONMENT

十四、教育、科技、专利、测绘和标准计量
Chapter 14 EDUCATION, SCIENCE, PATENT, SURVEYING AND MAPPING AND STANDARD CALCULATING

十五、文化、体育和卫生
Chapter 15 CULTURE, SPORTS AND PUBLIC HEALTH

十六、档案、司法、社会福利和工会组织
Chapter 16 ARCHIVES, JUDICATURE, SOCIAL WELFARE AND LABOUR UNION

十七、各市、县国民经济主要经济指标
Chapter 17 MAJOR INDICATORS OF NATIONAL ECONOMY BY CITY, PREFECTURE AND COUNTY

CHAPTER 1

综　合

General Survey

1-1 国民经济和社会发展总量与速度
Main Aggregate Indicators of National Economic and Social Development and Their Related Indices

指标		Item		1978	1990	2000	2008	2009
人口		**Population**						
年末常住人口	（万人）	Total Population with Permanent Residence	（10000 persons）		4238.00	4679.91	5212.40	5275.50
年末就业人员数	**（万人）**	**Year - end Employment**	**（10000 persons）**	**1794.96**	**2554.46**	**2726.09**	**3486.53**	**3591.98**
全省生产总值	**（亿元）**	**Gross Domestic Product**	**（100 million yuan）**	**123.72**	**904.69**	**6141.03**	**21462.69**	**22998.58**
第一产业		Primary Industry		47.09	225.04	630.98	1095.96	1163.42
第二产业		Secondary Industry		53.52	408.18	3273.93	11567.42	11860.16
第三产业		Tertiary Industry		23.11	271.47	2236.12	8799.31	9975.01
人均生产总值	**（元）**	**Per Capital GDP**	**（yuan）**	**331**	**2138**	**13415**	**41405**	**43857**
交通运输		Transportation						
旅客周转量	（亿人公里）	Turnover Volume of Passenger Traffic	（100 million passenger - km）	66.68	257.29	606.73	1118.60	1152.40
货物周转量	（亿吨公里）	Turnover Volume of Freight Traffic	（100 million ton - kil）	164.19	400.65	1199.74	5476.30	5659.80
固定资产投资总额	**（亿元）**	**Investment in Fixed Assets**	**（100 million yuan）**				**8550.71**	**9906.46**
财政收支		**Finance**						
财政总收入	（亿元）	Financial Revenue	（100 million yuan）	27.45	101.59	658.42	3730.10	4122.04
#地方财政收入	（亿元）	Local Financial Revenue	（100 million yuan）	27.45	101.59	342.77	1933.40	2142.5
财政支出	（亿元）	Financial Expenditure	（100 million yuan）	17.43	80.23	431.3	2208.58	2653.35

2010	2011	2012	2013	2014	指数 Indices(2014 年为以下各年%)(2014 as Percentage of the Following Years)			1979－2014 年平均增长(%)Average Annual Growth Rate(%)	2010－2014 年平均增长(%)Average Annual Growth Rate(%)
					1978	2009	2013		
5446.51	5463.00	5477.00	5498.00	5508.00		104.4	100.2		0.9
3636.02	**3674.11**	**3691.24**	**3708.73**	**3714.15**	**206.9**	**103.4**	**100.1**	**2.0**	**0.7**
27747.65	**32363.38**	**34739.13**	**37756.58**	**40173.03**	**6770.0**	**153.4**	**107.6**	**12.4**	**8.9**
1360.56	1583.04	1667.88	1760.34	1777.18	380.6	111.1	101.4	3.8	2.1
14187.36	16331.27	17000.09	18047.52	19175.06	13852.1	150.8	107.2	14.7	8.6
12199.74	14449.07	16071.16	17948.72	19220.79	8791.7	161.4	108.6	13.2	10.0
51758	**59331**	**63508**	**68805**	**73002**	**4597.4**	**146.2**	**107.3**	**11.2**	**7.9**
1250.74	1296.25	1317.58	1025.10	1076.76					
7117.04	8634.82	9183.30	8949.57	9539.61					
11451.98	**14077.25**	**17095.96**	**20194.07**	**23554.76**		**237.8**	**116.6**		**18.9**
4895.41	5925.00	6408.49	6908.41	7521.70	27401.5	182.5	108.9	16.9	12.8
2608.47	3150.80	3441.23	3796.92	4122.02	15016.5	192.4	108.6	14.9	14.0
3207.88	3842.59	4161.88	4730.47	5159.57	29601.7	194.5	109.1	17.1	14.5

续表 Continued

指标		Item		1978	1990	2000	2008	2009
贸易		**Trade**						
社会消费品零售总额	(亿元)	Total Retail Sales of Consumer Goods	(100 million yuan)	46.86	353.75	2553.59	7533.30	8666.19
进出口总额	(亿美元)	Total Imports and Exports Value	(USD100 million)	0.7	27.73	278.33	2111.09	1877.35
#出口总额	(亿美元)	Total Exports Value	(USD100 million)	0.52	21.89	194.43	1542.67	1330.10
价格指数		**Price Indices**						
居民消费价格指数(上年=100)		General Consumer Price Index(preceding year=100)			102.1	101.1	105.0	98.5
城乡居民收入		**Living Standard**						
城镇居民人均可支配收入	(元)	Per Capital Disposable Income of Urban Households	(yuan)	332	1932	9279	22727	24611
农村居民人均可支配收入	(元)	Per Capital Disposable Income of Rural Households	(yuan)	165	1099	4254	9258	10007
教育和文化		**Education and Culture**						
高等学校在校学生数	(万人)	Students Enrollment in Institutions of Higher Education	(10000 persons)	2.4	6	22.2	86.8	91.0
普通中学在校学生数	(万人)	Student Enrollment in Regular Secondary Schools	(10000 persons)	214.7	169.6	249.6	269.8	262.3
小学在校学生数	(万人)	Students Enrollment in Primary Schools	(10000 persons)	501.4	372.4	353.8	332.3	325.1
报纸出版数量	(万份)	Number of Newspapers Published	(10000 copies)	24080	66865	173526	298677	314033
杂志出版数量	(万份)	Number of Magazines Published	(10000 copies)	393	4716	8736	7407	7596
图书出版数量	(万份)	Number of Books Published	(10000 copies)	12033	19596	27014	29564	31221

注：1. 本表价值量指标按当年价格计算，发展速度按可比价格计算。
2. 城镇居民人均可支配收入，农村居民人均可支配收入发展速度均已扣除价格变动因素。
3. 2013 年起交通运输指标按新口径统计。
4. 从 2013 年起，国家统计局开展了城乡一体化住户收支与生活状况调查，与 2013 年前的分城镇和农村住户调查的调查范围、调查方法、指标口径有所不同(以后各表同)。农村居民人均可支配收入 2013 年前为农村居民人均纯收入。

2010	2011	2012	2013	2014	指数 Indices(2014 年为以下各年%)(2014 as Percentage of the Following Years) 1978	2009	2013	1979－2014 年平均增长(%)Average Annual Growth Rate (%)	2010－2014 年平均增长(%)Average Annual Growth Rate (%)
10387.02	12532.80	14199.59	15970.84	17835.34	38060.9	205.8	111.7	17.9	15.5
2535.33	3093.78	3124.03	3357.89	3550.49	507212.8	189.1	105.7	26.7	13.6
1804.65	2163.49	2245.19	2487.46	2733.29	525632.6	205.5	109.9	26.9	15.5
103.8	105.4	102.2	102.3	102.1					
27359	30971	34550	37080	40393	1628.0	143.5	106.8	8.1	7.5
11303	13071	14552	17494	19373	1892.9	151.5	108.3	8.5	8.7
93.3	95.9	98.7	101.7	103.9	4327.9	114.1	102.1	11.0	2.7
255.2	244.5	236.9	232.2	229.0	106.7	87.3	98.6	0.2	－2.7
333.3	344.1	346.7	349.6	354.5	70.7	109.0	101.4	－1.0	1.7
325048	359090	347100	346280	337367	1401.0	107.4	97.4	7.6	1.4
7201	8001	8312	8149	7765	1975.8	102.2	95.3	8.6	0.4
28179	32608	37250	38491	36971	307.2	118.4	96.1	3.2	3.4

1. Figures in value terms are calculated at current price, while the indices and growth rates are calculated at comparable price.
2. Urban per capita disposable income and rural per capita disposable income growth factors have been deducted price change.
3. The data of transportation are adjusted since 2013.
4. National Bureau of Statistics of China strted an integrated households income and expenditure survey, including both urban and rural households since 2013. The coverage, the methodology and definitions used in the survey has been changed compared with before. The same applies to the relevant tables following. The data of per capita disposable income of rural households refer to the per capita net income of rural households before 2013.

1－2 国民经济社会发展结构指标
Structural Indicators on National Economic and Social Develpoment

单位:%(%)

指标	Item	1978	1990	2000	2008	2009	2010	2011	2012	2013	2014
人口	**Population**										
城乡结构	Urban and Rural Structure										
城镇	Urban	14.5	31.2	48.7	57.6	57.9	61.6	62.3	63.2	64.0	64.9
乡村	Rural	85.5	68.8	53.3	42.4	42.1	38.4	37.7	36.8	36.0	35.1
性别结构	Sexual										
男	Male	51.9	51.8	51.5	51.0	50.9	51.4	51.3	51.5	50.7	51.3
女	Female	48.1	48.2	48.5	49.0	49.1	48.6	48.7	48.5	49.3	48.7
就业	**Employment**										
产业结构	Industrial Structure										
第一产业	Primary Industry		53.2	35.6	19.2	18.3	16.0	14.6	14.1	13.7	13.5
第二产业	Secondary Industry		29.8	35.5	47.6	48.1	49.8	50.9	51.0	50.0	49.7
第三产业	Tertiary Industry		17.0	29.0	33.2	33.6	34.2	34.6	34.9	36.3	36.8
国民核算	**National Accounting**										
生产总值产业结构	Industrial Structure of GDP										
第一产业	Primary Industry	38.1	24.9	10.3	5.1	5.1	4.9	4.9	4.8	4.7	4.4
第二产业	Secondary Industry	43.3	45.1	53.3	53.9	51.6	51.1	50.5	48.9	47.8	47.7
第三产业	Tertiary Industry	18.7	30.0	36.4	41.0	43.4	44.0	44.6	46.3	47.5	47.9
居民消费结构	Structure of Resident Consumption										
农村居民	Rural Consumption	75.3	58.6	39.6	29.3	28.8	30.3	31.5	32.7	33.9	34.9
城镇居民	Urban Consumption	24.7	41.4	60.4	70.7	71.2	69.7	68.5	67.3	66.1	65.1
固定资产投资结构	Structure of Investment in Fixed Assets										
城镇	Urban		51.0	68.3	70.3	69.4	68.2	73.5	71.2	71.5	73.1

续表 1 Continued 单位:%(%)

指标	Item	1978	1990	2000	2008	2009	2010	2011	2012	2013	2014
乡村	Rural		49.0	31.7	29.7	30.6	31.8	26.5	28.8	28.5	26.9
财政	**Government Finance**										
财政收入结构	Strucure of Government Revenue										
中央	Central Enterprises			47.9	48.2	48.0	46.7	46.8	46.3	45.0	45.2
地方	Local Governments			52.1	51.8	52.0	53.3	53.2	53.7	55.0	54.8
产业	**Industrial**										
农业	**Agriculture**										
农林牧副渔业产值结构	Structure of Gross Output Value of Agriculture										
农业	Farming	77.4	59.4	49.3	45.7	46.9	47.9	45.4	46.3	47.1	48.7
林业	Forestry	3.0	4.7	5.2	6.0	6.3	5.5	5.3	5.3	5.0	5.2
牧业	Animal Husbandry	14.3	23.7	17.4	23.5	21.6	20.6	21.6	20.7	19.3	16.6
渔业	Fishery	5.3	12.2	28.1	22.9	23.2	24.0	25.9	25.8	26.7	27.4
农林牧渔服务产值	Services for Agriculture				1.9	1.9	1.9	1.8	1.9	1.9	2.1
工业	**Industry**										
规模以上工业总产值结构	Structure of Gross Output Value of Industry Above Designated Size										
轻工业	Light Industry	60.2	65.2	54.1	41.5	41.9	40.7	38.9	39.3	39.3	38.8
重工业	Heavy Industry	39.8	34.8	45.9	58.5	58.1	59.3	61.1	60.7	60.7	61.2
建筑业	**Construction**										
建筑业总产值结构	Structure of Gross Output Value of Construction										
国有企业	State - owned Enterprises		25.4	10.6	1.9	1.6	1.0	1.1	1.1	0.6	0.4
集体企业	Collective Owned Enterprises		74.6	28.6	1.3	1.2	1.1	1.0	1.1	0.9	0.8
其他	Others			60.8	96.8	97.2	97.9	97.9	97.8	98.5	98.8

续表 2　Continued　　　　单位:%(%)

指标	Item	1978	1990	2000	2008	2009	2010	2011	2012	2013	2014
交通运输业	**Transportation**										
货运量结构	Structure of Freight Traffic										
按运输方式分	By Means of Transportation										
铁路	Railways	16.7	5.1	2.6	2.1	2.3	2.3	2.3	2.0	2.1	1.8
公路	Highways	31.8	68.3	73.5	65.4	63.3	60.6	58.5	59.4	57.1	60.5
水运	Waterways	51.5	26.6	23.9	32.5	34.4	37.1	39.2	38.6	40.8	37.7
国内商业	**Domestic Trade**										
社会消费品零售总额构成	Composition of Retail Sales of Comsumer Goods										
批发和零售业	Wholesale and Retail Trade	93.0	90.9	87.5	88.7	88.9	88.9	88.8	89.1	89.1	
餐饮业	Catering Services	3.9	4.5	9.3	10.7	10.5	10.3	10.4	10.6	10.3	
其他	Others	3.1	4.6	3.2	0.7	0.6	0.8	0.8	0.3	0.6	
对外经济贸易	**Foreign Trade**										
出口商品结构	Structure of Exports										
初级产品	Primary Goods		26.2	10.1	3.6	3.5	3.5	4.1	4.5	4.2	3.4
工业制成品	Manufactured Goods		73.8	89.9	96.4	96.5	96.5	95.9	95.5	95.8	96.6
进口商品结构	Structure of Imports										
初级产品	Primary Goods		17.8	24.2	25.7	25.2	26.3	30.0	31.2	32.8	34.1
工业制成品	Manufactured Goods		82.2	75.8	74.3	74.8	73.7	70.0	68.8	67.2	65.9
国际旅游	**International Tourism**										
来华旅游人数结构	Structure of Tourists										
外国人	Foreigners		23.5	57.2	67.8	66.2	65.3	66.6	65.9	66.6	66.0
港澳台同胞	Hong Kong and Macao Compatriots, Taiwan Compatriots		69.0	42.8	32.2	33.8	34.7	33.4	34.1	33.4	34.0
教育、科技、文化	**Education, Science and Culture**										
在校学生结构	Structure of Student Enrollment										
大学生	College and University Students		1.1	3.2	11.5	12.2	13.7	14.0	14.5	14.9	15.1
中学生	Secondary School Students		32.9	43.9	44.7	44.3	37.4	35.7	34.7	34.0	33.3
小学生	Primary School Students		66.0	52.9	43.8	43.5	48.9	50.3	50.8	51.1	51.6
专任教师结构	Full-time Teachers By Type										
大学	University	1.9	4.6	5.8	11.3	11.4	12.6	12.8	13.0	13.3	13.4
中学	Secondary School	36.3	41.5	45.2	49.1	49.3	45.1	44.6	44.0	43.3	42.6
小学	Primary School	61.8	53.9	49.0	39.6	39.3	42.3	42.6	43.0	43.4	44.0

续表 3　Continued　　单位:%(%)

指标	Item	1978	1990	2000	2008	2009	2010	2011	2012	2013	2014
生活	**People's Livelihood**										
城镇居民消费结构	Consumption Structure of Urban Residents										
食品	Food			39.2	36.4	33.6	34.3	34.6	35.1	28.2	28.3
衣着	Clothing			8.1	10.2	9.7	10.1	10.5	9.8	7.6	7.3
家庭设备用品及服务	Household Facilities, Articles and Services			9.4	4.7	5.0	5.1	5.4	5.4	5.1	4.9
医疗保健	Medical Services			7.7	6.2	5.9	5.8	6.1	5.7	5.3	5.6
交通和通讯	Transportation and Communications			8.9	15.8	19.7	19.2	18.2	19.2	15.0	16.5
娱乐教育、文化	Recreation, Education and Culture			13.1	14.5	13.7	14.5	13.8	13.9	9.9	9.7
居住	Residence			8.6	8.8	8.9	7.9	7.4	7.2	26.2	25.3
其他商品和服务	Others			5.1	3.4	3.5	3.1	4.0	3.7	2.7	2.3
农村居民消费结构	Consumption Structure of Rural Residents										
食品	Food			43.5	38.0	37.4	35.5	37.6	37.7	31.8	31.9
衣着	Clothing			5.2	6.2	6.3	6.3	6.9	7.1	6.3	6.1
家庭设备用品及服务	Household Facilities, Articles and Services			4.5	5.0	4.8	4.8	5.5	5.5	5.1	5.1
医疗保健	Medical Services			6.2	7.2	8.3	7.8	8.8	7.2	7.6	7.4
交通和通讯	Transportation and Communications			8.5	11.0	11.7	12.7	13.1	14.3	15.6	15.6
娱乐教育、文化	Recreation, Education and Culture			10.2	10.4	10.9	9.5	8.6	8.6	9.5	9.3
居住	Residence			18.0	20.2	18.5	21.4	17.2	17.3	22.1	22.8
其他商品和服务	Others			3.9	2.0	2.1	2.0	2.3	2.3	1.9	1.8

注：1、工业总产值 1978－1995 为乡及乡以下独立核算工业企业，2000－2014 年为规模以上工业企业。
The gross industrial output value from 1978 to 1995 is calculated by industrial enterprises at township level and above, and the figures from 2000 to 2014 refers to industrial enterprises above designated size.
2、从 2013 年起，国家统计局开展了城乡一体化住户收支与生活状况调查，与 2013 年前的分城镇和农村住户调查的调查范围、范围、调查方法、指标口径有所不同(以后各表同)。农村居民人均可支配收入 2013 年前为农村居民人均纯收入。
National Bureau of Statistics of China Survey on household income and expenditure of urban and rural areas and livingconditions since 2013. The scope of the investigation, the method of investigation, the caliber of the index has changed compared with before. The same applies to the relevant tables following. The data of per capita disposable income of rural households refer to the per capita net income of rural households.

1-3 人均主要工农业产品产量(1978-2014年)
Per Capita Output of Major Industrial and Agricultural Products(1978-2014)

年份 Year	粮食 (公斤) Grain (kg)	棉花 (公斤) Cotton (kg)	油料 (公斤) Oil-bearing Crops (kg)	糖料 (公斤) Sugar Crops (kg)	茶叶 (公斤) Tea (kg)	水果 (公斤) Fruit (kg)	猪牛羊肉 (公斤) Pork,Beef and Mutton (kg)	水产品 (公斤) Aquatic Products (kg)
1978	393.44	1.95	5.92	17.20	1.57	3.92	11.33	23.47
1980	376.81	2.18	7.58	15.43	1.98	5.91	18.52	21.46
1985	404.18	2.03	11.02	27.43	2.32	11.12	19.10	26.13
1986	396.34	1.87	10.60	32.63	2.58	12.85	20.03	28.94
1987	387.97	1.60	9.68	26.56	2.83	17.32	18.60	30.52
1988	374.78	1.05	10.39	20.01	3.09	12.45	19.56	30.92
1989	371.01	1.00	9.14	16.74	2.81	23.57	19.67	30.84
1990	375.68	1.52	11.45	14.87	2.77	25.35	20.28	32.92
1991	386.05	1.77	10.72	16.19	2.69	31.66	20.13	35.57
1992	363.51	1.39	11.72	17.55	2.79	23.95	22.73	39.72
1993	334.03	1.35	8.97	18.43	2.84	34.63	22.74	44.02
1994	324.46	1.28	7.99	16.21	2.47	40.64	22.68	59.62
1995	328.53	1.43	11.48	15.11	2.34	49.28	23.61	73.03
1996	345.91	1.56	11.88	14.57	2.26	51.91	16.85	78.03
1997	338.58	1.08	11.08	13.61	2.31	61.07	18.44	90.61
1998	323.64	1.46	8.02	13.97	2.55	46.55	19.05	95.33
1999	312.52	0.91	12.14	15.94	2.64	62.64	19.27	99.33
2000	266.91	0.65	12.91	21.97	2.60	84.89	22.65	104.70
2001	228.64	0.67	12.38	22.53	2.56	109.82	23.65	100.51
2002	201.87	0.47	9.88	23.87	2.91	105.39	25.12	101.14
2003	168.01	0.44	9.09	25.73	2.76	118.00	25.37	100.24
2004	173.82	0.47	9.97	21.73	2.84	129.23	26.93	100.91
2005	167.49	0.44	10.11	18.15	2.91	116.57	26.31	97.57
2006	156.12	0.47	7.08	17.39	3.03	128.00	21.65	83.08
2007	145.71	0.50	6.44	17.01	3.13	135.00	22.39	81.19
2008	149.61	0.54	7.96	16.48	3.13	144.28	25.02	76.89
2009	150.49	0.54	8.25	15.52	3.19	135.85	24.97	81.92
2010	143.75	0.55	7.36	13.86	3.04	130.82	25.17	89.15
2011	143.29	0.59	7.31	13.04	3.11	130.59	25.45	94.56
2012	140.55	0.55	6.99	12.81	3.19	128.45	26.02	98.52
2013	133.49	0.51	6.87	11.62	3.07	130.17	25.75	100.19
2014	137.51	0.45	5.57	11.38	3.00	129.78	23.58	104.40

续表 Continued

年份 Year	布 (米) Cloth (m)	纱 (公斤) Yarn (kg)	原煤 (公斤) Coal (kg)	发电量 (千瓦小时) Electricity (kw. h)	成品钢材 (公斤) Steel (kg)	水泥 (公斤) Cement (kg)
1978	9.28	1.95	42.71	135.66	8.58	48.54
1980	12.81	2.47	37.56	213.83	15.14	59.85
1985	21.79	3.93	37.55	329.14	15.80	199.44
1986	27.73	4.31	36.46	365.89	17.01	246.43
1987	27.64	4.89	35.23	422.43	18.70	296.90
1988	30.85	5.46	34.51	458.95	17.41	316.97
1989	29.91	5.15	34.30	478.23	18.36	307.44
1990	37.09	4.77	32.45	494.23	19.27	317.39
1991	31.85	4.78	32.76	570.41	21.80	381.81
1992	30.96	5.77	33.67	674.23	27.94	460.03
1993	41.03	5.53	32.24	717.55	32.15	517.72
1994	41.92	5.44	29.88	767.05	38.53	623.49
1995	74.55	6.51	28.76	921.77	61.13	749.64
1996	36.38	6.42	27.97	1022.52	53.47	808.92
1997	84.67	7.47	26.07	1101.22	61.53	777.57
1998	23.66	6.73	20.63	1109.71	57.33	771.21
1999	27.87	7.10	18.57	1185.80	59.92	851.53
2000	36.10	7.62	16.27	1393.36	65.15	944.64
2001	49.74	8.37	15.30	1516.66	78.78	1017.63
2002	67.21	10.14	15.47	1637.42	85.18	1208.35
2003	88.80	11.90	14.41	2060.89	109.42	1479.69
2004	178.84	18.76	11.51	2461.52	170.42	1788.19
2005	168.70	19.45	8.33	2728.81	144.61	1780.82
2006	193.73	23.02	2.68	3302.51	227.29	1977.02
2007	224.67	28.64	2.41	3688.68	310.70	2062.35
2008	263.29	32.44	2.53	3590.96	375.44	1960.54
2009	265.49	37.30	2.52	4182.48	449.93	2058.85
2010	296.57	40.08	2.81	4656.20	528.37	2103.21
2011	267.49	36.38	2.76	5078.13	574.96	2218.98
2012	261.49	42.22	2.74	4961.33	613.72	2106.92
2013	279.10	43.49		5244.82	695.42	2266.80
2014	283.68	41.75		5124.16	757.26	2245.37

注：2003 年起按常住人口计算。
Data in this table is calculated at permanent residence since 2003.

1-4 平均每天主要社会经济活动
Indicators of Average Daily Social and Economic Activities

指标		Item		1978	2000	2008	2009
平均每天创造财富		**Daily Production**					
生产总值	(亿元)	Gross Domestic Production	(100 million yuan)	0.34	16.82	58.80	63.01
第一产业		Primary Industry		0.13	1.73	3.00	3.19
第二产业		Secondary Industry		0.15	8.97	31.69	32.49
第三产业		Tertiary Industry		0.06	6.13	24.11	27.33
工业		Industry		0.13	8.07	28.30	28.60
财政收入	(亿元)	Financial Revenue	(100 million yuan)	0.08	1.80	10.22	11.29
粮食	(万吨)	Grain	(10000 tons)	4.02	3.28	2.12	2.16
棉花	(万吨)	Cotton	(10000 tons)	0.02	0.01	0.01	0.01
油料	(万吨)	Oil-bearing Crops	(10000 tons)	0.06	0.16	0.11	0.12
猪牛羊肉产量	(万吨)	Meat	(10000 tons)	0.12	0.28	0.36	0.36
水产品	(万吨)	Aquatic Production	(10000 tons)	0.24	1.29	1.09	1.18
发电量	(亿千瓦小时)	Electricity	(100 million km.h)	0.14	1.71	5.10	6.01
成品钢材	(万吨)	Steel Production	(10000 tons)	0.09	0.80	5.33	6.46
水泥	(万吨)	Cement	(10000 tons)	0.50	11.61	27.84	29.58
每天消费量		**Daily National Consumption**					
最终消费	(亿元)	Final Consumption Expenditure	(100 million yuan)	0.21	8.63	26.93	29.77
居民消费		Resident Consumption		0.20	6.39	20.26	22.80
#农村居民		Rural Residents		0.15	2.53	4.77	5.20

续表 1 Continued

指标		Item		1978	2000	2008	2009
城镇居民		Urban Residents		0.05	3.86	15.49	17.59
政府消费		Government Consumption Expenditure		0.02	2.24	6.67	6.97
社会消费品零售总额	（亿元）	Total Retail Sales of Consumer Goods	(100 million yuan)	0.13	7.00	20.64	23.74
每天其他经济活动		**Other Daily Economic Activities**					
资本形成总额	（亿元）	Gross Capital Formation	(100 million yuan)	0.09	7.27	25.55	29.06
固定资产形成		Fixed Capital Formation		0.06	6.21	24.10	28.00
存货增加		Changes in Stock		0.03	1.06	1.45	1.06
竣工住宅面积	（万平方米）	Residential Buildings Completed	(10000 sq. m)		17.61	23.26	23.62
客运量	（万人）	Passenger Traffic	(10000 persons)	56	340	595	609
货运量	（万吨）	Freight Traffic	(10000 tons)	23	205	402	414
沿海主要港口货物吞吐量	（万吨）	Cargo Handled at Principal Seaports	(10000 tons)	2.4	53.8	176.8	195.8
邮电业务量	（万元）	Business Volume of Postal and Telecom - munications Services	(10000 yuan)	19	8879	42349	45654
进出口总额	（万美元）	Total Imports and Exports	(USD 10000)		7625	57838	51434
出口总额		Exports			5327	42265	36441
进口总额		Imports			2298	15573	14993
实际利用外资额	（万美元）	Foreign Capital Actually Used	(USD 10000)		682	3411	2980
每天人口变动和婚姻		**Daily Population Changes and Marriages**					
出生	（人）	Births	(person)	1856	1318	1422	1442
死亡	（人）	Deaths	(person)	596	784	784	789
结婚	（对）	Marriages	(couple)		1052	1134	1172
离婚	（对）	Divorces	(couple)		56	202	227

续表 2 Continued

指标		Item		2010	2011	2012	2013	2014
平均每天创造财富		**Daily Production**						
生产总值	(亿元)	Gross Domestic Production	(100 million yuan)	76.02	88.67	95.18	103.44	110.06
第一产业		Primary Industry		3.73	4.34	4.57	4.82	4.87
第二产业		Secondary Industry		38.87	44.74	46.58	49.45	52.53
第三产业		Tertiary Industry		33.42	39.59	44.03	49.17	52.66
工业		Industry		34.18	39.37	40.83	43.39	45.95
财政收入	(亿元)	Financial Revenue	(100 million yuan)	13.41	16.23	17.56	18.93	20.61
粮食	(万吨)	Grain	(10000 tons)	2.11	2.14	2.11	2.01	2.08
棉花	(万吨)	Cotton	(10000 tons)	0.01	0.01	0.01	0.01	0.01
油料	(万吨)	Oil - bearing Crops	(10000 tons)	0.11	0.11	0.10	0.10	0.08
猪牛羊肉产量	(万吨)	Meat	(10000 tons)	0.37	0.38	0.39	0.39	0.35
水产品	(万吨)	Aquatic Production	(10000 tons)	1.31	1.41	1.48	1.51	1.58
发电量	(亿千瓦小时)	Electricity	(100 million km. h)	6.84	7.60	7.44	7.90	7.73
成品钢材	(万吨)	Steel Production	(10000 tons)	7.76	8.61	9.21	10.48	11.43
水泥	(万吨)	Cement	(10000 tons)	30.89	33.21	31.62	34.14	33.88
每天消费量		**Daily National Consumption**						
最终消费	(亿元)	Final Consump - tion Expenditure	(100 million yuan)	34.97	41.21	45.23	48.60	53.06
居民消费		Resident Consumption		26.84	31.90	34.24	37.24	40.53
#农村居民		Rural Residents		6.07	7.03	7.66	8.46	9.27

续表 3　Continued

指标		Item		2010	2011	2012	2013	2014
城镇居民		Urban Residents		20.77	24.87	26.57	28.78	31.27
政府消费		Government Consumption Expenditure		8.13	9.31	11.00	11.35	12.52
社会消费品零售总额	（亿元）	Total Retail Sales of Consumer Goods	(100 million yuan)	28.46	34.34	38.90	43.76	48.86
每天其他经济活动		**Other Daily Economic Activities**						
资本形成总额	（亿元）	Gross Capital Formation	(100 million yuan)	35.48	40.39	42.36	46.92	48.84
固定资产形成		Fixed Capital Formation		33.15	37.87	40.02	44.22	46.58
存货增加		Changes in Stock		2.33	2.52	2.34	2.70	2.26
竣工住宅面积	（万平方米）	Residential Buildings Completed	(10000 sq. m)	25.14	11.57	11.44	12.86	14.75
客运量	（万人）	Passenger Traffic	(10000 persons)	624	635	642	375	361
货运量	（万吨）	Freight Traffic	(10000 tons)	467	509	523	515	530
沿海主要港口货物吞吐量	（万吨）	Cargo Handled at Principal Seaports	(10000 tons)	216.0	237.5	254.1	275.6	296.4
邮电业务量	（万元）	Business Volume of Postal and Telecom-munications Services	(10000 yuan)	54026	24601	28055	32290	46150
进出口总额	（万美元）	Total Imports and Exports	(USD 10000)	69461	84766	85590	92013	97274
出口总额		Exports		49442	59277	61512	68165	74885
进口总额		Imports		20019	25490	24078	23847	22389
实际利用外资额	（万美元）	Foreign Capital Actually Used	(USD 10000)	3624	4219	4445	3879	4328
每天人口变动和婚姻		**Daily Population Changes and Marriages**						
出生	（人）	Births	(person)	1509	1415	1517	1505	1584
死亡	（人）	Deaths	(person)	814	807	827	819	830
结婚	（对）	Marriages	(couple)	1182	1208	1211	1157	1197
离婚	（对）	Divorces	(couple)	240	248	269	296	304

注：1. 本表价值量指标按当年价格计算。The data in Value terms in the table are calculated at current price.
2. 邮电业务总量 1978—2000 年按 1990 年不变价计算，2001 年开始按 2000 年不变价计算，2011 年起按 2010 年不变价计算。Business volume of post and telecommunications from 1978 to 2000 were calculated at constant price of 1990, at constant price of 2000 from 2001 to 2010, at constant price of 2010 since 2011.
3. 2013 年起交通运输指标按新口径统计。The data of transportation are adjusted since 2013.

1－5 全省生产总值(1978－2014 年) Gross Domestic Product(1978－2014)

年份 Year	全省生产总值(亿元) Gross Domestic Product (100 million yuan)	第一产业 Primary Industry	第二产业 Secondary Industry	第三产业 Tertiary Industry	工业 Industry	人均生产总值(元) Per capita GDP (yuan)
1978	123.72	47.09	53.52	23.11	46.97	331
1979	157.75	67.56	64.07	26.12	55.59	417
1980	179.92	64.61	84.07	31.24	73.71	471
1981	204.86	69.06	94.68	41.12	84.08	531
1982	234.01	84.88	98.44	50.69	87.21	599
1983	257.09	82.89	113.12	61.08	102.55	650
1984	323.25	104.40	141.48	77.37	127.91	810
1985	429.16	123.88	198.91	106.37	178.68	1067
1986	502.47	136.29	230.89	135.29	206.63	1237
1987	606.99	159.41	281.47	166.11	249.69	1478
1988	770.25	195.68	354.39	220.18	315.36	1853
1989	849.44	210.95	386.25	252.24	346.50	2023
1990	904.69	225.04	408.18	271.47	363.74	2138
1991	1089.33	245.22	494.11	350.00	438.36	2558
1992	1375.70	262.67	653.43	459.60	581.73	3212
1993	1925.91	315.96	983.96	625.99	876.26	4469
1994	2689.28	438.65	1398.12	852.51	1243.37	6201
1995	3557.55	549.96	1854.52	1153.07	1645.51	8149
1996	4188.53	594.93	2232.17	1361.43	1983.90	9552
1997	4686.11	618.90	2554.57	1512.64	2285.24	10624
1998	5052.62	609.30	2766.94	1676.38	2484.97	11394
1999	5443.92	606.31	2974.74	1862.87	2679.68	12214
2000	6141.03	630.98	3273.93	2236.12	2945.70	13415
2001	6898.34	659.78	3572.88	2665.68	3181.94	14664
2002	8003.67	685.20	4090.48	3227.99	3640.84	16841
2003	9705.02	717.85	5096.38	3890.79	4462.97	20149
2004	11648.70	814.10	6250.38	4584.22	5491.33	23817
2005	13417.68	892.83	7164.75	5360.10	6344.71	27062
2006	15718.47	925.10	8511.51	6281.86	7585.47	31241
2007	18753.73	986.02	10154.25	7613.46	9090.74	36676
2008	21462.69	1095.96	11567.42	8799.31	10328.72	41405
2009	22998.24	1163.08	11860.16	9975.01	10440.77	43857
2010	27747.65	1360.56	14187.36	12199.74	12477.11	51758
2011	32363.38	1583.04	16331.27	14449.07	14370.50	59331
2012	34739.13	1667.88	17000.09	16071.16	14902.22	63508
2013	37756.58	1760.34	18047.52	17948.72	15837.20	68805
2014	40173.03	1777.18	19175.06	19220.79	16771.90	73002

注：1. 本表按当年价格计算。2000 年以后人均生产总值均按常住人口计算。
The figures in this table are calculated at current price. The per capita GDP have calculated at permanent residence since 2000.
2. 从 2004 年起第一产业包括农林牧渔服务业。The Value Added of Primary Industry includes Services for Agriculture since 2004.
3. 2013 年起三次产业分类依据国家统计局 2012 年制定的《三次产业划分规定》，后表同。
since 2013, Classification of three strata of industry is categorizecl of regulations formulated by National Bureau of Statistic of China in 2012. The same applies to the relevant tables following.

1-6 全省生产总值构成(1978-2014 年)
Structure of Gross Domestic Product(1978-2014)

单位:%(%)

年份 Year	生产总值 Gross Domestic Product	第一产业 Primary Industry	第二产业 Secondary Industry	第三产业 Tertiary Industry	工业 Industry
1978	100	38.1	43.3	18.7	38.0
1979	100	42.8	40.6	16.6	35.2
1980	100	35.9	46.7	17.4	41.0
1981	100	33.7	46.2	20.1	41.0
1982	100	36.3	42.1	21.7	37.3
1983	100	32.2	44.0	23.8	39.9
1984	100	32.3	43.8	23.9	39.6
1985	100	28.9	46.3	24.8	41.6
1986	100	27.1	46.0	26.9	41.1
1987	100	26.3	46.4	27.4	41.1
1988	100	25.4	46.0	28.6	40.9
1989	100	24.8	45.5	29.7	40.8
1990	100	24.9	45.1	30.0	40.2
1991	100	22.5	45.4	32.1	40.2
1992	100	19.1	47.5	33.4	42.3
1993	100	16.4	51.1	32.5	45.5
1994	100	16.3	52.0	31.7	46.2
1995	100	15.5	52.1	32.4	46.3
1996	100	14.2	53.3	32.5	47.4
1997	100	13.2	54.5	32.3	48.8
1998	100	12.1	54.8	33.2	49.2
1999	100	11.1	54.6	34.2	49.2
2000	100	10.3	53.3	36.4	48.0
2001	100	9.6	51.8	38.6	46.1
2002	100	8.6	51.1	40.3	45.5
2003	100	7.4	52.5	40.1	46.0
2004	100	7.0	53.6	39.4	47.1
2005	100	6.7	53.4	39.9	47.3
2006	100	5.9	54.1	40.0	48.3
2007	100	5.3	54.1	40.6	48.5
2008	100	5.1	53.9	41.0	48.1
2009	100	5.1	51.6	43.4	45.4
2010	100	4.9	51.1	44.0	45.0
2011	100	4.9	50.5	44.6	44.4
2012	100	4.8	48.9	46.3	42.9
2013	100	4.7	47.8	47.5	41.9
2014	100	4.4	47.7	47.9	41.7

注：1. 本表按当年价格计算。The figures in this table are calculated at current price.
2. 从 2004 年起第一产业包括农林牧渔服务业。The Value Added of Primary Industry includes Services for Agriculture since 2004.

1-7 按行业和构成分的全省生产总值(2008-2012年)
Gross Domestic Product by Sector and Structure(2008-2012)

单位:亿元(100 million yuan)

指标	Item	2008	2009	2010	2011	2012
全省生产总值	**Gross Domestic Product**	**21462.69**	**22998.24**	**27747.65**	**32363.38**	**34739.13**
按行业分	**by Sector**					
第一产业(农业)	Primary Industry(Agriculture)	1095.96	1163.08	1360.56	1583.04	1667.88
第二产业	Secondary Industry	11567.42	11860.16	14187.36	16331.27	17000.09
工业	Industry	10328.72	10440.77	12477.11	14370.50	14902.22
建筑业	Construction	1238.70	1419.38	1710.25	1960.78	2097.86
第三产业	Tertiary Industry	8799.31	9975.01	12199.74	14449.07	16071.16
交通运输、仓储和邮政业	Transport,Storage and Post Services	843.20	891.55	1089.49	1233.44	1328.25
信息传输、计算机服务和软件业	Information Transmission,Computer Services and Software	482.28	522.78	607.81	759.98	885.76
批发和零售业	Wholesale and Retail Sale Trade	1899.02	2162.16	2753.66	3491.36	3993.39
住宿和餐饮业	Hotels and Catering Services	388.01	425.17	541.09	664.92	730.68
金融业	Finance	1653.45	1880.69	2284.22	2676.44	2696.39
房地产业	Real Estate	1052.03	1323.40	1634.62	1710.55	1979.61
租赁和商务服务业	Leasing and Commercial Services	338.74	377.98	477.38	615.29	708.68
科学研究、技术服务和地质勘查业	Scientific Research,Technic Services and Geological Prospecting	182.85	188.20	242.57	299.87	356.51
水利、环境和公共设施管理业	Water Conservancy,Environment and Public Facilities Management	77.25	86.78	108.84	136.59	159.60
居民服务和其他服务业	Resident Services and Other Services	266.11	285.73	344.10	392.37	449.18
教育	Education	523.63	604.81	691.85	767.94	867.55
卫生、社会保障和社会福利业	Health Care,Social Securities and Social Welfare	294.18	335.63	395.56	487.49	580.94
文化、体育和娱乐业	Culture,Sports and Recreation	121.99	135.76	163.33	208.59	239.24
公共管理和社会组织	Public Administration and Social Organization	676.56	754.39	865.23	1004.23	1095.38
按构成分	**by Structure**					
劳动者报酬	Remuneration of Laborers	8852.48	9102.30	10789.15	13168.24	14563.03
生产税净额	Net-taxes on Production	3260.31	3421.08	4287.30	5270.37	5524.69
固定资产折旧	Depreciation of Fixed Assets	2906.36	2972.54	3334.67	3937.25	4525.55
营业盈余	Operating Surplus	6443.54	7502.32	9336.53	9987.52	10125.87

1-8 按新行业和构成分的全省生产总值(2013-2014年)
Gross Domestic Product by New Sector and Structure(2013-2014)

单位:亿元(100 million yuan)

指标	Item	2013	2014
全省生产总值	**Gross Domestic Product**	**37756.58**	**40173.03**
按行业分	**by Sector**		
农、林、牧、渔业	Farming, Forestry, Animal Husbandry and Fishery	1787.25	1806.60
工业	Industry	15837.20	16771.90
建筑业	Construction	2243.01	2467.10
批发和零售业	Wholesale and Retail Trade	4589.13	4911.71
交通运输、仓储和邮政业	Transport, Storage and Post	1427.52	1525.93
住宿和餐饮业	Hotels and Catering Services	768.64	884.91
信息传输、软件和信息技术服务业	Information Transmission, Software and Information Technology Services	1095.24	1355.19
金融业	Banking	2795.13	2767.44
房地产业	Real Estate	2229.69	2166.86
租赁和商务服务业	Renting and Business Services	859.05	967.33
科学研究和技术服务业	Scientific Research and Technical Services	441.32	497.74
水利、环境和公共设施管理业	Water Conservancy, Environment and Public Facilities Management	179.69	200.18
居民服务、修理和其他服务业	Service for the Residents, Repair and Others	492.23	538.89
教育	Education	980.66	1076.58
卫生和社会工作	Health Care and Social Work	569.43	673.66
文化、体育和娱乐业	Culture, Sports and Recreation	267.20	291.71
公共管理、社会保障和社会组织	Public Administration, Social Security and Social Organization	1194.19	1269.30
第一产业	Primary Industry	1760.34	1777.18
第二产业	Secondary Industry	18047.52	19175.06
第三产业	Tertiary Industry	17948.72	19220.79
按构成分	**by Structure**		
劳动者报酬	Remuneration of Laborers	17898.75	18534.26
生产税净额	Net-taxes on Production	5711.10	6191.46
固定资产折旧	Depreciation of Fixed Assets	4663.63	5077.79
营业盈余	Operating Surplus	9483.10	10369.52

1-9 全省生产总值指数(1978-2014年)
Indices of Gross Domestic Product (1978-2014)

(上年=100)(preceding year=100)

年份 Year	全省生产总值 Gross Domestic Product	第一产业 Primary Industry	第二产业 Secondary Industry	第三产业 Tertiary Industry	工业 Industry	人均生产总值 Percapita GDP
1978	121.9	118.7	128.6	113.5	126.5	120.4
1979	113.6	110.8	118.0	108.1	117.1	112.3
1980	116.4	97.3	132.0	112.9	133.3	115.1
1981	111.5	104.7	111.3	126.1	113.1	110.5
1982	111.4	116.5	104.9	118.1	104.9	109.9
1983	108.0	93.9	115.5	116.0	118.5	106.8
1984	121.7	119.3	124.0	120.3	124.4	120.6
1985	121.7	101.9	135.3	119.2	135.0	120.8
1986	112.1	104.0	114.0	116.8	114.2	110.9
1987	111.8	101.0	116.8	110.9	116.4	110.6
1988	111.2	99.0	116.3	109.8	117.5	109.9
1989	99.4	100.2	100.8	94.9	101.7	98.4
1990	103.9	102.7	105.2	101.4	105.4	103.1
1991	117.9	107.9	118.2	125.6	118.4	117.1
1992	118.8	100.6	125.2	122.7	126.6	118.2
1993	122.0	104.8	133.2	116.0	135.3	121.3
1994	120.0	104.4	127.5	115.8	128.0	119.2
1995	116.8	107.5	118.4	118.3	117.8	116.0
1996	112.7	104.4	115.5	111.1	115.8	112.2
1997	111.1	104.5	112.8	110.5	113.3	110.4
1998	110.2	103.2	110.8	111.7	111.1	109.6
1999	110.0	103.3	111.4	109.9	111.8	109.5
2000	111.0	104.5	111.7	111.8	112.0	108.1
2001	110.6	104.8	111.0	111.7	111.0	107.7
2002	112.6	104.5	113.4	113.7	113.6	111.5
2003	114.7	103.6	116.8	114.4	115.7	113.2
2004	114.5	105.1	116.4	113.7	117.0	112.7
2005	112.8	101.5	112.7	115.2	113.1	111.2
2006	113.9	103.2	114.3	115.1	114.6	112.2
2007	114.7	102.3	115.6	115.3	116.4	112.8
2008	110.1	104.8	109.3	111.7	110.0	108.6
2009	108.9	102.4	106.4	113.0	105.1	107.7
2010	111.9	103.2	112.0	112.8	111.9	109.5
2011	109.0	103.6	108.5	110.1	109.3	107.1
2012	108.0	102.0	106.8	109.9	106.6	107.7
2013	108.2	100.5	108.4	108.9	108.2	107.9
2014	107.6	101.4	107.2	108.6	107.2	107.3

注：本表按可比价格计算。The figures in this table are calculated at comparable price.

1－10 全省生产总值指数(1978－2014 年)
Indices of Gross Domestic Product(1978－2014)

(1978 年＝100)(1978＝100)

年份 Year	全省生产总值 Gross Domestic Product	第一产业 Primary Industry	第二产业 Secondary Industry	第三产业 Tertiary Industry	工业 Industry	人均生产总值 Percapita GDP
1978	100.0	100.0	100.0	100.0	100.0	100.0
1979	113.6	110.8	118.0	108.1	117.1	112.3
1980	132.2	107.9	155.7	122.1	156.0	129.2
1981	147.4	113.0	173.4	154.0	176.5	142.8
1982	164.2	131.6	182.0	181.9	185.1	157.0
1983	177.4	123.6	210.3	211.0	219.2	167.7
1984	216.0	147.5	260.8	253.8	272.6	202.3
1985	262.9	150.3	352.9	302.6	367.9	244.3
1986	294.6	156.2	402.1	353.4	420.2	271.1
1987	329.4	157.8	469.9	392.1	489.2	299.8
1988	366.4	156.3	546.6	430.6	574.9	329.5
1989	364.3	156.7	551.2	408.5	584.8	324.2
1990	378.6	160.9	579.9	414.1	616.7	334.4
1991	446.3	173.6	685.8	520.3	730.1	391.7
1992	530.3	174.7	858.8	638.5	924.3	462.8
1993	647.1	183.1	1143.9	740.4	1250.7	561.3
1994	776.4	191.1	1458.0	857.2	1601.1	669.1
1995	906.7	205.6	1725.8	1013.8	1886.5	776.3
1996	1021.7	214.7	1993.3	1126.4	2184.7	870.9
1997	1135.1	224.3	2249.0	1244.9	2475.3	961.9
1998	1250.6	231.5	2491.0	1390.7	2751.1	1054.1
1999	1376.1	239.1	2773.8	1528.4	3075.1	1154.0
2000	1528.0	249.9	3099.2	1709.4	3442.6	1247.6
2001	1690.6	261.9	3441.6	1909.7	3819.5	1343.3
2002	1904.3	273.6	3902.3	2171.4	4338.9	1497.7
2003	2184.2	283.5	4557.4	2483.3	5020.2	1695.0
2004	2500.9	297.9	5304.8	2823.1	5872.5	1910.9
2005	2820.1	302.3	5977.1	3252.1	6642.9	2125.6
2006	3211.5	312.0	6833.3	3741.9	7614.1	2385.3
2007	3682.5	319.3	7897.2	4314.9	8865.1	2691.3
2008	4052.7	334.4	8633.7	4820.5	9755.6	2921.7
2009	4413.8	342.5	9185.8	5447.0	10257.2	3145.4
2010	4939.8	353.5	10287.1	6144.9	11480.5	3443.4
2011	5382.6	366.0	11160.4	6766.8	12545.8	3687.6
2012	5811.1	373.3	11920.2	7437.3	13372.4	3970.1
2013	6290.4	375.3	12917.1	8095.9	14474.1	4283.8
2014	6770.0	380.6	13852.1	8791.7	15520.0	4597.4

注：本表按可比价格计算。The figures in this table are calculated at comparable price.

1-11 按行业分的第三产业增加值指数(2005-2012年)
Indices of Value-added of the Tertiary Industry by Sector(2005-2012)

(上年=100)(preceding year=100)

行业	Sector	2005	2006	2007	2008	2009	2010	2011	2012
总计	**Total**	**115.2**	**115.1**	**115.3**	**111.7**	**113.0**	**112.8**	**110.1**	**109.9**
交通运输、仓储和邮政业	Transport, Storage and Post Services	113.3	116.8	114.1	109.0	103.2	113.7	109.7	106.8
信息传输和计算机服务	Information Transmission, Computer Services	114.3	116.3	122.4	123.2	111.2	113.3	117.7	114.5
批发和零售业	Wholesale and Retail Sale Trade	110.7	111.2	111.8	108.6	116.5	117.5	116.7	112.6
住宿和餐饮业	Hotels and Catering Services	109.5	115.4	114.5	111.8	106.2	114.4	113.8	106.2
金融业	Finance	128.5	129.7	124.2	123.4	114.6	112.9	107.9	105.6
房地产业	Real Estate	115.0	113.2	112.8	102.5	123.2	104.7	95.1	110.0
租赁和商务服务业	Leasing and Commercial Services	111.3	116.1	114.6	110.2	110.9	115.7	115.6	113.8
科学研究、技术服务和地质勘查业	Scientific Research, Technic Services and Geological Prospecting	123.3	115.1	115.3	112.4	104.1	122.1	115.4	115.0
水利、环境和公共设施管理业	Water Conservancy, Environment and Public Facilities Management	113.2	102.3	107.9	110.8	110.7	117.0	115.5	112.9
居民服务和其他服务业	Resident Services and Other Services	125.5	120.5	124.1	121.9	108.9	111.2	109.9	112.0
教育	Education	114.5	109.7	112.3	109.7	114.5	111.2	108.4	111.3
卫生、社会保障和社会福利业	Health Care, Social Securities and Social Welfare	116.1	107.9	111.7	105.8	109.1	109.6	113.8	114.1
文化、体育和娱乐业	Culture, Sports and Recreation	122.3	123.6	118.6	117.9	110.1	114.4	120.2	112.5
公共管理和社会组织	Public Administration and Social Organization	116.9	109.7	112.3	106.6	108.5	108.4	109.0	106.2

1－12 按新行业分的第三产业增加值指数
Indices of Value－added of the Tertiary Industry by New Sector

（上年＝100）（preceding year＝100）

行业	Sector	2013	2014
总计	**Total**	**108.9**	**108.6**
批发和零售业	Wholesale and Retail Trade	112.6	110.2
交通运输、仓储和邮政业	Transport, Storage and Post	104.5	108.6
住宿和餐饮业	Hotels and Catering Services	105.2	111.6
信息传输、软件和信息技术服务业	Information Transmission, Software and Information Technology Services	118.7	123.9
金融业	Banking	104.4	102.1
房地产业	Real Estate	107.3	99.3
租赁和商务服务业	Renting and Business Services	121.0	112.0
科学研究和技术服务业	Scientific Research and Technical Services	117.0	112.7
水利、环境和公共设施管理业	Water Conservancy, Environment and Public Facilities Management	109.8	111.3
居民服务、修理和其他服务业	Service for the Residents, Repair and Others	106.5	108.4
教育	Education	109.7	110.2
卫生和社会工作	Health Care and Social Work	104.3	117.7
文化、体育和娱乐业	Culture, Sports and Recreation	105.5	109.6
公共管理、社会保障和社会组织	Public Administration, Social Security and Social Organization	106.2	106.2

1-13 按支出法计算的全省生产总值(2008-2014年)
Gross Domestic Product Calculated by Expenditure Approach(2008-2014)

单位:亿元(100 million yuan)

指标	Item	2008	2009	2010	2011	2012	2013	2014
全省生产总值	**Gross Domestic Product**	**21462.69**	**22998.24**	**27747.65**	**32363.38**	**34739.13**	**37756.58**	**40173.03**
最终消费	**Final Consumption**	**9828.95**	**10864.59**	**12765.63**	**15041.98**	**16509.40**	**17737.24**	**19365.42**
居民消费	Resident Consumption	7394.05	8320.39	9796.72	11643.89	12496.10	13593.16	14794.82
农村居民	Rural	1740.17	1898.97	2214.54	2566.96	2796.25	3087.61	3382.01
城镇居民	Urban	5653.88	6421.42	7582.18	9076.93	9699.85	10505.55	11412.81
政府消费	Government Consumption	2434.90	2544.20	2968.91	3398.09	4013.30	4144.08	4570.60
资本形成总额	**Total Capital Formation**	**9326.26**	**10607.33**	**12950.46**	**14743.55**	**15460.74**	**17125.33**	**17827.25**
固定资本形成总额	Fixed Capital Formation	8798.01	10220.13	12101.32	13822.90	14607.57	16139.70	17000.91
存货增加	Changes in Inventories	528.25	387.20	849.14	920.65	853.17	985.63	826.34
货物和服务净出口	**Net Export**	**2307.48**	**1526.32**	**2031.56**	**2577.85**	**2768.99**	**2894.01**	**2980.36**

注：本表按当年价格计算。The figures in this table are calculated at current price.

1-14 总产出(2008-2014年)
Total Output(2008-2014)

单位:亿元(100 million yuan)

指标	Item	2008	2009	2010	2011	2012	2013	2014
总产出	Total Output	78414.74	81711.23	95359.85	112740.43	120148.71	133905.46	141741.30
第一产业	Primary Industry	1780.01	1873.40	2172.86	2534.90	2658.66	2782.48	2784.55
第二产业	Secondary Industry	59464.11	60728.11	69835.45	82562.94	86856.95	95131.13	99954.42
第三产业	Tertiary Industry	17170.63	19109.72	23351.54	27642.59	30633.10	35991.85	39002.33
工业	Industry	54076.00	54567.74	62015.44	72974.10	76476.85	84068.97	87565.30

注：1. 本表按当年价格计算。The figures in this table are calculated at current price.
2. 从2004年起第一产业包括农林牧渔服务业。The Output of Primary Industry includes Services for Agriculture since 2004.

1－15 居民消费水平和指数(1978－2014年)
Resident Consumption Level and Its Indices(1978－2014)

单位:%(%)

年份 Year	居民总消费水平(元/人) Resident Consumption level(yuan/person)	农村居民总消费水平 Rural Resident	城镇居民总消费水平 Urban Resident	居民总消费水平指数 Indices of Resident Consumption Level	农村居民消费水平指数 Rura Resident	城镇居民消费水平指数 Urban Resident
1978	193	164	410	100.0	100.0	100.0
1979	218	183	466	112.1	111.1	110.6
1980	240	198	511	120.1	119.6	111.0
1981	317	271	595	156.2	161.6	127.0
1982	354	305	630	173.4	181.4	132.0
1983	383	328	672	184.3	192.8	137.0
1984	439	369	788	206.7	213.5	154.9
1985	580	472	1063	237.6	238.7	181.4
1986	702	558	1283	270.5	266.1	206.1
1987	828	655	1492	295.2	293.4	216.1
1988	1070	829	1959	314.6	309.8	229.9
1989	1186	914	2145	293.7	285.6	215.5
1990	1227	930	2235	297.5	285.2	220.0
1991	1353	1005	2493	317.7	303.4	232.5
1992	1528	1091	2882	335.6	314.5	245.9
1993	1850	1244	3608	351.2	325.1	253.6
1994	2536	1654	4920	389.0	348.7	282.4
1995	3217	2053	6141	423.2	374.0	301.9
1996	3906	2486	7268	473.5	423.7	325.4
1997	4233	2665	7649	496.8	444.8	330.0
1998	4397	2774	7607	515.1	466.5	326.6
1999	4539	2845	7566	534.7	485.6	326.6
2000	5099	3278	8020	587.5	547.9	339.1
2001	5551	3621	8404	641.2	605.3	356.8
2002	6098	4012	8839	711.6	675.3	379.8
2003	7033	4504	9907	810.6	737.4	423.5
2004	8174	4918	11771	912.3	769.7	489.6
2005	9558	5439	13843	1036.4	832.8	557.7
2006	11099	6216	15837	1174.2	933.6	621.2
2007	12730	7169	16986	1310.4	1055.9	646.7
2008	14264	7881	19002	1429.7	1128.7	704.9
2009	15867	8571	21204	1606.9	1242.7	794.4
2010	18274	10273	23655	1775.7	1430.4	850.0
2011	21346	12371	26856	1965.7	1624.9	915.5
2012	22845	13724	28259	2084.0	1767.7	957.1
2013	24771	15458	30101	2237.7	1955.0	1012.1
2014	26885	17281	32186	2401.2	2165.4	1069.4

注：本表绝对数按当年价格计算,指数按可比价格计算。
The absolute figures in this table are calculated at current price, while the indices are calculated at comparable price.

1－16 按机构类型和登记注册类型分组的法人单位数
Number Of Corporation Units by Types of Organization and Registration

单位:个(unit)

指标名称	Item	法人单位数 Number Of Corporation Units		单产业法人 Containing Single Industrial Activity		多产业法人 Containing Multiple Industrial Activity	
		2013	2014	2013	2014	2013	2014
总计	**Total**	**1014357**	**1235664**	**982928**	**1202347**	**31429**	**33317**
按机构类型分组	**by Type of Organization**						
企业	Enterprise	867919	1080452	841214	1051857	26705	28595
事业单位	Public Institution	30496	31597	28211	29363	2285	2234
机关	Office	8373	8260	6871	6708	1502	1552
社会团体	Social Group	18268	19556	18022	19318	246	238
民办非企业单位	Private Non－enterprise Unit	13696	15110	13585	15018	111	92
基金会	Foundation	313	285	313	284		1
居委会	Neighborhood Committees	4127	4274	4077	4220	50	54
村委会	Villagers Committee	28775	28978	28372	28580	403	398
其他组织机构	Others	42390	47152	42263	46999	127	153
按登记注册类型分组	**by Registered Type**						
内资	Domestic Funded Enterprises	993041	1212695	962664	1180459	30377	32236
国有	State－owned Enterprises	46715	48085	42319	43704	4396	4381
集体	Collective Owned Enterprises	13185	14037	12575	13409	610	628
股份合作	Cooperative Enterprises	12357	10663	11913	10283	444	380
联营	Joint Ownership Enterprises	781	823	767	807	14	16
国有联营	State Joint Ownership Enterprises	53	59	46	52	7	7
集体联营	Collective Joint Ownership Enterprises	276	307	275	303	1	4
国有与集体联营	State－collective Joint Enterprises	67	74	67	74		
其他联营	Other Joint Ownership Enterprises	385	383	379	378	6	5
有限责任公司	Limited Liability Corporations	44254	56839	40065	52262	4189	4577
国有独资公司	State Sole Funded Corporations	3214	3084	2810	2683	404	401
其他有限责任公司	Other Limited Liability Corporations	41040	53755	37255	49579	3785	4176

续表 Continued　　单位:个(unit)

指标名称	Item	法人单位数 Number Of Corporation Units		单产业法人 Containing Single Industrial Activity		多产业法人 Containing Multiple Industrial Activity	
		2013	2014	2013	2014	2013	2014
股份有限公司	Share - holding Corporations Ltd.	4154	4438	3189	3437	965	1001
私营	Private Enterprises	743615	943022	724762	922683	18853	20339
私营独资	Private Funded Enterprises	170799	205377	169459	203823	1340	1554
私营合伙	Private Partnership Corporations	25301	29528	25037	29231	264	297
私营有限责任公司	Private Limited Liability Corporations	543827	703944	526839	685736	16988	18208
私营股份有限公司	Private Share - holding Corporations Ltd.	3688	4173	3427	3893	261	280
其他内资	others	127980	134788	127074	133874	906	914
港、澳、台商投资企业	Funded by Enterpreneurs From Hong Kong, Macao and Taiwan	10328	11079	9869	10586	459	493
与港澳台商合资经营	Joint - venture Enterprises	4437	4720	4220	4495	217	225
与港澳台商合作经营	Cooperation Enterprises From Hong Kong, Macao and Taiwan	139	156	134	146	5	10
港澳台商独资	Enterprises with Sole Hong Kong, Macao and Taiwan	4676	5189	4460	4953	216	236
港澳台商投资股份有限公司	Share - holding Corporations Ltd. with Funds From Hong Kong, Macao and Taiwan	109	159	92	140	17	19
其他港、澳、台商投资	Others	967	855	963	852	4	3
外商投资	Foreign Funded Enterprises	10988	11890	10395	11302	593	588
中外合资经营	Joint - venture Enterprises	5001	5621	4702	5325	299	296
中外合作经营	Cooperation Enterprises	165	230	160	224	5	6
外资企业	Enterprises With Sole Foreign Investment	5474	5664	5211	5404	263	260
外商投资股份有限公司	Foreign Investment Share - holding Corporations Ltd.	118	143	100	123	18	20
其他外商投资	Others	230	232	222	226	8	6

1－17 按行业分的法人单位数(2014 年)
Number Of Corporation Units by Sector(2014)

单位:个(unit)

行业	Sector	法人单位数 Number Of Corporation Units	单产业法人 Containing Single Industrial Activity	多产业法人 Containing Multiple Industrial Activity
总计	**Total**	**1235664**	**1202347**	**33317**
按国民经济行业分组	**By Sector**			
农、林、牧、渔业	Farming, Forestry, Animal Husbandry and Fishery	62483	62187	296
农业	Farming	37015	36878	137
林业	Forestry	4518	4488	30
牧业	Animal Husbandry	8781	8712	69
渔业	Fishery	7264	7223	41
农林牧渔服务业	Services	4905	4886	19
采矿业	Ming and Quarrying	1387	1361	26
煤炭采选业和洗选项业	Coal Mining and Dressing	13	13	
石油和天然气开采业	Petroleum and Natural Gas Extraction	1	1	
黑色金属矿采选业	Ferrous Metals Mining and Dressing	24	22	2
有色金属矿采选业	Nonferrous Metals Mining and Dressing	81	80	1
非金属矿采选业	Nonmetal Minerals Mining and Dressing	1232	1211	21
开采辅助活动	Supplementary Activities for Mining	10	9	1
其他采矿业	Other Minerals Mining and Dressing	26	25	1
制造业	Manufacturing	417132	409490	7642
农副食品加工业	Non－staple Food Processing	6065	5783	282
食品制造业	Food Manufacturing	2810	2654	156
酒、饮料和精制茶制造业	Wine, Soft Drinks and Refined Tea Manufacturing	2871	2743	128
烟草制品业	Tobacco Processing	7	6	1

续表 1 Continued 单位:个(unit)

行业	Sector	法人单位数 Number Of Corporation Units	单产业法人 Containing Single Industrial Activity	多产业法人 Containing Multiple Industrial Activity
纺织业	Textile Industry	33900	33272	628
纺织服装、服饰业	Garments and Apparel Industry	31834	31315	519
皮革、毛皮、羽毛及其制品和制鞋业	Leather,Furs,Down and Related Production,Shoes Manufacturing	21049	20749	300
木材加工及木、竹、藤、棕、草制品业	Timber Processing,Bamboo,Cane Palm Fiber and Straw Production	7198	7083	115
家具制造业	Furniture Manufacturing	6340	6187	153
造纸及纸制品业	Papermaking and Paper Production	11158	11053	105
印刷和记录媒介复制业	Printing and Record Medium Reproduction	10859	10628	231
文教、工美、体育和娱乐用品制造业	Cultural and Educational ,Arts and Crafts,Sports and Entertainment Goods	21977	21616	361
石油加工、炼焦及核燃料加工业	Petroleum Processing,Cooking and Nuclear Fuel Processing	361	351	10
化学原料及化学制品制造业	Raw Chemical Materials and Chemical Production	9332	9096	236
医药制造业	Medical and Pharmaceutical Production	1330	1257	73
化学纤维制造业	Chemical Fiber	1720	1687	33
橡胶和塑料制品业	Rubber and Plastic Production	33135	32697	438
非金属矿物制品业	Nonmetal Mineral Production	14629	14394	235
黑色金属冶炼及压延加工业	Smelting and Pressing of Ferrous Metals	4517	4415	102
有色金属冶炼及压延加工业	Smelting and Pressing of Nonferrous Metals	3737	3693	44
金属制品业	Metal Production	35034	34560	474
通用设备制造业	Ordinary Machinery	51435	50552	883
专用设备制造业	For Special Purpose Equipment Manufacturing	22171	21852	319

续表 2 Continued 单位:个(unit)

行业	Sector	法人单位数 Number Of Corporation Units	单产业法人 Containing Single Industrial Activity	多产业法人 Containing Multiple Industrial Activity
汽车制造业	Automotive Manufacturing	15591	15330	261
铁路、船舶、航空航天和其他运输设备制造业	Railway, Shipbuilding, Aerospace and other Transport Equipment	5034	4900	134
电气机械及器材制造业	Electric Equipment and Machinery	37103	36226	877
计算机、通信和其他电子设备制造业	Telecommunications Equipment, Computer and Other Electronic Equipment Manufacturing	10858	10638	220
仪器仪表制造业	Instruments Manufacturing	6712	6551	161
其他制造业	Other Manufacturing	5882	5793	89
废弃资源综合利用业	Comprehensive Utilization of Waste Resources	965	947	18
金属制品、机械和设备修理业	Metal Products,Machinery and Equipment Repair Industry	1518	1462	56
电力、热力、燃气及水的生产和供应业	Electricity,Heating Power,Gas and Water Production and Supply	4633	4408	225
电力、热力的生产和供应业	Production and Supply of Electricity and Heating Power	3001	2882	119
燃气生产和供应业	Production and Supply of Gas	339	299	40
水的生产和供应业	Production and Supply of Water	1293	1227	66
建筑业	Construction	32727	30471	2256
房屋建筑业	Housing	5045	4169	876
土木工程建筑业	Civil Engineering	7269	6559	710
建筑安装业	Installation	4629	4378	251
建筑装饰业和其他建筑业	Building Decoration and Others	15784	15365	419
批发和零售业	Wholesale and Retail Trade	335289	326809	8480
批发业	Wholesale	231190	226560	4630
零售业	Retail Sale	104099	100249	3850
交通运输、仓储和邮政业	Transportation,Storage and Post	20161	18981	1180
铁路运输业	Railway Transpot	31	27	4
道路运输业	Highway Transport	10167	9642	525
水上运输业	Waterway Transport	1200	1124	76

续表 3 Continued 单位:个(unit)

行业	Sector	法人单位数 Number Of Corporation Units	单产业法人 Containing Single Industrial Activity	多产业法人 Containing Multiple Industrial Activity
航空运输业	Air Transport	86	80	6
管道运输业	Pipeline Transport	6	5	1
装卸搬运和运输代理业	Carrying and Transportation Agents	6580	6264	316
仓储业	Storage	1014	961	53
邮政业	Postal Services	1077	878	199
住宿和餐饮业	Hotels and Catering Services	17271	16089	1182
住宿业	Hotels	6884	6355	529
餐饮业	Catering Services	10387	9734	653
信息传输、软件和信息技术服务业	Information Transmission, Software and Information Technology Services	25388	24843	545
电信、广播电视和卫星传输服务	Telecommunication, Radio and Television, Satellite Transmission Services	831	720	111
互联网和相关服务	Internet and Related Services	2034	1986	48
软件和信息技术服务业	Software and Information Technology Services	22523	22137	386
金融业	Banking	5498	4618	880
货币金融服务	Monetary and Financial Services	1828	1425	403
资本市场服务	Capital Market Services	2247	2194	53
保险业	Insurance	692	290	402
其他金融业	Others	731	709	22

续表 4 Continued 单位:个(unit)

行业	Sector	法人单位数 Number Of Corporation Units	单产业法人 Containing Single Industrial Activity	多产业法人 Containing Multiple Industrial Activity
房地产业	Real Estate	28067	26394	1673
房地产业	Real Estate	28067	26394	1673
租赁和商务服务业	Renting and Business Services	98892	96560	2332
租赁业	Leasing	4737	4656	81
商务服务业	Commercial Services	94155	91904	2251
科学研究和技术服务业	Scientific Research and Technical Services	35096	33914	1182
研究与试验发展	Research and Experiment Development	5078	5022	56
专业技术服务业	Technical Services	17857	16868	989
科技推广和应用服务业	Promotion and Application of Science and Technology Services	12161	12024	137
水利、环境和公共设施管理业	Water Conservancy, Environment and Public Utility	6565	6315	250
水利管理业	Water Conservancy	981	948	33
生态保护和环境治理业	Ecological Protection and Environmental Management	810	782	28
公共设施管理业	Public Facilities	4774	4585	189
居民服务、修理和其他服务业	Service for the Residents ,Repair and Others	15590	15148	442
居民服务业	Resident Services	6318	6063	255
机动车、电子产品和日用产品修理业	Motor Vehicles, Electronics and Household Goods Repair Industry	6066	5921	145
其他服务业	Other Services	3206	3164	42
教育	Education	22464	21517	947
教育	Education	22464	21517	947

续表 5 Continued

单位:个(unit)

行业	Sector	法人单位数 Number Of Corporation Units	单产业法人 Containing Single Industrial Activity	多产业法人 Containing Multiple Industrial Activity
卫生和社会工作	Health Care and Social Work	8041	7075	966
卫生	Health Care	5335	4396	939
社会工作	Social Work	2706	2679	27
文化、体育和娱乐业	Culture, Sports and Entertainment	17680	17374	306
新闻和出版业	News and Publishing	333	317	16
广播、电视、电影和影视录音制作业	Television, Radio, Film and Television Sound Recording Production	1951	1843	108
文化艺术业	Culture and Arts	3778	3720	58
体育	Sports	2167	2110	57
娱乐业	Recreation	9451	9384	67
公共管理、社会保障和社会组织	Public Administration ,Social Security and Social Organization	81300	78793	2507
中国共产党机关	Communist Party Agencies	1217	1149	68
国家机构	Government Agencies	17330	15602	1728
人民政协、民主党派	The CPPCC, Democratic Parties	304	297	7
社会保障	Social Security	406	403	3
群众团体、社会团体和其它成员组织	Mass Organizations, Social Groups and Other Members of the Organization	28791	28542	249
基层群众自治组织	Mass Grassroot Organizations	33252	32800	452

1－18 按地区分组的法人单位数
Number Of Corporation Units by Region

单位:个(unit)

指标名称	Region	法人单位数 Number Of Corporation Units		单产业法人 Containing Single Industrial Activity		多产业法人 Containing Multiple Industrial Activity	
		2013	2014	2013	2014	2013	2014
按地区分组	**By Region**						
杭州市	Hangzhou	209956	270707	202177	261882	7779	8825
上城区	Shangcheng	10077	12186	9437	11459	640	727
下城区	Xiacheng	14969	17860	14167	16997	802	863
江干区	Jianggan	19752	27456	19055	26616	697	840
拱墅区	Gongshu	17765	25861	17092	25030	673	831
西湖区	Xihu	30273	43992	28942	42382	1331	1610
滨江区	Bingjiang	8638	14149	8404	13817	234	332
萧山区	Xiaoshan	38800	46971	37793	45821	1007	1150
余杭区	Yuhang	26247	30286	25268	29264	979	1022
富阳区	Fuyang	13465	9833	13065	9597	400	236
桐庐县	Tonglu	8196	5272	7982	5023	214	249
淳安县	Chunan	4927	7386	4671	7177	256	209
建德市	Jiande	6417	16684	6210	16263	207	421
临安市	Linan	10430	12771	10091	12436	339	335
宁波市	Ningbo	171631	197620	166444	192385	5187	5235
海曙区	Haishu	12806	14045	12033	13338	773	707
江东区	Jiangdong	12992	15391	12282	14655	710	736
江北区	Jiangbei	10063	9999	9628	9568	435	431
北仑区	Beilun	15903	19454	15258	18888	645	566
镇海区	Zhenhai	9659	11779	9392	11500	267	279
鄞州区	Yinzhou	34820	42255	33978	41351	842	904
象山县	Xiangshan	10598	11673	10316	11368	282	305
宁海县	Ninghai	10851	13285	10589	12977	262	308
余姚市	Yuyao	19124	20954	18754	20565	370	389
慈溪市	Cixi	26177	27669	25801	27279	376	390
奉化市	Fenhua	8638	11116	8413	10896	225	220
温州市	Wenzhou	151967	184638	146828	179314	5139	5324
鹿城区	Luchen	20664	23858	19517	22898	1147	960
龙湾区	Longwan	14841	18072	14306	17472	535	600
瓯海区	Ohai	11582	16119	11233	15725	349	394
洞头县	Dongtou	1930	2212	1795	2071	135	141
永嘉县	Yongjia	13459	15927	13211	15603	248	324
平阳县	Pingyang	11061	15081	10750	14731	311	350

续表 1 Continued 单位:个(unit)

指标名称	Region	法人单位数 Number Of Corporation Units		单产业法人 Containing Single Industrial Activity		多产业法人 Containing Multiple Industrial Activity	
		2013	2014	2013	2014	2013	2014
苍南县	Cangnan	18786	24196	18251	23581	535	615
文成县	Wenchen	3171	3699	3032	3561	139	138
泰顺县	Taishun	3965	4838	3816	4677	149	161
瑞安市	Ruian	25070	27768	24390	27076	680	692
乐清市	Yueqing	27438	32868	26527	31919	911	949
嘉兴市	Jiaxing	77471	93050	74879	90328	2592	2722
南湖区	Xuichen	12919	16666	12357	16061	562	605
秀洲区	Xuizhou	8612	11145	8297	10795	315	350
嘉善县	Jiashan	10293	11698	10092	11498	201	200
海盐县	Haiyan	7577	8628	7322	8325	255	303
海宁市	Haining	14642	17524	13996	16896	646	628
平湖市	Pinghu	10868	12149	10560	11829	308	320
桐乡市	Tongxiang	12560	15240	12255	14924	305	316
湖州市	Huzhou	37248	46093	36194	44972	1054	1121
吴兴区	Wuxing	10712	14627	10294	14163	418	464
南浔区	NanXun	5961	7154	5829	7017	132	137
德清县	Deqing	6521	7644	6381	7495	140	149
长兴县	ChangXing	8641	10107	8458	9910	183	197
安吉县	Anji	5413	6561	5232	6387	181	174
绍兴市	Shaoxing	95598	113524	93561	111382	2037	2142
越城区	Yuechen	15679	20038	15162	19470	517	568
柯桥区	keqiao	26165	29400	25726	28995	439	405
上虞区	Shangyu	14046	16825	13823	16601	223	224
新昌县	Xinchang	6284	7024	6026	6770	258	254
诸暨市	Zhuji	21268	27276	20923	26856	345	420
嵊州市	Shengzhou	12156	12961	11901	12690	255	271
金华市	Jinhua	100521	123327	97865	120654	2656	2673
婺城区	Wuchen	12828	15442	12349	14962	479	480
金东区	JIndong	5122	5862	5003	5743	119	119
武义县	Wuyi	6391	7262	6262	7108	129	154
浦江县	Pujiang	5550	7143	5431	7025	119	118
磐安县	Panan	3560	3997	3491	3929	69	68
兰溪市	Lanxi	7834	9116	7660	8923	174	193

续表 2 Continued 单位:个(unit)

指标名称	Region	法人单位数 Number Of Corporation Units		单产业法人 Containing Single Industrial Activity		多产业法人 Containing Multiple Industrial Activity	
		2013	2014	2013	2014	2013	2014
义乌市	Yiwu	32212	42919	31223	41989	989	930
东阳市	Dongyang	10117	11729	9831	11418	286	311
永康市	Yongkang	16907	19857	16615	19557	292	300
衢州市	Quzhou	28915	31100	28173	30470	742	630
柯城区	Kechen	6818	6166	6531	6006	287	160
衢江区	Qujiang	4755	5289	4704	5238	51	51
常山县	Changshan	4530	5087	4457	5017	73	70
开化县	Kaihua	3205	3586	3111	3492	94	94
龙游县	Longyou	4547	5166	4499	5118	48	48
江山市	Jiangshan	5060	5806	4871	5599	189	207
舟山市	Zhoushan	16568	21618	15426	20369	1142	1249
定海区	Dinghai	8688	12143	8145	11547	543	596
普陀区	Putuo	4485	5464	4157	5102	328	362
岱山县	Daishan	2214	2653	2047	2476	167	177
嵊泗县	Shengsi	1181	1358	1077	1244	104	114
台州市	Taizhou	92796	117345	90699	115012	2097	2333
椒江区	Jiaojiang	11730	14847	11303	14392	427	455
黄岩区	Huangyan	10836	13497	10669	13313	167	184
路桥区	Luqiao	10283	13834	9997	13536	286	298
玉环县	Yuhuan	11706	14289	11569	14124	137	165
三门县	Sanmen	6153	7667	6042	7528	111	139
天台县	Tiantai	5739	7032	5622	6904	117	128
仙居县	Xianju	5954	6464	5796	6304	158	160
温岭市	Wenling	18600	24196	18176	23695	424	501
临海市	Linhai	11795	15519	11525	15216	270	303
丽水市	Lishui	31682	36642	30682	35579	1000	1063
莲都区	Liandu	7324	8081	6969	7724	355	357
青田县	Qingtian	4939	5566	4828	5482	111	84
缙云县	Jinyun	4206	4980	4107	4867	99	113
遂昌县	Suichang	2494	3121	2365	2983	129	138
松阳县	Songyang	2728	3039	2654	2955	74	84
云和县	Yunhe	1928	2445	1906	2403	22	42
庆元县	Qingyuan	2395	2742	2323	2660	72	82
景宁县	Jingning	2003	2292	1955	2243	48	49
龙泉市	Longquan	3665	4376	3575	4262	90	114

浙/江/统/计/年/鉴

主要统计指标解释

■ 生产总值

是按市场价格计算的国内生产总值的简称。它是一个国家(地区)所有常住单位在一定时期内生产活动的最终成果。生产总值有三种表现形态,即价值形态、收入形态和产品形态。从价值形态看,它是所有常住单位在一定时期内所生产的全部货物和服务价值超过同期投入的全部非固定资产货物和服务价值的差额,即所有常住单位增加值之和;从收入形态看,它是所有常住单位在一定时期内所创造并分配给常住单位和非常住单位的初次分配收入之和;从产品形态看,它是最终使用的货物和服务减去进口货物和服务。在实际核算中,国内生产总值的三种表现形态表现为三种计算方法,即生产法、收入法和支出法。三种方法分别从不同的方面反映国内生产总值及其构成。

■ 三次产业

根据社会生产活动历史发展的顺序对产业结构的划分,产品直接取自自然界的部门称为第一产业,对初级产品进行再加工的部门称为第二产业,为生产和消费提供各种服务的部门称为第三产业。它是世界上通用的产业结构分类,但各国的划分不尽一致。我国的三次产业划分是:

第一产业:农林牧渔业(包括农业、林业、畜牧业、渔业和农林牧渔服务业)。

第二产业:包括采矿业、制造业、电力、燃气、及水的生产和供应业、建筑业。

第三产业:除第一、第二产业以外的其他各业。

■ 支出法国内生产总值

指一个国家(或地区)所有常住单位在一定时期内用于最终消费、资本形成总额,以及货物和服务的净出口总额,它反映本期生产的国内生产总值的使用构成。

■ 最终消费

指常住单位在一定时期内对于货物和服务的全部消费支出,也就是常住单位为满足物质文化和精神生活的需要,从本国经济领土和国外购买的货物和服务的支出;不包括非常住单位在本国经济领土内的消费支出。最终消费分为居民消费和政府消费。

■ 居民消费

指常住住户对货物和服务的全部最终消费指出。居民消费按市场价格计算,既按居民支付的购买者价格计算。购买者价格是购买者取得货物所支付的价格包括购买者支付的运输和商业费用。居民消费除了直接以货币形式购买货物和服务的消费之外,还包括以其他方式获得的货物和服务的消费支出既所谓的虚拟消费支出。居民虚拟消费支出包括以下几种类型:单位以实物报酬及实物转移的形式提供给劳动者的货物和服务;住户生产并由本住户消费了的货物和服务,其中的服务仅指住户的自有住房服务;金融机构提供的金融媒介服务;保险公司提供的保险服务。

■ 政府消费

指政府部门为全社会提供公共服务的消费支出和免费或以较低价格向住户提供的货物和服务的净支出前者等于政府服务的产出价值减去政府单位所获得的经营收入的价值,政府服务的产出价值等于它的经常性业务支出加上固定资产折旧;后者等于政府部门免费或以较低价格向住户提供的货物和服务的市场减去向住户收取的价值。

■ 资本形成总额

指常住单位在一定时期内获得的减去处置的固定资产加存货的变动,包括固定资本形成总额和存货增加。

■ 固定资本形成总额

指常住单位购置、转入和自产自用的固定资产,扣除固定资产的销售和转让,分有形固定资产形成总额和无形固定资产形成总额。有形固定资产形成总额包括一定时期内完成的建筑工程、安装工程和设备工器具(减处置)价值,以及土地改良、新增役种奶毛娱乐用牲畜和新增林木价值。无形固定资产总额包括矿藏的勘探、计算机软件、娱乐和文学艺术品原件等获得减处置。

主要统计指标解释

■ 存货增加

指常住单位存货实物量变动的市场价值,即期末价值减期初价值的差额。存货量增加可以是正值,也可以是负值;正值表示存货上升,负值表示存货下降。它包括生产单位购进的原材料燃料和储备物资等存货,以及生产单位生产的产成品在制品等存货等。

■ 货物和服务净出口

指货物和服务出口减货物和服务进口的差额。出口包括常住单位从非常住单位出售或无偿转让的各种货物和服务的价值;进口包括常住单位从非常住单位购买或无偿得到的各种货物和服务的价值。由于服务活动的提供与使用同时发生,因此服务的进出口业务并不发生出入境现象,一般把常住单位从国外得到的服务作为进口,非常住单位从本国得到的服务作为出口。货物的进口和出口都按离岸价格计算。

■ 劳动者报酬

指劳动者因从事生产活动所获得的全部报酬。包括劳动者获得的各种形式的工资,奖金和津贴,既包括货币形式的,也包括实物形式的;还包括劳动者所享受的公费医疗和医药卫生费上下班交通补贴和单位支付的社会保险费等。对于个体经济来说其所有者所获得的劳动报酬和经营利润不易区分,这两部分统一作为劳动者报酬处理。

■ 生产税净额

指生产税减生产补贴后的余额。生产税指政府对生产单位生产销售和从事经营活动以及因从事生产活动使用某些生产要素(如固定资产土地劳动力)所征收的各种税、附加费和规费。生产补贴和生产税相反,指政府对生产单位的单方面收入转移,因此视为负生产税,包括政策亏损补贴、粮食系统价格补贴、外贸企业出口退税收入等。

■ 固定资产折旧

在一定时期内为弥补固定资产损耗按照核定的固定资产损耗率提取的固定资产折旧,或按国民经济核算统一规定的折旧率虚拟计算的固定资产折旧。它反映了固定资产在当期生产中的转移价值。各类企业和企业化管理的事业单位的固定资产折旧是指实际计提并计入成本费中的折旧费;不计提折旧的政府机关非企业化管理的事业单位和居民住房的固定资产折旧是按照统一规定的折旧率和固定资产原值计算的虚拟折旧。原则上,固定资产折旧应按固定资产的重置价值计算,但是目前我国尚不具备对全社会固定资产进行重估价的基础,所以暂时只能采用上述方法。

■ 营业盈余

指常住单位创造的增加值扣除劳动者报酬生产税净额和固定资产折旧后的余额。它相当于企业的营业利润加上生产补贴,但要扣除从利润中开支的工资和福利等。

ZHEJIANG STATISTICAL YEARBOOK

Explanatory Notes on Main Statistical Indicators

□ Gross Domestic Product(GDP)

refers to gross domestic product calculated at market prices, which is the final products of all resident units in a country(or region) during a certain period of time. Gross domestic product is expressed in three different forms, i. e. value added, income, and products respectively. The form of value added refers to the total value of all products and services produced by all resident units during a certain period of time minus total value of input of materials and services of the nature of non-fixed assets or the summation of the value added of all resident units; the form of income includes all the income created by all resident units and distributed primarily to all resident and non-resident units; the form of products refers to all final goods and services minus imports of goods and services. In the practice of national accounting, gross domestic product is calculated with three approaches, i. e. product approach, income approach, and expenditure approach respectively to reflect gross domestic product and its composition from different aspects.

□ Three Industries

Industry structure has been classified according to the historical sequence of development. Primary industry refers to extraction of natural resources; secondary industry involves processing of primary products; and tertiary industry provides services of various kinds for production and consumption. The above classification is universal although it varies to some extent from country to country. Industry in China comprises:

Primary industry: agriculture, forestry, animal husbandry and fishery, including farming animal husbandry, fishery industry and service industry for farming, animal husbandry and fishery.

Secondary industry: mining, manufacturing, power、steam and water production and supply, construction.

Tertiary industry: all other industries not included in primary or secondary industry.

□ GDP Calculated by Expenditure Approach

refers to total expenditure on final consumption, total capital formation and net export of goods and services by resident units of a country in a certain period of time. It reflects the composition of GDP by its use.

□ Final Consumption

refers to the total expenditure of resident units on final consumption of goods and services in a certain period, namely the expenditure of the resident units for perchases of good and services from domestic economic territory and abroad to meet the requirements of meterial, cultural and spritual life. It excludes the expenditure of non-resident units on consumption in the economic territory of the country. The final consumption is classified into household consumption and government consumption.

□ Households Consumption

refers to the total expenditure of resident households on the final consumption of goods and services. The households consumption is calculated at market prices, namely the purchaser's prices which the households pay; the purchaser's prices of goods are the prices the households pay when they obtain the goods including the transport and commercial expenses paid by the households. In addition to the consumption of goods and services bought by the households directly with money, the expenditure on goods and services obtained by the households in other ways, i. e. the so-called imputed expenditure on consumption, is also included in the households consumption. The imputation expenditure of the households on consumption includes the following types: (a) the goods and services privided to the households by the units in the form of payment in kind and transfer in

EXPLANATORY NOTES ON MAIN STATISTICAL INDICATORS

kind; (b) the goods and services produced and consumed by the households themselves, in which the services refer only to the services provided by the residential buildings owned by the households; (c) the services of financial intermediary provided by the financial institution; (d) the insurance services provided by the insurance companies.

□ Government Consumption

refers to the expenditure on the consumption of the public services provided by the government to the whole society and the net expenditure on the goods and services provided by the government to the households at free charge or lower prices. The former equals to the output value of the government services minus the value of operating income obtained by the government departments. (The output value of the government services equals to its current operating expenditure plus depreciation of fixed assets). The latter equals to the market value of the goods and services provided by the government free of charge or at low prices to the households minus the value received by the government from the households.

□ Total Capital Formation

refers to the fixed assets acquired minus those disposed and the change in inventory including the total fixed assets formation and the increase in inventory.

□ Total Fixed Capital Formation

refers to the value of fixed assets purchased, transferred in by the resident units and those produced and used by themselves deducting the value of fixed assets sold and transferred out. It can be classfied into total tangible assets formation and total intangible asset formation. The total tangible assets formation and total intangible assets formation. The total tangible assets formation include the value of construction projects, installation projects completed and the equipment apparatus and instruments purchasedas well as the value of land improved, the value of draught animals, breeding stock, milk, wool and recreational animals and the newly increased economic forest in a certain period. The total ingangible assets formation includesthe prospecting of minerals, the acquisition of computer software, the orginals of recreational works and works of literature and arts minus the disposal of them.

□ Increase in Inventory

refers to the market value of the change in inventory, i. e. the difference of value between the beginning and the end of the period. The increase in inventory can be positive or negative. A positive value indicates the increase in inventory while a negative value indicates the decrease in stock. The inventory includes the raw materials, fuels, and reserve materials purchased by the production units as well as the inventory of finished products, semifinished products work-in-progress, ect.

□ Net Export of Goods and Services

refers to the difference of the exports of goods and services minus the imports of goods and services. The imports include the value of various goods and services sold or gratuitously transferred by the resident units to the non-resident units. The imports include the value of various goods and services purchased or gratuitously acquired by the resident units from the non-resident units. Because the provision of services and the use of them happen simultaneously, the import and export of services do not appear to have the phenomena of crossing the border of the country. The acquisition of services by the resident units from abroad is uaually treated as import while the acquisition of services by non-resident units in this country is uaually treated as export. The export and import of goods are calculated at FOB.

□ Labourer's Remuneration

refers to the whole payment of various forms earned by the labourers from the productive activities they are engaged in. It includes wages, bonuses and allowances the labourers earned in monetary form and in kind. It also includes the free medical services provided to the labourers and the medicine expenses, traffic subsidies and social insurance free paid by the labourers' working units for them. As the individual economy is concerned, since the labourers' remuneration is not easily distingushed from the operating profit, both are treated as labourers remuneration.

EXPLANATORY NOTES ON MAIN STATISTICAL INDICATORS

□ Net Taxes on Production

refers to the residual of the taxes on production minus the subsidies on production. The taxes on production refer to the various taxes, extra charges and fees levied on the production units on their production, sail and business activities as well as on some factors of production, such as fixed assets, land and labour force, used in the production activities they are engaged in. In contrast to the taxes on production, the subsidies on production refer to the unilateral transfer of part of the government's revenue to the production units and is therefore regarded as negative taxes on production. They include sunsidies on the loss due to implementation of government policies, price subsidies to the grain institutions, foreign trade corporations' receipts from drawback, ect.

□ Depreciation of Fixed Assets

refers to the depreciation of fixed assets of a given period, drawn in accordance with the stipulated depreciation rate for purpose of compensating the wear loss of the fixed assets of the depreciation of fixed assets calculated in a fictitious way in accordance with the stipulated unified depreciation rate in the national economic accounting system. It reflects the value of transfer of the fixed assets in the production of the current period. The depreciation of fixed assets in various enterprises and institutions managed as enterprises refers to the depreciation expenses actually drawnand calculated as part of the cost. In government agencies and institutions not managed as enterprises which do not draw the depreciation expenses, as well as for the house of residents, the depreciation of fixed assets is the imputed depreciation, which is calculated in accordance with the stipulated unified depreciation rate. In principle, the depreciation of fixed assets should bs calculated on the basis of the repurchased value of the fixed assets. However, there is no actual condition to reevaluated all the fixed assets in China. Therefore, the abovementioned methods are temporarily adopted at present.

□ Operating Surplus

refers to the balance of the value added created by the resident units deducting the laboures' remuneration, net taxes on production and the depreciation of fixed assets. It is equivalent to the business profit of the enterprises plus subsidies on production, but the wages and welfare expenses paid from the profits should be deducted.

2015
浙江统计年鉴
ZHEJIANG STATISTICAL YEARBOOK

人口和就业人员
Population and Employment

2-1 历年总户数和总人口数(年底数)
Total Population and Households(year-end)

年份 Year	总户数 (万户) Total Households (10000 households)	总人口数 (万人) Total Population (10000 persons)	按性别分 By Sex		按农业和非农业分 By Agriculture and Non-agriculture	
			男性 Male	女性 Female	农业人口 Agriculture	非农业人口 Non-agriculture
1978	897.62	3750.96	1948.29	1802.67	3321.96	429.00
1979	905.32	3792.33	1967.40	1824.93	3332.57	459.76
1980	923.58	3826.58	1985.59	1840.99	3346.40	480.18
1981	965.92	3871.51	2007.55	1863.96	3362.04	509.47
1982	990.66	3924.32	2034.98	1889.34	3387.79	536.53
1983	1014.03	3963.10	2056.06	1907.04	3413.05	550.05
1984	1038.85	3993.09	2071.46	1921.63	3425.47	567.62
1985	1081.20	4029.56	2090.69	1938.87	3395.35	634.21
1986	1122.09	4070.07	2112.05	1958.02	3417.19	652.88
1987	1167.30	4121.19	2137.38	1983.81	3455.14	666.05
1988	1211.08	4169.85	2161.26	2008.59	3487.61	682.24
1989	1240.41	4208.88	2180.83	2028.05	3515.46	693.42
1990	1259.49	4234.91	2193.71	2041.20	3538.13	696.78
1991	1276.80	4261.37	2206.65	2054.72	3555.37	706.00
1992	1297.81	4285.91	2218.72	2067.19	3560.13	725.78
1993	1311.07	4313.30	2232.72	2080.58	3563.24	750.06
1994	1321.54	4341.20	2246.57	2094.63	3565.19	776.01
1995	1339.82	4369.63	2259.54	2110.09	3567.14	802.49
1996	1353.99	4400.09	2273.54	2126.55	3570.17	829.92
1997	1369.79	4422.28	2282.85	2139.43	3557.19	865.09
1998	1389.44	4446.86	2293.29	2153.57	3539.78	907.08
1999	1410.25	4467.46	2302.64	2164.82	3519.79	947.67
2000	1440.40	4501.22	2316.54	2184.68	3506.20	995.02
2001	1447.67	4519.84	2323.87	2195.97	3473.63	1046.21
2002	1466.19	4535.98	2330.30	2205.68	3438.76	1097.22
2003	1485.72	4551.58	2335.61	2215.97	3394.08	1157.50
2004	1509.29	4577.22	2345.26	2231.96	3353.16	1224.06
2005	1534.16	4602.11	2354.19	2247.91	3335.30	1266.81
2006	1556.53	4629.43	2364.97	2264.46	3317.26	1312.17
2007	1578.85	4659.34	2377.12	2282.22	3308.21	1351.13
2008	1595.70	4687.85	2388.98	2298.87	3292.37	1395.48
2009	1604.17	4716.18	2400.16	2316.02	3282.23	1433.95
2010	1607.86	4747.95	2413.13	2334.83	3279.06	1468.90
2011	1618.04	4781.31	2426.93	2354.38	3279.43	1501.88
2012	1616.25	4799.34	2433.68	2365.66	3277.74	1521.61
2013	1622.44	4826.89	2445.04	2381.86	3281.48	1545.41
2014	1630.49	4859.18	2458.69	2400.49	3279.11	1580.06

注：本表资料为公安年报数。
Data in this table refers to the data from the annual reports of the Bureau of Public Security.

2-2 各市、县总户数和总人口数(2014年底)
Total Households and Population by City and County(End of 2014)

地区	Region	总户数（户）Total Households (households)	总人口数（人）Total Population (persons)	按性别分 By Sex		按农业和非农业分 By Agriculture and Non-agriculture	
				男性 Male	女性 Female	农业人口 Agriculture	非农业人口 Non-agriculture
合计	Zhejiang	16304936	48591771	24586866	24004905	32791128	15800643
杭州市	Hangzhou	2223450	7157576	3572639	3584937	3114871	4042705
市辖区	District	1356304	4584653	2276915	2307738	1146614	3438039
上城区	Shangcheng	114398	329653	165185	164468	11	329642
下城区	Xiacheng	129424	405838	203765	202073	3	405835
江干区	Jianggan	139261	484073	241346	242727	9143	474930
拱墅区	Gongshu	112223	326562	163898	162664	28	326534
西湖区	Xihu	180579	666318	337611	328707	55190	611128
滨江区	Binjiang	52442	191367	97633	93734	10566	180801
萧山区	Xiaoshan	374675	1255413	615115	640298	691030	564383
余杭区	Yuhang	253302	925429	452362	473067	380643	544786
富阳区	Fuyang	214823	666083	334769	331314	518558	147525
桐庐县	Tonglu	147985	408367	204244	204123	276595	131772
淳安县	Chunan	147189	459037	233119	225918	376414	82623
建德市	Jiande	169802	509719	259670	250049	379482	130237
临安市	Linan	187347	529717	263922	265795	417208	112509
宁波市	Ningbo	2240741	5837767	2905164	2932603	3660483	2177284
市辖区	District	913528	2296382	1131316	1165066	835977	1460405
海曙区	Haishu	113272	298486	146157	152329	6	298480
江东区	Jiangdong	107750	281316	138234	143082		281316
江北区	Jiangbei	101669	242710	119051	123659	80779	161931
北仑区	Beilun	155485	390182	192455	197727	162431	227751
镇海区	Zhenhai	93222	231656	116114	115542	58226	173430
鄞州区	Yinzhou	342130	852032	419305	432727	534535	317497
象山县	Xiangshan	183516	548572	278394	270178	432779	115793
宁海县	Ninghai	232103	626426	323596	302830	524206	102220
余姚市	Yuyao	307795	836717	413629	423088	645210	191507
慈溪市	Cixi	421729	1045942	514579	531363	849243	196699
奉化市	Fenhua	182070	483728	243650	240078	373068	110660
温州市	Wenzhou	2299094	8136930	4222645	3914285	6373156	1763774
市辖区	District	448792	1524470	768317	756153	835514	688956
鹿城区	Luchen	243233	743168	368571	374597	179391	563777
龙湾区	Longwan	83725	351791	182104	169687	288246	63545
瓯海区	Ouhai	121834	429511	217642	211869	367877	61634
洞头县	Dongtou	43477	132337	67912	64425	114890	17447
永嘉县	Yongjia	288944	976740	519187	457553	867080	109660
平阳县	Pingyang	238826	884041	459278	424763	671330	212711
苍南县	Cangnan	333802	1331766	700572	631194	1016385	315381

续表 1 Continued

地区	Region	总户数（户）Total Households (households)	总人口数（人）Total Population (persons)	按性别分 By Sex		按农业和非农业分 By Agriculture and Non－agriculture	
				男性 Male	女性 Female	农业人口 Agriculture	非农业人口 Non－agriculture
文成县	Wencheng	132969	402385	213011	189374	366781	35604
泰顺县	Taishun	119699	366785	191610	175175	331332	35453
瑞安市	Ruian	321304	1231071	631517	599554	1002469	228602
乐清市	Yueqing	371281	1287335	671241	616094	1167375	119960
嘉兴市	Jiaxing	1049618	3481377	1715234	1766143	1871554	1609823
市辖区	District	283024	863637	426244	437393	404672	458965
南湖区	Xuichen	171176	487894	241587	246307	143426	344468
秀洲区	Xuizhou	111848	375743	184657	191086	261246	114497
嘉善县	Jiashan	125213	387538	190936	196602	203505	184033
海盐县	Haiyan	121556	378263	186735	191528	157809	220454
海宁市	Haining	185510	673782	330708	343074	439622	234160
平湖市	Pinghu	147913	491379	240853	250526	250944	240435
桐乡市	Tongxiang	186402	686778	339758	347020	415002	271776
湖州市	Huzhou	859817	2637845	1308901	1328944	1689446	948399
市辖区	District	347454	1106484	545468	561016	613277	493207
吴兴区	Wuxing	204621	614681	303349	311332	257841	356840
南浔区	Nanxun	142833	491803	242119	249684	355436	136367
德清县	Deqing	133521	436977	215856	221121	284528	152449
长兴县	Changxing	225264	630537	316907	313630	465963	164574
安吉县	Anji	153578	463847	230670	233177	325678	138169
绍兴市	Shaoxing	1614768	4430358	2216175	2214183	2790310	1640048
市辖区	District	772466	2177836	1072688	1105148	1002619	1175217
越城区	Yuecheng	264180	748072	367036	381036	223219	524853
柯桥区	Keqiao	220210	649784	320022	329762	309090	340694
上虞区	Shangyu	288076	779980	385630	394350	470310	309670
新昌县	Xinchang	171894	438977	225849	213128	331141	107836
诸暨市	Zhuji	410163	1080398	541037	539361	921825	158573
嵊州市	Shengzhou	260245	733147	376601	356546	534725	198422
金华市	Jinhua	1837947	4750728	2424154	2326574	3651384	1099344
市辖区	District	367582	950886	477624	473262	624252	326634
婺城区	Wucheng	240077	629954	316303	313651	338221	291733
金东区	Jindong	127505	320932	161321	159611	286031	34901
武义县	Wuyi	134165	338507	172662	165845	284162	54345
浦江县	Pujiang	143015	396068	206403	189665	323704	72364
磐安县	Panan	84120	211921	109715	102206	181047	30874
兰溪市	Lanxi	222056	660879	343453	317426	534653	126226
义乌市	Yiwu	339224	766604	388850	377754	523257	243347
东阳市	Dongyang	315289	834213	423272	410941	687997	146216

续表 2 Continued

地区	Region	总户数（户）Total Households (households)	总人口数（人）Total Population (persons)	按性别分 By Sex		按农业和非农业分 By Agriculture and Non－agriculture	
				男性 Male	女性 Female	农业人口 Agriculture	非农业人口 Non－agriculture
永康市	Yongkang	232496	591650	302175	289475	492312	99338
衢州市	Quzhou	902201	2556727	1310902	1245825	2002738	553989
市辖区	District	319808	841293	428951	412342	540518	300775
柯城区	Kecheng	174652	439726	222360	217366	174936	264790
衢江区	Qujiang	145156	401567	206591	194976	365582	35985
常山县	Changshan	108708	341036	177037	163999	297524	43512
开化县	Kaihua	115205	358235	184897	173338	315094	43141
龙游县	Longyou	160104	404234	205068	199166	340665	63569
江山市	Jiangshan	198376	611929	314949	296980	508937	102992
舟山市	Zhoushan	367281	974892	482758	492134	605847	369045
市辖区	District	257176	709040	351837	357203	421465	287575
定海区	Dinghai	145913	386091	191314	194777	218606	167485
普陀区	Putuo	111263	322949	160523	162426	202859	120090
岱山县	Daishan	78784	187882	92928	94954	140408	47474
嵊泗县	Shengsi	31321	77970	37993	39977	43974	33996
台州市	Taizhou	1908514	5971047	3058768	2912279	4829723	1141324
市辖区	District	501956	1584747	797802	786945	1262939	321808
椒江区	Jiaojiang	172999	527081	265217	261864	379684	147397
黄岩区	Huangyan	194783	605067	305357	299710	494419	110648
路桥区	Luqiao	134174	452599	227228	225371	388836	63763
玉环县	Yuhuan	138203	430239	217937	212302	181469	248770
三门县	Sanmen	131764	440645	230841	209804	395158	45487
天台县	Tiantai	191468	598363	312061	286302	486830	111533
仙居县	Xianju	146512	508658	264149	244509	457309	51349
温岭市	Wenling	414278	1218006	616587	601419	1008690	209316
临海市	Linhai	384333	1190389	619391	570998	1037328	153061
丽水市	Lishui	1001505	2656524	1369526	1286998	2201616	454908
市辖区	District	178284	399914	201675	198239	270947	128967
莲都区	Liandu	178284	399914	201675	198239	270947	128967
青田县	Qingtian	171464	535779	277677	258102	446403	89376
缙云县	Jinyun	194776	463883	239151	224732	419846	44037
遂昌县	Suichang	85315	232343	120602	111741	194711	37632
松阳县	Songyang	91840	240615	124830	115785	211954	28661
云和县	Yunhe	38912	113597	58753	54844	92626	20971
庆元县	Qingyuan	85184	206455	106667	99788	173304	33151
景宁自治县	Jingning	60771	173331	91231	82100	143302	30029
龙泉市	Longquan	94959	290607	148940	141667	248523	42084

注：本表资料为公安年报数。
Data in this table refers to the data from the annual reports of the Bureau of Public Security.

2-3 人口自然变动情况(1978-2014年)
Natural Population Changes(1978-2014)

年份 Year	年末常住人口(万人) Total Population with Permanent Residence (10000 persons)	出生 Birth		死亡 Death		自然增长 Natural Growth	
		人数(万人) Population (10000 persons)	出生率 Birth Rate	人数(万人) Population (10000 persons)	死亡率 Death Rate	人数(万人) Population (10000 persons)	自然增长率 Natural Growth Rate
1978		67.75	18.17	21.75	5.83	46.00	12.34
1979		67.82	17.98	22.23	5.89	45.59	12.09
1980		59.40	15.59	23.97	6.29	35.43	9.30
1981		69.00	17.93	24.12	6.27	44.89	11.66
1982		71.38	18.31	23.17	5.94	48.21	12.37
1983		62.66	15.89	25.13	6.37	37.53	9.52
1984		49.80	12.52	23.82	5.99	25.97	6.53
1985		50.59	12.61	24.25	6.05	26.34	6.56
1986		64.64	15.96	24.06	5.94	40.58	10.02
1987		69.67	17.01	28.34	6.92	41.33	10.09
1988		64.42	15.54	26.32	6.35	38.10	9.19
1989		63.68	15.20	26.85	6.41	36.83	8.79
1990	4238.00	64.75	15.33	26.65	6.31	38.10	9.02
1991	4269.50	61.59	14.48	27.18	6.39	34.41	8.09
1992	4304.40	63.10	14.72	28.17	6.57	34.93	8.15
1993	4334.80	58.79	13.61	28.42	6.58	30.37	7.03
1994	4363.70	56.67	13.24	28.25	6.64	28.42	6.60
1995	4389.00	54.52	12.66	29.07	6.75	25.45	5.91
1996	4413.00	53.21	12.09	28.96	6.58	24.25	5.51
1997	4434.80	50.47	11.41	28.66	6.48	21.81	4.93
1998	4456.20	49.57	11.15	28.14	6.33	21.43	4.82
1999	4475.40	47.51	10.64	28.36	6.35	19.15	4.29
2000	4679.91	48.09	10.30	28.63	6.13	19.46	4.17
2001	4728.80	46.14	10.02	28.78	6.25	17.39	3.77
2002	4776.40	46.19	9.98	28.65	6.19	17.54	3.79
2003	4856.80	44.96	9.66	29.70	6.38	15.26	3.28
2004	4925.20	50.12	10.71	26.95	5.76	23.16	4.95
2005	4990.90	54.37	11.10	29.78	6.08	24.59	5.02
2006	5071.80	50.78	10.29	26.75	5.42	24.03	4.87
2007	5154.90	52.11	10.38	27.96	5.57	24.15	4.81
2008	5212.40	51.92	10.20	28.61	5.62	23.31	4.58
2009	5275.50	52.63	10.22	28.79	5.59	23.84	4.63
2010	5446.51	55.08	10.27	29.70	5.54	25.38	4.73
2011	5463.00	51.66	9.47	29.46	5.40	22.20	4.07
2012	5477.00	55.36	10.12	30.20	5.52	25.16	4.60
2013	5498.00	54.93	10.01	29.91	5.45	25.02	4.56
2014	5508.00	57.80	10.51	30.30	5.51	27.50	5.00

注：1.本表为人口抽样调查数据。
Data in this table are obtained from the sample survey on population changes.
2.2001年至2009年末常住人口数据,根据2010年第六次全国人口普查数据进行了修正。
Data of total population with permanent residence are adjusted according to the Sixth National Population Cencus since 2001.

2-4 各市人口自然变动情况
Natural Population Changes by City

单位:‰(‰)

地区	Region	年末常住人口(万人) Population with Permanent Residence (10000 persons)			自然增长率 Natural Growth Rate			出生率 Birth Rate			死亡率 Death Rate			城镇人口比重(%) Percentage of the urban population(%)		
		2012	2013	2014	2012	2013	2014	2012	2013	2014	2012	2013	2014	2012	2013	2014
全省	**Total**	**5477.0**	**5498.0**	**5508.0**	**4.60**	**4.56**	**5.00**	**10.12**	**10.01**	**10.51**	**5.52**	**5.45**	**5.51**	**63.2**	**64.0**	**64.9**
杭州市	Hangzhou	880.2	884.4	889.2	4.14	4.11	5.10	9.22	9.09	10.10	5.08	4.97	5.00	74.3	74.9	75.1
宁波市	Ningbo	763.9	766.3	781.1	4.12	4.11	4.50	8.98	8.88	9.00	4.86	4.77	4.50	69.4	69.8	70.3
温州市	Wenzhou	915.6	919.7	906.8	7.53	7.53	7.60	12.61	12.36	12.50	5.08	4.83	4.90	66.7	67.0	67.2
嘉兴市	Jiaxing	454.4	455.8	457.0	3.78	3.79	4.70	9.67	9.60	10.40	5.89	5.81	5.70	55.3	57.1	59.2
湖州市	Huzhou	290.5	291.6	293.0	1.52	1.63	2.00	8.06	7.98	9.00	6.54	6.35	7.00	55.1	56.0	57.4
绍兴市	Shaoxing	494.3	494.9	495.6	1.33	1.55	1.70	7.94	7.94	8.10	6.61	6.39	6.40	60.1	61.0	62.1
金华市	Jinhua	539.9	542.8	543.7	5.40	5.44	5.60	11.13	11.02	11.20	5.73	5.59	5.60	61.4	62.2	63.3
衢州市	Quzhou	212.0	212.4	212.4	4.30	2.59	3.90	10.27	10.20	10.30	5.97	7.61	6.40	46.6	47.7	49.0
舟山市	Zhoushan	114.0	114.2	114.6	1.54	1.83	2.00	7.89	7.85	8.10	6.35	6.02	6.10	65.3	65.8	66.3
台州市	Taizhou	600.5	603.8	601.5	5.99	5.84	5.90	11.25	11.15	11.30	5.26	5.30	5.40	56.9	58.1	59.5
丽水市	Lishui	211.7	212.2	213.1	5.13	5.35	5.50	11.35	11.29	11.40	6.22	5.94	5.90	52.5	53.8	55.2

注：本表为人口抽样调查数据。
Data in this table are obtained from the sample survey on population changes.

2-5 各市、县户籍人口年龄构成(2014年底)
Population by Age, City and County (End of 2014)

单位:人(person)

地区	Region	18岁以下 Age 0-18		18-35岁 Age 18-35		35-60岁 Age 35-60		60岁以上 Age 60 and over	
		人数 Population	占总人口% Percentage to Total	人数 Population	占总人口% Percentage to Total	人数 Population	占总人口% Percentage to Total	人数 Population	占总人口% Percentage to Total
浙江省	**Total**	**8062318**	**16.59**	**10959374**	**22.55**	**20076916**	**41.32**	**9493163**	**19.54**
杭州市	**Hangzhou**	**1101881**	**15.39**	**1712197**	**23.92**	**2894434**	**40.44**	**1449064**	**20.25**
杭州市区	District	721760	15.74	1127622	24.60	1795133	39.16	940138	20.51
上城区	Shangcheng	35796	10.86	77314	23.45	125829	38.17	90714	27.52
下城区	Xiacheng	50633	12.48	109643	27.02	149415	36.82	96147	23.69
江干区	Jianggan	83703	17.29	133562	27.59	178080	36.79	88728	18.33
拱墅区	Gongshu	45344	13.89	75818	23.22	127894	39.16	77506	23.73
西湖区	Xihu	109903	16.49	202030	30.32	244323	36.67	110062	16.52
滨江区	Binjiang	38433	20.08	59561	31.12	67699	35.38	25674	13.42
萧山区	Xiaoshan	204613	16.30	264221	21.05	518232	41.28	268347	21.38
余杭区	Yuhang	153335	16.57	205473	22.20	383661	41.46	182960	19.77
富阳区	Fuyang	105661	15.86	151922	22.81	283292	42.53	125208	18.80
桐庐县	Tonglu	60293	14.76	93662	22.94	170660	41.79	83752	20.51
淳安县	Chunan	68895	15.01	100826	21.96	202080	44.02	87236	19.00
建德市	Jiande	71844	14.09	119042	23.35	213820	41.95	105013	20.60
临安市	Linan	73428	13.86	119123	22.49	229449	43.32	107717	20.33
宁波市	**Ningbo**	**831445**	**14.24**	**1273970**	**21.82**	**2477787**	**42.44**	**1254565**	**21.49**
宁波市区	District	323683	14.10	518499	22.58	955986	41.63	498214	21.70
海曙区	Haishu	41648	13.95	66222	22.19	122837	41.15	67779	22.71
江东区	Jiangdong	42594	15.14	62195	22.11	120030	42.67	56497	20.08
江北区	Jiangbei	33349	13.74	55958	23.06	99301	40.91	54102	22.29
北仑区	Beilun	54126	13.87	91696	23.50	160691	41.18	83669	21.44
镇海区	Zhenhai	29893	12.90	49515	21.37	97268	41.99	54980	23.73
鄞州区	Yinzhou	122073	14.33	192913	22.64	355859	41.77	181187	21.27
象山县	Xiangshan	85416	15.57	119409	21.77	236547	43.12	107200	19.54
宁海县	Ninghai	109476	17.48	140980	22.51	264442	42.21	111528	17.80
余姚市	Yuyao	106073	12.68	175847	21.02	361078	43.15	193719	23.15
慈溪市	Cixi	142983	13.67	221290	21.16	446000	42.64	235669	22.53
奉化市	Fenhua	63814	13.19	97945	20.25	213734	44.18	108235	22.38
温州市	**Wenzhou**	**1580219**	**19.42**	**2100522**	**25.81**	**3173984**	**39.01**	**1282205**	**15.76**
温州市区	District	272998	17.91	362517	23.78	616452	40.44	272503	17.88
鹿城区	Lucheng	126447	17.01	163637	22.02	308170	41.47	144914	19.50
龙湾区	Longwan	71394	20.29	89553	25.46	137766	39.16	53078	15.09
瓯海区	Ohai	75157	17.50	109327	25.45	170516	39.70	74511	17.35
洞头县	Dongtou	25281	19.10	30370	22.95	56824	42.94	19862	15.01
永嘉县	Yongjia	211112	21.61	259971	26.62	360202	36.88	145455	14.89
平阳县	Pingyang	159393	18.03	226795	25.65	354538	40.10	143315	16.21
苍南县	Cangnan	257681	19.35	369534	27.75	516317	38.77	188234	14.13

续表 1 Continued 单位:人(person)

地区	Region	18岁以下 Age 0-18		18-35岁 Age 18-35		35-60岁 Age 35-60		60岁以上 Age 60 and over	
		人数 Population	占总人口% Percentage to Total	人数 Population	占总人口% Percentage to Total	人数 Population	占总人口% Percentage to Total	人数 Population	占总人口% Percentage to Total
文成县	Wencheng	83568	20.77	99833	24.81	152369	37.87	66615	16.56
泰顺县	Taishun	74091	20.20	95532	26.05	141608	38.61	55554	15.15
瑞安市	Ruian	237600	19.30	298276	24.23	498244	40.47	196951	16.00
乐清市	Yueqing	258495	20.08	357694	27.79	477430	37.09	193716	15.05
嘉兴市	**Jiaxing**	**480682**	**13.81**	**739864**	**21.25**	**1447766**	**41.59**	**813065**	**23.35**
嘉兴市区	District	124046	14.36	189719	21.97	353453	40.93	196419	22.74
南湖区	Nanhu	68062	13.95	106939	21.92	200497	41.09	112396	23.04
秀洲区	Xiuzhou	55984	14.90	82780	22.03	152956	40.71	84023	22.36
嘉善县	Jiashan	48263	12.45	79188	20.43	160734	41.48	99353	25.64
海盐县	Haiyan	49999	13.22	81110	21.44	161085	42.59	86069	22.75
海宁市	Haining	95172	14.13	143467	21.29	278109	41.28	157034	23.31
平湖市	Pinghu	62140	12.65	102792	20.92	207419	42.21	119028	24.22
桐乡市	Tongxiang	101062	14.72	143588	20.91	286966	41.78	155162	22.59
湖州市	**Huzhou**	**367127**	**13.92**	**579063**	**21.95**	**1104121**	**41.86**	**587534**	**22.27**
湖州市区	District	146489	13.24	242485	21.91	449913	40.66	267597	24.18
吴兴区	Wuxing	89767	14.60	140497	22.86	247700	40.30	136717	22.24
南浔区	NanXun	56722	11.53	101988	20.74	202213	41.12	130880	26.61
德清县	Deqing	59182	13.54	95783	21.92	184476	42.22	97536	22.32
长兴县	ChangXing	94622	15.01	137916	21.87	267790	42.47	130209	20.65
安吉县	Anji	66834	14.41	102879	22.18	201942	43.54	92192	19.88
绍兴市	**Shaoxing**	**654970**	**14.78**	**905334**	**20.43**	**1907203**	**43.05**	**962851**	**21.73**
绍兴市区	District	314626	14.45	459557	21.10	923407	42.40	480246	22.05
越城区	Yuecheng	111777	14.94	157273	21.02	313488	41.91	165534	22.13
柯桥区	shaoxing	98458	15.15	140357	21.60	271431	41.77	139538	21.47
上虞区	Xinchang	104391	13.38	161927	20.76	338488	43.40	175174	22.46
新昌县	Zhuji	69150	15.75	91306	20.80	190464	43.39	88057	20.06
诸暨市	Shangyu	166500	15.41	213015	19.72	469774	43.48	231109	21.39
嵊州市	Shengzhou	104694	14.28	141456	19.29	323558	44.13	163439	22.29
金华市	**Jinhua**	**814071**	**17.14**	**1048689**	**22.07**	**1969331**	**41.45**	**918637**	**19.34**
金华市区	District	156212	16.43	201061	21.14	407908	42.90	185705	19.53
婺城区	Wucheng	105893	16.81	130718	20.75	272360	43.23	120983	19.21
金东区	Jindong	50319	15.68	70343	21.92	135548	42.24	64722	20.17
武义县	Wuyi	52279	15.44	73381	21.68	145728	43.05	67119	19.83
浦江县	Pujiang	66628	16.82	90065	22.74	165157	41.70	74218	18.74
磐安县	Panan	38303	18.07	42074	19.85	92177	43.50	39367	18.58
兰溪市	Lanxi	101396	15.34	142386	21.54	278120	42.08	138977	21.03
义乌市	Yiwu	141903	18.51	183751	23.97	300323	39.18	140627	18.34
东阳市	Dongyang	140770	16.87	181838	21.80	346282	41.51	165323	19.82

续表 2 Continued 单位：人(person)

地区	Region	18 岁以下 Age 0－18		18－35 岁 Age 18－35		35－60 岁 Age 35－60		60 岁以上 Age 60 and over	
		人数 Population	占总人口% Percentage to Total	人数 Population	占总人口% Percentage to Total	人数 Population	占总人口% Percentage to Total	人数 Population	占总人口% Percentage to Total
永康市	Yongkang	116580	19.70	134133	22.67	233636	39.49	107301	18.14
衢州市	**Quzhou**	**449201**	**17.57**	**535894**	**20.96**	**1077629**	**42.15**	**494003**	**19.32**
衢州市区	District	142021	16.88	178150	21.18	348832	41.46	172290	20.48
柯城区	Kecheng	73118	16.63	92902	21.13	182798	41.57	90908	20.67
衢江区	Qujiang	68903	17.16	85248	21.23	166034	41.35	81382	20.27
常山县	Changshan	64210	18.83	75162	22.04	142213	41.70	59451	17.43
开化县	Kaihua	64740	18.07	74798	20.88	156092	43.57	62605	17.48
龙游县	Longyou	64813	16.03	82207	20.34	172649	42.71	84565	20.92
江山市	Jiangshan	113417	18.53	125577	20.52	257843	42.14	115092	18.81
舟山市	**Zhoushan**	**113902**	**11.68**	**200762**	**20.59**	**438329**	**44.96**	**221899**	**22.76**
舟山市区	District	88204	12.44	147358	20.78	316873	44.69	156605	22.09
定海区	Dinghai	52496	13.60	79733	20.65	169238	43.83	84624	21.92
普陀区	Putuo	35708	11.06	67625	20.94	147635	45.71	71981	22.29
岱山县	Daishan	18121	9.64	37351	19.88	84779	45.12	47631	25.35
嵊泗县	Shengsi	7577	9.72	16053	20.59	36677	47.04	17663	22.65
台州市	**Taizhou**	**1157944**	**19.39**	**1282129**	**21.47**	**2479981**	**41.53**	**1050993**	**17.60**
台州市区	District	289921	18.29	336432	21.23	661146	41.72	297248	18.76
椒江区	Jiaojiang	98577	18.70	117977	22.38	217911	41.34	92616	17.57
黄岩区	Huangyan	106526	17.61	123630	20.43	253364	41.87	121547	20.09
路桥区	Luqiao	84818	18.74	94825	20.95	189871	41.95	83085	18.36
玉环县	Yuhuan	81225	18.88	95939	22.30	180104	41.86	72971	16.96
三门县	Sanmen	89896	20.40	97762	22.19	183901	41.73	69086	15.68
天台县	Tiantai	127565	21.32	139093	23.25	234571	39.20	97134	16.23
仙居县	Xianju	115952	22.80	100115	19.68	210047	41.29	82544	16.23
温岭市	Wenling	208339	17.10	269579	22.13	512989	42.12	227099	18.65
临海市	Linhai	245046	20.59	243209	20.43	497223	41.77	204911	17.21
丽水市	**Lishui**	**510876**	**19.23**	**580950**	**21.87**	**1106351**	**41.65**	**458347**	**17.25**
丽水市区	District	74906	18.73	90364	22.60	162951	40.75	71693	17.93
莲都区	Liandu	74906	18.73	90364	22.60	162951	40.75	71693	17.93
青田县	Qingtian	110460	20.62	134689	25.14	207417	38.71	83213	15.53
缙云县	Jinyun	87394	18.84	98243	21.18	193971	41.81	84275	18.17
遂昌县	Suichang	39065	16.81	46548	20.03	101992	43.90	44738	19.26
松阳县	Songyang	44941	18.68	49766	20.68	104419	43.40	41489	17.24
云和县	Yunhe	20138	17.73	23480	20.67	49232	43.34	20747	18.26
庆元县	Qingyuan	42059	20.37	44534	21.57	87460	42.36	32402	15.69
景宁自治县	Jingning	36776	21.22	34401	19.85	73734	42.54	28420	16.40
龙泉市	Longquan	55137	18.97	58925	20.28	125175	43.07	51370	17.68

注：本表资料为公安年报数。
Data in this table refer to the data from the annual reports of the Bureau of Public Security.

2－6 非农业人口变动情况(2008－2014 年)
Non－agriculture Population Changes(2008－2014)

单位:万人(10000 persons)

项目	Item	2008	2009	2010	2011	2012	2013	2014
增加人口数合计	**Increased Total Population**	**133.00**	**102.43**	**96.70**	**93.94**	**83.21**	**87.18**	**96.38**
出生人口	Birth Population	12.34	12.56	14.84	13.98	15.97	14.88	17.36
非农业人口迁入	Non－agriculture Population Transfered into	52.90	50.44	50.74	43.69	42.05	41.09	42.29
农业人口转非农业人口	Population Changed into Non－agriculture	26.66	18.90	16.61	15.88	18.11	17.03	15.28
#招生	Students Recruited	1.92	1.15	0.70	0.44	0.26	0.19	0.12
招工	Workers Recruited	0.10	0.13	0.17	0.32	0.44	0.55	0.56
复员转业	Demobilized Soldiers	0.57	0.50	0.47	0.54	0.43	0.42	0.43
其他人口	Others	40.53	20.03	14.05	19.85	6.65	13.76	20.78
减少人口数合计	**Decrease Total Population**	**88.65**	**63.97**	**61.75**	**60.96**	**63.48**	**63.37**	**61.72**
死亡人口	Death Population	6.53	7.23	8.04	7.57	10.30	7.79	8.57
非农业人口迁出	Non－agriculture Population Transfered out	45.64	43.44	43.30	38.09	38.16	37.79	38.33
服兵役	Enlisting in the Army	0.51	0.55	0.47	0.44	0.44	0.55	0.45
其他人口	Others	35.97	12.75	9.94	14.86	14.59	17.24	14.28

注：本表资料为公安年报数。Data in this table refer to the data from the annual reports of the Bureau of Public Security.

2－7 计划生育情况
Family Planning

单位:%(%)

地 区	Region	计划生育率 Birth Rate Control					已婚育龄妇女独生子女领证率 Proportion of Only Child Certificate				
		2010	2011	2012	2013	2014	2010	2011	2012	2013	2014
合 计	**Total**	**92.63**	**92.80**	**92.18**	**91.86**	**92.01**	**29.55**	**29.57**	**29.31**	**28.96**	**28.14**
杭州市	Hangzhou	98.10	97.90	97.68	96.94	97.22	40.78	41.10	40.10	39.38	37.58
宁波市	Ningbo	96.53	96.15	96.07	95.92	95.95	40.15	39.78	38.93	37.93	36.60
温州市	Wenzhou	83.60	85.24	84.88	84.45	85.06	13.77	14.01	14.59	14.75	14.62
嘉兴市	Jiaxing	98.66	98.74	98.61	98.51	98.89	58.06	57.33	56.48	54.88	52.75
湖州市	Huzhou	98.01	98.08	97.91	97.23	97.63	44.22	43.64	42.88	42.09	40.87
绍兴市	Shaoxing	96.93	97.20	96.93	96.35	96.13	31.46	31.13	30.57	29.91	28.91
金华市	Jinhua	92.91	91.75	90.81	90.79	90.17	19.19	19.45	19.75	19.74	19.66
衢州市	Quzhou	93.29	92.34	92.09	91.02	84.43	22.28	22.26	22.15	21.98	21.54
舟山市	Zhoushan	98.77	99.00	98.92	98.52	98.54	39.24	39.19	39.12	38.90	38.23
台州市	Taizhou	92.14	92.33	89.54	89.37	89.27	19.76	20.30	20.60	21.05	20.92
丽水市	Lishui	88.82	89.25	88.47	88.99	88.99	16.75	17.19	18.58	19.30	19.44

注：本表资料为人口和计划生育部门年报数。
Data in this table refer to the data from the annual reports of the Population and Family Planning Commission.

2-8 就业和失业人员情况(1978-2014年,年底数)
Employed and Unemployed Persons(1978-2014,Year-end)

单位:万人

年份 Year	就业人员总数 Employed Persons	在岗职工合计 Fully Employed Staff and Workers	国有单位 State-owned Units	城镇集体单位 Urban Collective Owned Units	其他单位 Others	城镇私营和个体从业人员 Urban Private Enterprises and Individuals Employed Persons	乡村从业人员 Rural Employed Persons	年末城镇登记失业人员 Unemployed Persons in Urban Areas	城镇登记失业率(%) Unemployment Rate in Urban Areas
1978	1794.96	312.89	183.14	129.75		1.51	1480.56	24.40	7.2
1979	1829.90	339.91	196.78	143.13		2.00	1487.99	13.22	3.7
1980	1856.42	359.73	208.50	151.23		3.51	1493.18	10.23	2.7
1981	1954.53	397.35	223.62	155.73		4.11	1571.07	5.24	1.3
1982	2021.74	374.33	232.29	142.04		5.25	1642.16	9.27	2.4
1983	2141.16	382.75	237.68	145.07		7.61	1750.80	7.15	1.8
1984	2248.91	402.51	228.26	172.72	1.53	9.55	1836.85	4.69	1.1
1985	2318.56	426.57	240.71	183.81	2.05	12.09	1879.90	3.45	0.8
1986	2386.42	443.04	251.92	188.73	2.39	12.87	1930.51	5.50	1.2
1987	2444.73	459.65	263.46	192.97	3.22	15.69	1969.39	7.51	1.6
1988	2502.73	475.74	274.30	196.97	4.47	22.54	2004.45	7.73	1.5
1989	2522.86	470.12	274.95	189.34	5.83	27.03	2025.71	10.53	2.1
1990	2554.46	476.02	280.87	189.12	6.03	29.84	2048.60	11.24	2.2
1991	2579.36	492.81	293.41	191.09	8.31	30.98	2049.22	10.87	2
1992	2600.38	491.37	297.96	181.62	11.79	38.29	2065.04	12.97	2.4
1993	2615.89	502.36	300.59	176.12	25.65	52.54	2052.66	14.68	2.6
1994	2640.51	500.88	294.13	170.42	36.33	82.39	2024.39	16.09	2.6
1995	2621.47	498.61	294.59	161.89	42.13	96.44	2015.45	17.72	2.8
1996	2625.06	495.35	290.22	156.25	48.88	108.99	2010.21	16.22	2.6
1997	2619.66	482.26	285.05	144.53	52.68	110.27	2016.20	18.75	3
1998	2612.54	455.80	256.61	102.94	96.25	122.86	2021.56	19.96	3.3
1999	2625.17	427.45	233.15	80.21	114.09	163.34	2021.24	21.17	3.4
2000	2726.09	398.53	208.19	58.93	131.41	208.56	2106.14	21.82	3.4
2001	2796.65	372.39	185.36	41.28	145.75	236.00	2173.63	23.99	3.7
2002	2858.56	367.14	179.67	35.49	151.98	280.97	2185.87	27.73	4
2003	2918.74	373.21	170.40	30.53	172.28	349.19	2168.74	28.27	3.7
2004	2991.95	447.47	176.44	36.05	234.98	383.11	2144.28	30.14	4.1
2005	3100.76	522.93	177.93	31.17	313.83	373.22	2196.42	28.97	3.7
2006	3172.38	590.47	182.27	28.51	379.70	467.05	2094.49	29.10	3.51
2007	3405.01	641.17	185.94	27.68	427.56	630.48	2107.84	28.60	3.27
2008	3486.53	689.35	186.98	25.30	477.07	685.34	2009.99	31.08	3.49
2009	3591.98	749.57	191.00	28.10	530.44	748.44	2006.63	30.68	3.26
2010	3636.02	812.14	196.48	27.60	588.06	878.59	1845.53	31.13	3.20
2011	3674.11	882.51	195.55	26.54	660.43	916.54	1780.40	31.67	3.12
2012	3691.24	1022.32	211.20	24.26	786.85	952.07	1711.01	33.41	3.01
2013	3708.73	1020.58	200.23	20.91	799.44	1033.59	1625.07	34.93	3.01
2014	3714.15	1051.02	202.00	19.20	829.83	1130.10	1509.91	33.14	2.96

注:城镇登记失业人员、城镇登记失业率数据来自社会保障部门。
The data of unemployed persons in urban areas and unemployed rate in urban areas refer to the data from the social security department.

2-9 分行业就业人员总数(年末数)
Number of Employed Persons by Sector(Year - end)

单位:万人(10000 persons)

行业	Sector	2010	2011	2012	2013	2014
总 计	Total	3636.02	3674.11	3691.24	3708.73	3714.15
农、林、牧、渔业	Farming, Forestry, Animal Husbandryand Fishery	581.87	535.27	522.01	506.95	501.73
采矿业	Mining and Quarrying	5.92	6.34	5.72	3.97	3.08
制造业	Manufacturing	1472.59	1500.92	1503.01	1454.81	1443.27
电力、热力、燃气及水生产和供应业	Electricity, Heat, Gas and Water Production and Supply	15.09	14.94	15.07	15.83	15.80
建筑业	Construction	316.75	346.63	357.12	378.82	384.17
批发和零售业	Wholesale and Retail Sale Trade	446.98	456.96	454.95	486.95	490.32
交通运输、仓储及邮政业	Transportation, Storage and Post	145.46	145.60	143.40	141.38	145.69
住宿和餐饮业	Hotels and Catering Services	145.03	149.30	138.68	119.18	110.78
信息传输、软件和信息技术服务业	Information Transmission, Software and Information Technology Services	46.68	43.54	39.31	40.75	45.29
金融业	Finance	30.35	32.16	38.70	38.64	39.36
房地产业	Real Estate	30.05	33.17	39.49	39.06	40.33
租赁与商务服务业	Leasing and Commercial Services	58.33	75.74	79.64	93.98	95.14
科学研究和技术服务业	Scientific Research and Technic Services	20.75	23.85	27.12	31.96	33.25
水利、环境和公共设施管理业	Water Conservancy, Environment and Public Facilities Management	16.99	14.38	16.11	16.51	17.89
居民服务、修理和其他服务业	Resident Services, Repair and Other Services	116.27	117.29	121.97	120.36	123.82
教育	Education	66.17	66.06	68.59	69.32	71.21
卫生和社会工作	Health Care and Social Work	37.10	37.98	40.92	41.48	42.73
文化、体育与娱乐业	Culture, Sports and Recreation	17.78	15.29	16.18	18.40	18.85
公共管理、社会保障和社会组织	Public Management, Social Security and Social Organization	65.85	58.70	63.26	90.38	91.43

2－10 按行业和经济类型分的城镇单位就业人员总数(年末数)
Number of Employed Persons in Urban Area by Sector and Type of Ownership(Year－end)

单位:万人(10000 persons)

行业	Sector	合计 Total			国有单位 State－ownered Units		
		2012	2013	2014	2012	2013	2014
总　计	**Total**	**1070.12**	**1071.61**	**1102.68**	**225.39**	**212.98**	**215.28**
农、林、牧、渔业	Farming, Forestry, Animal Husbandryand Fishery	0.82	0.75	0.56	0.55	0.49	0.38
采矿业	Mining and Quarrying	1.40	0.97	0.86	0.27	0.14	0.13
制造业	Manufacturing	372.48	357.95	350.55	4.36	3.05	2.34
电力、热力、燃气及水生产和供应业	Electricity, Heat, Gas and Water Production and Supply	13.30	13.54	13.42	8.80	8.11	6.90
建筑业	Construction	294.07	303.23	329.45	6.02	2.73	2.64
批发和零售业	Wholesale and Retail Sale Trade	39.26	40.19	41.73	2.79	1.88	1.67
交通运输、仓储和邮政业	Transportation, Storage and Post	29.36	31.37	32.69	13.11	8.86	7.88
住宿和餐饮业	Hotels and Catering Services	16.32	14.70	13.84	2.04	1.16	1.02
信息传输、软件和信息技术服务业	Information Transmission, Software and Information Technology	14.07	15.35	16.44	2.07	1.33	1.32
金融业	Finance	36.38	36.32	37.96	5.63	5.07	5.29
房地产业	Real Estate	17.46	17.95	19.75	1.65	1.14	1.13
租赁和商务服务业	Leasing and Commercial Services	29.21	28.81	28.41	9.52	6.79	6.93
科学研究和技术服务业	Scientific Research and Technic Services	17.48	15.99	16.10	7.75	7.31	7.19
水利、环境和公共设施管理业	Water Conservancy, Environment and Public Facilities Management	12.90	11.67	11.68	7.09	6.66	6.52
居民服务、修理和其他服务业	Resident Services, Repair and Other Services	2.00	2.19	2.62	0.60	0.58	0.66
教育	Education	66.24	68.40	70.08	56.55	57.41	58.89
卫生和社会工作	Health Care and Social Work	37.37	39.45	41.63	30.69	32.16	34.59
文化、体育和娱乐业	Culture, Sports and Recreation	6.74	7.16	7.21	5.52	5.49	5.23
公共管理、社会保障和社会组织	Public Management, Social Security and Social Organization	63.26	65.60	67.70	60.38	62.61	64.56

续表 Continued 单位:万人(10000 persons)

行业	Sector	城镇集体单位 Urban Collective Owned Units			其它单位 Others		
		2012	2013	2014	2012	2013	2014
总 计	**Total**	**25.74**	**22.27**	**20.25**	**818.99**	**836.36**	**867.14**
农、林、牧、渔业	Farming, Forestry, Animal Husbandryand Fishery	0.04	0.03	0.01	0.23	0.24	0.17
采矿业	Mining and Quarrying	0.27	0.11	0.10	0.86	0.72	0.63
制造业	Manufacturing	1.51	1.26	1.04	366.61	353.64	347.18
电力、热力、燃气及水生产和供应业	Electricity, Heat, Gas and Water Production and Supply	0.26	0.21	0.21	4.24	5.23	6.31
建筑业	Construction	8.21	7.36	7.51	279.85	293.14	319.30
批发和零售业	Wholesale and Retail Sale Trade	0.81	0.56	0.52	35.66	37.75	39.54
交通运输、仓储和邮政业	Transportation, Storage and Post	1.09	0.54	0.51	15.17	21.97	24.30
住宿和餐饮业	Hotels and Catering Services	0.48	0.28	0.23	13.81	13.26	12.60
信息传输、软件和信息技术服务业	Information Transmission, Software and Information Technology	0.18	0.11	0.10	11.82	13.91	15.02
金融业	Finance	0.42	0.45	0.60	30.33	30.80	32.07
房地产业	Real Estate	0.44	0.30	0.28	15.36	16.52	18.34
租赁和商务服务业	Leasing and Commercial Services	3.12	2.42	2.05	16.58	19.60	19.43
科学研究和技术服务业	Scientific Research and Technic Services	0.59	0.42	0.24	9.14	8.26	8.67
水利、环境和公共设施管理业	Water Conservancy, Environment and Public Facilities Management	1.16	0.90	0.87	4.66	4.11	4.29
居民服务、修理和其他服务业	Resident Services, Repair and Other Services	0.30	0.27	0.18	1.10	1.34	1.78
教育	Education	2.38	2.53	2.14	7.31	8.46	9.04
卫生和社会工作	Health Care and Social Work	4.14	4.36	3.56	2.54	2.92	3.48
文化、体育和娱乐业	Culture, Sports and Recreation	0.09	0.08	0.05	1.13	1.60	1.94
公共管理、社会保障和社会组织	Public Management, Social Security and Social Organization	0.25	0.10	0.05	2.62	2.89	3.09

2－11 分行业城镇单位就业人员总数(2014年底)
Number of Employed Persons in Urban Area by Sector(End of 2014)

单位:万人(10000 persons)

行业	Sector	单位就业人员 Employed Persons	#女性 Feamle	在岗职工合计 Fully employed Staff and Workers	其他就业人员 Others
总计	**Total**	**1102.68**	**360.59**	**1051.02**	**51.65**
农、林、牧、渔业	Farming, Forestry, Animal Husbandry and Fishery	0.56	0.15	0.54	0.02
采矿业	Mining and Quarrying	0.86	0.14	0.77	0.08
制造业	Manufacturing	350.55	151.13	346.82	3.73
电力、热力、燃气及水生产和供应业	Electricity, Heat, Gas and Water Production and Supply	13.42	3.17	13.18	0.24
建筑业	Construction	329.45	22.11	309.48	19.98
批发和零售业	Wholesale and Retail Sale Trade	41.73	21.73	39.79	1.94
交通运输、仓储和邮政业	Transportation, Storage and Post	32.69	8.69	31.60	1.09
住宿和餐饮业	Hotels and Catering Services	13.84	7.64	12.60	1.24
信息传输、软件和信息技术服务业	Information Transmission, Software and Information Technology Services	16.44	6.62	16.25	0.19
金融业	Finance	37.96	20.98	31.52	6.45
房地产业	Real Estate	19.75	7.28	18.55	1.19
租赁和商务服务业	Leasing and Commercial Services	28.41	7.99	27.28	1.13
科学研究和技术服务业	Scientific Research and Technic Services	16.10	4.75	15.03	1.07
水利、环境和公共设施管理业	Water Conservancy, Environment and Public Facilities Management	11.68	4.61	10.42	1.26
居民服务、修理和其他服务业	Resident Services, Repair and Other Services	2.62	1.27	2.46	0.16
教育	Education	70.08	42.51	65.77	4.31
卫生和社会工作	Health Care and Social Work	41.63	27.37	39.00	2.63
文化、体育和娱乐业	Culture, Sports and Recreation	7.21	3.34	6.33	0.88
公共管理、社会保障和社会组织	Public Management ,Social Security and Social Organization	67.70	19.13	63.64	4.06

2-12 分行业城镇国有单位就业人员总数(2014 年底)
Number of Employed Persons in State-owned Units in Urban Area by Sector(End of 2014)

单位:万人(10000 persons)

行业	Sector	单位就业人员 Employed Persons	#女性 Feamle	在岗职工合计 Fully employed Staff and Workers	其他就业人员 Others
总计	**Total**	**215.28**	**93.98**	**202.00**	**13.28**
农、林、牧、渔业	Farming, Forestry, Animal Husbandry and Fishery	0.38	0.09	0.37	0.01
采矿业	Mining and Quarrying	0.13	0.02	0.07	0.06
制造业	Manufacturing	2.34	0.54	2.27	0.07
电力、热力、燃气及水生产和供应业	Electricity, Heat, Gas and Water Production and Supply	6.90	1.45	6.84	0.06
建筑业	Construction	2.64	0.23	1.91	0.73
批发和零售业	Wholesale and Retail Sale Trade	1.67	0.53	1.62	0.05
交通运输、仓储和邮政业	Transportation, Storage and Post	7.88	2.32	7.57	0.31
住宿和餐饮业	Hotels and Catering Services	1.02	0.55	0.96	0.06
信息传输、软件和信息技术服务业	Information Transmission, Software and Information Technology Services	1.32	0.56	1.30	0.02
金融业	Finance	5.29	2.80	5.13	0.17
房地产业	Real Estate	1.13	0.46	1.03	0.10
租赁和商务服务业	Leasing and Commercial Services	6.93	1.26	6.70	0.23
科学研究和技术服务业	Scientific Research and Technic Services	7.19	2.15	6.71	0.48
水利、环境和公共设施管理业	Water Conservancy, Environment and Public Facilities Management	6.52	2.62	5.77	0.75
居民服务、修理和其他服务业	Resident Services, Repair and Other Services	0.66	0.21	0.61	0.05
教育	Education	58.89	35.01	55.39	3.51
卫生和社会工作	Health Care and Social Work	34.59	22.77	32.47	2.12
文化、体育和娱乐业	Culture, Sports and Recreation	5.23	2.41	4.51	0.72
公共管理、社会保障和社会组织	Public Management ,Social Security and Social Organization	64.56	18.01	60.77	3.79

2-13 分行业城镇集体单位就业人员总数(2014 年底)
Number of Employed Persons in Collectively Owned Units in Urban Area by Sector (End of 2014)

单位:万人(10000 persons)

行业	Sector	单位就业人员 Employed Persons	#女性 Feamle	在岗职工合计 Fully employed Staff and Workers	其他就业人员 Others
总计	**Total**	**20.25**	**6.96**	**19.20**	**1.05**
农、林、牧、渔业	Farming, Forestry, Animal Husbandry and Fishery	0.01		0.01	
采矿业	Mining and Quarrying	0.10	0.01	0.10	
制造业	Manufacturing	1.04	0.38	1.01	0.02
电力、热力、燃气及水生产和供应业	Electricity, Heat, Gas and Water Production and Supply	0.21	0.06	0.21	0.01
建筑业	Construction	7.51	0.76	7.42	0.09
批发和零售业	Wholesale and Retail Sale Trade	0.52	0.24	0.45	0.07
交通运输、仓储和邮政业	Transportation, Storage and Post	0.51	0.09	0.49	0.01
住宿和餐饮业	Hotels and Catering Services	0.23	0.14	0.23	
信息传输、软件和信息技术服务业	Information Transmission, Software and Information Technology Services	0.10	0.05	0.09	0.01
金融业	Finance	0.60	0.30	0.60	
房地产业	Real Estate	0.28	0.09	0.23	0.05
租赁和商务服务业	Leasing and Commercial Services	2.05	0.39	1.78	0.27
科学研究和技术服务业	Scientific Research and Technic Services	0.24	0.07	0.22	0.02
水利、环境和公共设施管理业	Water Conservancy, Environment and Public Facilities Management	0.87	0.36	0.80	0.07
居民服务、修理和其他服务业	Resident Services, Repair and Other Services	0.18	0.06	0.17	0.01
教育	Education	2.14	1.56	1.96	0.19
卫生和社会工作	Health Care and Social Work	3.56	2.36	3.34	0.23
文化、体育和娱乐业	Culture, Sports and Recreation	0.05	0.03	0.05	
公共管理、社会保障和社会组织	Public Management, Social Security and Social Organization	0.05	0.02	0.05	

2-14 分行业其他单位就业人员总数(2014年底)
Number of Employed Persons in Other Ownership Units in Urban Area by Sector(End of 2014)

单位:万人(10000 persons)

行业	Sector	单位就业人员 Employed Persons	#女性 Feamle	在岗职工合计 Fully employed Staff and Workers	其他就业人员 Others
总计	**Total**	**867.14**	**259.65**	**829.83**	**37.32**
农、林、牧、渔业	Farming, Forestry, Animal Husbandry and Fishery	0.17	0.05	0.16	0.01
采矿业	Mining and Quarrying	0.63	0.10	0.60	0.02
制造业	Manufacturing	347.18	150.22	343.53	3.65
电力、热力、燃气及水生产和供应业	Electricity, Heat, Gas and Water Production and Supply	6.31	1.67	6.13	0.18
建筑业	Construction	319.30	21.12	300.14	19.16
批发和零售业	Wholesale and Retail Sale Trade	39.54	20.96	37.71	1.83
交通运输、仓储和邮政业	Transportation, Storage and Post	24.30	6.28	23.53	0.77
住宿和餐饮业	Hotels and Catering Services	12.59	6.94	11.42	1.17
信息传输、软件和信息技术服务业	Information Transmission, Software and Information Technology Services	15.02	6.01	14.86	0.16
金融业	Finance	32.07	17.88	25.79	6.28
房地产业	Real Estate	18.34	6.73	17.30	1.04
租赁和商务服务业	Leasing and Commercial Services	19.43	6.35	18.80	0.63
科学研究和技术服务业	Scientific Research and Technic Services	8.67	2.53	8.10	0.57
水利、环境和公共设施管理业	Water Conservancy, Environment and Public Facilities Management	4.29	1.63	3.85	0.44
居民服务、修理和其他服务业	Resident Services, Repair and Other Services	1.78	1.01	1.68	0.10
教育	Education	9.04	5.93	8.43	0.61
卫生和社会工作	Health Care and Social Work	3.48	2.24	3.19	0.29
文化、体育和娱乐业	Culture, Sports and Recreation	1.94	0.90	1.77	0.16
公共管理、社会保障和社会组织	Public Management, Social Security and Social Organization	3.09	1.10	2.83	0.27

2-15 按三次产业分的就业人员总数(年底数)
Number of Employed Persons by Type of Industry(Year-end)

年份 Year	就业人员总数(万人)Total(10000 persons)			构成(以合计为100)Composition(Total=100)		
	第一产业 Primary Industry	第二产业 Secondary Industry	第三产业 Tertiary Industry	第一产业 Primary Industry	第二产业 Secondary Industry	第三产业 Tertiary Industry
1985	1273.25	735.22	310.09	54.90	31.70	13.40
1986	1275.22	765.13	346.07	53.40	32.10	14.50
1987	1272.01	802.04	370.68	52.00	32.80	15.20
1988	1282.16	803.67	416.90	51.20	32.10	16.70
1989	1330.74	770.12	422.00	52.70	30.50	16.70
1990	1358.28	762.48	433.70	53.20	29.80	17.00
1991	1366.99	770.86	441.51	53.00	29.90	17.10
1992	1359.49	770.81	470.08	52.30	29.60	18.10
1993	1248.22	886.90	480.77	47.70	33.90	18.40
1994	1193.56	917.87	529.08	45.20	34.80	20.00
1995	1152.15	882.82	586.50	44.00	33.70	22.30
1996	1129.34	886.02	609.70	43.00	33.80	23.20
1997	1113.27	881.42	624.97	42.50	33.60	23.90
1998	1108.81	854.14	649.59	42.40	32.70	24.90
1999	1078.16	784.29	762.73	41.00	29.90	29.10
2000	969.97	966.30	789.82	35.58	35.45	28.97
2001	935.24	1009.55	851.86	33.44	36.10	30.46
2002	885.29	1070.13	903.14	30.97	37.44	31.59
2003	826.03	1201.30	891.41	28.30	41.20	30.50
2004	779.65	1304.94	907.36	26.06	43.61	30.33
2005	759.53	1397.69	943.54	24.50	45.07	30.43
2006	717.81	1452.29	1002.28	22.63	45.78	31.59
2007	683.32	1592.84	1128.85	20.07	46.78	33.15
2008	670.16	1660.04	1156.30	19.22	47.61	33.17
2009	657.95	1726.06	1207.97	18.32	48.05	33.63
2010	581.87	1810.36	1243.79	16.00	49.79	34.21
2011	535.27	1868.83	1270.01	14.57	50.86	34.57
2012	522.01	1880.92	1288.31	14.14	50.96	34.90
2013	506.95	1853.43	1348.35	13.67	49.97	36.36
2014	501.73	1846.32	1366.09	13.51	49.71	36.78

2-16 分行业城镇单位女性就业人员(年末数)
Number of Female Employed Persons in urban Areas by Sector (Year-end)

单位:万人(10000 persons)

行业	Sector	合计 Total 2012	2013	2014	国有单位 State-owned Units 2012	2013	2014
总　计	**Total**	**361.15**	**355.36**	**360.59**	**93.28**	**90.83**	**93.98**
农、林、牧、渔业	Farming, Forestry, Animal Husbandryand Fishery	0.25	0.21	0.15	0.15	0.13	0.09
采矿业	Mining and Quarrying	0.23	0.14	0.14	0.05	0.02	0.02
制造业	Manufacturing	164.13	154.07	151.13	1.08	0.74	0.54
电力、热力、燃气及水生产和供应业	Electricity, Heat, Gas and Water Production and Supply	3.12	3.19	3.17	1.95	1.79	1.45
建筑业	Construction	20.35	20.94	22.11	0.41	0.28	0.23
批发和零售业	Wholesale and Retail Sale Trade	20.48	21.20	21.73	1.00	0.63	0.53
交通运输、仓储和邮政业	Transportation, Storage and Post	7.59	8.11	8.69	3.57	2.48	2.32
住宿和餐饮业	Hotels and Catering Services	8.94	8.05	7.64	1.10	0.64	0.55
信息传输、软件和信息技术服务业	Information Transmission, Software and Information Technology Services	5.94	6.27	6.62	0.93	0.54	0.56
金融业	Finance	20.30	20.46	20.98	2.98	2.68	2.80
房地产业	Real Estate	7.07	6.68	7.28	0.64	0.44	0.46
租赁和商务服务业	Leasing and Commercial Services	8.06	7.87	7.99	2.42	1.18	1.26
科学研究和技术服务业	Scientific Research and Technic Services	4.96	4.74	4.75	2.29	2.14	2.15
水利、环境和公共设施管理业	Water Conservancy, Environment and Public Facilities Management	5.06	4.51	4.61	2.84	2.68	2.62
居民服务、修理和其他服务业	Resident Services, Repair and Other Services	0.77	0.74	1.27	0.22	0.18	0.21
教育	Education	39.12	40.92	42.51	32.73	33.52	35.01
卫生和社会工作	Health Care and Social Work	24.13	25.72	27.37	19.94	21.04	22.77
文化、体育和娱乐业	Culture, Sports and Recreation	3.14	3.28	3.34	2.53	2.51	2.41
公共管理、社会保障和社会组织	Public Management, Social Security and Social Organization	17.52	18.27	19.13	16.46	17.24	18.01

续表 Continued 单位:万人(10000 persons)

行业	Sector	城镇集体单位 Urban Collective Owned Units			其他单位 Others		
		2012	2013	2014	2012	2013	2014
总　计	**Total**	**8.48**	**7.97**	**6.96**	**259.39**	**256.55**	**259.65**
农、林、牧、渔业	Farming, Forestry, Animal Husbandryand Fishery	0.01	0.01		0.09	0.08	0.05
采矿业	Mining and Quarrying	0.03	0.01	0.01	0.15	0.10	0.10
制造业	Manufacturing	0.58	0.46	0.38	162.46	152.88	150.22
电力、热力、燃气及水生产和供应业	Electricity, Heat, Gas and Water Production and Supply	0.07	0.06	0.06	1.10	1.34	1.67
建筑业	Construction	0.86	0.78	0.76	19.07	19.88	21.12
批发和零售业	Wholesale and Retail Sale Trade	0.38	0.28	0.24	19.10	20.30	20.96
交通运输、仓储和邮政业	Transportation, Storage and Post	0.17	0.10	0.09	3.86	5.53	6.28
住宿和餐饮业	Hotels and Catering Services	0.28	0.17	0.14	7.56	7.25	6.94
信息传输、软件和信息技术服务业	Information Transmission, Software and Information Technology Services	0.09	0.04	0.05	4.92	5.69	6.01
金融业	Finance	0.22	0.23	0.30	17.10	17.56	17.88
房地产业	Real Estate	0.16	0.09	0.09	6.26	6.14	6.73
租赁和商务服务业	Leasing and Commercial Services	0.49	0.50	0.39	5.15	6.19	6.35
科学研究和技术服务业	Scientific Research and Technic Services	0.14	0.12	0.07	2.52	2.47	2.53
水利、环境和公共设施管理业	Water Conservancy, Environment and Public Facilities Management	0.52	0.35	0.36	1.71	1.49	1.63
居民服务、修理和其他服务业	Resident Services, Repair and Other Services	0.08	0.06	0.06	0.47	0.50	1.01
教育	Education	1.67	1.85	1.56	4.72	5.55	5.93
卫生和社会工作	Health Care and Social Work	2.60	2.81	2.36	1.60	1.87	2.24
文化、体育和娱乐业	Culture, Sports and Recreation	0.05	0.04	0.03	0.56	0.73	0.90
公共管理、社会保障和社会组织	Public Management, Social Security and Social Organization	0.08	0.02	0.02	0.97	1.01	1.10

2-17 按行业和经济类型分的工业、建筑业企业在岗职工人数(年底数)

Number of Currently Employed Staff and Workers in Industry and Construction Enterprises by Sector and Type of Ownership(Year-end)

单位:万人(10000 persons)

分类	Category	2009	2010	2011	2012	2013	2014
总　计	**Total**	**468.21**	**508.44**	**563.49**	**657.54**	**675.69**	**694.28**
采矿业	**Mining and Quarrying**	**1.52**	**1.57**	**1.41**	**1.30**	**0.97**	**0.86**
按经济类型分组	**By Ownership**						
国有经济单位	State-owned Units	0.20	0.20	0.23	0.18	0.14	0.13
城镇集体经济单位	Urban Collective Owned Units	0.38	0.41	0.28	0.27	0.11	0.10
其他各种经济类型	Units of Other Types of Ownership	0.94	0.95	0.90	0.85	0.72	0.63
按行业分组	**By Sector**						
煤炭开采和洗选业	Coal Mining and Dressing	0.21	0.22	0.22	0.27		
石油和天然气开采业	Petroleum and Natural Gas Extraction						
黑色金属矿采选业	Ferrous Metals Mining and Dressing	0.14	0.14	0.13	0.15	0.14	0.13
有色金属矿采选业	Nonferrous Metals Mining and Dressing	0.19	0.18	0.22	0.09	0.10	0.11
非金属矿采选业	Nonmetal Minerals Mining and Dressing	0.98	1.03	0.84	0.80	0.73	0.62
开采辅助活动	Supplementary Activities for Mining						
其他采矿业	Other Minerals Mining and Dressing						
制造业	**Manufacturing**	**321.98**	**338.19**	**358.73**	**368.84**	**357.95**	**350.55**
按经济类型分组	**By Ownership**						
国有经济单位	State-owned Units	5.76	5.66	5.49	4.23	3.05	2.34
城镇集体经济单位	Urban Collective Owned Units	5.72	5.75	4.83	1.47	1.26	1.04
其他各种经济类型单位	Units of Other Types of Ownership	310.50	326.78	348.41	363.14	353.64	347.18
按行业分组	**By Sector**						
食品加工业	Non-staple Food Processing	3.37	3.32	3.51	4.19	4.20	3.99
食品制造业	Food Manufacturing	4.46	4.79	4.52	5.21	5.44	5.27
酒、饮料和精制茶制造业	Wine, Soft Drinks and Refined Tea Manufacturing	4.45	3.94	4.04	3.78	3.72	3.62
烟草制品业	Tobacco Processing	0.32	0.33	0.35	0.46	0.39	0.38
纺织业	Textile Industry	41.11	41.26	47.39	32.81	31.22	30.04
纺织服装、服饰业	Garments and Apparel Industry	36.13	34.84	27.48	37.68	34.64	31.76
皮革、毛皮、羽毛及其制品和制鞋业	Leather,Furs,Down and Related Production,Shoes Manufacturing	16.64	16.71	15.40	17.05	15.26	13.52
木材加工及木、竹、藤、棕、草制品业	Timber Processing,Bamboo,Cane Palm Fiber and Straw Production	2.55	2.70	2.42	2.39	2.05	1.98
家具制造业	Furniture Manufacturing	7.87	7.82	9.15	9.63	10.00	10.05
造纸及纸制品业	Papermaking and Paper Production	6.10	6.71	6.68	6.43	5.82	5.41
印刷和记录媒介复制业	Printing and Record Medium Reproduction	2.68	2.75	2.85	3.14	2.96	2.86
文教、工美、体育和娱乐用品制造业	Cultural and Educational ,Arts and Crafts,Sports and Entertainment Goods	5.15	5.21	5.41	8.76	9.07	8.82
石油加工、炼焦及核燃料加工业	Petroleum Processing,Cooking and Nuclear Fuel Processing	0.85	0.91	0.94	0.94	0.92	0.81

续表 Continued 单位:万人(10000 persons)

分类	Category	2009	2010	2011	2012	2013	2014
化学原料及化学制品制造业	Raw Chemical Materials and Chemical Production	14.44	15.24	15.48	16.62	16.56	16.18
医药制造业	Medical and Pharmaceutical Production	7.23	7.53	8.90	10.15	10.17	10.24
化学纤维制造业	Chemical Fiber	5.82	6.35	7.26	7.64	7.15	7.11
橡胶和塑料制品业	Rubber and Plastic Production	14.64	15.29	16.90	16.35	15.63	15.19
非金属矿物制品业	Nonmetal Mineral Production	9.19	9.66	10.27	9.55	9.95	9.45
黑色金属冶炼及压延加工业	Smelting and Pressing of Ferrous Metals	4.19	4.43	5.27	6.40	6.46	6.87
有色金属冶炼及压延加工业	Smelting and Pressing of Nonferrous Metals	3.58	3.59	4.08	4.25	4.48	4.26
金属制品业	Metal Production	12.49	12.51	12.56	13.74	13.11	13.09
通用设备制造	Equipment in Common Use	23.07	25.41	30.04	29.81	31.19	31.66
专用设备制造业	Special Purpose Equipment	9.83	11.38	11.96	12.87	12.46	12.73
汽车制造业	Automotive Manufacturing				20.55	18.70	20.47
铁路、船舶、航空航天和其他运输设备制造业	Railway, Shipbuilding, Aerospace and other Transport Equipment	18.25	21.83	25.11	6.52	6.03	5.64
电气机械及器材制造业	Electric Equipment and Machinery	33.38	36.74	42.30	42.01	38.87	38.49
计算机、通信和其他电子设备制造业	Computers, Communications and Other Electronic Equipment Manufacturing	19.48	22.03	21.93	26.20	27.89	27.19
仪器仪表制造业	Instruments Manufacturing	6.84	6.95	8.60	7.87	8.28	8.19
其他制造业	Other Manufacturing	7.31	7.34	7.30	4.24	3.42	3.29
废弃资源综合利用业	Comprehensive Utilization of Waste Resources	0.53	0.64	0.60	1.08	1.05	1.06
金属制品、机械和设备修理业	Metal Products, Machinery and Equipment Repair Industry				0.52	0.86	0.92
电力、热力、燃气及水生产和供应业	**Electricity, Heating Power, Gas and Water Production and Supply**	**11.30**	**11.31**	**11.05**	**13.09**	**13.54**	**13.42**
按经济类型分组	**By Ownership**						
国有经济单位	State - owned Units	6.30	6.48	6.27	8.69	8.11	6.90
城镇集体经济单位	Urban Collective Owned Units	0.31	0.33	0.29	0.25	0.21	0.21
其他各种经济类型单位	Units of Other Types of Ownership	4.69	4.50	4.49	4.15	5.22	6.31
按行业分组	**By Sector**						
电力、热力生产和供应业	Production and Supply of Electricity and Heating Power	8.41	8.34	8.11	9.84	9.97	9.64
煤气生产和供应业	Production and Supply of Gas	0.44	0.48	0.47	0.57	0.63	0.75
水的生产和供应业	Production and Supply of Water	2.45	2.49	2.46	2.68	2.94	3.03
建筑业	**Construction**	**133.41**	**157.38**	**192.31**	**274.31**	**303.23**	**329.45**
按经济类型分组	**By Ownership**						
国有经济单位	State - owned Units	4.16	4.94	3.68	3.02	2.73	2.64
城镇集体经济单位	Urban Collective Owned Units	7.47	6.51	7.14	7.94	7.36	7.51
其他各种经济类型单位	Units of Other Types of Ownership	121.78	145.93	181.48	263.35	293.14	319.30

注：本表2013年起为就业人员人数。
The data of this table refers to employed persons since 2013.

2-18 分行业城镇私营就业人员和个体就业人员人数(年底数)
Employed Persons in Private Enterprises and Self-employed Individuals in Urban Area by Sector(Year-End)

单位:万人(10000 persons)

行业	Sector	合计 Total			城镇私营 Private Enterprises			城镇个体 Individuals		
		2012	2013	2014	2012	2013	2014	2012	2013	2014
总计	**Total**	**952.07**	**1033.59**	**1130.10**	**618.91**	**696.71**	**757.79**	**333.16**	**336.88**	**372.31**
农、林、牧、渔业	Farming, Forestry, Animal Husbandryand Fishery	4.17	5.08	7.01	1.62	1.87	2.50	2.55	3.22	4.52
采矿业	Mining and Quarrying	0.60	0.58	0.63	0.52	0.50	0.56	0.09	0.07	0.07
制造业	Manufacturing	414.95	450.85	455.85	339.64	372.88	376.69	75.31	77.97	79.16
电力、热力、燃气及水生产和供应业	Electricity, Heat, Gas and Water Production and Supply	0.54	1.76	1.95	0.48	1.73	1.92	0.05	0.04	0.03
建筑业	Construction	23.52	46.87	51.96	22.56	45.86	50.82	0.96	1.01	1.14
批发和零售业	Wholesale and Retail Sale Trade	247.10	263.00	284.84	75.44	95.50	106.24	171.65	167.50	178.60
交通运输、仓储和邮政业	Transportation, Storage and Post	41.36	34.08	37.23	34.38	27.65	30.28	6.98	6.73	6.85
住宿和餐饮	Hotels and Catering Services	51.42	49.05	60.07	21.77	17.31	19.91	29.65	31.74	40.16
信息传输、软件和信息技术服务业	Information Transmission, Software and Information Technology Services	17.39	17.67	24.00	16.90	17.12	23.40	0.50	0.54	0.60
金融业	Finance	1.75	1.90	2.20	1.74	1.88	2.20	0.01	0.02	
房地产业	Real Estate	16.71	17.70	18.92	14.48	15.52	16.70	2.23	2.18	2.22
租赁和商务服务业	Leasing and Commercial Services	41.54	51.00	64.98	33.74	41.77	54.47	7.80	9.23	10.51
科学研究和技术服务业	Scientific Research and Technic Services	7.57	12.58	16.68	6.31	11.23	15.24	1.26	1.35	1.44
水利、环境和公共设施管理业	Water Conservancy, Environment and Public Facilities Management	2.04	2.22	2.58	1.95	2.14	2.50	0.09	0.08	0.88
居民服务、修理和其他服务业	Resident Services, Repair and Other Services	72.17	67.51	86.10	41.63	35.96	43.23	30.54	31.55	42.87
教育	Education	0.94	1.16	1.62	0.81	0.99	1.36	0.13	0.17	0.26
卫生和社会工作	Health Care and Social Work	1.36	1.50	1.85	0.85	0.95	1.23	0.51	0.55	0.62
文化、体育和娱乐业	Culture, Sports and Recreation	6.95	8.78	11.60	4.09	5.83	8.44	2.86	2.95	3.16
公共管理、社会保障和社会组织	Public Management, Social Security and Social Organization									

2-19 各市企业年末单位就业人员
Employed Persons in Enterprises by City(Year-end)

单位:万人(10000 persons)

城市	City	年末单位就业人员 Number of Employed Persons at the Year-end			#在岗职工 Fully Employed Staff and Workers			#其他就业人员 Others		
		2012	2013	2014	2012	2013	2014	2012	2013	2014
全 省	**Total**	**881.91**	**877.31**	**904.71**	**845.26**	**838.68**	**865.76**	**36.65**	**38.64**	**38.94**
杭州市	Hangzhou	239.01	237.10	247.55	225.59	224.44	233.78	13.41	12.66	13.77
宁波市	Ningbo	148.54	144.38	144.78	142.38	137.18	137.66	6.16	7.20	7.12
温州市	Wenzhou	87.14	78.10	79.00	82.70	73.28	75.32	4.44	4.82	3.68
嘉兴市	Jiaxing	65.70	66.06	65.94	63.97	64.30	64.09	1.73	1.75	1.85
湖州市	Huzhou	37.98	39.09	40.04	35.15	35.87	36.85	2.83	3.22	3.19
绍兴市	Shaoxing	116.25	121.33	124.69	114.43	119.01	122.22	1.82	2.32	2.47
金华市	Jinhua	70.61	71.45	77.09	69.15	69.44	74.91	1.45	2.01	2.18
衢州市	Quzhou	12.72	12.91	13.00	11.72	11.87	11.77	1.00	1.04	1.23
舟山市	Zhoushan	12.21	12.72	12.39	11.55	11.95	11.54	0.66	0.77	0.85
台州市	Taizhou	79.16	82.80	89.08	76.60	80.26	86.79	2.56	2.55	2.29
丽水市	Lishui	9.55	8.32	7.84	8.97	8.01	7.53	0.58	0.31	0.32

2-20 各市国有控股企业年末单位就业人员
Employed Persons in Enterprises State-owned and State-holding by City(Year-end)

单位:万人(10000 persons)

城市	City	年末单位就业人员 Number of Employed Persons at the Year-end			#在岗职工 Fully Employed Staff and Workers			#其他就业人员 Others		
		2012	2013	2014	2012	2013	2014	2012	2013	2014
全 省	**Total**	**157.45**	**146.99**	**148.23**	**145.60**	**135.85**	**136.88**	**11.85**	**11.14**	**11.35**
杭州市	Hangzhou	67.29	52.45	53.80	63.31	49.91	50.84	3.99	2.55	2.96
宁波市	Ningbo	23.52	25.38	25.48	22.27	24.05	23.82	1.25	1.33	1.66
温州市	Wenzhou	13.65	13.92	12.79	10.98	10.67	10.58	2.67	3.25	2.21
嘉兴市	Jiaxing	8.43	10.06	10.09	7.90	9.59	9.58	0.53	0.48	0.50
湖州市	Huzhou	5.14	5.35	5.35	4.73	4.89	4.84	0.41	0.45	0.51
绍兴市	Shaoxing	7.56	7.50	8.09	7.03	6.96	7.52	0.53	0.54	0.58
金华市	Jinhua	7.14	7.98	8.17	6.51	7.20	7.43	0.63	0.78	0.74
衢州市	Quzhou	5.00	5.05	5.17	4.49	4.51	4.49	0.51	0.54	0.68
舟山市	Zhoushan	4.67	4.69	4.89	4.44	4.42	4.51	0.24	0.27	0.37
台州市	Taizhou	9.35	8.67	8.08	8.34	7.78	7.16	1.01	0.89	0.92
丽水市	Lishui	2.66	2.87	3.10	2.57	2.80	2.88	0.09	0.07	0.22

2-21 各市事业年末单位就业人员
Employed Persons in Institations by City(Year-end)

单位:万人(10000 persons)

城市	City	年末单位就业人员 Number of Employed Persons at the Year-end			#在岗职工 Fully Employed Staff and Workers			#其他就业人员 Others		
		2012	2013	2014	2012	2013	2014	2012	2013	2014
全 省	**Total**	**125.33**	**127.27**	**128.08**	**117.15**	**118.75**	**119.68**	**8.18**	**8.52**	**8.40**
杭州市	Hangzhou	29.90	30.35	31.83	27.15	27.69	29.01	2.74	2.66	2.81
宁波市	Ningbo	17.81	18.37	18.45	16.91	17.25	17.31	0.90	1.12	1.14
温州市	Wenzhou	15.17	15.78	15.60	14.60	15.07	14.94	0.58	0.71	0.65
嘉兴市	Jiaxing	9.48	9.48	9.59	8.99	8.89	9.06	0.49	0.59	0.52
湖州市	Huzhou	6.29	6.27	6.02	5.69	5.73	5.62	0.59	0.54	0.40
绍兴市	Shaoxing	10.32	9.92	9.90	9.69	9.34	9.22	0.63	0.58	0.68
金华市	Jinhua	10.73	11.33	10.94	10.14	10.55	10.29	0.59	0.77	0.65
衢州市	Quzhou	4.44	4.61	4.50	4.05	4.21	4.14	0.39	0.40	0.35
舟山市	Zhoushan	3.15	3.03	3.29	3.03	2.89	3.13	0.12	0.14	0.16
台州市	Taizhou	12.23	12.23	12.05	11.30	11.30	11.12	0.93	0.93	0.92
丽水市	Lishui	5.83	5.89	5.93	5.61	5.82	5.82	0.21	0.07	0.11

2-22 各市机关年末单位就业人员
Employed Persons in Government Agencies by City(Year-end)

单位:万人(10000 persons)

城市	City	年末单位就业人员 Number of Employed Persons at the Year-end			#在岗职工 Fully Employed Staff and Workers			#其他就业人员 Others		
		2012	2013	2014	2012	2013	2014	2012	2013	2014
全 省	**Total**	**51.93**	**54.23**	**55.05**	**49.61**	**51.17**	**51.79**	**2.32**	**3.06**	**3.26**
杭州市	Hangzhou	9.92	10.39	10.37	9.49	9.68	9.87	0.43	0.70	0.49
宁波市	Ningbo	7.11	7.43	7.39	6.79	7.09	6.85	0.32	0.35	0.55
温州市	Wenzhou	7.48	7.98	8.22	7.14	7.59	7.81	0.33	0.40	0.40
嘉兴市	Jiaxing	3.00	3.19	3.20	2.87	3.06	3.09	0.13	0.13	0.11
湖州市	Huzhou	2.55	2.68	2.76	2.45	2.55	2.60	0.10	0.13	0.15
绍兴市	Shaoxing	3.60	3.59	3.83	3.31	3.29	3.49	0.30	0.30	0.34
金华市	Jinhua	5.47	5.44	5.42	5.30	5.06	4.94	0.17	0.39	0.48
衢州市	Quzhou	2.86	2.94	3.01	2.66	2.68	2.75	0.19	0.26	0.26
舟山市	Zhoushan	1.86	1.95	1.92	1.83	1.91	1.89	0.03	0.04	0.03
台州市	Taizhou	4.89	5.26	5.42	4.65	4.93	5.02	0.24	0.33	0.40
丽水市	Lishui	3.20	3.38	3.52	3.12	3.35	3.48	0.08	0.03	0.05

2－23 分行业年末单位专业技术人员
Specialized Technical Personnel by Sector(Year－End)

单位:万人(10000 persons)

行业	Sector	合计 Total		#国有单位 State－owned Units		#城镇集体单位 Urban Collective owned Units	
		2013	2014	2013	2014	2013	2014
总　计	**Total**	**233.32**	**239.02**	**93.14**	**95.55**	**7.57**	**6.45**
农、林、牧、渔业	Farming, Forestry, Animal Husbandry and Fishery	0.20	0.14	0.14	0.10	0.01	
采矿业	Ming and Quarrying	0.11	0.13	0.01	0.01	0.01	0.01
制造业	Manufacturing	43.46	43.21	0.53	0.36	0.14	0.12
电力、热力、燃气及水生产和供应业	Electricity, Heat, Gas and Water Production and Supply	2.80	2.99	1.52	1.50	0.03	0.03
建筑业	Construction	43.40	45.53	0.55	0.55	1.16	1.07
批发和零售业	Wholesale and Retail Sale Trade	4.68	4.61	0.26	0.21	0.05	0.05
交通运输、仓储及邮政业	Transportion, Storage and Post	3.29	3.46	0.72	0.72	0.09	0.09
住宿和餐饮业	Hotels and Catering Services	0.98	0.92	0.10	0.07	0.03	0.02
信息传输、软件和信息技术服务业	Information Transmission, Software and Information Technology Services	6.96	8.24	0.38	0.36	0.02	0.02
金融业	Finance	15.51	15.43	2.87	2.83	0.23	0.31
房地产业	Real Estate	3.61	3.55	0.24	0.23	0.05	0.05
租赁和商务服务业	Leasing and Commercial Services	4.32	3.72	0.69	0.64	0.18	0.12
科学研究和技术服务业	Scientific Research and Technic Services	10.07	10.29	4.65	4.60	0.20	0.13
水利、环境和公共设施管理业	Water Conservancy, Environment and Public Facilities Management	1.68	1.59	0.84	0.75	0.05	0.05
居民服务、修理和其他服务业	Resident Services, Repair and Other Services	0.20	0.27	0.07	0.07	0.02	0.02
教育	Education	50.99	52.08	44.50	45.47	1.70	1.42
卫生和社会工作	Health Care and Social Work	30.64	32.23	25.20	27.06	3.57	2.93
文化、体育和娱乐业	Culture, Sports and Recreation	3.32	3.29	2.97	2.87	0.02	0.01
公共管理、社会保障和社会组织	Public Management, Social Security and Social Organization	7.10	7.36	6.90	7.17	0.01	0.01

2-24 社会保险参保人员基本情况(2013-2014)
Basic Statistics of Persons Participating in Social Insurance(2007-2014)

单位:万人(10000 persons)

项目	Item	2013	2014
参加基本养老保险人数	The Number of Persons Participating in Endowment Insurance	3731.23	3890.14
参加基本医疗保险人数	The Number of Persons Participating in Insurance for Medical care	4121.11	4847.59
参加工伤保险人数	The Number of Persons Participating in Work-related Injury Insurance	1826.06	1899.41
参加生育保险人数	The Number of Persons Participating in Childbirth Insarance	1173.09	1248.94
参加失业保险人数	The Number of Persons Participating in Unemployment Insyrance	1144.53	1210.13

2-25 六次人口普查基本情况
Basic Statistics on National Population Census

项目	Item	第一次 The First Time	第二次 The Second Time	第三次 The Third Time	第四次 The Fourth Time	第五次 The Fifth Time	第六次 The Sixth Time
总户数(万户)	**Total Family Households(10000 Households)**	**579.16**	**656.63**	**960.36**	**1176.77**	**1478.97**	**1885.37**
平均每户人数(人)	Average Size of Family Households	3.87	4.31	3.96	3.46	3.00	2.62
总人口(万人)	**Total Population(10000 persons)**	**2241.57**	**2831.86**	**3888.46**	**4144.59**	**4593.06**	**5442.69**
按性别分	**By Gender**						
男	Male	1178.00	1479.06	2016.70	2136.48	2358.15	2796.57
女	Female	1063.00	1352.80	1871.76	2008.11	2234.91	2646.12
按城乡分	**By Residence**						
市镇人口	Urban	289.27	306.86	999.69	1516.57	2235.66	3354.06
乡村人口	Rural	1925.30	2525.00	2888.77	2628.02	2357.40	2088.63
按民族分	**By Nationality**						
汉族	The Han Nationality	2233.22	2821.19	3872.30	4123.45	4553.52	5321.22
少数民族	Minority Nationality	8.35	10.67	16.16	21.14	39.54	121.47
畲族	The She Nationality	5.27	10.06	14.83	17.27	17.10	16.63
苗族	The Miao Nationality	2.84	0.04	0.05	0.32	5.34	30.91
回族	The Hui Nationality	0.19	0.38	0.94	1.72	1.96	3.82
满族	The Man Nationality	0.04	0.09	0.12	0.27	0.51	1.13
蒙古族	The MengGu Nationality		0.02	0.02	0.06	0.36	0.69
壮族	The Zhuang Nationality		0.03	0.11	0.77	1.90	7.28
按文化程度分	**By Eductional Level**						
大学	University		8.05	18.21	48.50	146.79	507.78
高中	Senior Secondary School		31.86	202.19	290.37	495.36	738.12
初中	Junior Secondary School		120.27	691.55	983.98	1531.94	1996.41
小学	Primary School		809.63	1531.44	1643.92	1683.34	1568.54
文盲、半文盲(15岁及15岁以上)	Illiterate and Semiliterate(15 years old and over)			930.67	723.64	321.85	306.10

浙/江/统/计/年/鉴

主要统计指标解释

■ 人口数

指一定时点、一定地区范围内的有生命的个人的总和。

年度统计的年末人口数是指每年12月31日24时的人口数。

■ 出生率(又称粗出生率)

指一定时期内(通常为一年)平均每千人所出生的人数的比率,一般用千分率表示。计算公式:

$$出生率=\frac{年出生人数}{年平均人数}\times 1000‰$$

出生人数是指活产婴儿,即胎儿脱离母体时(不管怀孕月数),有过呼吸或其他生命现象。

年平均人数是年初、年底人口数的平均数,也可用年中人口数代替。

■ 死亡率(又称粗死亡率)

指一定时期内(通常为一年)一定地区的死亡人数与同期平均人数(或期中人数)之比,一般用千分率表示。计算公式:

$$死亡率=\frac{年死亡人数}{年平均人数}\times 1000‰$$

■ 人口自然增长率

指一定时期内(通常为一年)人口自然增加数(出生人数减死亡人数)与该时期内平均人数(或期中人数)之比,一般用千分率表示。计算公式:

$$人口自然增长率=\frac{本年出生人数-本年死亡人数}{年平均人数}\times 1000‰$$

$$人口自然增长率=人口出生率-人口死亡率$$

■ 从业人员

指从事一定社会劳动并取得劳动报酬或经营收入的人员。包括:

(1)在岗职工

(2)再就业的离退休人员

(3)私营业主

(4)个体户主

(5)私营和个体从业人员

(6)乡镇企业从业人员

(7)农村从业人员

(8)其他从业人员(包括民办教师、宗教职业者等)。

这一指标反映了一定时期内全部劳动力资源的实际利用情况,是研究我省基本省情省力的重要指标。

■ 各单位从业人员

指在各级国家机关、政党机关、社会团体及企业、事业单位中工作,并取得工资或其他劳动报酬的全部人员。包括:在岗职工、再就业的离退休人员、民办教师以及在各单位中工作的外方人员和港澳台方人员、兼职人员、借用的外单位人员和第二职业者。不包括离开本单位仍保留劳动关系的职工。各单位的从业人员反映了各单位实际参加生产或工作的全部劳动力。

■ 城镇私营和个体从业人员

城镇私营从业人员指在工商行政管理部门注册登记,其经营地址设在县城关镇(含城关镇)以上的私营企业从业人员;包括私营企业投资者和雇工。城镇个体从业的人员指在工商管理部门注册登记,并持有城镇户口或在城镇长期居住,经批准从事个体工商经营的从业人员;包括个体经营者和在个体工商户劳动的家庭帮工和雇工。

■ 城镇登记失业人员

指有非农业户口,在一定的劳动年龄内,有劳动能力,无业而要求就业,并在当地就业服务机构进行求职登记的人员。

■ 城镇登记失业率

指城镇登记失业人数同城镇单位从业人数、城镇私营企业及个体从业人数和城镇登记失业人数之和的比。计算公式为:

主要统计指标解释

城镇登记失业率 =

$$\frac{\text{城镇登记失业人数}}{\text{城镇单位从业人数}+\text{城镇私营企业及个体从业人员}+\text{城镇登记失业人数}}\times 100\%$$

■ 职　工

指在国有经济、城镇集体经济、联营经济、股份制经济、外商和港、澳、台投资经济、其他经济单位及其附属机构工作,并由其支付工资的各类人员,不包括返聘的离退休人员、民办教师、在国有经济单位工作的外方人员和港、澳、台人员(1998 年以后的数据均为在岗职工数据,其他相关指标如职工工资总额,职工平均工资等指标也从 1998 年按此口径进行了相应的调整)。

■ 国有单位职工

指在国有经济单位及其附属机构工作,并由其支付工资的各类人员。

■ 城镇集体单位职工

指在城镇集体经济单位及其管理部门工作,并由其支付工资的各类人员。

■ 其他单位职工

指在联营经济、股份制经济、外商投资经济、港、澳、台投资经济单位工作,并由其支付工资的各类人员。

■ 在岗职工

指在本单位工作并由单位支付工资的人员,以及有工作岗位,但由于学习、病伤、产假等原因暂未工作,仍由单位支付工资的人员。

ZHEJIANG STATISTICAL YEARBOOK

Explanatory Notes on Main Statistical Indicators

□ Total Population

refers to the total number of people alive at a certain point of time within a given area.

The annual statistics on total population is taken at midnight, the 31st of December.

□ Birth Rate (or Crude Birth Rate)

refers to the ratio of the number of births to the average population during a certain period of time (usually a year), which is often expressed in ‰. The following formula is used:

Number of Births refers to live births , i. e. the births when babies had showed any vital phenomena regardless of the length of pregnancy.

Annual Average Number of Population is the average of the number of population at the beginning of the year and that at the end of the year. Sometimes it is substituted for with the mid - year population.

□ Death Rate (or Crude Death Rate)

refers to the ratio of the number of deaths to the average population (or mid - year population) during a certain period of time (usually a year), which is often expressed in ‰. The following formula is uesd:

□ Natural Growth Rate of Population

refers to the ratio of natural increase in population (number of births minus number of deaths) in a certain period of time (usually a year) to the average population (or mid - year population) of the same period, which is often expressed in ‰. The following formulas are applied:

□ Employed Persons

refers to the persons who are engaged in social labour and receive remuneration payment or earn business income, including:

(1) total staff and workers,

(2) re-employed retirees,

(3) employers of private enterprises,

(4) self-employed workers,

(5) employees in private enterprises and individual economy,

(6) employees in town enterprises,

(7) employed persons in the rural areas,

(8) other employed persons (including teachers in the schools run by the local people, people engaged in religious profession, etc.).

This indicator reflacts the actual utilization of total labour force during a certain period of time and is often used for the research on provincial economic situation and power.

□ Persons Employed in Various Units

refer to all the persons working in government agencies of various levels, political and party organizations, social organizations, enteprises and institutions, and receiving wages or other forms of payment. they include fully - employed staff and workers, reemployed retirees, teachers in schools run by local people, foreigners and Chinese compatriots from Hong Kong, Macao, Taiwan working in various units, parttime employees, employees of other units working temporarily at current posts, and employees holding the second job, but exclude staff and workers who have left their working units while keeping their labour contract (employment relation) unchanged. This indicator reflacts the total number of laborers actually engaged in production or other operations in various units.

EXPLANATORY NOTES ON MAIN STATISTICAL INDICATORS

□ Persons Employed in private Enterprrises and Selfemployed Individuals in Urban Areas

Persons employed in private enterprises refer to the persons employed in the private enterprises which have been registered at the departments of industrial and commercial administration and are situated at a country town(i. e. a town where the country government is located) for business operationor at urban areas with the level higher than a country town. The selfemployed individuals in urban areas refer to persons who hold the certificates of resience in urban areas or have resided in the urban areas for a long time and have been registered at the department of industrial and commercial administration and approved to be engaged in individual industrial or commercial business including selfemployed persons as well as helpers and hire labourers who work in the indvidual households engaged in industrial or commercial business.

□ Registered Urban Unemployed Persons

The registered unemployed persons in urban areas refer to persons who are registered as permanent residents in urban areas engaged in nonagricultural activities, aged within the range of working age, capable to labour, unemployed but desirous to be employed and have been registered at the local government service agencies to apply for a job.

□ Registered Urban Unemployment Rate

Registered unemployment rate in urban areas refers to the ratio of the number of the registered unemployed persons to the sum of the number of the person employed in various units and in private enterprises in urban areas, urban selfemployed individuals and the registered urban unemployed persons. The formula is as follows:

□ Staff and Workers

refer to the persons who work in (and receive payment therefrom) enterprises and institutions of state ownership, collective ownership, joint ownership, share holding, foreign ownership, and ownership by entrepreneurs from Hong Kong, Macao, and Taiwan, and other types of ownership and their affiliated units, excluding the retired persons invited to work in the units again, teachers in the schools run by the local people and foreigners and persons coming from Hong Kong, Macao and Taiwan and working in the state - owned economic units. (Number of staff and workers in this yearbook include only fully employed staff and worker, excluding those who have left their working units while keeping their labour contract employment relation unchanged).

□ Staff and Workers in State - owned Economic Units

refer to the person who work in the state - owned economic units or their attached units and are listed in their payrolls.

□ Staff and Workers in Collective Owned Units

refer to the persons who work in collective owned units in urban areas and their administration departments and recieve payment therefrom.

□ Staff and Workers in Units of Other types of Ownership

refer to those who work in (and receive payment therefrom) enterprises and institutions of joint ownership, share holding, foreign ownership, and ownership by enterpreneurs from Hong Kong, Macao and Taiwan.

□ Fully Employed Staff and Workers

refers to persons who work in, and receive wages from their working units, as well.

固定资产投资
Investment in Fixed Assets

3-1 固定资产投资(1978-2014年)
Investment in Fixed Assets(1978-2014)

单位:亿元(100 million yuan)

年份 Year	全社会投资 Total Investment	固定资产投资 Investment in Fixed Assets	投资项目投资 Investment In Projects	房地产开发投资 Real Estate Development
1978	23.23			
1979	26.11			
1980	33.25			
1981	34.16			
1982	41.72			
1983	44.04			
1984	64.89			
1985	102.20			
1986	127.39			
1987	156.20			
1988	188.95			
1989	179.49			
1990	186.96			9.54
1991	239.75			11.73
1992	361.18			24.23
1993	683.83			93.15
1994	1006.39			155.82
1995	1357.90			246.38
1996	1617.53			243.54
1997	1694.57			215.44
1998	1847.93			226.69
1999	1886.04			271.99
2000	2267.22			362.18
2001	2776.69			544.91
2002	3596.31			728.80
2003	4993.57	4180.38	3200.33	980.05
2004	6059.78	5384.38	4031.31	1353.07
2005	6696.25	6138.39	4681.90	1456.49
2006	7593.66	6964.28	5390.01	1574.28
2007	8420.43	7704.90	5883.23	1821.67
2008	9323.00	8550.71	6527.59	2023.12
2009	10742.32	9906.46	7652.19	2254.27
2010	12376.04	11451.98	8426.55	3025.43
2011		14077.25	9602.90	4474.35
2012		17095.96	11869.69	5226.27
2013		20194.07	13977.82	6216.25
2014		23554.76	16292.38	7262.38

注：固定资产投资口径范围为计划总投资500万元及以上的投资项目和全部房地产开发投资,以后各表同。
Investment in Fixed Assets are those with planned investment from investment in projects over 5 million yuan and total real estate development investment.

3-2 固定资产投资和房屋建筑面积(2007-2014年)
Investment in Fixed Assets and Floor space of Buildings(2007-2014)

指标	Item	2007	2008	2009	2010	2011	2012	2013	2014
投资总额(亿元)	**Total Investment (100 million yuan)**	**8420.43**	**9323.00**	**10742.32**	**12376.04**	**14077.25**	**17095.96**	**20194.07**	**23554.76**
城镇以上投资	**Investment at Town Level and Above**	**5996.90**	**6551.10**	**7454.33**	**8438.08**	**10350.45**	**12180.12**	**14448.48**	**17224.62**
农村投资	**Rural Investment**	**2423.50**	**2771.90**	**3288.00**	**3937.96**	**3726.80**	**4915.84**	**5745.59**	**6330.15**
农户投资	Farm household	328.30	396.40	434.70	507.75				
非农户投资	Non-peasant Household	2095.20	2375.60	2853.30	3430.21	3726.80	4915.84	5745.59	6330.15
按构成分	**by Structure**								
建筑安装工程	Construction and Installation	4644.26	5332.22	6190.23	7127.41	8006.03	9763.11	11706.72	13709.28
设备工器具购置	Purchase of Equipment and Tools	1982.14	2122.52	2396.73	2552.90	2428.09	2888.90	3350.52	4038.88
其他费用	Others	1794.03	1868.26	2155.36	2695.73	3643.13	4443.95	5136.83	5806.61
总投资中:住宅投资	**Residential Buildings**	**1685.07**	**1883.63**	**2154.25**	**2785.53**	**3289.51**	**3860.06**	**4538.08**	**5169.62**
房屋建筑面积(万平方米)	Floor Space of Buildings(10000 sq. m)								
施工面积	Floor Space under Construction	46774.80	50976.90	53252.60	61705.31	66803.51	75484.83	83084.50	89275.10
#住宅	Residential Buildings	19719.70	20850.80	22408.46	25969.17	24352.17	27208.20	29379.41	31880.05
竣工面积	Floor Space Completed	16373.21	18233.63	18446.67	19899.51	15935.70	16034.39	18881.84	19376.74
#住宅	Residential Buildings	7760.96	8490.18	8622.27	9177.07	4217.12	4174.13	4692.94	5382.47

注：1.该表统计口径范围2011年前为"全社会投资",2011年起为"固定资产投资",即计划总投资500万元及以上的投资项目和全部房地产开发投资。
The data in this table refer to investment in fixed assets since 2011. as those refer to total investment in fixed assets before 2011.
2.2011年起农村投资不包括农户投资。Rural investment does not include farm household since 2011.

3－3 固定资产投资完成情况(2010－2014 年)
Investment In Fixed Assets (2010－2014)

单位:万元(10000 yuan)

指标	Item	2010	2011	2012	2013	2014
投资额	**Total Investment**	**114519765**	**140772490**	**170959606**	**201940713**	**235547626**
投资项目	Projects	84265515	96029011	118696939	139778220	162923797
房地产开发	Real Estate Development	30254250	44743479	52262667	62162493	72623829
按登记注册类型分	**by Registered Type**					
内资	Domestic Funds	102950968	128110728	156180169	182586911	215577784
国有	State－owned	27630205	32134717	40324733	46287638	52256357
集体	Collective Owned	2777544	3398169	5566204	6953900	9454882
股份合作	Share－cooperations	338250	355255	482488	487719	710346
国有联营	State Joint	403158	602330	123084	103896	220846
集体联营	Collective Joint	13751	11653	11848	11329	47469
国有与集体联营	State－collective Joint	78696	73777	80287	87182	68238
其他联营	Other Joint	8794	80572	5138	6475	18868
国有独资公司	State Sole Funds	3449096	4345993	5057750	7822482	9730044
其他有限责任公司	Other Limited Liability Corporations	33178462	42558798	50172449	56286736	64568049
股份有限公司	Share－holding Corporations Ltd.	4176632	4896013	5985859	6737316	6841252
私营	Private	28982889	37512623	46013048	55131530	68414626
其他	Others	1913491	2140828	2357281	2670708	3246807
港澳台商投资	Investment from HongKong, Macao and Taiwan	5787453	6756124	8177416	11265937	12006210
外商投资	Investment from Foreign	5486727	5642006	6052773	7576381	7414307
个体经营	Individual	294617	263632	549248	511484	547987
按国有及非国有情况分	**by State and Non－state Owned**					
国有及国有控股企业投资	State－owned and State－holding	38877740	44486658	53679178	63659028	72508646
非国有投资	Non－state－owned	75642025	96285832	117280428	138281685	163038980
#民间投资	Nongovernmental	65686496	85128348	105647431	123077157	147578360

续表 Continued 单位:万元(10000 yuan)

指标	Item	2010	2011	2012	2013	2014
按构成分	**by Structure**					
建筑工程	Construction	58898052	72612161	88032996	106107833	124557660
安装工程	Installation	6348574	7448134	9598092	10959390	12535101
设备工器具购置	Purchase of Equipment and Tools	22623985	24280850	28889033	33505166	40388794
购置旧设备	Purchase of Old Equipment	78766	63940	106750	76212	87039
用于更新的设备	Renewal of Equipment	2783067	3237058	4295633	4714917	5398505
其他费用	Others	26649154	36431345	44439485	51368324	58066071
旧建筑物购置费	Purchase of Old Buildings	67555	69112	85453	292858	213391
土地购置费	Purchase of Land	17787732	25307389	30893726	33748323	40215680
施工项目个数(个)	Projects under Construction(unit)	31653	33216	39099	43542	46999
全投项目个数(个)	Projects Completed and Put into Use(unit)	14690	16306	19073	22321	27565
房屋施工面积(平方米)	Floor Space under Construction (sq. m)	547944313	668035107	754848280	830845033	892751003
房屋竣工面积(平方米)	Floor Space Completed(sq. m)	134697223	159357020	160343891	188818385	193767437
新增固定资产	Newly Increased Fixed Assets	69074059	78345886	86614408	111046326	150196697
资金来源合计	**Source of Funds**	**159075753**	**206940850**	**217387775**	**270013197**	**304803245**
上年末结余资金	Surplus Funds Last Year	18460578	46858630	30436108	36081679	45048348
本年资金来源小计	Funds This Year	140615175	160082220	186951667	233931518	259754897
#国家预算内资金	State Budgetary Appropriations	4586011	6908908	9292982	11886234	14075875
国内贷款	Domestic Loans	24427586	26071273	27690277	31900187	36152232
债券	Debenture	19101	98366	221484	106523	90497
利用外资	Foreign Investment	2387673	2713354	2116560	2442116	2145872
自筹资金	Fundraising	74219446	89439967	109963781	137281044	162314053
其他资金	Others	34975358	34850352	37666583	50315414	44976368

3-4 分行业施工和投产项目个数
Number of Projects Under Construction and Put Into Use by Sector

指标	Item	施工项目个数(个) Number of Projects under Construction (units)		投产项目个数(个) Number of Projects Completed and Put Into Use (units)		项目建成投产率(%) Rate of Projects Completed and Put Into Use (%)	
		2013	2014	2013	2014	2013	2014
总计	**Total**	**43542**	**46999**	**22321**	**27565**	**51.3**	**58.7**
第一产业	Primary Industry	1400	1516	813	1035	58.1	68.3
第二产业	Secondary Industry	24981	26313	13905	17100	55.7	65.0
第三产业	Tertiary Industry	17161	19170	7603	9430	44.3	49.2
按国民经济行业分组	**by Sector**						
农林牧渔业	**Farming, Forestry, Animal Husbandry and Fishery**	**1400**	**1516**	**813**	**1035**	**58.1**	**68.3**
农业	Farming	631	761	357	537	56.6	70.6
林业	Forestry	135	100	85	59	63.0	59.0
畜牧业	Animal Husbandry	147	128	84	93	57.1	72.7
渔业	Fishery	117	118	74	74	63.2	62.7
农、林、牧、渔服务业	Services	370	409	213	272	57.6	66.5
采矿业	**Mining and Quarrying**	**139**	**143**	**85**	**94**	**61.2**	**65.7**
煤炭开采和洗选业	Goal Mining and Dressing	2	3		1		33.3
石油和天然气开采业	Petroleum and Natural Gas Extraction						
黑色金属矿采选业	Ferrous Metals Mining and Dressing	4	2	2	1	50.0	50.0
有色金属矿采选业	Nonferrous Metals Mining and Dressing	12	12	7	10	58.3	83.3
非金属矿采选业	Nonmetal Minerals Mining and Dressing	118	120	75	77	63.6	64.2
开采辅助活动	Supplementary Activities for Mining	1	4		3		75.0
其他采矿业	Other Minerals Mining and Dressing	2	2	1	2	50.0	100.0
制造业	**Manufacturing**	**23069**	**23868**	**12964**	**15786**	**56.2**	**66.1**
农副食品加工业	Non-staple Food Processing	379	449	211	289	55.7	64.4
食品制造业	Food Manufacturing	231	233	120	143	51.9	61.4
酒、饮料和精制茶制造业	Wine, Soft Drinks and Refined Tea Manufacturing	147	138	80	71	54.4	51.4
烟草制品业	Tobacco Production	5	5	1	1	20.0	20.0
纺织业	Textile Industry	1984	2165	1255	1628	63.3	75.2
纺织服装、服饰业	Garments and Apparel Industryindustry	781	762	471	526	60.3	69.0

续表 1 Continued

指标	Item	施工项目个数(个) Number of Projects under Construction (units)		投产项目个数(个) Number of Projects Completed and Put Into Use (units)		项目建成投产率(%) Rate of Projects Completed and Put Into Use (%)	
		2013	2014	2013	2014	2013	2014
皮革、毛皮、羽毛及其制品和制鞋业	Leather, Furs, Down and Related Production, Shoes Manufacturing	614	783	364	605	59.3	77.3
木材加工及木、竹、藤、棕、草制品业	Timber Processing, Bamboo, Cane Palm Fiber and Straw Production Timber Processing, Bamboo, Cane Palm Fiber and Straw Production	306	302	191	204	62.4	67.5
家具制造业	Furniture Manufacturing	375	446	233	284	62.1	63.7
造纸及纸制品业	Papermaking and Paper Production	469	474	294	316	62.7	66.7
印刷和记录媒介复制业	Printing and Record Medium Reproduction	328	309	171	219	52.1	70.9
文教、工美、体育和娱乐用品制造业	Cultural and Educational, Arts and Crafts, Sports and Chemical Production	735	779	395	510	53.7	65.5
石油加工、炼焦及核燃料加工业	Petroleum Processing, Cooking and Nuclear Fuel Processing	81	89	39	52	48.1	58.4
化学原料及化学制品制造业	Raw Chemical Materials and Chemical Production	863	962	454	586	52.6	60.9
医药制造业	Medical and Pharmaceutical Production	420	475	200	291	47.6	61.3
化学纤维制造业	Chemical Fiber	243	225	153	141	63.0	62.7
橡胶和塑料制品业	Rubber and Plastic Production	1353	1526	766	990	56.6	64.9
非金属矿物制品业	Nonmetal Mineral Production	973	982	593	638	60.9	65.0
黑色金属冶炼及压延加工业	Smelting and Pressing of Ferrous MetalsMetals	307	357	197	262	64.2	73.4
有色金属冶炼及压延加工业	Smelting and Pressing of Nonferrous Metals	290	327	148	216	51.0	66.1
金属制品业	Metal Production	1741	1738	1005	1142	57.7	65.7
通用设备制造业	Ordinary Machinery	2668	2560	1542	1675	57.8	65.4
专用设备制造业	For Special Purpose Equipment Manufacturing	1498	1573	764	966	51.0	61.4
汽车制造业	Automotive Manufacturing	1544	1495	825	917	53.4	61.3
铁路、船舶、航空航天和其他运输设备制造业	Railway, Shipbuilding, Aerospace and other Transport Equipment	495	466	266	341	53.7	73.2
电气机械及器材制造业	Electric Equipment and Machinery	2355	2566	1278	1723	54.3	67.1
计算机、通信和其他电子设备制造业	Computers, Communications and Other Electronic Equipment Manufacturing	1180	914	567	532	48.1	58.2

续表 2 Continued

指标	Item	施工项目个数(个) Number of Projects under Construction (units)		投产项目个数(个) Number of Projects Completed and Put Into Use (units)		项目建成投产率(%) Rate of Projects Completed and Put Into Use (%)	
		2013	2014	2013	2014	2013	2014
仪器仪表制造业	Instruments Manufacturing	280	313	150	202	53.6	64.5
其他制造业	Other Manufacturing	267	252	166	175	62.2	69.4
废弃资源综合利用业	Comprehensive Utilization of Waste Resource	114	153	45	121	39.5	79.1
金属制品、机械和设备修理业	Metal Products, Machinery and Equipment Repair Industry	43	50	20	20	46.5	40.0
电力、热力、燃气及水生产和供应业	**Electricity, Heating Power, Gas and Water Production and Supply**	**1637**	**2100**	**805**	**1114**	**49.2**	**53.0**
电力、热力生产和供应业	Production and Supply of Electricity and Heating Power	789	978	418	579	53.0	59.2
燃气生产和供应业	Production and Supply of Gas	93	122	30	57	32.3	46.7
水的生产和供应业	Production and Supply of Water	755	1000	357	478	47.3	47.8
建筑业	**Construction**	**136**	**202**	**51**	**106**	**37.5**	**52.5**
房屋建筑业	Housing	27	39	6	21	22.2	53.8
土木工程建筑业	Civil Engineering	92	144	38	71	41.3	49.3
建筑安装业	Installation	5	2	2		40.0	
建筑装饰和其他建筑业	Building Decoration and Others	12	17	5	14	41.7	82.4
批发和零售业	**Wholesale and Retail Trade**	**808**	**808**	**352**	**413**	**43.6**	**51.1**
批发业	Wholesale	295	318	106	154	35.9	48.4
零售业	Retail Sale	513	490	246	259	48.0	52.9
交通运输、仓储和邮政业	**Transport, Storage and Post**	**2333**	**2563**	**935**	**1171**	**40.1**	**45.7**
铁路运输业	Railway Transport	40	33	14	4	35.0	12.1
道路运输业	Highway Transport	1799	1999	749	951	41.6	47.6
水上运输业	Waterway Transport	175	173	65	69	37.1	39.9
航空运输业	Air Transport	20	26	3	5	15.0	19.2
管道运输业	Pipeline Transport	16	20	5	10	31.3	50.0
装卸搬运和运输代理业	Carrying and Transportation Agents	43	39	16	15	37.2	38.5
仓储业	Storage	235	246	83	107	35.3	43.5
邮政业	Postal Services	5	27		10		37.0

续表 3 Continued

指标	Item	施工项目个数(个) Number of Projects under Construction (units)		投产项目个数(个) Number of Projects Completed and Put Into Use (units)		项目建成投产率(%) Rate of Projects Completed and Put Into Use (%)	
		2013	2014	2013	2014	2013	2014
住宿和餐饮业	**Hotels and Catering Services**	**554**	**593**	**269**	**329**	**48.6**	**55.5**
住宿业	Hotels	358	431	136	220	38.0	51.0
餐饮业	Catering Services	196	162	133	109	67.9	67.3
信息传输、软件和信息技术服务业	**Information Transmission, Software and Information Technology Services**	**211**	**245**	**99**	**109**	**46.9**	**44.5**
电信、广播电视和卫星传输服务	Telecommunication, Radio and Television , Satellite Transmission Services	134	133	78	68	58.2	51.1
互联网和相关服务	Internet and Related Services	7	23	5	10	71.4	43.5
软件和信息技术服务业	Software and Information Technology Services	70	89	16	31	22.9	34.8
金融业	**Banking**	**153**	**138**	**53**	**51**	**34.6**	**37.0**
货币金融服务	Monetary and Financial Services	112	112	38	45	33.9	40.2
资本市场服务	Capital Market Services	30	17	12	5	40.0	29.4
保险业	Insurance	6	3	2	1	33.3	33.3
其他金融业	Others	5	6	1		20.0	
房地产业	**Real Estate**	**2651**	**2770**	**1233**	**1391**	**46.5**	**50.2**
房地产业	Real Estate	2651	2770	1233	1391	46.5	50.2
租赁和商务服务业	**Renting and Business Services**	**508**	**615**	**175**	**235**	**34.4**	**38.2**
租赁业	Leasing	15	17	10	11	66.7	64.7
商务服务业	Commercial Services	493	598	165	224	33.5	37.5
科学研究和技术服务业	**Scientific Research and Technical Services**	**225**	**260**	**79**	**114**	**35.1**	**43.8**
研究与试验发展	Research and Experiment Development	43	49	14	18	32.6	36.7
专业技术服务业	Technical Services	113	139	33	62	29.2	44.6
科技推广和应用服务业	Promotion and Application of Science and Technology Services	69	72	32	34	46.4	47.2
水利、环境和公共设施管理业	**Water Conservancy, Environment and Public Facilities Management**	**5959**	**7254**	**2713**	**3733**	**45.5**	**51.5**
水利管理业	Water Conservancy	1105	1295	521	673	47.1	52.0
生态保护和环境治理业	Ecological Protection and Environmental Management	258	508	107	262	41.5	51.6

续表 4 Continued

指标	Item	施工项目个数(个) Number of Projects under Construction (units)		投产项目个数(个) Number of Projects Completed and Put Into Use (units)		项目建成投产率(%) Rate of Projects Completed and Put Into Use (%)	
		2013	2014	2013	2014	2013	2014
公共设施管理业	Public Facilities	4596	5451	2085	2798	45.4	51.3
居民服务、修理和其他服务业	**Service for the Residents, Repair and Others**	**185**	**206**	**82**	**107**	**44.3**	**51.9**
居民服务业	Resident Services	155	163	73	86	47.1	52.8
机动车、电子产品和日用产品修理业	Motor Vehicles, Electronics and Household Goods Repair Industry	19	17	6	8	31.6	47.1
其他服务业	Other Services	11	26	3	13	27.3	50.0
教育	**Education**	**1134**	**1302**	**416**	**576**	**36.7**	**44.2**
教育	Education	1134	1302	416	576	36.7	44.2
卫生和社会工作	**Health Care and Social Work**	**455**	**530**	**175**	**227**	**38.5**	**42.8**
卫生	Health Care	320	335	109	113	34.1	33.7
社会工作	Social Work	135	195	66	114	48.9	58.5
文化、体育和娱乐业	**Culture, Sports and Recreation**	**769**	**810**	**373**	**403**	**48.5**	**49.8**
新闻和出版业	News and Publishing	1	5		1		20.0
广播、电视、电影和影视录音制作业	Television, Radio, Film and Television Sound Recording Production	46	45	22	23	47.8	51.1
文化艺术业	Culture and Arts	470	515	221	245	47.0	47.6
体育	Sports	125	107	56	49	44.8	45.8
娱乐业	Recreation	127	138	74	85	58.3	61.6
公共管理、社会保障和社会组织	**Public Administration, Social Security and Social Organization**	**1216**	**1076**	**649**	**571**	**53.4**	**53.1**
中国共产党机关	Communist Party Agencies	1	2		1		50.0
国家机构	Government Agencies	692	648	294	296	42.5	45.7
人民政协、民主党派	The CPPCC, Democratic Parties		1		1		100.0
社会保障	Social Security	11	13	6	6	54.5	46.2
群众团体、社会团体和其他成员组织	Mass Organizations, Social Groups and Other Members of the Organization	275	136	200	96	72.7	70.6
基层群众自治组织	Mass Grassroot Organizations	237	276	149	171	62.9	62.0

3－5 分行业固定资产投资和新增固定资产
Investment and Newly Increased Fixed Assets by Sector

指标	Item	投资额（万元）Investment（10000 yuan）		新增固定资产（万元）Newly Increased Fixed Assets（10000 yuan）		固定资产交付使用率（%）Rate of Fixed Put into Use（%）	
		2013	2014	2013	2014	2013	2014
总计	**Total**	**201940713**	**235547626**	**111046326**	**150196697**	**55**	**64**
第一产业	Primary Industry	2009775	2635101	1632000	2278291	81	86
第二产业	Secondary Industry	70615379	79290446	49649607	66934560	70	84
#工业技改投资	Industrial investment, technical	46639871	54196790	33030139	45704940	71	84
#装备制造业投资	Investment in the equipment manufacturing industry	30048062	31897777	21326844	26958667	71	85
高新技术产业投资	High－tech industry investment	16455363	18288308	9889495	14942772	60	82
战略性新兴产业投资	Strategic emerging industry investment	18872256	21979224	12657241	17612938	67	80
第三产业	Tertiary Industry	129315559	153622079	59764719	80983846	46	53
#高技术服务业投资	High technology service industry investment	2929194	4322502	1399977	2184150	48	51
按国民经济行业分组	**by Sector**						
农林牧渔业	**Farming, Forestry, Animal Husbandry and Fishery**	**2009775**	**2635101**	**1632000**	**2278291**	**81**	**86**
农业	Farming	786510	1146703	512123	926427	65	81
林业	Forestry	143660	147193	128243	87194	89	59
畜牧业	Animal Husbandry	140114	153231	99421	144149	71	94
渔业	Fishery	324318	406873	257679	411717	79	101
农、林、牧、渔服务业	Services	615173	781101	634534	708804	103	91
采矿业	**Mining and Quarrying**	**451108**	**451014**	**309882**	**408583**	**69**	**91**
煤炭开采和洗选业	Coal Mining and Dressing	1819	5521	40	3424	2	62
石油和天然气开采业	Petroleum and Natural Gas Extraction						
黑色金属矿采选业	Ferrous Metals Mining and Dressing	9673	6216	6423	4007	66	64
有色金属矿采选业	Nonferrous Metals Mining and Dressing	63351	28318	39124	43003	62	152
非金属矿采选业	Nonmetal Minerals Mining and Dressing	374487	391970	263795	353170	70	90
开采辅助活动	Supplementary Activities for Mining	778	4489		4029		90
其他采矿业	Other Minerals Mining and Dressing	1000	14500	500	950	50	7
制造业	**Manufacturing**	**61338871**	**68214796**	**44702192**	**55881942**	**73**	**82**
农副食品加工业	Non－staple Food Processing	827322	1225926	588406	1003091	71	82
食品制造业	Food Manufacturing	699097	666901	364933	663610	52	100
酒、饮料和精制茶制造业	Wine, Soft Drinks and Refined Tea Manufacturing	414074	425798	289037	291600	70	68
烟草制品业	Tobacco Production	134072	202925	418369	38464	312	19
纺织业	Textile Industry	4822540	5922177	3276115	4469617	68	75

续表 1 Continued

指标	Item	投资额（万元）Investment (10000 yuan)		新增固定资产（万元）Newly Increased Fixed Assets (10000 yuan)		固定资产交付使用率（%）Rate of Fixed Put into Use (%)	
		2013	2014	2013	2014	2013	2014
纺织服装、服饰业	Garments and Apparel Industryindustry	1628979	1676997	1358530	1391348	83	83
皮革、毛皮、羽毛及其制品和制鞋业	Leather, Furs, Down and Related Production, Shoes Manufacturing	983978	1098196	793173	985716	81	90
木材加工及木、竹、藤、棕、草制品业	Timber Processing, Bamboo, Cane Palm Fiber and Straw Production	521285	642192	427242	415190	82	65
家具制造业	Furniture Manufacturing	842137	1157477	637917	788820	76	68
造纸及纸制品业	Papermaking and Paper Production	1377333	1833921	983390	1512328	71	82
印刷和记录媒介复制业	Printing and Record Medium Reproduction	635225	681196	412448	584624	65	86
文教、工美、体育和娱乐用品制造业	Cultural and Educational, Arts and Crafts, Sports and Entertainment Goods	1258368	1366750	857271	1073972	68	79
石油加工、炼焦及核燃料加工业	Raw Chemical Materials and Chemical Production	473900	757904	196018	289075	41	38
化学原料及化学制品制造业	Raw Chemical Materials and Chemical Production	4407043	5200661	3101693	3991859	70	77
医药制造业	Medical and Pharmaceutical Production	1622939	1924492	1136828	1547327	70	80
化学纤维制造业	Chemical Fiber	2027448	1666397	901319	1542259	44	93
橡胶和塑料制品业	Rubber and Plastic Production	3059685	3316253	2207263	2779200	72	84
非金属矿物制品业	Nonmetal Mineral Production	2544078	2945545	1733991	2254428	68	77
黑色金属冶炼及压延加工业	Smelting and Pressing of Ferrous MetalsMetals	977923	1223991	2507230	1019030	256	83
有色金属冶炼及压延加工业	Smelting and Pressing of Nonferrous Metals	977010	1155466	582519	1113678	60	96
金属制品业	Metal Production	3718530	3774246	2856341	3210802	77	85
通用设备制造业	Ordinary Machinery	6670920	6932219	4864797	5992004	73	86
专用设备制造业	Equipment Manufacturing	4131722	4381843	2758714	3304580	67	75
汽车制造业	Automotive Manufacturing	4915002	5913943	2946930	4722203	60	80
铁路、船舶、航空航天和其他运输设备制造业	Transport Equipment	1516985	1476215	1503263	1696040	99	115

续表 2 Continued

指标	Item	投资额（万元）Investment（10000 yuan）		新增固定资产（万元）Newly Increased Fixed Assets（10000 yuan）		固定资产交付使用率（%）Rate of Fixed Put into Use（%）	
		2013	2014	2013	2014	2013	2014
电气机械及器材制造业	Electric Equipment and Machinery	5738401	5968706	4354510	5160316	76	86
计算机、通信和其他电子设备制造业	Computers, Communications and Other Electronic Equipment Manufacturing	2571572	2459029	1597500	1943068	62	79
仪器仪表制造业	Instruments Manufacturing	620996	815424	352402	665707	57	82
其他制造业	Other Manufacturing	722479	649428	408129	542499	56	84
废弃资源综合利用业	Comprehensive Utilization of Waste Resources	333894	576426	193527	625540	58	109
金属制品、机械和设备修理业	Metal Products, Machinery and Equipment Repair Industry	163934	176152	92387	263947	56	150
电力、热力、燃气及水生产和供应业	**Electricity, Heating Power, Gas and Water Production and Supply**	**8458933**	**10122662**	**4476010**	**10343314**	**53**	**102**
电力、热力生产和供应业	Production and Supply of Electricity and Heating Power	6421486	7399246	2779869	7760609	43	105
燃气生产和供应业	Production and Supply of Gas	662332	647726	587829	877037	89	135
水的生产和供应业	Production and Supply of Water	1375115	2075690	1108312	1705668	81	82
建筑业	**Construction**	**366467**	**501974**	**161523**	**300721**	**44**	**60**
房屋建筑业	Housing	52237	91666	23604	75837	45	83
土木工程建筑业	Civil Engineering	286889	382701	114476	196555	40	51
建筑安装业	Installation	4294	2300	1680	530	39	23
建筑装饰和其他建筑业	Building Decoration and Others	23047	25307	21763	27799	94	110
批发和零售业	**Wholesale and Retail Trade**	**4051651**	**4275330**	**1689296**	**2833637**	**42**	**66**
批发业	Wholesale	1669560	2102398	478621	1234884	29	59
零售业	Retail Sale	2382091	2172932	1210675	1598753	51	74
交通运输、仓储和邮政业	**Transport, Storage and Post**	**14503386**	**17292358**	**10049182**	**9559860**	**69**	**55**
铁路运输业	Railway Transport	970096	1245275	2005476	98652	207	8
道路运输业	Highway Transport	9832168	11461315	5485412	5946741	56	52
水上运输业	Waterway Transport	1795626	1580402	1728446	1933098	96	122
航空运输业	Air Transport	136793	528378	7001	244016	5	46
管道运输业	Pipeline Transport	18873	212308	11825	30220	63	14

续表 3 Continued

指标	Item	投资额(万元) Investment (10000 yuan)		新增固定资产(万元) Newly Increased Fixed Assets (10000 yuan)		固定资产交付使用率(%) Rate of Fixed Put into Use (%)	
		2013	2014	2013	2014	2013	2014
装卸搬运和运输代理业	Carrying and Transportation Agents	230308	287797	126404	137194	55	48
仓储业	Storage	1504952	1841179	683098	1113482	45	60
邮政业	Postal Services	14570	135704	1520	56457	10	42
住宿和餐饮业	**Hotels and Catering Services**	**2281626**	**2539818**	**1247862**	**1827238**	**55**	**72**
住宿业	Hotels	1711487	2137694	868001	1521340	51	71
餐饮业	Catering Services	570139	402124	379861	305898	67	76
信息传输、软件和信息技术服务业	**Information Transmission, Software and Information Technology Services**	**1360047**	**2103496**	**471451**	**877657**	**35**	**42**
电信、广播电视和卫星传输服务	Telecommunication, Radio and Television , Satellite Transmission Services	623497	835203	328113	397080	53	48
互联网和相关服务	Internet and Related Services	284600	416113	14707	38043	5	9
软件和信息技术服务业	Software and Information Technology Services	451950	852180	128631	442534	28	52
金融业	**Banking**	**948433**	**925106**	**298006**	**358927**	**31**	**39**
货币金融服务	Monetary and Financial Services	660988	746403	249317	347058	38	46
资本市场服务	Capital Market Services	131732	93773	33598	11281	26	12
保险业	Insurance	85204	22103	14591	588	17	3
其他金融业	Others	70509	62827	500		1	
房地产业	**Real Estate**	**75183455**	**88027084**	**28460611**	**40825998**	**38**	**46**
房地产业	Real Estate	75183455	88027084	28460611	40825998	38	46
租赁和商务服务业	**Renting and Business Services**	**3401463**	**4468509**	**1383543**	**2565592**	**41**	**57**
租赁业	Leasing	210415	277050	194783	272071	93	98
商务服务业	Commercial Services	3191048	4191459	1188760	2293521	37	55
科学研究和技术服务业	**Scientific Research and Technical Services**	**867114**	**914915**	**600416**	**689107**	**69**	**75**
研究与试验发展	Research and Experiment Development	220861	254562	68714	208454	31	82
专业技术服务业	Technical Services	337659	463975	146353	362905	43	78
科技推广和应用服务业	Promotion and Application of Science and Technology Services	308594	196378	385349	117748	125	60

续表 4 Continued

指标	Item	投资额（万元）Investment (10000 yuan)		新增固定资产（万元）Newly Increased Fixed Assets (10000 yuan)		固定资产交付使用率（%）Rate of Fixed Put into Use (%)	
		2013	2014	2013	2014	2013	2014
水利、环境和公共设施管理业	**Water Conservancy, Environment and Public Facilities Management**	**17591547**	**22293467**	**10183190**	**14108574**	**58**	**63**
水利管理业	Water Conservancy	3860424	4728079	1938185	2336796	50	49
生态保护和环境治理业	Ecological Protection and Environmental Management	615398	1147197	318234	612525	52	53
公共设施管理业	Public Facilities	13115725	16418191	7926771	11159253	60	68
居民服务、修理和其他服务业	**Service for the Residents, Repair and Others**	**297284**	**495432**	**146092**	**327323**	**49**	**66**
居民服务业	Resident Services	210207	356496	130158	273555	62	77
机动车、电子产品和日用产品修理业	Motor Vehicles, Electronics and Household Goods Repair Industry	55598	58619	8570	14540	15	25
其他服务业	Other Services	31479	80317	7364	39228	23	49
教育	**Education**	**2533326**	**3406271**	**1599969**	**2025273**	**63**	**59**
教育	Education	2533326	3406271	1599969	2025273	63	59
卫生和社会工作	**Health Care and Social Work**	**1481800**	**1753865**	**767180**	**1208798**	**52**	**69**
卫生	Health Care	1185159	1254198	586836	942569	50	75
社会工作	Social Work	296641	499667	180344	266229	61	53
文化、体育和娱乐业	**Culture, Sports and Recreation**	**2689554**	**2846230**	**1452334**	**1799608**	**54**	**63**
新闻和出版业	News and Publishing	4103	52591		14999		29
广播、电视、电影和影视录音制作业	Television, Radio, Film and Television Sound Recording Production	162677	253128	64398	175133	40	69
文化艺术业	Culture and Arts	1427206	1354183	889500	949915	62	70
体育	Sports	695207	604167	228816	353405	33	58
娱乐业	Recreation	400361	582161	269620	306156	67	53
公共管理、社会保障和社会组织	**Public Administration, Social Security and Social Organization**	**2124873**	**2280198**	**1415587**	**1976254**	**67**	**87**
中国共产党机关	Communist Party Agencies	15608	6180		6180		100
国家机构	Government Agencies	1279988	1214993	794247	987827	62	81
人民政协、民主党派	The CPPCC, Democratic Parties		1490		2890		194
社会保障	Social Security	9154	60881	16798	26634	184	44
群众团体、社会团体和其他成员组织	Mass Organizations, Social Groups and Other Members of the Organization	368793	258074	318162	292567	86	113
基层群众自治组织	Mass Grassroot Organizations	451330	738580	286380	660156	63	89

3－6 分行业施工和竣工面积(2014 年)
Floor Space of Buildings Under Construction and Completed by Sector(2014)

指标	Item	房屋施工面积(平方米) Floor Space of Buildings Under Construction (sq. m)	住宅 Residential Buildings	房屋竣工面积(平方米) Floor Space of Buildings Completed (sq. m)	住宅 Residential Buildings	房屋建筑面积竣工率(%) Rate of Floor Space of Buildings Completed (%)	住宅 Residential Buildings
总计	**Total**	**892751003**	**318800506**	**193767437**	**53824673**	**21.7**	**16.9**
第一产业	Primary Industry	2702528	12025	874119	7800	32.3	64.9
第二产业	Secondary Industry	209714907	693836	79278003	221214	37.8	31.9
第三产业	Tertiary Industry	680333568	318094645	113615315	53595659	16.7	16.8
按国民经济行业分组	**by Sector**						
农林牧渔业	**Farming, Forestry, Animal Husbandry and Fishery**	**2702528**	**12025**	**874119**	**7800**	**32.3**	**64.9**
农业	Farming	697063	3925	217329		31.2	
林业	Forestry	379354		40337		10.6	
牧业	Animal Husbandry	820160		478659		58.4	
渔业	Fishery	164197		54586		33.2	
农、林、牧、渔服务业	Services	641754	8100	83208	7800	13.0	96.3
采矿业	**Mining and Quarrying**	**205116**	**650**	**155617**	**650**	**75.9**	**100.0**
煤炭开采和洗选业	Coal Mining and Dressing	2500		2500		100.0	
石油和天然气开采业	Petroleum and Natural Gas Extraction						
黑色金属矿采选业	Ferrous Metals Mining and Dressing	200		200		100.0	
有色金属矿采选业	Nonferrous Metals Mining and Dressing	21680		11680		53.9	
非金属矿采选业	Nonmetal Minerals Mining and Dressing	171662	650	138237	650	80.5	100.0
开采辅助活动	Supplementary Activities for Mining	6074					
其他采矿业	Other Minerals Mining and Dressing	3000		3000		100.0	
制造业	**Manufacturing**	**205576040**	**681566**	**77673516**	**220564**	**37.8**	**32.4**
农副食品加工业	Non－staple Food Processing	3920104	48735	951695		24.3	
食品制造业	Food Manufacturing	1996043		837330		41.9	
酒、饮料和精制茶制造业	Wine, Soft Drinks and Refined Tea Manufacturing	1875630		534071		28.5	
烟草制品业	Tobacco Production	639124	38291	38291		6.0	
纺织业	Textile Industry	13337636		7796474		58.5	
纺织服装、服饰业	Garments and Apparel Industryindustry	7573169	54803	3382866	12359	44.7	22.6

续表 1 Continued

指标	Item	房屋施工面积（平方米）Floor Space of Buildings Under Construction (sq. m)	住宅 Residential Buildings	房屋竣工面积（平方米）Floor Space of Buildings Completed (sq. m)	住宅 Residential Buildings	房屋建筑面积竣工率（%）Rate of Floor Space of Buildings Completed (%)	住宅 Residential Buildings
皮革、毛皮、羽毛及其制品和制鞋业	Leather, Furs, Down and Related Production, Shoes Manufacturing	4384571	13167	1847369	11732	42.1	89.1
木材加工及木、竹、藤、棕、草制品业	Timber Processing, Bamboo, Cane Palm Fiber and Straw Production	1700152		619308		36.4	
家具制造业	Furniture Manufacturing	3357052		1224183		36.5	
造纸及纸制品业	Papermaking and Paper Production	4324755		1754096		40.6	
印刷和记录媒介复制业	Printing and Record Medium Reproduction	1698228		338780		19.9	
文教、工美、体育和娱乐用品制造业	Cultural and Educational, Arts and Crafts, Sports and Entertainment Goods	5934721	62258	2480482	12247	41.8	19.7
石油加工、炼焦及核燃料加工业	Petroleum Processing, Cooking and Nuclear Fuel Processing	152998		28785		18.8	
化学原料及化学制品制造业	Raw Chemical Materials and Chemical Production	8756021	1672	3583936	280	40.9	16.7
医药制造业	Medical and Pharmaceutical Production	5909201		1578524		26.7	
化学纤维制造业	Chemical Fiber	3945545	8000	1766540	8000	44.8	100.0
橡胶和塑料制品业	Rubber and Plastic Production	8431083	21714	3651223	10782	43.3	49.7
非金属矿物制品业	Nonmetal Mineral Production	7832370	18815	2927049	2955	37.4	15.7
黑色金属冶炼及压延加工业	Smelting and Pressing of Ferrous MetalsMetals	2274684	8450	824280	8450	36.2	100.0
有色金属冶炼及压延加工业	Smelting and Pressing of Nonferrous Metals	3465790	57284	1621985	56284	46.8	98.3
金属制品业	Metal Production	11107731		5072509		45.7	
通用设备制造业	Ordinary Machinery	23978433	42884	9006773	24850	37.6	57.9
专用设备制造业	For Special Purpose Equipment Manufacturing	14085531	12323	5122442		36.4	
汽车制造业	Automotive Manufacturing	18830917	107215	5483812	4073	29.1	3.8
铁路、船舶、航空航天和其他运输设备制造业	Railway, Shipbuilding, Aerospace and other Transport Equipment	2722506	6206	1345057		49.4	
电气机械及器材制造业	Electric Equipment and Machinery	24615865	100737	8021911		32.6	
计算机、通信和其他电子设备制造业	Computers, Communications and Other Electronic Equipment Manufacturing	10303321	68552	2297172	68552	22.3	100.0

续表 2 Continued

指标	Item	房屋施工面积（平方米）Floor Space of Buildings Under Construction (sq. m)	住宅 Residential Buildings	房屋竣工面积（平方米）Floor Space of Buildings Completed (sq. m)	住宅 Residential Buildings	房屋建筑面积竣工率（%）Rate of Floor Space of Buildings Completed (%)	住宅 Residential Buildings
仪器仪表制造业	Instruments Manufacturing	3708516		1340489		36.1	
其他制造业	Other Manufacturing	2358034	10000	968661		41.1	
废弃资源综合利用业	Comprehensive Utilization of Waste Resources	2131344	460	1149860		53.9	
金属制品、机械和设备修理业	Metal Products, Machinery and Equipment Repair Industry	224965		77563		34.5	
电力、热力、燃气及水生产和供应业	**Electricity, Heating Power, Gas and Water Production and Supply**	**3234581**	**10000**	**1204229**		**37.2**	
电力、热力生产和供应业	Production and Supply of Electricity and Heating Power	2464579	10000	948365		38.5	
燃气生产和供应业	Production and Supply of Gas	106333		52433		49.3	
水的生产和供应业	Production and Supply of Water	663669		203431		30.7	
建筑业	**Construction**	**699170**	**1620**	**244641**		**35.0**	
房屋建筑业	Housing	382652	1620	214354		56.0	
土木工程建筑业	Civil Engineering	276550		30287		11.0	
建筑安装业	Installation	21760					
建筑装饰和其他建筑业	Building Decoration and Others	18208					
批发和零售业	**Wholesale and Retail Trade**	**21938510**	**46867**	**4451674**	**12115**	**20.3**	**25.8**
批发业	Wholesale	9947147	32323	1693947	3374	17.0	10.4
零售业	Retail Sale	11991363	14544	2757727	8741	23.0	60.1
交通运输、仓储和邮政业	**Transport, Storage and Post**	**13221090**	**143892**	**2130556**	**108182**	**16.1**	**75.2**
铁路运输业	Railway Transport	261228		103547		39.6	
道路运输业	Highway Transport	5831051	108182	654982	108182	11.2	100.0
水上运输业	Waterway Transport	1480610		88947		6.0	
航空运输业	Air Transport	293430		90983		31.0	
管道运输业	Pipeline Transport	11676		285		2.4	
装卸搬运和运输代理业	Carrying and Transportation Agents	670131		325786		48.6	
仓储业	Storage	4227033	35710	809497		19.2	
邮政业	Postal Services	445931		56529		12.7	

续表 3 Continued

指标	Item	房屋施工面积（平方米）Floor Space of Buildings Under Construction (sq. m)	住宅 Residential Buildings	房屋竣工面积（平方米）Floor Space of Buildings Completed (sq. m)	住宅 Residential Buildings	房屋建筑面积竣工率（%）Rate of Floor Space of Buildings Completed (%)	住宅 Residential Buildings
住宿和餐饮业	**Hotels and Catering Services**	**8645501**	**272740**	**1974346**	**64249**	**22.8**	**23.6**
住宿业	Hotels	7646998	272740	1704865	64249	22.3	23.6
餐饮业	Catering Services	998503		269481		27.0	
信息传输、软件和信息技术服务业	**Information Transmission, Software and Information Technology Services**	**3976884**	**41197**	**564781**	**41197**	**14.2**	**100.0**
电信、广播电视和卫星传输服务	Telecommunication, Radio and Television, Satellite Transmission Services	212355		101674		47.9	
互联网和相关服务	Internet and Related Services	352290					
软件和信息技术服务业	Software and Information Technology Services	3412239	41197	463107	41197	13.6	100.0
金融业	**Banking**	**3339327**	**202666**	**135283**		**4.1**	
货币金融服务	Monetary and Financial Services	2334564	202666	135283		5.8	
资本市场服务	Capital Market Services	241789					
保险业	Insurance	432295					
其他金融业	Others	330679					
房地产业	**Real Estate**	**543508400**	**311354080**	**84470554**	**51471218**	**15.5**	**16.5**
房地产业	Real Estate	543508400	311354080	84470554	51471218	15.5	16.5
租赁和商务服务业	**Renting and Business Services**	**19215528**	**830641**	**3330609**	**22959**	**17.3**	**2.8**
租赁业	Leasing	34341		5280		15.4	
商务服务业	Commercial Services	19181187	830641	3325329	22959	17.3	2.8
科学研究和技术服务业	**Scientific Research and Technical Services**	**3647451**	**43560**	**882630**	**43560**	**24.2**	**100.0**
研究与试验发展	Research and Experiment Development	1223100		323097		26.4	
专业技术服务业	Technical Services	1975606	43560	504300	43560	25.5	100.0
科技推广和应用服务业	Promotion and Application of Science and Technology Services	448745		55233		12.3	
水利、环境和公共设施管理业	**Water Conservancy, Environment and Public Facilities Management**	**14118828**	**2730376**	**5952044**	**1148534**	**42.2**	**42.1**
水利管理业	Water Conservancy	262639	1800	47164	1800	18.0	100.0
生态保护和环境治理业	Ecological Protection and Environmental Management	478556		94209		19.7	

续表 4 Continued

指标	Item	房屋施工面积（平方米）Floor Space of Buildings Under Construction (sq. m)	住宅 Residential Buildings	房屋竣工面积（平方米）Floor Space of Buildings Completed (sq. m)	住宅 Residential Buildings	房屋建筑面积竣工率（%）Rate of Floor Space of Buildings Completed (%)	住宅 Residential Buildings
公共设施管理业	Public Facilities	13377633	2728576	5810671	1146734	43.4	42.0
居民服务、修理和其他服务业	**Service for the Residents ,Repair and Others**	**3029391**	**156136**	**349272**	**129926**	**11.5**	**83.2**
居民服务业	Resident Services	616579	156136	337157	129926	54.7	83.2
机动车、电子产品和日用产品修理业	Motor Vehicles, Electronics and Household Goods Repair Industry	104497		6700		6.4	
其他服务业	Other Services	2308315		5415		0.2	
教育	**Education**	**17994499**	**598279**	**4188054**	**195881**	**23.3**	**32.7**
教育	Education	17994499	598279	4188054	195881	23.3	32.7
卫生和社会工作	**Health Care and Social Work**	**10259554**	**508045**	**1825985**	**117077**	**17.8**	**23.0**
卫生	Health Care	7811897	237029	1220170	1088	15.6	0.5
社会工作	Social Work	2447657	271016	605815	115989	24.8	42.8
文化、体育和娱乐业	**Culture,Sports and Recreation**	**7741227**	**575661**	**1343906**	**146069**	**17.4**	**25.4**
新闻和出版业	News and Publishing	190508					
广播、电视、电影和影视录音制作业	Television, Radio, Film and Television Sound Recording Production	441083		56906		12.9	
文化艺术业	Culture and Arts	4251659	575661	878276	146069	20.7	25.4
体育	Sports	1975008		356061		18.0	
娱乐业	Recreation	882969		52663		6.0	
公共管理、社会保障和社会组织	**Public Administration, Social Security and Social Organization**	**9697378**	**590505**	**2015621**	**94692**	**20.8**	**16.0**
中国共产党机关	Communist Party Agencies	98953					
国家机构	Government Agencies	4550288	360903	889116	19371	19.5	5.4
人民政协、民主党派	The CPPCC, Democratic Parties	29060		29060		100.0	
社会保障	Social Security	115161		107195		93.1	
群众团体、社会团体和其他成员组织	Mass Organizations, Social Groups and Other Members of the Organization	878947		114330		13.0	
基层群众自治组织	Mass Grassroot Organizations	4024969	229602	875920	75321	21.8	32.8

3-7 国有及国有控股经济分行业投资和资金来源
Investment and Sources of Funds in State-owned and State-holding Units by Sector

单位:万元(10000 yuan)

指标	Item	2012	2013	2014
投资总计	**Total investment**	**53679178**	**63659028**	**72508646**
第一产业	Primary Industry	619016	677336	889022
第二产业	Secondary Industry	8741863	10311002	12379806
第三产业	Tertiary Industry	44318299	52670690	59239818
按国民经济行业分组	**By Sector**			
农林牧渔业	**Farming, Forestry, Animal Husbandry and Fishery**	**619016**	**677336**	**889022**
农业	Farming	108909	164458	234389
林业	Forestry	63580	66807	63130
牧业	Animal Husbandry	8071	5938	6689
渔业	Fishery	32242	31695	34337
农、林、牧、渔服务业	Services	406214	408438	550477
采矿业	**Ming and Quarrying**	**20557**	**13941**	**26766**
煤炭开采和洗选业	Coal Mining and Dressing			
石油和天然气开采业	Petroleum and Natural Gas Extraction			
黑色金属矿采选业	Ferrous Metals Mining and Dressing	638		
有色金属矿采选业	Nonferrous Metals Mining and Dressing		1600	
非金属矿采选业	Nonmetal Minerals Mining and Dressing	5709	11563	26016
开采辅助活动	Supplenmentary Activities for Mining	14210	778	750
其他采矿业	Other Minerals Mining and Dressing			
制造业	**Manufacturing**	**2475387**	**3277496**	**4226871**
农副食品加工业	Non-staple Food Processing	58612	90194	182455
食品制造业	Food Manufacturing	26102	6665	14142
酒、饮料和精制茶制造业	Wine, Soft Drinks and Refined Tea Manufacturing	14338	16911	32595
烟草制品业	Tobacco Processing	123056	131971	201138
纺织业	Textile Industry	38924	64335	81860
纺织服装、服饰业	Garments and Apparel Industryindustry	49767	34101	15334
皮革、毛皮、羽毛(绒)及其制品业	Leather, Furs, Down and Related Production, Shoes Manufacturing	18191	15797	23007
木材加工及木、竹、藤、棕、草制品业	Timber Processing, Bamboo, Cane Palm Fiber and Straw Production	636		2061
家具制造业	Furniture Manufacturing		5333	4714
造纸及纸制品业	Papermaking and Paper Products	18165	6126	7193
印刷业和记录媒介的复制	Printing and Record Medium Reproduction	17449	18967	24208
文教、工美、体育和娱乐用品制造业	Cultural and Educational, Arts and Crafts, Sports and Entertainment Goods	4800	32134	26320

续表 1 Continued 单位:万元(10000 yuan)

指标	Item	2012	2013	2014
石油加工、炼焦及核燃料加工业	Petroleum Processing, Cooking and Nuclear Fuel Processing	66205	275110	534486
化学原料及化学制品制造业	Raw Chemical Materials and Chemical Products	538207	454123	423798
医药制造业	Medical and Pharmaceutical Production	79991	144317	225979
化学纤维制造业	Chemical Fiber		7530	15661
橡胶和塑料制品业	Rubber and Plastic Production	211864	254637	174167
非金属矿物制品业	Nonmetal Mineral Production	41576	75500	199583
黑色金属冶炼及压延加工业	Smelting and Pressing of Ferrous Metals	88279	100511	137026
有色金属冶炼及压延加工业	Smelting and Pressing of Nonferrous Metals	18320	86403	43537
金属制品业	Metal Production	19500	38427	54462
通用设备制造业	Ordinary Machinery	120823	204129	175362
专用设备制造业	For Special Purpose Equipment Manufacturing	122420	247655	321279
汽车制造业	Automotive Manufacturing	116692	153847	141291
铁路、船舶、航空航天和其他运输设备制造业	Railway, Shipbuilding, Aerospace and other Transport Equipment	223934	297892	409823
电气机械及器材制造业	Electric Equipment and Machinery	96501	130217	119724
计算机、通信和其他电子设备制造业	Computers, Communications and Other Electronic Equipment Manufacturing	175933	174405	280373
仪器仪表制造业	Instruments Manufacturing	16996	13550	29500
其他制造业	Other Manufacturing	132647	181163	146700
废弃资源综合利用业	Comprehensive Utilization of Waste Resources	22787	2220	108169
金属制品、机械和设备修理业	Metal products, machinery and Equipment Repair Industry	12672	13326	70924
电力、燃气及水的生产和供应业	**Electricity, Heating Power, Gas and Water Production and Supply**	**6100194**	**6769052**	**7855499**
电力、热力的生产和供应业	Production and Supply of Electricity and Heating Power	4502120	5045105	5708196
燃气生产和供应业	Production and Supply of Gas	494508	558979	497943
水的生产和供应业	Production and Supply of Water	1103566	1164968	1649360
建筑业	**Construction**	**145725**	**250513**	**270670**
房屋建筑业	Housing	11836	8525	13798
土木工程建筑业	Civil Engineering	127989	235791	246024
建筑安装业	Installation		309	530
建筑装饰和其他建筑业	Building Decoration and Others	5900	5888	10318
批发和零售业	**Wholesale and Retail Trade**	**483734**	**892910**	**808247**
批发业	Wholesale	252978	471475	474986
零售业	Retail Sale	230756	421435	333261
交通运输、仓储和邮政业	**Transport, Storage and Post**	**11112874**	**11984159**	**13648056**

续表 2 Continued 单位:万元(10000 yuan)

指标	Item	2012	2013	2014
铁路运输业	Railway Transport	864539	968652	1245275
道路运输业	Highway Transport	8083262	9116331	10130592
水上运输业	Waterway Transport	1055578	1059808	865139
航空运输业	Air Transport	319428	120850	392345
管道运输业	Pipeline Transport	39829	14656	193371
装卸搬运和运输代理业	Carrying and Transportation Agents	81687	50704	130250
仓储业	Storage	665223	643502	668085
邮政业	Postal Services	3328	9656	22999
住宿和餐饮业	**Hotels and Catering Services**	**328334**	**264628**	**297784**
住宿业	Hotels	293717	217562	268782
餐饮业	Catering Services	34617	47066	29002
信息传输、软件和信息技术服务业	**Information Transmission, Software and Information Technology Services**	**799673**	**905737**	**1045290**
电信、广播电视和卫星传输服务	Telecommunication, Radio and Television, Satellite Transmission Services	477595	554489	694071
互联网和相关服务	Internet and Related Services	240672	263591	253532
软件和信息技术服务业	Software and Information Technology Services	81406	87657	97687
金融业	**Banking**	**566127**	**425603**	**322305**
货币金融服务	Monetary and Financial Services	280064	277571	275653
资本市场服务	Capital Market Services	36029	50004	13082
保险业	Insurance	229836	83744	21515
其他金融业	Others	20198	14284	12055
房地产业	**Real Estate**	**12402882**	**14313362**	**15828638**
房地产业	Real Estate	12402882	14313362	15828638
租赁和商务服务业	**Renting and Business Services**	**751909**	**1345011**	**1344887**
租赁业	Leasing	1401	29173	9350
商务服务业	Commercial Services	750508	1315838	1335537
科学研究和技术服务业	**Scientific Research and Technical Services**	**369030**	**565936**	**553171**
研究与试验发展	Research and Experiment Development	64772	123371	127953
专业技术服务业	Technical Services	161839	241985	349713
科技推广和应用服务业	Promotion and Application of Science and Technology Services	142419	200580	75505
水利、环境和公共设施管理业	**Water Conservancy, Environment and Public Facilities Management**	**12214731**	**15576962**	**18591329**
水利管理业	Water Conservancy	2720586	3418767	4062772
生态保护和环境治理业	Ecological Protection and Environmental Management	266596	558582	957697
公共设施管理业	Public Facilities	9227549	11599613	13570860

续表 3 Continued 单位:万元(10000 yuan)

指标	Item	2012	2013	2014
居民服务、修理和其他服务业	**Service for the Residents, Repair and Others**	**162924**	**131931**	**271136**
居民服务业	Resident Services	159444	96989	213021
机动车、电子产品和日用产品修理业	Motor Vehicles, Electronics and Household Goods Repair Industry	3480	34142	34383
其他服务业	Other Services		800	23732
教育	**Education**	**1702442**	**2262904**	**2766481**
教育	Education	1702442	2262904	2766481
卫生和社会工作	**Health Care and Social Work**	**963771**	**1090004**	**1144109**
卫生	Health Care	874580	984207	937113
社会工作	Social work	89191	105797	206996
文化、体育和娱乐业	**Culture, Sports and Recreation**	**1107202**	**1596264**	**1349220**
新闻和出版业	News and Publishing	8045	4103	52591
广播、电视、电影和影视录音制作业	Television, Radio, Film and Television Sound Recording Production	86904	65685	119258
文化艺术业	Culture and Arts	662988	941447	728640
体育	Sports	333496	547202	397566
娱乐业	Recreation	15769	37827	51165
公共管理、社会保障和社会组织	**Public Administration, Social Security and Social Organization**	**1352666**	**1315279**	**1269165**
中国共产党机关	Communist Party Agencies	16358	15608	6180
国家机构	Government Agencies	1242934	1188835	1146043
人民政协、民主党派	The CPPCC, Democratic Parties			
社会保障	Social Security	5347	5911	9664
群众团体、社会团体和其他成员组织	Mass Organizations, Social Groups and Other Members of the Organization	49836	62862	91653
基层群众自治组织	Mass Grassroot Organizations	38191	42063	15625
自年初累计资金来源合计	**Source of Funds**	**59901785**	**74198540**	**85412901**
上年末结余资金	Surplus Funds Last Year	5638946	6871947	7415825
本年资金来源小计	Funds This Year	54262839	67326593	77997076
#国家预算内资金	State Budgetary Appropriations	8744087	11365136	13069086
国内贷款	Domestic Loans	12427037	11882755	14688727
债券	Debenture	209312	103723	81962
利用外资	Foreign Investment	38310	10413	7610
自筹资金	Fundraising	27750173	36795091	43158945
其他资金	Others	5093920	7169475	6990746

3-8 非国有经济分行业投资和资金来源
Investment and Sources of Funds in Non-state-owned Units by Sector

单位:万元(10000 yuan)

指标	Item	2012	2013	2014
投资总计	**Total investment**	**117280428**	**138281685**	**163038980**
第一产业	Primary Industry	965105	1332439	1746079
第二产业	Secondary Industry	52193463	60304377	66910640
第三产业	Tertiary Industry	64121860	76644869	94382261
按国民经济行业分组	**By Sector**			
农林牧渔业	**Farming, Forestry, Animal Husbandry and Fishery**	**965105**	**1332439**	**1746079**
农业	Farming	368492	622052	912314
林业	Forestry	58413	76853	84063
牧业	Animal Husbandry	140984	134176	146542
渔业	Fishery	228999	292623	372536
农、林、牧、渔服务业	Services	168217	206735	230624
采矿业	**Ming and Quarrying**	**309780**	**437167**	**424248**
煤炭开采和洗选业	Coal Mining and Dressing	1912	1819	5521
石油和天然气开采业	Petroleum and Natural Gas Extraction			
黑色金属矿采选业	Ferrous Metals Mining and Dressing	7050	9673	6216
有色金属矿采选业	Nonferrous Metals Mining and Dressing	17824	61751	28318
非金属矿采选业	Nonmetal Minerals Mining and Dressing	273905	362924	365954
开采辅助活动	Supplementary Activities for Mining	4300		3739
其他采矿业	Other Minerals Mining and Dressing	4789	1000	14500
制造业	**Manufacturing**	**50578458**	**58061375**	**63987925**
农副食品加工业	Non-staple Food Processing	665244	737128	1043471
食品制造业	Food Manufacturing	588035	692432	652759
酒、饮料和精制茶制造业	Wine, Soft Drinks and Refined Tea Manufacturing	473204	397163	393203
烟草制品业	Tobacco Processing		2101	1787
纺织业	Textile Industry	4192112	4758205	5840317
纺织服装、服饰业	Garments and Apparel Industryindustry	1488315	1594878	1661663
皮革、毛皮、羽毛(绒)及其制品业	Leather, Furs, Down and Related Production, Shoes Manufacturing	780499	968181	1075189
木材加工及木、竹、藤、棕、草制品业	Timber Processing, Bamboo, Cane Palm Fiber and Straw Production	566689	521285	640131
家具制造业	Furniture Manufacturing	804572	836804	1152763
造纸及纸制品业	Papermaking and Paper Products	1298742	1371207	1826728
印刷业和记录媒介的复制	Printing and Record Medium Reproduction	501588	616258	656988
文教、工美、体育和娱乐用品制造业	Cultural and Educational, Arts and Crafts, Sports and Entertainment Goods	1058111	1226234	1340430

续表 1 Continued 单位:万元(10000 yuan)

指标	Item	2012	2013	2014
石油加工、炼焦及核燃料加工业	Petroleum Processing, Cooking and Nuclear Fuel Processing	177866	198790	223418
化学原料及化学制品制造业	Raw Chemical Materials and Chemical Products	3713031	3952920	4776863
医药制造业	Medical and Pharmaceutical Production	1174232	1478622	1698513
化学纤维制造业	Chemical Fiber	1710643	2019918	1650736
橡胶和塑料制品业	Rubber and Plastic Production	2512537	2805048	3142086
非金属矿物制品业	Nonmetal Mineral Production	2086906	2468578	2745962
黑色金属冶炼及压延加工业	Smelting and Pressing of Ferrous Metals	1141337	877412	1086965
有色金属冶炼及压延加工业	Smelting and Pressing of Nonferrous Metals	937408	890607	1111929
金属制品业	Metal Production	3342571	3680103	3719784
通用设备制造业	Ordinary Machinery	5087501	6466791	6756857
专用设备制造业	For Special Purpose Equipment Manufacturing	2775567	3884067	4060564
汽车制造业	Automotive Manufacturing	3491449	4761155	5772652
铁路、船舶、航空航天和其他运输设备制造业	Railway, Shipbuilding, Aerospace and other Transport Equipment	1466822	1219093	1066392
电气机械及器材制造业	Electric Equipment and Machinery	5388544	5608184	5848982
计算机、通信和其他电子设备制造业	Computers, Communications and Other Electronic Equipment Manufacturing	1941972	2397167	2178656
仪器仪表制造业	Instruments Manufacturing	518365	607446	785924
其他制造业	Other Manufacturing	320892	541316	502728
废弃资源综合利用业	Comprehensive Utilization of Waste Resources	233152	331674	468257
金属制品、机械和设备修理业	Metal products, machinery and Equipment Repair Industry	140552	150608	105228
电力、燃气及水的生产和供应业	**Electricity, Heating Power, Gas and Water Production and Supply**	**1178993**	**1689881**	**2267163**
电力、热力的生产和供应业	Production and Supply of Electricity and Heating Power	909159	1376381	1691050
燃气生产和供应业	Production and Supply of Gas	78926	103353	149783
水的生产和供应业	Production and Supply of Water	190908	210147	426330
建筑业	**Construction**	**126232**	**115954**	**231304**
房屋建筑业	Housing	58909	43712	77868
土木工程建筑业	Civil Engineering	26411	51098	136677
建筑安装业	Installation	13376	3985	1770
建筑装饰和其他建筑业	Building Decoration and Others	27536	17159	14989
批发和零售业	**Wholesale and Retail Trade**	**2722747**	**3158741**	**3467083**
批发业	Wholesale	690603	1198085	1627412
零售业	Retail Sale	2032144	1960656	1839671
交通运输、仓储和邮政业	**Transport, Storage and Post**	**2190099**	**2519227**	**3644302**

续表 2 Continued 单位:万元(10000 yuan)

指标	Item	2012	2013	2014
铁路运输业	Railway Transport	30500	1444	
道路运输业	Highway Transport	604881	715837	1330723
水上运输业	Waterway Transport	856362	735818	715263
航空运输业	Air Transport	4950	15943	136033
管道运输业	Pipeline Transport	4146	4217	18937
装卸搬运和运输代理业	Carrying and Transportation Agents	136862	179604	157547
仓储业	Storage	548213	861450	1173094
邮政业	Postal Services	4185	4914	112705
住宿和餐饮业	**Hotels and Catering Services**	**1800373**	**2016998**	**2242034**
住宿业	Hotels	1363337	1493925	1868912
餐饮业	Catering Services	437036	523073	373122
信息传输、软件和信息技术服务业	**Information Transmission, Software and Information Technology Services**	**310505**	**454310**	**1058206**
电信、广播电视和卫星传输服务	Telecommunication, Radio and Television, Satellite Transmission Services	104595	69008	141132
互联网和相关服务	Internet and Related Services	13359	21009	162581
软件和信息技术服务业	Software and Information Technology Services	192551	364293	754493
金融业	**Banking**	**362514**	**522830**	**602801**
货币金融服务	Monetary and Financial Services	222936	383417	470750
资本市场服务	Capital Market Services	59239	81728	80691
保险业	Insurance	2942	1460	588
其他金融业	Others	77397	56225	50772
房地产业	**Real Estate**	**50901606**	**60870093**	**72198446**
房地产业	Real Estate	50901606	60870093	72198446
租赁和商务服务业	**Renting and Business Services**	**1468550**	**2056452**	**3123622**
租赁业	Leasing	17712	181242	267700
商务服务业	Commercial Services	1450838	1875210	2855922
科学研究和技术服务业	**Scientific Research and Technical Services**	**219914**	**301178**	**361744**
研究与试验发展	Research and Experiment Development	58355	97490	126609
专业技术服务业	Technical Services	107701	95674	114262
科技推广和应用服务业	Promotion and Application of Science and Technology Services	53858	108014	120873
水利、环境和公共设施管理业	**Water Conservancy, Environment and Public Facilities Management**	**1620979**	**2014585**	**3702138**
水利管理业	Water Conservancy	228417	441657	665307
生态保护和环境治理业	Ecological Protection and Environmental Management	42961	56816	189500
公共设施管理业	Public Facilities	1349601	1516112	2847331

续表 3 Continued 单位:万元(10000 yuan)

指标	Item	2012	2013	2014
居民服务、修理和其他服务业	**Service for the Residents, Repair and Others**	**149762**	**165353**	**224296**
居民服务业	Resident Services	129510	113218	143475
机动车、电子产品和日用产品修理业	Motor Vehicles, Electronics and Household Goods Repair Industry	16267	21456	24236
其他服务业	Other Services	3985	30679	56585
教育	**Education**	**295893**	**270422**	**639790**
教育	Education	295893	270422	639790
卫生和社会工作	**Health Care and Social Work**	**288508**	**391796**	**609756**
卫生	Health Care	150599	200952	317085
社会工作	Social work	137909	190844	292671
文化、体育和娱乐业	**Culture, Sports and Entertainment**	**970170**	**1093290**	**1497010**
新闻和出版业	News and Publishing	3015		
广播、电视、电影和影视录音制作业	Television, Radio, Film and Television Sound Recording Production	100245	96992	133870
文化艺术业	Culture and Arts	290713	485759	625543
体育	Sports	135575	148005	206601
娱乐业	Recreation	440622	362534	530996
公共管理、社会保障和社会组织	**Public Administration, Social Security and Social Organization**	**820240**	**809594**	**1011033**
中国共产党机关	Communist Party Agencies			
国家机构	Government Agencies	79016	91153	68950
人民政协、民主党派	The CPPCC, Democratic Parties			1490
社会保障	Social security	400	3243	51217
群众团体、社会团体和其他成员组织	Mass Organizations, Social Groups and Other Members of the Organization	210269	305931	166421
基层群众自治组织	Mass Grassroot Organizations	530555	409267	722955
自年初累计资金来源合计	**Source of Funds**	**157485990**	**195814657**	**219390344**
上年末结余资金	Surplus Funds Last Year	24797162	29209732	37632523
本年资金来源小计	Funds This Year	132688828	166604925	181757821
#国家预算内资金	State Budgetary Appropriations	548895	521098	1006789
国内贷款	Domestic Loans	15263240	20017432	21463505
债券	Debenture	12172	2800	8535
利用外资	Foreign Investment	2078250	2431703	2138262
自筹资金	Fundraising	82213608	100485953	119155108
其他资金	Others	32572663	43145939	37985622

3-9 港澳台经济分行业投资和资金来源
Investment and Sources of Funds in HongKong, Macao and Taiwan Units by Sector

单位:万元(10000 yuan)

指标	Item	2012	2013	2014
投资总计	**Total investment**	**8177416**	**11265937**	**12006210**
第一产业	Primary Industry	4920	3287	14758
第二产业	Secondary Industry	3696722	4670190	4789984
第三产业	Tertiary Industry	4475774	6592460	7201468
按国民经济行业分组	**By Sector**			
农林牧渔业	**Farming, Forestry, Animal Husbandry and Fishery**	**4920**	**3287**	**14758**
农业	Farming	1920	2153	14758
林业	Forestry			
牧业	Animal Husbandry			
渔业	Fishery			
农、林、牧、渔服务业	Services	3000	1134	
采矿业	**Ming and Quarrying**	**5240**		
煤炭开采和洗选业	Coal Mining and Dressing			
石油和天然气开采业	Petroleum and Natural Gas Extraction			
黑色金属矿采选业	Ferrous Metals Mining and Dressing			
有色金属矿采选业	Nonferrous Metals Mining and Dressing			
非金属矿采选业	Nonmetal Minerals Mining and Dressing	5240		
开采辅助活动	Supplementary Activities for Mining			
其他采矿业	Other Minerals Mining and Dressing			
制造业	**Manufacturing**	**3551608**	**4335696**	**4410464**
农副食品加工业	Non-staple Food Processing	16625	21006	35574
食品制造业	Food Manufacturing	103491	55919	27494
酒、饮料和精制茶制造业	Wine, Soft Drinks and Refined Tea Manufacturing	18261	18183	30597
烟草制品业	Tobacco Processing		2101	1787
纺织业	Textile Industry	319344	332124	375925
纺织服装、服饰业	Garments and Apparel Industryindustry	124953	156423	95306
皮革、毛皮、羽毛(绒)及其制品业	Leather, Furs, Down and Related Production, Shoes Manufacturing	96101	88143	58081
木材加工及木、竹、藤、棕、草制品业	Timber Processing, Bamboo, Cane Palm Fiber and Straw Production	29250	40113	30187
家具制造业	Furniture Manufacturing	62494	85528	92589
造纸及纸制品业	Papermaking and Paper Products	55118	43542	48053
印刷业和记录媒介的复制	Printing and Record Medium Reproduction	40500	19674	19313
文教、工美、体育和娱乐用品制造业	Cultural and Educational, Arts and Crafts, Sports and Entertainment Goods	88188	71111	50417

续表 1 Continued 单位:万元(10000 yuan)

指标	Item	2012	2013	2014
石油加工、炼焦及核燃料加工业	Petroleum Processing,Cooking and Nuclear Fuel Processing	4717	171143	256685
化学原料及化学制品制造业	Raw Chemical Materials and Chemical Products	279769	639508	748162
医药制造业	Medical and Pharmaceutical Production	66297	93859	70138
化学纤维制造业	Chemical Fiber	286696	323436	293570
橡胶和塑料制品业	Rubber and Plastic Production	144237	120308	129322
非金属矿物制品业	Nonmetal Mineral Production	122617	179086	127483
黑色金属冶炼及压延加工业	Smelting and Pressing of Ferrous Metals	53315	39924	28300
有色金属冶炼及压延加工业	Smelting and Pressing of Nonferrous Metals	31917	37511	33308
金属制品业	Metal Production	153393	198690	105345
通用设备制造业	Ordinary Machinery	337129	419086	302335
专用设备制造业	For Special Purpose Equipment Manufacturing	182182	256421	420492
汽车制造业	Automotive Manufacturing	198204	257980	495243
铁路、船舶、航空航天和其他运输设备制造业	Railway, Shipbuilding, Aerospace and other Transport Equipment	27072	18721	17240
电气机械及器材制造业	Electric Equipment and Machinery	393356	323066	251346
计算机、通信和其他电子设备制造业	Computers,Communications and Other Electronic Equipment Manufacturing	249998	274767	193020
仪器仪表制造业	Instruments Manufacturing	34002	17807	30333
其他制造业	Other Manufacturing	10376	18634	11516
废弃资源综合利用业	Comprehensive Utilization of Waste Resources	18806	11882	21547
金属制品、机械和设备修理业	Metal products, machinery and Equipment Repair Industry	3200		9756
电力、燃气及水的生产和供应业	**Electricity,Heating Power, Gas and Water Production and Supply**	**137662**	**334494**	**379520**
电力、热力的生产和供应业	Production and Supply of Electricity and Heating Power	125858	314774	260110
燃气生产和供应业	Production and Supply of Gas	3204	9930	109752
水的生产和供应业	Production and Supply of Water	8600	9790	9658
建筑业	**Construction**	**2212**		
房屋建筑业	Housing			
土木工程建筑业	Civil Engineering	2212		
建筑安装业	Installation			
建筑装饰和其他建筑业	Building Decoration and Others			
批发和零售业	**Wholesale and Retail Trade**	**147513**	**130124**	**131673**
批发业	Wholesale	22724	36297	12850
零售业	Retail Sale	124789	93827	118823
交通运输、仓储和邮政业	**Transport,Storage and Post**	**109565**	**193794**	**247946**

续表 2 Continued 单位:万元(10000 yuan)

指标	Item	2012	2013	2014
铁路运输业	Railway Transport			
道路运输业	Highway Transport		14661	42864
水上运输业	Waterway Transport	55484	51211	56229
航空运输业	Air Transport	14360	22393	31657
管道运输业	Pipeline Transport			
装卸搬运和运输代理业	Carrying and Transportation Agents	7250	1925	
仓储业	Storage	32471	103604	117196
邮政业	Postal Services			
住宿和餐饮业	**Hotels and Catering Services**	**109086**	**139613**	**89845**
住宿业	Hotels	105358	124206	74131
餐饮业	Catering Services	3728	15407	15714
信息传输、软件和信息技术服务业	**Information Transmission,Software and Information Technology ServicesInformation Technology Services**	**353144**	**361183**	**452338**
电信、广播电视和卫星传输服务	Telecommunication,Radio and Television,Satellite Transmission Services	79003	29152	47302
互联网和相关服务	Internet and Related Services	227839	257123	328881
软件和信息技术服务业	Software and Information Technology Services	46302	74908	76155
金融业	**Banking**		**54539**	**29162**
货币金融服务	Monetary and Financial Services			8076
资本市场服务	Capital Market Services			
保险业	Insurance			
其他金融业	Others		54539	21086
房地产业	**Real Estate**	**3571089**	**5372340**	**5851135**
房地产业	Real Estate	3571089	5372340	5851135
租赁和商务服务业	**Renting and Business Services**	**110933**	**204782**	**270299**
租赁业	Leasing	8307	49977	9074
商务服务业	Commercial Services	102626	154805	261225
科学研究和技术服务业	**Scientific Research and Technical Services**	**16226**	**11209**	**6325**
研究与试验发展	Research and Experiment Development	1	3601	6325
专业技术服务业	Technical Services	16225	5408	
科技推广和应用服务业	Promotion and Application of Science and Technology Services		2200	
水利、环境和公共设施管理业	**Water Conservancy,Environment and Public Facilities Management**	**1980**	**26143**	**13237**
水利管理业	Water Conservancy			
生态保护和环境治理业	Ecological Protection and Environmental Management			
公共设施管理业	Public Facilities	1980	26143	13237

续表 3 Continued 单位:万元(10000 yuan)

指标	Item	2012	2013	2014
居民服务、修理和其他服务业	**Service for the Residents, Repair and Others**			**113**
居民服务业	Resident Services			
机动车、电子产品和日用产品修理业	Motor Vehicles, Electronics and Household Goods Repair Industry			
其他服务业	Other Services			113
教育	**Education**		**10089**	**13305**
教育	Education		10089	13305
卫生和社会工作	**Health Care and Social Work**	**35704**	**30187**	**28221**
卫生	Health Care	35704	30187	16882
社会工作	Social work			11339
文化、体育和娱乐业	**Culture, Sports and Recreation**	**20534**	**58457**	**67869**
新闻和出版业	News and Publishing			
广播、电视、电影和影视录音制作业	Television, Radio, Film and Television Sound Recording Production			8494
文化艺术业	Culture and Arts	3055	12058	4729
体育	Sports	2825	4000	1492
娱乐业	Recreation	14654	42399	53154
公共管理、社会保障和社会组织	**Public Administration, Social Security and Social Organization**			
中国共产党机关	Communist Party Agencies			
国家机构	Government Agencies			
人民政协、民主党派	The CPPCC, Democratic Parties			
社会保障	Social security			
群众团体、社会团体和其他成员组织	Mass Organizations, Social Groups and Other Members of the Organization			
基层群众自治组织	Mass Grassroot Organizations			
自年初累计资金来源合计	**Source of Funds**	**10840888**	**16891701**	**19111334**
上年末结余资金	Surplus Funds Last Year	2139097	3830398	6347602
本年资金来源小计	Funds This Year	8701791	13061303	12763732
#国家预算内资金	State Budgetary Appropriations	2898	11832	2020
国内贷款	Domestic Loans	1222984	1774867	1957138
债券	Debenture	9310		8000
利用外资	Foreign Investment	817956	945111	1229956
自筹资金	Fundraising	4419380	5996191	6419598
其他资金	Others	2229263	4333302	3147020

3-10 外商经济分行业投资和资金来源
Investment and Sources of Funds in Foreign-owned Units by Sector

单位:万元(10000 yuan)

指标	Item	2012	2013	2014
投资总计	**Total investment**	**6052773**	**7576381**	**7414307**
第一产业	Primary Industry	3166	3879	5930
第二产业	Secondary Industry	4191551	5238224	4547877
第三产业	Tertiary Industry	1858056	2334278	2860500
按国民经济行业分组	**By Sector**			
农林牧渔业	**Farming, Forestry, Animal Husbandry and Fishery**	**3166**	**3879**	**5930**
农业	Farming	3166	3219	1500
林业	Forestry			3160
畜牧业	Animal Husbandry			
渔业	Fishery			
农林牧渔服务业	Services		660	1270
采矿业	**Ming and Quarrying**	**2001**		**4273**
煤炭开采和选洗业	Coal Mining and Dressing			
石油和天然气开采业	Petroleum and Natural Gas Extraction			
黑色金属矿采选业	Ferrous Metals Mining and Dressing			
有色金属矿采选业	Nonferrous Metals Mining and Dressing			
非金属矿采选业	Nonmetal Minerals Mining and Dressing	2001		4273
开采辅助活动	Supplementary Activities for Mining			
其他采矿业	Other Minerals Mining and Dressing			
制造业	**Manufacturing**	**4062290**	**5107182**	**4425601**
农副食品加工业	Non-staple Food Processing	42468	28010	65740
食品制造业	Food Manufacturing	147414	229229	140101
酒、饮料和精制茶制造业	Wine, Soft Drinks and Refined Tea Manufacturing	139821	71176	100427
烟草制品业	Tobacco Processing			
纺织业	Textile Industry	170335	187308	247160
纺织服装、服饰业	Garments and Apparel Industryindustry	58853	74388	73516
皮革、毛皮、羽毛及其制品和制鞋业	Leather, Furs, Down and Related Production, Shoes Manufacturing Manufacturingher and its products and footwear	34222	46802	21325
木材加工及木、竹、藤、棕、草制品业	Timber Processing, Bamboo, Cane Palm Fiber and Straw Products	13073	22891	17611
家具制造业	Furniture Manufacturing	58973	56667	20136
造纸及纸制品业	Papermaking and Paper Products	191940	177777	237299
印刷和记录媒介复制业	Printing and Record Medium Reproduction	10	2700	2641
文教、工美、体育和娱乐用品制造业	Cultural and Educational, Arts and Crafts, Sports and Entertainment Goods	42654	41339	79368

续表 1 Continued 单位:万元(10000 yuan)

指标	Item	2012	2013	2014
石油加工、炼焦及核燃料加工业	Petroleum Processing,Cooking and Nuclear Fuel Processing	17892	37786	
化学原料及化学制品制造业	Raw Chemical Materials and Chemical Products	355018	477714	411729
医药制造业	Medical and Pharmaceutical Products	180114	139910	105900
化学纤维制造业	Chemical Fiber	100914	143185	76619
橡胶和塑料制品业	Rubber and plastic products	176728	229517	143150
非金属矿物制品业	Nonmetal Mineral Products	73016	103062	71257
黑色金属冶炼及压延加工业	Smelting and Pressing of Ferrous Metals	114539	102598	4028
有色金属冶炼及压延加工业	Smelting and Pressing of Nonferrous Metals	104155	49421	31709
金属制品业	Metal Products	141123	207240	196744
通用设备制造业	Ordinary Machinery	365587	401399	345331
专用设备制造业	For Special Purpose Equipment Manufacturing	153516	207235	190274
汽车制造业	Automobile manufacturing industry	753647	1338036	1263671
铁路、船舶、航空航天和其他运输设备制造业	Railway, shipbuilding, aerospace, and other transportation equipment manufacturing industry	121189	118417	85868
电气机械及器材制造业	Electric Equipment and Machinery	261741	305887	223284
计算机、通信和其他电子设备制造业	Computers,Communications and Other Electronic Equipment Manufacturing	167652	200097	162504
仪器仪表制造业	Instruments Manufacturing	44764	72649	101237
其他制造业	Other Manufacturing	4486	17312	
废弃资源综合利用业	Comprehensive Utilization of Waste Resources	17445	6484	6144
金属制品、机械和设备修理业	Metal products, machinery and equipment repair	9001	10946	828
电力、热力、燃气及水生产和供应业	**Electricity,Heating Power, Gas and Water Production and Supply**	**127260**	**130342**	**118003**
电力、热力生产和供应业	Production and Supply of Electricity and Heating Power	87953	118049	88113
燃气生产和供应业	Production and Supply of Gas	28114	9251	16073
水的生产和供应业	Production and Supply of Water	11193	3042	13817
建筑业	**Construction**		**700**	
房屋建筑业	Housing industry			
土木工程建筑业	Civil engineering construction			
建筑安装业	Installation			
建筑装饰和其他建筑业	Building decoration and other construction		700	
批发和零售业	**Wholesale and Retail Trade**	**182218**	**191189**	**115517**
批发业	Wholesale		179	21072
零售业	Retail Sale	182218	191010	94445
交通运输、仓储和邮政业	**Transport,Storage and Post**	**109249**	**135096**	**386022**

续表 2 Continued 单位:万元(10000 yuan)

指标	Item	2012	2013	2014
铁路运输业	Railway Transport			
道路运输业	Highway Transport	3325	5856	14013
水上运输业	Waterway Transport	25509	11751	36655
航空运输业	Air Transport			110995
管道运输业	Pipeline Transport			2700
装卸搬运和运输代理业	agmjjhyfz	3932	367	
仓储业	Storage	76483	117122	221659
邮政业	Postal Services			
住宿和餐饮业	**Hotels and Catering Services**	**80876**	**48686**	**60930**
住宿业	Hotels	76776	36586	60930
餐饮业	Catering Services	4100	12100	
信息传输、软件和信息技术服务业	**Information Transmission, Software and Information Technology Services**	**20258**	**26464**	**73989**
电信、广播电视和卫星传输服务	Telecommunication, Radio and Television, Satellite Transmission Services	830	5500	26193
互联网和相关服务	The Internet and related services			
软件和信息技术服务业	Software and Information Technology Services	19428	20964	47796
金融业	**Banking**	**10059**	**1418**	**6548**
货币金融服务	Monetary and financial services	10059	1418	6548
资本市场服务	Capital market services			
保险业	Insurance			
其他金融业	Other financial sector			
房地产业	**Real Estate**	**1338685**	**1657206**	**1871737**
房地产业	Real Estate	1338685	1657206	1871737
租赁和商务服务业	**Renting and Business Services**	**48602**	**123397**	**94280**
租赁业	Leasing		27275	5389
商务服务业	Commercial Services	48602	96122	88891
科学研究和技术服务业	**Scientific Research and Technical Services**	**38668**	**27005**	**57326**
研究与试验发展	Research and Experiment Development	18103	26425	24271
专业技术服务业	Technical Services	20565		3212
科技推广和应用服务业	Promotion and Application of Science and Technology Services		580	29843
水利、环境和公共设施管理业	**Water Conservancy, Environment and Public Utility**	**16840**	**105963**	**119286**
水利管理业	Water Conservancy	810	94114	100800
生态保护和环境治理业	Ecological protection and environmental governance industry			1576
公共设施管理业	Public Facilities	16030	11849	16910

续表 3 Continued　　单位:万元(10000 yuan)

指标	Item	2012	2013	2014
居民服务、修理和其他服务业	**Service for the Residents, Repair and Others**	**2500**	**538**	**600**
居民服务业	Resident Services		538	600
机动车、电子产品和日用产品修理业	Motor vehicle repair industry, electronic products and daily products	2500		
其他服务业	Other Services			
教育	**Education**	**1070**	**1170**	**5610**
教育	Education	1070	1170	5610
卫生和社会工作	**Health Care and Social Work**			**1010**
卫生	Health Care			1010
社会工作	Social work			
文化、体育和娱乐业	**Culture, Sports and Entertainment**	**7710**	**12172**	**67585**
新闻和出版业	News and Publishing			
广播、电视、电影和影视录音制作业	Television, Radio, Film and Television Sound Recording Production		5000	
文化艺术业	Culture and Arts	5490	5310	
体育	Sports			
娱乐业	Recreation	2220	1862	67585
公共管理、社会保障和社会组织	**Public Administration, Social Security and Social Organization**	**1321**	**3974**	**60**
中国共产党机关	Communist Party Agencies			
国家机构	Government Agencies			
人民政协、民主党派	The CPPCC, Democratic Parties			
社会保障	The social security			
群众团体、社会团体和其他成员组织	Mass Organizations, Social Groups and Other Members of the Organization		2774	60
基层群众自治组织	Mass Grassroot Organizations	1321	1200	
自年初累计资金来源合计	**Source of Funds**	**7095964**	**9417726**	**8854295**
上年末结余资金	Surplus Funds Last Year	973196	906492	1519465
本年资金来源小计	Funds This Year	6122768	8511234	7334830
#国家预算内资金	State Budgetary Appropriations	527	1460	8516
国内贷款	Domestic Loans	634477	579578	539714
债券	Debenture			
利用外资	Foreign Investment	1156778	1367924	715115
自筹资金	Fundraising	3692861	5384042	5041106
其他资金	Others	638125	1178230	1030379

3－11 私营个体经济分行业投资和资金来源
Investment and Sources of Funds in Private－owned Units by Sector

单位:万元(10000 yuan)

指标	Item	2012	2013	2014
投资总计	**Total investment**	**46562296**	**55643014**	**68962613**
第一产业	Primary Industry	380279	553108	741658
第二产业	Secondary Industry	22427968	28321290	34669897
第三产业	Tertiary Industry	23754049	26768616	33551058
按国民经济行业分组	**By Sector**			
农林牧渔业	**Farming, Forestry, Animal Husbandry and Fishery**	**380279**	**553108**	**741658**
农业	Farming	140461	261759	418342
林业	Forestry	28176	34558	37203
牧业	Animal Husbandry	50752	73924	79108
渔业	Fishery	119613	128212	134713
农、林、牧、渔服务业	Services	41277	54655	72292
采矿业	**Ming and Quarrying**	**141599**	**282989**	**307297**
煤炭开采和洗选业	Coal Mining and Dressing	700	10	5118
石油和天然气开采业	Petroleum and Natural Gas Extraction			
黑色金属矿采选业	Ferrous Metals Mining and Dressing	7050	7920	4309
有色金属矿采选业	Nonferrous Metals Mining and Dressing	12169	58288	22719
非金属矿采选业	Nonmetal Minerals Mining and Dressing	119731	216271	257562
开采辅助活动	Mining auxiliary activities	800		3089
其他采矿业	Other Minerals Mining and Dressing	1149	500	14500
制造业	**Manufacturing**	**21837520**	**27480542**	**33363039**
农副食品加工业	Non－staple Food Processing	352870	441092	535966
食品制造业	Food Manufacturing	164483	189547	331588
酒、饮料和精制茶制造业	Wine, Soft Drinks and Refined Tea Manufacturing	93218	129891	144639
烟草制品业	Tobacco Processing			
纺织业	Textile Industry	1999039	2536837	3355388
纺织服装、服饰业	Garments and Apparel Industryindustry	777358	812151	970977
皮革、毛皮、羽毛(绒)及其制品业	Leather, Furs, Down and Related Productions, Shoes Manufacturing	371423	543758	701286
木材加工及木、竹、藤、棕、草制品业	Timber Processing, Bamboo, Cane Palm Fiber and Straw Productions	276951	312399	426134
家具制造业	Furniture Manufacturing	369411	365999	641849
造纸及纸制品业	Papermaking and Paper Products	385263	689354	1044762
印刷业和记录媒介的复制	Printing and Record Medium Reproduction	200739	313851	310493
文教、工美、体育和娱乐用品制造业	Cultural, Educational and Arts and Grafts, Sports and Entertainment Goods	569054	782703	886862

续表 1 Continued 单位:万元(10000 yuan)

指标	Item	2012	2013	2014
石油加工、炼焦及核燃料加工业	Petroleum Processing, Cooking and Nuclear Fuel Processing	43901	52929	113534
化学原料及化学制品制造业	Raw Chemical Materials and Chemical Products	1448769	1376818	1671597
医药制造业	Medical and Pharmaceutical Productions	270559	381957	406517
化学纤维制造业	Chemical Fiber	555016	549859	518137
橡胶和塑料制品业	Rubber and plastic Productions	1171852	1551863	1878029
非金属矿物制品业	Nonmetal Mineral Productions	942657	1322558	1683308
黑色金属冶炼及压延加工业	Smelting and Pressing of Ferrous Metals	502364	463180	650711
有色金属冶炼及压延加工业	Smelting and Pressing of Nonferrous Metals	461037	466248	744185
金属制品业	MetalProductions	1793831	2189471	2286700
通用设备制造业	Ordinary Machinery	2330775	3237595	3753882
专用设备制造业	For Special Purpose Equipment Manufacturing	1159355	1849493	2031553
汽车制造业	Automobile manufacturing	1247037	1594620	2295015
铁路、船舶、航空航天和其他运输设备制造业	Railway, shipbuilding, Aerospace, and other transport equipment	601016	525249	525014
电气机械及器材制造业	Electric Equipment and Machinery	2419365	2875620	3612194
计算机、通信和其他电子设备制造业	Computers, Communications and Other Electronic Equipment Manfacturing	732805	1119987	931829
仪器仪表制造业	Instruments Manfacturing	236694	254958	369114
其他制造业	Other Manfacturing	170301	286296	237504
废弃资源综合利用业	Comprehensive Utilization of Waste Resources	138704	191800	271722
金属制品、机械和设备修理业	Metal products, machinery and Equipment repair Industry	51673	72459	32550
电力、燃气及水的生产和供应业	**Electricity, Heating Power, Gas and Water Production and Supply**	**406063**	**516727**	**892084**
电力、热力的生产和供应业	Production and Supply of Electricity and Heating Power	332685	419519	683953
燃气生产和供应业	Production and Supply of Gas	35121	54393	82416
水的生产和供应业	Production and Supply of Water	38257	42815	125715
建筑业	**Construction**	**42786**	**41032**	**107477**
房屋建筑业	Housing	7306	15373	46427
土木工程建筑业	Civil Engineering	15511	10394	53791
建筑安装业	Installation	11185	2955	1770
建筑装饰和其他建筑业	Building Decoration and Others	8784	12310	5489
批发和零售业	**Wholesale and Retail Trade**	**1064148**	**1294655**	**1827035**
批发业	Wholesale	319419	473023	1031156
零售业	Retail Sale	744729	821632	795879
交通运输、仓储和邮政业	**Transport, Storage and Post**	**872202**	**998842**	**1356933**

续表 2 Continued 单位:万元(10000 yuan)

指标	Item	2012	2013	2014
铁路运输业	Railway Transport			
道路运输业	Highway Transport	108351	123875	384325
水上运输业	Waterway Transport	545368	514829	373138
航空运输业	Air Transport		2900	18950
管道运输业	Pipeline Transport			
装卸搬运和运输代理业	Carrying and Transportation Agents	63245	60564	55381
仓储业	Storage	153028	291760	431431
邮政业	Postal Services	2210	4914	93708
住宿和餐饮业	**Hotels and Catering Services**	**900326**	**1001982**	**1181117**
住宿业	Hotels	667988	752668	960911
餐饮业	Catering Services	232338	249314	220206
信息传输、软件和信息技术服务业	**Information Transmission,Software and Information Technology Services**	**105854**	**211365**	**348546**
电信、广播电视和卫星传输服务	Telecommunication ,Radio and Television, Satellite Transmission Services	7641		23070
互联网和相关服务	Internet and related services	12324	13770	33596
软件和信息技术服务业	Software and Information Technology Services	85889	197595	291880
金融业	**Banking**	**22969**	**47644**	**22735**
货币金融服务	Monetary and financial services	17089	29081	630
资本市场服务	Capital market services	5880	18563	10969
保险业	Insurance			
其他金融业	Others			11136
房地产业	**Real Estate**	**19491684**	**21386690**	**25756570**
房地产业	Real Estate	19491684	21386690	25756570
租赁和商务服务业	**Renting and Business Services**	**539256**	**812076**	**1251146**
租赁业	Leasing	9000	64171	45052
商务服务业	Commercial Services	530256	747905	1206094
科学研究和技术服务业	**Scientific Research and Technical Services**	**49570**	**107770**	**134628**
研究与试验发展	Research and Experiment Development	3716	43054	60217
专业技术服务业	Technical Services	26669	44045	51270
科技推广和应用服务业	Promotion and Application of Science and Technology Services	19185	20671	23141
水利、环境和公共设施管理业	**Water Conservancy,Environment and Public Facilities Management**	**247740**	**493472**	**647717**
水利管理业	Water Conservancy	3725	114389	97773
生态保护和环境治理业	Ecological protection and Environmental Management	14727	8030	16237
公共设施管理业	Public Facilities	229288	371053	533707

续表 3 Continued

单位:万元(10000 yuan)

指标	Item	2012	2013	2014
居民服务、修理和其他服务业	**Serivice for the Residents,Repair and Others**	**45071**	**48399**	**92785**
居民服务业	Resident Services	34569	17997	32142
机动车、电子产品和日用产品修理业	Motor Vehicles,Electronics and Household Goods Repair Industry	7692	5688	20724
其他服务业	Other Services	2810	24714	39919
教育	**Education**	**32457**	**23749**	**207714**
教育	Education	32457	23749	207714
卫生和社会工作	**Health Care and Social Work**	**62294**	**100422**	**172020**
卫生	Health Care	34536	62114	91652
社会工作	Social work	27758	38308	80368
文化、体育和娱乐业	**Culture,Sports and Recreation**	**248941**	**234499**	**533635**
新闻和出版业	News and Publishing			
广播、电视、电影和影视录音制作业	Television,Radio,Film and Television Sound Recording Production	16951	15584	43650
文化艺术业	Culture and Arts	58242	70343	236865
体育	Sports	77761	77463	135774
娱乐业	Recreation	95987	71109	117346
公共管理、社会保障和社会组织	**Public Administration,Social Security and Social Organization**	**71537**	**7051**	**18477**
中国共产党机关	Communist Party Agencies			
国家机构	Government Agencies	27893	4249	9500
人民政协、民主党派	The CPPCC,Democratic Parties			
社会保障	Social Security			
群众团体、社会团体和其他成员组织	Mass Organizations,Social Groups and Other Members of the Organization	43644	2802	8185
基层群众自治组织	Mass Grassroot Organizations			792
自年初累计资金来源合计	**Source of Funds**	**59516513**	**72902273**	**85806363**
上年末结余资金	Surplus Funds Last Year	7560358	7735265	9818242
本年资金来源小计	Funds This Year	51956155	65167008	75988121
#国家预算内资金	State Budgetary Appropriations	63064	80486	162640
国内贷款	Domestic Loans	5366238	6942655	7922231
债券	Debenture	2062	500	500
利用外资	Foreign Investment	86798	92501	74882
自筹资金	Fundraising	34653946	43456254	54429203
其他资金	Others	11784047	14594612	13398665

3-12 城镇固定资产投资(2011-2014年)
Investment in Fixed Assets in Urban Areas(2011-2014)

单位:万元(10000 yuan)

指标名称	Item	2011	2012	2013	2014
本年完成投资	**Investment Completed**	**103504542**	**121801160**	**144484795**	**172246167**
其中:非国有	Non-state	65754237	77975938	92777842	116203772
其中:民间投资	Private Investment	57543184	69218212	80504064	103217103
其中:房地产开发投资	Real Estate investment	44743479	52262667	62162493	72623829
其中:工业投资	Industrial Investment	25241123	28313348	33647723	40120970
其中:工业技术改造投资	Industrial Transformation Investment	13242293	16009403	20548095	26836622
按三次产业分:	**By Industry**				
第一产业	Primary Industry	279869	419464	454316	1012474
第二产业	Secondary Industry	25501609	28474097	33907338	40449847
第三产业	Tertiary Industry	77723064	92907599	110123141	130783846
按登记注册类型分:	**by Registered Type**				
内资企业	Domestic Funded Enterprises	94044567	111188777	129756305	156316949
国有企业	State-owned Enterprises	26426330	31831401	36463766	38695812
集体企业	Collective Owned Enterprises	1082422	1678934	1963221	4420020
股份合作企业	Cooperative Enterprises	231572	324968	287384	500340
联营企业	Joint Ownership Enterprises	656767	170553	157376	155620
国有联营企业	State Joint Ownership Enterprises	565075	122501	87374	100288
集体联营企业	Collective Joint Ownership Enterprises	4231	4115	1950	25557
国有与集体联营企业	Joint State-collective Enterprises	19659	43709	67630	25004
其他联营企业	Other Joint Ownership Enterprises	67802	228	422	4771
有限责任公司	Limited Liability Corporations	36081192	41656864	50279789	59484915
国有独资公司	State Sole Funded Corporations	4047140	4544959	6939949	8144585
其他有限责任公司	Other Limited Liability Corporations	32034052	37111905	43339840	51340330
股份有限公司	Share-holding Corporations Ltd.	3057128	3881494	4306442	4500732
私营企业	Private Enterprises	25566472	31079854	35454966	47078144
其他	others	942684	564709	843361	1481366
港、澳、台商投资企业	Enterprises With Funds From Hong Kong Macao and Taiwan	5167586	6352775	9121488	9997838
外商投资企业	Foreign Funded Enterprises	4208172	4121608	5494831	5754994
个体经营	Individual	84217	138000	112171	175048

3-13 分行业城镇固定资产投资和资金来源(2014年)
Urban Investment and Sources of Funds in Fixed Assets by Sector(2014)

单位:万元(10000 yuan)

指标名称	Item	2012	2013	2014
按国民经济行业分	**By Economic Sector**			
农、林、牧、渔业	**Farming, Forestry, Animal Husbandry and Fishery**	**419464**	**454316**	**1012474**
农业	Farming	71316	107771	408354
林业	Forestry	41319	29874	76080
牧业	Animal Husbandry	14572	20661	42311
渔业	Fishery	67469	102595	146525
农林牧渔服务业	Services	224788	193415	339204
采矿业	**Mining industry**	**44341**	**90700**	**115430**
煤炭开采和洗选业	Coal Mining and Dressing	1912	1819	5521
石油和天然气开采业	Petroleum and Natural Gas Extraction			
黑色金属矿采选业	Ferrous Metals Mining and Dressing			
有色金属矿采选业	Nonferrous Metals Mining and Dressing		41468	4906
非金属矿采选业	Nonmetal Minerals Mining and Dressing	27419	46135	90353
开采辅助活动	Supplementary Activities for Mining	15010	778	650
其他采矿业	Other Minerals Mining and Dressing		500	14000
制造业	**Manufacturing**	**22896779**	**27444670**	**33996830**
农副食品加工业	Non-staple Food Processing	301611	312395	459023
食品制造业	Food Manufacturing	365794	435819	433419
酒、饮料和精制茶制造业	Wine, Soft Drinks and Refined Tea Manufacturing	318724	204439	287085
烟草制品业	Tobacco Processing	123056	134072	192843
纺织业	Textile Industry	1158999	1271342	2153111
纺织服装和服饰业	Garments and Apparel Industry	694331	918645	1089222
皮革、毛皮、羽毛(绒)及其制品业	Leather, Furs, Down and Related Products	317245	389477	361796
木材加工及木、竹、藤、棕、草制品业	Timber Processing, Bamboo, Cane Palm Fiber and Straw Products	273926	246845	336127
家具制造业	Furniture Manufacturing	318823	292105	491474
造纸及纸制品业	Papermaking and Paper Products	671906	699669	975091
印刷和记录媒介复制业	Printing and Record Medium Reproduction	210897	248007	272910
文教、工美、体育和娱乐用品制造业	Cultural, Educational and Sports Goods	440181	580134	812267
石油加工、炼焦及核燃料加工业	Petroleum Processing, Cooking and Nuclear Fuel Processing	113957	325293	533927
化学原料及化学制品制造业	Raw Chemical Materials and Chemical Products	2622017	2946755	2553791

续表 1 Continued 单位:万元(10000 yuan)

指标名称	Item	2012	2013	2014
医药制造业	Medical and Pharmaceutical Products	602330	840784	872562
化学纤维制造业	Chemical Fiber	575540	760078	704383
橡胶和塑料制品业	Rubber and plastic products	1074196	1089037	1360700
非金属矿物制品业	Nonmetal Mineral Products	687146	868355	1514517
黑色金属冶炼及压延加工业	Smelting and Pressing of Ferrous Metals	452776	436462	586779
有色金属冶炼及压延加工业	Smelting and Pressing of Nonferrous Metals	351812	455308	526525
金属制品业	Metal Products	1318552	1439587	1793065
通用设备制造业	Ordinary Machinery	2257159	2748996	3268985
专用设备制造业	For Special Purpose Equipment Manufacturing	1181792	1818849	1971025
汽车制造业	Automotive Manufacturing	1531860	2471072	3630480
铁路、船舶、航空航天和其他运输设备制造业	Railway, Shipbuilding, Aerospace and other Transport Equipment	587697	664261	841710
电气机械及器材制造业	Electric Equipment and Machinery	2537934	2672459	3353888
计算机、通信和其他电子设备制造业	Computers, Communications and Other Electronic Equipment Manufacturing	1241794	1301268	1527982
仪器仪表制造业	Instruments, Meters, Cultural and Office Machinery	274111	359722	455425
其他制造业	Handicraft Article and Other Manufacturing Indust	204848	432136	401898
废弃资源综合利用业	Comprehensive Utilization of Waste Resources	44240	59214	115190
金属制品、机械和设备修理业	Metal Products, Machinery and Equipment Repair Industry	41525	22085	119630
电力、燃气及水的生产和供应业	**Electricity, Gas and Water Production and Supply**	**5372228**	**6112353**	**6008710**
电力、热力的生产和供应业	Production and Supply of Electricity and Heating Power	4070876	4663671	4263907
燃气生产和供应业	Production and Supply of Gas	529222	613758	461420
水的生产和供应业	Production and Supply of Water	772130	834924	1283383
建筑业	**Construction**	**160749**	**259615**	**328877**
房屋建筑业	Housing	55359	28305	82067
土木工程建筑业	Civil engineering construction	92582	218298	220563
建筑安装业	Installation	10086	3639	2300
建筑装饰和其他建筑业	Building decoration and other construction	2722	9373	23947
批发和零售业	**Wholesale and Retail Trade**	**2418147**	**2988667**	**3167817**
批发业	Wholesale	560998	1165943	1436364
零售业	Retail Sale	1857149	1822724	1731453
交通运输、仓储和邮政业	**Transport, Storage and Post**	**9869596**	**10428281**	**12563216**
铁路运输业	Railway Transport	866779	934052	1190778
道路运输业	Highway Transport	6282915	7192270	8299181

续表 2 Continued 单位:万元(10000 yuan)

指标名称	Item	2012	2013	2014
水上运输业	Waterway Transport	1400087	1189898	1033778
航空运输业	Air Transport	312988	116343	509428
管道运输业	Pipeline Transport	17271	4744	178457
装卸搬运和其他运输服务业	Carrying and Other Transport Services	150578	128326	189925
仓储业	Storage	836703	851102	1036989
邮政业	Postal Services	2275	11546	124680
住宿和餐饮业	**Hotels and Catering Services**	**1516571**	**1426890**	**1624612**
住宿业	Hotels	1272433	1133400	1424599
餐饮业	Catering Services	244138	293490	200013
信息传输和计算机服务和软件业	**Information Transmission, Computer Services and Software**	**1026468**	**1202234**	**1852735**
电信、广播电视和卫星传输服务业	Tele communication and Other Information Transmission Services	541356	592191	755655
互联网和相关服务业	The Internet and related services	241707	265036	368397
软件和信息技术服务业	Software	243405	345007	728683
金融业	**Banking**	**847847**	**863104**	**871187**
货币金融业	Monetary and financial services	441389	594969	699942
资本市场业	Capital market services	77565	115068	86903
保险业	Insurance	231298	83744	21515
其他金融业	Other financial sector	97595	69323	62827
房地产业	**Real Estate**	**58897970**	**70323833**	**82885849**
房地产业	Real Estate	58897970	70323833	82885849
租赁和商务服务业	**Renting and Business Services**	**1686477**	**2686351**	**3616839**
租赁业	Leasing	7289	174124	268577
商务服务业	Commercial Services	1679188	2512227	3348262
科学研究和技术服务业	**Scientific Research, Technic Service and Geological Prospecting**	**485182**	**680300**	**777199**
研究与试验发展	Research and Experiment Development	85404	182209	231596
专业技术服务业	Technical Services	238071	262220	383665
科技交流和推广服务业	Scientific and Technical Interchange and Popularization	161707	235871	161938
水利、环境和公共设施管理业	**Water Conservancy, Environment and Public Utility**	**10689774**	**13168159**	**15646907**
水利管理业	Water Conservancy	2128712	2587076	3184232
生态保护和环境治理业	Ecological protection and environmental governance industry	175506	420937	710955
公共设施管理业	Public Facilities	8385556	10160146	11751720

续表 3 Continued 单位:万元(10000 yuan)

指标名称	Item	2012	2013	2014
居民服务和其他服务业	**Service for the Residents and Other**	**172789**	**92458**	**374861**
居民服务业	Resident Services	154324	72445	250974
机动车、电子产品和日用产品修理业	Motor vehicle repair industry, electronic products and daily products	15087	14448	54995
其他服务业	Other Services	3378	5565	68892
教育	**Education**	**1454449**	**2046594**	**2738403**
教育	Education	1454449	2046594	2738403
卫生和社会工作	**Health Care,Sports and Social Welfare**	**980600**	**1047332**	**1242214**
卫生	Health Care	868844	949266	1008327
社会工作	Social work	111756	98066	233887
文化、体育和娱乐业	**Culture,Sports and Entertainment**	**1496036**	**2025523**	**1978983**
新闻出版业	Press Publishing	11060	4103	52591
广播、电视、电影和影视录音制作业	Radio,Film,Television and Audio - video	38752	74591	162455
文化艺术业	Culture and Arts	702559	1120368	968099
体育	Sports	401779	570143	476076
娱乐业	Recreation	341886	256318	319762
公共管理和社会组织	**Public Administration and Social Organization**	**1365693**	**1143415**	**1443024**
中国共产党机关	Communist Party Agencies	16358	15608	6180
国家机构	Government Agencies	1072298	915721	885640
人民政协和民主党派	The Chinese People's Political Consultative Conference and Democratic Parties			
社会保障	Social Security	3537	2975	32011
群众团体、社会团体和宗教组织	Mass Organizations,Social Organizations and Religion Organizations	130620	110852	133341
基层群众自治组织	Mass Grassroot Organizations	142880	98259	385852
国际组织	**International Organizations**			
国际组织	The international organization			
新增固定资产	**Newly Increased Fixed Assets**	**55616801**	**71556535**	**101223716**
本年资金来源合计	**Total sources of funds this year**	**166016229**	**209286962**	**237679242**
上年末结余资金	Surplus Funds Last Year	28891352	34432208	43152088
本年资金来源小计	Funds This Year	137124877	174854754	194527154
国家预算内资金	State Budgetary Appropriations	7216163	9353206	11681713
国内贷款	Domestic Loans	22936976	27329345	30717665
债券	Debenture	172922	98966	72908
利用外资	Foreign Investment	1287300	1639990	1736003
自筹资金	Fundraising	69069348	87325429	107365386
其他资金来源	Others	36442168	49107818	42953479

3-14 房地产开发投资主要指标(2009-2014年)
Main Indicators of Investment in Real Estate Development(2009-2014)

单位:万元(10000 yuan)

指标	Item	2009	2010	2011	2012	2013	2014
开发投资额	**Development**	**22542664**	**30254250**	**44743479**	**52262667**	**62162493**	**72623829**
按登记注册类型分	**by Registered Type**						
内资	Domestic Funded Enterprises	20521843	27805563	41459632	47451206	55720125	64946837
国有	State-owned Enterprises	660546	570414	1042723	1824516	651550	416056
集体	Collective Owned Enterprises	101154	135423	144679	132220	112555	30133
股份合作	Cooperative Enterprises	90698	48680	54232	46491	25311	17550
国有联营	State Joint Ownership Enterprises	56245	49040	110640	87500	47000	28558
集体联营	Collective Joint Ownership Enterprises						
国有与集体联营	State-collective Joint Enterprises	379	3045	2310	81	257	3060
其他联营	Other Joint Ownership Enterprises			30741			
国有独资公司	State Sole Funded Corporations	424239	477464	1024887	1278560	2226464	3238635
其他有限责任公司	Other Limited Liability Corporations	9674632	14539330	20877131	24341795	30077866	35541822
股份有限公司	Share-holding Corporations Ltd.	1039728	835702	937708	796715	928273	765024
私营	Private Enterprises	8287717	10972057	17044362	18935691	21633460	24884792
其他	others	186505	174408	190219	7637	17389	21207
港澳台商投资	Funded by Enterpreneurs From Hong Kong Macao and Taiwan	1064832	1178549	1924228	3500933	4962008	5830742
外商投资企业	Foreign Funded Enterprises	955989	1270138	1359619	1310528	1480360	1844912
按构成分	**By Structure**						
建筑工程	Construction	12078762	14848074	21202953	24652738	30367939	34992319
安装工程	Installation	1203992	1586542	2055748	2794912	3529098	4358423
设备工器具购置	Purchase of Equipment and Instruments	253561	302807	327366	415805	647061	679946
其他费用	Others	9006349	13516827	21157412	24399212	27618395	32593141
旧建筑物购置费	Purchase of Old Buildings	5626	28633	12850	5441	69309	7963
土地购置费	Purchase of Land	6971415	11380203	17167893	19487536	21217263	26805913

续表 Continued 单位:万元(10000 yuan)

指标	Item	2009	2010	2011	2012	2013	2014
按用途分	**By Purpose**						
住宅	Residential Buildings	15813232	20581894	29439509	34367379	40892167	45941730
#别墅、高档公寓	Villas and High - grade	1373868	1864013	2398921	3055888	3625127	3841605
办公楼	Office Buildings	1472648	1929927	2939071	3058512	3774281	4876203
商业营业用房	Commercial Buildings	2509853	3563613	5322365	5849933	7175352	9493384
其他	Others	2746931	4178816	7042534	8986843	10320693	12312512
新增固定资产	Newly Increased Fixed Assets	10069785	13246205	15264439	16529603	20477551	31016103
购置的土地面积	Land Space Purchased (sq. m)	13083337	19599138	21888002	12561137	17607329	18879208
施工面积	Floor Space Under Construction (sq. m)	199326869	237818597	299273917	334229728	376472402	421443525
#住宅	Residential Buildings	139459813	161383510	196927713	216563846	238283084	258744942
竣工面积	Floor Space Completed (sq. m)	38438207	41158344	45285858	42929350	46923435	63901724
#住宅	Residential Buildings	27832306	27984311	30536125	29172640	31876188	41583005
销售面积	Floor Space of Selling House (sq. m)	55381334	48165283	35313567	40052939	48869875	46768251
#住宅	Residential Buildings	47601161	38337391	27571846	33162270	40976313	39414881
资金来源合计	**Source of Funds**	**52430976**	**69727920**	**103655603**	**89852065**	**117726276**	**126320097**
上年末结余资金	Surplus Funds Last Year	7147900	15211886	42021286	24543434	29143818	36756995
本年资金来源小计	Funds This Year	45283076	54516034	61634317	65308631	88582458	89563102
#国家预算内资金	State Budgetary Appropriations						
国内贷款	Domestic Loans	8641190	10236013	11316229	11254805	15906485	18177735
债券	Debenture						
利用外资	Foreign Investment	154644	239592	395626	160046	470329	716767
自筹资金	Fundraising	7829873	12888867	19638284	21785574	27650698	32023064
其他资金	Others	28657369	31151562	30284178	32108206	44554946	38645536

3-15 按资质等级分的房地产开发投资(2014年)
Investment in Real Estate Development by Classification(2014)

单位:万元(10000 yuan)

指标	Item	投资额 Investment	一级 The First Grade	二级 The Second Grade	三级 The Third Grade
开发投资额	**Development**	**72623829**	**2372022**	**6497053**	**11341020**
按登记注册类型分	**by Registered Type**				
内资	Domestic Funded Enterprises	64946837	2336244	6343974	10243051
国有	State - owned Enterprises	416056		168233	129662
集体	Collective Owned Enterprises	30133		12	28258
股份合作	Cooperative Enterprises	17550		8008	9542
国有联营	State Joint Ownership Enterprises	28558	17800		10758
集体联营	Collective Joint Ownership Enterprises				
国有与集体联营	State - collective Joint Enterprises	3060			3060
其他联营	Other Joint Ownership Enterprises				
国有独资公司	State Sole Funded Corporations	3238635	20687	602319	1162749
其他有限责任公司	Other Limited Liability Corporations	35541822	1326829	3346311	4692842
股份有限公司	Share - holding Corporations Ltd.	765024	234123	83500	105956
私营	Private Enterprises	24884792	736805	2135591	4100224
其他	others	21207			
港澳台商投资	Funded by Enterpreneurs From Hong Kong Macao and Taiwan	5830742	35778	119267	772649
外商投资	Foreign Funded Enterprises	1844912		33812	325320
按构成分	**By Structure**				
建筑工程	Construction	34992319	1154243	3771770	6774365
安装工程	Installation	4358423	158555	385281	826216
设备工器具购置	Purchase of Equipment and Instruments	679946	28086	53400	133923
其他费用	Others	32593141	1031138	2286602	3606516
旧建筑物购置费	Purchase of Old Buildings	7963	34	179	1635
土地购置费	Purchase of Land	26805913	731992	1696362	2588894

续表 Continued 单位:万元(10000 yuan)

指标	Item	投资额 Investment	一级 The First Grade	二级 The Second Grade	三级 The Third Grade
按用途分	**By Purpose**				
住宅	Residential Buildings	45941730	1704365	4308404	7531578
别墅、高档公寓	Villas and High - grade	3841605	75718	378913	912000
办公楼	Office Buildings	4876203	93910	239460	636561
商业营业用房	Commercial Buildings	9493384	118937	655384	1199313
其他	Others	12312512	454810	1293805	1973568
新增固定资产	Newly Increased Fixed Assets	31016103	2162308	3895133	9817790
购置的土地面积	Land Space Purchased(sq. m)	18879208	34730	598768	1596004
施工面积	Floor Space Under Construction	421443525	15875835	55434886	90900176
#住宅	Residential Buildings	258744942	11091937	37009767	58627486
竣工面积	Floor Space Completed(sq. m)	63901724	4298053	9246976	20535021
#住宅	Residential Buildings	41583005	2954143	6180086	13199611
销售面积	Floor Space of Selling House(sq. m)	46768251	2242953	5243262	8871591
#住宅	Residential Buildings	39414881	1962215	4387225	7345189
资金来源合计	**Source of Funds**	**126320097**	**5050513**	**11116710**	**19318324**
上年末结余资金	Surplus Funds Last Year	36756995	1379793	2880553	5394785
本年资金来源小计	Funds This Year	89563102	3670720	8236157	13923539
#国家预算内资金	State Budgetary Appropriations				
国内贷款	Domestic Loans	18177735	1092207	1507843	2687002
债券	Debenture				
利用外资	Foreign Investment	716767			
自筹资金	Fundraising	32023064	618607	1977703	4584569
其他资金	Others	38645536	1959906	4750611	6651968

3-16 各市固定资产投资完成情况
Investment In Fixed Assets by City

城市	City	投资额（亿元）Investment (100 million yuan)		#投资项目 Projects		#房地产开发 Real Estate Development		施工项目个数（个）Projects Under Construction (unit)	
		2013	2014	2013	2014	2013	2014	2013	2014
合 计	**Total**	**20194.07**	**23554.76**	**13977.82**	**16292.38**	**6216.25**	**7262.38**	**43542**	**46999**
杭州市	Hangzhou	4263.87	4952.70	2410.59	2651.62	1853.28	2301.08	5320	5445
宁波市	Ningbo	3422.95	3989.46	2299.81	2661.32	1123.14	1328.14	5281	5294
温州市	Wenzhou	2618.16	3052.81	1883.79	2243.94	734.37	808.88	8943	9468
嘉兴市	Jiaxing	1910.15	2221.21	1399.33	1695.49	510.83	525.72	4608	5437
湖州市	Huzhou	1070.05	1242.92	802.41	900.17	267.64	342.75	2329	2197
绍兴市	Shaoxing	2001.99	2304.68	1464.99	1691.17	536.99	613.51	3818	3922
金华市	Jinhua	1364.36	1594.79	979.39	1227.12	384.97	367.67	3745	4430
衢州市	Quzhou	670.72	782.10	581.90	686.94	88.82	95.17	2123	2428
舟山市	Zhoushan	750.02	960.88	606.23	735.08	143.79	225.80	1189	1312
台州市	Taizhou	1507.87	1765.93	1054.33	1269.89	453.54	496.05	4262	4786
丽水市	Lishui	570.42	665.08	451.54	507.45	118.88	157.63	1922	2278

续表 Continued

城市	City	全投项目个数（个）Projects Completed and Put Into Use (unit)		房屋施工面积（平方米）Floor Space Under Construction (sq. m)		房屋竣工面积（平方米）Floor Space Completed (sq. m)		新增固定资产（亿元）Newly increased Fixed Assets (100 million yuan)	
		2013	2014	2013	2014	2013	2014	2013	2014
合 计	**Total**	**22321**	**27565**	**830845033**	**892751003**	**188818385**	**193767437**	**11104.63**	**15019.67**
杭州市	Hangzhou	2829	2847	192215433	208775835	36465410	42748723	1955.83	2328.14
宁波市	Ningbo	2884	3128	152802690	157733673	37360247	45069311	2296.64	2748.57
温州市	Wenzhou	4433	5779	107357574	123706468	17232054	14674314	1403.79	1920.93
嘉兴市	Jiaxing	2464	3392	91838794	95082778	21634795	19188813	1135.71	1652.90
湖州市	Huzhou	1240	1248	33536600	42016541	5878782	6359268	563.17	676.46
绍兴市	Shaoxing	2615	2935	87933607	83884570	31523162	30207707	1265.61	1590.24
金华市	Jinhua	1505	2154	51805904	58695814	11972425	11773494	551.01	822.26
衢州市	Quzhou	825	1258	20239713	21311487	5681677	4902367	401.52	440.82
舟山市	Zhoushan	498	824	13062480	15267836	2935433	3351738	388.69	859.76
台州市	Taizhou	1988	2717	61274482	65481002	12329783	11948726	768.41	1272.37
丽水市	Lishui	1040	1283	18777756	20794999	5804617	3542976	374.25	429.12

3－17 各市按资质等级分的房地产开发企业个数
Number of Enterprises for Real Estate Development by Classification and by City

单位:个(unit)

城市	City	合计 Total		一级企业 The First Enterprises		二级企业 The Second Enterprises		三级企业 The Third Enterprises		四级企业 The Fourth Enterprises		暂定 Undefined Enterprises		其他 Others	
		2013	2014	2013	2014	2013	2014	2013	2014	2013	2014	2013	2014	2013	2014
合 计	**Total**	**6114**	**6383**	**130**	**128**	**610**	**582**	**1598**	**1547**	**817**	**760**	**2275**	**2605**	**684**	**761**
杭州市	Hangzhou	1437	1528	49	48	163	146	265	247	86	71	595	705	279	311
宁波市	Ningbo	831	860	24	23	61	59	302	315	88	72	279	309	77	82
温州市	Wenzhou	684	714	5	4	119	119	225	203	30	28	223	280	82	80
嘉兴市	Jiaxing	634	654	7	8	25	26	110	108	117	105	301	311	74	96
湖州市	Huzhou	412	420	2	1	15	18	54	51	164	167	144	150	33	33
绍兴市	Shaoxing	691	732	14	14	65	58	165	152	75	71	315	372	57	65
金华市	Jinhua	485	471	10	11	54	48	112	107	114	99	153	171	42	35
衢州市	Quzhou	232	233	8	8	33	33	67	64	73	78	50	49	1	1
舟山市	Zhoushan	198	217	2	2	12	15	131	139	30	31	19	19	4	11
台州市	Taizhou	361	403	5	5	44	40	122	120	24	27	140	178	26	33
丽水市	Lishui	149	151	4	4	19	20	45	41	16	11	56	61	9	14

3－18 各市按登记注册类型分的房地产开发企业个数
Number of Enterprises for Real Estate Development by Registered Type and by City

单位:个(unit)

城市	City	合计 Total		国有 State－owned		集体 Collective Owned		股份合作 Share－cooperations		国有独资公司 State Sole Funds	
		2013	2014	2013	2014	2013	2014	2013	2014	2013	2014
合 计	**Total**	**6114**	**6383**	**72**	**56**	**29**	**18**	**5**	**5**	**123**	**136**
杭州市	Hangzhou	1437	1528	18	11	2				33	36
宁波市	Ningbo	831	860	10	5	11	6			26	33
温州市	Wenzhou	684	714	11	10	8	7	5	5	16	17
嘉兴市	Jiaxing	634	654	3	2	2	1			15	15
湖州市	Huzhou	412	420	7	10	2	1			3	3
绍兴市	Shaoxing	691	732	8	6	3	3			6	6
金华市	Jinhua	485	471	5	3	1				7	8
衢州市	Quzhou	232	233	3	3					1	1
舟山市	Zhoushan	198	217	4	3					5	5
台州市	Taizhou	361	403	3	3					11	12
丽水市	Lishui	149	151								

续表 Continued

单位:个(unit)

城市	City	其他有限责公司 Other Limited Liability Corporations Ltd.		股份有限公司 Share－holding Corporations Ltd.		私营 Private		港澳台商投资 Investment from HongKong, Macao and Taiwan		外商投资 Investment from Foreign	
		2013	2014	2013	2014	2013	2014	2013	2014	2013	2014
合 计	**Total**	**2341**	**2716**	**97**	**88**	**3141**	**3013**	**192**	**222**	**110**	**124**
杭州市	Hangzhou	739	870	28	23	517	462	75	92	23	31
宁波市	Ningbo	226	242	19	15	465	475	49	52	25	32
温州市	Wenzhou	313	339	5	8	304	309	5	6	17	13
嘉兴市	Jiaxing	193	207	11	11	360	360	28	35	22	23
湖州市	Huzhou	186	180	12	12	180	189	14	17	7	7
绍兴市	Shaoxing	233	262	9	7	421	436	5	5	5	6
金华市	Jinhua	111	119	5	4	341	322	10	10	5	5
衢州市	Quzhou	29	28	2	2	197	199				
舟山市	Zhoushan	130	136			57	71			2	2
台州市	Taizhou	170	316	6	6	164	58	6	5	1	3
丽水市	Lishui	11	17			135	132			3	2

3－19 各市按资质等级分的房地产开发就业人员数
Number of Employed Persons In Real Estate Development by Classification Type and by City

单位：人(person)

城市	City	合计 Total		一级企业 The First Enterprises		二级企业 The Second Enterprises		三级企业 The Third Enterprises		四级企业 The Fourth Enterprises		暂定 Undefined Enterprised		其他 Others	
		2013	2014	2013	2014	2013	2014	2013	2014	2013	2014	2013	2014	2013	2014
合　计	**Total**	**117299**	**128234**	**7518**	**7022**	**18407**	**17574**	**29641**	**29302**	**10190**	**10511**	**41998**	**51993**	**9545**	**11832**
杭州市	Hangzhou	31207	33836	3139	3193	4997	4394	5450	5217	1032	938	12432	15027	4157	5067
宁波市	Ningbo	17675	19349	1746	1214	1680	1667	6128	6745	1118	1025	5847	7278	1156	1420
温州市	Wenzhou	12975	14294	111	74	3943	3765	3825	3518	306	270	3767	5675	1023	992
嘉兴市	Jiaxing	11065	12084	322	366	694	675	2158	2014	1498	1455	5252	5828	1141	1746
湖州市	Huzhou	7014	8042	335	333	923	1153	987	926	2353	2716	1951	2446	465	468
绍兴市	Shaoxing	11580	12635	615	675	1703	1435	2581	2302	916	1083	5095	6324	670	816
金华市	Jinhua	8575	9060	396	373	1406	1380	2084	2279	1375	1285	2891	3265	423	478
衢州市	Quzhou	3097	3079	266	253	584	552	733	638	711	746	782	869	21	21
舟山市	Zhoushan	3687	4024	90	52	452	664	2484	2483	272	385	352	327	37	113
台州市	Taizhou	7726	8772	318	312	1498	1394	2454	2377	359	413	2772	3787	325	489
丽水市	Lishui	2698	3059	180	177	527	495	757	803	250	195	857	1167	127	222

3－20 各市按登记注册类型分的房地产开发就业人员数
Number of Employed Persons In Real Estate Development by Registered Type and by City

单位：人(person)

城市	City	合计 Total		国有 State－owned		集体 Collective Owned		股份合作 Share－cooperations		国有独资公司 State Sole Funds	
		2013	2014	2013	2014	2013	2014	2013	2014	2013	2014
合　计	**Total**	**117299**	**128234**	**2197**	**1947**	**366**	**249**	**129**	**128**	**2835**	**3401**
杭州市	Hangzhou	31207	33836	413	274	35				731	828
宁波市	Ningbo	17675	19349	354	186	113	70			591	809
温州市	Wenzhou	12975	14294	232	177	111	103	129	128	753	916
嘉兴市	Jiaxing	11065	12084	35	32	23	17			287	281
湖州市	Huzhou	7014	8042	737	891	5	5			40	37
绍兴市	Shaoxing	11580	12635	160	141	58	54			45	83
金华市	Jinhua	8575	9060	85	62	21				112	161
衢州市	Quzhou	3097	3079	55	56					2	2
舟山市	Zhoushan	3687	4024	77	80					86	93
台州市	Taizhou	7726	8772	49	48					188	191
丽水市	Lishui	2698	3059								

续表 Continued

单位：人(person)

城市	City	其他有限责任公司 Other Limited Liability Corporations		股份有限公司 Share－holding Corporations Ltd.		私营 Private		港澳台商投资 Investment from Hongkong, Macao and Taiwan		外商投资 Investment from Foreign	
		2013	2014	2013	2014	2013	2014	2013	2014	2013	2014
合　计	**Total**	**47406**	**55813**	**3528**	**2818**	**51793**	**53370**	**5961**	**6696**	**2688**	**3393**
杭州市	Hangzhou	16867	19490	1027	911	8560	7844	2676	3055	858	1369
宁波市	Ningbo	4750	5583	1367	482	8245	9342	1445	1935	810	942
温州市	Wenzhou	5852	6476	230	251	5385	5964	136	171	147	108
嘉兴市	Jiaxing	3330	3648	199	186	5654	6392	945	824	592	704
湖州市	Huzhou	2955	3067	308	612	2227	2698	293	320	114	79
绍兴市	Shaoxing	4424	4918	133	111	6510	7078	153	154	76	75
金华市	Jinhua	1886	2113	115	104	6142	6433	164	144	50	43
衢州市	Quzhou	327	302	34	33	2679	2686				
舟山市	Zhoushan	2980	2857			523	975			21	19
台州市	Taizhou	3807	7027	115	128	3413	1246	149	93	5	39
丽水市	Lishui	228	332			2455	2712			15	15

3-21 各市按资质等级分的房地产开发投资额
Investment In Real Estate Development by Classification and by City

单位:亿元(100 million yuan)

城市	City	合计 Total		一级企业 The First Enterprises		二级企业 The Second Enterprises		三级企业 The Third Enterprises		四级企业 The Fourth Enterprises		暂定 Undefined Enterprises		其他 Others	
		2013	2014	2013	2014	2013	2014	2013	2014	2013	2014	2013	2014	2013	2014
合 计	**Total**	**6216.25**	**7262.38**	**265.56**	**237.20**	**774.58**	**649.71**	**1140.65**	**1134.10**	**269.28**	**302.13**	**3165.45**	**4028.84**	**600.73**	**910.27**
杭州市	Hangzhou	1853.28	2301.08	56.89	63.61	134.02	119.05	114.85	100.87	7.77	3.42	1250.40	1532.50	289.36	481.63
宁波市	Ningbo	1123.14	1328.14	77.28	78.18	88.59	71.96	392.94	431.77	42.37	43.02	440.46	607.76	81.49	95.45
温州市	Wenzhou	734.37	808.88	9.34	4.25	213.48	157.74	107.45	89.41	4.56	0.55	329.21	498.32	70.33	58.59
嘉兴市	Jiaxing	510.83	525.72	21.98	12.89	40.53	28.52	84.51	53.05	34.68	40.19	249.08	266.67	80.04	124.40
湖州市	Huzhou	267.64	342.75	4.70	1.78	25.00	22.80	22.90	31.33	101.77	110.43	97.74	140.42	15.53	35.99
绍兴市	Shaoxing	536.99	613.51	19.32	12.67	46.32	34.94	93.82	71.89	24.09	34.68	328.67	412.54	24.77	46.66
金华市	Jinhua	384.97	367.67	25.13	22.54	97.34	79.67	50.06	56.15	13.74	19.05	189.04	171.43	9.67	18.84
衢州市	Quzhou	88.82	95.17	9.48	12.04	7.65	11.69	28.19	19.19	23.94	21.78	19.56	30.47		
舟山市	Zhoushan	143.79	225.80	7.12	10.25	22.41	23.91	80.05	132.87	8.10	14.36	24.47	39.09	1.64	5.32
台州市	Taizhou	453.54	496.05	26.41	11.25	84.25	80.26	139.97	110.54	4.41	10.04	173.89	254.24	24.60	29.71
丽水市	Lishui	118.88	157.63	7.90	7.74	15.00	19.17	25.91	37.04	3.85	4.60	62.92	75.40	3.30	13.68

3－22 各市按登记注册类型分的房地产开发投资额
Investment In Real Estate Development by Registered Type and by City

单位:亿元(100 million yuan)

城市	City	合计 Total		国有 State－owned		集体 Collective Owned		股份合作 Share－cooperation		国有独资公司 State Sole Funds	
		2013	2014	2013	2014	2013	2014	2013	2014	2013	2014
合　计	**Total**	**6216.2**	**7262.4**	**65.2**	**41.6**	**11.3**	**3.0**	**2.5**	**1.8**	**222.6**	**323.9**
杭州市	Hangzhou	1853.3	2301.1	15.5	8.9					52.5	72.8
宁波市	Ningbo	1123.1	1328.1	34.0	5.3	1.0				68.8	127.7
温州市	Wenzhou	734.4	808.9	0.9	1.7	5.3	3.0	2.5	1.8	49.3	39.1
嘉兴市	Jiaxing	510.8	525.7	2.8	3.7					26.7	27.8
湖州市	Huzhou	267.6	342.7	3.9	11.2	4.8				2.0	1.3
绍兴市	Shaoxing	537.0	613.5	1.6	2.1					4.2	11.3
金华市	Jinhua	385.0	367.7	5.7	7.7	0.1				1.5	9.9
衢州市	Quzhou	88.8	95.2								
舟山市	Zhoushan	143.8	225.8	0.7	1.1					6.1	28.6
台州市	Taizhou	453.5	496.0							11.5	5.4
丽水市	Lishui	118.9	157.6								

续表　Continued

单位:亿元(100 million yuan)

城市	City	其他有限责任公司 Other Limited Liability Corporations		股份有限公司 Share－holding Corporations Ltd.		私营 Private		港澳台商投资 Investment from HongKong, Macao and Taiwan		外商投资 Investment from Foreign	
		2013	2014	2013	2014	2013	2014	2013	2014	2013	2014
合　计	**Total**	**3007.8**	**3554.2**	**92.8**	**76.5**	**2163.3**	**2488.5**	**496.2**	**583.1**	**148.0**	**184.5**
杭州市	Hangzhou	1092.5	1342.2	16.6	17.3	312.2	461.4	325.2	337.4	38.8	59.7
宁波市	Ningbo	414.7	471.2	26.3	8.8	378.0	448.2	121.3	175.9	79.0	91.0
温州市	Wenzhou	393.5	445.2	18.8	12.2	260.4	297.6	3.1	8.0	0.5	0.4
嘉兴市	Jiaxing	180.5	171.1	3.0	1.1	240.1	265.3	37.4	37.8	20.4	18.9
湖州市	Huzhou	144.1	153.1	5.2	5.9	98.2	149.1	3.6	18.9	1.1	1.5
绍兴市	Shaoxing	266.2	298.7	8.0	4.2	244.8	285.6	2.6	3.4	7.9	6.0
金华市	Jinhua	127.5	115.4	4.3	4.4	245.3	229.8	0.4	0.1	0.1	0.2
衢州市	Quzhou	19.2	10.7	1.8	1.8	67.9	82.6				
舟山市	Zhoushan	118.0	149.1			18.8	47.1			0.2	
台州市	Taizhou	235.5	374.5	8.9	20.8	194.9	87.1	2.7	1.6		6.8
丽水市	Lishui	16.1	23.0			102.8	134.6			0.4	

3－23 各市房地产开发企业建造的商品房屋面积和价格
Floor Space and Price of Building for Real Estate Development by City

城市	City	施工面积（万平方米）Floor Space of Buildings Under Construction (10000sq. m)		竣工面积（万平方米）Floor Space of Buildings Completed (10000sq. m)		房屋面积竣工率（%）Rate of Floor Space of Buildings Completed(%)		竣工房屋价值（万元）Value of Buildings Completed (10000 yuan)		竣工房屋造价（元/平方米）Cost of Buildings Completed (yuan/sq. m)	
		2013	2014	2013	2014	2013	2014	2013	2014	2013	2014
合 计	**Total**	**37647.2**	**42144.4**	**4692.3**	**6390.2**	**12.5**	**15.2**	**15292537**	**22915578**	**3259**	**3586**
杭州市	Hangzhou	9327.5	10504.8	1172.2	1501.6	12.6	14.3	3698881	4828297	3155	3215
宁波市	Ningbo	6834.0	7422.2	867.5	1271.1	12.7	17.1	3405651	5628802	3926	4428
温州市	Wenzhou	4242.0	4672.8	367.0	540.0	8.7	11.6	1228716	2373489	3348	4395
嘉兴市	Jiaxing	4330.8	4548.5	680.3	631.9	15.7	13.9	1910271	2170550	2808	3435
湖州市	Huzhou	2105.9	2471.5	242.8	454.0	11.5	18.4	768583	1516581	3165	3340
绍兴市	Shaoxing	3603.6	4090.4	462.1	775.8	12.8	19.0	1343504	2506549	2907	3231
金华市	Jinhua	2197.6	2652.5	211.2	346.7	9.6	13.1	766764	1268348	3630	3658
衢州市	Quzhou	723.2	776.2	138.6	143.0	19.2	18.4	297148	307001	2145	2147
舟山市	Zhoushan	838.5	1017.0	128.1	243.9	15.3	24.0	442446	810062	3454	3322
台州市	Taizhou	2712.6	3026.3	333.8	329.1	12.3	10.9	1226297	1086854	3674	3303
丽水市	Lishui	731.5	962.2	88.7	153.1	12.1	15.9	204276	419045	2303	2737

3－24 各市房地产开发企业建造的住宅面积和价格
Floor Space and Price of Residential Buildings for Real Estate Development by City

城市	City	施工面积（万平方米）Floor Space of Buildings Under Construction (10000 sq. m)		竣工面积（万平方米）Floor Space of Buildings Completed		房屋面积竣工率（%）Rate of Floor Space of Buildings Completed(%)		竣工房屋价值（万元）Value of Buildings Completed (10000 yuan)		竣工房屋造价（元/平方米）Cost of Buildings Completed (yuan/sq. m)	
		2013	2014	2013	2014	2013	2014	2013	2014	2013	2014
合 计	**Total**	**23828.3**	**25874.5**	**3187.6**	**4158.3**	**13.4**	**16.1**	**10358219**	**15031735**	**3250**	**3615**
杭州市	Hangzhou	5509.1	5780.8	845.1	928.0	15.3	16.1	2703723	3086765	3199	3326
宁波市	Ningbo	3627.9	3950.8	462.5	712.2	12.7	18.0	1769616	3264472	3826	4584
温州市	Wenzhou	2865.5	3101.7	253.9	393.9	8.9	12.7	855856	1881275	3371	4777
嘉兴市	Jiaxing	2724.9	2824.2	496.0	426.0	18.2	15.1	1398668	1426675	2820	3349
湖州市	Huzhou	1482.3	1710.9	169.4	320.0	11.4	18.7	527782	1075871	3115	3362
绍兴市	Shaoxing	2536.2	2848.9	292.5	586.4	11.5	20.6	888996	1848486	3040	3152
金华市	Jinhua	1553.0	1768.4	159.6	211.4	10.3	12.0	604088	816954	3785	3865
衢州市	Quzhou	555.3	565.9	102.5	115.8	18.5	20.5	224422	250718	2189	2165
舟山市	Zhoushan	534.3	626.5	92.0	129.0	17.2	20.6	316044	404007	3434	3132
台州市	Taizhou	1897.0	2006.1	246.9	224.7	13.0	11.2	917126	697842	3714	3105
丽水市	Lishui	542.7	690.3	67.1	111.0	12.4	16.1	151898	278670	2263	2510

3－25 各市房地产开发企业商品房屋销售面积和销售额
Floor Space and Total Sales of Commercial Houses for Real Estate Development Enterprises by City

城市	City	销售面积(万平方米) Floor Space Sold of Commercial Houses (10000 sq. m)				销售额(万元) Total Sales of Commercial Houses (10000 yuan)			
		2011	2012	2013	2014	2011	2012	2013	2014
合　计	**Total**	**3531.4**	**4005.3**	**4887.0**	**4676.8**	**34741706**	**42626643**	**53960320**	**49229999**
杭州市	Hangzhou	734.0	1089.6	1139.1	1121.1	9749038	14652576	17111998	15583870
宁波市	Ningbo	526.5	590.2	730.1	726.4	5808521	6633948	8104011	7805375
温州市	Wenzhou	135.3	204.3	349.7	420.2	2283553	3548273	5759267	5899066
嘉兴市	Jiaxing	398.7	450.3	601.1	497.3	2758902	3224836	4397802	3539594
湖州市	Huzhou	331.1	273.6	308.5	304.9	2238651	1860440	2157080	1999709
绍兴市	Shaoxing	456.7	483.7	607.7	531.7	3856161	4189122	5686506	4402596
金华市	Jinhua	304.2	322.5	392.7	336.6	2472576	3159335	3742018	3540347
衢州市	Quzhou	79.4	104.1	170.2	166.8	550668	702429	1158619	1091492
舟山市	Zhoushan	136.1	78.4	107.0	91.7	1410851	836252	1277412	1021884
台州市	Taizhou	327.0	319.7	351.7	344.6	2852331	3053129	3398341	3070081
丽水市	Lishui	102.2	88.8	129.1	135.4	760454	766303	1167266	1275985

3－26 各市房地产开发企业住宅销售面积和销售额
Floor Space and Total Sales of Residential Buildings for Real Estate Development Enterprises by City

城市		销售面积(万平方米) Floor Space Sold of Commercial Houses (10000sq. m)				销售额(万元) Total Sales of Commercial Houses (10000yuan)			
		2011	2012	2013	2014	2011	2012	2013	2014
合　计	**Total**	**2757.2**	**3316.2**	**4097.6**	**3941.5**	**27023587**	**35416262**	**45138822**	**41725801**
杭州市	Hangzhou	597.7	920.3	968.8	950.7	7616738	12231737	14220307	13349130
宁波市	Ningbo	342.7	458.7	582.0	595.2	3867039	5222892	6637387	6481530
温州市	Wenzhou	113.2	181.9	317.4	383.5	1908774	3182857	5060338	5308618
嘉兴市	Jiaxing	290.5	368.5	496.2	406.1	1968922	2548100	3493480	2841805
湖州市	Huzhou	263.3	229.4	250.9	260.0	1705465	1545688	1751971	1639940
绍兴市	Shaoxing	364.1	394.1	506.7	442.9	3139043	3511273	4811246	3578962
金华市	Jinhua	251.7	279.5	323.7	295.0	2016278	2641876	3026399	3020619
衢州市	Quzhou	59.1	83.4	144.8	138.8	423102	566116	1016362	923756
舟山市	Zhoushan	113.9	53.2	96.6	78.5	1226257	542486	1143011	850448
台州市	Taizhou	278.6	276.0	301.2	272.5	2542727	2765035	2995371	2636502
丽水市	Lishui	82.5	71.3	109.4	118.2	609242	658202	982950	1094491

3-27 主要年份基础设施投资
Investment in Infrastucture

单位:亿元(100 million yuan)

年份 Year	基础设施投资合计 Total Investment in Infrastructure	#水利、环境和公共设施 Water, Environment and Public Facilities	#电力、燃气及水的生产供应业 Production and Supply of Electricity, Gas and Water	#交通运输 Transportation	#邮电通信 Post & Telecommuni-cations	#教育设施 Education Facilities	#卫生设施 Sanitary Facilities
1990	37.58		15.67	10.18	2.96		
1995	230.39		72.03	68.40	23.75		
2000	876.33		214.22	221.65	127.53		
2001	999.28		191.84	223.18	155.60		
2002	1066.80		188.28	227.28	95.49		
2003	1360.40	558.85	239.25	295.54	88.09	114.66	26.76
2004	1724.69	521.36	429.63	476.16	102.98	122.98	30.34
2005	1981.97	518.81	544.79	641.36	94.18	102.21	31.63
2006	2226.57	608.49	533.97	777.44	97.64	95.82	50.03
2007	2215	643.73	568.29	673.05	119.25	93.29	42.56
2008	2373.06	816.69	501.74	740.80	125.91	101.54	49.38
2009	2894.97	952.06	579.61	979.63	139.63	120.72	63.17
2010	3038.58	1020.94	585.25	1040.68	144.58	123.00	72.48
2011	3359.09	1193.45	620.38	1102.93	123.31	150.06	79.19
2012	3963.35	1383.57	727.92	1330.30	58.22	199.83	102.52
2013	4718.09	1759.15	845.89	1450.34	62.35	253.33	118.52
2014	5741.56	2229.35	1012.27	1729.24	83.52	340.63	125.42

注：2003 年以前为城镇以上范围，2003 年(含)以后为限额以上(2011 年起更名为固定资产投资)范围。
The figures in this table refer to the investment at town level and above before 2003, while above designated size since 2003(as those refer to investment in fixed assets since 2011).

浙/江/统/计/年/鉴

主要统计指标解释

■ 全社会固定资产投资额

固定资产投资额是以货币表现的建造和购置固定资产活动的工作量，它是反映固定资产投资规模、速度、比例关系和使用方向的综合性指标。全社会固定资产投资包括国有经济单位投资、城乡集体经济单位投资、其他各种经济类型的单位投资和城乡居民个人投资。按照我国现行计划管理体制，全社会固定资产投资总额分为基本建设、更新改造、房地产开发投资和其他固定资产投资四个部分；城乡集体经济单位投资包括城镇集体所有制单位投资和农村集体所有制单位投资；其他各种经济类型单位投资包括联营经济、股份制经济、中外合资经营、中外合作经营、外资、与大陆合资经营、与大陆合作经营、港澳台独资及其他经济的单位投资。城乡居民个人投资包括城市、县城、镇、工矿区所辖范围内的个人建房和农村个人建房及购买生产性固定资产的投资。

■ 房地产开发投资

包括各种经济类型的房地产开发公司、商品房建设公司及其他房地产开发单位统一开发的包括统代建、拆迁还建的住宅、厂房、仓库、饭店、宾馆、度假村、写字楼、办公楼等房屋建筑物和配套的服务设施、土地开发工程，如道路、给水、排水、供电、供热、通讯、平整场地等基础设施工程的投资。包括非房地产企业实际从事房地产开发或经营活动，不包括单纯的土地交易活动。

■ 施工项目

指报告期内曾进行建筑或安装工程施工活动的建设项目。包括报告期内新开工项目、报告期以前开工跨入报告期继续施工的项目以及报告期施工过并在报告期内全部建设投产或停缓建的项目。

■ 全部建成投产项目

工业项目是指设计文件规定形成生产能力的主体工程及其相应配套的辅助设施全部建成，经负荷试运转，证明具备生产设计规定合格产品的条件，并经过验收鉴定合格或达到竣工验收标准，与生产性工程配套的生产福利设施可以满足近期正常生产的需要，正式移交生产的建设项目。非工业项目是指设计文件规定的主体工程和相应的配套工程全部建成，能够发挥设计规定的全部效益，经验收鉴定合格或达到竣工验收标准，正式移交使用的建设项目。

■ 施工和竣工房屋建筑面积

房屋建筑面积是从房屋外墙线算起的各层平面面积的总和，包括房屋结构（如柱、墙）占用的面积和地下室面积。多层建筑按各自然层面积总和计算，包括房屋内的楼隔层，突出墙面的眺望间、门斗、有柱雨罩的面积。不包括突出墙面结构的构件、艺术装饰等所占的面积，如台阶等。凹阳台、挑阳台按其水平投影面积一半计算建筑面积。

■ 新增固定资产

指通过投资活动所形成的新的固定资产价值。包括已经建成投入生产或交付使用的工程价值和达到固定资产标准的设备、工具、器具的价值及有关应摊入的费用。它是以价值形式表示的固定资产投资成果的综合性指标，可以综合反映不同时期、不同部门、不同地区的固定资产投资成果。

ZHEJIANG STATISTICAL YEARBOOK

Explanatory Notes on Main Statistical Indicators

□ Total Investmentin in Fixed Assets

Amount of investment in fixed assets refers to the volume of activities in construction and purchases of fixed assets in monetary terms. It is a comprehensive indicator which shows the size, pace, proportional relations and use orientation of the investment in fixed assets. Total investment in fixed assets in the whole country includes the investment by the state-owned units, the investment by the urban and rural collective units, the investment by the units of other types of ownership and the investment by the individuals in the urban and rural areas. According to China's current planning management system, the investment in fixed assets in the whole country is classified into the following four parts: investment in capital construction, investment in innovation, investment in real estates development and other investment in fixed assets. The investment by the urban and rural collective units includes the investment by the urban collective units and the investment by the rural collective units. The investment by the units of other types of ownership includes the investment by the units of joint - owned economy, share - holding economy, Sino - foreign joint economy, Sino - foreign cooperative economy, economy exclusively with foreign investment, Mainland - Hong kong or Mainland - Macao or Mainland - Taiwan joint economy, Mainland - Hong kong or Mainland - Macao or Mainland - Taiwan coope rative economy, and economy exclusively with investment of Hong Kong or Macao or Taiwan. The investment by the individuals in the urban and rural areas includes the investment in personal house building in the areas under the jurisdiction of city, county, town and special industrial and mining areas as well as the investment in personal house building and purchase of productive fixed assets in the rural areas.

□ Investment in Real Estate Development

It includes the investment by the real estate development companies, commercial buildings construction companies and other real estate development units of various types of ownership in the construction of house buildings, such as residential buildings, factory buildings, warehouses, hotels, guesthouses, holiday villages, office buildings, and the complementary service facilities and land development projects, such as roads, watersupply, water drainage, power supply, heating, telecommunications, land levelling and other projects of infrastructure. It covers the activities of the non - real estate companies in real estate development or management, but excludes the activities in simple land transactions.

□ Projects Under Construction

refer to projects having construction and installation activities undertaken in the reference period, including projects started in the reference period, or continued from the previous period, or completed and put into production or suspended in the reference period.

□ Projects Completed and Put into Use

Industrial projects refer to the major projects and accessory facilities completed which result in forming production capacity and have been checked and accepted while the living and welfare facilities have been completed and can ensure normal production and formally put into production. Non - industrial projects refer to the major projects and accessory facilities completed which possess the disigned capacity and have been checked, accepted and formally put into production.

□ Floor Space of Buildings Under Construction and Completed

refers to total floor space in each story of buildings calculated from the outside line of building walls, including the space occupied by constructions like pillars or walls and basements. The floor space of multi - story building includes the total floor space of each story, including area

EXPLANATORY NOTES ON MAIN STATISTICAL INDICATORS

occupied by separating walls, watching rooms, doorways, and pillars, but excluding protruding wall structures, artistic decoration, etc. (for example, flight of steps). The space of recessed verand and tantilevered balcony is counted by half of the projection area.

□ Newly Increased Fixed Assets

refer to the newly increased value of fixed assets through investment, including the value of projects completed and put into production, the value of equipment, tools, and vessels considered as fixed assets, as well as the relevant expenses as investment in fixed assets. This is a comprehensive indicator of investment in fixed assets, reflecting the achievements of investment in fixed assets in different periods, different sectors, and different regions.

2015
浙江统计年鉴
ZHEJIANG STATISTICAL YEARBOOK

CHAPTER 4

价 格
Prices

4－1 各种价格总指数(1978－2014年)
General Price Indinces(1978－2014)

(上年＝100)(preceding year＝100)

年份 Year	居民消费价格指数 General Consumer Price Index			商品零售价格指数 General Retail Price Index of Commodities			工业生产者出厂价格指数 Producer Price Indices for Manufactured Goods
	全省 Total	城市 Urban Areas	农村 Rural Areas	全省 Total	城市 Urban Areas	农村 Rural Areas	
1978		100.0		100.1	99.9	100.1	
1979		102.6		102.1	103.4	101.5	
1980		108.8		108.0	109.5	106.9	
1981		101.7		101.5	101.6	101.4	
1982		101.9		100.9	102.1	100.1	
1983		102.8		102.0	102.9	101.2	
1984	103.0	103.7	101.8	103.4	103.5	103.4	
1985	114.8	115.1	114.3	114.0	115.2	112.9	
1986	106.2	106.3	106.1	106.0	106.1	105.9	
1987	108.8	110.9	106.4	109.5	111.3	107.4	
1988	121.5	123.4	119.8	122.1	124.2	120.5	
1989	118.2	116.8	119.6	117.8	116.6	118.7	
1990	102.1	102.1	102.0	101.6	101.4	101.8	100.4
1991	103.5	105.6	101.5	103.0	105.2	101.4	101.8
1992	107.5	109.2	104.8	106.6	108.9	104.1	104.8
1993	119.8	121.4	117.4	116.7	119.1	115.2	117.3
1994	124.8	124.7	124.9	121.7	120.0	124.8	117.5
1995	116.6	117.0	116.4	113.5	113.0	114.3	112.3
1996	107.9	109.8	107.0	105.8	106.4	105.1	99.5
1997	102.8	104.1	102.1	100.3	100.9	99.4	99.2
1998	99.7	100.5	99.3	98.4	98.4	98.4	95.6
1999	98.8	99.5	98.5	97.7	97.7	97.7	96.8
2000	101.0	100.9	101.1	99.0	98.8	99.1	101.1
2001	99.8	99.6	100.0	98.1	97.4	99.0	98.3
2002	99.1	98.8	99.3	98.7	98.4	99.3	96.9
2003	101.9	100.5	102.9	99.6	99.4	99.9	100.6
2004	103.9	102.8	104.6	102.7	102.0	103.6	105.0
2005	101.3	101.5	101.2	100.9	101.0	100.7	102.3
2006	101.1	101.1	101.0	100.8	100.7	101.0	103.8
2007	104.2	103.9	104.4	103.8	103.7	103.9	102.4
2008	105.0	104.8	105.3	106.3	106.3	106.1	104.3
2009	98.5	98.7	98.2	98.8	98.9	98.6	94.9
2010	103.8	104.0	103.7	103.9	103.9	103.9	106.2
2011	105.4	105.3	105.6	105.5	105.4	105.8	105.0
2012	102.2	102.2	102.3	101.9	101.9	101.8	97.3
2013	102.3	102.3	102.4	101.0	101.2	100.5	98.2
2014	102.1	102.0	102.2	100.9	100.8	101.1	98.8

4-2 历年各种价格总指数(1986-2014年)
General Price Indices(1986-2014)

(1985年=100)(1985=100)

年份 Year	居民消费价格指数 General Consumer Price Index 全省 Total	城市 Urban Areas	农村 Rural Areas	商品零售价格指数 General Retail Price Index of Commodities
1986	106.2	106.3	106.1	106.0
1987	115.5	117.9	112.9	116.1
1988	140.4	145.5	135.2	141.7
1989	165.9	169.9	161.8	166.9
1990	169.4	173.5	165.0	169.6
1991	175.4	183.2	167.5	174.7
1992	188.5	200.0	175.5	186.2
1993	225.8	242.9	206.0	217.3
1994	281.8	302.8	257.3	264.5
1995	328.6	354.3	299.5	300.2
1996	354.6	389.1	320.5	317.6
1997	364.5	405.0	327.2	318.6
1998	363.4	407.0	324.9	313.5
1999	359.1	405.0	320.1	306.3
2000	362.6	408.6	323.6	303.2
2001	361.9	407.0	323.6	297.4
2002	358.6	402.1	321.3	293.5
2003	365.4	404.1	330.6	292.3
2004	379.7	415.4	345.8	300.2
2005	384.6	421.6	349.9	302.9
2006	388.8	426.2	353.4	305.3
2007	405.1	442.8	368.9	316.9
2008	425.4	464.1	388.5	336.9
2009	419.0	458.1	381.5	332.9
2010	434.9	476.4	395.6	345.9
2011	458.4	501.6	417.8	364.9
2012	468.4	512.4	427.2	371.7
2013	479.2	524.0	437.4	375.4
2014	489.0	534.6	447.0	378.8

4－3 价格总指数(2014 年)
General Price Indices(2014)

年份 Year	居民消费价格指数 General Consumer Price Index 全省 Total	 城市 Urban Areas	 农村 Rural Areas	商品零售价格指数 General Retail Price Index of Commodities
1978 = 100		759.4		514.3
1980 = 100		680.1		466.5
1985 = 100	489.2	534.6	447.1	378.8
1986 = 100	460.7	503.0	421.4	357.3
1987 = 100	423.4	453.5	395.9	326.4
1988 = 100	348.5	367.6	330.6	267.3
1989 = 100	294.9	314.8	276.3	226.9
1990 = 100	288.8	308.6	270.8	223.3
1995 = 100	148.8	151.1	149.2	126.2
1996 = 100	138.0	137.4	139.5	119.3
1997 = 100	134.5	132.0	136.7	118.9
1998 = 100	134.8	131.4	137.8	121.0
1999 = 100	136.3	132.0	139.7	123.6
2000 = 100	135.1	130.8	138.4	124.9
2001 = 100	135.4	131.4	138.4	127.5
2002 = 100	136.5	133.0	139.1	129.0
2003 = 100	134.0	132.2	135.4	129.4
2004 = 100	128.9	128.8	129.2	126.2
2005 = 100	127.2	126.9	127.7	125.0
2006 = 100	125.9	125.4	126.6	124.0
2007 = 100	120.7	120.6	121.2	119.4
2008 = 100	115.0	115.1	115.0	112.4
2009 = 100	116.8	116.8	117.2	113.7
2010 = 100	112.5	112.3	113.0	109.6
2011 = 100	106.7	106.6	107.1	103.8
2012 = 100	104.4	104.3	104.6	101.9
2013 = 100	102.1	102.0	102.2	100.9

4－4 居民消费价格指数(2008－2014 年)
Consumer Price Indinces(2008－2014)

(上年＝100)(preceding year＝100)

项目	Item	2008	2009	2010	2011	2012	2013	2014
居民消费价格指数	**General Consumer Price Index**	**105.0**	**98.5**	**103.8**	**105.4**	**102.2**	**102.3**	**102.1**
城市	Urban Areas	104.8	98.7	104.0	105.3	102.2	102.3	102.0
农村	Rural Areas	105.3	98.2	103.7	105.6	102.3	102.4	102.2
食品	**Food**	**113.9**	**100.7**	**107.3**	**112.1**	**105.3**	**103.8**	**103.1**
粮食	Grain	105.4	105.5	114.3	112.5	103.7	102.8	101.8
油脂	Oil and Fat	126.3	78.1	102.7	117.6	103.7	98.2	92.9
肉禽及其制品	Meat, Poultry and Their Production	119.2	89.5	103.8	122.9	100.9	103.9	100.1
蛋	Eggs	105.4	101.6	108.3	116.0	97.6	102.8	112.5
水产品	Aquatic Production	113.3	106.2	110.5	113.6	108.8	104.8	104.6
鲜菜	Fresh Vegetables	112.3	110.2	117.4	99.4	117.9	106.6	98.9
烟酒及用品	**Tobacco, Liquor and Articles**	**102.1**	**100.5**	**100.7**	**101.7**	**101.5**	**99.8**	**99.6**
衣着	**Clothing**	**97.9**	**98.2**	**99.3**	**102.9**	**101.3**	**102.9**	**101.8**
家庭设备用品及维修服务	**Household Facilities Articles and Maintenance Services**	**103.4**	**99.8**	**100.4**	**103.7**	**102.5**	**102.2**	**101.5**
医疗保健和个人用品	**Health Care and Personal Items**	**105.8**	**102.4**	**105.4**	**103.7**	**101.3**	**100.3**	**101.9**
交通和通信	**Transportation and Communication**	**95.6**	**96.0**	**100.3**	**100.7**	**99.7**	**99.4**	**99.7**
娱乐教育文化用品及服务	**Recreation, Education, Culture Items and Services**	**99.0**	**98.4**	**101.6**	**100.1**	**99.4**	**102.5**	**102.2**
居住	**Residence**	**105.0**	**92.7**	**106.0**	**105.3**	**101.6**	**102.5**	**102.4**

4-5 城乡居民消费价格分类指数
Consumer Price Indices by Urban and Rural Areas

(上年=100)(preceding year=100)

项目	Item	全省 Total		城市 Urban Areas		农村 Rural Areas	
		2013	2014	2013	2014	2013	2014
居民消费价格总指数	**General Consumer Price Index**	**102.3**	**102.1**	**102.3**	**102.0**	**102.4**	**102.2**
非食品价格指数	**Non-food Price Index**	**101.6**	**101.6**	**101.6**	**101.5**	**101.7**	**101.7**
服务项目价格指数	**Price Index of Services**	**103.3**	**103.0**	**102.8**	**103.0**	**104.9**	**103.0**
扣除鲜菜鲜果总指数	**General Price Index Excluding Fresh Vegetables and Fruits**	**102.1**	**101.8**	**102.1**	**101.8**	**102.1**	**102.0**
消费品价格指数	**Price Index of Consumer Goods**	**101.8**	**101.6**	**102.0**	**101.6**	**101.5**	**101.9**
食品	**Food**	**103.8**	**103.1**	**103.8**	**103.1**	**103.9**	**103.2**
粮食	Grain	102.8	101.8	102.6	101.5	103.4	102.3
淀粉及制品	Starches	103.4	103.0	102.7	102.7	105.2	103.7
干豆类及豆制品	Dried Bean and Related Production	102.7	102.2	102.4	102.4	103.2	101.6
油脂	Oil and Fat	98.2	92.9	97.9	93.0	98.9	92.6
肉禽及其制品	Meat, Poultry and Their Production	103.9	100.1	104.3	100.4	103.2	99.7
蛋	eggs	102.8	112.5	103.4	112.7	101.6	112.0
水产品	Aquatic Production	104.8	104.6	104.7	103.9	105.2	106.9
菜	Vegetables	106.8	99.7	106.5	99.8	107.7	99.6
调味品	Condiment	101.7	101.0	101.2	101.1	102.5	100.9
糖	Sugar	100.2	100.2	100.5	100.3	99.2	99.8
茶及饮料	Tea and Beverage	102.2	101.8	102.1	101.8	102.5	101.6
干鲜瓜果	Dried and Fresh, Melons and Fruits	104.2	111.6	103.7	111.6	105.9	111.4
糕点饼干面包	Cakes Cookies and Bread	102.8	101.6	103.1	101.8	101.8	100.9
液体乳及乳制品	Milk and Related Production	105.5	105.7	106.2	105.6	103.2	106.3
在外用膳食品	Eating Outside	102.9	103.7	102.8	103.6	103.3	104.0
其它食品	Other Foods and Foods Processing Services	101.2	101.0	100.5	101.1	102.6	101.0
烟酒及用品	**Tobacco, Liquor and Articles**	**99.8**	**99.6**	**99.8**	**99.7**	**99.9**	**99.5**
烟草	Tobacco	100.1	100.0	100.0	100.1	100.3	100.0
酒	Liquor	99.1	98.5	99.3	98.7	98.7	98.1

续表 Continued (上年=100)(preceding year=100)

项目	Item	全省 Total		城市 Urban Areas		农村 Rural Areas	
		2013	2014	2013	2014	2013	2014
衣着	**Clothing**	**102.9**	**101.8**	**103.3**	**102.1**	**101.6**	**100.7**
服装	Garments	102.8	102.4	102.9	102.9	102.4	101.0
衣着材料	Clothing Material	102.5	101.9	103.3	102.6	101.0	100.7
鞋袜帽	Shoes,Socks and Hats	102.7	99.3	104.6	99.3	97.5	99.2
衣着加工服务	Processing Services for Clothing	108.8	106.1	105.0	106.1	114.2	106.2
家庭设备用品及维修服务	**Household Facilities Articles and Maintenance Services**	**102.2**	**101.5**	**102.4**	**101.4**	**101.8**	**101.5**
耐用消费品	Durable Consumer Goods	100.6	99.5	100.5	99.3	101.0	100.4
室内装饰品	Interior Decorations	101.4	101.2	101.6	102.0	101.1	99.9
床上用品	Bed Articles	102.7	101.6	103.9	101.9	98.7	100.9
家庭日用杂品	Daily Use Household Articles	100.8	100.6	100.8	100.6	100.7	100.6
家庭服务及加工维修服务	Household and Processing Maintenance Services	110.5	109.1	110.8	109.4	109.6	108.2
医疗保健和个人用品	**Health Care and Personal Goods**	**100.3**	**101.9**	**101.1**	**102.2**	**98.6**	**101.3**
医疗保健	Health Care	100.3	102.5	101.3	102.7	98.3	102.0
个人用品及服务	Personal Goods and Services	100.3	99.9	100.5	100.4	99.7	98.9
交通和通讯	**Transportation and Communication**	**99.4**	**99.7**	**99.3**	**99.6**	**99.7**	**100.0**
交通	Transportation	99.3	99.7	99.1	99.5	99.7	100.1
通信	Communication	99.8	99.7	99.8	99.6	99.8	99.9
娱乐教育文化用品及服务	**Recreation,Education,Culture Articles and Services**	**102.5**	**102.2**	**102.3**	**102.0**	**103.3**	**102.7**
文娱用耐用消费品及服务	Durable Consumer Goods for Recreational Use	97.0	97.5	96.4	97.1	98.6	98.5
教育	Education	103.0	101.6	103.0	101.3	102.8	102.2
文化娱乐类	Culture and Recreational Articles	101.9	100.6	101.5	100.3	103.0	101.4
旅游	Tourism and Going out	105.2	108.1	103.9	107.9	109.8	109.0
居住	**Residence**	**102.5**	**102.4**	**102.2**	**102.2**	**103.7**	**103.1**
建房及装修材料	Building and Decoration Materials	101.5	101.5	101.0	101.2	102.3	102.0
住房租金	Rent Houses	105.4	102.6	103.9	102.3	109.8	103.5
自有住房	Personal Housing	103.5	103.2	102.9	103.0	106.1	103.9
水、电、燃料	Water,Electricity and Fuels	100.6	101.2	100.7	100.6	100.5	103.0

4-6 城乡商品零售价格分类指数
General Retail Price Indices of Commodities by Urban and Rural Areas

(上年=100)(preceding year=100)

项目	Item	全省 Total 2013	全省 Total 2014	城市 Urban Areas 2013	城市 Urban Areas 2014	农村 Rural Areas 2013	农村 Rural Areas 2014
商品零售价格指数	**General Retail Price Indices**	**101.0**	**100.9**	**101.2**	**100.8**	**100.5**	**101.1**
食品类	**Food**	**103.8**	**103.1**	**103.8**	**103.1**	**103.9**	**103.0**
粮食	Grain	102.8	101.8	102.5	101.6	103.4	102.3
油脂	Oil and Fat	98.1	92.8	98.0	92.9	98.4	92.6
肉禽及其制品	Meat, Poultry and Their Production	103.9	100.1	104.3	100.2	103.3	99.8
蛋	eggs	103.7	112.3	104.5	112.5	101.8	112.0
水产品	Aquatic Production	104.5	104.4	104.3	103.8	105.3	106.6
饮料、烟酒类	**Beverages, Tobacco and Liquor**	**100.2**	**99.8**	**100.2**	**99.9**	**100.1**	**99.6**
茶及饮料	Tea and Beverages	102.4	101.7	102.3	101.7	102.6	101.6
烟草	Tobacco	100.1	100.0	100.0	100.0	100.2	100.0
酒	Liquor	99.2	98.5	99.4	98.8	98.6	97.6
服装、鞋帽类	**Garments, Shoes and Hats**	**103.0**	**101.6**	**103.7**	**102.0**	**100.9**	**100.5**
服装	Garments	103.1	102.5	103.3	103.0	102.4	101.0
鞋袜帽	Shoes, Stockings and Hats	102.6	99.2	104.8	99.2	96.9	99.0
其它	Other	100.3	101.9	100.9	102.1	99.0	101.3
纺织品类	**Textiles**	**102.1**	**101.8**	**103.2**	**102.4**	**99.7**	**100.2**
衣着材料	Material for Clothing	102.5	102.1	103.2	102.7	101.3	101.0
床上用品	Bed Articles	101.8	101.5	103.2	102.3	98.7	99.7
家用电器及音像器材	**Household Appliances and Audiovisual Equipment**	**99.4**	**98.7**	**99.1**	**98.3**	**100.2**	**99.7**
家庭设备	Household Facilities	100.4	99.2	100.2	98.8	100.9	100.4
文娱用耐用消费品	Durable Consumer Goods for Recreation Use	96.7	97.1	96.0	96.7	98.9	98.0
专业音像器材	Professional Audio-visual Equipment	99.9	99.0	100.2	99.1	98.9	98.8
文化办公用品	**Culture and Official Articles**	**98.2**	**99.6**	**97.9**	**99.2**	**99.4**	**100.9**
日用品类	**Articles for Daily Use**	**100.6**	**100.5**	**100.7**	**100.3**	**100.3**	**100.8**
日用百货	General Merchandise	100.5	100.5	100.7	100.2	100.0	101.2

续表 Continued (上年=100)(preceding year=100)

项目	Item	全省 Total		城市 Urban Areas		农村 Rural Areas	
		2013	2014	2013	2014	2013	2014
日用杂品	Sundries for Daily Use	100.3	101.1	100.0	101.1	101.0	101.1
洗涤用品	Washing Goods	101.0	100.4	101.3	100.4	100.0	100.5
其它日用品	Others for Daily Use	100.7	99.8	100.7	99.8	100.9	99.4
体育娱乐用品	**Sports and Recreation**	**100.4**	**101.1**	**100.1**	**101.1**	**101.6**	**101.2**
体育用品	Sports Goods	100.8	102.2	100.7	102.3	101.2	101.8
娱乐用品	Recreation Goods	100.2	100.7	99.8	100.6	101.8	100.9
交通、通信用品	**Transportation and Communication Articles**	**98.7**	**99.3**	**98.6**	**99.2**	**98.9**	**99.9**
交通运输机械	Transportation Mechanism	99.0	99.6	99.0	99.5	99.3	99.9
通讯器材类	Communication Appliance	96.5	97.5	96.2	96.6	97.2	99.9
家具	**Furniture**	**101.0**	**100.7**	**100.7**	**100.7**	**101.9**	**100.6**
化妆品类	**Cosmetics**	**101.5**	**100.9**	**101.7**	**101.0**	**100.8**	**100.5**
金银珠宝类	**Jewelry**	**91.8**	**91.8**	**92.2**	**92.8**	**90.4**	**88.8**
中西药品及医疗保健用品类	**Traditional Chinese-Westen Medicines and Medical Health Articles**	**98.6**	**100.4**	**100.4**	**99.7**	**94.4**	**102.2**
医疗器具及用品	Medical Appliances and Articles	99.7	100.5	99.9	101.1	99.2	98.6
中药材及中成药	Traditional Chinese Medicine	101.4	101.0	102.7	101.2	98.7	100.6
西药	Westen Medicines	93.9	95.7	96.7	93.0	88.2	101.6
保健器具及用品	Health Care Appliances and Articles	103.5	108.5	104.2	108.9	101.4	107.5
书报杂志及电子出版物类	**Newspaper, Magazines and Electronic Publication**	**100.5**	**100.0**	**100.6**	**100.1**	**100.2**	**99.8**
教材及参考书	Teaching Materials and Reference Books	100.1	99.5	100.2	99.6	100.0	99.2
书报杂志	Newspaper and Magazines	100.7	100.4	101.1	100.5	100.1	100.2
电子音像制品	Electronic Publication	100.3	100.1	100.2	100.1	100.5	100.0
燃料类	**Fuels**	**99.8**	**100.0**	**99.8**	**99.7**	**99.9**	**100.6**
煤炭及制品类	Coal and Its Production	100.8	100.6	100.0	100.8	102.1	100.5
石油及制品类	Petroleum and Its Production	99.7	99.9	99.8	99.6	99.5	100.6
建筑材料及五金电料类	**Building Materials and Hardware and Electric Materials**	**100.3**	**100.1**	**99.8**	**99.8**	**101.5**	**100.7**
建筑装璜材料	Building Decoration Materials	100.0	100.1	99.5	99.7	101.5	101.0
五金电料类	Hardware and Electric Materials	100.8	100.1	100.5	100.1	101.5	100.2

4-7 农业生产资料价格分类指数(2006-2014年)
Price Index of Agricultural Means of Production by Category(2006-2014)

(上年=100)(preceding year=100)

项目	Item	2006	2007	2008	2009	2010	2011	2012	2013	2014
农业生产资料价格指数	Price Indices of Agricultural Means of Production	99.6	107.3	118.9	95.9	102.9	110.8	104.2	102.8	99.8
农用手工工具	Agricultural hand tools	105.2	110.9	110.4	104.5	101.9	106.3	103.1	104.1	101.3
饲料	Forage	98.1	108.8	113.4	97.8	108.7	107.5	107.6	105.2	100.6
产品畜	Livestock Production	83.9	143.2	114.3	79.1	93.0	160.4	89.5	101.8	93.3
半机械化农具	Semi-mechanized Farm Tools	100.3	100.5	111.3	100.4	101.5	104.6	104.1	101.1	100.5
机械化农具	Mechanized Farm Tools	103.5	102.6	114.2	98.8	100.9	104.1	101.3	100.3	100.1
化学肥料	Chemical Fertilizer	99.0	102.9	138.4	93.2	101.3	113.4	103.5	98.3	94.6
农药及农药器械	Pesticide and Its Appliances	99.8	100.8	105.9	98.4	98.9	100.8	100.4	100.7	101.1
化学农药	Chemical Pesticide	99.7	100.9	106.4	98.4	98.9	100.9	100.3	100.6	101.1
农药器械	Pesticide Appliances	100.8	99.5	100.7	99.1	99.3	100.3	101.5	101.5	100.3
农用机油	Oil for Farm Machinery	111.7	104.3	111.8	92.0	108.1	109.4	103.2	99.8	98.3
其它农业生产资料	Others	102.6	103.7	102.5	99.8	103.5	106.1	101.5	102.8	102.0
农业生产服务	Agricultural Production Service	104.0	109.6	107.0	102.1	101.0	105.1	111.0	106.7	106.4

4－8 各市、县居民消费价格指数(2014 年)
Residents Consumer Price Indices by City and County(2014)

(上年＝100)(preceding year＝100)

市(县)名称	City(County)	居民消费价格指数 Consumer Price Index	食品类 Food	粮食 Grain	肉禽及其制品 Meat and Poultry	蛋类 Eggs	水产品 Aquatic Production	鲜菜 Fresh Vegetables
杭州市	Hangzhou	102.0	102.9	101.4	100.8	114.0	105.1	98.0
宁波市	Ningbo	101.9	102.7	100.3	99.7	114.0	101.6	98.3
温州市	Wenzhou	101.8	103.8	101.7	99.9	111.6	106.4	98.4
嘉兴市	Jiaxing	102.0	103.1	102.6	100.3	109.6	104.9	96.5
湖州市	Huzhou	102.3	101.5	100.9	101.1	111.1	100.0	96.4
绍兴市	Shaoxing	102.1	104.3	102.5	101.3	112.8	106.0	107.6
金华市	Jinhua	102.4	104.1	103.2	101.0	115.1	104.0	99.9
衢州市	Quzhou	102.5	103.7	102.4	100.6	111.7	105.6	101.7
舟山市	Zhoushan	101.7	103.0	100.8	100.1	109.5	105.3	102.4
台州市	Taizhou	102.3	103.6	103.7	99.3	110.9	102.3	99.6
丽水市	Lishui	102.6	104.1	103.2	102.4	111.6	105.8	97.1
萧山区	Xiaoshan	102.0	102.8	101.2	100.8	112.3	106.4	95.5
建德市	Jiande	101.7	102.2	101.4	99.8	112.9	105.1	100.2
海宁市	Haining	102.0	102.7	101.3	98.7	114.7	109.3	95.8
安吉县	Anji	102.2	104.0	106.4	98.9	108.4	105.9	99.5
新昌县	Xinchang	101.6	102.7	103.5	100.2	108.6	103.8	99.1
浦江县	Pujiang	102.5	103.4	101.6	98.2	115.5	109.0	106.6
兰溪市	Lanxi	102.3	103.7	102.5	101.3	112.3	104.0	101.7
江山市	Jiangshan	102.4	103.4	103.6	99.4	114.5	103.4	104.3
临海市	Linhai	102.8	104.0	102.5	98.6	109.9	111.0	96.9
龙泉市	Longquan	101.9	102.9	101.3	100.1	109.1	101.2	99.8

续表 Continued (上年=100)(preceding year=100)

市(县)名称	City(County)	烟酒及用品类 Tobacco, Liquor and Articles	衣着类 Clothing	家庭设备用品及维修服务类 Household Appliances and Articles	医疗保健和个人用品类 Health Care Services	交通和通信 Transportation and Communication	娱乐教育文化用品及服务 Recreation, Education, Culture Items and Services	居住类 Residence
杭州市	Hangzhou	99.9	101.7	102.7	101.4	99.4	101.8	102.7
宁波市	Ningbo	99.8	102.7	99.9	102.3	99.5	102.0	102.4
温州市	Wenzhou	99.2	102.2	100.2	101.5	100.5	102.5	100.1
嘉兴市	Jiaxing	99.4	103.5	101.0	101.8	99.9	102.2	101.8
湖州市	Huzhou	100.2	106.2	102.9	102.0	101.1	100.7	104.0
绍兴市	Shaoxing	99.4	100.3	100.5	105.9	97.9	103.2	100.5
金华市	Jinhua	100.4	101.6	102.3	102.7	99.2	103.0	101.8
衢州市	Quzhou	99.5	101.3	100.1	100.6	100.1	102.8	103.9
舟山市	Zhoushan	100.4	101.0	101.2	101.2	99.0	101.0	102.5
台州市	Taizhou	99.4	101.2	105.2	102.4	100.4	100.8	102.0
丽水市	Lishui	98.7	101.0	100.3	103.8	97.8	102.5	104.2
萧山区	Xiaoshan	99.3	101.6	101.1	101.3	99.9	102.2	103.0
建德市	Jiande	99.5	101.3	101.2	101.5	100.3	101.4	102.9
海宁市	Haining	98.7	101.6	103.2	100.2	99.9	101.7	103.5
安吉县	Anji	100.9	95.9	100.3	101.4	100.0	102.1	104.1
新昌县	Xinchang	99.9	100.2	99.5	100.5	99.9	101.9	102.5
浦江县	Pujiang	100.4	101.1	102.7	99.9	101.2	102.0	104.4
兰溪市	Lanxi	99.2	101.0	100.2	101.4	99.1	101.5	104.4
江山市	Jiangshan	99.6	100.8	100.5	101.1	99.9	105.1	102.7
临海市	Linhai	99.7	100.3	102.7	102.7	100.2	106.1	101.8
龙泉市	Longquan	99.8	102.8	101.1	101.1	100.2	101.0	102.1

4-9 各市、县商品零售价格指数和农业生产资料零售价格指数(2014年)
General Retail Price Index of Commodities and Agricultural Means of Production by City and County(2014)

(上年=100)(preceding year=100)

市(县)名称	City(County)	商品零售价格指数 General Retail Price Index of Commodities	食品类 Food	饮料、烟酒类 Beverages, Tobacco and Liquor	服装、鞋帽类 Garments, Shoes and Hats	纺织品类 Textiles	家用电器及音响器材类 Household Appliances and Audio Eqiupment
杭州市	Hangzhou	100.8	103.1	100.2	101.7	101.2	98.5
宁波市	Ningbo	100.3	102.8	99.8	102.6	101.5	98.3
温州市	Wenzhou	100.8	103.9	99.6	102.5	101.4	97.2
嘉兴市	Jiaxing	101.3	103.1	100.1	101.7	104.5	98.8
湖州市	Huzhou	100.8	101.4	100.4	106.1	101.9	99.4
绍兴市	Shaoxing	101.6	104.5	99.5	100.4	105.1	97.4
金华市	Jinhua	101.1	104.2	100.9	101.5	107.1	98.7
衢州市	Quzhou	100.5	103.6	100.0	101.5	100.0	97.0
舟山市	Zhoushan	100.5	103.0	100.9	101.0	100.2	97.7
台州市	Taizhou	101.4	103.7	99.7	101.2	105.9	99.3
丽水市	Lishui	100.8	104.2	98.9	101.0	103.1	96.9
萧山区	Xiaoshan	101.1	102.6	99.3	101.3	102.3	99.5
建德市	Jiande	100.9	102.1	99.5	101.3	102.8	98.9
海宁市	Haining	101.0	102.5	98.6	101.3	100.2	100.8
安吉县	Anji	100.9	104.0	101.6	94.2	91.3	99.2
新昌县	Xinchang	100.8	102.6	99.9	100.2	101.2	97.0
浦江县	Pujiang	101.0	103.3	100.8	101.1	100.4	100.2
兰溪市	Lanxi	101.0	103.6	99.6	101.1	99.6	100.2
江山市	Jiangshan	101.6	103.3	99.5	100.5	100.0	99.3
临海市	Linhai	101.6	104.0	99.7	100.2	100.0	100.0
龙泉市	Longquan	101.5	103.0	99.8	102.9	100.0	101.0

续表 1 Continued (上年 = 100)(preceding year = 100)

市(县)名称	City(County)	文化办公用品类 Culture and Official Articles	日用品类 Articles for Daily Use	体育娱乐用品类 Sports and Recreation	交通通讯用品类 Transportation and Communication Articles	家具类 Furniture	化妆品类 Cosmetics
杭州市	Hangzhou	98.2	100.0	103.4	98.9	100.1	104.0
宁波市	Ningbo	100.3	100.2	100.2	98.4	100.7	100.1
温州市	Wenzhou	99.7	100.5	101.8	99.9	100.3	99.8
嘉兴市	Jiaxing	100.8	100.4	99.4	99.6	100.0	103.3
湖州市	Huzhou	99.4	100.4	99.8	100.9	102.8	101.1
绍兴市	Shaoxing	101.8	98.9	100.9	97.8	100.0	100.1
金华市	Jinhua	96.9	101.0	99.7	98.5	102.0	99.8
衢州市	Quzhou	100.0	100.0	100.5	99.7	100.3	100.4
舟山市	Zhoushan	97.9	100.8	100.3	98.1	101.3	99.9
台州市	Taizhou	97.0	99.3	101.2	100.4	101.8	98.7
丽水市	Lishui	99.4	101.7	100.6	98.7	101.7	100.8
萧山区	Xiaoshan	100.6	101.1	100.9	100.2	100.0	101.2
建德市	Jiande	99.8	100.9	100.5	99.0	99.0	101.8
海宁市	Haining	104.3	102.6	102.1	100.3	103.3	99.6
安吉县	Anji	99.1	100.8	98.1	99.2	97.9	99.4
新昌县	Xinchang	100.7	100.0	98.7	99.9	100.9	99.6
浦江县	Pujiang	98.7	100.7	101.1	98.9	102.1	100.2
兰溪市	Lanxi	100.2	98.1	99.8	98.2	100.0	100.1
江山市	Jiangshan	100.0	99.3	103.5	100.7	100.0	100.1
临海市	Linhai	99.7	100.4	103.3	99.6	100.0	100.8
龙泉市	Longquan	100.0	100.0	101.5	101.6	100.3	100.2

续表 2 Continued (上年 = 100)(preceding year = 100)

市(县)名称	City(County)	金银珠宝类 Jewelry	中西药品及医疗保健用品类 Traditional Chinese Westen Medicines and Medicines and Health Care	书报杂志及电子出版物类 Newspaper, Magazines and Electronic Publication	燃料类 Fuels	建筑材料及五金电料类 Building Materials and Hardware and Electric Item	农业生产资料零售价格指数 Retail Price Indices of Agricultural Means of Production
杭州市	Hangzhou	96.7	98.9	99.7	100.4	99.7	
宁波市	Ningbo	90.5	96.7	99.6	99.4	99.5	
温州市	Wenzhou	89.6	96.8	100.3	100.2	99.3	
嘉兴市	Jiaxing	93.5	103.1	100.0	99.5	101.7	
湖州市	Huzhou	91.2	98.8	100.2	99.5	100.9	
绍兴市	Shaoxing	93.1	108.7	101.3	99.2	99.9	
金华市	Jinhua	97.4	98.5	99.7	99.7	99.5	
衢州市	Quzhou	91.5	96.4	99.7	98.4	102.0	
舟山市	Zhoushan	91.2	101.1	100.1	98.4	100.8	
台州市	Taizhou	92.3	104.9	100.0	98.8	99.4	
丽水市	Lishui	97.1	97.7	100.4	99.5	98.3	
萧山区	Xiaoshan	86.7	103.0	99.7	99.8	100.4	101.0
建德市	Jiande	88.4	102.0	99.9	101.6	101.2	99.4
海宁市	Haining	88.2	99.8	99.9	100.7	100.1	99.1
安吉县	Anji	93.3	103.2	99.9	100.6	101.2	97.4
新昌县	Xinchang	91.4	101.0	100.2	101.1	100.4	99.5
浦江县	Pujiang	89.5	100.5	99.6	99.7	100.6	97.4
兰溪市	Lanxi	91.3	101.5	100.3	100.5	101.1	102.8
江山市	Jiangshan	89.6	102.9	99.7	103.8	103.1	98.8
临海市	Linhai	89.7	104.4	99.7	100.4	101.3	99.0
龙泉市	Longquan	87.9	103.2	99.7	100.1	99.2	99.4

4－10 分月各种价格指数(2014 年)
Price Indices by Month(2014)

(上年同期＝100)(preceding period＝100)

项目	Item	1月	2月	3月	4月	5月	6月
居民消费价格指数	**Consumer Price Index**	**102.8**	**102.6**	**102.7**	**102.6**	**102.6**	**102.6**
城市	Urban Areas	102.8	102.6	102.7	102.6	102.6	102.5
农村	Rural Areas	102.9	102.7	102.8	102.7	102.7	102.7
#服务项目价格指数	**Services Price Index**	**104.5**	**103.9**	**103.8**	**103.7**	**103.7**	**103.7**
城市	Urban Areas	104.1	103.5	103.4	103.4	103.5	103.5
农村	Rural Areas	105.9	105.3	104.9	104.6	104.4	104.2
商品零售价格指数	**Retail Price Index of Commodities**	**101.3**	**101.3**	**101.4**	**101.4**	**101.4**	**101.4**
城市	Urban Areas	101.4	101.3	101.5	101.4	101.4	101.4
农村	Rural Areas	101.3	101.1	101.3	101.3	101.4	101.5
农业生产资料零售价格指数	**Price Index of Agricultural Means of Production**	**101.4**	**101.0**	**100.6**	**100.4**	**100.3**	**100.2**

续表 Continued

(上年同期＝100)(preceding period＝100)

项目	Item	7月	8月	9月	10月	11月	12月
居民消费价格指数	**Consumer Price Index**	**102.6**	**102.5**	**102.4**	**102.3**	**102.2**	**102.1**
城市	Urban Areas	102.5	102.5	102.4	102.3	102.1	102.0
农村	Rural Areas	102.7	102.7	102.5	102.4	102.3	102.2
#服务项目价格指数	**Services Price Index**	**103.6**	**103.6**	**103.4**	**103.3**	**103.1**	**103.0**
城市	Urban Areas	103.5	103.5	103.3	103.2	103.1	103.0
农村	Rural Areas	104.0	103.9	103.7	103.5	103.2	103.0
商品零售价格指数	**Retail Price Index of Commodities**	**101.4**	**101.4**	**101.3**	**101.2**	**101.0**	**100.9**
城市	Urban Areas	101.4	101.4	101.3	101.1	101.0	100.8
农村	Rural Areas	101.6	101.6	101.5	101.3	101.2	101.1
农业生产资料零售价格指数	**Price Index of Agricultural Means of Production**	**100.2**	**100.2**	**100.2**	**100.1**	**100.0**	**99.8**

4-11 固定资产投资价格指数(2005-2014年)
Price Indinces of Investment in Fixed Assets(2005-2014)

(上年=100)(preceding year=100)

项目	Item	2005	2006	2007	2008	2009	2010	2011	2012	2013	2014
固定资产投资价格指数	**Price Index of Investment in Fixed Assets**	**100.3**	**101.5**	**104.3**	**109.3**	**96.7**	**104.7**	**107.5**	**99.2**	**100.0**	**100.6**
建筑安装工程	**Construction and Installation**	**99.3**	**100.3**	**105.6**	**113.7**	**94.6**	**106.7**	**111.4**	**98.6**	**99.5**	**100.3**
#人工费	Manpower	104.8	104.6	107.9	115.5	107.7	109.2	115.5	110.9	109.6	106.2
机械使用费	Using Expenses of Machanism	100.9	101.5	102.6	104.6	101.9	102.7	105.3	103.2	102.0	101.7
材料费	Materials	97.6	99.2	105.5	114.5	90.8	106.7	111.3	95.0	96.4	98.5
钢材	Steel Products	99.0	95.8	108.5	123.2	82.6	107.1	111.1	90.7	92.8	93.5
木材	Timber	101.6	103.5	104.1	109.3	100.9	103.8	107.9	103.2	101.2	101.0
水泥	Cement	86.6	98.3	104.5	108.4	96.1	109.6	115.2	91.9	96.6	102.2
地方材料	Local Materials	97.5	101.7	102.5	107.4	101.3	106.3	111.5	101.2	100.0	103.2
化工材料	Chemical Materials	105.1	109.1	105.1	109.8	99.0	105.3	107.6	102.6	100.7	100.0
电料	Electrical Material	104.8	115.7	106.3	104.7	96.1	106.5	108.1	100.2	99.8	100.4
其他材料	Others	100.9	101.7	102.5	104.1	100.3	103.0	105.2	101.5	100.5	100.7
设备、工器具购置	**Purchase of Equipment,Tools and Instruments**	**100.3**	**101.7**	**100.5**	**101.2**	**96.2**	**101.3**	**101.6**	**98.5**	**98.7**	**99.5**
其他费用投资	**Others**	**103.1**	**104.5**	**105.2**	**106.6**	**102.5**	**102.6**	**103.1**	**101.5**	**102.3**	**102.0**

4-12 工业生产者出厂价格指数(2006-2014年)
Producer Price Indices for Manufactured Goods(2006-2014)

(上年=100)(preceding year=100)

项目	Item	2006	2007	2008	2009	2010	2011	2012	2013	2014
全　省	**Zhejiang**	**103.8**	**102.4**	**104.3**	**94.9**	**106.2**	**105.0**	**97.3**	**98.20**	**98.80**
轻工业	**Light Industry**	**101.9**	**102.0**	**103.6**	**96.4**	**104.8**	**105.1**	**98.1**	**99.2**	**99.4**
以农产品为原料	Using Farm Products as Raw Materials	101.4	101.5	103.1	97.9	104.8	105.5	99.5	99.9	99.7
以非农产品为原料	Using Non-farm Products as Raw Materials	102.5	102.5	104.0	95.1	104.9	104.6	96.0	98.1	98.8
重工业	**Heavy Industry**	**106.6**	**102.9**	**105.3**	**92.6**	**108.2**	**104.9**	**96.7**	**97.5**	**98.5**
采掘	Mining and Quarrying Industry	105.1	105.8	110.1	94.6	116.5	115.3	99.5	100.0	102.8
原料	Raw Material Industry	106.6	103.0	107.4	93.5	110.2	106.9	97.8	97.6	98.2
加工	Manufacturing Industry	106.7	102.8	104.0	92.1	106.9	104.0	96.3	97.4	98.6
生产资料	**Means of Production**	**104.9**	**102.7**	**104.8**	**93.4**	**107.9**	**105.5**	**96.3**	**97.6**	**98.5**
采掘	Mining and Quarrying Industry	105.1	105.8	110.1	94.6	116.5	115.3	99.5	100.0	102.8
原料	Raw Material Industry	106.4	103.0	105.0	92.6	112.2	108.3	95.8	97.3	97.5
加工	Manufacturing Industry	104.4	102.5	104.7	93.7	106.3	104.5	96.4	97.8	98.8
生活资料	**Means of Subsistence**	**101.1**	**101.7**	**102.8**	**98.6**	**101.7**	**103.5**	**100.0**	**99.6**	**99.8**
食品	Food	101.0	104.9	105.8	99.6	103.4	105.6	100.9	100.1	100.3
衣着	Clothing	100.9	100.5	101.4	99.2	101.6	104.6	101.1	100.5	99.8
一般日用品	Articles for Daily Use	101.5	101.4	103.2	97.3	101.8	102.6	98.9	98.6	99.5
耐用消费品	Durable Consumer Goods	100.9	101.7	102.0	98.9	100.2	101.2	99.6	99.4	99.8
分部门										
冶金工业	Metallurgical Industry	114.9	108.1	106.3	85.9	115.0	107.2	92.5	94.6	96.1
电力工业	Power Industry	102.0	100.6	100.9	101.5	102.0	102.9	103.3	100.8	100.6
煤炭及炼焦工业	Coal Industry	103.5	105.1	107.7	99.3	107.2	108.2	102.0	90.6	85.9
石油工业	Petroleum Industry	117.0	102.1	123.8	88.8	119.7	115.0	102.1	97.4	96.5
化学工业	Chemical Industry	102.6	103.1	104.3	89.9	110.2	107.5	93.6	96.5	97.8
机械工业	Machinery Industry	102.8	101.2	103.2	95.6	102.5	101.8	97.6	98.1	99.0
建筑材料工业	Building Materials Industry	102.8	104.7	109.6	97.2	108.6	111.7	94.0	98.8	102.6
森林工业	Timber Industry	103.5	102.1	102.2	99.3	102.8	102.7	101.1	100.3	101.7
食品工业	Food Industry	100.6	105.4	106.4	99.3	104.0	106.0	101.3	100.4	100.3
纺织工业	Textile Industry	102.7	100.5	101.9	97.0	108.5	106.9	97.6	99.8	99.7
缝纫工业	Tailoring Industry	100.9	100.5	101.7	99.3	101.7	105.0	100.8	100.3	99.6
皮革工业	Leather Industry	100.5	101.4	102.3	98.2	101.4	103.8	102.7	101.8	100.5
造纸工业	Paper Industry	99.9	101.8	108.4	93.3	105.4	102.4	96.6	96.4	98.2
文教艺术品工业	Cultural, Educational & Handicrafts Articles Industry	100.3	101.2	102.1	98.4	100.4	102.2	100.0	99.4	100.2
其他工业	Others	103.8	103.8	103.6	97.9	102.7	103.3	100.2	100.2	98.8

4-13 按行业分的工业生产者出厂价格指数(2010-2014年)
Producer Price Indices for Manufactured Goods by Sector(2010-2014)

(上年=100)(preceding year = 100)

项目	Item	2010	2011	2012	2013	2014
全　省	**General Index**	**106.2**	**105.0**	**97.3**	**98.2**	**98.8**
煤炭开采和洗选业	Coal Mining and Dressing	109.5	107.4	101.7	90.4	85.5
黑色金属矿采选业	Ferrous Metals Mining and Dressing	158.4	126.5	80.7	95.3	87.5
有色金属矿采选业	Nonferrous Metals Mining and Dressing	124.3	116.6	94.6	94.5	95.5
非金属矿采选业	Nonmetal Minerals Mining and Dressing	105.4	113.5	104.4	102.6	108.6
其他采矿业	Other Minerals Mining and Dressing					
农副食品加工业	Non-staple Food Processing	106.8	109.3	100.6	100.0	99.0
食品制造业	Food Manufacturing	104.2	107.7	104.2	101.0	100.8
饮料制造业	Beverage Manufacturing	101.6	102.6	100.2	100.1	101.5
烟草制品业	Tobacco Processing	102.3	100.0	101.5	100.4	100.0
纺织业	Textile Industry	107.2	106.9	98.5	99.9	99.8
纺织服装、鞋帽制造业	Garments,Shoes and Hats Manufacturing	100.6	103.3	100.2	100.0	99.1
皮革、毛皮、羽毛(绒)及其制品业	Leather,Furs,Down and Related Production	102.5	104.3	102.8	102.1	100.7
木材加工及木、竹、藤、棕、草制品业	Timber Processing,Bamboo,Cane Palm Fiber and Straw Production	103.5	103.2	101.6	100.7	102.2
家具制造业	Furniture Manufacturing	100.7	101.5	100.0	99.3	99.7
造纸及纸制品业	Papermaking and Paper Production	105.4	102.4	96.6	96.4	98.2
印刷业和记录媒介的复制	Printing and Record Medium Reproduction	100.4	101.7	99.7	99.7	99.4
文教体育用品制造业	Cultural,Educational and Sports Goods	100.5	102.8	100.1	99.4	101.3
石油加工、炼焦及核燃料加工业	Petroleum Processing,Cooking and Nuclear Fuel Processing	120.5	116.0	102.1	97.0	95.8
化学原料及化学制品制造业	Raw Chemical Materials and Chemical Production	109.9	106.9	92.6	95.9	98.9
医药制造业	Medical and Pharmaceutical Production	102.9	100.8	96.9	96.7	99.1
化学纤维制造业	Chemical Fiber	121.3	112.7	86.9	95.4	94.8
橡胶制品业	Rubber Production	104.8	107.7	98.8	94.0	96.2
塑料制品业	Plastic Production	103.7	106.5	98.6	99.0	98.9
非金属矿物制品业	Nonmetal Mineral Production	108.2	110.8	93.6	98.5	101.8
黑色金属冶炼及压延加工业	Smelting and Pressing of Ferrous Metals	108.5	108.6	90.3	92.7	95.4
有色金属冶炼及压延加工业	Smelting and Pressing of Nonferrous Metals	130.9	109.1	91.4	94.2	94.8
金属制品业	Metal Production	103.7	103.0	97.2	97.3	98.5
通用设备制造业	Common Machinery Production	102.0	102.5	98.5	98.0	99.0
专用设备制造业	For Special Purpose Equipment Manufacturing	100.6	101.0	99.7	99.3	99.7
交通运输设备制造业	Transportation Equipment	100.2	101.0	98.4	98.7	99.3
电气机械及器材制造业	Electric Equipment and Machinery	106.4	103.3	96.4	97.7	98.6
通信设备、计算机及其他电子设备制造业	Telecommunications Equipment,Computer and Other Electronic Equipment Manufacturing	99.9	99.4	96.1	97.3	98.7
仪器仪表及文化办公用机械制造业	Instruments,Meters,Cultural and Office Machinery	102.3	100.0	97.0	98.1	99.0
工艺品及其他制造业	Handicraft Article and Other Manufacturing Indust	102.2	103.6	100.4	100.4	98.2
废弃资源和废旧材料回收加工工业	Recovery of Resource Discarded and Useless Material	120.6	115.8	81.1	87.7	91.1
电力、热力的生产和供应业	Production and Supply of Electricity and Heating Power	102.1	102.9	103.3	100.7	100.6
燃气生产和供应业	Production and Supply of Gas	113.5	106.3	101.9	100.5	102.1
水的生产和供应业	Production and Supply of Water	103.2	105.3	100.1	100.2	101.3

4－14 工业生产者购进价格分类指数(2005－2014年)
Producer Purchasing Price Indinces by Category(2005－2014)

(上年＝100)(preceding＝100)

项目	Item	2005	2006	2007	2008	2009	2010	2011	2012	2013	2014
总指数	**General Purchasing Price Index**	**105.4**	**105.6**	**105.3**	**110.6**	**92.6**	**112.0**	**108.3**	**96.7**	**97.7**	**98.2**
燃料动力类	Fuels and Motive Power	115.5	109.8	103.9	120.5	91.7	113.9	107.6	99.5	97.4	98.4
黑色金属材料类	Ferrous Metal Material	104.9	94.3	108.7	119.8	84.7	108.7	107.1	94.1	95.5	95.3
有色金属材料和电线类	Nofferrous Metal Materials and Electric Wire	113.4	137.2	112.9	94.1	83.4	125.2	111.7	92.6	94.3	96.4
化工原料类	Chemical Raw Materials	107.7	101.5	106.0	107.8	88.2	113.2	111.1	95.4	97.4	97.7
木材及纸浆类	Logging and Paper Pulp	102.3	102.6	102.9	106.2	96.4	106.7	103.8	96.9	98.1	98.8
建筑材料类及非金属矿类	Building Materials and Nonmetal Minerals	93.7	99.9	104.4	110.1	94.8	103.9	109.2	98.2	98.6	100.9
其他工业原材料及半成品类	Other Industrial Raw Materials	101.8	105.0	106.8	107.0	96.6	110.1	106.5	97.2	98.0	98.0
农副产品类	Farm Production	97.8	104.0	104.3	105.0	95.8	110.5	110.1	98.5	99.5	101.1
纺织原料类	Textile Raw Materials	102.7	103.0	101.9	101.9	97.8	110.5	109.7	97.1	100.3	99.9

浙/江/统/计/年/鉴

主要统计指标解释

■ 居民消费价格指数

是反映一定时期内城乡居民所购买的生活消费品价格和服务项目价格变动趋势和程度的相对数。是综合了城市居民消费价格指数和农民消费价格指数计算取得。利用居民消费价格指数，可以观察和分析消费品的零售价格和服务价格变动对城乡居民实际生活支出的影响程度。

■ 城市居民消费价格指数

是反映城市职工及其家庭所购买的生活消费品和服务项目价格变动趋势和程度的相对数。编制城市居民消费价格指数，可以观察和分析消费品的零售价格和服务项目价格变动对职工货币工资的影响，作为研究职工生活和确定工资政策的依据。

■ 农村居民消费价格指数

是反映农村居民家庭所购买的生活消费品的价格和服务项目价格变动趋势和程度的相对数。用它可以观察农村消费品的零售价格和服务项目价格变动对农村居民生活消费支出的影响，直接反映农民生活水平的实际变化情况，为分析和研究农村居民生活问题提供依据。

■ 农村工业品零售价格指数

是反映农村市场工业品零售价格水平变动趋势和程度的相对数。通过农村工业品零售价格指数，可以观察工业品零售价格变动对农民货币支出的影响。

■ 工业品出厂价格指数

是反映全部工业产品出厂价格总水平的变动趋势和程度的相对数。其中除包括工业企业售给商业、外贸、物资部门的产品外，还包括售给工业和其他部门的生产资料以及直接售给居民的生活消费品。通过工业生产价格指数能观察出厂价格变动对工业总产值的影响。

■ 固定资产投资价格指数

是反映固定资产投资额价格变动趋势和程度的相对数。固定资产投资额是由建筑安装工程投资完成额、设备、工器具购置投资完成额和其他费用投资完成额三部分组成的。编制固定资产投资价格指数应首先分别编制上述三部分投资的价格指数，然后采用加权算术平均法求出固定资产投资价格总指数。

编制固定资产投资价格指数可以准确地反映固定资产投资中涉及的各类商品和取费项目价格变动趋势和变动幅度，消除按现价计算的固定资产投资指标中的价格变动因素，真实地反映固定资产投资的规模、速度、结构和效益，为国家科学地制定，检查固定资产投资计划并提高宏观调控水平，为完善国民经济核算体系提供科学的、可靠的依据。

■ 商品零售价格指数

是反映城乡商品零售价格变动趋势的一种经济指数。零售物价的调整变动直接影响到城乡居民的生活支出和国家的财政收入，影响居民购买力和市场供需平衡，影响消费与积累的比例。因此，计算零售价格指数，可以从一个侧面对上述经济活动进行观察和分析。

■ 原材料、燃料和动力购进价格指数

是反映工业企业作为生产投入，而从物资交易市场和能源、原材料生产企业购买原材料、燃料和动力产品时，所支付的价格水平变动趋势和程度的统计指标，是扣除工业企业物质消耗成本中的价格变动影响的重要依据。

目前，我国编制的原材料、燃料和动力购进价格指数所调查的产品，包括燃料动力、黑色金属、有色金属、化工、建材等九大类的近1800种产品。

■ 房地产价格指数

是反映一定时期内房地产价格变动趋势和程度的相对数，包括房屋销售价格指数、房屋租赁价格指数、土地交易价格指数和物业管理价格指数。这四套指数的计算方法相似，均采用由下到上逐级汇总的方法。

ZHEJIANG STATISTICAL YEARBOOK

Explanatory Notes on Main Statistical Indicators

□ Consumer Price Index

reflects the relative change in prices of consumer goods and services purchased by urban and rural residents, and is a composite index derived from the urban consumer price index and the rural consumer price index. Consumer price index can be used to analyze the impact of consumer price change on actual expenditure for living cost of urban and rural residents.

□ Urban Consumer Price Index

reflects the relative change in prices of consumer goods and services purchased by urban staff and workers and their families and can be used to observe and analyze the impact of price changes in consumer goods and services on money wages of staff and workers, and provide basis for policy making concerning the living cost and wages of staff and workers.

□ Rural Consumer Price Index

reflects the relative change in prices of consumer goods and services purchased by rural households and can be used to observe the impact of change in prices of consumer goods and services on living expenditure and actual change in peasants' living cost. It provides basis for analysis and research on peasants' living cost and welfare.

□ Retail Price Index of Rural Industrial Products

reflects the relative change in prices of industrial products in rural market and can be used to observe the impact of the price change on farmers' money expenditure.

□ Ex – factory Price Index of Industrial Products

reflects the change in general ex – factory prices of all industrial products, including sales of industrial products to commercial enterprises, foreign trade sectors, materials supplying and distributing sectors as well as sales of production means to industry and other sectors and sales of consumer goods to residents. It can be used to analyze the impact of ex – factory prices on gross industrial output value.

□ Price Index of Investment in Fixed Assets

reflects the change in prices of investment in fixed assets. The investment in fixed assests consists of three components, namely the investment in construction and installation, the investment in purchases of equipment and instrument, and the investment in other items. Price index of investment in fixed assets is calculated as the weighted arithmetic mean of the price indices of the three components of investment in fixed assets.

Price index of investment in fixed assets reflects the changes of prices in various goods and services involved in investment in fixed assets and therefore can be used to observe the actual size, speed, structure, and efficiency of investment in fixed assets and provides reliable and scientific data for government planning, management, decision making, and further improving the current national accounting system.

□ Retail Price Index

reflects the general change in retail prices of commodities. The change and adjustment in retail prices directly affect the living expenditure of urban and rural residents, government revenue, purchasing power of residents and the equilibrium of market supply and demand, and the ratio of consumption to accumulation. Therefore, the calculation of retail price index is useful to analyze the changes of the above economic activities.

EXPLANATORY NOTES ON MAIN STATISTICAL INDICATORS

□ Purchasing Price Indices for Raw Materials, Fuels and Power

reflect changes in the level and degree of prices paid by industrial enterprises when they purchase production input such as raw materials, fuels and power from the market or from other energy or raw materials producing enterprises. These indices provide an important basis for measuring the material consumption of industrial enterprises after removing the influence of price changes.

At present, close to 1,800 products in 9 categories, including fuels and power, ferrous metals, non – ferrous metals, chemicals, building materials, are covered in China for the survey to produce indices for purchasing prices of raw materials, fuels and power.

□ Price Indices for Real Estate

reflect the trend and degree of changes in prices of real estate during a given period, including sale price indices for houses, price indices for renting houses, price indices for land transactions and price indices for management of properties. The methods for the compilation of these four sets of indices are similar in that they all use the bottom – up approach under which data are reported from lower level to higher level.

2015
浙江统计年鉴
ZHEJIANG STATISTICAL YEARBOOK

人民生活
People's Livelihood

5－1 人民物质文化生活
People's Material and Cultural Life

项目		Item		2007	2008	2009	2010	2011	2012	2013	2014
城乡居民收入与支出	(元)	**Income and Expenditure of Urban and Rual Residents**	(yuan)								
农村居民人均可支配收入		Annual Per Capita Disposable Income of Rural Residents		8265	9258	10007	11303	13071	14552	17494	19373
农村居民人均消费支出		Annual Per Capita Living Expenditure of Rural Residents		6442	7072	7375	8390	9644	10208	12803	14498
城镇居民人均可支配收入		Annual Per Capita Disposable Income of Urban Residents		20574	22727	24611	27359	30971	34550	37080	40393
城镇居民人均消费支出		Annual Per Capita Expenditure of Urban Residents		14091	15158	16683	17858	20437	21545	25254	27242
居民消费水平	(元)	**Per Capita Consumption**	(yuan)	**12730**	**14264**	**15867**	**18274**	**21346**	**22845**	**24771**	**26885**
农村居民		Rural Residents		7169	7881	8571	10273	12371	13724	15458	17281
城镇居民		Urban Residents		16986	19002	21204	23655	26856	28259	30101	32186
居民生活质量		**Quality of Living**									
居民人均住房面积	(平方米)	Per Capita Floor Space of Residents Buildings	(sq. m)								
农村居民		Rural Areas		57.06	58.50	59.29	58.53	60.80	61.50	60.82	61.50
城镇居民		Urban Areas		34.72	34.33	35.10	35.29	36.90	37.10	38.80	40.90
交通		**Traffic**									
农村每百户拥有家用汽车	(辆)	Number of Household Cars Per 100 Households in Rural Areas	(unit)	3.96	4.74	6.23	7.79	13.40	15.20	18.86	19.18
城镇每百户拥有家用汽车	(辆)	Number of Household Cars Per 100 Households in Urban Areas	(unit)	13.83	19.61	23.62	26.43	33.73	36.50	38.87	43.45
储蓄		**Savings**									
城乡居民储蓄存款年末余额	(亿元)	Balance of Savings Deposit of Rural and Urban Residents	(100 million yuan)	11161	14501	17833	20612	23470	26407	28923	30666
平均每人储蓄存款余额	(元)	Per Capita Balance of Savings Deposits	(yuan)	21651	27821	33804	37845	42962	48214	52606	55676

续表 Continued

项目		Item		2007	2008	2009	2010	2011	2012	2013	2014
文化、教育及卫生		**Culture, Education and Public Health**									
农村每百户拥有彩色电视机	（台）	Number of Color Tv Sets Per 100 Households in Rural Areas	(unit)	144	150	157	161	168	172	151	157
城镇每百户拥有彩色电视机	（台）	Number of Color Tv Sets Per 100 Households in Urban Areas	(unit)	183	177	182	186	185	187	165	173
农村每百户拥有家用电脑	（台）	Number of Computer Per 100 Households in Rural Areas	(unit)	19.38	23.38	28.64	35.64	43.28	47.77	35.65	39.68
城镇每百户拥有家用电脑	（台）	Number of Computer Per 100 Households in Urban Areas	(unit)	73.79	79.93	84.41	89.84	103.57	106.38	89.56	96.01
每百人每天有报纸杂志	（台）	Daily Newspapers and Magazines Per 100 persons	(unit)	16.0	16.2	16.8	17.0	18.4	17.8	17.7	17.2
学龄儿童入学率	（%）	Enrollment Percentage of School age Children	(%)	99.99	99.99	99.99	99.99	99.99	99.99	99.99	99.99
每千人口拥有在校大学生数	（人）	Students Enrollment in University Per 1000 Persons	(person)	15.70	16.65	17.25	17.13	17.56	18.02	18.51	18.86
每千人口拥有医疗床位数	（张）	Number of Hospital Beds Per 1000 Persons	(Piece)	3.02	3.09	3.23	3.38	3.57	3.89	4.18	4.47
每千人口拥有医生数	（人）	Number of Doctors Per 1000 Persons	(person)	1.95	1.95	2.05	2.21	2.28	2.37	2.52	2.65
就业		**Employment**									
城镇登记失业率	（%）	Registered Unemployment Rate in Urban Areas	(%)	3.27	3.49	3.26	3.20	3.12	3.01	3.01	2.96
农村居民家庭每一劳动力负担人数	（人）	Number of Dependents Per Rural Laborer in Rural Households	(person)	1.36	1.36	1.36	1.35	1.37	1.37	1.54	1.56
城镇每一就业者负担人数	（人）	Number of Dependents Per Urban Employee	(person)	1.86	1.96	1.96	1.95	1.95	1.94	1.72	1.74
邮电通信		**Post and Telecommunication**									
电话普及率	（部/每人）	Telephone Popularization Rate	(set/person)	117.2	122.6	126.5	130.2	140.8	151.4	161.1	164.6
固定电话	（部/每人）	Fixed Telephones	(set/person)	47.5	44.9	40.9	36.9	35.6	34.2	32.4	30.0
移动电话	（部/每人）	Mobile Telephones	(set/person)	69.7	77.7	85.6	93.3	105.2	117.2	128.7	134.6

注：1、从2013年起，国家统计局开展了城乡一体化住户收支与生活状况调查，与2013年前的分城镇和农村住户调查的调查范围、调查方法、指标口径有所不同（以后各表同）。农村居民人均可支配收入2013年前为农村居民人均纯收入。
National Bureau of Statistics of China strted an integrated households income and expenditure survey, including both urban and rural households since 2013. The coverage, the methodology and definitions used in the survey has been changed compared with before. The same applies to the relevant tables following. The data of per capita disposable income of rural households refer to the per capita net income of rural households before 2013.
2、每百人每天拥有报纸、每千人口拥有医疗床位和拥有医生数均按常住人口计算。
Daily Newspapers and Magazines Per 100 Persons, Number of Hospital Beds and Number of Doctors Per 1000 Persons are calculated at permanent residence.

5-2 分行业全社会单位就业人员年平均工资
Average Wage of Employed Persons in the Units By Sector

单位:元(yuan)

行业	Sector	全部单位 Average Wage of Employed Persons in Urban Units		非私营单位 Average Wage of Employed Persons In Urban Units without the Private		私营单位 Average Wage of Employed Persons In Urban Private Units	
		2013	2014	2013	2014	2013	2014
总计	**Total**	**44319**	**48145**	**56571**	**61572**	**35313**	**38689**
农、林、牧、渔业	Farming, Forestry, Animal Husbandry and Fishery	29595	33241	47000	50469	27932	32104
采矿业	Ming and Quarrying	37326	40711	46043	49626	33586	37151
制造业	Manufacturing	37431	41407	45895	51295	33196	36765
电力、热力、燃气及水生产和供应业	Electricity, Heat, Gas and Water Production and Supply	84542	94950	93793	103547	28293	37545
建筑业	Construction	40620	43805	43251	46149	38840	42177
批发和零售业	Wholesale and Retail Sale Trade	39132	41913	54908	60533	33760	36399
交通运输、仓储及邮政业	Transport, Storage and Post	54146	60544	64156	70156	38725	45960
住宿和餐饮业	Hotels and Catering Services	32499	35226	35829	40210	30061	32115
信息传输、软件和信息技术服务业	Information Transmission, Software and Information Technology Services	84965	84983	106946	114908	45986	46590
金融业	Finance	120838	125848	124711	130337	59979	52348
房地产业	Real Estate	45874	50107	56607	61529	36484	40348
租赁和商务服务业	Leasing and Business Services	43448	45884	52596	57268	37984	40016
科学研究和技术服务业	Scientific Research and Technic Services	63419	67465	82352	90368	41699	45350
水利、环境和公共设施管理业	Water Conservancy, Environment and Public Facilities Management	42654	45947	46195	50161	33516	36215
居民服务、修理和其他服务业	Resident Services, Repair and Other Services	30931	34815	44727	46508	27805	32057
教育	Education	72637	76165	74700	80038	34050	36859
卫生和社会工作	Health Care and Social Work	84025	92310	86220	95067	44457	51506
文化、体育和娱乐业	Culture, Sports and Recreation	53597	54935	73090	78311	32329	31936
公共管理、社会保障和社会组织	Public Management, Social Security and Social Organization	80118	85414	80118	85414		

5－3 城镇单位就业人员工资总额(1985－2014 年)
Total Wages of Employed Persons in Urban Units(1985－2014)

单位:亿元(100 million yuan)

年份 Year	工资总额 Total Wages of Staff and Workers	国有单位 State－owned Units	城镇集体单位 Urban Collective Owned Units	其他经济单位 Units of Other Types of Ownership
1985	47.85	28.69	18.91	0.25
1986	58.01	35.45	22.23	0.33
1987	66.62	40.68	25.44	0.50
1988	85.04	52.71	31.50	0.83
1989	94.46	59.08	34.17	1.21
1990	102.76	66.10	35.33	1.33
1991	115.98	74.42	39.39	2.17
1992	138.04	90.82	43.44	3.78
1993	192.98	123.08	58.80	11.10
1994	274.27	175.09	76.99	22.19
1995	324.25	201.67	90.46	32.12
1996	361.84	222.18	98.06	41.60
1997	402.01	251.85	100.13	50.03
1998	422.51	257.01	74.83	90.67
1999	456.04	273.77	66.23	116.04
2000	501.07	293.83	56.99	150.25
2001	589.48	351.40	47.61	190.47
2002	664.01	397.69	47.24	219.08
2003	797.54	469.63	49.68	278.23
2004	1016.42	573.10	60.76	382.56
2005	1311.93	676.28	59.54	576.11
2006	1591.84	762.03	61.34	768.47
2007	1937.41	886.50	67.71	983.20
2008	2359.05	990.08	72.33	1296.64
2009	2752.31	1128.21	82.18	1541.92
2010	3305.34	1269.78	97.32	1938.24
2011	4039.88	1398.77	110.22	2530.88
2012	5138.49	1590.88	114.86	3432.75
2013	5985.13	1715.04	116.95	4153.14
2014	6666.84	1874.46	113.39	4679.00

注：本表 1985－2012 年为城镇单位在岗职工工资总额。
The data of this table refers to wages of currently employed staff and workers in urban units between 1985 and 2012.

5-4 城镇单位就业人员平均工资(1985-2014年)
Average Wage of Employed Persons in Urban Units(1985-2014)

单位:元(yuan)

年份 Year	平均工资 Average Wage	国有单位 State-owned Units	城镇集体单位 Urban Collective Owned Units	其他单位 Units of Other Types of Ownership
1985	1159	1226	1071	1247
1986	1346	1442	1271	1455
1987	1493	1584	1365	1635
1988	1841	1961	1667	2014
1989	2031	2158	1838	2209
1990	2220	2383	1964	2412
1991	2422	2583	2152	2831
1992	2884	3088	2507	3368
1993	3932	4168	3439	4544
1994	5597	6034	4671	6334
1995	6619	6952	5702	7813
1996	7413	7734	6414	8672
1997	8386	8847	7026	9584
1998	9259	10012	7230	9432
1999	10632	11684	8229	10167
2000	12414	13775	9479	11539
2001	15770	18926	11281	13508
2002	18227	22195	13281	14650
2003	20853	26651	15174	16036
2004	23101	32736	17265	16653
2005	25572	38313	19659	18813
2006	27567	42258	21856	20823
2007	30854	48130	25005	23597
2008	34146	53476	29137	26963
2009	37395	59550	31653	29618
2010	41505	65440	36038	33689
2011	46660	72383	41817	39165
2012	50813	76150	47562	44112
2013	56571	81157	52070	50390
2014	61572	87609	56684	55124

注：本表1985-2012年为城镇单位在岗职工平均工资。
The data of this table refers to the average wage of currently employed staff and workers between 1985 and 2012.

5-5 城镇单位就业人员平均工资指数(1986-2014年)
Indices of Average Wage of Employed Persons in Urban Units (1986-2014)

(1985年=100)(1985=100)

年份 Year	平均工资指数 Indices of Average Wage		国有单位 State owned Units		城镇集体单位 Urban Collective Owned Units	
	货币指数 Average Money Wage	实际指数 Average Real Wage	货币指数 Average Money Wage	实际指数 Average Real Wage	货币指数 Average Money Wage	实际指数 Average Real Wage
1986	116.1	109.2	117.6	110.6	118.7	111.7
1987	128.8	109.2	129.2	109.6	127.5	108.1
1988	158.8	109.1	160.0	110.0	155.6	106.9
1989	175.2	103.1	176.0	103.6	171.6	101.0
1990	191.5	110.4	194.4	112.0	183.4	105.7
1991	209.0	114.1	210.7	115.0	200.9	109.7
1992	248.8	124.4	251.9	126.0	234.1	117.1
1993	339.3	139.7	340.0	140.0	321.1	132.2
1994	482.9	159.4	492.2	162.4	436.1	143.9
1995	571.1	161.1	567.0	160.0	532.4	150.2
1996	639.6	164.4	630.8	162.1	598.9	153.9
1997	723.6	178.6	721.6	178.1	656.0	161.9
1998	798.9	196.3	816.6	200.6	675.1	165.9
1999	917.3	226.6	953.0	235.4	768.3	189.8
2000	1071.1	262.1	1123.6	275.0	885.1	216.6
2001	1360.7	334.3	1543.7	379.3	1053.3	258.8
2002	1572.6	391.1	1810.4	450.2	1240.1	308.4
2003	1799.2	445.2	2173.9	537.9	1416.9	350.6
2004	1993.2	479.8	2670.1	642.8	1612.0	388.1
2005	2206.4	523.3	3125.0	741.2	1835.6	435.4
2006	2378.5	558.1	3446.8	808.7	2040.7	478.8
2007	2662.1	601.2	3925.8	886.5	2334.8	527.2
2008	2946.2	634.9	4361.8	939.8	2720.5	586.2
2009	3226.5	704.5	4857.3	1060.3	2955.5	645.2
2010	3581.1	751.9	5337.7	1120.4	3364.9	706.3
2011	4025.9	802.7	5904.0	1176.9	3904.5	778.3
2012	4384.2	855.3	6211.3	1211.5	4440.9	866.2
2013	4881.0	931.3	6619.7	1263.1	4861.8	927.6
2014	5312.5	992.8	7145.9	1335.6	5292.6	989.0

注：本表1985-2012年为城镇单位在岗职工平均工资。
The data of this table refers to the average wage of currently employed staff and workers between 1985 and 2012.

5-6 分行业城镇单位就业人员工资总额
Total Wages of Employed Persons in Urban Units by Sector

单位:亿元(100 million yuan)

行业	Sector	工资总额 Total Wages of Staff and Worker		国有单位 State-owned Units		城镇集体单位 Urban Collective Owned Units		其他单位 Units of Other Types of Ownership	
		2013	2014	2013	2014	2013	2014	2013	2014
总计	**Total**	**5985.13**	**6666.84**	**1715.04**	**1874.46**	**116.95**	**113.39**	**4153.14**	**4679.00**
农、林、牧、渔业	Farming, Forestry, Animal Husbandry and Fishery	3.56	2.85	2.47	2.05	0.13	0.04	0.97	0.77
采矿业	Mining and Quarrying	4.57	4.26	0.44	0.42	0.41	0.39	3.71	3.45
制造业	Manufacturing	1649.95	1797.86	24.18	20.43	5.33	4.67	1620.43	1772.76
电力、热力、燃气及水生产和供应业	Electricity, Heat, Gas and Water Production and Supply	127.90	142.72	86.86	89.88	1.25	1.38	39.79	51.46
建筑业	Construction	1259.75	1446.73	14.22	14.63	30.01	31.23	1215.52	1400.87
批发和零售业	Wholesale and Retail Sale Trade	219.87	252.58	19.77	20.34	2.05	2.40	198.06	229.84
交通运输、仓储和邮政业	Transportation, Storage and Post	198.52	226.05	64.83	62.71	2.96	3.04	130.73	160.30
住宿和餐饮业	Hotels and Catering Services	53.89	56.60	5.02	4.86	1.04	0.89	47.83	50.85
信息传输、软件和信息技术服务业	Information Transmission, Software and Information Technology Services	162.82	183.62	10.30	10.35	0.66	0.58	151.85	172.69
金融业	Finance	444.91	483.92	69.60	75.55	5.28	7.32	370.03	401.04
房地产业	Real Estate	101.54	119.09	6.52	7.31	1.69	1.53	93.33	110.25
租赁和商务服务业	Leasing and Business Services	150.02	161.23	29.60	32.47	10.83	8.72	109.59	120.04
科学研究和技术服务业	Scientific Research and Technic Services	129.66	143.78	63.66	67.30	3.12	1.98	62.89	74.51
水利、环境和公共设施管理业	Water Conservancy, Environment and Public Facilities Management	53.72	58.53	32.38	34.66	3.46	3.55	17.87	20.32
居民服务、修理和其他服务业	Resident Services, Repair and Other Services	9.80	11.99	3.58	4.25	1.03	0.85	5.18	6.90
教育	Education	509.00	557.46	446.71	488.12	15.58	14.62	46.71	54.72
卫生和社会工作	Health Care and Social Work	332.34	386.50	283.01	334.00	31.25	29.59	18.07	22.92
文化、体育和娱乐业	Culture, Sports and Recreation	52.60	56.33	42.78	43.79	0.35	0.30	9.47	12.24
公共管理、社会保障和社会组织	Public Management, Social Security and Social Organization	520.71	574.74	509.11	561.35	0.52	0.31	11.08	13.08

5－7 分行业城镇单位就业人员平均工资
Average Wages of Employed Persons in Urban Units by Sector

单位:元(yuan)

行业	Sector	平均工资 Average Wages of Employed Persons in Urban Units		国有单位 State－owned Units		城镇集体单位 Urban Collective owned Units		其他单位 Units of Other Types of Ownership	
		2013	2014	2013	2014	2013	2014	2013	2014
总计	**Total**	**56571**	**61572**	**81157**	**87609**	**52070**	**56684**	**50390**	**55124**
农、林、牧、渔业	Farming, Forestry, Animal Husbandry and Fishery	47000	50469	49970	52527	42079	45160	41379	45954
采矿业	Mining and Quarrying	46043	49626	27343	31869	39050	36681	51225	55588
制造业	Manufacturing	45895	51295	80648	87522	40842	44338	45620	51072
电力、热力、燃气及水生产和供应业	Electricity, Heat, Gas and Water Production and Supply	93793	103547	104332	123379	58993	65658	78036	81836
建筑业	Construction	43251	46149	52062	54651	40355	42650	43242	46158
批发和零售业	Wholesale and Retail Sale Trade	54908	60533	104346	120512	35976	44862	52703	58182
交通运输、仓储和邮政业	Transportation, Storage and Post	64156	70156	73472	79892	52652	60756	60643	67151
住宿和餐饮业	Hotels and Catering Services	35829	40210	41798	47467	35752	37134	35302	39688
信息传输、软件和信息技术服务业	Information Transmission, Software and Information Technology Services	106946	114908	75360	79110	60440	58978	110457	118501
金融业	Finance	124711	130337	138329	143511	121541	122983	122489	128259
房地产业	Real Estate	56607	61529	58838	64415	50095	55186	56590	61444
租赁和商务服务业	Leasing and Business Services	52596	57268	45117	48421	42142	42818	56513	61840
科学研究和技术服务业	Scientific Research and Technic Services	82352	90368	88182	94483	77173	81057	77427	87204
水利、环境和公共设施管理业	Water Conservancy, Environment and Public Facilities Management	46195	50161	48581	52897	39117	41658	43832	47657
居民服务、修理和其他服务业	Resident Services, Repair and Other Services	44727	46508	63016	64288	37792	46848	38433	39707
教育	Education	74700	80038	77990	83313	62745	68588	55750	61283
卫生和社会工作	Health Care and Social Work	86220	95067	90111	98688	73040	84341	63203	69361
文化、体育和娱乐业	Culture, Sports and Recreation	73090	78311	77987	83579	46425	60863	57901	64271
公共管理、社会保障和社会组织	Public Management, Social Security and Social Organization	80118	85414	82107	87493	53084	58489	38350	42516

5-8 分行业城镇单位就业人员工资总额(2014年)
Total Wages of Employed Persons in Urban Units by Sector(2014)

单位:亿元(100 million yuan)

行业	Sector	单位就业人员工资总额 The Total Wages	在岗职工工资总额 Wages of Staff and Workers at Work	其他就业人员工资总额 Wages of Other Employed Persons
总计	**Total**	**6666.84**	**6435.86**	**230.98**
农、林、牧、渔业	Farming,Forestry,Animal Husbandry and Fishery	2.85	2.80	0.06
采掘业	Ming and Quarrying	4.26	3.98	0.28
制造业	Manufacturing	1797.86	1773.72	24.14
电力、燃气及水的生产和供应业	Electricity,Heat,Gas and Water Production and Supply	142.72	141.76	0.96
建筑业	Construction	1446.73	1359.71	87.02
批发和零售业	Wholesale and Retail Sale Trade	252.58	243.96	8.61
交通运输、仓储和邮政业	Transportation,Storage and Post	226.05	222.02	4.03
住宿和餐饮业	Hotels and Catering Services	56.60	54.33	2.28
信息传输、软件和信息技术服务业	Information Transmission,Software and Information Technology Services	183.62	182.60	1.02
金融业	Finance	483.92	449.18	34.74
房地产业	Real Estate	119.09	114.52	4.56
租赁和商务服务业	Leasing and Business Services	161.23	157.17	4.06
科学研究和技术服务业	Scientific Research and Technic Services	143.78	136.81	6.97
水利、环境和公共设施管理业	Water Conservancy,Environment and Public Facilities Management	58.53	54.94	3.59
居民服务、修理和其他服务业	Resident Services, Repair and Other Services	11.99	11.43	0.57
教育	Education	557.46	542.15	15.31
卫生和社会工作	Health Care and Social Work	386.50	370.88	15.62
文化、体育和娱乐业	Culture,Sports and Recreation	56.33	52.75	3.57
公共管理、社会保障和社会组织	Public Management, Social Security and Social Organization	574.74	561.15	13.59

5-9 分行业国有单位就业人员工资总额(2014年)
Total Wages of Employed Persons in State-owned Units by Sector(2014)

单位:亿元(100 million yuan)

行业	Sector	单位就业人员工资总额 The Total Wages	在岗职工工资总额 Wages of Staff and Workers at Work	其他就业人员工资总额 Wages of Other Employed Persons
总计	**Total**	**1874.46**	**1822.39**	**52.07**
农、林、牧、渔业	Farming, Forestry, Animal Husbandry and Fishery	2.05	2.02	0.03
采掘业	Ming and Quarrying	0.42	0.23	0.19
制造业	Manufacturing	20.43	20.00	0.43
电力、燃气及水的生产和供应业	Electricity, Heat, Gas and Water Production and Supply	89.88	89.66	0.22
建筑业	Construction	14.63	11.69	2.94
批发和零售业	Wholesale and Retail Sale Trade	20.34	20.20	0.14
交通运输、仓储和邮政业	Transportation, Storage and Post	62.71	61.74	0.97
住宿和餐饮业	Hotels and Catering Services	4.86	4.65	0.22
信息传输、软件和信息技术服务业	Information Transmission, Software and Information Technology Services	10.35	10.26	0.08
金融业	Finance	75.55	74.41	1.14
房地产业	Real Estate	7.31	7.06	0.25
租赁和商务服务业	Leasing and Business Services	32.47	31.81	0.66
科学研究和技术服务业	Scientific Research and Technic Services	67.30	64.28	3.02
水利、环境和公共设施管理业	Water Conservancy, Environment and Public Facilities Management	34.66	32.53	2.13
居民服务、修理和其他服务业	Resident Services, Repair and Other Services	4.25	4.01	0.24
教育	Education	488.12	477.37	10.75
卫生和社会工作	Health Care and Social Work	334.00	321.38	12.61
文化、体育和娱乐业	Culture, Sports and Recreation	43.79	40.71	3.08
公共管理、社会保障和社会组织	Public Management, Social Security and Social Organization	561.35	548.38	12.97

5-10 分行业城镇集体单位就业人员工资总额(2014年)
Total Wages of Employed Persons in Urban Collectively owned Units by Sector(2014)

单位:亿元(100 million yuan)

行业	Sector	单位就业人员工资总额 The Total Wages	在岗职工工资总额 Wages of Staff and Workers at Work	其他就业人员工资总额 Wages of Other Employed Persons
总计	**Total**	**113.39**	**108.75**	**4.64**
农、林、牧、渔业	Farming, Forestry, Animal Husbandry and Fishery	0.04	0.04	
采矿业	Mining and Quarrying	0.39	0.38	0.01
制造业	Manufacturing	4.67	4.58	0.09
电力、热力、燃气及水生产和供应业	Electricity, Heat, Gas and Water Production and Supply	1.38	1.36	0.02
建筑业	Construction	31.23	30.82	0.42
批发和零售业	Wholesale and Retail Sale Trade	2.40	2.28	0.12
交通运输、仓储和邮政业	Transportation, Storage and Post	3.04	3.00	0.04
住宿和餐饮业	Hotels and Catering Services	0.89	0.88	0.02
信息传输、软件和信息技术服务业	Information Transmission, Software and Information Technology Services	0.58	0.57	0.01
金融业	Finance	7.32	7.31	0.02
房地产业	Real Estate	1.53	1.35	0.18
租赁和商务服务业	Leasing and Business Services	8.72	7.66	1.06
科学研究和技术服务业	Scientific Research and Technic Services	1.98	1.88	0.10
水利、环境和公共设施管理业	Water Conservancy, Environment and Public Facilities Management	3.55	3.30	0.25
居民服务、修理和其他服务业	Resident Services, Repair and Other Services	0.85	0.79	0.06
教育	Education	14.62	13.79	0.83
卫生和社会工作	Health Care and Social Work	29.59	28.19	1.40
文化、体育和娱乐业	Culture, Sports and Recreation	0.30	0.29	0.01
公共管理、社会保障和社会组织	Public Management, Social Security and Social Organization	0.31	0.30	0.01

5-11 分行业城镇其他单位就业人员工资总额(2014年) Total Wages of Employed Persons in Urban Other Ownership Units by Sector(2014)

单位:亿元(100 million yuan)

行业	Sector	单位就业人员工资总额 The Total Wages	在岗职工工资总额 Wages of Staff and Workers at Work	其他就业人员工资总额 Wages of Other Employed Persons
总计	**Total**	**4679.00**	**4504.73**	**174.27**
农、林、牧、渔业	Farming, Forestry, Animal Husbandry and Fishery	0.77	0.74	0.03
采矿业	Mining and Quarrying	3.45	3.37	0.08
制造业	Manufacturing	1772.76	1749.14	23.62
电力、燃气及水的生产和供应业	Electricity, Heat, Gas and Water Production and Supply	51.46	50.74	0.72
建筑业	Construction	1400.87	1317.20	83.67
批发和零售业	Wholesale and Retail Sale Trade	229.84	221.49	8.35
交通运输、仓储和邮政业	Transportation, Storage and Post	160.30	157.28	3.02
住宿和餐饮业	Hotels and Catering Services	50.85	48.80	2.04
信息传输、软件和信息技术服务业	Information Transmission, Software and Information Technology Services	172.69	171.76	0.93
金融业	Finance	401.04	367.46	33.58
房地产业	Real Estate	110.25	106.12	4.13
租赁和商务服务业	Leasing and Business Services	120.04	117.70	2.34
科学研究和技术服务业	Scientific Research and Technic Services	74.51	70.65	3.86
水利、环境和公共设施管理业	Water Conservancy, Environment and Public Facilities Management	20.32	19.11	1.21
居民服务、修理和其他服务业	Resident Services, Repair and Other Services	6.90	6.63	0.27
教育	Education	54.72	50.99	3.73
卫生和社会工作	Health Care and Social Work	22.92	21.31	1.61
文化、体育和娱乐业	Culture, Sports and Recreation	12.24	11.76	0.48
公共管理、社会保障和社会组织	Public Management, Social Security and Social Organization	13.08	12.47	0.61

5－12 各市城镇单位就业人员工资总额和平均工资
Total Wages and Average Wage of Employed Persons in Urban Units by City

地区	Region	2010	2011	2012	2013	2014
工资总额 （万元）	**Total Wages(10000 yuan)**	**33053366**	**40398801**	**51384933**	**59851327**	**66668444**
浙东北	**Eastern&Northern Region**	**23210716**	**28718318**	**36165848**	**42196921**	**47176109**
杭州市	Hangzhou	9330552	11222834	14839012	17582336	19822713
宁波市	Ningbo	5611912	7485848	9000006	10221512	11355837
嘉兴市	Jiaxing	2784095	3230244	3685357	4231466	4689598
湖州市	Huzhou	1287793	1538746	1968362	2416150	2712621
绍兴市	Shaoxing	3479430	4425898	5688442	6604486	7375487
舟山市	Zhoushan	716934	814748	984670	1140971	1219854
浙西南	**Western&Southern Region**	**9669769**	**11496703**	**15006343**	**17387778**	**19145048**
温州市	Wenzhou	3795143	4317830	5026090	5495614	5980966
金华市	Jinhua	1960818	2204062	3726801	4652270	5211341
衢州市	Quzhou	667858	808260	979711	1139344	1260715
台州市	Taizhou	2551521	3341672	4296556	5030192	5533806
丽水市	Lishui	694428	824879	977185	1070359	1158219
平均工资 （元）	**Average Wage(yuan)**	**41505**	**46660**	**50813**	**56571**	**61572**
浙东北	**Eastern&Northern Region**	**42368**	**48195**	**52297**	**58104**	**63776**
杭州市	Hangzhou	48772	54408	56417	63664	69209
宁波市	Ningbo	43476	49755	55031	60659	67759
嘉兴市	Jiaxing	36319	42990	47598	52945	58659
湖州市	Huzhou	36485	41107	45933	49890	54749
绍兴市	Shaoxing	35125	39810	44609	49033	53442
舟山市	Zhoushan	43642	52915	57294	61680	67016
浙西南	**Western&Southern Region**	**39616**	**43295**	**47384**	**52912**	**56350**
温州市	Wenzhou	37610	42343	48254	54590	58492
金华市	Jinhua	39467	42861	44349	51721	55268
衢州市	Quzhou	44067	50055	52681	55543	61010
台州市	Taizhou	40562	42199	46630	50515	52794
丽水市	Lishui	44979	49072	55003	59783	65349

注：2010－2012 年为城镇单位在岗职工工资总额和平均工资。
The data of this table refers to the data of total wages and average wage of currently employed staff and workers between 1985 and 2012.

5-13 各市企业单位就业人员工资总额
Total wages of Employed Persons in Enterprises by City

单位:亿元(100 million yuan)

城市	City	单位就业人员工资总额 Total wages of Employed Persons			#在岗职工工资总额 Wages of Staff and Workers at Work			在岗职工平均工资(元) Average Wage of Staff and Workers at Work (yuan)		
		2012	2013	2014	2012	2013	2014	2012	2013	2014
全省	**Total**	**3976.98**	**4485.68**	**5012.31**	**3839.50**	**4315.33**	**4830.54**	**45903**	**51829**	**56540**
杭州市	Hangzhou	1209.43	1385.91	1573.50	1164.44	1326.18	1507.70	51962	60010	65342
宁波市	Ningbo	718.32	783.20	868.50	690.75	750.98	834.46	49691	55196	61645
温州市	Wenzhou	357.43	355.73	383.60	340.53	337.82	366.58	41969	46829	49949
嘉兴市	Jiaxing	289.11	321.15	354.60	278.65	311.19	343.47	43005	48336	53658
湖州市	Huzhou	148.16	173.72	197.00	138.47	161.28	181.54	40160	44445	48966
绍兴市	Shaoxing	467.87	543.77	605.93	460.95	534.95	595.83	40344	45071	49220
金华市	Jinhua	275.73	342.55	385.98	271.06	335.61	376.65	40294	47837	51090
衢州市	Quzhou	55.53	63.96	70.86	52.48	60.45	66.38	44639	49629	54794
舟山市	Zhoushan	66.61	73.45	77.13	64.31	70.94	74.34	54122	58047	63169
台州市	Taizhou	321.16	369.21	411.35	311.86	353.88	400.94	41091	45083	47451
丽水市	Lishui	46.34	46.37	49.14	44.72	45.42	47.96	50509	55806	62297

5-14 各市国有控股企业单位就业人员工资总额
Total wages of Employed Persons in Enterprises State-holding by city

单位:亿元(100 million yuan)

城市	City	单位就业人员工资总额 Total wages of Employed Persons			#在岗职工工资总额 Wages of Staff and Workers at Work			在岗职工平均工资(元) Average Wage of Staff and Workers at Work(yuan)		
		2012	2013	2014	2012	2013	2014	2012	2013	2014
全省	**Total**	**1078.51**	**1110.38**	**1201.64**	**1031.63**	**1063.49**	**1147.07**	**70748**	**76428**	**81540**
杭州市	Hangzhou	466.02	423.05	454.96	449.80	410.78	440.11	69031	80819	85077
宁波市	Ningbo	180.20	210.70	231.56	175.83	205.43	222.66	83787	86549	93469
温州市	Wenzhou	99.97	101.03	99.11	88.25	87.73	87.59	80334	75014	74782
嘉兴市	Jiaxing	53.88	65.87	71.82	52.18	64.27	69.86	67036	65698	71916
湖州市	Huzhou	31.09	36.10	39.10	29.48	34.27	36.82	62168	65961	73153
绍兴市	Shaoxing	50.71	53.42	60.84	48.65	51.32	58.74	69721	72232	75671
金华市	Jinhua	43.38	54.29	61.74	41.08	51.08	58.11	63458	68943	75818
衢州市	Quzhou	28.86	31.47	35.04	27.18	29.49	32.35	60829	62381	67733
舟山市	Zhoushan	28.87	31.39	35.47	28.20	30.65	34.27	63677	68442	73393
台州市	Taizhou	56.76	54.98	54.06	52.48	50.56	49.36	63635	62962	67805
丽水市	Lishui	17.46	21.43	24.09	17.23	21.26	23.40	67491	75053	77458

5－15 各市事业单位就业人员工资总额
Total wages of Employed Persons in Institutions by City

单位:亿元(100 million yuan)

城市	City	单位就业人员工资总额 Total wages of Employed Persons			#在岗职工工资总额 Wages of Staff and Workers at Work			在岗职工平均工资(元) Average Wage of Staff and Workers at Work(yuan)		
		2012	2013	2014	2012	2013	2014	2012	2013	2014
总 计	**Total**	**893.07**	**986.02**	**1080.17**	**865.59**	**953.71**	**1045.64**	**74831**	**78170**	**85119**
杭州市	Hangzhou	229.80	251.64	285.27	219.75	240.58	272.80	82181	83201	90247
宁波市	Ningbo	144.65	161.38	181.99	140.73	156.09	175.87	84405	89263	99643
温州市	Wenzhou	107.35	125.49	135.54	105.45	122.86	133.05	73417	80234	87751
嘉兴市	Jiaxing	62.33	68.36	76.45	60.83	66.51	74.67	68585	72923	80923
湖州市	Huzhou	40.56	43.84	47.56	38.68	42.11	45.82	68578	70646	79811
绍兴市	Shaoxing	77.96	78.94	83.16	75.76	76.85	80.61	79365	80590	85084
金华市	Jinhua	65.48	75.83	78.96	63.93	73.04	76.74	63849	68011	73183
衢州市	Quzhou	26.73	29.05	31.25	25.67	27.83	30.04	64168	63553	70525
舟山市	Zhoushan	20.98	22.49	25.64	20.65	22.03	24.98	66193	71651	75805
台州市	Taizhou	84.39	92.35	94.37	81.79	89.42	91.48	73290	76262	79070
丽水市	Lishui	32.85	36.66	39.98	32.35	36.41	39.57	58307	62872	68198

5－16 各市机关单位就业人员工资总额
Total wages of Employed Persons in Government Agencies by City

单位:亿元(100 million yuan)

城市	City	单位就业人员工资总额 Total wages of Employed Persons			#在岗职工工资总额 Wages of Staff and Workers at Work			在岗职工平均工资(元) Average Wage of Staff and Workers at Work(yuan)		
		2012	2013	2014	2012	2013	2014	2012	2013	2014
总 计	**Total**	**396.47**	**449.98**	**489.31**	**389.22**	**438.97**	**478.10**	**79361**	**83803**	**89391**
杭州市	Hangzhou	89.67	98.92	105.09	87.90	95.67	102.90	93506	95942	101769
宁波市	Ningbo	63.90	71.62	78.96	62.74	70.27	76.62	93663	97034	107387
温州市	Wenzhou	50.20	62.29	67.66	49.35	61.28	66.52	70068	79326	82875
嘉兴市	Jiaxing	26.14	30.19	32.10	25.83	29.82	31.77	90549	95625	101147
湖州市	Huzhou	18.75	21.39	23.31	18.44	20.86	22.70	76080	80746	84871
绍兴市	Shaoxing	30.19	33.17	38.62	29.31	31.97	37.62	89880	93180	100965
金华市	Jinhua	31.63	36.17	38.83	31.18	34.96	37.71	59475	66768	72186
衢州市	Quzhou	19.08	20.20	22.12	18.51	19.37	21.20	70273	69408	74278
舟山市	Zhoushan	12.54	14.03	15.28	12.44	13.90	15.18	68966	73062	80429
台州市	Taizhou	34.48	39.61	42.62	33.85	38.55	41.30	73893	76312	78778
丽水市	Lishui	19.89	22.38	24.72	19.68	22.30	24.59	63403	66897	70974

5－17 城乡居民家庭收入情况(1978－2014年)
Income of Urban and Rural Households (1978－2014)

年份 Year	全体居民家庭 Urban and Rural Households		城镇居民家庭 Urban Households		农村居民家庭 Rural Households	
	人均可支配收入(元) Per Capita Disposable Income (yuan)	人均可支配收入指数(上年=100) Growth Rate of Per Capita Disposable Income (Preceding year=100)	人均可支配收入(元) Per Capita Disposable Income (yuan)	人均可支配收入指数(上年=100) Growth Rate of Per Capita Disposable Income (Preceding year=100)	人均可支配收入(元) Per Capita Disposable Income (yuan)	人均可支配收入指数(上年=100) Growth Rate of Per Capita Disposable Income (Preceding year=100)
1978			332		165	
1980			488		219	103.3
1981			523	105.4	286	129.0
1982			530	99.4	346	120.4
1983			551	101.2	359	102.3
1984			669	117.1	446	123.5
1985			904	117.4	549	112.5
1986			1104	114.9	609	105.0
1987			1228	100.3	725	113.6
1988			1589	104.9	902	108.1
1989			1797	96.8	1011	97.4
1990			1932	105.3	1099	102.7
1991			2143	105.0	1211	108.9
1992			2619	111.9	1359	108.8
1993			3626	114.0	1746	110.2
1994			5066	112.0	2225	104.1
1995			6221	105.0	2966	105.3
1996			6956	101.8	3463	106.1
1997			7359	101.6	3684	103.8
1998			7837	105.3	3815	104.7
1999			8428	108.0	3948	105.6
2000			9279	109.1	4254	107.8
2001			10465	113.3	4582	106.9
2002			11716	113.4	4940	108.4
2003			13180	111.9	5431	107.8
2004			14546	107.4	6096	107.4
2005			16294	110.4	6660	106.4
2006			18265	110.9	7335	109.3
2007			20574	108.4	8265	108.2
2008			22727	105.4	9258	106.2
2009			24611	109.7	10007	109.5
2010			27359	106.9	11303	108.6
2011			30971	107.5	13071	109.5
2012			34550	109.2	14552	108.8
2013	29775	107.5	37080	107.1	17494	108.1
2014	32658	107.4	40393	106.8	19373	108.3

注：1、从2013年起，国家统计局开展了城乡一体化住户收支与生活状况调查，与2013年前的分城镇和农村住户调查的调查范围、调查方法、指标口径有所不同（以后各表同）。
National Bureau of Statistics of China strted an integrated households income and expenditure survey, including both urban and rural households since 2013. The coverage, the methodology and definitions used in the survey has been changed compared with before. The same applies to the relevant tables following.

2、人均可支配收入指数扣除价格变动因素。
Growth rate of per capita disposable in come was excluded price changes.

3、2012年及以前农村居民人均可支配收入为人均纯收入。
The data of per capita disposable income of rural households refer to the per capita net income of rural households before 2013.

5-18 城乡居民家庭人均生活消费支出和住房面积
Per Capita Annual Consumption Expenditures and Floor Space of Urban and Rural Households

年份 Year	全体居民 Urban and Rural Households		城镇居民家庭 Urban Households		农村居民家庭 Rural Households	
	人均消费性支出(元) Per Capita Consumption Expenditure (yuan)	人均住房建筑面积(平方米) Per capita floor space of Residential Buildings(sq. m)	人均消费性支出(元) Per Capita Consumption Expenditure (yuan)	人均住房建筑面积(平方米) Per capita floor space of Residential Buildings(sq. m)	人均消费性支出(元) Per Capita Consumption Expenditure (yuan)	人均住房建筑面积(平方米) Per capita floor space of Residential Buildings(sq. m)
1978			301		157	
1980			428		192	16.1
1981			476		267	14.0
1982			471		302	16.6
1983			484	9.4	326	19.3
1984			562	10.0	369	20.5
1985			795	11.1	474	22.1
1986			969	11.8	561	23.0
1987			1100	12.2	659	24.7
1988			1453	12.5	839	26.0
1989			1556	13.1	927	27.1
1990			1604	13.6	946	29.3
1991			1806	13.7	1027	30.8
1992			2154	14.1	1112	31.3
1993			2856	14.5	1263	32.6
1994			4079	15.6	1680	32.8
1995			5263	15.6	2378	34.1
1996			5764	15.9	2702	35.8
1997			6170	16.3	2839	37.3
1998			6218	18.3	2891	38.5
1999			6522	19.5	2806	40.3
2000			7020	19.9	3231	46.4
2001			7952	20.3	3479	47.8
2002			8713	28.0	3693	49.5
2003			9713	28.9	4287	50.7
2004			10636	31.9	4659	51.3
2005			12254	34.6	5215	55.0
2006			13349	35.0	5762	55.6
2007			14091	34.7	6442	57.1
2008			15158	34.3	7072	58.5
2009			16683	35.1	7375	59.3
2010			17858	35.3	8390	58.5
2011			20437	36.9	9644	60.8
2012			21545	37.1	10208	61.5
2013	20610	48.2	25254	38.8	12803	60.8
2014	22552	48.5	27242	40.9	14498	61.5

注：2002 年以前城镇居民人均住房面积为"使用面积",2002 年起改为“建筑面积”;2012 年以前农村居民人均住房面积为“居住面积”,2013 年起为改为“建筑面积”。
Definitions of per capita floor space of residential building in urban areas has changed since 2002. Definitions of per capita floor space of residential building in rural areas has changed since 2013.

5－19 城镇居民家庭基本情况(2007－2012 年)
Basic Statistics in Urban Households(2007－2012)

项目		Item		2007	2008	2009	2010	2011	2012
平均每户家庭人口数	(人)	Average Household Size	(person)	2.74	2.72	2.68	2.68	2.69	2.68
平均每户就业人口数	(人)	Average Employed Persons Per Household	(person)	1.47	1.39	1.37	1.37	1.38	1.38
平均每户就业面	(%)	Percentage of Employed Persons Per Household	(%)	53.65	51.10	51.12	51.12	51.30	51.49
平均每一就业者负担人数(包括就业者本人)	(人)	Number of Persons Supported by Each Laborer(Including the Employee Himself or Herself)	(person)	1.86	1.96	1.96	1.95	1.95	1.94
家庭总收入	(元/人)	Per Capita Annual Income	(Yuan / person)	22584	24981	27119	30135	34264	37995
#可支配收入	(元/人)	Per Capita Disposal Income	(Yuan / person)	20574	22727	24611	27359	30971	34550
工资性收入	(元/人)	Wages Income	(Yuan / person)	14510	15539	16701	18314	20334	22385
经营净收入	(元/人)	Net Business Income	(Yuan / person)	2612	3162	3294	3641	4384	4694
财产性收入	(元/人)	Property Income	(Yuan / person)	1080	1325	1415	1470	1572	1465
转移性收入	(元/人)	Transfer Income	(Yuan / person)	4382	4955	5709	6710	7974	9450
平均每人消费性支出	(元/人)	Per Annual Expenditure for Consumption	(Yuan / person)	14091	15158	16683	17858	20437	21545
食品	(元/人)	Food	(Yuan / person)	4893	5523	5605	6118	7066	7552
衣着	(元/人)	Clothing	(Yuan / person)	1406	1546	1615	1802	2139	2110
居住	(元/人)	Residence	(Yuan / person)	1168	1334	1486	1418	1518	1552

续表 Continued

项目		Item		2007	2008	2009	2010	2011	2012
家庭设备用品及服务	(元/人)	Household Facilities Articles and Services	(Yuan / person)	666	713	829	916	1109	1161
医疗保健	(元/人)	Medicine and Medical Services	(Yuan / person)	859	933	985	1034	1249	1228
交通和通讯	(元/人)	Transportation and Communications	(Yuan / person)	2473	2393	3291	3437	3728	4134
娱乐教育、文化	(元/人)	Recreation, Education and Culture	(Yuan / person)	2158	2196	2295	2586	2816	2997
其它商品和服务	(元)	Other Commodities and Services	(Yuan / person)	468	521	579	546	812	812
平均每人消费性支出构成(人均消费支出 = 100)	(%)	Composition of Per Capita Annual Expenditure for Consumption(Per Capita Expenditure Consumption = 100)	(%)	100	100	100	100	100	100
食品	(%)	Food	(%)	34.72	36.44	33.59	34.26	34.57	35.05
衣着	(%)	Clothing	(%)	9.98	10.20	9.70	10.09	10.47	9.79
居住	(%)	Residence	(%)	8.29	8.80	8.90	7.94	7.43	7.20
家庭设备用品及服务	(%)	Household Facilities Articles and Services	(%)	4.73	4.71	4.97	5.13	5.43	5.39
医疗保健	(%)	Medicine and Medical Services	(%)	6.10	6.16	5.90	5.79	6.11	5.70
交通和通讯	(%)	Transportation and Communications	(%)	17.55	15.78	19.72	19.25	18.24	19.19
娱乐教育、文化	(%)	Recreation, Education and Culture	(%)	15.32	14.48	13.76	14.48	13.78	13.91
其它商品和服务	(%)	Other Commodities and Services	(%)	3.32	3.44	3.47	3.06	3.97	3.77

5-20 农村居民家庭基本情况(2007-2012年)
Basic Statistics in Rural Households(2007-2012)

项目		Item		2007	2008	2009	2010	2011	2012
户均常住人口	**(人)**	**Average Permanent Residents Per Household**	**(person)**	**3.54**	**3.51**	**3.49**	**3.48**	**3.29**	**3.29**
户均整半劳动力	**(人)**	**Average Ablebodied and Semiablebodied Laborers**	**(person)**	**2.60**	**2.58**	**2.57**	**2.58**	**2.41**	**2.40**
整半劳动力占人口比重	(%)	Percentage of Ablebodied and Semiablebodied	(%)	73.53	73.65	73.63	74.09	73.13	72.80
平均每百个劳动力中人数:	**(人)**	**Among Per 100 Laborers**	**(person)**						
不识字或识字很少	(人)	Illiterate or Semiliterate	(person)	6.09	5.72	5.75	5.79	6.94	6.46
小学程度	(人)	Primary School	(person)	31.51	31.28	30.48	29.79	29.27	29.00
初中程度	(人)	Junior Secondary School	(person)	44.70	44.02	43.59	42.97	45.25	45.23
高中程度	(人)	Senior Secondary School	(person)	12.74	12.98	13.56	13.95	11.99	12.09
中专程度	(人)	Specialized Secondary School	(person)	2.70	3.11	3.23	3.29	2.00	2.08
大专程度	(人)	College	(person)	2.27	2.89	3.39	4.21	4.55	5.13
年末人均住房面积	**(平方米)**	**At the end of the year the per capita housing area**	**(sq. m)**	**57.06**	**58.50**	**59.29**	**58.53**	**60.80**	**61.51**
全年总收入	**(元/人)**	**Annual total income**	**(yuan/person)**	**10391**	**11748**	**12695**	**14545**	**16580**	**17944**
全年纯收入	**(元/人)**	**Annual net income**	**(yuan/person)**	**8265**	**9258**	**10007**	**11303**	**13071**	**14552**
工资性收入	(元/人)	Wage income	(yuan/person)	4093	4713	5195	5950	6878	7860
家庭经营收入	(元/人)	Household business income	(yuan/person)	3422	3654	3788	4190	4872	5190
财产性收入	(元/人)	Property Income	(yuan/person)	399	472	519	561	553	546
转移性收入	(元/人)	Transfer Income	(yuan/person)	351	420	506	602	767	956

5-21 城乡居民家庭基本情况(2013-2014年) Basic Statistics in Urban and Rural Households(2013-2014)

单位:%(%)

项目	Item	全体居民 Urban and Rural Households 2013	2014	城镇常住居民 Urban Households 2013	2014	农村常住居民 Rural Households 2013	2014
期末户均调查人口	**Average Number of Residents Surveyed (person)**	**2.89**	**2.92**	**2.83**	**2.86**	**2.99**	**3.01**
期末常住成员情况	**Permanent Residents**						
户均常住成员(人)	Average Number of Permanent Residents Per Households (person)	2.75	2.80	2.74	2.80	2.76	2.80
#在校学生人数(人)	The Number of Students Enrolled (person)	0.40	0.42	0.39	0.41	0.41	0.45
性别	Sex						
男性	Male	50.0	49.6	49.6	49.3	50.9	50.2
女性	Female	50.0	50.4	50.4	50.7	49.1	49.8
户口状况	The Household Registration						
农业	Agriculture	61.2	61.2	42.3	42.2	93.2	93.9
非农业	Non-agriculture	38.6	38.6	57.5	57.5	6.7	6.1
其他	Other	0.2	0.2	0.3	0.2	0.1	0.1
15岁及以上常住成员受教育程度	**The Degree of Education of Households Members at the age of 15 and above**						
未上过学	Not on school	5.5	5.6	3.6	3.8	8.7	8.7
小学	Primary School Degree	27.8	27.7	22.1	21.8	37.1	37.7
初中	Junior High School Degree	33.9	33.6	32.0	31.8	37.1	36.7
高中	High School Degree	16.8	16.9	20.0	20.0	11.5	11.6
大学专科	College Degree	8.8	9.0	11.8	12.2	3.9	3.6
大学本科	Bachelor's Degree	6.6	6.7	9.6	9.6	1.7	1.7
研究生	Graduate Degree	0.5	0.5	0.8	0.7	0.1	
常住从业人员情况	**Households Employed Persons**						
户均常住从业人数(人)	Average Employed Persons Per Households (person)	1.67	1.68	1.59	1.61	1.80	1.79
就业状况	Employed Persons Situation						
雇主	Employer	3.3	1.8	3.6	2.2	2.8	1.3
公职人员	Public Officer	2.1	2.1	3.2	3.4	0.4	0.2
事业单位人员	Business Unit Staff	5.8	5.5	8.6	8.3	1.5	1.2
国有企业雇员	State Owned Enterprise Employee	3.0	2.7	4.5	4.2	0.6	0.3
其他雇员	Other Employee	55.1	61.3	59.0	64.7	49.3	56.0
农业自营	Agricultural Self-employed	13.7	12.8	3.1	2.8	29.5	28.1
非农自营	Non-agricultural Self-employed	17.1	13.8	17.9	14.4	15.9	12.9
主要从事行业	Sector						
第一产业	Primary Industry	14.8	14.1	3.8	3.4	31.3	30.7
第二产业	Secondary Industry	39.8	39.4	37.6	37.3	43.0	42.7
第三产业	Tertiary Industry	45.4	46.5	58.6	59.3	25.7	26.6
农业经营户占全部户比例	Percentage of Agricultural management Households	19.9	22.3	3.2	3.9	48.2	53.8
平均每户常住人口就业面	Percentage of Employed Persons Per Households	60.63	59.95	58.04	57.55	64.99	64.08
平均每一常住人口就业者负担人数(包括就业者本人)(人)	Number of Persons Supported by Each Employed Person(person)	1.65	1.67	1.72	1.74	1.54	1.56

5-22 按收入分的城乡居民家庭基本情况(2013-2014年)
Basic Statistics in Urban and Rural Households by Income(2013-2014)

单位:元、%(yuan、%)

项目	Item	全体居民 Urban and Rural Households		城镇常住居民 Urban Households		农村常住居民 Rural Households	
		2013	2014	2013	2014	2013	2014
居民人均可支配收入	Per Capita Disposable Income of Households	29775	32658	37080	40393	17494	19373
人均可支配收入中位数	Median Per Capita Disposable Income of Households	25210	28580	32748	36404	15879	18460
按人均可支配收入等级分组	By Income						
最低20%户	Lowest Income Households	8773	9910	14348	16477	5433	5682
较低20%户	Lower Income Households	17545	20330	24570	27674	11209	13099
中间20%户	Middle Income Households	25271	28504	32857	36595	15859	18305
较高20%户	High Income Households	35737	39567	43243	48433	20966	23973
最高20%户	Highest Income Households	68028	72159	79652	83828	35384	36335
最高和最低收入组收入差距倍数	The Highest and Lowest Income Groups Gap	7.75	7.28	5.55	5.09	6.51	6.39

5-23 城镇居民家庭平均每人收支情况(2006-2012年)
Per Capita Annual Income and Expenditures of Urban Households(2006-2012)

项目	Item	2006	2007	2008	2009	2010	2011	2012
家庭总收入	**Total Income**	**19954**	**22584**	**24981**	**27119**	**30135**	**34264**	**37995**
工资性收入	Wage income	13016	14510	15539	16701	18314	20334	22385
经营净收入	Net Business Income	2172	2612	3162	3294	3641	4384	4694
财产性收入	Property Income	889	1080	1325	1415	1470	1572	1465
转移性收入	Transfer Income	3877	4382	4955	5709	6710	7974	9450
出售财物收入	**Income of Properties Sold**	**904**	**482**	**483**	**781**	**327**	**213**	**346**
借贷收入	**Borrowing Money and Loans**	**6037**	**7125**	**6069**	**8295**	**12886**	**14528**	**14738**
#提取储蓄存款	Drawing Money from Banks	4428	5744	5687	6592	11152	13788	13565
借入款	Borrowed Money	264	337	105	298	236	181	310
住房贷款	House Morgage	691	463	45	539	710	121	234
家庭总支出	**Tolal Expenditure**	**18984**	**20097**	**20642**	**24111**	**25853**	**29109**	**30640**
消费性支出	Consumption Expenditure	13349	14091	15158	16683	17858	20437	21545
财产性支出	Property Expenditure	143	193	280	254	316	478	455
转移性支出	Transfer Expenditure	2155	2331	2573	2697	3395	4104	4056
#缴纳个人收入税	Income Tax	194	240	250	254	325	297	232
捐赠支出	Expenditure for Presentation	1259	1348	1522	1509	2017	2527	2608
赡养支出	Expenditure for Alimony	507	522	505	637	712	861	792
社会保障支出	Expenditure for Social Security	1387	1642	1860	2085	2273	2767	2967
购房与建房支出	Purchasing and Building Houses	1951	1841	771	2391	2011	1323	1616
借贷支出	**Lend Money and Savings**	**7356**	**8995**	**9306**	**11906**	**16983**	**19206**	**22226**
#存入储蓄款	Savings Deposits	5688	7124	7873	10594	15375	17393	20464
借出款	Lend Money	75	86	104	125	49	112	124
储蓄性保险支出	Expenditure for Savings and Insurance	141	118	139	154	115	152	95
期末手存现金	**Cash Now Available**	**2279**	**2826**	**2223**	**1986**	**2380**	**1821**	**1829**

5-24 农村居民人均总收入和纯收入(2005-2012年)
Per Capita Annual Total Income and Net Income of Rural Households(2005-2012)

单位:元(yuan)

项目	Item	2005	2006	2007	2008	2009	2010	2011	2012
全年总收入	**Gross Income**	**8580**	**9164**	**10391**	**11748**	**12695**	**14545**	**16580**	**17944**
全年纯收入	**Net Income**	**6660**	**7335**	**8265**	**9258**	**10007**	**11303**	**13071**	**14552**
工资性收入	**Wage Income**	**3299**	**3646**	**4093**	**4713**	**5195**	**5950**	**6878**	**7860**
家庭经营收入	**Income from Household Business**	**2766**	**3030**	**3422**	**3654**	**3788**	**4190**	**4872**	**5190**
一产收入	Primary Industy Operating Income	1248	1377	1551	1651	1661	1884	2183	2147
农业收入	Planting	810	879	949	923	974	1110	1324	1420
林业收入	Forestry	117	148	157	157	189	178	177	131
牧业收入	Animal Husbandry	268	281	358	460	365	443	504	388
渔业收入	Fishery	53	69	87	111	133	153	178	208
二产收入	Secondary Industy Operating Income	653	686	788	848	943	1023	1190	1340
工业收入	Industry	406	442	496	526	573	648	747	833
建筑业收入	Construction	247	244	292	322	370	375	443	507
三产收入	Tertiary Industy Operating Income	865	968	1083	1155	1183	1283	1500	1704
运输业收入	Transportation	272	317	305	322	344	382	441	504
批发零售贸易餐饮业收入	Wholesale,Retail Sale and Catering Trade	340	357	428	460	447	516	624	785
服务业收入	Service Trade	126	107	109	120	149	164	194	250
文教卫生业收入	Culture,Education and Public Health	28	38	45	38	53	49	41	49
其他家庭经营收入	Others	99	149	196	215	190	172	200	116
财产性收入	**Property Income**	**300**	**340**	**399**	**472**	**519**	**561**	**553**	**546**
转移性收入	**Transfer Income**	**295**	**319**	**351**	**420**	**506**	**602**	**767**	**956**

5-25 城乡居民人均可支配收入情况(2013-2014年)
Per Capita Disposable Income of Urban Households and Rural Households(2013-2014)

单位:元(yuan)

项目	Item	全体居民 Urban and Rural Households		城镇常住居民 Urban Households		农村常住居民 Rural Households	
		2013	2014	2013	2014	2013	2014
可支配收入	**Per Capita Disposable Income**	**29775**	**32658**	**37080**	**40393**	**17494**	**19373**
工资性收入	**Income of Wages and Salaries**	**17426**	**19069**	**21596**	**23317**	**10416**	**11773**
工资	Wages	16084	17620	20205	21908	9156	10256
实物福利	Benefit in Kind	124	105	173	146	41	35
其他	Others	1218	1343	1217	1263	1220	1482
经营净收入	**Net Business Income**	**5600**	**5959**	**5996**	**6379**	**4935**	**5237**
第一产业净收入	Net Income from Primary Industry	709	766	233	288	1509	1589
农业	Farming	383	412	128	122	813	910
林业	Forestry	118	150	40	53	248	317
牧业	Animal Husbandry	166	142	44	79	371	252
渔业	Fishery	41	61	21	33	76	110
第二产业净收入	Net Income from Secondary Industry	1719	1695	1799	1914	1584	1319
第三产业净收入	Net Income from Tertiary Industry	3173	3497	3964	4178	1842	2329
财产净收入	**Net Income from Property**	**3315**	**3586**	**5014**	**5358**	**457**	**543**
利息净收入	Net Income from Interest	117	133	114	127	121	142
红利收入	Net Income from Bonus	326	335	434	451	143	137
储蓄性保险净收益	Net Income from Deposit Insurance	6	6	10	8		3
转让承包土地经营权租金净收入	Net Income from Transfer Contract Land Management Right	24	36	14	14	42	75
出租房屋净收入	Net Income from Rental Housing	829	962	1249	1433	124	154

续表 Continued 单位:元(yuan)

项目	Item	全体居民 Urban and Rural Households		城镇常住居民 Urban Households		农村常住居民 Rural Households	
		2013	2014	2013	2014	2013	2014
出租其他资产净收入	Net Income from Rental Other Assets	16	14	15	7	18	24
自有住房折算净租金	Net Rent for Private Housing	1974	2091	3146	3308		
其他	Others	23	9	32	10	9	8
转移净收入	**Net Income from Transfer**	**3434**	**4044**	**4474**	**5338**	**1686**	**1821**
转移性收入	Income from Transfer	5112	5925	6619	7613	2579	3026
养老金或离退休金	Old - age Pension or Pension	3788	4516	5435	6326	1021	1408
社会救济和补助	Social Relief and Subsidies	38	39	29	26	54	61
惠农补贴	Benefits of Agricultural Subsidies	11	13	6	4	18	29
政策性生活补贴	Living Allowance	41	53	49	59	28	41
报销医疗费	Reimbursement of Medical Expenses	248	328	298	397	163	211
外出从业人员寄回带回收入	Income from Out Employees	370	265	155	95	732	556
赡养收入	Maintenance Income	412	415	412	397	413	447
其他经常转移收入	Others	204	296	236	310	150	271
转移性支出	Transfer Expenditure	1678	1882	2145	2275	893	1205
个人所得税	Individual Income Tax	93	120	145	187	5	6
社会保障支出	Social Security Expenditure	1196	1493	1540	1750	617	1053
外来从业人员寄给家人的支出	Expenditure Sent by Foreign Employees	118	70	89	78	165	55
赡养支出	Maintenance Expenses	172	127	240	176	57	41
其他经常转移支出	Others	100	71	130	84	49	50

5-26 城镇居民家庭平均每人全年消费性支出(2005-2012年)
Per Capita Annual Consumption Expenditures of Urban Households(2005-2012)

单位:元(yuan)

项目	Item	2005	2006	2007	2008	2009	2010	2011	2012
消费性支出	**Consumption Expenditure**	**12254**	**13349**	**14091**	**15158**	**16683**	**17858**	**20437**	**21545**
食品	Food	4140	4393	4893	5523	5605	6118	7066	7552
粮油类	Oils Class	391	395	438	537	525	605	722	771
粮食	Grain	239	244	256	298	306	364	438	468
淀粉及薯类	Starches and Potatoes	21	22	25	28	32	41	51	58
干豆类及豆制品	Dried Bean and Related Production	53	52	56	70	73	83	94	100
油脂类	Fat or Oil	78	78	101	141	115	118	139	145
肉禽蛋水产品类	Meat,Poultry Eggs and Aquatic Products	1151	1157	1336	1483	1471	1645	1966	2186
肉类	Meat	398	383	458	568	537	584	731	794
禽类	Poultry	181	166	214	245	237	261	318	334
蛋类	Eggs	57	55	66	74	75	86	105	108
水产品类	Aquatic Production	516	552	598	596	623	714	812	949
蔬菜类	Vegetables	335	365	385	414	448	543	583	661
调味品	Condiment	36	38	40	45	49	54	62	65
糖烟酒饮料	Sugar,Tobacco,Liquor and Beverage	553	604	649	671	695	717	790	727
糖类	Sugar	33	37	36	40	40	47	57	54
烟草类	Tobacco	326	371	405	398	416	413	446	408
酒	Liquor	116	115	122	139	137	153	177	163
饮料	Beverage	78	81	86	93	101	104	110	102
干鲜瓜果类	Dried and Fresh Melons,Fruits	297	334	362	382	421	492	612	665
糕点、奶及奶制品	Cake,Milk and Related Production	227	234	253	310	312	329	408	424
糕点	Cakes	72	73	83	100	106	109	134	140
奶及奶制品	Milk and Related Production	155	160	169	210	207	220	274	284
其他食品	Other Food	85	81	72	81	72	78	81	89
饮食服务	Catering Services	1065	1186	1358	1600	1610	1655	1843	1965
#在外饮食	Eating Outside	1064	1185	1356	1599	1610	1653	1842	1963

续表 Continued 单位:元(yuan)

项目	Item	2005	2006	2007	2008	2009	2010	2011	2012
衣着	**Clothing**	**1264**	**1384**	**1406**	**1546**	**1615**	**1802**	**2139**	**2110**
#服装	Garments	970	1057	1070	1184	1232	1397	1658	1618
衣着材料	Clothing Materials	11	11	11	13	16	17	21	19
鞋类	Shoes	241	272	285	306	320	339	396	409
其他衣着用品	Other Clothing	34	35	33	35	38	39	53	52
衣着加工服务费	Service Expenses of Clothing Processing	9	9	8	8	8	10	11	12
居住	**Residence**	**1059**	**1229**	**1168**	**1334**	**1486**	**1418**	**1518**	**1552**
住房	Housing	368	478	401	480	652	493	518	518
水电燃料及其他	Water, Electricity and Fuels	641	698	713	784	763	847	894	935
居住服务费	Residence Services	50	53	54	70	71	78	106	98
家庭设备、用品及服务	**Household Facilities, Articles and Services**	**609**	**615**	**666**	**713**	**829**	**916**	**1109**	**1161**
#耐用消费品	Durable Consumer Goods	285	288	316	307	391	381	395	403
室内装饰品	Interior Decorations	27	23	22	20	23	30	22	20
床上用品	Bed Articles	74	60	77	85	86	91	111	111
家庭日用杂品	Articles for Daily Use	155	162	175	214	231	323	446	476
家具材料	Furniture Materials	10	18	12	9	12	6	6	5
家庭服务	Services	58	65	65	79	86	85	129	147
医疗保健	**Medicines and Medical Services**	**832**	**852**	**859**	**933**	**985**	**1034**	**1249**	**1228**
交通和通讯	**Transportations and Communications**	**2097**	**2492**	**2473**	**2393**	**3291**	**3437**	**3728**	**4134**
交通	Transportation	1299	1628	1531	1455	2360	2489	2726	3048
通讯	Communication	798	864	942	938	931	948	1002	1085
娱乐、教育、文化	**Recreation, Educatrion and Cultural Services**	**1850**	**1946**	**2158**	**2196**	**2295**	**2586**	**2816**	**2997**
文化娱乐用品	Goods for Recreational	412	449	465	438	471	530	551	512
文化娱乐服务	Services for Recreation	465	445	495	579	643	822	933	1027
教育	Educational	973	1053	1198	1179	1181	1234	1333	1457
其它商品和服务	**Other goods and services**	**402**	**436**	**468**	**521**	**579**	**546**	**812**	**812**

5-27 农村居民人均总支出(2005-2012年)
Per Capita Annual Expenditure of Rural Households(2005-2012)

单位:元(yuan)

项目	Item	2005	2006	2007	2008	2009	2010	2011	2012
全年总支出	**Total Expenditure**	**7534**	**8121**	**9071**	**10246**	**10762**	**12361**	**13836**	**14637**
生活消费支出	Living Expenditure for Consumption	5215	5762	6442	7072	7375	8390	9644	10208
食品	Food	2011	2141	2347	2690	2756	2977	3629	3844
主食	Staple Food	257	263	264	285	302	333	370	378
副食	Non-Staple Food	870	890	1015	1225	1194	1296	1647	1770
其他食品	Other Food	617	672	718	772	811	869	1079	1134
在外饮食	Eating Outside	240	296	331	387	423	456	519	551
衣着	Clothing	310	362	399	441	462	530	669	721
居住	Residence	843	1048	1262	1425	1366	1795	1651	1768
#住房	Housing	597	776	970	1069	1038	1400	1201	1246
电费	Electricity	97	119	148	168	184	213	242	277
燃料	Fuel	94	104	107	121	102	135	158	181
家庭设备、用品及服务	Household Facilities, Articles and Services	259	274	338	354	354	399	528	560
医疗保健	Medicines and Medical Services	399	455	465	512	615	652	851	739
#医药卫生保健用品	Medical Articles	173	178	183	181	226	215	238	218
交通和通讯	Transportations and Communications	592	635	761	777	866	1067	1262	1457
#交通工具	Means of Transportation	164	178	55	240	317	472	544	624
交通消费服务支出	Transport Services	113	114	127	143	135	146	157	448
邮电通讯费	Postage	189	204	216	233	243	249	238	278

续表 Continued 单位:元(yuan)

项目	Item	2005	2006	2007	2008	2009	2010	2011	2012
文教娱乐用品及服务	Cultural, Educational and Recreational Services	679	723	736	733	803	800	831	881
文化教育娱乐用品	Cultural, Educational and Recreational Articles	73	79	94	107	116	114	135	129
书报杂志	Botes, Newpapers and Magazines	8	11	12	10	10	11	11	12
教育服务费	Educational Services	526	546	522	499	530	503	446	465
旅游休闲娱乐费	Tourism and Pecreation	44	52	79	68	93	106	125	157
其他商品和服务	Other Commodities and Services	121	124	135	141	154	170	223	239
家庭经营费用支出	Expenditure for Household Business	1525	1429	1708	2059	2192	2678	2843	2750
农业生产支出	Planting	345	375	407	449	395	454	472	449
林业生产支出	Forestry	23	28	24	19	23	28	72	46
牧业生产支出	Animal Husbandry	595	459	674	981	1258	1445	1041	958
渔业生产支出	Fishery	88	114	150	160	140	175	79	72
工业生产支出	Industry	246	237	217	214	159	251	693	690
建筑业支出	Construction	25	25	31	35	33	66	110	130
运输产支出	Transportation	74	104	100	88	81	92	109	131
批发和零售贸易餐饮业	Wholesale, Retail Sale and Catering Trade	91	61	82	93	73	139	201	219
服务业支出	Service Trade	17	14	14	11	20	13	45	39
文教卫生产支出	Culture, Education and Public Health	2	1	1	2	2	4	2	6
其他经营支出	Others	20	11	8	7	7	10	20	11
购置生产用固定资产支出	Expenditure for Purchasing Productive Fixed Assets	163	249	150	149	219	223	145	181
税费支出	Expenditure for Taxes and Expenses	25	24	23	17	12	13	7	6
#缴纳税金	Taxes	14	13	14	9	5	7	4	1

5-28 城乡居民人均生活消费支出情况(2013-2014年)
Per Capita Consumption Expenditure of Urban Households and Rural Households(2013-2014)

单位:元(yuan)

项目	Item	全体居民 Urban and Rural Households		城镇常住居民 Urban Households		农村常住居民 Rural Households	
		2013	2014	2013	2014	2013	2014
居民生活消费支出	**Consumption Expenditure**	**20610**	**22552**	**25254**	**27242**	**12803**	**14498**
食品烟酒	**Food,Tobacco,Liquor**	**5991**	**6569**	**7129**	**7705**	**4076**	**4618**
食品	Food	4131	4472	4830	5155	2957	3297
烟酒	Tobacco,Liquor	739	768	779	785	671	739
饮料	Beverage		118		128		100
饮食服务	Catering Services	1121	1212	1521	1637	448	482
衣着	**Clothing**	**1499**	**1587**	**1911**	**1998**	**806**	**882**
衣类	Garments	1208	1269	1545	1610	641	685
鞋类	Shoes	291	318	366	388	165	196
居住	**Residence**	**5202**	**5577**	**6613**	**6902**	**2829**	**3302**
租赁房房租	Housing Rent	389	384	562	551	97	98
住房维修及管理	Housing Maintenance and Management	428	453	409	460	459	442
水电燃料及其他	Hydropower and Other	814	816	950	890	585	687
自有住房折算租金	Converted Rent of its Own	3571	3924	4691	5000	1688	2075
生活用品及服务	**Living Goods and Services**	**1054**	**1118**	**1289**	**1334**	**658**	**747**
家具及室内装饰品	Furniture and Interior Decoration	183	163	223	184	117	127
家用器具	Household Appliances	295	308	334	360	229	218
家用纺织品	Household Textiles	96	107	115	130	65	69
家庭日用杂品	Daily Sundry Goods	264	310	317	356	173	231
个人用品	Personal Items	144	167	200	223	51	71
家庭服务	Domestic Service	71	62	100	81	23	30
交通通信	**Transportations and Communications**	**3125**	**3671**	**3796**	**4494**	**1998**	**2257**
交通	Transportations	2266	2792	2750	3449	1453	1663
通信	Communications	859	879	1046	1045	545	594
教育文化娱乐	**Educatrion, Cultural Services and Recreation**	**2019**	**2169**	**2493**	**2643**	**1222**	**1355**
教育	Education	1139	1242	1284	1371	893	1021
文化娱乐	Cultural Services and Recreation	881	927	1209	1272	328	335
医疗保健	**Medical Care**	**1198**	**1358**	**1335**	**1527**	**968**	**1068**
医疗器具及药品	Medical Apparatus and Medicine	419	505	514	616	258	316
医疗服务	Medical Service	779	853	821	911	710	753
其他用品及服务	**Other Supplies and Services**	**523**	**503**	**687**	**640**	**247**	**268**
其他用品	Other Supplies	335	288	441	350	157	182
其他服务	Other Services	188	215	246	290	90	86
#通过互联网购买的商品和服务	Purchase of Goods and Services through the Internet	164	259	246	372	28	64

5－29 城镇居民家庭平均每百户耐用消费品拥有量(2007－2012年)
Per 100 Urban Households Annual Average Possession of Durable Consumer Goods (2007－2012)

名称		Item		2007	2008	2009	2010	2011	2012
摩托车	(辆)	Motorcycle	(unit)	30.44	26.22	25.77	25.82	21.97	21.86
助力车	(辆)	Electric Bicycle	(unit)	37.88	40.20	42.87	45.73	50.51	52.49
家用汽车	(辆)	Household Car	(unit)	13.83	19.61	23.62	26.43	33.73	36.50
洗衣机	(台)	Washing Machine	(unit)	92.95	91.39	92.85	94.26	94.87	95.45
电冰箱	(台)	Refrigerator	(unit)	100.05	97.99	99.16	100.36	100.21	100.89
彩色电视机	(台)	Color TV Set	(unit)	182.91	176.66	181.72	185.70	184.79	186.56
家用电脑	(台)	Household Electronic Computer	(unit)	73.79	79.93	84.41	89.84	103.57	106.38
组合音响	(台)	Hi－Fi Stereo Component System	(unit)	38.12	33.32	33.15	33.38	28.53	28.40
摄像机	(架)	Vidicon	(unit)	6.26	8.49	9.18	9.48	9.85	10.22
照相机	(架)	Camera	(unit)	52.10	46.02	47.69	50.07	53.25	53.89
中高档乐器	(架)	Medium or High Rank Instrument	(unit)	7.20	4.61	5.83	6.13	4.56	4.80
微波炉	(台)	Microwave oven	(unit)	65.68	66.42	69.30	71.28	72.31	72.97
空调器	(台)	Air conditioner	(unit)	160.93	170.58	179.93	186.62	201.05	203.77
淋浴热水器	(个)	Shower	(unit)	95.16	96.74	99.13	101.19	104.68	106.32
消毒碗柜	(台)	Disinfecting Cupboard	(unit)	22.21	23.67	23.83	24.09	25.18	25.49
洗碗机	(台)	Dishwasher	(unit)	0.53	1.03	1.12	1.18	1.42	1.32
健身器材	(件)	Fitness Equipment	(unit)	6.99	5.47	5.80	6.09	5.95	6.17
固定电话	(部)	Telephone	(unit)	95.51	90.14	89.64	89.13	80.33	79.85
移动电话	(部)	Mobile Phone	(unit)	190.65	189.42	191.50	198.01	207.76	210.08

5－30 农村居民家庭平均每百户耐用消费品拥有量(2006－2012年)
Annual Average Possession of Durable Consumer Goods Per 100 Rural Households (2006－2012)

名称		Item		2006	2007	2008	2009	2010	2011	2012
自行车	(辆)	Bicycle	(Suit)	124.6	125.4	123.0	125.2	125.1	101.0	105.3
家用电脑	(台)	Household Electronic Computer	(Set)	14.3	19.4	23.4	28.6	35.6	43.3	47.8
洗衣机	(台)	Washing Machine	(Set)	55.2	59.7	62.6	65.6	68.3	68.7	72.5
电冰箱	(台)	Refrigerator	(Set)	67.8	75.0	80.2	85.3	89.4	93.0	95.3
摩托车	(辆)	Motorcycle	(Suit)	62.7	57.8	56.9	55.6	54.0	41.3	40.2
彩色电视机	(台)	Color TV Set	(Set)	136.9	144.2	149.6	157.0	161.4	168.5	171.7
电话机	(部)	Telephone	(pars)	95.0	93.2	92.2	89.9	88.4	77.7	76.3
移动电话	(部)	Moble Telephone	(pars)	134.7	150.3	159.7	176.6	189.1	204.5	211.5
家用汽车	(台)	The Family Car	(Set)	3.1	4.0	4.7	6.2	7.8	13.4	15.2
照相机	(架)	Camera	(Suit)	9.2	9.0	9.6	11.2	12.6	13.9	15.7
抽油烟机	(台)	Range Hoods	(Set)	38.0	43.0	46.0	49.5	52.7	56.3	59.0
空调机	(台)	Air Conditioner	(Set)	42.60	54.00	61.30	69.60	78.60	94.40	99.90
微波炉	(台)	Microwave Oven	(Set)	12.00	14.60	17.00	20.80	23.00	32.10	35.20
热水器	(台)	Water Heater	(Set)	48.4	56.4	60.8	65.0	69.9	75.2	78.3

5-31 城乡居民家庭耐用消费品拥有量(2013-2014年)
Number of Duable Consumer Goods Owned Urban Households and Rural Households (2013-2014)

项目		Item		全体居民 Urban and Rural Households		城镇常住居民 Urban Households		农村常住居民 Rural Households	
				2013	2014	2013	2014	2013	2014
每百户耐用消费品拥有量		**Number of Duable Consumer Goods Owned Per 100 Households**							
家用汽车	(辆)	Automobile	(unit)	31.40	34.50	38.90	43.50	18.90	19.20
摩托车	(辆)	Motorcycle	(unit)	20.20	24.00	13.80	16.60	31.20	36.70
电冰箱(柜)	(台)	Refrigerator	(unit)	88.00	93.50	89.70	94.50	85.00	91.70
洗衣机	(台)	Washing Machine	(unit)	74.50	80.00	82.60	87.10	60.90	67.80
热水器	(个)	Heater	(unit)	78.20	83.80	84.70	88.90	67.10	75.00
#太阳能热水器	(个)	Solar Heater	(unit)	29.00	32.90	25.40	28.20	35.10	41.00
空调	(台)	Air Conditioner	(unit)	134.70	144.50	167.70	177.40	78.60	88.10
彩色电视机	(台)	Colour Tv Set	(unit)	159.60	167.20	164.90	173.20	150.50	156.80
摄像机	(架)	Video Camera	(unit)	4.70	4.90	7.00	7.40	0.90	0.70
照相机	(架)	Camera	(unit)	29.50	31.10	41.20	44.00	9.60	8.80
计算机	(台)	Computer	(unit)	69.60	75.20	89.60	96.00	35.70	39.70
#接入互联网的计算机	(台)	Computer access to the Internet	(unit)	59.10	66.00	78.20	85.40	26.70	32.80
中高档乐器	(架)	Medium or High Grade Musical Instrument	(unit)	2.90	3.60	4.10	5.20	0.80	1.00
固定电话	(部)	Telephone	(unit)	55.10	59.10	58.30	62.80	49.70	52.90
移动电话	(部)	Moble Phone	(unit)	201.90	215.60	209.70	223.50	188.80	201.90
#接入互联网的移动电话	(部)	Mobile Phone Access to the Internet	(unit)	84.70	99.60	101.70	119.20	55.80	65.90

5－32 城镇居民家庭居住情况(2007－2012年)
Living Conditions of Urban Households(2007－2012)

单位:%(%)

项目	Item	2007	2008	2009	2010	2011	2012
调查总户数	**Number of Households Surveyed**	**100**	**100**	**100**	**100**	**100**	**100**
按房屋产权分	**By Property Right of House**						
租赁公房	Rental State－owned House	3.59	3.31	2.79	2.56	1.92	1.88
租赁私房	Rental Private House	2.99	5.82	5.27	4.98	5.70	4.97
自有房	Private House	92.42	89.94	90.73	91.31	91.70	92.49
原有私房	Original Private House	10.64	10.42	10.58	10.74	10.99	11.72
房改私房	Private House after House Reforming	32.06	27.01	25.75	25.29	20.92	20.54
商品房	Commercial House	49.72	52.51	54.40	55.28	59.79	60.23
其他	Others	0.99	0.93	1.21	1.14	0.68	0.65
按住宅建筑式样分	**By Building Type**						
单栋住宅	One Household	7.81	6.53	6.53	6.59	8.11	8.28
四居室	Four Bedrooms	4.00	4.45	4.70	4.96	5.37	5.32
三居室	Three Bedrooms	36.17	37.10	37.75	38.58	38.18	38.59
二居室	Two Bedrooms	42.43	43.29	42.01	41.03	39.72	39.81
一居室	One Bedroom	3.89	4.31	4.43	4.43	4.06	3.74
普通楼房	Common House	4.40	3.50	3.75	3.59	3.88	3.63
平房及其他	Others	1.30	0.82	0.82	0.83	0.68	0.63
按用水情况分	**By Water Using**						
独用自来水	Tap Water Owned Per Household	99.73	99.87	99.84	99.87	99.83	99.85
公用自来水	Public Tap Water	0.21	0.11	0.13	0.13	0.15	0.13
井水、河水	Wall Water and River	0.06	0.02	0.02		0.02	0.02
按卫生设备情况分	**By Health Facilities**						
无卫生设备	Without Health Facilities	1.30	0.91	0.83	0.68	0.51	0.50
有浴室厕所	Bathroom and Toilet Room Owned Per Household	93.07	92.74	93.35	93.86	95.44	96.61
有厕所无浴室	Toilet Room Owned But Without Bath Room	5.38	6.11	5.60	5.30	3.87	2.77
公用卫生设备	Public Health Facilities	0.25	0.25	0.23	0.15	0.18	0.13
按取暖设备情况分	**By Heating Facilities**						
无取暖设备	Without Heating Equipment	14.37	10.79	9.40	9.06	5.96	5.26
空调设备	Air Coditioner Owned	85.39	88.99	90.42	90.73	93.94	94.74
暖气	Warm Gas						
其他	Others	0.24	0.23	0.18	0.21	0.10	
按炊用燃料使用情况分	**By Fuel Types**						
煤炭	Coal	0.22	0.33	0.31	0.26	0.04	0.04
灌装液化石油气	Tank LPG	80.02	74.33	71.95	70.01	63.01	60.77
管道液化石油气	Pipeline LPG		4.25	3.97	3.94	4.94	4.21
管道煤气	Pipeline Gas		1.58	1.66	0.42	0.25	0.25
管道天然气	Pipeline Gas		19.05	21.72	24.95	30.82	33.90
其他燃料	Others	0.30	0.46	0.39	0.42	0.93	0.83

5-33 城乡居民住房情况(2013-2014年)
Housing Conditions of Urban and Rural Residents(2013-2014)

项目	Item	全体居民 Urban and Rural Households		城镇常住居民 Urban Households		农村常住居民 Rural Households	
		2013	2014	2013	2014	2013	2014
住房情况	**Houses**						
人均住房建筑面积(平方米)	Per Capita Floor Space of Houses(sq. m)	48.2	48.5	38.8	40.9	60.8	61.5
按居住空间样式分的户数比重(%)	**Proportion of Households by Living Space Style (%)**	**100**	**100**	**100**	**100**	**100**	**100**
单栋楼房	Single Building	46.6	47.6	25.6	26.8	81.9	83.1
单栋平房	Single-Storey House	6.7	6.2	3.7	3.4	11.6	11.1
单元房	Apartment	42.0	42.0	64.6	64.6	3.7	3.1
筒子楼或连片平房	Tongzilou or Contiguous Cottage	4.4	3.9	5.6	4.7	2.6	2.4
其他	Other	0.4	0.4	0.5	0.4	0.2	0.3
按房屋来源分的户数比重(%)	**Proportion of Households by Source of Housing(%)**	**100.0**	**100.0**	**100.0**	**100.0**	**100.0**	**100.0**
租赁住房	Rental Housing	17.2	14.7	22.1	19.8	9.0	5.9
自建住房	Self Built Housing	47.5	49.3	25.3	26.9	85.0	87.7
购买商品房	Commercial Housing	20.6	20.9	31.9	32.2	1.5	1.5
购买房改住房	Purchased Public Housing	6.1	6.1	9.6	9.6	0.3	0.2
购买保障性住房	Purchased Affordable Housing	0.9	0.9	1.1	1.2	0.4	0.5
拆迁安置房	Resettlement Housing	2.9	3.3	4.3	4.9	0.5	0.7
继承或获赠住房	Inheritance or Gift of Housing	1.3	1.4	0.8	0.8	2.0	2.3
其他	Others	3.5	3.4	4.9	4.7	1.3	1.0
按主要建筑材料分的户数比重(%)	**Proportion of Households by Main Building Materials(%)**	**100.0**	**100.0**	**100.0**	**100.0**	**100.0**	**100.0**
钢筋混凝土	Reinforced Concrete	33.7	34.2	45.8	46.2	13.3	13.5
砖混材料	Brick Material	52.0	52.0	48.4	48.3	58.2	58.2
砖瓦砖木	Brick and Tile	13.3	13.1	5.6	5.3	26.2	26.6

续表　Continued

项目	Item	全体居民 Urban and Rural Households		城镇常住居民 Urban Households		农村常住居民 Rural Households	
		2013	2014	2013	2014	2013	2014
竹草土坯	Adobe	0.7	0.4			1.9	1.0
其他	Others	0.3	0.3	0.2	0.2	0.4	0.6
生活设施状况	**Living Facilities**						
主要饮用水来源(%)	**Proportion of Households by Major Sources of Drinking Water(%)**	**100.0**	**100.0**	**100.0**	**100.0**	**100.0**	**100.0**
经过净化处理的自来水	Purification Treatment of Tap Water	89.5	89.8	97.8	98.0	75.4	75.7
受保护的井水和泉水	Protected Wells and Springs	5.4	5.3	0.5	0.4	13.6	13.6
不受保护的井水和泉水	Unprotected Wells and Springs	1.6	1.7	0.1	0.1	4.1	4.4
江河湖泊水	Rivers and Lakes	1.6	1.5	0.5	0.4	3.6	3.3
其他饮用水来源	Others	1.9	1.8	1.1	1.1	3.2	2.9
住宅内厕所状况(%)	**Proportion of Households by Toilet Condition(%)**	**100.0**	**100.0**	**100.0**	**100.0**	**100.0**	**100.0**
水冲式卫生厕所	Sanitary Toilet with Water Flush	87.5	88.2	94.7	95.4	75.3	75.9
水冲式非卫生厕所	Insanitary Toilet with Water Flush	1.5	1.4	1.2	0.9	2.0	2.3
卫生旱厕	Sanitary Dry Toilet	1.9	2.2	0.3	0.3	4.7	5.3
普通旱厕	Ordinary Toilet	4.6	4.4	0.6	0.6	11.5	11.0
无厕所	Without the Toilet	4.5	3.8	3.3	2.8	6.5	5.5
主要炊用能源(%)	**Proportion of Households by Cooking Energy(%)**	**100.0**	**100.0**	**100.0**	**100.0**	**100.0**	**100.0**
天然气、煤气、液化石油气	Natural Gas, Coal Gas, Liquefied Petroleum Gas	82.8	92.7	92.1	95.8	67.1	87.5
煤炭	Coal	1.1	0.1	0.1	0	2.8	0.4
电	Electrism	4.6	1.4	4.4	1.6	4.9	1.1
沼气	Biogas	0.1	0.1			0.3	0.2
其他	Others	11.4	5.6	3.4	2.6	25.0	10.7

5-34 城乡居民人均收支情况(2013-2014年)
Per Capita Income and Consumption Expenditure of Urban and Rural Households(2013-2014)

项目	Item	全体居民 Urban and Rural Households		城镇常住居民 Urban Households		农村常住居民 Rural Households	
		2013	2014	2013	2014	2013	2014
可支配收入(元)	**Per Capita Disposable Income (yuan)**	**29775**	**32658**	**37080**	**40393**	**17494**	**19373**
工资性收入	Income of Wages and Salaries	17426	19069	21596	23317	10416	11773
经营净收入	Net Business Income	5600	5959	5996	6379	4935	5237
财产净收入	Net Income from Property	3315	3586	5014	5358	457	543
转移净收入	Net Income from Transfer	3434	4044	4474	5338	1686	1821
生活消费支出(元)	**Per Capita Annual Consumption Expenditures(yuan)**	**20610**	**22552**	**25254**	**27242**	**12803**	**14498**
食品烟酒	Food, Tobacco and Liquor	5991	6569	7129	7705	4076	4618
衣着	Clothing	1499	1587	1911	1998	806	882
居住	Residence	5202	5577	6613	6902	2829	3302
生活用品及服务	Living Goods and Services	1054	1118	1289	1334	658	747
交通通信	Transportations and Communications	3125	3671	3796	4494	1998	2257
教育文化娱乐	Educatrion, Cultural Services and Recreation	2019	2169	2493	2643	1222	1355
医疗保健	Medical Care	1198	1358	1335	1527	968	1068
其他用品和服务	Other Supplies and Services	523	503	687	640	247	268
#通过互联网购买商品及服务	Purchase of Goods and Services through the Internet	164	259	246	372	28	64

5-35 各市城乡居民人均可支配收入情况(2013-2014年)
Per Capita Disposable Income of Urban and Rural Households by City(2013-2014)

单位:元(yuan)

城市	City	全体居民 Urban and Rural Households		城镇常住居民 Urban Households		农村常住居民 Rural Households	
		2013	2014	2013	2014	2013	2014
杭州市	Hangzhou	35763	39237	40925	44632	21208	23555
宁波市	Ningbo	34657	38074	40426	44155	21879	24283
温州市	Wenzhou	30602	33478	37266	40510	17549	19394
嘉兴市	Jiaxing	31315	34318	38671	42143	22396	24676
湖州市	Huzhou	28717	31510	35750	38959	20257	22404
绍兴市	Shaoxing	32191	35335	39567	43167	21307	23539
金华市	Jinhua	28673	31599	36386	39807	16661	18544
衢州市	Quzhou	20342	22436	27981	30583	13811	15354
舟山市	Zhoushan	32027	35330	37799	41466	21401	23783
台州市	Taizhou	28215	30950	36480	39763	17523	19362
丽水市	Lishui	20418	22426	28005	30413	12171	13635

5-36 各市城乡居民人均生活消费支出情况(2013-2014年)
Per Capita Annual Consumption Expenditures of Urban and Rural Households by City(2013-2014)

单位:元(yuan)

城市	City	全体居民 Urban and Rural Households		城镇常住居民 Urban Households		农村常住居民 Rural Households	
		2013	2014	2013	2014	2013	2014
杭州市	Hangzhou	26827	28492	30659	32165	16021	17816
宁波市	Ningbo	21728	24324	25012	27893	14442	16228
温州市	Wenzhou	21058	22868	25367	27186	12617	14218
嘉兴市	Jiaxing	17842	20307	21105	23032	13443	16163
湖州市	Huzhou	18314	20358	23196	24875	12440	14836
绍兴市	Shaoxing	20040	22002	24221	26231	13870	15632
金华市	Jinhua	18932	20954	23508	25627	11806	13520
衢州市	Quzhou	12727	13875	16995	18357	9076	9980
舟山市	Zhoushan	21596	23785	25391	27807	14610	16217
台州市	Taizhou	19502	21641	24031	26458	13643	15307
丽水市	Lishui	15250	16923	20006	21867	10082	11483

浙/江/统/计/年/鉴

主要统计指标解释

■ 城镇住户调查(到2012年)

城镇家庭人口指居住在一起.经济上合在一起共同生活的家庭成员。凡计算为家庭人口的成员其全部收支都包括在本家庭中。

城镇就业者负担人数指家庭人口与就业人口之比。

城镇家庭总收入指家庭成员得到的工资性收人、经营净收入、财产性收入、转移性收入之和,不包括出售财物收入和借贷收入。

城镇居民家庭可支配收入指家庭成员得到可用于最终消费支出和其他非义务性支出以及储蓄的总和,即居民家庭可以用来自由支配的收入。它是家庭总收入扣除交纳的个人所得税,个人交纳的社会保障支出以及记账补贴后的收入。计算公式为:城镇居民家庭可支配收入=家庭总收入交纳个人所碍税-个人交纳的社会保障支出-记账补贴

城镇家庭总支出指家庭除借贷支出以外的全部实际支出。包括现金消费支出、财产性支出、转移性支出、社会保障支出、购房与建房支出。

城镇家庭现金消费支出指家庭用于日常生活的全部现金支出,包括食品、衣着、居住、家庭设备及用品、交通通信、文教娱乐、医疗保债、其他等八大类支出。

城镇家庭服务性消费支出指家庭用于支付社会提供的各种文化和生活方面的非商品性服务费用。

恩格尔系数指食品支出在现金消费支出中所占的比例。

■ 农村住户调查(到2012年)

农村住户指农村常住户。农村常住户指长期(一年以上)居住在乡镇(不包括城关镇)行政管理区域内的住户,以及长期居住在城关镇所辖行政村范围内的农村住户。户口不在本地而在本地居住一年及以上的住户也包括在本地农村常住户范围内;有本地户口,但举家外出谋生一年以上的住户,无论是否保留承包耕地都不包括在本地农村住户范围内。

常住人口指全年经常在家或在家居住6个月以上,而且经济和生活与本户连成一体的人口。外出从业人员在外居住时间虽然在6个月以上,但收入主要带回家中,经济与本户连为一体,仍视为家庭常住人口;在家居住,生活和本户连成一体的国家职工、退休人员也为家庭常住人口。但是现役军人,中专及以上(走读生除外)的在校学生、以及常年在外(不包括探亲、看病等)且已有稳定的职业与居住场所的外出从业人员,不算家庭常住人口。家庭常住人口主要作为计算农村住户平均每人收人、消费和积累水平及分析家庭人口状况的依据。

整半劳动力整劳动力指男子18周岁到50周岁,女子18周岁到45周岁;半劳动力指男子16周岁到17周岁,51周岁到60周岁;女子16周岁到17周岁,46周岁到55周岁,同时具有劳动能力的人。虽然在劳动年龄之内,但已丧失劳动能力的人,不应算为劳动力;超过劳动年龄,但能经常参加劳动,计入半劳动力数内。常住人口中的职工,若这些职工为劳动力,就包括在本户的整半劳动力中。

总收入指调查期内农村住户和住户成员从各种来源渠道得到的收人总和.按收入的性质划分为工资性收入、家庭经营收入、财产性收入和转移性收入。

工资性收入指农村住户成员受雇于单位或个人,靠出卖劳动而获得的收入。

家庭经营收入指农村住户以家庭为生产经营单位进行生产筹划和管理而获得的收入。农村住户家庭经营活动按行业划分为农业、林业,牧业,渔业、工业、建筑业、交通运输业邮电业,批发和零售贸易餐饮业、社会服务业、文教卫生业和其他家庭经营。

财产性收入指金融资产或有形非生产性资产的所有者向其他机构单位提供资金或将有形非生产性资产供其支配,作为回报而从中获得的收入。

转移性收入指农村住户和住户成员无须付出任何对应物而获得的货物、服务、资金或资产所有权等,不包括无偿提供的用于固定资本形成的资金。一般情况下,指农村住户在二次分配中的所有收入。

现金收入指农村住户和住户成员在调查期内得到以现金形态表现的收入。按来源分成工资性收入、家庭经营现金收入、财产性收入、转移性收入

农村居民家庭纯收入指农村住户当年从各个来源得到的总收入相应地扣除所发生的费用后的收入总和。计算方法:农村居民家庭纯收入=总收入-家庭经营费用支出-税费支出一生产性固定资产折旧一赠

主要统计指标解释

送农村内部亲友。纯收入主要用于再生产投入和当年生活消费支出,也可用于储蓄和各种非义务性支出。“农民人均纯收入”是按人口平均的纯收入水平,反映的是一个地区农村居民的平均收入水平。

总支出指农村住户用于生产、生活和再分配的全部支出。包括家庭经营费用支出、购置生产性固定资产支出、税费支出、消费支出、财产性支出和转移性支出。

■ 一体化住户调查

从2012年四季度起,国家统计局对分别进行的城乡住户调查实施了一体化改革,统一了城乡居民收入指标名称、分类和统计标准,建立了城乡统一的一体化住户调查《住户收支与生活状况调查》,并据此获得居民有关数据。

居民可支配收入居民可支配收入指居民可用于最终消费支出和储蓄的总和,即居民可用于自由支配的收入。既包括现金收入,也包括实物收。按照收入的来源,可支配收入包含四项,分别为:工资性收入、经营性净收入、转移性净收入和财产性净收入。

居民消费支出居民消费支出是指居民用于满足家庭日常生活消费需要的全部支出,既包括现金消费支出,也包括实物消费支出。消费支出可划分为食品烟酒、衣着、居住、生活用品及服务、交通和通信、教育文化和娱乐、医疗保健以及其他用品及服务八大类。

ZHEJIANG STATISTICAL YEARBOOK

Explanatory Notes on Main Statistical Indicators

□ Urban Households (to the year of 2012)

Population of Urban Households refer to members of households living and sharing economically together in the urban areas. All the income and expenditure of all the members of such households are included in the income and expenditure of the household

Number of Dependents per Urban Employee refers to the ratio between number of persons in an urban household and the number of employed persons.

Total income of Urban Households refers to the sum of wage income; not business income; income from properties; and income from transfers of members of the households. Income from selling of properties and income from borrowing are not included.

Disposable Income of Urban Households refers to the actual income at the disposal of members of the households which can be used for final consumption, other non – compulsory expenditure and savings. This equals to total income minus income tax, personal contribution tosocial security and subsidy for keeping diaries in being a sample household. The following formula is used: Disposable Income of Urban Households = total household income—income tax—personal contribution to social security—subsidy for keeping diaries for a sampled household

Total Expenditure of Urban Households refers to all actual expenditure of households except expenditure on lending. It includes cash expenditure; property expenditure, transfer expenditure, social insurance expenditure and expenditure on house purchasing or house building.

Consumption Expenditure of Urban Households in Cash refers to total cash expenditure of households for consumption in daily life, including expenditure on the eight categories of food; clothing; housing; household appliances; transport and communications; education, cultural and recreational activities and medical care.

Consumption Expenditure of Urban Households on Services refers to non – commodity service expenditure of households on various kinds of cultural and living activities provided by society.

Engel's Coefficient refers to the percent age of expenditure on food to the total consumption in cash.

□ Rural Households (to the year of 2012)

Rural Households refer to usual resident households in rural areas. Usual residen thouseholds in rural areas are households residing on a long term basis(for more than one year) in the are as under the administration of township governments (not including county towns), and in the areas under the administration of villages in county towns. Households residing in the current addresses for over one year with their household registration in other places are still considered as resident households of the locality. Fur households with their household registration in one place but all members of the households having moved away to make a living in another place for overone year, they will not be included in the rural households of the area where they are registered, irrespective of whether they still keep their contracted land.

Usual Resident Population refers to persons staying at home regularly or for over 6 months during a year and integrated with the household economically and in terms of living. Members of the household staying away from the household foe over 6 months but keeping a close economic relation with the household by sending the majority of income to the household are regarded as usual resident of the household. Government staff and workers or retirees living asclose members of the household are also considered us usual resident. However, service men, students of secondary technical schools or schools of higher education and persons with stable jobs and residence outside the household (excluding those visiting relatives or seeking medical service) are not included as resident population of the household. Resident population is used in calculating income, consumption, accumulation on per capita basis of rural households and in analyzing composition of rural households.

Full/Semi Labor Force Full labor force refers to persons capable of work, aged 18 – 50 for males and 18 – 45 for females. Semilabor force refers to persons capable

EXPLANATORY NOTES ON MAIN STATISTICAL INDICATORS

of work, aged 16 – 17 and 51 – 60 for males and 16 – 17 and 46 – 55 for females. Persons at their working ages but not capable of work are not to be included as labor force. Persons not at working ages but participating regularly in work are included in semi labor force. For staff and workers who are usual residents, are included as full or semi labor force of the household if they are in the labor force.

Total Income refers to the sum of income earned from various sources by the rural households and their members during the reference period, and is classified as income from wage sand salaries, income from household operations, income from properties and income from transfers.

Income from Wages and Salaries refers to income from labor earned by the members of rural households employed by other units or individuals.

Income from Household Operations refers to income by the rural households as units of production and operation. Operations by rural households are classified according to their economic activities namely agriculture, forestry, animal husbandry, fishery, manufacturing, construction, transportation, post and telecommunications, whole sale, retail and catering, social service, culture, education, health, and other household operations.

Income from Properties refers to the income received as returns by owners of financial assets or tangible non – productive assets by providing capitols or tangible non-productive assets to other institutional units.

Income from Transfers refers in the receipt by rural households and their members ofgoods, services, capital or rights of assets without giving or repaying accordingly, excluding capital provided to them for the formation of fixed assets. In general, it refers to all income received by rural households through redistribution

Cash Income refers to income received by rural households and their members in the form of cash during the reference period. It is classified, by source of income, into income from wages and salaries, cash income from household operations, income from properties and income from transfers.

Net Income of Rural Households refers to the total income of rural households from all sources minus nil corresponding expenses. The formula for calculation is as follows:

Net income of rural households = total income – household operation expenses – taxes andfees-depreciation of fixed assets for production – gifts to rural relatives.

Net income in mainly used an input for reinvestment in production and as consumption expenditure of the year, and also used for savings and non – compulsory expenses of various forms. "Per capita net income of farmers" is the level of net income averaged by population, reflecting the average income level of rural population in a given area.

Total Expenditure refers to total expenses of rural households on production, consumption and redistribution, including expenditure on household operations; purchase of productive fixed assets; taxes and fees; consumption expenditure; expenses on properties; and expenses on transfers.

□ Integrated Household Survey

In the fourth quarter of 2012, the NBS launched its reform on the household survey programme in order to produce aggregates with the same concepts and definitions foe the urban and rural population. This new survey programme is an integrated one where as there had existed two separate household surveys for the urban and natal households. The reform took a number of measures, including the integration of concepts, classifications and standards, which provided abasis for producing data covering all households. The new survey includes the following indicators:

Disposable Income of Households has a national coverage comparable between urban and rural households, and refers to the kind of income that households can have at their disposal. It includes income both in cash and inkind from four categories: income from wages and salaries, cash income from household operations, income from properties and income from transfers.

Consumption Expenditure of Households has a national coverage comparable between urban and rural households, and refers to the all the expenditures of households for consumptionin daily life. It includes expenditure in cash and in kind on eight categories: food; clothing; housing; household appliances and services; transport and communications; education, cultural and recreational activities, and medical care. The expenditure on housing also includes rents, water, electricity, fuels and imputed rents of owner – occupied dwellings.

2015
浙江统计年鉴
ZHEJIANG STATISTICAL YEARBOOK

农 业
Agriculture

6-1 农村基本情况(2009-2014年)
Basic Statistics on Rural Areas(2009-2014)

指标		Item		2009	2010	2011	2012	2013	2014
农村基层组织		Rural Grass Roots Units							
其中:乡镇政府	(个)	Number of Township and Town Governments	(unit)	1180	1171	944	929	910	887
#镇政府	(个)	Number of Town Governments	(unit)	735	728	654	650	643	629
村民委员会	(个)	Number of Villages' Committees	(unit)	29974	29874	28783	28771	28342	27997
农村住户数、人口、劳动力		Number of Rural Households, Population and Labour Force							
农村住户数	(万户)	Rural Households	(10000 households)	1237.44	1254.22	1263.07	1257.09	1277.94	1275.31
#农业生产户数	(万人)	Agricultural Producing	(10000 persons)	778.66	762.83	757.50	748.56	733.88	
农村人口	(万人)	Rural Population	(10000 persons)	3778.86	3813.24	3845.61	3856.87	3993.86	3989.72
农村劳动力资源	(万人)	Rural Labour Resource	(10000 persons)	2495.84	2527.31	2555.38	2571.13	2662.73	2671.84
农村劳动力	(万人)	Rural Labour Force	(10000 persons)	2321.41	2346.80	2370.79	2380.24	2459.55	2444.71
按性别分		By Sex							
男	(万人)	Male	(10000 persons)	1240.14	1252.80	1256.86	1257.78	1295.88	1296.01
女	(万人)	Female	(10000 persons)	1081.27	1094.00	1113.93	1122.46	1163.67	1148.70
农、林、牧、渔业增加值	(亿元)	The added value of agriculture, forestry, animal husbandry and fishery	(100 million yuan)	1163.08	1360.56	1583.04	1667.88	1787.25	1806.60
农业	(亿元)	Farming	(100 million yuan)	627.03	747.66	831.66	887.77	965.43	1000.66
林业	(亿元)	Forestry	(100 million yuan)	85.64	86.89	97.60	103.76	103.32	107.31
牧业	(亿元)	Animal Husbandry	(100 million yuan)	181.87	202.24	247.87	248.72	247.42	212.50
渔业	(亿元)	Fishery	(100 million yuan)	250.83	303.38	383.02	402.61	444.17	456.71
服务业	(亿元)	Services	(100 million yuan)	17.71	20.39	22.89	25.03	26.90	29.42

注:农村基层组织2014年起按照民政部门口径。
Rural grassroots organizations in accordance with the civil affairs department since 2014.

6-2 农、林、牧、渔业总产值(1978-2014年)
Gross Output Value of Farming, Forestry, Animal Husbandry and Fishery (1978-2014)

单位:亿元(100 million yuan)

年份 Year	农林牧渔业总产值 Total	农业产值 Farming	#种植业产值 Planting	林业产值 Forestry	牧业产值 Animal Husbandry	渔业产值 Fishery	农林牧渔服务产值 Services for Agriculture
1978	65.71	50.82	48.86	1.99	9.42	3.48	
1979	91.84	69.47	67.29	2.75	15.55	4.07	
1980	92.67	64.23	60.52	3.61	19.39	5.44	
1981	95.56	69.21	64.48	3.79	16.45	6.11	
1982	118.04	84.61	77.91	4.42	22.88	6.13	
1983	118.68	83.65	74.87	4.77	23.41	6.85	
1984	147.49	102.80	89.93	6.67	27.01	11.01	
1985	174.05	111.20	92.85	8.87	37.84	16.14	
1986	192.04	122.97	101.00	9.26	40.09	19.72	
1987	227.18	141.09	113.91	11.61	48.57	25.91	
1988	280.94	162.80	129.89	14.40	70.33	33.41	
1989	304.50	181.26	145.97	13.60	75.68	33.96	
1990	331.56	199.48	163.92	16.00	75.18	40.90	
1991	363.22	217.21	180.00	17.42	76.78	51.81	
1992	396.93	226.46	179.94	21.01	85.23	64.23	
1993	490.13	274.85	218.01	29.80	92.11	93.37	
1994	690.20	372.97	305.58	41.92	134.78	140.53	
1995	868.76	481.90	407.24	50.02	142.03	194.81	
1996	932.85	517.29	431.90	54.77	155.88	204.92	
1997	1004.88	516.21	426.56	59.26	190.03	239.38	
1998	1003.66	522.98	434.22	59.46	165.85	255.37	
1999	1005.22	519.00	431.57	62.31	157.00	266.91	
2000	1057.07	521.31	446.15	54.48	183.94	297.36	
2001	1053.57	488.59	471.52	60.20	195.94	308.84	
2002	1101.86	511.42	495.72	60.84	205.09	324.51	
2003	1184.04	529.44	515.24	65.67	233.01	337.11	18.81
2004	1332.27	592.59	578.22	78.36	277.89	361.99	21.44
2005	1428.28	654.81	640.20	83.51	285.95	380.81	23.20
2006	1422.60	684.00	669.44	86.04	279.01	347.53	26.03
2007	1597.15	735.92	721.63	95.47	367.60	369.90	28.27
2008	1780.01	813.10	796.12	106.95	418.86	407.82	33.28
2009	1873.40	879.05	864.47	117.64	404.88	435.48	36.35
2010	2172.86	1041.30	1041.30	119.35	448.42	522.18	41.61
2011	2534.90	1152.04	1152.04	134.07	546.33	655.75	46.71
2012	2658.66	1229.36	1229.36	142.14	549.04	687.05	51.08
2013	2837.39	1336.79	1336.79	141.54	546.18	757.97	54.91
2014	2844.59	1385.96	1385.96	147.00	472.23	779.36	60.04

注:1.本表按当年价格计算。The data in this table are calculated at current price.
2.2003年起农林牧渔业总产值中包括服务业产值。Gross output value includes services for agriculture since 2003.
3.2006年及以后年份农林牧渔业总产值已与农普数衔接。
According to the result of agricultural census, the figures are adjusted since 2006.

6-3 农、林、牧、渔业总产值指数(1979-2014年)
Indices of Gross Output Value of Farming,Forestry,Animal Husbandry and Fishery(1979-2014)

(1978年=100)(1978=100)

年份 Year	农林牧渔业总产值 Total	农业产值 Farming	#种植业产值 Planting	林业产值 Forestry	牧业产值 Animal Husbandry	渔业产值 Fishery	农林牧渔服务业 Services for Agriculture
1979	112.26	109.58	110.04	109.95	131.12	93.69	
1980	109.85	105.62	103.41	115.71	133.27	94.59	
1981	110.78	107.65	104.36	115.71	128.88	96.69	
1982	128.98	127.88	123.64	113.26	148.37	102.71	
1983	124.88	122.05	114.82	116.93	149.42	99.70	
1984	145.51	145.51	132.39	149.29	156.79	116.48	
1985	151.17	146.44	125.92	155.09	176.43	136.74	
1986	159.30	152.77	126.90	149.90	185.83	162.85	
1987	164.65	158.47	125.65	161.50	181.27	184.84	
1988	168.39	162.26	122.63	157.53	189.10	182.79	
1989	170.76	166.71	124.53	152.65	185.44	182.16	
1990	175.37	170.34	128.84	166.08	187.23	198.14	
1991	186.67	181.51	137.66	185.57	192.05	217.84	
1992	193.70	179.20	129.00	198.03	209.41	251.91	
1993	202.65	184.90	127.48	240.93	203.50	286.54	
1994	221.50	191.86	127.47	283.27	204.03	383.96	
1995	242.72	205.46	135.15	302.47	202.14	482.07	
1996	258.08	221.62	142.54	319.98	203.38	516.58	
1997	270.66	223.18	142.51	340.13	222.24	570.26	
1998	280.94	223.98	143.15	328.23	230.46	640.51	
1999	294.15	233.77	153.57	351.75	242.33	669.03	
2000	307.67	230.70	150.09	391.15	265.45	741.95	
2001	322.75	240.16	160.75	414.23	288.28	769.40	
2002	336.31	155.05	171.36	417.96	300.39	787.87	
2003	348.29	267.73	180.78	429.21	306.42	811.56	
2004	363.75	171.10	190.00	458.00	310.38	848.84	109.84
2005	372.48	175.72	195.13	463.04	326.52	847.99	117.53
2006	385.52	183.80	202.34	488.51	311.42	870.04	125.87
2007	394.39	188.58	207.60	509.03	314.53	884.83	135.69
2008	412.57	198.08	217.73	554.03	323.49	918.72	152.16
2009	422.43	203.15	224.26	555.03	333.19	932.87	164.56
2010	434.76	204.96	226.26	527.72	344.92	1007.97	179.37
2011	448.24	208.75	230.45	542.39	350.06	1076.41	191.03
2012	456.49	211.11	233.05	538.97	356.64	1110.86	204.40
2013	458.36	212.71	234.82	545.22	344.48	1136.85	214.17
2014	462.76	220.37	243.27	553.67	314.92	1166.98	229.16

注：本表按可比价格计算。
The data in this table are calculated at comparable price.

6-4 农、林、牧、渔业分项产值(2008-2014年)
Gross Output Value of Farming, Forestry, Animal Husbandry and Fishery by Branch(2008-2014)

单位:亿元(100 million yuan)

指标	Item	2008	2009	2010	2011	2012	2013	2014
农林牧渔业总产值	**Total**	**1780.01**	**1873.40**	**2172.86**	**2534.90**	**2658.66**	**2837.39**	**2844.59**
农业产值	**Farming**	**813.10**	**879.05**	**1041.30**	**1152.04**	**1229.36**	**1336.79**	**1385.96**
农作物种植业产值	Planting	796.12	864.47	1041.30	1152.04	1229.36	1336.79	1385.96
#粮食	Grain	164.95	178.48	200.59	223.47	229.51	231.66	242.04
谷物	Cereal	144.25	156.62	174.95	192.58	194.24	197.13	204.90
豆类	Beans	11.13	11.41	12.22	15.25	16.77	19.55	20.16
薯类	Tubers	9.58	10.45	13.42	15.64	18.50	14.98	16.98
油料	Oil bearing Crops	18.47	16.88	16.76	18.38	19.49	24.17	21.34
棉花	Cotton	3.08	3.34	4.29	4.15	3.84	2.92	3.01
麻类	Fiber Crops	0.03	0.01	0.01	0.01	0.01	0.01	0.01
糖料	Sugar Crops	11.22	10.98	10.40	12.16	7.79	7.92	9.03
蔬菜	Vegetables	240.34	257.85	300.12	318.91	341.22	427.75	436.27
茶、桑、果	Tea, Mulberry, Fruit	216.13	238.26	292.24	334.64	366.12	388.50	400.78
其他农业产值	Other Farming	16.98	14.58	16.30	12.36	13.17	13.03	12.96
林业产值	**Forestry**	**106.95**	**117.64**	**119.35**	**134.07**	**142.14**	**141.54**	**147.00**
人造林木生长	Man made Forestry Growing	6.18	8.74	4.17	10.55	11.64	10.19	8.08
林产品	Forestry Production	51.45	61.20	59.66	50.13	54.93	56.95	70.65
竹木采运	Lumbering	49.32	47.70	55.52	58.09	58.70	57.28	52.49
牧业产值	**Animal Husbandry**	**418.86**	**404.88**	**448.42**	**546.33**	**549.04**	**546.18**	**472.23**
牲畜繁殖、增长增重	Breeding and Growthing of Domestic Animals	303.61	284.61	305.78	391.19	393.98	396.38	337.97
家禽饲养	Poultry Raising	47.54	47.84	52.33	54.23	57.96	53.66	44.42
活的畜禽产品	Live Livestock Production	33.13	35.15	40.21	44.99	47.25	47.76	44.44
其他动物饲养	Other Animals Raising	34.25	36.95	48.39	54.43	48.16	46.39	43.54
渔业产值	**Fishery**	**407.82**	**435.48**	**522.18**	**655.75**	**687.05**	**757.97**	**779.36**
海水产品	Seawater Aquatic Production	277.23	304.75	365.79	465.12	484.53	543.05	566.38
淡水产品	Freshwater Aquatic Production	130.59	130.73	156.39	190.64	202.52	214.92	212.98
服务业产值	Services for Agriculture	33.28	36.35	41.61	46.71	51.08	54.91	60.04

注:1. 本表按当年价格计算。The data in this table are calculated at current price.
2. 总产值中包括服务业产值。Total gross output value includes services for agriculture.

6-5 农、林、牧、渔业增加值(2008-2014年)
The Added Value of Farming, Forestry, Animal Husbandry and Fishery(2008-2014)

单位:亿元(100 million yuan)

指标	Item	2008	2009	2010	2011	2012	2013	2014
总产值	**Gross Output Value**	**1780.01**	**1873.40**	**2172.86**	**2534.90**	**2658.67**	**2837.39**	**2844.59**
中间消耗	**Intermediate Consumption**	**684.05**	**710.32**	**812.31**	**951.86**	**990.78**	**1050.14**	**1037.99**
中间物质消耗	Intermediate Material Consumption	560.24	577.60	652.33	741.59	755.68	792.67	769.79
对非物质生产部门的劳务支出	Labour Service Expenditure of Non-material Productive Sectors	123.81	132.72	159.98	210.27	235.10	257.47	268.20
增加值	**Added Value**	**1095.96**	**1163.08**	**1360.56**	**1583.04**	**1667.88**	**1787.25**	**1806.60**
农业	Farming	578.93	627.03	747.66	831.66	887.77	965.43	1000.66
林业	Forestry	77.85	85.64	86.89	97.60	103.76	103.32	107.31
牧业	Animal Husbandry	188.07	181.87	202.24	247.87	248.72	247.42	212.50
渔业	Fishery	234.91	250.83	303.38	383.02	402.61	444.17	456.71
服务业	Services	16.20	17.71	20.39	22.89	25.03	26.90	29.42

注:1. 农林牧渔业增加值中包括服务业增加值。Gross Output Value includes Services for agricultuer.
2. 农林牧渔业增加值已与农普数衔接。The gross output value are adjusted according to agricultural census result.

6-6 各市农、林、牧、渔业增加值(2014年)
The Added Value of Farming, Forestry, Animal Husbandry and Fishery by City (2014)

单位:亿元(100 million yuan)

地区	Region	农、林、牧、渔业增加值 Total	#农业增加值 Farming	#固定资产折旧 Depreciation of Fixed Assets	劳动者报酬 Compensation of Labourers	中间消耗 Intermediate Consumption
全省合计	**Total**	**1806.60**	**1000.66**	**145.77**	**1745.58**	**1037.99**
浙东北	Eastern&Northern Region	1131.97	615.53	82.29	1099.78	676.05
杭州市	**Hangzhou**	**278.33**	**168.57**	**12.94**	**277.24**	**140.26**
宁波市	Ningbo	279.56	155.70	14.17	273.62	152.92
嘉兴市	Jiaxing	150.17	89.12	9.44	147.93	98.94
湖州市	Huzhou	126.61	62.74	13.49	113.12	84.79
绍兴市	Shaoxing	195.92	132.31	14.13	182.97	101.04
舟山市	zhoushan	101.38	7.09	18.12	104.90	98.10
浙西南	**Western&Southern Region**	**652.50**	**362.35**	**63.79**	**623.32**	**417.13**
温州市	Wenzhou	119.89	64.30	8.66	115.24	72.34
金华市	Jinhua	142.02	92.59	14.08	131.49	80.98
其中:义乌市	Yiwu	21.44	15.25	2.14	19.47	9.32
衢州市	Quzhou	83.73	47.25	6.26	81.06	54.94
台州市	Taizhou	217.78	93.28	32.04	206.69	161.56
丽水市	Lishui	89.08	64.93	2.75	88.84	47.31

注:全省数为省级计算数,与分市相加不等。
The total is calculated by Provincial Bureau, it is not equal to the sum of regional figures by city.

6－7 农业机械年末拥有量(2008－2014年)
Possession of Major Agricultural Machinery(2008－2014年)

指标		Item		2008	2009	2010	2011	2012	2013	2014
农业机械总动力	**(万千瓦)**	**Total Power of Agri－cultural Machinery**	**(10000 kw)**	**2331.38**	**2450.64**	**2499.92**	**2542.08**	**2587.92**	**2470.95**	**2436.95**
耕作机械动力	**(万千瓦)**	**Mechanical Power of Cultivation**	**(10000 kw)**	**175.12**	**190.71**	**197.17**	**205.17**	**211.74**	**211.04**	**215.98**
大中型拖拉机	(台)	Large and Medium Sized Tractors	(unit)	5842	7366	8401	9583	10742	11711	11967
	(万千瓦)		(10000 kw)	19.74	26.40	31.69	37.29	43.26	48.15	51.21
农用小型拖拉机	(万台)	Mini tractors for Agriculture	(10000 units)	16.62	17.01	16.91	16.81	16.27	13.93	12.97
	(万千瓦)		(10000 kw)	145.36	151.87	150.93	150.53	144.46	125.93	118.22
收获机械动力	**(万千瓦)**	**Mechanical Power of Harvesting**	**(10000 kw)**	**265.42**	**263.69**	**250.48**	**244.16**	**237.40**	**222.53**	**171.34**
联合收割机	(台)	Combine Harvesters	(unit)	15165	17221	18045	18399	18797	18374	18116
	(万千瓦)		(10000 kw)	44.51	54.39	59.81	62.89	66.45	67.45	67.60
机动收割机(割晒机)	(台)	Motorized Harvesters	(unit)	228	214	135	106	102	406	399
机动脱粒机	(万台)	Motorized Thresher	(10000 units)	131.25	121.55	110.58	102.64	85.86	77.10	61.88
植保机械动力	**(万千瓦)**	**Mechanical Power of Plant Protection**	**(10000 kw)**	**30.65**	**35.31**	**41.50**	**47.72**	**49.65**	**50.54**	**51.32**
机动喷雾(粉)器	(万架)	Motorized Sprayer	(10000 units)	13.27	15.56	18.94	21.18	21.84	21.30	21.46
排灌机械动力	**(万千瓦)**	**Mechanical Power of Drainage and Irrigation**	**(10000 kw)**	**281.12**	**284.15**	**287.08**	**287.18**	**286.56**	**292.18**	**288.63**
柴油机	(万台)	Diesel Engines	(10000 units)	8.74	9.45	9.64	8.73	8.61	8.98	8.71
	(万千瓦)		(10000 kw)	42.07	43.50	42.75	40.90	40.73	41.46	41.11
电动机	(万台)	Electric Engines	(10000 units)	86.98	85.48	86.73	88.19	87.45	86.33	84.00
	(万千瓦)		(10000 kw)	232.04	233.28	236.60	237.58	236.89	239.66	236.41
农副产品加工机械动力	**(万千瓦)**	**Mechanical Power of Farm Sideline Production Manufacturing**	**(10000 kw)**	**136.66**	**138.30**	**139.93**	**138.03**	**135.79**	**135.18**	**132.85**
粮食加工机械	(万台)	Mechanical Power for Grain	(10000 units)	12.80	12.96	12.90	13.18	12.82	12.64	12.48
棉花加工机械	(万台)	Mechanical Power for Cotton	(10000 units)	0.32	0.82	0.80	0.50	0.50	0.43	0.39
油料加工机械	(万台)	Mechanical Power for Oil bearing	(10000 units)	0.78	0.89	0.89	0.89	0.93	0.92	0.88
运输机械动力	**(万千瓦)**	**Mechanical Power of Transportation**	**(10000 kw)**	**542.90**	**549.87**	**553.53**	**553.97**	**548.70**	**515.35**	**482.05**
渔业机械动力	**(万千瓦)**	**Mechanical Power of Fishery**	**(10000 kw)**	**436.70**	**440.13**	**429.76**	**439.87**	**455.86**	**458.42**	**469.73**
机动船	(万艘)	Motorized Boats	(10000 units)	5.02	5.18	5.05	5.02	4.96	4.67	4.40
	(万吨)		(10000 tons)	226.52	234.67	231.11	246.84	268.68	279.57	291.12
	(万千瓦)		(10000 kw)	436.70	440.13	429.76	439.87	455.86	458.42	469.73
其他农业机械动力	**(万千瓦)**	**Other Mechanical Power**	**(10000 kw)**	**462.80**	**548.48**	**600.47**	**625.98**	**662.22**	**585.71**	**625.05**

6-8 各市主要农业机械拥有量(2014 年末)
Possession of Major Agricultural Machinery by City (End of 2014)

地区	Region	农业机械总动力(万千瓦) Total Power of Agricultural Machinery (10000 kw)	耕作机械动力(万千瓦) Mechanical Power of Cultivation (10000 kw)	大中型拖拉机(台) Mini tractors	农用小型拖拉机 Mini tractors		收获机械动力(万千瓦) Mechanical Power of Harvesting (10000 kw)
					万台 (10000 units)	万千瓦 (10000 kw)	
全省合计	**Total**	**2420.13**	**215.98**	**11967**	**12.97**	**118.22**	**91.78**
浙东北	**Eastern & Northern Region**	**1347.38**	**116.70**	**7454**	**7.36**	**67.49**	**43.01**
杭州市	Hangzhou	342.19	21.95	1064	1.35	12.39	4.12
宁波市	Ningbo	298.57	27.55	2282	1.16	11.25	9.31
嘉兴市	Jiaxing	147.87	21.35	1563	1.44	12.93	6.50
湖州市	Huzhou	168.47	22.05	518	2.01	18.40	7.37
绍兴市	Shaoxing	230.92	22.26	1884	1.37	12.27	15.00
舟山市	Zhoushan	159.37	1.55	143	0.03	0.25	0.71
浙西南	**Western & Southern Region**	**1072.74**	**99.28**	**4513**	**5.61**	**50.73**	**48.77**
温州市	Wenzhou	219.17	17.06	598	0.89	8.64	11.51
金华市	Jinhua	261.41	31.47	1778	2.16	18.65	14.74
其中:义乌市	Yiwu	27.80	3.44	298	0.12	1.20	0.69
衢州市	Quzhou	162.95	16.41	655	0.47	3.95	8.58
台州市	Taizhou	316.72	23.16	1436	1.33	13.24	12.95
丽水市	Lishui	112.49	11.19	46	0.76	6.24	0.99

续表 1 Continued

地区	Region	机动脱粒(打稻)机 Motorized Thresher (10000 kw)		植保机械动力(万千瓦) Mechanical Power of Plant Protection (10000 kw)	机动喷雾(粉)器 Moterized Sprayer		排灌机械动力(万千瓦) Mechanical Power of Drainage and Irrigation (10000 kw)
		万台 (10000 units)	万千瓦 (10000 kw)		(架) (unit)	(千瓦) (1000 kw)	
全省合计	**Total**	**61.88**	**103.75**	**51.32**	**214568**	**391663**	**288.63**
浙东北	**Eastern & Northern Region**	**39.21**	**55.99**	**18.83**	**101038**	**170426**	**167.01**
杭州市	Hangzhou	12.94	18.48	4.97	30806	48522	42.56
宁波市	Ningbo	0.42	0.94	5.69	29519	49341	30.04
嘉兴市	Jiaxing	15.62	22.68	2.27	12526	21382	28.98
湖州市	Huzhou	3.94	5.25	2.13	8991	19773	38.54
绍兴市	Shaoxing	6.11	8.36	3.59	18081	30029	24.23
舟山市	Zhoushan	0.19	0.29	0.17	1115	1379	2.67
浙西南	**Western & Southern Region**	**22.67**	**47.76**	**32.49**	**113530**	**221235**	**121.62**
温州市	Wenzhou	1.20	2.21	2.21	6252	16131	16.82
金华市	Jinhua	10.42	24.41	4.91	24789	41286	31.09
其中:义乌市	Yiwu	0.48	1.03	0.52	2591	1	2.97
衢州市	Quzhou	4.89	8.78	13.57	39557	80675	32.30
台州市	Taizhou	4.30	8.27	8.31	33926	65432	31.57
丽水市	Lishui	1.85	4.08	3.49	9006	17711	9.85

续表 2 Continued

地区	Region	农副产品加工机械动力（万千瓦）Mechanical Power of Farm Sideline Production Manufacturing (10000 kw)	运输机械动力（万千瓦）Mechanical Power of Transpor-tation (10000 kw)	渔业机械动力（万千瓦）Mechanical Power of Fishery (10000 kw)	其他机械动力（万千瓦）Other Mechanical Power (10000 kw)
全省合计	**Total**	**132.85**	**482.05**	**452.91**	**173.13**
浙东北	**Eastern & Northern Region**	**64.09**	**257.66**	**253.63**	**113.59**
杭州市	Hangzhou	17.81	77.43	13.43	33.21
宁波市	Ningbo	12.61	63.88	72.84	30.07
嘉兴市	Jiaxing	7.22	25.53	9.49	11.45
湖州市	Huzhou	7.15	33.34	20.23	5.61
绍兴市	Shaoxing	18.34	44.48	6.58	31.38
舟山市	Zhoushan	0.97	12.99	131.05	1.89
浙西南	**Western & Southern Region**	**68.76**	**224.39**	**199.28**	**59.53**
温州市	Wenzhou	13.99	36.03	75.75	24.72
金华市	Jinhua	15.94	73.50	1.33	9.14
其中:义乌市	Yiwu	1.17	9.86	0.18	1.30
衢州市	Quzhou	12.62	37.43	0.99	2.23
台州市	Taizhou	11.97	50.68	120.69	17.91
丽水市	Lishui	14.23	26.75	0.51	5.54

6-9 农业机械化、电气化及化肥施用量(2008-2014年)
Agricultural Mechanization,Electrification,Chemical Fertilizer Applied(2008-2014)

指标	Item	2008	2009	2010	2011	2012	2013	2014
农业机械化	**Agricultural Mechanization**							
当年机耕地面积 (千公顷)	Area Sown by Machine at Current Year (1000 hectares)	1010.35	996.87	996.59	992.39	1008.82	1003.15	979.45
当年机械收获面积 (千公顷)	Mechanical Harvest Area at Current Year (1000 hectares)	869.05	905.00	900.63	943.57	910.38	928.71	919.96
农村能源	**Energy in Rural Areas**							
农村用电量 (亿千瓦时)	Electricity Consumed (100 Million kw.h)	675.41	709.41	765.15	848.00	869.87	904.91	905.34
乡村办水电站 (个)	Hydropower Stations Run by Township and Village (units)	2358	2283	2205	3189	3206	2943	
农业化肥施用量	**Agricultural Consumption of Chemical Fertilizers**							
按折纯量计算 (万吨)	Calculated by 100% Effective Component (10000 tons)	92.98	93.60	92.20	92.05	92.15	92.43	89.62
每公顷播种面积施用量 (公斤)	Fertilizer Used per Hectare Sown Area (kg)	375	374	371	368	376	378	370
农用塑料薄膜使用量 (万吨)	**Plastic Film Used for Agriculture (10000 tons)**	**5.21**	**5.44**	**5.54**	**5.84**	**6.23**	**6.47**	**6.57**
农用柴油使用量 (万吨)	**Diesel Used for Agriculture (10000 tons)**	**184.28**	**183.28**	**191.56**	**195.10**	**196.20**	**198.80**	**200.72**
农药使用量 (万吨)	**Pesticide Used (10000 tons)**	**6.58**	**6.55**	**6.51**	**6.39**	**6.29**	**6.22**	**5.87**

6－10 各市农业机械化、农村能源及农业物资消耗情况(2014年)
Agricultural Mechanization, Energy and Material Consumption by City (2014)

地区	Region	农业机械化情况(千公顷) Conditions of Agricultural Mechanization(1000 ha)		农村用电量(亿千瓦小时) Electricity Consumed in Rural Areas (100 million kw.h)	农用塑料薄膜使用量(吨) Plastic Film Used for Agriculture (ton)	农用柴油使用量(吨) Diesel Used for Agriculture (ton)	农药使用量(吨) Pesticide Used (ton)
		机耕面积 Area Cultivated by Machine	机械收获面积 Area Harvested by Machine				
全省合计	**Total**	**1438.09**	**919.96**	**905.34**	**65677**	**2007156**	**58748**
浙东北	**Eastern & Northern Region**	**815.73**	**589.36**	**655.00**	**38103**	**1004631**	**33704**
杭州市	Hangzhou	158.78	81.09	110.30	10703	26594	7170
宁波市	Ningbo	187.11	103.45	183.27	11261	335162	7340
嘉兴市	Jiaxing	153.16	163.92	115.30	6063	15212	6520
湖州市	Huzhou	127.56	107.87	36.59	5097	27317	5730
绍兴市	Shaoxing	180.65	130.23	196.08	4562	15279	6277
舟山市	Zhoushan	8.47	2.80	13.46	417	585067	667
浙西南	**Western & Southern Region**	**622.36**	**330.60**	**250.34**	**27574**	**1002525**	**25044**
温州市	Wenzhou	154.90	91.10	84.98	3675	291989	4035
金华市	Jinhua	150.96	71.55	46.27	7342	34568	7510
其中:义乌市	Yiwu	17.03	8.64	10.75	351	1987	446
衢州市	Quzhou	123.67	80.89	9.98	2577	16477	6206
台州市	Taizhou	132.17	76.87	103.32	9210	648731	4336
丽水市	Lishui	60.65	10.20	5.80	4770	10760	2957

6－11 各市农用化肥施用量
Chemical Fertilizer Applied by City

单位:万吨(10000 tons)

地区	Region	氮肥 Nitrogenous Fertilizer		磷肥 Phosphate Fertilizer		钾肥 Potash Fertilizer		复合肥 Compound Fertilizer	
		2013年	2014	2013年	2014	2013年	2014	2013年	2014
全省合计	**Total**	**50.46**	**47.64**	**11.45**	**10.66**	**7.32**	**7.20**	**23.20**	**24.12**
浙东北	**Eastern & Northern Region**	**28.50**	**27.55**	**5.30**	**5.20**	**3.27**	**3.19**	**11.26**	**11.93**
杭州市	Hangzhou	5.04	4.68	1.10	1.06	0.79	0.78	3.40	3.27
宁波市	Ningbo	5.02	4.65	1.52	1.47	0.86	0.81	3.88	4.21
嘉兴市	Jiaxing	7.83	7.81	1.20	1.19	0.54	0.53	0.89	0.88
湖州市	Huzhou	3.18	2.92	0.57	0.45	0.32	0.27	1.20	1.10
绍兴市	Shaoxing	7.18	7.25	0.86	0.96	0.73	0.78	1.72	2.29
舟山市	Zhoushan	0.24	0.24	0.05	0.06	0.02	0.02	0.17	0.19
浙西南	**Western & Southern Region**	**21.97**	**20.09**	**6.14**	**5.46**	**4.05**	**4.00**	**11.95**	**12.19**
温州市	Wenzhou	5.08	4.78	1.43	1.33	0.88	0.85	1.30	1.30
金华市	Jinhua	5.40	4.44	1.91	1.39	1.20	1.25	3.89	4.06
其中:义乌市	Yiwu	0.61	0.53	0.14	0.12	0.11	0.09	0.61	0.53
衢州市	Quzhou	3.95	3.84	0.90	0.86	0.85	0.80	1.82	1.65
台州市	Taizhou	4.91	4.41	0.94	0.89	0.50	0.51	2.91	3.14
丽水市	Lishui	2.64	2.61	0.97	0.98	0.62	0.61	2.02	2.04

注:农用化肥施用量按折纯量计算。
Chemical Fertilizer Applied are Calculated by 100% Effective Component.

6-12 农田水利建设(2008-2014年)
Water Conservancy Facilities of Farmland(2008-2014)

指标		Item		2008	2009	2010	2011	2012	2013	2014
水库年末累计	**(座)**	**Total Number of Reservoirs**	**(set)**	**4202**	**4207**	**4217**	**4243**	**4250**	**4331**	**4336**
#大、中型水库(1000万立方米以上)	(座)	Large and Medium-sized Reservoirs(above 10 million cu. m level)	(set)	177	180	183	185	187	189	189
总库容量	(亿立方米)	Capacity	(100 million m)	394.76	396.21	398.07	398.92	400.07	445.00	444.00
塘坝	**(处)**	**Small Reservoirs**	**(place)**	**219864**	**208982**	**189898**	**205204**	**204034**	**88339**	**88474**
机电井	**(眼)**	**Motor-electric-pumped Well**	**(unit)**	**2139**	**1998**	**2032**	**1996**	**1991**	**2991**	**2958**
水闸	**(座)**	**Sluice**	**(set)**	**4971**	**5197**	**5279**	**5322**	**5355**	**12873**	**13115**

注：本表指标自2013年起统计口径进行了调整。The data of this table is adjusted since 2013.

6-13 农田水利、除涝和治理水土流失情况(2008-2014年)
Water Conservation, Waterlogging and Soil Erosion Prevention and Limitation(2008-2014)

指标		Item		2008	2009	2010	2011	2012	2013	2014
有效灌溉面积	(千公顷)	Effective Irrigated Areas	(1000 ha)	1435.85	1446.37	1450.98	1456.80	1471.02	1409.39	1425.37
除涝面积	(千公顷)	Flooded or Water Logged Areas under Control	(1000 ha)	496.17	496.61	529.04	499.71	501.44	507.30	523.52
治理水土流失面积	(千公顷)	Area of Soil Erosion under Control	(1000 ha)	2334.58	2401.85	2431.64	2457.64	2515.46	3645.69	3644.48
堤塘长度	(公里)	Total Length of Dikes	(km)	13269	13587	13895	14168	14572	17633	18012

注：本表指标自2013年起统计口径进行了调整。The data of this table is adjusted since 2013.

6-14 各市水利设施和除涝及农田灌溉面积
Water Conservancy Facilities, Waterlogging Area under Control and Farmland Irrigated Areas by City

地区	Region	年末水库数(座) Number of Reservoirs (year end) (set)		水库总库容(亿立方米) Capacity of Reservoirs (100 million cu. m)		除涝面积(千公顷) Waterlogging Area under Control (1000 ha)		有效灌溉面积(千公顷) Effective Irrigated Areas(1000 ha)	
		2013	2014	2013	2014	2013	2014	2013	2014
全省合计	**Total**	**4331**	**4336**	**445.24**	**444.08**	**507.30**	**523.52**	**1409.39**	**1425.37**
浙东北	**Eastern & Northern Region**	**1978**	**1980**	**278.82**	**278.41**	**380.28**	**393.90**	**811.87**	**821.29**
杭州市	Hangzhou	639	639	236.51	236.50	55.67	58.60	153.35	155.51
宁波市	Ningbo	419	419	19.20	18.77	74.30	74.06	174.09	175.57
嘉兴市	Jiaxing		1		0.03	110.51	117.48	180.63	182.50
湖州市	Huzhou	157	157	8.92	8.92	92.15	95.80	135.92	136.87
绍兴市	Shaoxing	554	555	12.78	12.78	41.78	41.79	152.99	155.77
舟山市	Zhoushan	209	209	1.43	1.41	5.87	6.17	14.89	15.07
浙西南	**Western & Southern Region**	**2353**	**2356**	**166.42**	**165.66**	**127.02**	**129.62**	**597.53**	**604.08**
温州市	Wenzhou	329	330	26.79	26.79	66.67	66.96	113.36	113.81
金华市	Jinhua	823	823	19.66	19.44	12.36	12.36	158.01	161.16
其中:义乌市	Yiwu	106	105	2.32	2.30	0.37	0.37	17.88	18.00
衢州市	Quzhou	471	471	34.83	34.83	2.64	2.69	111.58	108.39
台州市	Taizhou	344	345	18.68	18.68	37.84	37.84	123.42	125.96
丽水市	Lishui	386	387	66.46	65.92	7.51	9.77	91.15	94.76

6－15 主要农作物播种面积(2008－2014年)
Total Sown Area of Major Farm Crops(2008－2014)

单位:千公顷(1000 hectares)

指标	Item	2008	2009	2010	2011	2012	2013	2014
农作物播种面积	**Sown Area of Farm Crops**	**2481.32**	**2504.79**	**2484.65**	**2462.70**	**2450.48**	**2443.43**	**2414.02**
粮食作物	Grain Crops	1271.63	1290.09	1275.83	1254.13	1251.55	1253.74	1266.81
#春粮	Spring Grain	160.44	169.82	176.08	182.19	177.94	180.53	189.60
秋粮	Autumn Grain	1006.86	1005.40	982.13	960.18	962.93	958.10	960.83
谷物	Cereal	1050.10	1062.21	1052.52	1032.97	1004.33	1003.96	1008.11
稻谷	Rice	937.50	938.74	923.16	894.77	832.59	828.72	824.21
早稻及早中稻	Early Rice & Early Mid-rice	104.33	114.87	117.62	111.76	110.68	115.11	116.38
晚稻及迟中稻	Late Rice & Late Mid-rice	833.17	823.87	805.54	783.01	721.91	713.61	707.83
#单季晚稻	Single Season Rice	691.24	666.34	647.87	640.11	600.20	593.00	587.70
小麦	Wheat	54.34	60.37	66.17	72.63	74.49	75.52	82.12
大(元)麦	Barley	23.65	27.19	26.73	25.69	25.79	26.03	24.46
玉米	Corn	25.92	27.03	27.27	30.94	61.97	63.40	66.52
其他谷物	Other Cereal	8.69	8.88	9.19	8.94	9.49	10.29	10.80
豆类	Beans	129.85	129.55	125.96	124.40	138.45	137.00	141.08
大豆	Soybeans	54.43	55.54	52.60	51.06	88.45	88.27	89.40
蚕(豌)豆	Broad Bean	31.26	30.39	31.05	31.03	29.85	29.02	31.67
杂豆	Other Beans	44.16	43.62	42.31	42.31	20.15	19.71	20.01
薯类	Yam	91.68	98.33	97.35	96.76	108.77	112.78	117.62
其中:马铃薯	Potato	51.19	57.80	58.20	59.18	55.52	58.29	60.95
油料	**Oil bearing Crops**	**190.78**	**210.14**	**208.75**	**195.99**	**189.38**	**183.42**	**145.00**
油菜籽	Rapeseeds	167.50	185.76	184.46	171.55	165.56	159.62	126.37
花生	Peanuts	18.67	19.12	19.00	19.00	18.53	18.39	14.21
芝麻	Sesame	4.61	5.26	5.29	5.44	5.29	5.41	4.43
棉花(皮棉)	**Cotton**	**20.34**	**20.10**	**20.80**	**21.73**	**20.91**	**19.65**	**17.26**
麻类	**Fiber Crops**	**0.24**	**0.17**	**0.13**	**0.10**	**0.11**	**0.09**	**0.09**
糖类	**Sugar Crops**	**13.94**	**13.12**	**12.04**	**11.33**	**11.01**	**10.31**	**10.10**
烟叶	**Tobacco**	**1.34**	**1.50**	**1.35**	**1.22**	**1.08**	**1.05**	**0.73**
药材类	**Medicinal Material**	**29.94**	**28.76**	**30.58**	**31.56**	**31.19**	**31.89**	**36.57**
蔬菜	**Vegetables**	**617.36**	**618.86**	**618.59**	**624.46**	**623.27**	**619.13**	**606.00**
果用瓜	**Melon as Fruit**	**114.02**	**110.23**	**107.79**	**105.97**	**101.41**	**101.04**	**95.74**
#西瓜	Watermelon	94.24	90.04	86.90	83.81	77.30	76.36	70.78
花卉苗木	**Flowers and Plants Nursery Stock**	**104.37**	**103.83**	**108.13**	**119.34**	**126.32**	**131.50**	**140.02**
其他农作物	**Other Farm Crops**	**117.36**	**107.99**	**100.65**	**96.89**	**94.26**	**91.62**	**95.70**
#绿肥	Green Manure	57.66	54.43	52.79	50.82	49.31	48.49	45.48

6-16 历年主要农作物播种面积(1978-2014年)
Total Sown Area of Major Farm Crops over the years(1978-2014)

单位:千公顷(1000 hectares)

年份 Year	农作物播种面积 Total Sown Area	#粮食作物 Grain Crops	油料 Oil-bearing Crops	棉花 Cotton	蔬菜 Vegetables
1978	4760.13	3472.20	207.20	85.13	126.80
1979	4731.60	3456.19	221.20	90.07	122.73
1980	4685.71	3424.40	245.60	107.27	129.33
1981	4644.13	3375.07	298.87	107.93	116.47
1982	4626.00	3437.47	253.73	106.73	124.67
1983	4578.07	3480.00	237.93	105.47	132.00
1984	4526.87	3482.53	223.93	104.80	148.40
1985	4451.70	3271.23	286.00	93.07	180.25
1986	4361.80	3166.25	294.20	80.53	199.26
1987	4374.27	3235.37	276.93	70.73	214.97
1988	4300.50	3209.85	273.40	69.00	226.61
1989	4312.87	3222.65	280.93	60.40	236.27
1990	4384.69	3266.00	302.05	68.67	248.39
1991	4379.53	3267.21	306.61	68.19	249.07
1992	4275.05	3164.20	304.08	71.09	250.02
1993	3926.16	2844.46	235.95	60.94	283.41
1994	3802.42	2741.04	235.42	61.66	298.85
1995	3923.04	2814.39	309.32	64.53	297.81
1996	3963.82	2877.17	295.71	66.71	313.12
1997	3944.16	2873.00	275.75	61.97	329.05
1998	3919.60	2799.51	281.88	62.84	368.04
1999	3899.49	2751.91	289.44	37.85	412.49
2000	3554.33	2300.26	315.58	26.58	568.86
2001	3245.93	1939.08	306.62	27.66	627.97
2002	3064.54	1718.39	289.07	18.73	696.99
2003	2834.39	1482.97	250.90	17.63	700.77
2004	2778.41	1505.37	237.25	18.77	661.02
2005	2837.94	1562.56	249.25	17.91	666.73
2006	2516.21	1304.52	175.28	18.05	647.70
2007	2491.61	1270.75	151.34	18.81	660.62
2008	2481.32	1271.63	190.78	20.34	617.36
2009	2504.79	1290.09	210.14	20.10	618.86
2010	2484.65	1275.83	208.75	20.80	618.59
2011	2642.70	1254.13	195.99	21.73	624.46
2012	2450.48	1251.55	189.38	20.91	623.27
2013	2443.43	1253.74	183.42	19.65	619.13
2014	2414.02	1266.81	145.00	17.26	606.00

注:2006年及以后年份粮食、油料面积按第二次农普数衔接。
According to the result of agricultural census, the figures are adjusted since 2006.

6-17 主要农作物产量(1978-2014年)
Output of Major Farm Crops(1978-2014)

单位:万吨(10000 tons)

年份 Year	#粮食 Grain	棉花 Cotton	油料 Oil-bearing Crops	蔬菜 Vegetables	茶叶 Tea	水果 Fruit	#柑桔 Orange
1978	1467.20	7.26	22.06		5.87	14.61	6.78
1979	1611.30	6.69	27.03		6.55	22.45	11.24
1980	1435.50	8.29	28.86		7.54	22.50	9.14
1981	1419.20	6.81	39.99		8.93	22.79	12.06
1982	1712.10	9.76	38.62		10.71	25.80	12.85
1983	1583.70	9.37	29.76		10.20	28.30	17.18
1984	1817.15	13.29	33.89		9.56	30.66	17.85
1985	1621.29	8.13	44.19	100.26	9.31	135.38	28.54
1986	1605.09	7.56	42.94	753.99	10.43	52.05	36.15
1987	1588.99	6.54	39.66	756.29	11.59	70.95	54.91
1988	1553.64	4.37	43.06	761.63	12.82	51.60	28.60
1989	1554.28	4.19	38.28	776.85	11.78	98.75	72.47
1990	1586.10	6.42	48.35	736.63	11.70	180.91	79.73
1991	1640.00	7.53	45.56	740.15	11.41	134.49	106.42
1992	1553.50	5.96	50.08	689.38	11.94	102.37	73.85
1993	1436.18	5.79	38.57	771.46	12.23	273.55	113.52
1994	1404.00	5.54	34.59	819.60	10.69	295.40	139.27
1995	1430.90	6.25	50.00	823.51	10.21	335.39	170.03
1996	1516.77	6.84	52.11	888.17	9.90	342.18	180.41
1997	1493.53	4.76	48.88	895.04	10.17	388.95	210.51
1998	1435.20	6.49	35.55	1009.52	11.32	359.93	149.69
1999	1392.96	4.04	54.06	1127.45	11.77	428.55	212.01
2000	1217.00	2.92	57.88	1470.04	11.64	380.67	97.19
2001	1075.61	3.16	58.22	1634.13	12.06	516.64	163.81
2002	959.41	2.24	46.97	1765.28	13.85	500.90	164.28
2003	809.23	2.10	43.77	1780.19	13.27	568.38	176.66
2004	850.17	2.28	48.77	1749.76	13.87	632.07	200.99
2005	830.42	2.16	50.14	1741.82	14.44	577.96	148.11
2006	785.50	2.38	35.61	1716.61	15.24	644.00	180.35
2007	745.07	2.54	32.95	1718.06	16.02	690.28	198.56
2008	775.55	2.82	41.27	1755.87	16.23	747.92	238.36
2009	789.15	2.81	43.24	1764.76	16.74	712.41	197.54
2010	770.67	2.94	39.47	1788.81	16.27	701.31	190.78
2011	781.60	3.24	39.85	1815.61	16.97	712.36	194.44
2012	769.80	2.99	38.30	1819.81	17.48	703.84	193.56
2013	733.95	2.80	37.78	1764.29	16.86	715.65	193.03
2014	757.40	2.48	30.66	1762.79	16.54	714.84	200.93

注：2006年及以后年份粮食、油料产量按第二次农普数衔接。
According to the result of agricultural census, the figures are adjusted since 2006.

6-18 主要农作物单位面积产量(1978-2014年)
Output of Major Farm Crops Per Hectare(1978-2014)

单位:公斤/公顷(kg/hectare)

年份 Year	粮食 Grain	谷物 Cereal	油料 Oil-bearing Crops	#油菜籽 Rapeseed	棉花 Cotton	糖类 Sugar Crops
1978	4226	4268	1065	1050		
1979	4662	4758	1222	1213		
1980	4192	4239	1175	1179		
1981	4205	4283	1338	1346		
1982	4981	5105	1522	1540		
1983	4551	4618	1251	1260		
1984	5218	5338	1513	1529		
1985	4956	5065	1545	1556		
1986	5069	5221	1460	1468		
1987	4911	5032	1432	1430		
1988	4840	4965	1575	1588		
1989	4823	4952	1363	1363		
1990	4856	5000	1601	1608	935	53796
1991	5020	5176	1486	1485	1104	55164
1992	4910	5062	1647	1647	838	52404
1993	5049	5253	1635	1623	950	54498
1994	5122	5369	1469	1440	898	52896
1995	5084	5299	1617	1599	968	55848
1996	5272	5517	1762	1748	1025	56349
1997	5199	5453	1772	1754	768	54564
1998	5127	5407	1261	1205	1033	57824
1999	5062	5330	1869	1844	1068	59073
2000	5294	5735	1834	1808	1100	60289
2001	5547	6082	1899	1869	1143	60956
2002	5583	6223	1625	1565	1195	61644
2003	5475	6166	1744	1682	1193	64529
2004	5648	6313	2056	2016	1213	58703
2005	5314	5920	2012	1967	1204	57278
2006	6021	6582	2032	1958	1300	60455
2007	5863	6407	2177	2111	1351	60352
2008	6099	6724	2163	2110	1385	61283
2009	6117	6742	2058	1993	1397	62013
2010	6041	6641	1890	1803	1412	61690
2011	6232	6821	2033	1958	1489	62759
2012	6151	6750	2022	1938	1429	63737
2013	5854	6453	2060	1984	1423	61955
2014	5979	6588	2115	2049	1438	62049

注：2006年及以后年份粮食单产按农普数衔接。
According to the result of agricultural census, the figures are adjusted since 2006.

6-19 主要农作物产量
Output of Major Farm Crops

指标	Item	2012		2013		2014	
		公顷产量(公斤) Output per Hectare (kg)	总产量(万吨) Total Output (10000 tons)	公顷产量(公斤) Output per Hectare (kg)	总产量(万吨) Total Output (10000 tons)	公顷产量(公斤) Output per Hectare (kg)	总产量(万吨) Total Output (10000 tons)
粮食作物	**Grain Crops**	**6151**	**769.80**	**5854**	**733.95**	**5979**	**757.40**
#春粮	Spring Grain	3512	62.50	3542	63.94	3579	67.86
秋粮	Autumn Grain	6651	640.48	6245	598.30	6432	618.03
谷物	Cereal	6753	677.96	6453	647.89	6588	664.18
稻谷	Rice	7306	608.26	7001	580.20	7160	590.10
早稻	Early Rice	6038	66.82	6230	71.71	6144	71.50
晚稻及单季稻	Late Rice & Single Season Rice	7500	541.44	7126	508.49	7327	518.60
#单季晚稻	Single Season Rice	7718	463.23	7417	439.83	7555	444.00
小麦	Wheat	3638	27.10	3685	27.83	3769	30.95
大(元)麦	Barley	3835	9.89	3659	9.53	3800	9.29
玉米	Corn	4700	29.13	4221	26.76	4523	30.09
其他谷物	Other Cereal	3771	3.58	3469	3.57	3469	3.75
豆类	Beans	2646	36.64	2467	33.80	2541	35.84
大豆	Soybeans	2850	25.21	2565	22.64	2707	24.20
蚕(豌)豆	Broad Beans	2107	6.29	2198	6.38	2145	6.79
杂豆	Other Beans	2550	5.14	2425	4.78	2425	4.85
薯类	Yams	5075	55.20	4634	52.26	4878	57.38
其中:马铃薯	Potato	4065	22.57	4037	23.53	4049	24.68
油料	**Oil bearing Crops**	**2022**	**38.30**	**2060**	**37.78**	**2115**	**30.66**
油菜籽	Rapeseeds	1938	32.09	1984	31.67	2049	25.90
花生	Peanuts	2882	5.34	2823	5.19	2823	4.01
芝麻	Sesame	1653	0.87	1700	0.92	1708	0.76
棉花(皮棉)	**Cotton**	**1429**	**2.99**	**1423**	**2.80**	**1438**	**2.48**
麻类	**Fiber Crops**	**2675**	**0.03**	**2921**	**0.03**	**2644**	**0.02**
糖类	Sugar Crops	63737	70.14	61955	63.89	62049	62.68
烟叶	**Tobacco**	**2396**	**0.26**	**2381**	**0.25**	**2369**	**0.17**
蔬菜	**Vegetables**	**29198**	**1819.81**	**27971**	**1764.29**	**29089**	**1762.79**
果用瓜	**Melon as Fruit**	**28710**	**291.16**	**28952**	**292.53**	**28326**	**271.18**
#西瓜	Watermelon	30807	238.12	31063	237.21	30292	214.41

6-20 各市粮食播种面积和产量
Sown Area and Output of Grain by City

地区	Region	2012			2013			2014		
		播种面积（千公顷）Sown Area (1000 ha)	公顷产（公斤）Output per Hectare (kg)	总产量（万吨）Total Output (10000 tons)	播种面积（千公顷）Sown Area (1000 ha)	公顷产（公斤）Output per Hectare (kg)	总产量（万吨）Total Output (10000 tons)	播种面积（千公顷）Sown Area (1000 ha)	公顷产（公斤）Output per Hectare (kg)	总产量（万吨）Total Output (10000 tons)
全省合计	**Total**	**1251.55**	**6151**	**769.80**	**1253.74**	**5854**	**733.95**	**1266.81**	**5979**	**757.40**
浙东北	**Eastern & Northern Region**	**856.37**	**6272**	**537.10**	**856.07**	**6219**	**532.38**	**678.34**	**6386**	**433.22**
杭州市	Hangzhou	165.44	5856	96.88	163.92	5852	95.92	107.26	5831	62.54
宁波市	Ningbo	148.53	5828	86.57	148.57	5468	81.25	127.84	5800	74.15
嘉兴市	Jiaxing	207.89	6659	138.43	208.06	6673	138.83	183.28	6675	122.34
湖州市	Huzhou	136.14	6606	89.94	136.09	6654	90.55	106.43	6930	73.75
绍兴市	Shaoxing	187.75	6394	120.06	188.76	6394	120.68	148.37	6589	97.76
舟山市	Zhoushan	10.61	4919	5.22	10.66	4822	5.14	5.17	5187	2.68
浙西南	**Western & Southern Region**	**680.22**	**5788**	**393.73**	**679.99**	**5639**	**383.46**	**519.59**	**6100**	**316.95**
温州市	Wenzhou	156.60	5920	92.71	155.64	5337	83.06	123.97	6129	75.98
金华市	Jinhua	154.84	5798	89.78	153.42	5755	88.30	99.61	6095	60.71
其中:义乌市	Yiwu	17.66	5982	10.57	17.46	5944	10.38	8.54	6019	5.14
衢州市	Quzhou	134.00	5947	79.69	134.02	5963	79.92	110.46	6398	70.68
台州市	Taizhou	137.44	5762	79.19	140.06	5706	79.91	96.10	6266	60.22
丽水市	Lishui	97.33	5380	52.37	96.86	5397	52.28	89.46	5519	49.37

注：全省粮食产量为抽样调查数，与分市相加不相等。
The total output of grain is obtained from the sample survey, the total is not equal to the sum of regional figures.

6-21 商品粮基地粮食播种面积和产量
Sown Area and Output of Grain in Commodity Grain Bases

地区	Region	2012			2013			2014		
		播种面积（千公顷）Sown Area (1000 ha	公顷产（公斤）Output per Hectare (kg)	总产量（万吨）Total Output (10000 tons)	播种面积（千公顷）Sown Area (1000 ha	公顷产（公斤）Output per Hectare (kg)	总产量（万吨）Total Output (10000 tons)	播种面积（千公顷）Sown Area (1000 ha	公顷产（公斤）Output per Hectare (kg)	总产量（万吨）Total Output (10000 tons)
全省合计	**Total**	**1251.55**	**6151**	**769.80**	**1253.74**	**5854**	**733.95**	**1266.81**	**5979**	**757.40**
国家级小计	**Country Level**	**514.21**	**6447**	**331.53**	**513.03**	**6356**	**326.08**	**410.05**	**6492**	**266.19**
萧山区	Xiaoshan	42.43	5686	24.18	42.11	5703	24.01	25.94	5531	14.35
富阳市	Fuyang	23.14	6404	14.82	22.82	6367	14.53	18.62	6453	12.02
余杭区	Yuhang	26.42	6988	18.46	26.31	7015	18.45	14.64	6970	10.21
余姚市	Yuyao	32.82	6375	20.92	32.80	5368	17.60	29.00	6179	17.92
奉化市	Fenhua	11.46	6288	7.20	11.71	6153	7.21	10.52	5947	6.25
宁海县	Ninghai	19.54	5185	10.13	19.27	5206	10.03	16.71	5718	9.55
鄞州区	Yinzhou	28.12	6862	19.29	27.56	6208	17.11	25.30	6416	16.24
嘉兴市秀洲区	Xiuzhou, jiaxing	30.68	6842	20.99	30.98	6833	21.17	25.76	7016	18.08
嘉善县	Jiashan	28.60	6537	18.69	28.08	6662	18.70	22.34	6717	15.00
海盐县	Haiyan	31.85	6421	20.45	32.03	6429	20.59	31.75	6461	20.51
桐乡市	Tongxiang	27.51	7088	19.50	26.83	7186	19.28	25.86	6811	17.61
德清县	Deqing	13.35	7027	9.38	13.77	7079	9.75	12.93	6967	9.01
长兴县	ChangXing	45.68	6330	28.91	46.24	6281	29.04	37.99	6600	25.07
诸暨市	Zhuji	56.16	6852	38.48	56.43	6869	38.77	43.38	6870	29.80
柯桥区	Keqiao	30.21	6960	21.02	30.39	6932	21.07	15.57	6986	10.88
金东区	Jindong	5.29	6263	3.31	5.03	5817	2.93	2.88	5977	1.72
衢江区	Qujiang	31.20	5734	17.89	30.89	5779	17.85	25.00	6323	15.81
龙游县	Longyou	29.77	6008	17.89	29.80	6039	17.99	25.85	6249	16.16
省级小计	**Province Level**	**210.57**	**6091**	**128.26**	**212.92**	**5979**	**127.30**	**167.55**	**6263**	**104.93**
桐庐县	Tonglu	15.85	5831	9.24	15.51	5914	9.17	9.30	5898	5.48
瑞安市	Ruian	21.40	6671	14.28	21.34	5589	11.92	16.00	6727	10.76
海宁市	Haining	27.52	6655	18.31	27.76	6583	18.28	20.60	6917	14.25
安吉县	Anji	25.46	5868	14.94	25.68	5896	15.14	19.16	5889	11.28
嵊州市	Shengzhou	28.67	5962	17.09	28.67	5951	17.06	26.25	6215	16.31
武义县	Wuyi	18.53	5758	10.67	18.57	5803	10.75	12.63	5828	7.36
江山市	Jiangshan	36.83	6196	22.82	37.19	6232	23.18	30.48	6555	19.98
温岭市	Wenling	25.64	6061	15.54	27.41	5949	16.31	23.26	6161	14.33
松阳县	Songyang	10.67	5023	5.36	10.80	5085	5.49	9.88	5232	5.17

6－22 各市油菜籽播种面积和产量
Sown Area and Output of Repeseeds by City

地区	Region	2012			2013			2014		
		播种面积（千公顷）Sown Area (1000 ha)	公顷产（公斤）Output per Hectare (kg)	总产量（万吨）Total Output (10000 tons)	播种面积（千公顷）Sown Area (1000 ha)	公顷产（公斤）Output per Hectare (kg)	总产量（万吨）Total Output (10000 tons)	播种面积（千公顷）Sown Area (1000 ha)	公顷产（公斤）Output per Hectare (kg)	总产量（万吨）Total Output (10000 tons)
全省合计	**Total**	**165.56**	**1938**	**32.09**	**159.62**	**1984**	**31.67**	**126.37**	**2049**	**25.90**
浙东北	**Eastern & Northern Region**	**113.54**	**2161**	**24.54**	**107.78**	**2224**	**23.97**	**78.02**	**2291**	**17.88**
杭州市	Hangzhou	37.55	2040	7.66	37.20	2146	7.98	28.57	2225	6.36
宁波市	Ningbo	10.35	2226	2.30	9.96	2282	2.27	8.37	2221	1.86
嘉兴市	Jiaxing	22.13	2497	5.53	19.30	2540	4.90	16.10	2574	4.14
湖州市	Huzhou	20.97	2206	4.63	19.25	2251	4.33	11.89	2337	2.78
绍兴市	Shaoxing	21.22	1950	4.14	20.80	2019	4.20	12.48	2088	2.61
舟山市	Zhoushan	1.33	2157	0.29	1.27	2187	0.28	0.60	2172	0.13
浙西南	**Western & Southern Region**	**89.43**	**1663**	**14.88**	**87.92**	**1698**	**14.93**	**81.57**	**1748**	**14.26**
温州市	Wenzhou	11.15	1608	1.79	10.80	1671	1.80	8.07	1712	1.38
金华市	Jinhua	23.03	1771	4.08	22.53	1786	4.03	22.36	1836	4.11
其中：义乌市	Yiwu	1.00	1990	0.20	1.03	2090	0.21	1.02	2056	0.21
衢州市	Quzhou	36.67	1606	5.89	36.71	1633	6.00	35.78	1669	5.97
台州市	Taizhou	10.18	1669	1.70	9.56	1768	1.69	7.17	1885	1.35
丽水市	Lishui	8.41	1684	1.42	8.31	1704	1.42	8.19	1770	1.45

注：全省油菜籽面积和产量为国家核定数，与分市相加不相等。
Data of total sown area and output of repeseeds is verified by national bureau of statistics of china, as it is not equal to the sum of regional figures.

6-23 主要茶叶产区茶园面积和茶叶产量
Area of Tea Plantation and Output of Tea in Major Producing Regions

地区	Region	2012		2013		2014	
		茶园面积（公顷）Area of Tea Plantations (ha)	茶叶总产量（吨）Output of Tea (ton)	茶园面积（公顷）Area of Tea Plantations (ha)	茶叶总产量（吨）Output of Tea (ton)	茶园面积（公顷）Area of Tea Plantations (ha)	茶叶总产量（吨）Output of Tea (ton)
全省合计	**Total**	**183026**	**174840**	**184035**	**168602**	**195627**	**165385**
25个主产区小区	**25 Producing Regions**	**122741**	**138513**	**122703**	**134305**	**130548**	**127087**
杭州市区	Hangzhou District	6279	11895	6124	8291	6347	9004
建德市	Jiande	3630	2766	3603	2852	4094	2328
桐庐县	Tonglu	3565	1814	3673	1753	3799	2599
富阳市	Fuyang	3652	6116	3688	6610	3796	5863
临安市	Linan	3442	2338	3447	2472	3465	2500
淳安县	Chunan	12798	7354	12913	6525	12774	4254
宁波市区	Ningbo District	3008	6073	2877	5619	3984	3527
余姚市	Yuyao	3997	4745	3957	4267	3944	4829
奉化市	Fenghua	881	1277	917	1321	897	1436
安吉县	Anji	9591	4414	9737	4452	13339	4311
诸暨市	Zhuji	6822	12501	6759	12175	7313	5779
上虞区	Shangyu	1906	2992	2006	2817	3000	2950
嵊州市	Shengzhou	12070	20601	12070	19867	12034	20229
柯桥区	Keqiao	5321	8797	5279	8766	4608	7400
新昌县	Xinchang	6530	5998	6367	5645	6330	5794
金华市区	Jinhua District	2088	3888	1975	3378	1901	2928
东阳市	Dongyang	3163	1316	3176	1272	3209	1325
武义县	Wuyi	6457	9432	6411	10766	6413	11979
浦江县	Pujiang	2215	1164	2215	1147	2201	1174
衢州市区	Quzhou District	1329	1138	1297	1023	1411	1180
开化县	Kaihua	5806	1274	5322	1490	6820	1937
龙游县	Longyou	1444	2780	1432	2290	1324	2294
临海市	Linhai	2092	1009	2164	1000	2239	1003
松阳县	Songyang	7522	9525	7822	10959	7662	11271
遂昌县	Suichang	7133	7306	7472	7548	7644	9193

6－24 主要蚕茧产区桑园面积和蚕茧产量
Area of Mulberry Field and Output of Silk worm Cocoons in Major Producing Regions

地区	Region	2012		2013		2014	
		桑园面积（公顷）Area of Mulberry Field (ha)	蚕茧总产量（吨）Output of Silk－worm Cocoons (ton)	桑园面积（公顷）Area of Mulberry Field (ha)	蚕茧总产量（吨）Output of Silk－worm Cocoons (ton)	桑园面积（公顷）Area of Mulberry Field (ha)	蚕茧总产量（吨）Output of Silk－worm Cocoons (ton)
全省合计	**Total**	**64784**	**61115**	**60569**	**55192**	**57272**	**47016**
22 个主产区小计	**22 Producing Regions**	**60859**	**58670**	**56934**	**53318**	**53973**	**45360**
杭州市区	Hangzhou District	1308	302	1230	263	1098	202
建德市	Jiande	1335	921	1373	951	1337	723
桐庐县	Tonglu	1974	3687	1946	3673	1351	2787
富阳市	Fuyang	1049	2064	1015	2023	1021	2042
临安市	Linan	2040	2477	1912	2410	1835	2345
淳安县	Chunan	7808	6063	6887	5182	6639	4195
嘉兴市区	Jiaxing District	2968	2291	2820	1996	2669	1619
海宁市	Haining	5508	7163	5264	6326	4729	5090
海盐县	Haiyan	2559	2557	2338	2532	2116	1911
桐乡市	Tongxiang	8343	12963	7823	11907	7829	11436
湖州市区	Huzhou District	10801	7132	10201	6273	10339	4982
德清县	Deqing	4229	3202	4192	2752	4021	2257
长兴县	Changxing	1272	1123	1209	1161	1165	1105
安吉县	Anji	1867	1877	1608	1434	1183	994
诸暨市	Zhuji	633	406	573	368	520	331
上虞区	Shangyu	862	738	812	729	664	393
嵊州市	Shengzhou	1631	812	1709	773	1709	773
新昌县	Xinchang	931	765	913	698	726	533
兰溪市	Lanxi	1148	478	1038	384	993	300
浦江县	Pujiang	193	55	173	30	186	
临海市	Linhai	92	147	92	131	86	122
缙云县	Jinyun	2308	1447	1806	1322	1757	1220

6-25 林业生产(2008-2014年)
Basic Indicators on Forestry(2008-2014)

指标	Item	2008	2009	2010	2011	2012	2013	2014
造林面积 (千公顷)	Afforestation Area (1000 ha)	8.52	27.42	15.21	40.47	43.92	42.36	39.40
用材林	Timber Forest	0.49	1.50	1.16	2.67	5.33	3.27	4.93
经济林	Economic Forest	1.14	1.79	2.33	8.16	11.21	9.69	9.04
防护林	Shelter Forest	6.85	24.13	11.71	28.73	25.78	28.86	25.33
薪炭林	Fuel Forest					0.44	0.22	
特种用途林	Forest for Special Use	0.04		0.01	0.92	1.17	0.33	0.10
零星(四旁)植树 (万株)	Planting Trees Piecemeal (10000 trees)	2417.73	2380.87	2491.87	2858.45	2945.95	2975.32	2602.90
育苗面积 (千公顷)	Area of Growing Seedings (1000 ha)	87.02	90.19	101.73	113.61	123.03	124.78	119.27
迹地更新面积 (千公顷)	Area of Forest Updating (1000 ha)	16.02	15.74	11.85	13.03	13.85	13.69	14.34
主要林产品产量 (吨)	Output of Major Forest Production (ton)							
油茶籽	Tea oil Seeds	49634	47048	40301	48860	61683	45681	58444
竹笋干	Tallow-seeds	124383	126061	149182	139823	141110	140040	159644
山核桃	Walnuts	18189	20731	16377	19618	16424	16333	18602
板 栗	Chestnut	66713	77526	71436	71575	83712	86587	91219

6-26 水果生产
Basic Indicators on Fruits

指标	Item	2012		2013		2014	
		果园面积(千公顷) Area of Orchards (1000 Hectares)	产量(万吨) Total Output (10000 tons)	果园面积(千公顷) Area of Orchards (1000 Hectares)	产量(万吨) Total Output (10000 tons)	果园面积(千公顷) Area of Orchards (1000 Hectares)	产量(万吨) Total Output (10000 tons)
合计	**Total**	**321.45**	**703.50**	**321.40**	**715.65**	**330.09**	**714.84**
柑桔	Orange	109.38	193.56	106.04	193.03	102.83	200.93
梨	Pear	23.72	39.05	23.20	39.30	24.60	40.64
桃子	Peach	26.23	38.94	25.87	39.32	28.05	39.89
杨梅	Red Bayberry	85.11	47.37	86.54	50.14	88.57	51.40
枇杷	Loquat	11.55	5.82	11.99	6.24	12.12	7.10
柿子	Persimmon	7.34	4.92	7.33	5.14	7.10	4.91
果用瓜	Melon as Fruit		291.16		292.53		271.18
其他	Others	58.13	82.68	60.43	89.96	66.82	98.78

6－27 农产品人均产量(1978－2014年)
Per Capital Output of Agricultural Products(1978－2014)

单位:公斤(kg)

年份 Year	粮食 Grain	棉花 Cotton	油料 Oil－bearing Crops	糖料 Sugar Crops	茶叶 Tea	水果 Fruit	猪牛羊肉 Pork, Beef and Mutton	水产品 Aquatic Production
1978	393.44	1.95	5.92	17.20	1.57	3.92	11.33	23.47
1980	376.81	2.18	7.58	15.43	1.98	5.91	18.52	21.46
1985	404.18	2.03	11.02	27.43	2.32	11.12	19.10	26.13
1986	396.34	1.87	10.60	32.63	2.58	12.85	20.03	28.94
1987	387.97	1.60	9.68	26.56	2.83	17.32	18.60	30.52
1988	374.78	1.05	10.39	20.01	3.09	12.45	19.56	30.92
1989	371.01	1.00	9.14	16.74	2.81	23.57	19.67	30.84
1990	375.68	1.52	11.45	14.87	2.77	25.35	20.28	32.92
1991	386.05	1.77	10.72	16.19	2.69	31.66	20.13	35.57
1992	363.51	1.39	11.72	17.55	2.79	23.95	22.73	39.72
1993	334.03	1.35	8.97	18.43	2.84	34.63	22.74	44.02
1994	324.46	1.28	7.99	16.21	2.47	40.64	22.68	59.62
1995	328.53	1.43	11.48	15.11	2.34	49.28	23.61	73.03
1996	345.91	1.56	11.88	14.57	2.26	51.91	16.85	78.03
1997	338.58	1.08	11.08	13.61	2.31	61.07	18.44	90.61
1998	323.64	1.46	8.02	13.97	2.55	46.55	19.05	95.33
1999	312.52	0.91	12.14	15.94	2.64	62.64	19.27	99.33
2000	266.91	0.65	12.91	21.97	2.60	84.89	22.65	104.70
2001	228.64	0.67	12.38	22.53	2.56	109.82	23.65	100.51
2002	201.87	0.47	9.88	23.87	2.91	105.39	25.12	101.14
2003	168.01	0.44	9.09	25.73	2.76	118.00	25.37	100.24
2004	173.82	0.47	9.97	21.73	2.84	129.23	26.93	100.91
2005	167.49	0.44	10.11	18.15	2.91	116.57	26.31	97.57
2006	156.12	0.47	7.08	17.39	3.03	128.00	21.65	83.08
2007	145.71	0.50	6.44	17.01	3.13	135.00	22.39	81.19
2008	149.61	0.54	7.96	16.48	3.13	144.28	25.02	76.89
2009	150.49	0.54	8.25	15.52	3.19	135.85	24.97	81.92
2010	143.75	0.55	7.36	13.86	3.04	130.82	25.17	89.15
2011	143.29	0.59	7.31	13.04	3.11	130.59	25.45	94.56
2012	140.55	0.55	6.99	12.81	3.19	128.45	26.02	98.52
2013	133.49	0.51	6.87	11.62	3.07	130.17	25.75	100.19
2014	137.51	0.45	5.57	11.38	3.00	129.78	23.58	104.40

6－28 牲畜饲养和畜产品产量(1978－2014年)
Number of Livestock and Output of Livestock Products(1978－2014)

年份 Year	大牲畜年底头数(万头) Large Animals (Year end) (10000 heads)	#牛(万头) Cattle and Buffaloes (10000 heads)	生猪年末存栏头数(万头) Number of Hogs (10000 heads)	羊年末存栏头数(万只) Number of Sheep and Goats (10000 heads)	猪、牛、羊肉产量(万吨) Output of Pork, Beef and Mutton (10000 tons)	#猪肉产量(万吨) Pork (10000 tons)
1978	82.60	82.60	1334.70	294.90	42.27	41.59
1979	84.80	84.80	1550.00	345.60	56.87	55.95
1980	83.00	83.00	1403.80	324.00	70.55	69.48
1981	82.70	82.70	1344.60	288.60	62.78	62.00
1982	82.70	82.70	1383.20	262.60	67.11	66.24
1983	80.60	80.60	1387.30	229.30	68.53	67.59
1984	78.40	78.40	1326.20	197.90	68.88	67.80
1985	76.10	76.10	1368.80	176.20	76.60	75.57
1986	75.81	75.81	1403.31	172.21	81.11	80.00
1987	74.73	74.73	1278.69	175.98	76.19	75.01
1988	71.11	71.11	1228.05	180.02	78.47	77.12
1989	69.29	69.29	1213.19	187.47	77.24	75.87
1990	68.01	68.01	1170.00	185.07	77.88	76.33
1991	65.05	65.05	1135.49	181.36	78.05	76.41
1992	60.50	60.50	1188.97	183.26	83.08	80.97
1993	54.07	54.07	1061.04	191.38	80.64	78.94
1994	50.72	50.72	989.84	205.98	78.95	76.46
1995	50.32	50.32	964.30	218.63	80.17	77.38
1996	49.48	49.48	892.68	221.31	76.31	73.47
1997	46.36	46.36	1010.06	214.55	81.33	78.40
1998	43.52	43.52	1040.56	207.58	84.48	81.38
1999	40.64	40.64	1024.36	218.95	85.87	82.55
2000	38.95	38.95	1146.88	233.51	101.57	98.03
2001	39.25	39.25	1175.10	245.02	111.28	107.39
2002	39.63	39.63	1139.17	258.61	119.40	115.09
2003	38.90	38.90	1132.38	262.90	122.22	117.24
2004	39.25	39.25	1125.27	256.72	131.72	126.43
2005	35.54	35.54	1213.15	222.35	130.44	125.14
2006	22.97	22.97	1003.00	123.90	108.94	105.61
2007	20.74	20.74	1039.10	111.90	114.50	111.40
2008	20.66	20.66	1161.85	111.35	129.67	126.85
2009	20.37	20.37	1225.80	111.55	130.95	128.17
2010	19.89	19.89	1248.40	111.67	134.90	131.90
2011	19.13	19.13	1281.93	109.45	138.82	135.83
2012	17.70	17.70	1338.30	107.18	142.53	139.71
2013	17.48	17.48	1287.53	109.97	141.58	138.76
2014	15.75	15.75	964.64	111.42	129.87	127.01

注：2006年及以后年份数据已按第二次农普数衔接。
Data in this table are adjusted according to agricultural census since 2006.

6－29 畜牧业生产(2008－2014年)
Basic Indicators on Animal Husbandry(2008－2014)

指标	Item	2008	2009	2010	2011	2012	2013	2014
生猪年末存栏头数(含未断奶小猪) (万头)	**Pigs(year－end) (10000 heads)**	**1161.85**	**1225.80**	**1248.40**	**1281.93**	**1338.30**	**1287.53**	**964.64**
#能繁殖的母猪 (万头)	Reproducable (10000 heads)	108.67	112.00	115.00	128.52	130.12	115.63	78.52
年内肥猪出栏头数 (万头)	Slaughtered Fattened Hogs (10000 heads)	1888.98	1894.00	1922.22	1929.91	1934.41	1895.09	1724.53
生猪出栏率 (%)	Rate of Slaughtered Fattened Hogs (%)	181.79	163.01	156.81	154.59	150.90	141.60	133.94
全年饲养量 (万头)	Number of Hogs Raised (10000 heads)	3050.83	3119.80	3170.62	3211.84	3272.71	3182.62	2689.17
牛年末存栏头数 (万头)	**Cattles(year－end) (10000 heads)**	**20.66**	**20.37**	**19.89**	**19.13**	**17.70**	**17.48**	**15.75**
良种及改良种乳牛 (万头)	Milch Cows of Fine Breed and Improved Varieties (10000 heads)	6.48	6.09	6.11	6.08	5.67	5.18	4.61
牛年内出栏头数 (万只)	**Slaughtered Cattles (10000 heads)**	**6.90**	**7.03**	**7.66**	**8.00**	**8.48**	**8.30**	**8.15**
牛奶产量 (万吨)	Milk (10000 tons)	22.51	19.93	20.26	19.91	19.27	18.21	15.90
羊年末存栏只数 (万只)	**Sheep and Goats (year－end) (10000 heads)**	**111.35**	**111.55**	**111.67**	**109.45**	**107.18**	**109.97**	**111.42**
羊年内出栏只数 (万只)	**Slaughtered Sheep (10000 heads)**	**107.07**	**102.85**	**111.21**	**111.64**	**103.35**	**104.80**	**103.91**
猪、牛、羊肉产量 (万吨)	**Output of Pork, Beef and Mutton (10000 tons)**	**129.67**	**130.95**	**134.90**	**138.82**	**142.53**	**141.58**	**129.87**
#猪肉产量 (万吨)	Pork (10000 tons)	126.85	128.17	131.90	135.83	139.71	138.76	127.01
兔年末存栏只数 (万只)	**Rabbits(year－end) (10000 heads)**	**427.63**	**376.59**	**355.90**	**401.02**	**373.50**	**348.00**	**324.82**
兔年内出栏只数 (万只)	**Slaughtered Rabbits (10000 heads)**	**517.37**	**476.42**	**474.80**	**537.00**	**550.08**	**543.71**	**520.00**
家禽年末存栏只数 (万只)	**Poultry(year－end) (10000 heads)**	**11849.50**	**12352.28**	**11895.20**	**12416.43**	**11446.07**	**10348.47**	**8410.19**
家禽年内出栏只数 (万只)	**Slaughtered Poultry (10000 heads)**	**27340.20**	**26021.56**	**26630.46**	**24317.81**	**25151.23**	**20973.76**	**17378.97**
全年饲养量 (万只)	Poultry Raised (10000 heads)	39189.70	38373.84	38525.66	36734.24	36597.30	31322.23	25789.16
禽蛋产量 (万吨)	Poultry Eggs (10000 tons)	41.40	43.28	44.28	47.17	48.14	43.09	39.03
养蜂年末箱数 (万箱)	**Number of Beehives (10000 boxs)**	**95.55**	**94.07**	**91.26**	**87.61**	**86.07**	**84.56**	**88.39**
蜂蜜产量 (万吨)	Honey (10000 tons)	8.53	8.81	7.21	7.83	8.76	8.00	8.77
蜂皇浆产量 (吨)	Royal Jelly (ton)	2055	2275	2011	1937	1946	1928	2264
蚕茧产量 (万吨)	**Output of Silkworm Cocoon (10000 tons)**	**8.22**	**6.83**	**6.39**	**6.53**	**6.11**	**5.52**	**4.70**
全年饲养蚕种张数 (万张)	Number of Silkworm Cocoon (10000 Pieces)	191.89	148.52	140.81	145.16	129.89	117.91	101.30

6-30 水产品产量(1978-2014年)
Output of Aquatic Products(1978-2014)

单位:万吨(10000 tons)

年份 Year	水产品产量 Total Aquatic Production	海水产品产量 Seawater Aquatic Production	#养殖 Artificially Cultured	淡水产品产量 Freshwater Aquatic Production	#养殖 Artificially Cultured	远洋渔业产量 Deepsea Fishing Production
1978	87.52	81.69	3.56	5.83	4.90	
1979	81.13	74.77	3.90	6.36	5.19	
1980	81.79	75.03	6.60	6.76	6.67	
1981	84.28	76.85	4.13	7.43	6.17	
1982	87.69	78.91	4.82	8.78	7.43	
1983	83.25	73.46	6.21	9.79	8.32	
1984	95.28	83.26	7.86	12.02	10.29	
1985	104.82	89.04	9.60	15.78	13.73	
1986	117.21	97.36	10.57	19.85	17.74	
1987	124.98	102.84	11.86	22.14	19.65	
1988	128.20	104.31	12.33	23.89	21.28	
1989	129.20	104.50	13.13	24.70	22.08	
1990	138.98	113.17	13.81	25.80	23.00	
1991	151.09	123.53	15.20	27.56	24.75	
1992	169.75	140.20	17.34	29.54	26.68	
1993	189.29	156.06	19.05	33.23	29.92	
1994	258.02	222.30	24.68	35.72	32.07	
1995	318.07	278.70	31.69	39.37	34.43	
1996	342.14	299.23	39.51	42.91	37.00	
1997	377.68	331.97	38.90	45.71	38.66	
1998	422.73	372.80	46.49	49.93	42.62	
1999	442.73	389.41	58.17	53.32	45.61	
2000	469.51	410.46	70.88	59.05	51.42	
2001	472.85	406.96	77.66	65.89	58.17	
2002	480.68	409.33	85.15	71.35	63.21	
2003	482.82	406.00	91.85	76.82	68.26	
2004	493.53	414.98	92.94	78.55	69.45	
2005	483.77	402.37	88.11	81.40	72.07	
2006	433.85	360.80	76.32	73.05	65.03	15.84
2007	433.87	356.36	86.13	77.51	68.90	18.74
2008	418.79	337.60	83.08	81.19	73.09	20.20
2009	440.31	353.81	76.46	86.51	77.47	10.71
2010	477.95	381.23	82.57	96.72	87.50	16.56
2011	515.81	410.98	84.49	104.83	94.98	23.47
2012	539.58	431.24	86.14	108.34	98.38	29.09
2013	550.82	443.19	87.17	107.63	98.05	36.80
2014	575.06	468.22	89.79	106.84	97.74	54.15

注：2006年前的水产品产量数据为省海洋与渔业局统计年报数,2006年及以后年份水产品产量数据为国家核定数(含远洋)
Data in this table are taken from the annual report of the Bureau of Seas and Oceans and Fishery before 2006.
Including deepsen fishing Production since 2006.

6-31 渔业生产(2009-2014年)
Basic Indicators on Fishery(2009-2014)

单位:万吨(10000 tons)

指标	Item	2009	2010	2011	2012	2013	2014
水产品总产量	**Total Aquatic Production**	**440.31**	**477.95**	**515.81**	**539.58**	**550.82**	**575.06**
其中:远洋渔业产量	Among them:the pelagic fishery yield	10.71	16.56	23.47	29.09	36.80	54.15
海水产品产量	**Seawater Aquatic Production**	**353.81**	**381.23**	**410.98**	**431.24**	**443.19**	**468.22**
按生产性质分	By Production Character						
海洋捕捞(含远洋)	Catching in Ocean	277.35	298.66	326.49	345.11	356.02	378.42
海水养殖	Seawater Aquiculture	76.46	82.57	84.49	86.14	87.17	89.79
按类别分	By Category						
鱼类	Fishes	190.09	200.61	216.23	216.75	225.24	221.57
虾蟹类	Shrimps,Prawns and Crabs	75.24	78.09	82.55	94.12	98.03	103.36
贝类	Shell-fish	62.49	67.62	68.21	69.99	71.59	73.78
藻类	Algae	4.22	4.45	4.80	4.96	4.80	4.83
头足类	Shrimps,Prawns and crabs	19.67	28.10	35.96	41.27	42.33	55.68
其他海水产品	Others	2.10	2.36	3.23	4.16	6.17	9.00
淡水产品产量	**Freshwater Aquatic Production**	**86.51**	**96.72**	**104.83**	**108.34**	**107.63**	**106.84**
按生产性质分	By Production Character						
天然牛产	Naturally Grown	9.03	9.22	9.85	9.96	9.58	9.10
淡水养殖	Freshwater Aquiculture	77.47	87.50	94.98	98.38	98.05	97.74
按类别分	By Category						
鱼类	Fishes	56.42	62.29	67.45	70.25	70.43	73.43
虾蟹类	Shrimps,Prawns and Crabs	12.78	15.17	16.34	15.61	14.69	13.14
贝类	Shell-fish	4.56	4.46	4.56	4.12	3.94	3.15
其它类	Others	12.75	14.80	16.48	18.36	18.58	17.12
在海水捕捞产品中	**Among Marine Fishing Production**						
大黄鱼	Big Yellow Croaker	0.38	0.36	0.28	0.39	0.04	0.04
小黄鱼	Small Yellow Croaker	8.96	9.73	10.72	10.34	8.82	9.47
带鱼	Hairtail	49.59	52.96	46.94	45.25	44.05	41.50
墨鱼	Cuttle Fish	2.24	2.52	2.62	2.33	2.42	2.65
海水养殖面积(千公顷)	**Seawater Aquiculture Area (1000 ha)**	**94.51**	**93.91**	**90.84**	**89.75**	**89.36**	**88.18**
淡水养殖面积(千公顷)	**Freshwater Aquiculture Area (1000 ha)**	**219.45**	**218.95**	**213.17**	**213.22**	**213.02**	**209.89**

注:水产品产量数据为国家核定数(含远洋)。
Aquatic product crop data for the state approved number (including ocean)

6－32 各市水产品产量(2014 年)
Output of Aquatic Products by City (2014)

单位:万吨(10000 tons)

地区	Region	水产品总产量 Total Output of Aquatic Production	海水产品产量 Seawater Aquatic Production	#鱼类 Fishes	淡水产品产量 Freshwater Aquatic Production	#鱼类 Fishes	远洋渔业产量 Deepsea Fishing Production
全省合计	**Total**	**575.06**	**414.05**	**214.46**	**106.85**	**73.44**	**52.57**
浙东北	**Eastern & Northern Region**	**352.63**	**216.31**	**118.41**	**84.16**	**54.17**	**50.58**
杭州市	Hangzhou	27.40			18.61	11.62	8.80
宁波市	Ningbo	101.06	89.18	48.98	8.06	5.58	2.22
嘉兴市	Jiaxing	16.35	0.20	0.08	16.15	7.84	
湖州市	Huzhou	30.58			30.58	21.85	
绍兴市	Huzhou	10.30	0.12	0.07	9.98	6.56	0.21
舟山市	Zhuoshan	166.94	126.81	69.28	0.78	0.72	39.35
浙西南	**Western & Southern Region**	**222.43**	**197.74**	**96.05**	**22.69**	**19.27**	**1.99**
温州市	Wenzhou	58.65	56.15	31.58	2.50	2.06	
金华市	Jinhua	7.62			7.62	6.60	
其中:义乌市	Yiwu	0.36			0.36	0.30	
衢州市	Quzhou	5.91			5.90	5.39	
台州市	Taizhou	148.39	141.59	64.47	4.81	3.46	1.99
丽水市	Lishui	1.86			1.86	1.76	

注:全省水产品总产量为国家核定数;各市水产品总产量为省海洋与渔业局统计年报数(包括远洋)。
Data of total output of aquitic production is verified by national bureau of statistics of china;
Regional figures in this table are taken from the annual report of the bureau of seas and oceans and fishery (including deepsen fishing production).

6－33 平均每个农业劳动力提供的主要农产品产量(2008－2014 年)
Output of Major Farm Products Provided by Per Rural Labour(2008－2014)

指标		Item		2008	2009	2010	2011	2012	2013	2014
粮食	(公斤)	Grain	(kg)	1163.9	1207.5	1228.3	1267.3	1276.3	1244.2	1306.8
棉花	(公斤)	Cotton	(kg)	4.2	4.3	4.6	5.3	5.0	4.7	4.3
油菜籽	(公斤)	Rapeseeds	(kg)	53.0	54.1	53.0	54.5	53.2	64.0	52.9
蔬菜	(公斤)	Vegetables	(kg)	2638.1	2700.3	2851.0	2943.8	3017.2	2935.7	3041.4
茶叶	(公斤)	Tea	(kg)	24.4	25.6	25.9	27.5	29.0	28.6	28.5
柑桔	(公斤)	Oranges	(kg)	357.7	302.3	304.1	315.3	320.9	327.2	346.7
生猪	(头)	Hogs	(head)	2.8	2.9	3.1	3.1	3.2	3.2	3.0
猪牛羊肉	(公斤)	Pork,Beef and Mutton	(kg)	194.6	200.4	215.0	225.1	236.3	240.0	224.1
禽蛋	(公斤)	Poultry Eggs	(kg)	62.1	66.2	70.6	76.5	79.8	73.0	67.3
水产品	(公斤)	Aquatic Production	(kg)	756.6	657.3	761.8	836.3	894.6	933.7	992.2

6－34 农业事业机构和服务组织(2008－2014 年)
Institutions Rendering Agricultural Services(2008－2014)

指标		Item		2008	2009	2010	2011	2012	2013	2014
农业事业机构	**(个)**	**Institutions Engaged in Agricultural Undertaking**	**(unit)**							
乡镇农技服务站		Agricultural Technical Service Stations		1494	1420	1385	1325	1273	1238	1231
乡镇畜牧兽医站		Veterinary Stations		888	768	749	721	725	683	605
农业服务组织		Agricultural Service Organizations								
县(市)农技推广中心	(个)	Centres for Spreading Agricultural Technique	(unit)	126	137	82	90	90	80	87
乡镇农技站农业技术人员	(人)	Agricultural Technical Persons	(person)	11080	9945	10203	9956	9661	10060	10090
配有农技员的村数	(万个)	Villages with Agricultural Technical Persons	(10000 units)	2.20	2.26	2.33	2.27	2.34	2.18	2.08
村不脱产农民技术人员	(万人)	Technical Peasants Unreleased from Agricultural Production in Village	(10000 persons)	8.70	8.65	8.15	8.39	8.13	7.52	7.23
科技户	(万户)	Scientific and Technological Households	(10000 households)	6.30	7.11	7.08	7.43	7.82	7.11	7.12

浙/江/统/计/年/鉴

主要统计指标解释

■ 农林牧渔业总产值

是以货币表现的农、林、牧、渔业全部产品的总量，它反映一定时期内农业生产总规模和总成果。

农、林、牧、渔业的统计范围包括国有经济的各种专业农(农、林、牧、渔)场以及国家各级机关团体学校、部队;集体所有制的乡、镇、村各级办农场;工矿企业经营的农、林、牧、渔业,农村各种经济组织和农户经营的农林牧渔业和农民家庭兼营的商品性工业等。

■ 粮食产量

指全社会的产量。包括国有经济经营的、集体统一经营的和农民家庭经营的粮食产量，还包括工矿企业办的农场和其他生产单位的产量。粮食除包括稻、小麦、玉米、高粱、谷子及其他杂粮外，还包括薯类和豆类。其产量计算方法，豆类按去豆荚后的干豆计算;薯类(包括马铃薯)1963 年以前按每 4 公斤鲜薯折 1 公斤粮食计算，从 1964 年开始及以后改为按 5 公斤鲜薯折 1 公斤粮食计算。其他粮食一律按脱粒后的原粮计算。

■ 油料产量

指全部油料作物的生产量。包括花生、油菜籽、芝麻、向日葵籽、胡麻籽(亚麻籽)和其他油料。不包括大豆,也不包括木本油料和野生油料。花生以带壳干花生计算。

■ 水产品产量

指人工养殖的水产品和天然生长的水产品的捕捞量。包括海水的鱼类、虾蟹类、贝类和藻类以及内陆水域的鱼类、虾蟹类和贝类,不包括淡水生植物。

■ 猪、牛、羊肉产量

指当年出栏并已屠宰后除去头蹄下水后带骨肉(即胴体重)的重量。

■ 谷物

指籽实主要供作粮食的作物。这类作物包括稻谷、小麦、玉米、谷子、高粱和其他谷物,不包括豆类和薯类作物。

ZHEJIANG STATISTICAL YEARBOOK

Explanatory Notes on Main Statistical Indicators

□ Gross Output Value of Farming, Forestry, Animal Husbandry and Fishery

refers to the total volume of products of farming, forestry, animal husbandry and fishery in value terms, which reflects the total scale and total result of agricultural production during a given period of time.

The statistical coverage of farming, forestry, animal husbandry and fishery are as follows: In terms of ownership, China' s agriculture includes specialized state farms (farming, forestry, animal husbandry, fishery), farms managed by various government agencies, organazations, schools, research institutions, and army; farms managed by rural collective organizations at levels of township, town, and village; farming, forestry, animal husbandry, fishery run by mining and industrial enterprises; farming, forestry, animal husbandry and fishery and some commodity industries run by various rural collective organizations and individual farmers.

□ Grain Yield

refers to the yield in the whole country including grains produced by state farms, collective units, industrial enterprises and mines. Grain includes rice, wheat, corn, sorghum, millet and other miscellaneous grains as well as tubers and beans. Output of beans refers to dry beans without pods. The output of tubers was converted into that of grain at the ratio 4:1, I. e. Four kilograms of fresh tubers was equivalent to one kilogram of grain up to 1963. Since 1964 the ratio for conversion has been 5:1. Output of all other grains refers to husked grain.

□ Yield of Oil - bearing Crops

refers to the total yield of oil-bearing crops of various kinds, including peanuts, (dry, in shell) rapeseeds, sesame, sunflower seeds, flax seeds, and other oil-bearing crops. Soybeans, oil-bearing woody plants, and wild oil - bearing crops are not included.

□ Output of Aquatic Products

refers to catches of both artificially cultured and naturally grown aquatic products, including fish, shrimps, crabs and shellfish in sea and inland water as well as seaweed. Freshwater plants are not included.

□ Output of Pork, Beef, and Mutton

refers to the meat of slaughtered hogs, cattle, sheep and goats with head, feet, and offal taken away.

□ Cereals

refer to seeds of various kinds of crops which are used mainly for grain. Cereals include paddy, wheat, maize, millet, Chinese sorghum, etc. , except beans and tubers.

2015

浙江统计年鉴

ZHEJIANG STATISTICAL YEARBOOK

工业和能源

Industry and Energy

7－1 规模以上工业企业数(2009－2014年)
Number of Industrial Enterprises Above Designated Size(2009－2014)

单位:个(unit)

指标	Item	2009	2010	2011	2012	2013	2014
工业企业单位数	**Number of Industrial Enterprises**	**59971**	**64364**	**34340**	**36496**	**39561**	**40841**
按轻重工业分	**By Light and Heavy Industry**						
轻工业	Light Industry	30118	32002	16888	17987	19497	20019
重工业	Heavy Industry	29853	32362	17452	18509	20064	20822
按登记注册类型分	**By Registered Type**						
国有企业	State－owned Enterprises	304	308	208	228	122	107
集体企业	Collective Owned Enterprises	379	333	126	111	75	69
股份合作企业	Cooperative Enterprises	1304	947	285	327	336	335
联营企业	Joint Ownership Enterprises	22	22	13	14	2	1
外商及港澳台商投资企业	Foreign Funded Enterprises and Enterprises Funded by Entrepreneurs From Hong Kong, Macao&Taiwan	9104	9125	6676	6651	6541	6237
私营企业	Private	41969	46706	22339	23959	26219	27557
其他企业	Others	6889	6923	4693	5206	6266	6535
在总计中:国有及国有控股	**State－owned and State－holding Industrial Enterprises**	**728**	**730**	**590**	**645**	**706**	**723**
按规模分	**By Size**						
大型企业	Large－sized Enterprises	190	225	621	592	601	598
中型企业	Medium－sized Enterprises	4182	4678	5021	4648	4612	4421
小型企业	Small－sized Enterprises	55599	59461	27936	29892	32685	34020
微型企业	Micro Enterprises			762	1364	1663	1802

注：1､2011年起企业规模按新的划分标准划分。The data by size are calculated at new standard since 2011.
2､2011年起规模以上工业为主营业务收入为2000万及以上工业企业,后面各表同。Industrial enterprises above designated size refer to those with annual revenue from principal business over 20 million yuan since 2011. The same applies to the tables following.

7-2 规模以上工业企业总产值(2009-2014年)
Gross Output Value of Industrial Enterprises Above Dsignated Size(2009-2014)

单位:亿元(100 million yuan)

指标	Item	2009	2010	2011	2012	2013	2014
工业总产值	**Gross Industrial Output Value**	**41035.29**	**51394.20**	**56406.06**	**59124.16**	**62980.29**	**67039.78**
按轻重工业分	**By Light and Heavy Industry**						
轻工业	Light Industry	17196.43	20896.40	21953.08	23228.18	24720.32	26039.78
重工业	Heavy Industry	23838.86	30497.80	34452.98	35895.98	38259.97	41000.00
按注册登记注册类型分	**By Registered Type**						
国有企业	State-owned Enterprises	2786.63	3331.26	3528.05	3831.55	3189.69	3243.64
集体企业	Collective Owned Enterprises	123.23	123.12	100.13	91.68	52.33	55.83
股份合作企业	Cooperative Enterprises	316.04	237.91	162.22	163.62	173.65	180.05
联营企业	Joint Ownership Enterprises	15.53	18.80	44.12	57.98	0.78	0.50
外商及港澳台商投资企业	Foreign Funded Enterprises and Enterprises Funded by Entrepreneurs from Hong Kong, Macao & Taiwan	10346.94	13104.16	15151.99	15309.87	15612.75	15993.63
私营企业	Private Enterprises	17804.88	22792.11	23251.05	24384.66	25792.12	27270.94
其他企业	Others	9642.03	11786.84	14168.50	15284.81	18158.97	20295.19
在总计中:国有及国有控股	**State-owend and State-holding Enterprises**	**5369.11**	**6721.77**	**8132.62**	**8384.48**	**9016.67**	**9498.90**
按规模分	**By Size**						
大型企业	Large-sized Enterprises	7348.65	9483.63	17089.96	15886.56	16733.95	16021.55
中型企业	Medium-sized Enterprises	14851.53	18906.70	16961.51	18522.53	18941.26	21135.66
小型企业	Small-sized Enterprises	18835.12	23003.87	22046.48	23532.65	25863.58	28049.81
微型企业	Micro Enterprises			308.11	1182.42	1441.50	1832.76

7-3 按行业分的规模以上工业企业总产值
Gross Output Value of Industrial Enterprises by Sector Above Designated Size

单位:亿元(100 million yuan)

行业	Sector	工业总产值 Gross Industrial Output Value		
		2012	2013	2014
总计	**Total**	**59124.16**	**62980.29**	**67039.78**
按工业行业分	**By Sector**			
煤炭开采和洗选业	Coal mining and washing industry	8.31	0.73	0.96
黑色金属矿采选业	Ferrous Metals Mining and Dressing	14.77	15.52	13.65
有色金属矿采选业	Nonferrous Metals Mining and Dressing	29.47	32.08	25.59
非金属矿采选业	Nonmetal Minerals Mining and Dressing	123.74	134.56	148.99
农副食品加工业	Non-staple Food Processing	948.23	1045.48	1070.19
食品制造业	Food Manufacturing	510.89	534.70	543.85
酒、饮料和精制茶制造业	Wine, Soft Drinks and Refined Tea Manufacturing	494.37	513.22	489.34
烟草制品业	Tobacco Production	354.20	378.56	444.48
纺织业	Textile Industry	5416.90	5855.93	6037.54
纺织服装、服饰业	Garments and Apparel Industry	2189.94	2348.78	2499.31
皮革、毛皮、羽毛及其制品和制鞋业	Leather, Furs, Down and Related Production, Shoes Manufacturing	1433.09	1509.25	1580.41
木材加工及木、竹、藤、棕、草制品业	Timber Processing, Bamboo, Cane Palm Fiber and Straw Production	438.83	459.82	491.60
家具制造业	Furniture Manufacturing	652.98	762.02	827.93
造纸和纸制品业	Papermaking and Paper Production	1171.22	1207.20	1211.72
印刷和记录媒介复制业	Printing and Record Medium Reproduction	313.24	367.93	390.24
文教、工美、体育和娱乐用品制造业	Cultural and Educational, Arts and Crafts, Sports and Entertainment Goods	978.83	1198.64	1349.46
石油加工、炼焦和核燃料加工业	Petroleum Processing, Cooking and Nuclear Fuel Processing	1663.31	1746.69	1819.57
化学原料和化学制品制造业	Raw Chemical Materials and Chemical Production	4941.27	5635.31	5887.13
医药制造业	Medical and Pharmaceutical Production	997.76	1031.00	1182.60
化学纤维制造业	Chemical Fiber	2547.47	2448.34	2588.61

续表 Continued 单位:亿元(100 million yuan)

行业	Sector	工业总产值 Gross Industrial Output Value		
		2012	2013	2014
橡胶和塑料制品业	Rubber and Plastic Production	2584.60	2737.21	2902.25
非金属矿物制品业	Nonmetal Mineral Production	1690.71	1909.15	2111.96
黑色金属冶炼和压延加工业	Smelting and Pressing of Ferrous MetalsMetals	2470.08	2695.02	2696.59
有色金属冶炼和压延加工业	Smelting and Pressing of Nonferrous Metals	2147.62	2372.66	2532.09
金属制品业	Metal Production	2342.72	2386.26	2566.94
通用设备制造业	Ordinary Machinery	3817.89	4215.76	4533.92
专用设备制造业	For Special Purpose Equipment Manufacturing	1397.18	1588.59	1661.98
汽车制造业	Automobile manufacturing industry	2898.53	2323.39	2963.96
铁路、船舶、航空航天和其他运输设备制造业	Railway, Shipbuilding, Aerospace and other Transport Equipment	1223.42	1179.01	1340.65
电气机械和器材制造业	Electric Equipment and Machinery	5293.20	5696.59	6018.47
计算机、通信和其他电子设备制造业	Computers,Communications and Other Electronic Equipment Manufacturing	2262.65	2522.34	2705.34
仪器仪表制造业	Instruments Manufacturing	705.24	691.14	737.36
其他制造业	Other Manufacturing	318.33	320.05	329.37
废弃资源综合利用业	Comprehensive Utilization of Waste Resources	341.14	344.87	379.09
金属制品、机械和设备修理业	Metal Products,Machinery and Equipment Repair Industry	69.47	86.92	70.08
电力、热力生产和供应业	Production and Supply of Electricity and Heating Power	4017.48	4243.39	4291.48
燃气生产和供应业	Production and Supply of Gas	191.38	301.37	441.54
水的生产和供应业	Production and Supply of Water	123.72	140.86	153.54

注：工业总产值按现行价格计算。
Gross industrial output value are calculated at current prices.

7－4 主要工业产品产量(2008－2014 年)
Output of Major Industrial Products(2008－2014)

产品名称		Item		2008	2009	2010	2011	2012	2013	2014
原煤	(万吨)	Coal	(10000 tons)	13.10	13.20	15.05	15.06	15.01		
配混合饲料	(万吨)	Forage	(10000 tons)	300.07	264.83	296.03	362.24	453.67	476.03	464.75
食用植物油	(万吨)	Edible Vegetables Oil	(10000 tons)	35.60	44.55	44.59	43.12	37.33	37.44	46.48
罐头	(万吨)	Canned Food	(10000 tons)	76.71	92.22	80.39	53.40	62.00	66.67	61.44
啤酒	(万千升)	Beer	(10000 kiloliter)	283.17	247.53	283.09	281.09	268.21	289.44	267.46
黄酒	(万千升)	Millet Wine	(10000 kiloliter)	55.91	59.16	72.88	66.20	58.64	65.22	71.01
软饮料	(万吨)	Soft Drink	(10000 tons)	642.06	652.37	685.51	856.17	904.37	863.69	859.97
卷烟	(万箱)	Cigarettes	(10000 cases)	760.99	804.20	850.98	885.18	901.10	923.47	931.02
纱	(万吨)	Yarn	(10000 tons)	166.61	195.62	214.87	198.77	231.23	239.10	229.98
布	(亿米)	Cloth	(100 million m)	124.51	139.22	158.99	146.13	143.22	153.47	156.25
毛线(绒线)	(吨)	Kniting Wool	(ton)	24004	21305	24433	26504	35314	40858	42888
呢绒	(万米)	Woolen Goods	(10000 m)	9838	11503	10584	6343	6010	4188	8536
丝	(吨)	Silk	(ton)	73229	16434	14436	15162	14467	14293	15505
丝织品	(亿米)	Silk－knit Goods	(100 million m)	55.40	3.28	3.29	1.98	2.08	2.20	2.16
机制纸	(万吨)	Machine－made Paper and Paperboard	(10000 tons)	1283.28	1422.17	1412.31	1531.63	1627.95	1660.52	1693.70
汽油	(万吨)	Gasoline	(10000 tons)	288.60	321.32	305.06	314.95	284.24	285.10	308.46
煤油	(万吨)	Kerosene	(10000 tons)	129.41	146.08	154.56	162.89	156.23	208.97	218.77
柴油	(万吨)	Diesel Oil	(10000 tons)	862.33	825.89	832.57	870.90	801.76	769.07	713.93
燃料油	(万吨)	Fuel Oil	(10000 tons)	173.93	113.32	134.66	157.82	115.55	104.12	98.85
焦炭	(万吨)	Coke	(10000 tons)	130.69	229.69	325.93	161.74	294.80	296.18	297.21
硫酸	(万吨)	Sulphuric Acid	(10000 tons)	107.44	98.84	107.21	102.48	98.98	109.55	176.55

续表 1 Continued

产品名称	Item	2008	2009	2010	2011	2012	2013	2014
烧碱 (万吨)	Caustic Soda (10000 tons)	107.22	98.48	104.61	126.72	140.24	144.05	151.23
纯碱 (万吨)	Soda Ash (10000 tons)	15.15	14.89	11.92	24.36	22.24	25.86	26.97
电石(碳化钙) (万吨)	Calcium Carbide (10000 tons)	8.79	9.80	6.48	5.29	4.94	9.44	0.40
合成氨 (万吨)	Synthetic Ammonia (10000 tons)	61.58	64.42	49.49	47.25	57.68	57.87	64.52
纯苯 (吨)	Pure Benzene (ton)	221018	167029	290671	410477	380190	399025	346035
合成洗涤剂 (吨)	Synthetic Detergents (ton)	523182	555539	615435	689043	706976	736356	812524
化学原料药 (吨)	Chemical Raw Medicine (ton)	466080	286603	285413	318002	277187	278856	308113
中成药 (吨)	Traditional Chinese Medicine (ton)	15808	19079	22857	21384	19894	21167	25950
化学纤维 (万吨)	Chemical Fiber (10000 tons)	1057.75	1207.16	1366.13	1505.54	1677.27	1839.31	1987.97
#粘胶纤维 (万吨)	Glutinous Fiber (10000 tons)	20.28	16.03	17.12	14.36	17.49	15.53	13.80
合成纤维 (万吨)	Synthetic Fiber (10000 tons)	1037.47	1161.86	1346.38	1468.66	1655.96	1822.83	1972.93
轮胎外胎 (万条)	Outer Cover of Type (10000 units)	5845.73	6505.25	8697.80	9673.11	10207.54	10979.06	8925.94
塑料制品 (万吨)	Plastic Products (10000 tons)	818.24	811.50	915.57	845.74	948.54	940.38	1054.85
水泥 (万吨)	Cement (10000 tons)	10210.91	10796.49	11275.31	12122.29	11539.61	12462.87	12367.51
平板玻璃 (万重量箱)	Plate Glass (10000 wt. case)	4333.44	3358.93	4090.89	3995.69	2984.31	3591.22	3978.01
生铁 (万吨)	Pig Iron (10000 tons)	270.15	535.96	915.60	1002.17	1006.13	1059.79	1140.28
钢 (万吨)	Steel (10000 tons)	901.55	1045.64	1228.53	1329.93	1305.23	1733.15	1748.30
成品钢材 (万吨)	Steel Products (10000 tons)	1766.41	2359.40	2832.60	3141.00	3361.33	3823.44	4170.99
十种有色金属 (万吨)	Ten Nonferrous Metal (10000 tons)	45.67	40.03	53.04	53.86	48.23	38.52	35.61
#铜 (吨)	Copper (tons)	297571	227272	297413	311492	293661	262167	298790
锌 (吨)	Zinc (tons)	64024	66953	90902	71931	32596	44057	51112
铝 (吨)	Alumminium (tons)	60708	100504	150403	153046	153394	77212	4240

续表 2 Continued

产品名称	Item	2008	2009	2010	2011	2012	2013	2014
内燃机 （万千瓦）	Internal Combustion Engines(Commodity) (10000 kw)	910.87	2294.39	4456.57	3182.40	2807.03	4877.14	4712.31
数控机床 （台）	Numerically Controlled Machine Tools (unit)	27376	36634	65456	67237	45707	44976	50976
大中型拖拉机 （台）	Large and Medium - sized Tractor (unit)	19939	30654	36935	49073	33153	40284	34320
小型拖拉机 （台）	Small - size Tractor (unit)	91665	86453	90119	87146	71674	75722	77978
汽车 （辆）	Motor Vehicle (unit)	225812	281749	319117	306300	329819	373210	327238
#轿车 （辆）	Car (unit)	193376	223697	273738	301059	264504	274461	221312
微型计算机设备 （万台）	Microcomputer Equipment (10000 Set)	106	89	157	155	162	164	191
集成电路 （亿块）	Integrated Circuit (Billion block)	17	21	30	47	44	50	61
摩托车 （万辆）	Motorcycles (10000 units)	299.50	219.56	230.24	212.97	226.06	205.61	192.06
自行车 （万辆）	Bicycles (10000 units)	1418.30	1224.03	1424.88	1534.95	1499.23	1405.93	1502.24
发电设备 （万千瓦）	Generating Equipment (10000 kw)	410.42	487.29	544.42	483.44	460.82	513.51	486.36
交流电动机 （万千瓦）	Alternating Current Motor (10000 kw)	2201.28	1503.23	2097.86	3620.48	4204.93	4883.18	5622.90
变压器 （万千伏安）	Transformer (10000 kev)	7267.06	7120.44	8320.02	8818.31	8397.44	8977.53	11371.45
家用洗衣机 （万台）	Household Washing Machines (10000 units)	1543.68	1572.51	1765.02	1775.07	1906.43	1881.38	1592.39
家用电冰箱 （万台）	Household Refrigerators (10000 units)	614.82	761.81	889.72	626.79	887.16	939.61	757.78
电风扇 （万台）	Electric Fan (10000 units)	436.52	533.45	678.43	952.72	893.58	815.07	639.09
房间空气调节器（万台）	House Air Conditioner (10000 units)	451.65	303.09	510.81	469.50	509.49	565.03	679.62
灯泡 （亿只）	Bulb (100 millionm units)	47.32	45.95	45.91	34.21	30.58	37.38	32.52
彩色电视机 （万台）	Color TV Set (10000 units)	356.40	518.35	477.03	497.30	573.28	628.62	456.89
表 （万只）	Watch (10000 units)	1647.99	1366.76	1258.30	76.96	91.18	99.81	106.01
发电量（亿千瓦小时）	Electricity (100 Million kw.h)	2065.75	2193.27	2496.19	2774.18	2717.32	2883.60	2822.39

注：本表统计范围为规模以上工业企业。
The data in this table refer to industrial enterprises above designated size.

7－5 规模以上工业企业主要指标(2011－2014年) Principal Indicators of Industrial Enterprises Above Designated Sized(2011－2014)

单位:亿元(100 million yuan)

指标		Item	
企业单位数	(个)	Number of Enterprises	(unit)
#亏损企业单位数		Loss Enterprises	
工业总产值(当年价)		Gross Industrial Output Value(Current Price)	
出口交货值		Export delivery value	
全部职工年平均人数	(万人)	Average Number of Staff and Workers	(10000 persons)
流动资产合计		Circulating Funds	
固定资产合计		Fixed Assets	
固定资产原值		Original Value of Fixed Assets	
固定资产净值		Net Value of fixed assets	
资产总计		Total Assets	
流动负债合计		Circulating Liabilities	
非流动负债合计		non－circulating liabilities	
所有者权益		Creditors' Equity	
实收资本		Total Capital Hold	
主营业务收入		Sales Revenue	
主营业务成本		Cost of Sales	
主营业务税金及附加		Sales Taxes and Extra Charges	
利润总额		Total Profits	
本年应交增值税		Value Added Taxes Payable	
利税总额		Total Profits and Taxes	

合计 Total				#国有 State - owned Units				#私营 Private Units			
2011	2012	2013	2014	2011	2012	2013	2014	2011	2012	2013	2014
34340	36496	39561	40841	208	228	122	107	22339	23959	26219	27557
3442	4509	4934	4747	30	35	8	3	1760	2417	2690	2698
56406.06	59124.16	62980.29	67039.78	3528.05	3831.55	3189.69	3243.64	23251.05	24384.66	25792.12	27270.94
11041.75	10967.93	11223.22	11927.07	18.05	31.60	7.09	10.08	4583.40	4488.17	4585.31	4930.73
734.37	719.01	719.43	722.78	10.75	11.50	9.18	8.47	367.92	359.40	359.82	364.25
29870.73	32445.21	35053.39	36136.44	695.60	910.52	587.21	422.85	12532.07	13474.69	14280.82	14707.09
14623.95	15386.64	16149.64	17801.63	1626.14	1714.41	1289.67	1826.39	4704.44	4835.51	5084.10	5212.19
20721.24	22640.40	24447.22	27197.27	2758.46	3022.80	2456.31	2985.50	6261.76	6665.31	7267.27	7726.00
13207.32	13957.30	14647.80	16254.31	1534.64	1613.73	1244.08	1597.17	4213.69	4321.29	4601.00	4766.25
50788.85	55654.17	60436.24	64078.22	2642.40	3258.69	2497.18	2730.20	19660.16	21063.41	22286.05	23305.35
27171.78	29213.03	31629.00	32182.52	899.93	1102.23	887.82	934.63	12007.08	12742.62	13522.94	13782.36
3396.29	3495.33	3734.62	4354.05	537.12	590.28	500.52	622.05	765.48	636.57	602.71	662.09
19852.48	22076.81	24094.27	26199.51	1194.89	1559.40	1105.11	1169.80	6697.31	7214.04	7633.03	8175.94
9479.95	10430.63	11431.45	12080.43	296.32	364.03	145.80	139.11	3188.09	3225.13	3489.50	3625.77
55349.76	57682.73	61305.77	64371.53	3530.67	3817.01	3179.76	3248.30	22496.53	23629.71	24942.60	26194.21
47503.22	49633.01	52430.01	54934.41	3029.50	3257.87	2923.75	2947.02	19532.80	20550.86	21603.44	22653.09
602.68	617.79	668.51	720.20	225.75	241.50	94.09	106.14	95.13	97.23	117.77	128.02
3327.29	3112.65	3561.26	3729.13	141.52	172.03	87.23	81.81	1223.50	1161.90	1261.68	1313.20
1534.54	1590.69	1747.94	1844.10	149.49	171.97	112.77	105.55	574.29	596.69	662.02	712.96
5464.52	5321.14	5984.03	6303.09	516.76	585.50	294.63	294.25	1892.93	1855.82	2044.15	2159.46

7-6 按行业分的规模以上工业企业主要指标(2014 年) Main Indicators of Industrial Enterprises Above Designated Size by Sector(2014)

单位:亿元(100 million yuan)

行业	Sector	企业单位数(个) Number of Enterprises (unit)	#亏损企业(个) Loss (unit)	工业总产值 Gross Industrial Output Value	出口交货值 Export Delivery value
总计	**Total**	**40841**	**4747**	**67039.78**	**11927.07**
按登记注册类型分	**By Registered Type**				
#国有	#State - owned	107	3	3243.64	10.08
集体	Collective owned	69	5	55.83	0.72
私营	Private	27557	2698	27270.94	4930.73
港澳台商投资	Enterprises Funded by Entrepreneurs From Hong Kong, Macao and Taiwan	3142	626	7853.63	1922.00
外商投资	Foreign Funded Enterprises	3095	608	8140.00	2510.91
在总计中:轻工业	Light Industry	20019	2346	26039.78	6434.94
重工业	Heavy Industry	20822	2401	41000.00	5492.12
按工业行业分	**By Sector**				
煤炭开采和洗选业	Coal Mining and Dressing	2	1	0.96	
黑色金属矿采选业	Ferrous Metals Mining and Dressing	6	3	13.65	
有色金属矿采选业	Nonferrous Metals Mining and Dressing	18	2	25.59	
非金属矿采选业	Nonmetal Minerals Mining and Dressing	129	15	148.99	0.36
农副食品加工业	Non - staple Food Processing	776	95	1070.19	164.15
食品制造业	Food Manufacturing	348	52	543.85	93.64
酒、饮料和精制茶制造业	Wine, Soft Drinks and Refined Tea Manufacturing	218	24	489.34	33.69
烟草制品业	Tobacco Processing	3		444.48	2.88
纺织业	Textile Industry	5027	468	6037.54	1143.22
纺织服装、服饰业	Garments and Apparel Industry	2706	415	2499.31	1034.54
皮革、毛皮、羽毛及其制品和制鞋业	Leather, Furs, Down and Related Production, Shoes Manufacturing	1859	126	1580.41	631.70
木材加工和木、竹、藤、棕、草制品业	Timber Processing, Bamboo, Cane Palm Fiber and Straw Production	476	21	491.60	93.98
家具制造业	Furniture Manufacturing	739	107	827.93	417.06
造纸和纸制品业	Papermaking and Paper Production	846	124	1211.72	81.01
印刷和记录媒介复制业	Printing and Record Medium Reproduction	541	56	390.24	47.55
文教、工美、体育和娱乐用品制造业	Cultural and Educational, Arts and Crafts, Sports and Entertainment Goods	1276	150	1349.46	544.90

续表 1 Continued　　单位:亿元(100 million yuan)

行业	Sector	企业单位数(个) Number of Enterprises (unit)	#亏损企业(个) Loss (unit)	工业总产值 Gross Industrial Output Value	出口交货值 Export Delivery value
石油加工、炼焦和核燃料加工业	Petroleum Processing,Coking and Nuclear Fuel Processing	50	12	1819.57	1.70
化学原料和化学制品制造业	Raw Chemical Materials and Chemical Production	1654	201	5887.13	498.73
医药制造业	Medical and Pharmaceutical Production	431	53	1182.60	271.44
化学纤维制造业	Chemical Fiber	590	73	2588.61	169.50
橡胶和塑料制品业	Rubber and Plastic Production	2445	276	2902.25	551.36
非金属矿物制品业	Nonmetal Mineral Production	1589	185	2111.96	120.86
黑色金属冶炼和压延加工业	Smelting and Pressing of Ferrous Metals	985	110	2696.59	115.78
有色金属冶炼和压延加工业	Smelting and Pressing of Nonferrous Metals	811	134	2532.09	113.40
金属制品业	Metal Production	2473	283	2566.94	652.61
通用设备制造业	Equipment in Common Use	3968	408	4533.92	983.66
专用设备制造业	Special Purpose Equipment	1640	181	1661.98	343.84
汽车制造业	Automotive Manufacturing	1753	167	2963.96	441.35
铁路、船舶、航空航天和其他运输设备制造业	Railway, Shipbuilding, Aerospace and other Transport Equipment	594	108	1340.65	573.15
电气机械和器材制造业	Electric Equipment and Machinery	3977	509	6018.47	1411.05
计算机、通信和其他电子设备制造业	Computers, Communications and Other Electronic Equipment Manufacturing	1251	162	2705.34	1074.76
仪器仪表制造业	Instruments Manufacturing	620	56	737.36	168.39
其他制造业	Other Manufacturing	329	29	329.37	115.95
废弃资源综合利用业	Comprehensive Utilization of Waste Resources	152	63	379.09	0.68
金属制品、机械和设备修理业	Metal Products,Machinery and Equipment Repair Industry	44	10	70.08	30.06
电力、热力的生产和供应业	Production and Supply of Electricity and Heating Power	309	16	4291.48	0.12
燃气生产和供应业	Production and Supply of Gas	71	7	441.54	
水的生产和供应业	Production and Supply of Water	135	45	153.54	

续表 2 Continued 单位:亿元(100 million yuan)

行业	Sector	资产总计 Total Assets	流动资产合计 Circulating Funds	固定资产合计 Fixed Assets	固定资产原价 Original Value of Fixed Assets
总计	**Total**	**64078.22**	**36136.44**	**17801.63**	**27197.27**
按登记注册类型分	**By Registered Type**				
#国有	#State - owned	2730.20	422.85	1826.39	2985.50
集体	Collective owned	41.55	24.12	12.50	22.07
私营	Private	23305.35	14707.09	5212.19	7726.00
港澳台商投资	Enterprises Funded by Entrepreneurs From Hong Kong, Macao and Taiwan	8109.17	5129.86	1862.14	2896.67
外商投资	Foreign Funded Enterprises	7498.90	4485.02	2190.83	3496.54
在总计中:轻工业	Light Industry	24599.75	14915.66	5923.71	9023.75
重工业	Heavy Industry	39478.47	21220.78	11877.91	18173.52
按工业行业分	**By Sector**				
煤炭开采和洗选业	Coal Mining and Dressing	0.39	0.25	0.12	0.15
黑色金属矿采选业	Ferrous Metals Mining and Dressing	16.34	9.41	2.63	5.82
有色金属矿采选业	Nonferrous Metals Mining and Dressing	29.31	12.10	5.95	8.18
非金属矿采选业	Nonmetal Minerals Mining and Dressing	136.91	52.80	34.58	46.03
农副食品加工业	Non - staple Food Processing	772.28	470.64	186.47	255.69
食品制造业	Food Manufacturing	557.46	315.04	163.33	225.61
酒、饮料和精制茶制造业	Wine, Soft Drinks and Refined Tea Manufacturing	576.99	312.39	175.96	295.90
烟草制品业	Tobacco Processing	390.00	274.60	45.39	97.11
纺织业	Textile Industry	5352.67	3284.12	1359.46	2224.96
纺织服装、服饰业	Garments and Apparel Industry	2252.89	1481.49	442.78	678.50
皮革、毛皮、羽毛及其制品和制鞋业	Leather, Furs, Down and Related Production, Shoes Manufacturing	1113.70	779.17	209.89	301.07
木材加工和木、竹、藤、棕、草制品业	Timber Processing, Bamboo, Cane Palm Fiber and Straw Production	321.47	204.09	71.15	102.72
家具制造业	Furniture Manufacturing	772.45	508.07	165.39	232.21
造纸和纸制品业	Papermaking and Paper Production	1511.14	861.13	425.97	649.38
印刷和记录媒介复制业	Printing and Record Medium Reproduction	461.03	272.64	128.32	220.44
文教、工美、体育和娱乐用品制造业	Cultural and Educational, Arts and Crafts, Sports and Entertainment Goods	1069.30	684.05	214.91	310.05

续表 3　Continued　单位:亿元(100 million yuan)

行业	Sector	资产总计 Total Assets	流动资产合计 Circulating Funds	固定资产合计 Fixed Assets	固定资产原价 Original Value of Fixed Assets
石油加工、炼焦和核燃料加工业	Petroleum Processing,Coking and Nuclear Fuel Processing	524.15	229.63	263.55	391.82
化学原料和化学制品制造业	Raw Chemical Materials and Chemical Production	5383.43	2933.77	1639.02	2373.45
医药制造业	Medical and Pharmaceutical Production	1564.55	812.48	407.53	547.50
化学纤维制造业	Chemical Fiber	2198.40	1175.41	589.34	887.26
橡胶和塑料制品业	Rubber and Plastic Production	2475.98	1479.00	645.73	1018.85
非金属矿物制品业	Nonmetal Mineral Production	2379.42	1386.51	647.68	1007.11
黑色金属冶炼和压延加工业	Smelting and Pressing of Ferrous Metals	1982.34	1170.96	533.90	876.08
有色金属冶炼和压延加工业	Smelting and Pressing of Nonferrous Metals	1490.30	1010.13	253.97	361.33
金属制品业	Metal Production	2317.41	1493.10	514.52	740.55
通用设备制造业	Equipment in Common Use	4891.57	3035.97	1002.11	1496.82
专用设备制造业	Special Purpose Equipment	1922.65	1208.23	405.10	601.72
汽车制造业	Automotive Manufacturing	3160.59	1819.32	740.60	1038.34
铁路、船舶、航空航天和其他运输设备制造业	Railway, Shipbuilding, Aerospace and other Transport Equipment	1552.30	874.60	379.86	530.11
电气机械和器材制造业	Electric Equipment and Machinery	5953.28	3909.07	1045.92	1545.35
计算机、通信和其他电子设备制造业	Computers, Communications and Other Electronic Equipment Manufacturing	2886.22	2004.18	478.27	812.48
仪器仪表制造业	Instruments Manufacturing	890.61	586.98	145.67	225.71
其他制造业	Other Manufacturing	299.79	198.17	67.30	94.34
废弃资源综合利用业	Comprehensive Utilization of Waste Resources	204.85	138.58	22.68	30.41
金属制品、机械和设备修理业	Metal Products,Machinery and Equipment Repair Industry	118.44	40.60	49.46	64.26
电力、热力的生产和供应业	Production and Supply of Electricity and Heating Power	5326.62	732.58	3699.43	6032.99
燃气生产和供应业	Production and Supply of Gas	327.69	93.23	180.15	213.33
水的生产和供应业	Production and Supply of Water	893.31	281.92	457.52	653.62

续表 4 Continued 单位:亿元(100 million yuan)

行业	Sector	固定资产净值 Net Value of fixed assets	年末负债合计 Total Liabilities	流动负债 Circulating Liabilities	非流动负债合计 non - circulating liabilities
总计	**Total**	**16254.31**	**37663.38**	**32182.52**	**4354.05**
按登记注册类型分	**By Registered Type**				
#国有	#State - owned	1597.17	1557.24	934.63	622.05
集体	Collective owned	11.34	15.90	15.13	0.49
私营	Private	4766.25	15010.08	13782.36	662.09
港澳台商投资	Enterprises Funded by Entrepreneurs From Hong Kong, Macao and Taiwan	1733.40	4477.59	3984.57	328.69
外商投资	Foreign Funded Enterprises	2040.52	3928.76	3519.28	315.55
在总计中:轻工业	Light Industry	5338.99	14434.02	12931.23	1020.26
重工业	Heavy Industry	10915.33	23229.35	19251.29	3333.79
按工业行业分	**By Sector**				
煤炭开采和洗选业	Coal Mining and Dressing	0.12	0.25	0.25	
黑色金属矿采选业	Ferrous Metals Mining and Dressing	2.62	5.49	3.96	0.01
有色金属矿采选业	Nonferrous Metals Mining and Dressing	5.61	15.87	14.52	1.05
非金属矿采选业	Nonmetal Minerals Mining and Dressing	28.94	87.41	75.06	9.08
农副食品加工业	Non - staple Food Processing	166.01	473.64	435.17	30.24
食品制造业	Food Manufacturing	150.82	276.85	258.10	11.29
酒、饮料和精制茶制造业	Wine, Soft Drinks and Refined Tea Manufacturing	168.96	288.27	259.87	27.10
烟草制品业	Tobacco Processing	45.23	73.84	73.83	0.01
纺织业	Textile Industry	1238.75	3402.05	3046.88	165.78
纺织服装、服饰业	Garments and Apparel Industry	405.30	1258.12	1188.24	40.98
皮革、毛皮、羽毛及其制品和制鞋业	Leather, Furs, Down and Related Production, Shoes Manufacturing	188.31	696.08	658.12	12.11
木材加工和木、竹、藤、棕、草制品业	Timber Processing, Bamboo, Cane Palm Fiber and Straw Production	66.04	188.40	176.06	4.56
家具制造业	Furniture Manufacturing	150.55	498.71	468.55	9.97
造纸和纸制品业	Papermaking and Paper Production	384.26	935.28	809.97	92.59
印刷和记录媒介复制业	Printing and Record Medium Reproduction	119.99	272.67	246.72	17.93
文教、工美、体育和娱乐用品制造业	Cultural and Educational, Arts and Crafts, Sports and Entertainment Goods	196.38	639.57	584.26	29.42

续表 5 Continued 单位:亿元(100 million yuan)

行业	Sector	固定资产净值 Net Value of fixed assets	年末负债合计 Total Liabilities	流动负债 Circulating Liabilities	非流动负债合计 non-circulating liabilities
石油加工、炼焦和核燃料加工业	Petroleum Processing,Coking and Nuclear Fuel Processing	190.95	241.21	232.36	6.51
化学原料和化学制品制造业	Raw Chemical Materials and Chemical Production	1543.43	3078.98	2577.42	407.34
医药制造业	Medical and Pharmaceutical Production	346.35	674.82	574.32	94.29
化学纤维制造业	Chemical Fiber	512.65	1381.07	1216.78	122.05
橡胶和塑料制品业	Rubber and Plastic Production	588.37	1481.44	1354.78	90.77
非金属矿物制品业	Nonmetal Mineral Production	603.30	1459.06	1302.64	122.90
黑色金属冶炼和压延加工业	Smelting and Pressing of Ferrous Metals	497.92	1281.53	1135.74	91.44
有色金属冶炼和压延加工业	Smelting and Pressing of Nonferrous Metals	231.28	994.20	915.85	43.33
金属制品业	Metal Production	472.02	1414.29	1311.14	56.33
通用设备制造业	Equipment in Common Use	925.65	2717.03	2506.55	140.59
专用设备制造业	Special Purpose Equipment	370.76	1070.70	988.82	53.52
汽车制造业	Automotive Manufacturing	678.70	1909.45	1603.36	275.20
铁路、船舶、航空航天和其他运输设备制造业	Railway, Shipbuilding, Aerospace and other Transport Equipment	353.65	1121.03	923.86	114.70
电气机械和器材制造业	Electric Equipment and Machinery	958.20	3545.48	3183.27	272.75
计算机、通信和其他电子设备制造业	Computers, Communications and Other Electronic Equipment Manufacturing	437.14	1457.10	1338.00	75.85
仪器仪表制造业	Instruments Manufacturing	134.62	426.06	398.64	23.92
其他制造业	Other Manufacturing	58.38	172.54	165.81	3.45
废弃资源综合利用业	Comprehensive Utilization of Waste Resources	20.99	163.98	122.70	11.61
金属制品、机械和设备修理业	Metal Products,Machinery and Equipment Repair Industry	43.80	74.60	56.68	13.27
电力、热力的生产和供应业	Production and Supply of Electricity and Heating Power	3415.11	3141.65	1613.78	1520.75
燃气生产和供应业	Production and Supply of Gas	170.29	203.89	102.20	100.84
水的生产和供应业	Production and Supply of Water	382.85	540.77	258.25	260.53

续表 6 Continued 单位:亿元(100 million yuan)

行业	Sector	年末所有者权益合计 Creditors' Equity	实收资本 Total Capital Hold	主营业务收入 Revenues in Main Business	主营业务成本 Costs in Main Business
总计	**Total**	**26199.51**	**12080.43**	**64371.53**	**54934.41**
按登记注册类型分	**By Registered Type**				
#国有	#State - owned	1169.80	139.11	3248.30	2947.02
集体	Collective owned	25.64	6.54	55.50	47.40
私营	Private	8175.94	3625.77	26194.21	22653.09
港澳台商投资	Enterprises Funded by Entrepreneurs From Hong Kong, Macao and Taiwan	3599.88	1994.64	7514.91	6372.14
外商投资	Foreign Funded Enterprises	3555.34	2203.74	7790.59	6460.90
在总计中:轻工业	Light Industry	10055.03	4274.53	25099.59	20982.90
重工业	Heavy Industry	16144.48	7805.90	39271.94	33951.51
按工业行业分	**By Sector**				
煤炭开采和洗选业	Coal Mining and Dressing	0.14	0.06	0.83	0.73
黑色金属矿采选业	Ferrous Metals Mining and Dressing	10.86	2.53	12.86	11.36
有色金属矿采选业	Nonferrous Metals Mining and Dressing	13.14	7.27	25.80	21.12
非金属矿采选业	Nonmetal Minerals Mining and Dressing	49.35	32.26	148.58	116.39
农副食品加工业	Non - staple Food Processing	295.80	133.21	1049.01	954.06
食品制造业	Food Manufacturing	268.31	117.49	559.95	444.30
酒、饮料和精制茶制造业	Wine, Soft Drinks and Refined Tea Manufacturing	288.40	120.67	463.05	338.99
烟草制品业	Tobacco Processing	316.16	10.32	420.59	80.86
纺织业	Textile Industry	1915.90	893.27	5832.14	5160.37
纺织服装、服饰业	Garments and Apparel Industry	981.91	415.69	2392.72	2007.15
皮革、毛皮、羽毛及其制品和制鞋业	Leather, Furs, Down and Related Production, Shoes Manufacturing	411.80	204.64	1516.99	1308.98
木材加工和木、竹、藤、棕、草制品业	Timber Processing, Bamboo, Cane Palm Fiber and Straw Production	130.06	64.42	473.90	411.15
家具制造业	Furniture Manufacturing	270.61	168.44	785.84	650.86
造纸和纸制品业	Papermaking and Paper Production	573.11	313.38	1099.69	940.48
印刷和记录媒介复制业	Printing and Record Medium Reproduction	186.45	88.87	381.79	324.43
文教、工美、体育和娱乐用品制造业	Cultural and Educational, Arts and Crafts, Sports and Entertainment Goods	423.36	175.68	1307.71	1119.39

续表 7 Continued 单位:亿元(100 million yuan)

行业	Sector	年末所有者权益合计 Creditors' Equity	实收资本 Total Capital Hold	主营业务收入 Revenues in Main Business	主营业务成本 Costs in Main Business
石油加工、炼焦和核燃料加工业	Petroleum Processing,Coking and Nuclear Fuel Processing	282.94	272.82	1535.75	1329.94
化学原料和化学制品制造业	Raw Chemical Materials and Chemical Production	2298.62	1073.14	5928.60	5149.98
医药制造业	Medical and Pharmaceutical Production	889.35	263.99	1092.46	697.73
化学纤维制造业	Chemical Fiber	807.78	344.18	2487.21	2282.94
橡胶和塑料制品业	Rubber and Plastic Production	992.63	440.75	2764.39	2379.00
非金属矿物制品业	Nonmetal Mineral Production	914.75	479.02	2041.58	1711.48
黑色金属冶炼和压延加工业	Smelting and Pressing of Ferrous Metals	696.52	411.74	2556.25	2360.85
有色金属冶炼和压延加工业	Smelting and Pressing of Nonferrous Metals	486.06	243.36	2481.83	2334.00
金属制品业	Metal Production	886.67	449.15	2455.42	2117.51
通用设备制造业	Equipment in Common Use	2159.58	936.39	4348.29	3582.37
专用设备制造业	Special Purpose Equipment	846.12	386.38	1577.62	1278.94
汽车制造业	Automotive Manufacturing	1261.59	568.01	2833.98	2361.59
铁路、船舶、航空航天和其他运输设备制造业	Railway, Shipbuilding, Aerospace and other Transport Equipment	427.75	231.07	978.88	878.38
电气机械和器材制造业	Electric Equipment and Machinery	2377.91	1127.56	5822.93	4907.90
计算机、通信和其他电子设备制造业	Computers, Communications and Other Electronic Equipment Manufacturing	1408.29	625.35	2716.91	2189.69
仪器仪表制造业	Instruments Manufacturing	465.09	178.31	690.33	522.99
其他制造业	Other Manufacturing	126.38	51.85	311.11	266.81
废弃资源综合利用业	Comprehensive Utilization of Waste Resources	39.65	29.57	357.87	340.84
金属制品、机械和设备修理业	Metal Products,Machinery and Equipment Repair Industry	43.83	31.07	56.83	48.81
电力、热力的生产和供应业	Production and Supply of Electricity and Heating Power	2177.33	896.72	4262.82	3762.71
燃气生产和供应业	Production and Supply of Gas	123.52	90.42	443.01	414.94
水的生产和供应业	Production and Supply of Water	351.77	201.40	156.01	124.35

续表 8 Continued 单位:亿元(100 million yuan)

行业	Sector	主营业务税金及附加 Sales Taxes and Extra Charges in Main Business	利润总额 Total Profits	利税总额 Total Profits and Taxes	本年应交增值税 Value Added Taxes Payable	全部从业人员年平均人数(万人) Average Number of Employed Persons (10000 persons)
总计	**Total**	**720.20**	**3729.13**	**6303.09**	**1844.10**	**722.78**
按登记注册类型分	**By Registered Type**					
#国有	#State - owned	106.14	81.81	294.25	105.55	8.47
集体	Collective owned	0.39	3.61	6.26	2.26	0.82
私营	Private	128.02	1313.20	2159.46	712.96	364.25
港澳台商投资	Enterprises Funded by Entrepreneurs From Hong Kong, Macao and Taiwan	64.87	474.90	758.26	218.00	87.04
外商投资	Foreign Funded Enterprises	38.54	546.41	796.71	211.44	89.28
在总计中:轻工业	Light Industry	391.77	1476.66	2658.77	786.92	369.63
重工业	Heavy Industry	328.43	2252.47	3644.32	1057.18	353.15
按工业行业分	**By Sector**					
煤炭开采和洗选业	Coal Mining and Dressing		0.03	0.05	0.02	
黑色金属矿采选业	Ferrous Metals Mining and Dressing	0.14	-0.11	0.32	0.28	0.17
有色金属矿采选业	Nonferrous Metals Mining and Dressing	0.35	1.77	3.73	1.61	0.29
非金属矿采选业	Nonmetal Minerals Mining and Dressing	4.12	13.44	23.54	5.91	1.08
农副食品加工业	Non - staple Food Processing	2.59	34.97	53.17	15.54	9.11
食品制造业	Food Manufacturing	2.74	51.60	76.02	21.64	6.96
酒、饮料和精制茶制造业	Wine, Soft Drinks and Refined Tea Manufacturing	10.46	46.14	75.58	18.92	4.92
烟草制品业	Tobacco Processing	266.24	37.58	356.20	52.35	0.38
纺织业	Textile Industry	27.86	289.76	475.28	157.16	77.24
纺织服装、服饰业	Garments and Apparel Industry	13.76	139.97	236.96	82.96	61.62
皮革、毛皮、羽毛及其制品和制鞋业	Leather, Furs, Down and Related Production, Shoes Manufacturing	8.13	74.53	135.92	53.14	38.19
木材加工和木、竹、藤、棕、草制品业	Timber Processing, Bamboo, Cane Palm Fiber and Straw Production	3.96	24.90	40.94	12.02	5.90
家具制造业	Furniture Manufacturing	4.17	40.60	70.56	25.61	17.14
造纸和纸制品业	Papermaking and Paper Production	5.23	55.59	93.43	32.51	12.45
印刷和记录媒介复制业	Printing and Record Medium Reproduction	1.96	20.74	35.09	12.36	6.82
文教、工美、体育和娱乐用品制造业	Cultural and Educational, Arts and Crafts, Sports and Entertainment Goods	6.58	72.70	112.44	32.82	21.92

续表 9 Continued 单位:亿元(100 million yuan)

行业	Sector	主营业务税金及附加 Sales Taxes and Extra Charges in Main Business	利润总额 Total Profits	利税总额 Total Profits and Taxes	本年应交增值税 Value Added Taxes Payable	全部从业人员年平均人数(万人) Average Number of Employed Persons (10000 persons)
石油加工、炼焦和核燃料加工业	Petroleum Processing,Coking and Nuclear Fuel Processing	151.69	41.44	253.23	60.10	0.92
化学原料和化学制品制造业	Raw Chemical Materials and Chemical Production	19.45	324.34	473.96	129.87	25.13
医药制造业	Medical and Pharmaceutical Production	7.96	131.68	202.10	62.41	12.92
化学纤维制造业	Chemical Fiber	5.57	114.48	162.30	42.06	12.27
橡胶和塑料制品业	Rubber and Plastic Production	12.46	151.98	228.82	64.18	34.27
非金属矿物制品业	Nonmetal Mineral Production	11.53	138.57	224.31	74.04	19.71
黑色金属冶炼和压延加工业	Smelting and Pressing of Ferrous Metals	8.21	91.00	144.37	45.08	15.07
有色金属冶炼和压延加工业	Smelting and Pressing of Nonferrous Metals	4.82	67.47	106.80	34.46	9.10
金属制品业	Metal Production	12.36	122.22	196.13	61.26	37.19
通用设备制造业	Equipment in Common Use	21.98	296.18	457.38	138.85	65.22
专用设备制造业	Special Purpose Equipment	8.16	113.65	172.34	50.37	24.06
汽车制造业	Automotive Manufacturing	28.40	210.22	325.49	83.77	35.80
铁路、船舶、航空航天和其他运输设备制造业	Railway, Shipbuilding, Aerospace and other Transport Equipment	4.21	10.81	33.62	18.49	11.85
电气机械和器材制造业	Electric Equipment and Machinery	24.14	323.49	499.91	151.68	78.34
计算机、通信和其他电子设备制造业	Computers, Communications and Other Electronic Equipment Manufacturing	12.75	259.10	345.31	72.65	39.23
仪器仪表制造业	Instruments Manufacturing	4.30	67.63	98.17	26.16	13.37
其他制造业	Other Manufacturing	1.59	15.75	30.37	13.00	6.88
废弃资源综合利用业	Comprehensive Utilization of Waste Resources	1.26	2.16	16.23	12.79	1.90
金属制品、机械和设备修理业	Metal Products,Machinery and Equipment Repair Industry	0.50	0.02	3.20	2.68	1.83
电力、热力的生产和供应业	Production and Supply of Electricity and Heating Power	18.90	319.80	506.71	167.05	10.18
燃气生产和供应业	Production and Supply of Gas	0.85	16.91	21.55	3.72	0.72
水的生产和供应业	Production and Supply of Water	0.82	6.01	11.56	4.59	2.64

注:2012 年起行业分类采用 2011 年国民经济行业分类。
2012 industry classification by 2011 national economic industry classification。

7-7 按行业分的规模以上工业企业主要经济效益指标(2014年)
Main Economic Beneficial Indicators of Industrial Enterprises Above Designated Size by Sector(2014)

行业	Sector	每百元固定资产原值实现利税(元) Pre tax Profits per 100 Yuan Original Value of Fixed Assets(yuan)	每百元主营业务收入实现利税(元) Pre tax Profits per 100 Yuan Revenues in Main Business (yuan)	产品销售率(%) Rate of Production Sold (%)	出口交货值占工业销售(%) Export delivery value of the proportion of total sales value(%)	新产品产值率(%) New product ratio (%)
总计	**Total**	**23.18**	**9.79**	**96.83**	**18.37**	**28.32**
按登记注册类型分	**by Registered Type**					
#国有	#State - owned	9.86	9.06	99.58	0.31	1.03
集体	Collective owned	28.35	11.27	98.61	1.30	1.61
私营	Private	27.95	8.24	96.32	18.77	26.60
港澳台商投资	Enterprises Funded by Entrepreneurs From Hong Kong, Macao and Taiwan	26.18	10.09	96.33	25.41	32.77
外商投资	Foreign Funded Enterprises	22.79	10.23	97.06	31.78	29.45
在总计中:轻工业	Light Industry	29.46	10.59	96.47	25.62	28.20
重工业	Heavy Industry	20.05	9.28	97.06	13.80	28.40
按工业行业分	**By Sector**					
煤炭开采和洗选业	Coal Mining and Dressing	31.67	5.77	96.62		10.44
黑色金属矿采选业	Ferrous Metals Mining and Dressing	5.44	2.46	100.35		
有色金属矿采选业	Nonferrous Metals Mining and Dressing	45.58	14.44	100.39		1.49
非金属矿采选业	Nonmetal Minerals Mining and Dressing	51.14	15.84	99.94	0.24	1.06
农副食品加工业	Non - staple Food Processing	20.79	5.07	96.93	15.82	11.96
食品制造业	Food Manufacturing	33.70	13.58	96.52	17.84	24.65
酒、饮料和精制茶制造业	Wine, Soft Drinks and Refined Tea Manufacturing	25.54	16.32	96.10	7.16	14.06
烟草制品业	Tobacco Processing	366.80	84.69	94.99	0.68	0.50
纺织业	Textile Industry	21.36	8.15	96.98	19.52	24.06
纺织服装、服饰业	Garments and Apparel Industry	34.92	9.90	96.67	42.82	28.62
皮革、毛皮、羽毛及其制品和制鞋业	Leather, Furs, Down and Related Production, Shoes Manufacturing	45.15	8.96	96.37	41.47	28.64
木材加工和木、竹、藤、棕、草制品业	Timber Processing, Bamboo, Cane Palm Fiber and Straw Production	39.85	8.64	97.21	19.66	25.73
家具制造业	Furniture Manufacturing	30.39	8.98	96.10	52.42	30.74
造纸和纸制品业	Papermaking and Paper Production	14.39	8.50	96.39	6.94	24.67
印刷和记录媒介复制业	Printing and Record Medium Reproduction	15.92	9.19	97.79	12.46	19.79
文教、工美、体育和娱乐用品制造业	Cultural and Educational, Arts and Crafts, Sports and Entertainment Goods	36.27	8.60	96.64	41.78	29.92

续表 Continued

行业	Sector	每百元固定资产原值实现利税(元) Pre tax Profits per 100 Yuan Original Value of Fixed Assets(yuan)	每百元主营业务收入实现利税(元) Pre tax Profits per 100 Yuan Revenues in Main Business (yuan)	产品销售率(%) Rate of Production Sold (%)	出口交货值占工业销售(%) Export delivery value of the proportion of total sales value(%)	新产品产值率(%) New product ratio (%)
石油加工、炼焦和核燃料加工业	Petroleum Processing,Coking and Nuclear Fuel Processing	64.63	16.49	98.32	0.10	0.87
化学原料和化学制品制造业	Raw Chemical Materials and Chemical Production	19.97	7.99	96.70	8.76	32.57
医药制造业	Medical and Pharmaceutical Production	36.91	18.50	92.90	24.71	39.21
化学纤维制造业	Chemical Fiber	18.29	6.53	96.09	6.81	31.85
橡胶和塑料制品业	Rubber and Plastic Production	22.46	8.28	97.04	19.58	26.44
非金属矿物制品业	Nonmetal Mineral Production	22.27	10.99	97.79	5.85	17.69
黑色金属冶炼和压延加工业	Smelting and Pressing of Ferrous Metals	16.48	5.65	95.47	4.50	24.50
有色金属冶炼和压延加工业	Smelting and Pressing of Nonferrous Metals	29.56	4.30	97.49	4.59	26.65
金属制品业	Metal Production	26.48	7.99	96.16	26.44	25.74
通用设备制造业	Equipment in Common Use	30.56	10.52	96.52	22.48	36.82
专用设备制造业	Special Purpose Equipment	28.64	10.92	96.04	21.54	39.71
汽车制造业	Automotive Manufacturing	31.35	11.49	96.17	15.48	49.29
铁路、船舶、航空航天和其他运输设备制造业	Railway, Shipbuilding, Aerospace and other Transport Equipment	6.34	3.43	96.37	44.36	34.79
电气机械和器材制造业	Electric Equipment and Machinery	32.35	8.59	96.81	24.22	39.28
计算机、通信和其他电子设备制造业	Computers, Communications and Other Electronic Equipment Manufacturing	42.50	12.71	96.87	41.01	50.34
仪器仪表制造业	Instruments Manufacturing	43.50	14.22	95.20	23.99	48.01
其他制造业	Other Manufacturing	32.20	9.76	94.38	37.30	30.35
废弃资源综合利用业	Comprehensive Utilization of Waste Resources	53.35	4.53	100.38	0.18	14.17
金属制品、机械和设备修理业	Metal Products,Machinery and Equipment Repair Industry	4.98	5.63	96.67	44.37	0.17
电力、热力生产和供应业	Production and Supply of Electricity and Heating Power	8.40	11.89	99.61		0.49
燃气生产和供应业	Production and Supply of Gas	10.10	4.87	99.80		
水的生产和供应业	Production and Supply of Water	1.77	7.41	97.63		0.63

7-8 按行业分的国有及国有控股工业企业主要指标(2014 年)
Main Indicators of State-owned and State Holding Industrial Enterprises by Sector(2014)

单位:亿元(100 million yuan)

行业	Sector	企业单位数(个) Number of Enterprises (unit)	#亏损企业(个) Loss (unit)	工业总产值 Gross Industrial Output Value	出口交货值 Export Delivery value
总计	**Total**	**723**	**111**	**9498.90**	**336.79**
按登记注册类型分	**by Registered Type**				
#国有	#State-owned	107	3	3243.64	10.08
集体	Collective owned				
私营	Private	1		3.21	
港澳台商投资	Enterprises Funded by Entrepreneurs From Hong Kong, Macao and Taiwan	30	2	523.91	9.10
外商投资	Foreign Funded Enterprises	45	9	575.15	91.12
在总计中:轻工业	Light Industry	203	48	913.04	75.29
重工业	Heavy Industry	520	63	8585.85	261.50
按工业行业分	**By Sector**				
煤炭开采和洗选业	Coal Mining and Dressing				
黑色金属矿采选业	Ferrous Metals Mining and Dressing	2	2	6.27	
有色金属矿采选业	Nonferrous Metals Mining and Dressing	2		1.26	
非金属矿采选业	Nonmetal Minerals Mining and Dressing	11	2	14.19	0.04
农副食品加工业	Non-staple Food Processing	17	2	38.41	7.17
食品制造业	Food Manufacturing	10	1	20.36	3.26
酒、饮料和精制茶制造业	Wine, Soft Drinks and Refined Tea Manufacturing	8	4	20.10	0.47
烟草制品业	Tobacco Processing	2		442.16	2.88
纺织业	Textile Industry	12		35.99	4.26
纺织服装、服饰业	Garments and Apparel Industry	16	3	15.13	4.28
皮革、毛皮、羽毛及其制品和制鞋业	Leather, Furs, Down and Related Production, Shoes Manufacturing	2		0.79	0.46
木材加工和木、竹、藤、棕、草制品业	Timber Processing, Bamboo, Cane Palm Fiber and Straw Production				
家具制造业	Furniture Manufacturing				
造纸和纸制品业	Papermaking and Paper Production	3	3	16.83	0.68
印刷和记录媒介复制业	Printing and Record Medium Reproduction	16	1	21.17	0.13
文教、工美、体育和娱乐用品制造业	Cultural and Educational, Arts and Crafts, Sports and Entertainment Goods	5	1	8.87	0.30

续表 1 Continued

单位:亿元(100 million yuan)

行业	Sector	企业单位数(个) Number of Enterprises (unit)	#亏损企业(个) Loss (unit)	工业总产值 Gross Industrial Output Value	出口交货值 Export Delivery value
石油加工、炼焦和核燃料加工业	Petroleum Processing,Coking and Nuclear Fuel Processing	4	2	1698.63	1.57
化学原料和化学制品制造业	Raw Chemical Materials and Chemical Production	38	5	627.08	21.91
医药制造业	Medical and Pharmaceutical Production	16	1	91.49	37.88
化学纤维制造业	Chemical Fiber	4		11.88	1.25
橡胶和塑料制品业	Rubber and Plastic Production	9	2	301.87	71.98
非金属矿物制品业	Nonmetal Mineral Production	94	6	320.58	17.31
黑色金属冶炼和压延加工业	Smelting and Pressing of Ferrous Metals	14	4	363.28	16.17
有色金属冶炼和压延加工业	Smelting and Pressing of Nonferrous Metals	7		116.37	0.11
金属制品业	Metal Production	12	1	32.36	6.16
通用设备制造业	Equipment in Common Use	36	2	168.51	27.34
专用设备制造业	Special Purpose Equipment	14	4	49.99	8.51
汽车制造业	Automotive Manufacturing	12	4	129.92	7.14
铁路、船舶、航空航天和其他运输设备制造业	Railway, Shipbuilding, Aerospace and other Transport Equipment	13	2	128.00	37.22
电气机械和器材制造业	Electric Equipment and Machinery	20	2	84.28	4.14
计算机、通信和其他电子设备制造业	Computers, Communications and Other Electronic Equipment Manufacturing	25	3	157.05	53.68
仪器仪表制造业	Instruments Manufacturing	6		10.94	0.05
其他制造业	Other Manufacturing	4	2	9.43	
废弃资源综合利用业	Comprehensive Utilization of Waste Resources	2		2.17	
金属制品、机械和设备修理业	Metal Products,Machinery and Equipment Repair Industry	3		6.11	0.44
电力、热力的生产和供应业	Production and Supply of Electricity and Heating Power	156	7	4034.95	
燃气生产和供应业	Production and Supply of Gas	28	5	374.30	
水的生产和供应业	Production and Supply of Water	100	40	138.18	

续表 2 Continued 单位:亿元(100 million yuan)

行业	Sector	资产总计 Total Assets	流动资产合计 Circulating Funds	固定资产合计 Fixed Assets	固定资产原价 Original Value of Fixed Assets
总计	**Total**	**9970.37**	**3130.75**	**5373.50**	**8563.81**
按登记注册类型分	**by Registered Type**				
#国有	#State - owned	2730.20	422.85	1826.39	2985.50
集体	Collective owned				
私营	Private	1.72	0.82	0.72	1.08
港澳台商投资	Enterprises Funded by Entrepreneurs From Hong Kong, Macao and Taiwan	344.44	141.08	139.62	197.66
外商投资	Foreign Funded Enterprises	611.09	233.59	315.31	495.56
在总计中:轻工业	Light Industry	1826.27	899.23	564.69	839.22
重工业	Heavy Industry	8144.10	2231.52	4808.82	7724.59
按工业行业分	**By Sector**				
煤炭开采和洗选业	Coal Mining and Dressing				
黑色金属矿采选业	Ferrous Metals Mining and Dressing	13.12		2.33	5.09
有色金属矿采选业	Nonferrous Metals Mining and Dressing	4.97	0.47	3.65	4.41
非金属矿采选业	Nonmetal Minerals Mining and Dressing	24.86	9.82	6.69	8.76
农副食品加工业	Non - staple Food Processing	28.93		7.89	13.33
食品制造业	Food Manufacturing	15.43	9.42	4.47	5.86
酒、饮料和精制茶制造业	Wine, Soft Drinks and Refined Tea Manufacturing	88.54	45.39	13.90	24.09
烟草制品业	Tobacco Processing	388.04	273.75	44.38	95.75
纺织业	Textile Industry	51.02	26.05	9.69	16.84
纺织服装、服饰业	Garments and Apparel Industry	35.76	25.94	7.72	11.95
皮革、毛皮、羽毛及其制品和制鞋业	Leather, Furs, Down and Related Production, Shoes Manufacturing	0.42	0.19	0.21	0.46
木材加工和木、竹、藤、棕、草制品业	Timber Processing, Bamboo, Cane Palm Fiber and Straw Production				
家具制造业	Furniture Manufacturing				
造纸和纸制品业	Papermaking and Paper Production	33.16	15.06	13.79	34.91
印刷和记录媒介复制业	Printing and Record Medium Reproduction	24.77	12.47	10.00	18.66
文教、工美、体育和娱乐用品制造业	Cultural and Educational, Arts and Crafts, Sports and Entertainment Goods	8.29	7.48	0.73	0.84

续表 3 Continued 单位:亿元(100 million yuan)

行业	Sector	资产总计 Total Assets	流动资产合计 Circulating Funds	固定资产合计 Fixed Assets	固定资产原价 Original Value of Fixed Assets
石油加工、炼焦和核燃料加工业	Petroleum Processing,Coking and Nuclear Fuel Processing	438.65	177.36	240.61	370.84
化学原料和化学制品制造业	Raw Chemical Materials and Chemical Production	524.26	204.01	234.68	367.02
医药制造业	Medical and Pharmaceutical Production	306.34	135.06	92.86	99.11
化学纤维制造业	Chemical Fiber	16.24	6.28	6.83	11.58
橡胶和塑料制品业	Rubber and Plastic Production	226.60	125.42	68.45	112.55
非金属矿物制品业	Nonmetal Mineral Production	467.18	180.05	207.31	300.11
黑色金属冶炼和压延加工业	Smelting and Pressing of Ferrous Metals	522.34	234.93	170.26	338.27
有色金属冶炼和压延加工业	Smelting and Pressing of Nonferrous Metals	48.11	39.27	6.05	5.80
金属制品业	Metal Production	43.35	33.95	6.86	11.50
通用设备制造业	Equipment in Common Use	277.45	164.13	43.56	69.28
专用设备制造业	Special Purpose Equipment	75.40	56.40	6.87	9.66
汽车制造业	Automotive Manufacturing	195.96	86.10	69.88	86.18
铁路、船舶、航空航天和其他运输设备制造业	Railway, Shipbuilding, Aerospace and other Transport Equipment	162.27	93.43	42.88	68.50
电气机械和器材制造业	Electric Equipment and Machinery	103.85	67.83	15.88	18.93
计算机、通信和其他电子设备制造业	Computers, Communications and Other Electronic Equipment Manufacturing	241.21	202.07	12.82	32.20
仪器仪表制造业	Instruments Manufacturing	8.30	6.40	1.08	1.86
其他制造业	Other Manufacturing	7.04	6.09	0.68	0.83
废弃资源综合利用业	Comprehensive Utilization of Waste Resources	2.73	0.47	1.57	2.34
金属制品、机械和设备修理业	Metal Products,Machinery and Equipment Repair Industry	13.41	7.83	4.82	7.06
电力、热力的生产和供应业	Production and Supply of Electricity and Heating Power	4471.19	517.17	3433.49	5619.30
燃气生产和供应业	Production and Supply of Gas	258.33	65.73	147.10	174.89
水的生产和供应业	Production and Supply of Water	842.85	268.65	433.52	615.08

续表 4 Continued 单位:亿元(100 million yuan)

行业	Sector	固定资产净值 Net Value of fixed assets	年末负债合计 Total Liabilities	流动负债 Circulating Liabilities	非流动负债合计 non - circulating liabilities
总计	**Total**	**4894.15**	**5600.53**	**3477.30**	**2091.82**
按登记注册类型分	**by Registered Type**				
#国有	#State - owned	1597.17	1557.24	934.63	622.05
集体	Collective owned				
私营	Private	0.72	0.69	0.69	
港澳台商投资	Enterprises Funded by Entrepreneurs From Hong Kong, Macao and Taiwan	136.27	196.19	156.77	39.42
外商投资	Foreign Funded Enterprises	303.90	279.67	212.06	65.93
在总计中:轻工业	Light Industry	470.44	812.37	500.61	287.33
重工业	Heavy Industry	4423.71	4788.15	2976.68	1804.49
按工业行业分	**By Sector**				
煤炭开采和洗选业	Coal Mining and Dressing				
黑色金属矿采选业	Ferrous Metals Mining and Dressing	2.33	3.41	3.41	0.01
有色金属矿采选业	Nonferrous Metals Mining and Dressing	3.60	1.13	1.09	0.05
非金属矿采选业	Nonmetal Minerals Mining and Dressing	5.28	20.50	19.63	0.81
农副食品加工业	Non - staple Food Processing	7.15	17.40	14.98	2.34
食品制造业	Food Manufacturing	3.59	8.78	8.31	0.47
酒、饮料和精制茶制造业	Wine, Soft Drinks and Refined Tea Manufacturing	13.17	31.31	15.03	16.28
烟草制品业	Tobacco Processing	44.38	73.38	73.38	
纺织业	Textile Industry	9.60	27.26	23.11	4.15
纺织服装、服饰业	Garments and Apparel Industry	5.75	10.40	7.95	0.15
皮革、毛皮、羽毛及其制品和制鞋业	Leather, Furs, Down and Related Production, Shoes Manufacturing	0.21	0.25	0.25	
木材加工和木、竹、藤、棕、草制品业	Timber Processing, Bamboo, Cane Palm Fiber and Straw Production				
家具制造业	Furniture Manufacturing				
造纸和纸制品业	Papermaking and Paper Production	13.79	16.18	13.58	2.60
印刷和记录媒介复制业	Printing and Record Medium Reproduction	10.00	8.72	8.65	0.07
文教、工美、体育和娱乐用品制造业	Cultural and Educational, Arts and Crafts, Sports and Entertainment Goods	0.72	1.71	1.69	0.02

续表 5 Continued 单位:亿元(100 million yuan)

行业	Sector	固定资产净值 Net Value of fixed assets	年末负债合计 Total Liabilities	流动负债 Circulating Liabilities	非流动负债合计 non-circulating liabilities
石油加工、炼焦和核燃料加工业	Petroleum Processing, Coking and Nuclear Fuel Processing	176.66	180.95	180.88	0.06
化学原料和化学制品制造业	Raw Chemical Materials and Chemical Production	231.09	278.02	217.68	56.19
医药制造业	Medical and Pharmaceutical Production	63.67	100.08	59.57	40.51
化学纤维制造业	Chemical Fiber	5.76	4.79	4.06	0.42
橡胶和塑料制品业	Rubber and Plastic Production	61.49	153.32	121.43	30.98
非金属矿物制品业	Nonmetal Mineral Production	196.50	252.76	195.00	57.68
黑色金属冶炼和压延加工业	Smelting and Pressing of Ferrous Metals	166.57	323.38	265.66	57.72
有色金属冶炼和压延加工业	Smelting and Pressing of Nonferrous Metals	3.56	40.05	36.36	3.69
金属制品业	Metal Production	6.72	29.05	28.38	0.53
通用设备制造业	Equipment in Common Use	42.26	142.39	123.97	18.42
专用设备制造业	Special Purpose Equipment	5.72	53.07	51.12	1.95
汽车制造业	Automotive Manufacturing	64.06	145.94	110.96	34.98
铁路、船舶、航空航天和其他运输设备制造业	Railway, Shipbuilding, Aerospace and other Transport Equipment	42.81	105.62	84.64	20.09
电气机械和器材制造业	Electric Equipment and Machinery	12.78	83.90	69.85	13.98
计算机、通信和其他电子设备制造业	Computers, Communications and Other Electronic Equipment Manufacturing	12.80	166.32	150.22	16.09
仪器仪表制造业	Instruments Manufacturing	1.08	3.50	3.44	0.04
其他制造业	Other Manufacturing	0.46	4.12	4.10	0.02
废弃资源综合利用业	Comprehensive Utilization of Waste Resources	1.57	0.61	0.48	0.13
金属制品、机械和设备修理业	Metal Products, Machinery and Equipment Repair Industry	4.80	7.39	7.17	0.22
电力、热力的生产和供应业	Production and Supply of Electricity and Heating Power	3173.78	2630.83	1261.60	1367.85
燃气生产和供应业	Production and Supply of Gas	140.01	162.12	67.78	94.12
水的生产和供应业	Production and Supply of Water	360.44	511.90	241.88	249.24

续表 6 Continued 单位:亿元(100 million yuan)

行业	Sector	年末所有者权益合计 Creditors' Equity	实收资本 Total Capital Hold	主营业务收入 Revenues in Main Business	主营业务成本 Costs in Main Business
总计	**Total**	**4358.64**	**1966.06**	**9297.00**	**7884.81**
按登记注册类型分	**by Registered Type**				
#国有	#State - owned	1169.80	139.11	3248.30	2947.02
集体	Collective owned				
私营	Private	1.02	0.58	3.21	2.90
港澳台商投资	Enterprises Funded by Entrepreneurs From Hong Kong, Macao and Taiwan	148.25	120.77	490.80	427.81
外商投资	Foreign Funded Enterprises	330.43	248.69	545.46	459.76
在总计中:轻工业	Light Industry	1008.51	262.60	900.56	460.50
重工业	Heavy Industry	3350.13	1703.45	8396.44	7424.30
按工业行业分	**By Sector**				
煤炭开采和洗选业	Coal Mining and Dressing				
黑色金属矿采选业	Ferrous Metals Mining and Dressing	9.70	1.76	6.15	5.15
有色金属矿采选业	Nonferrous Metals Mining and Dressing	3.84	3.29	1.24	0.72
非金属矿采选业	Nonmetal Minerals Mining and Dressing	4.35	3.42	14.53	8.62
农副食品加工业	Non - staple Food Processing	11.47	5.94	36.77	33.64
食品制造业	Food Manufacturing	6.65	2.51	16.92	12.95
酒、饮料和精制茶制造业	Wine, Soft Drinks and Refined Tea Manufacturing	57.23	7.14	21.03	13.99
烟草制品业	Tobacco Processing	314.67	9.76	418.34	79.73
纺织业	Textile Industry	23.26	3.33	36.76	33.36
纺织服装、服饰业	Garments and Apparel Industry	25.36	4.11	14.67	8.99
皮革、毛皮、羽毛及其制品和制鞋业	Leather, Furs, Down and Related Production, Shoes Manufacturing	0.18	0.07	0.78	0.52
木材加工和木、竹、藤、棕、草制品业	Timber Processing, Bamboo, Cane Palm Fiber and Straw Production				
家具制造业	Furniture Manufacturing				
造纸和纸制品业	Papermaking and Paper Production	16.98	7.85	19.79	16.82
印刷和记录媒介复制业	Printing and Record Medium Reproduction	16.03	7.30	24.57	21.80
文教、工美、体育和娱乐用品制造业	Cultural and Educational, Arts and Crafts, Sports and Entertainment Goods	6.58	0.32	8.48	4.17

续表 7 Continued 单位:亿元(100 million yuan)

行业	Sector	年末所有者权益合计 Creditors' Equity	实收资本 Total Capital Hold	主营业务收入 Revenues in Main Business	主营业务成本 Costs in Main Business
石油加工、炼焦和核燃料加工业	Petroleum Processing,Coking and Nuclear Fuel Processing	257.71	254.98	1410.40	1216.01
化学原料和化学制品制造业	Raw Chemical Materials and Chemical Production	246.25	75.84	709.63	622.57
医药制造业	Medical and Pharmaceutical Production	206.26	37.27	93.68	61.74
化学纤维制造业	Chemical Fiber	10.49	7.43	11.39	8.52
橡胶和塑料制品业	Rubber and Plastic Production	73.29	13.77	273.03	239.11
非金属矿物制品业	Nonmetal Mineral Production	215.19	119.26	319.44	252.63
黑色金属冶炼和压延加工业	Smelting and Pressing of Ferrous Metals	198.96	145.41	372.15	349.34
有色金属冶炼和压延加工业	Smelting and Pressing of Nonferrous Metals	8.06	1.47	123.60	120.42
金属制品业	Metal Production	14.25	8.63	47.26	42.79
通用设备制造业	Equipment in Common Use	135.06	43.96	166.63	135.72
专用设备制造业	Special Purpose Equipment	22.33	11.86	43.14	37.52
汽车制造业	Automotive Manufacturing	50.02	68.19	128.69	114.57
铁路、船舶、航空航天和其他运输设备制造业	Railway, Shipbuilding, Aerospace and other Transport Equipment	56.64	26.00	105.87	93.76
电气机械和器材制造业	Electric Equipment and Machinery	19.95	12.95	78.46	63.21
计算机、通信和其他电子设备制造业	Computers, Communications and Other Electronic Equipment Manufacturing	71.74	42.63	237.46	218.33
仪器仪表制造业	Instruments Manufacturing	4.80	2.71	10.12	8.66
其他制造业	Other Manufacturing	2.92	1.82	9.11	8.12
废弃资源综合利用业	Comprehensive Utilization of Waste Resources	2.12	0.57	2.17	0.96
金属制品、机械和设备修理业	Metal Products,Machinery and Equipment Repair Industry	6.02	5.09	6.68	5.55
电力、热力的生产和供应业	Production and Supply of Electricity and Heating Power	1833.88	765.24	4011.45	3571.62
燃气生产和供应业	Production and Supply of Gas	96.21	74.97	375.71	359.53
水的生产和供应业	Production and Supply of Water	330.18	189.18	140.91	113.67

续表 8 Continued 单位:亿元(100 million yuan)

行业	Sector	主营业务税金及附加 Sales Taxes and Extra Charges in Main Business	利润总额 Total Profits	利税总额 Total Profits and Taxes	本年应交增值税 Value Added Taxes Payable	全部从业人员年平均人数(万人) Average Number of Employed Persons (10000 persons)
总计	**Total**	**452.65**	**543.24**	**1350.71**	**352.68**	**32.76**
按登记注册类型分	**by Registered Type**					
#国有	#State - owned	106.14	81.81	294.25	105.55	8.47
集体	Collective owned					
私营	Private	0.01	0.18	0.26	0.07	0.03
港澳台商投资	Enterprises Funded by Entrepreneurs From Hong Kong, Macao and Taiwan	32.72	18.76	85.68	34.18	1.05
外商投资	Foreign Funded Enterprises	2.19	49.86	64.29	12.24	2.56
在总计中:轻工业	Light Industry	270.77	71.43	411.58	68.54	8.61
重工业	Heavy Industry	181.88	471.82	939.13	284.14	24.15
按工业行业分	**By Sector**					
煤炭开采和洗选业	Coal Mining and Dressing					
黑色金属矿采选业	Ferrous Metals Mining and Dressing	0.11	-0.29	0.04	0.22	0.12
有色金属矿采选业	Nonferrous Metals Mining and Dressing	0.03	0.01	0.18	0.14	0.06
非金属矿采选业	Nonmetal Minerals Mining and Dressing	0.68	1.92	3.65	1.04	0.26
农副食品加工业	Non - staple Food Processing	0.09	0.68	1.21	0.43	0.64
食品制造业	Food Manufacturing	0.10	1.64	2.31	0.57	0.39
酒、饮料和精制茶制造业	Wine, Soft Drinks and Refined Tea Manufacturing	1.33	2.00	4.65	1.31	0.56
烟草制品业	Tobacco Processing	266.21	36.80	355.16	52.13	0.36
纺织业	Textile Industry	0.13	1.74	2.64	0.75	0.51
纺织服装、服饰业	Garments and Apparel Industry	0.18	1.82	3.81	1.78	0.64
皮革、毛皮、羽毛及其制品和制鞋业	Leather, Furs, Down and Related Production, Shoes Manufacturing	0.02	0.18	0.28	0.09	0.02
木材加工和木、竹、藤、棕、草制品业	Timber Processing, Bamboo, Cane Palm Fiber and Straw Production					
家具制造业	Furniture Manufacturing					
造纸和纸制品业	Papermaking and Paper Production	0.11	-0.27	0.71	0.86	0.31
印刷和记录媒介复制业	Printing and Record Medium Reproduction	0.06	1.57	2.16	0.50	0.29
文教、工美、体育和娱乐用品制造业	Cultural and Educational, Arts and Crafts, Sports and Entertainment Goods	0.15	3.94	4.42	0.33	0.04

续表 9 Continued 单位:亿元(100 million yuan)

行业	Sector	主营业务税金及附加 Sales Taxes and Extra Charges in Main Business	利润总额 Total Profits	利税总额 Total Profits and Taxes	本年应交增值税 Value Added Taxes Payable	全部从业人员年平均人数(万人) Average Number of Employed Persons (10000 persons)
石油加工、炼焦和核燃料加工业	Petroleum Processing, Coking and Nuclear Fuel Processing	148.93	37.33	244.61	58.35	0.73
化学原料和化学制品制造业	Raw Chemical Materials and Chemical Production	2.99	53.77	75.81	19.05	2.61
医药制造业	Medical and Pharmaceutical Production	0.52	11.81	16.27	3.93	1.43
化学纤维制造业	Chemical Fiber	0.06	1.83	2.37	0.47	0.07
橡胶和塑料制品业	Rubber and Plastic Production	1.18	11.89	15.53	2.47	1.69
非金属矿物制品业	Nonmetal Mineral Production	1.75	38.82	55.57	14.91	2.50
黑色金属冶炼和压延加工业	Smelting and Pressing of Ferrous Metals	1.19	17.04	26.91	8.68	1.48
有色金属冶炼和压延加工业	Smelting and Pressing of Nonferrous Metals	0.20	0.94	1.81	0.67	0.13
金属制品业	Metal Production	0.16	1.26	2.40	0.97	0.17
通用设备制造业	Equipment in Common Use	0.76	10.98	16.50	4.76	1.70
专用设备制造业	Special Purpose Equipment	0.07	1.43	2.79	1.29	0.46
汽车制造业	Automotive Manufacturing	4.85	-0.90	8.03	4.05	0.86
铁路、船舶、航空航天和其他运输设备制造业	Railway, Shipbuilding, Aerospace and other Transport Equipment	1.06	2.39	4.84	1.38	1.36
电气机械和器材制造业	Electric Equipment and Machinery	0.27	1.56	3.40	1.48	0.61
计算机、通信和其他电子设备制造业	Computers, Communications and Other Electronic Equipment Manufacturing	0.44	9.90	14.45	3.50	1.28
仪器仪表制造业	Instruments Manufacturing	0.10	0.38	0.81	0.32	0.09
其他制造业	Other Manufacturing	0.02	0.17	0.37	0.18	0.03
废弃资源综合利用业	Comprehensive Utilization of Waste Resources	0.02	0.86	1.07	0.19	0.03
金属制品、机械和设备修理业	Metal Products, Machinery and Equipment Repair Industry	0.03	0.37	0.61	0.21	0.13
电力、热力的生产和供应业	Production and Supply of Electricity and Heating Power	17.61	276.81	453.90	158.52	8.33
燃气生产和供应业	Production and Supply of Gas	0.50	8.85	12.24	2.82	0.42
水的生产和供应业	Production and Supply of Water	0.74	4.02	9.20	4.30	2.45

注：2012 年起行业分类采用 2011 年国民经济行业分类。
2012 industry classification by 2011 national economic industry classification。

7-9 按行业分的国有及国有控股工业企业主要经济效益指标(2014 年)
Main Economic Beneficial Indicators of State - owned and State Holding Industrial Enterprises by Sector(2014)

行业	Sector	每百元固定资产原值实现利税(元) Pre tax Profits per 100 Yuan Original Value of Fixed Assets(yuan)	每百元主营业务收入实现利税(元) Pre tax Profits per 100 Yuan Revenues in Main Business (yuan)	产品销售率(%) Rate of Production Sold (%)	出口交货值占工业销售(%) Export delivery value of the proportion of total sales value(%)	新产品产值率(%) New product ratio (%)
总计	**Total**	**15.77**	**14.53**	**98.57**	**3.60**	**10.67**
按登记注册类型分	**by Registered Type**					
#国有	#State - owned	9.86	9.06	99.58	0.31	1.03
集体	Collective owned					
私营	Private	24.17	8.12	100.01		
港澳台商投资	Enterprises Funded by Entrepreneurs From Hong Kong, Macao and Taiwan	43.34	17.46	93.83	1.85	13.74
外商投资	Foreign Funded Enterprises	12.97	11.79	97.96	16.17	18.82
在总计中:轻工业	Light Industry	49.04	45.70	96.33	8.56	13.85
重工业	Heavy Industry	12.16	11.18	98.81	3.08	10.34
按工业行业分	**By Sector**					
煤炭开采和洗选业	Coal Mining and Dressing					
黑色金属矿采选业	Ferrous Metals Mining and Dressing	0.71	0.59	96.01		
有色金属矿采选业	Nonferrous Metals Mining and Dressing	4.02	14.35	99.74		
非金属矿采选业	Nonmetal Minerals Mining and Dressing	41.62	25.09	106.65	0.27	
农副食品加工业	Non - staple Food Processing	9.06	3.29	99.89	18.68	6.95
食品制造业	Food Manufacturing	39.37	13.64	83.52	19.17	25.46
酒、饮料和精制茶制造业	Wine, Soft Drinks and Refined Tea Manufacturing	19.28	22.09	90.01	2.60	8.58
烟草制品业	Tobacco Processing	370.93	84.90	94.98	0.69	0.44
纺织业	Textile Industry	15.67	7.18	95.56	12.39	25.64
纺织服装、服饰业	Garments and Apparel Industry	31.91	25.99	97.71	28.93	0.64
皮革、毛皮、羽毛及其制品和制鞋业	Leather, Furs, Down and Related Production, Shoes Manufacturing	61.81	36.27	98.70	59.24	59.70
木材加工和木、竹、藤、棕、草制品业	Timber Processing, Bamboo, Cane Palm Fiber and Straw Production					
家具制造业	Furniture Manufacturing					
造纸和纸制品业	Papermaking and Paper Production	2.04	3.60	99.20	4.09	32.00
印刷和记录媒介复制业	Printing and Record Medium Reproduction	11.57	8.79	100.90	0.63	0.60
文教、工美、体育和娱乐用品制造业	Cultural and Educational, Arts and Crafts, Sports and Entertainment Goods	525.48	52.19	90.68	3.73	

续表 Continued

行业	Sector	每百元固定资产原值实现利税(元) Pre tax Profits per 100 Yuan Original Value of Fixed Assets(yuan)	每百元主营业务收入实现利税(元) Pre tax Profits per 100 Yuan Revenues in Main Business (yuan)	产品销售率(%) Rate of Production Sold (%)	出口交货值占工业销售(%) Export delivery value of the proportion of total sales value(%)	新产品产值率(%) New product ratio (%)
石油加工、炼焦和核燃料加工业	Petroleum Processing, Coking and Nuclear Fuel Processing	65.96	17.34	98.28	0.09	0.55
化学原料和化学制品制造业	Raw Chemical Materials and Chemical Production	20.66	10.68	95.15	3.67	30.47
医药制造业	Medical and Pharmaceutical Production	16.42	17.37	103.09	40.16	61.19
化学纤维制造业	Chemical Fiber	20.47	20.81	91.12	11.53	3.45
橡胶和塑料制品业	Rubber and Plastic Production	13.80	5.69	98.31	24.25	33.49
非金属矿物制品业	Nonmetal Mineral Production	18.52	17.40	98.63	5.47	15.11
黑色金属冶炼和压延加工业	Smelting and Pressing of Ferrous Metals	7.96	7.23	100.10	4.45	16.99
有色金属冶炼和压延加工业	Smelting and Pressing of Nonferrous Metals	31.14	1.46	100.01	0.09	26.91
金属制品业	Metal Production	20.86	5.08	103.03	18.47	51.50
通用设备制造业	Equipment in Common Use	23.81	9.90	99.83	16.25	59.61
专用设备制造业	Special Purpose Equipment	28.91	6.47	98.37	17.31	39.97
汽车制造业	Automotive Manufacturing	9.32	6.24	98.64	5.57	71.23
铁路、船舶、航空航天和其他运输设备制造业	Railway, Shipbuilding, Aerospace and other Transport Equipment	7.06	4.57	98.52	29.51	54.31
电气机械和器材制造业	Electric Equipment and Machinery	17.96	4.33	92.85	5.29	61.68
计算机、通信和其他电子设备制造业	Computers, Communications and Other Electronic Equipment Manufacturing	44.89	6.09	91.94	37.18	77.52
仪器仪表制造业	Instruments Manufacturing	43.34	7.98	85.55	0.52	55.96
其他制造业	Other Manufacturing	44.54	4.07	100.76		8.58
废弃资源综合利用业	Comprehensive Utilization of Waste Resources	45.62	49.14	100.00		
金属制品、机械和设备修理业	Metal Products, Machinery and Equipment Repair Industry	8.58	9.07	100.00	7.19	0.96
电力、热力生产和供应业	Production and Supply of Electricity and Heating Power	8.08	11.32	99.72		0.19
燃气生产和供应业	Production and Supply of Gas	7.00	3.26	99.88		
水的生产和供应业	Production and Supply of Water	1.50	6.53	97.44		0.10

7-10 按行业分的规模以上私营工业企业主要指标(2014年)
Main Indicators of Private Industrial Enterprises Above Designated Size by Sector(2014)

单位:亿元(100 million yuan)

行业	Sector	企业单位数(个) Number of Enterprises (unit)	#亏损企业(个) Loss (unit)	工业总产值 Gross Industrial Output Value	出口交货值 Export Delivery value
总计	**Total**	**27557**	**2698**	**27270.94**	**4930.73**
按登记注册类型分	**by Registered Type**				
#国有	#State-owned				
集体	Collective owned				
私营	Private	27557	2698	27270.94	4930.73
港澳台商投资	Enterprises Funded by Entrepreneurs From Hong Kong, Macao and Taiwan				
外商投资	Foreign Funded Enterprises				
在总计中:轻工业	Light Industry	14125	1347	13019.76	3157.92
重工业	Heavy Industry	13432	1351	14251.19	1772.80
按工业行业分	**By Sector**				
煤炭开采和洗选业	Coal Mining and Dressing	2	1	0.96	
黑色金属矿采选业	Ferrous Metals Mining and Dressing	4	1	7.37	
有色金属矿采选业	Nonferrous Metals Mining and Dressing	14	1	22.85	
非金属矿采选业	Nonmetal Minerals Mining and Dressing	79	8	81.82	0.08
农副食品加工业	Non-staple Food Processing	561	58	600.36	96.04
食品制造业	Food Manufacturing	198	31	152.06	27.23
酒、饮料和精制茶制造业	Wine, Soft Drinks and Refined Tea Manufacturing	120	8	156.75	20.75
烟草制品业	Tobacco Processing				
纺织业	Textile Industry	3888	289	4043.90	687.22
纺织服装、服饰业	Garments and Apparel Industry	1790	204	1258.01	440.36
皮革、毛皮、羽毛及其制品和制鞋业	Leather, Furs, Down and Related Production, Shoes Manufacturing	1407	75	976.79	382.20
木材加工和木、竹、藤、棕、草制品业	Timber Processing, Bamboo, Cane Palm Fiber and Straw Production	366	13	312.70	48.96
家具制造业	Furniture Manufacturing	485	53	380.27	199.90
造纸和纸制品业	Papermaking and Paper Production	612	88	592.22	14.99
印刷和记录媒介复制业	Printing and Record Medium Reproduction	364	40	202.85	12.76
文教、工美、体育和娱乐用品制造业	Cultural and Educational, Arts and Crafts, Sports and Entertainment Goods	908	84	787.29	262.24

续表 1　Continued　　单位:亿元(100 million yuan)

行业	Sector	企业单位数(个) Number of Enterprises (unit)	#亏损企业(个) Loss (unit)	工业总产值 Gross Industrial Output Value	出口交货值 Export Delivery value
石油加工、炼焦和核燃料加工业	Petroleum Processing, Coking and Nuclear Fuel Processing	30	6	39.24	0.12
化学原料和化学制品制造业	Raw Chemical Materials and Chemical Production	967	92	1405.47	117.77
医药制造业	Medical and Pharmaceutical Production	196	29	238.03	34.28
化学纤维制造业	Chemical Fiber	432	47	865.40	41.88
橡胶和塑料制品业	Rubber and Plastic Production	1715	166	1552.21	281.81
非金属矿物制品业	Nonmetal Mineral Production	1054	129	1063.42	57.88
黑色金属冶炼和压延加工业	Smelting and Pressing of Ferrous Metals	735	72	1238.85	42.09
有色金属冶炼和压延加工业	Smelting and Pressing of Nonferrous Metals	569	79	1177.37	24.84
金属制品业	Metal Production	1853	196	1675.69	384.02
通用设备制造业	Equipment in Common Use	2607	222	2247.08	433.29
专用设备制造业	Special Purpose Equipment	1052	94	723.23	123.66
汽车制造业	Automotive Manufacturing	1075	89	1007.62	142.17
铁路、船舶、航空航天和其他运输设备制造业	Railway, Shipbuilding, Aerospace and other Transport Equipment	390	59	515.33	135.80
电气机械和器材制造业	Electric Equipment and Machinery	2583	303	2519.57	651.81
计算机、通信和其他电子设备制造业	Computers, Communications and Other Electronic Equipment Manufacturing	711	72	693.16	143.61
仪器仪表制造业	Instruments Manufacturing	365	26	252.34	50.28
其他制造业	Other Manufacturing	236	14	160.44	53.78
废弃资源综合利用业	Comprehensive Utilization of Waste Resources	94	39	210.70	
金属制品、机械和设备修理业	Metal Products, Machinery and Equipment Repair Industry	29	6	45.26	18.91
电力、热力的生产和供应业	Production and Supply of Electricity and Heating Power	46	2	52.81	
燃气生产和供应业	Production and Supply of Gas	12		7.64	
水的生产和供应业	Production and Supply of Water	8	2	3.91	

续表 2 Continued 单位:亿元(100 million yuan)

行业	Sector	资产总计 Total Assets	流动资产合计 Circulating Funds	固定资产合计 Fixed Assets	固定资产原价 Original Value of Fixed Assets
总计	**Total**	**23305.35**	**14707.09**	**5212.19**	**7726.00**
按登记注册类型分	**by Registered Type**				
#国有	#State - owned				
集体	Collective owned				
私营	Private	23305.35	14707.09	5212.19	7726.00
港澳台商投资	Enterprises Funded by Entrepreneurs From Hong Kong, Macao and Taiwan				
外商投资	Foreign Funded Enterprises				
在总计中:轻工业	Light Industry	10804.19	6800.54	2517.66	3777.79
重工业	Heavy Industry	12501.16	7906.56	2694.52	3948.21
按工业行业分	**By Sector**				
煤炭开采和洗选业	Coal Mining and Dressing	0.39	0.25	0.12	0.15
黑色金属矿采选业	Ferrous Metals Mining and Dressing	3.23	2.52	0.29	0.74
有色金属矿采选业	Nonferrous Metals Mining and Dressing	22.75	10.71	2.13	3.28
非金属矿采选业	Nonmetal Minerals Mining and Dressing	74.58	29.20	15.15	20.81
农副食品加工业	Non - staple Food Processing	432.33	261.33	107.62	138.42
食品制造业	Food Manufacturing	134.20	76.21	38.87	51.32
酒、饮料和精制茶制造业	Wine, Soft Drinks and Refined Tea Manufacturing	133.42	77.58	41.54	60.86
烟草制品业	Tobacco Processing				
纺织业	Textile Industry	3210.14	1964.68	828.47	1326.91
纺织服装、服饰业	Garments and Apparel Industry	1000.37	665.83	196.88	300.57
皮革、毛皮、羽毛及其制品和制鞋业	Leather, Furs, Down and Related Production, Shoes Manufacturing	629.03	441.30	117.26	170.18
木材加工和木、竹、藤、棕、草制品业	Timber Processing, Bamboo, Cane Palm Fiber and Straw Production	196.30	123.96	49.12	65.12
家具制造业	Furniture Manufacturing	337.01	222.30	65.58	89.81
造纸和纸制品业	Papermaking and Paper Production	605.50	384.09	159.65	233.42
印刷和记录媒介复制业	Printing and Record Medium Reproduction	244.00	143.50	67.28	110.00
文教、工美、体育和娱乐用品制造业	Cultural and Educational, Arts and Crafts, Sports and Entertainment Goods	662.38	405.17	130.39	183.20

续表 3　Continued　单位:亿元(100 million yuan)

行业	Sector	资产总计 Total Assets	流动资产合计 Circulating Funds	固定资产合计 Fixed Assets	固定资产原价 Original Value of Fixed Assets
石油加工、炼焦和核燃料加工业	Petroleum Processing, Coking and Nuclear Fuel Processing	17.22	10.53	4.24	6.46
化学原料和化学制品制造业	Raw Chemical Materials and Chemical Production	1237.55	768.90	258.42	372.19
医药制造业	Medical and Pharmaceutical Production	232.96	125.65	68.08	92.69
化学纤维制造业	Chemical Fiber	688.56	412.21	177.68	263.78
橡胶和塑料制品业	Rubber and Plastic Production	1185.25	759.97	272.29	436.19
非金属矿物制品业	Nonmetal Mineral Production	1084.41	692.15	245.52	398.48
黑色金属冶炼和压延加工业	Smelting and Pressing of Ferrous Metals	708.67	466.80	162.05	233.13
有色金属冶炼和压延加工业	Smelting and Pressing of Nonferrous Metals	696.40	495.68	115.95	162.29
金属制品业	Metal Production	1414.13	916.86	316.87	440.82
通用设备制造业	Equipment in Common Use	2195.20	1358.66	477.83	704.86
专用设备制造业	Special Purpose Equipment	802.21	508.19	174.47	257.69
汽车制造业	Automotive Manufacturing	1008.31	615.35	233.80	328.53
铁路、船舶、航空航天和其他运输设备制造业	Railway, Shipbuilding, Aerospace and other Transport Equipment	574.00	345.15	136.85	185.04
电气机械和器材制造业	Electric Equipment and Machinery	2320.39	1536.28	421.43	613.72
计算机、通信和其他电子设备制造业	Computers, Communications and Other Electronic Equipment Manufacturing	750.28	487.59	131.98	195.11
仪器仪表制造业	Instruments Manufacturing	261.23	176.64	51.52	75.87
其他制造业	Other Manufacturing	114.68	74.39	27.08	39.41
废弃资源综合利用业	Comprehensive Utilization of Waste Resources	121.03	83.09	13.73	18.12
金属制品、机械和设备修理业	Metal Products, Machinery and Equipment Repair Industry	53.23	17.96	23.28	33.17
电力、热力的生产和供应业	Production and Supply of Electricity and Heating Power	136.16	42.31	69.01	99.59
燃气生产和供应业	Production and Supply of Gas	6.80	2.15	3.76	5.01
水的生产和供应业	Production and Supply of Water	11.04	2.0	5.99	9.07

续表 4 Continued 单位:亿元(100 million yuan)

行业	Sector	固定资产净值 Net Value of fixed assets	年末负债合计 Total Liabilities	流动负债 Circulating Liabilities	非流动负债合计 non-circulating liabilities
总计	**Total**	**4766.25**	**15010.08**	**13782.36**	**662.09**
按登记注册类型分	**by Registered Type**				
#国有	#State - owned				
集体	Collective owned				
私营	Private	4766.25	15010.08	13782.36	662.09
港澳台商投资	Enterprises Funded by Entrepreneurs From Hong Kong, Macao and Taiwan				
外商投资	Foreign Funded Enterprises				
在总计中:轻工业	Light Industry	2309.92	7071.93	6526.23	260.93
重工业	Heavy Industry	2456.33	7938.15	7256.12	401.16
按工业行业分	**By Sector**				
煤炭开采和洗选业	Coal Mining and Dressing	0.12	0.25	0.25	
黑色金属矿采选业	Ferrous Metals Mining and Dressing	0.28	2.07	0.56	
有色金属矿采选业	Nonferrous Metals Mining and Dressing	1.83	13.51	12.26	0.94
非金属矿采选业	Nonmetal Minerals Mining and Dressing	13.54	43.33	36.56	4.17
农副食品加工业	Non - staple Food Processing	95.03	259.43	238.16	15.11
食品制造业	Food Manufacturing	34.43	80.61	74.70	4.43
酒、饮料和精制茶制造业	Wine, Soft Drinks and Refined Tea Manufacturing	40.07	81.49	78.73	2.27
烟草制品业	Tobacco Processing				
纺织业	Textile Industry	762.44	2161.30	1936.92	90.82
纺织服装、服饰业	Garments and Apparel Industry	184.83	610.25	580.18	13.60
皮革、毛皮、羽毛及其制品和制鞋业	Leather, Furs, Down and Related Production, Shoes Manufacturing	109.17	423.80	397.08	6.20
木材加工和木、竹、藤、棕、草制品业	Timber Processing, Bamboo, Cane Palm Fiber and Straw Production	45.33	117.53	109.09	3.94
家具制造业	Furniture Manufacturing	60.72	226.77	215.92	4.07
造纸和纸制品业	Papermaking and Paper Production	150.51	425.08	395.63	12.27
印刷和记录媒介复制业	Printing and Record Medium Reproduction	63.13	161.48	144.64	11.41
文教、工美、体育和娱乐用品制造业	Cultural and Educational, Arts and Crafts, Sports and Entertainment Goods	120.48	420.22	381.44	20.01

续表 5 Continued 单位:亿元(100 million yuan)

行业	Sector	固定资产净值 Net Value of fixed assets	年末负债合计 Total Liabilities	流动负债 Circulating Liabilities	非流动负债合计 non－circulating liabilities
石油加工、炼焦和核燃料加工业	Petroleum Processing, Coking and Nuclear Fuel Processing	4.13	12.07	11.73	0.04
化学原料和化学制品制造业	Raw Chemical Materials and Chemical Production	239.46	687.94	609.47	50.86
医药制造业	Medical and Pharmaceutical Production	58.51	138.78	124.31	13.17
化学纤维制造业	Chemical Fiber	158.66	484.07	450.80	19.24
橡胶和塑料制品业	Rubber and Plastic Production	249.81	766.31	724.57	22.97
非金属矿物制品业	Nonmetal Mineral Production	227.48	698.38	643.76	38.12
黑色金属冶炼和压延加工业	Smelting and Pressing of Ferrous Metals	148.45	475.13	448.40	12.24
有色金属冶炼和压延加工业	Smelting and Pressing of Nonferrous Metals	103.16	480.80	464.93	9.83
金属制品业	Metal Production	287.65	896.23	840.33	25.63
通用设备制造业	Equipment in Common Use	438.59	1339.21	1236.21	57.78
专用设备制造业	Special Purpose Equipment	159.82	493.38	466.57	14.80
汽车制造业	Automotive Manufacturing	207.89	660.69	590.41	46.14
铁路、船舶、航空航天和其他运输设备制造业	Railway, Shipbuilding, Aerospace and other Transport Equipment	121.83	415.22	384.34	26.83
电气机械和器材制造业	Electric Equipment and Machinery	385.25	1511.63	1391.73	68.07
计算机、通信和其他电子设备制造业	Computers, Communications and Other Electronic Equipment Manufacturing	120.94	461.41	415.34	16.20
仪器仪表制造业	Instruments Manufacturing	47.05	156.21	148.17	5.01
其他制造业	Other Manufacturing	24.95	74.00	70.71	2.19
废弃资源综合利用业	Comprehensive Utilization of Waste Resources	12.51	103.30	72.67	7.68
金属制品、机械和设备修理业	Metal Products, Machinery and Equipment Repair Industry	22.93	33.56	26.53	4.97
电力、热力的生产和供应业	Production and Supply of Electricity and Heating Power	55.95	83.29	50.59	29.59
燃气生产和供应业	Production and Supply of Gas	3.47	3.88	3.72	0.17
水的生产和供应业	Production and Supply of Water	5.86	7.47	4.97	1.29

续表 6 Continued　　单位:亿元(100 million yuan)

行业	Sector	年末所有者权益合计 Creditors' Equity	实收资本 Total Capital Hold	主营业务收入 Revenues in Main Business	主营业务成本 Costs in Main Business
总计	**Total**	**8175.94**	**3625.77**	**26194.21**	**22653.09**
按登记注册类型分	**by Registered Type**				
#国有	#State - owned				
集体	Collective owned				
私营	Private	8175.94	3625.77	26194.21	22653.09
港澳台商投资	Enterprises Funded by Entrepreneurs From Hong Kong,Macao and Taiwan				
外商投资	Foreign Funded Enterprises				
在总计中:轻工业	Light Industry	3676.17	1534.31	12584.06	10915.37
重工业	Heavy Industry	4499.77	2091.46	13610.15	11737.72
按工业行业分	**By Sector**				
煤炭开采和洗选业	Coal Mining and Dressing	0.14	0.06	0.83	0.73
黑色金属矿采选业	Ferrous Metals Mining and Dressing	1.16	0.77	6.71	6.20
有色金属矿采选业	Nonferrous Metals Mining and Dressing	8.94	3.60	22.88	19.05
非金属矿采选业	Nonmetal Minerals Mining and Dressing	31.11	20.67	81.53	65.50
农副食品加工业	Non - staple Food Processing	171.03	72.92	581.07	521.06
食品制造业	Food Manufacturing	53.23	25.79	142.79	117.35
酒、饮料和精制茶制造业	Wine, Soft Drinks and Refined Tea Manufacturing	51.79	22.88	155.01	118.79
烟草制品业	Tobacco Processing				
纺织业	Textile Industry	1027.86	429.56	3911.32	3488.93
纺织服装、服饰业	Garments and Apparel Industry	382.30	141.57	1210.21	1028.80
皮革、毛皮、羽毛及其制品和制鞋业	Leather,Furs,Down and Related Production,Shoes Manufacturing	199.98	98.83	936.44	818.79
木材加工和木、竹、藤、棕、草制品业	Timber Processing,Bamboo,Cane Palm Fiber and Straw Production	77.57	31.99	302.90	260.66
家具制造业	Furniture Manufacturing	108.09	58.68	359.47	301.40
造纸和纸制品业	Papermaking and Paper Production	178.60	95.17	560.95	486.32
印刷和记录媒介复制业	Printing and Record Medium Reproduction	81.54	36.94	195.73	166.30
文教、工美、体育和娱乐用品制造业	Cultural and Educational, Arts and Crafts,Sports and Entertainment Goods	237.30	77.26	763.39	656.80

续表 7　Continued　单位:亿元(100 million yuan)

行业	Sector	年末所有者权益合计 Creditors' Equity	实收资本 Total Capital Hold	主营业务收入 Revenues in Main Business	主营业务成本 Costs in Main Business
石油加工、炼焦和核燃料加工业	Petroleum Processing,Coking and Nuclear Fuel Processing	5.15	4.06	38.88	36.12
化学原料和化学制品制造业	Raw Chemical Materials and Chemical Production	542.12	194.35	1468.90	1247.25
医药制造业	Medical and Pharmaceutical Production	94.43	42.60	209.63	154.24
化学纤维制造业	Chemical Fiber	205.34	96.38	826.05	768.73
橡胶和塑料制品业	Rubber and Plastic Production	415.98	184.83	1490.97	1296.11
非金属矿物制品业	Nonmetal Mineral Production	380.89	186.75	1015.52	857.33
黑色金属冶炼和压延加工业	Smelting and Pressing of Ferrous Metals	227.25	109.74	1159.95	1061.12
有色金属冶炼和压延加工业	Smelting and Pressing of Nonferrous Metals	214.17	99.64	1167.07	1085.46
金属制品业	Metal Production	504.14	223.58	1612.49	1386.88
通用设备制造业	Equipment in Common Use	840.96	370.33	2137.50	1791.75
专用设备制造业	Special Purpose Equipment	305.75	125.15	694.72	569.48
汽车制造业	Automotive Manufacturing	361.97	130.71	986.39	821.73
铁路、船舶、航空航天和其他运输设备制造业	Railway, Shipbuilding, Aerospace and other Transport Equipment	158.23	93.11	422.78	366.01
电气机械和器材制造业	Electric Equipment and Machinery	783.47	390.76	2402.63	2048.22
计算机、通信和其他电子设备制造业	Computers, Communications and Other Electronic Equipment Manufacturing	285.19	134.72	655.14	536.31
仪器仪表制造业	Instruments Manufacturing	104.33	50.54	234.45	184.27
其他制造业	Other Manufacturing	40.22	20.04	153.51	132.04
废弃资源综合利用业	Comprehensive Utilization of Waste Resources	17.86	13.58	189.36	177.60
金属制品、机械和设备修理业	Metal Products,Machinery and Equipment Repair Industry	19.67	7.96	33.56	29.64
电力、热力的生产和供应业	Production and Supply of Electricity and Heating Power	51.71	26.32	52.18	37.32
燃气生产和供应业	Production and Supply of Gas	2.88	1.80	7.36	5.89
水的生产和供应业	Production and Supply of Water	3.56	2.1	3.94	2.92

续表 8 Continued 单位:亿元(100 million yuan)

行业	Sector	主营业务税金及附加 Sales Taxes and Extra Charges in Main Business	利润总额 Total Profits	利税总额 Total Profits and Taxes	本年应交增值税 Value Added Taxes Payable	全部从业人员年平均人数(万人) Average Number of Employed Persons (10000 persons)
总计	**Total**	**128.02**	**1313.20**	**2159.46**	**712.96**	**364.25**
按登记注册类型分	**by Registered Type**					
#国有	#State - owned					
集体	Collective owned					
私营	Private	128.02	1313.20	2159.46	712.96	364.25
港澳台商投资	Enterprises Funded by Entrepreneurs From Hong Kong, Macao and Taiwan					
外商投资	Foreign Funded Enterprises					
在总计中:轻工业	Light Industry	62.36	604.41	1017.32	349.01	199.42
重工业	Heavy Industry	65.66	708.79	1142.14	363.95	164.83
按工业行业分	**By Sector**					
煤炭开采和洗选业	Coal Mining and Dressing		0.03	0.05	0.02	
黑色金属矿采选业	Ferrous Metals Mining and Dressing	0.03	0.19	0.28	0.07	0.05
有色金属矿采选业	Nonferrous Metals Mining and Dressing	0.29	1.79	3.31	1.23	0.19
非金属矿采选业	Nonmetal Minerals Mining and Dressing	1.93	7.70	12.65	3.01	0.52
农副食品加工业	Non - staple Food Processing	1.81	23.77	34.49	8.86	5.20
食品制造业	Food Manufacturing	0.74	6.67	11.67	4.24	2.47
酒、饮料和精制茶制造业	Wine, Soft Drinks and Refined Tea Manufacturing	1.20	14.30	21.00	5.45	1.35
烟草制品业	Tobacco Processing					
纺织业	Textile Industry	19.20	182.83	301.48	99.20	47.91
纺织服装、服饰业	Garments and Apparel Industry	6.94	69.31	117.54	41.12	28.54
皮革、毛皮、羽毛及其制品和制鞋业	Leather, Furs, Down and Related Production, Shoes Manufacturing	4.64	39.31	76.66	32.59	24.66
木材加工和木、竹、藤、棕、草制品业	Timber Processing, Bamboo, Cane Palm Fiber and Straw Production	2.72	17.77	28.76	8.24	4.06
家具制造业	Furniture Manufacturing	1.93	15.47	29.06	11.61	8.10
造纸和纸制品业	Papermaking and Paper Production	2.92	24.41	43.19	15.79	7.11
印刷和记录媒介复制业	Printing and Record Medium Reproduction	1.05	8.89	16.61	6.66	3.78
文教、工美、体育和娱乐用品制造业	Cultural and Educational, Arts and Crafts, Sports and Entertainment Goods	4.13	37.45	63.32	21.49	13.42

续表 9 Continued 单位:亿元(100 million yuan)

行业	Sector	主营业务税金及附加 Sales Taxes and Extra Charges in Main Business	利润总额 Total Profits	利税总额 Total Profits and Taxes	本年应交增值税 Value Added Taxes Payable	全部从业人员年平均人数(万人) Average Number of Employed Persons (10000 persons)
石油加工、炼焦和核燃料加工业	Petroleum Processing,Coking and Nuclear Fuel Processing	0.22	1.04	1.82	0.56	0.12
化学原料和化学制品制造业	Raw Chemical Materials and Chemical Production	6.22	83.25	129.16	39.44	9.37
医药制造业	Medical and Pharmaceutical Production	1.31	17.57	27.23	8.33	3.01
化学纤维制造业	Chemical Fiber	2.13	25.80	39.53	11.54	4.89
橡胶和塑料制品业	Rubber and Plastic Production	6.68	74.01	116.02	35.22	19.50
非金属矿物制品业	Nonmetal Mineral Production	5.96	60.47	103.49	36.99	10.76
黑色金属冶炼和压延加工业	Smelting and Pressing of Ferrous Metals	3.40	44.81	71.27	23.01	7.74
有色金属冶炼和压延加工业	Smelting and Pressing of Nonferrous Metals	2.79	36.56	59.19	19.81	4.91
金属制品业	Metal Production	8.22	87.05	136.80	41.31	24.79
通用设备制造业	Equipment in Common Use	10.97	118.75	192.78	62.85	33.77
专用设备制造业	Special Purpose Equipment	4.00	42.70	69.49	22.68	11.99
汽车制造业	Automotive Manufacturing	6.80	62.44	101.68	29.92	16.09
铁路、船舶、航空航天和其他运输设备制造业	Railway, Shipbuilding, Aerospace and other Transport Equipment	1.89	16.70	29.74	11.10	6.26
电气机械和器材制造业	Electric Equipment and Machinery	10.70	109.22	184.40	64.18	39.94
计算机、通信和其他电子设备制造业	Computers, Communications and Other Electronic Equipment Manufacturing	3.29	44.67	67.69	19.59	12.53
仪器仪表制造业	Instruments Manufacturing	1.50	15.19	25.61	8.87	5.28
其他制造业	Other Manufacturing	0.84	7.14	12.04	4.04	3.40
废弃资源综合利用业	Comprehensive Utilization of Waste Resources	0.97	5.39	16.94	10.57	0.80
金属制品、机械和设备修理业	Metal Products,Machinery and Equipment Repair Industry	0.33	-0.04	1.86	1.57	1.15
电力、热力的生产和供应业	Production and Supply of Electricity and Heating Power	0.24	9.96	11.81	1.61	0.54
燃气生产和供应业	Production and Supply of Gas	0.03	0.27	0.44	0.14	0.05
水的生产和供应业	Production and Supply of Water	0.01	0.39	0.43	0.04	0.04

注：2012 年起行业分类采用 2011 年国民经济行业分类。
2012 industry classification by 2011 national economic industry classification。

7-11 按行业分的规模以上私营工业企业主要经济效益指标(2014年)
Main Economic Beneficial Indicators of Private Industrial Enterprises Above Designated Size by Sector(2014)

行业	Sector	每百元固定资产原值实现利税(元) Pre tax Profits per 100 Yuan Original Value of Fixed Assets(yuan)	每百元主营业务收入实现利税(元) Pre tax Profits per 100 Yuan Revenues in Main Business (yuan)	产品销售率(%) Rate of Production Sold (%)	出口交货值占工业销售(%) Export delivery value of the proportion of total sales value(%)	新产品产值率(%) New product ratio (%)
总计	**Total**	**27.95**	**8.24**	**96.32**	**18.77**	**26.60**
按登记注册类型分	**by Registered Type**					
#国有	#State - owned					
集体	Collective owned					
私营	Private	27.95	8.24	96.32	18.77	26.60
港澳台商投资	Enterprises Funded by Entrepreneurs From Hong Kong, Macao and Taiwan					
外商投资	Foreign Funded Enterprises					
在总计中:轻工业	Light Industry	26.93	8.08	96.54	25.12	24.92
重工业	Heavy Industry	28.93	8.39	96.12	12.94	28.14
按工业行业分	**By Sector**					
煤炭开采和洗选业	Coal Mining and Dressing	31.67	5.77	96.62		10.44
黑色金属矿采选业	Ferrous Metals Mining and Dressing	38.21	4.19	104.03		
有色金属矿采选业	Nonferrous Metals Mining and Dressing	100.79	14.45	99.36		1.67
非金属矿采选业	Nonmetal Minerals Mining and Dressing	60.80	15.52	99.43	0.09	1.82
农副食品加工业	Non - staple Food Processing	24.91	5.94	96.31	16.61	12.29
食品制造业	Food Manufacturing	22.75	8.18	94.60	18.93	16.98
酒、饮料和精制茶制造业	Wine, Soft Drinks and Refined Tea Manufacturing	34.51	13.55	97.02	13.64	20.50
烟草制品业	Tobacco Processing					
纺织业	Textile Industry	22.72	7.71	96.94	17.53	21.83
纺织服装、服饰业	Garments and Apparel Industry	39.11	9.71	96.77	36.17	21.36
皮革、毛皮、羽毛及其制品和制鞋业	Leather, Furs, Down and Related Production, Shoes Manufacturing	45.05	8.19	96.49	40.55	26.65
木材加工和木、竹、藤、棕、草制品业	Timber Processing, Bamboo, Cane Palm Fiber and Straw Production	44.17	9.50	96.69	16.19	26.10
家具制造业	Furniture Manufacturing	32.35	8.08	96.16	54.67	24.40
造纸和纸制品业	Papermaking and Paper Production	18.50	7.70	97.08	2.61	17.25
印刷和记录媒介复制业	Printing and Record Medium Reproduction	15.10	8.49	97.23	6.47	15.77
文教、工美、体育和娱乐用品制造业	Cultural and Educational, Arts and Crafts, Sports and Entertainment Goods	34.56	8.29	97.09	34.31	28.64

续表 Continued

行业	Sector	每百元固定资产原值实现利税(元) Pre tax Profits per 100 Yuan Original Value of Fixed Assets(yuan)	每百元主营业务收入实现利税(元) Pre tax Profits per 100 Yuan Revenues in Main Business (yuan)	产品销售率(%) Rate of Production Sold (%)	出口交货值占工业销售(%) Export delivery value of the proportion of total sales value(%)	新产品产值率(%) New product ratio (%)
石油加工、炼焦和核燃料加工业	Petroleum Processing,Coking and Nuclear Fuel Processing	28.18	4.68	98.47	0.32	12.80
化学原料和化学制品制造业	Raw Chemical Materials and Chemical Production	34.70	8.79	96.71	8.66	34.82
医药制造业	Medical and Pharmaceutical Production	29.38	12.99	88.77	16.22	35.15
化学纤维制造业	Chemical Fiber	14.99	4.79	97.04	4.99	32.29
橡胶和塑料制品业	Rubber and Plastic Production	26.60	7.78	96.72	18.77	27.35
非金属矿物制品业	Nonmetal Mineral Production	25.97	10.19	97.46	5.58	13.81
黑色金属冶炼和压延加工业	Smelting and Pressing of Ferrous Metals	30.57	6.14	94.80	3.58	16.12
有色金属冶炼和压延加工业	Smelting and Pressing of Nonferrous Metals	36.47	5.07	97.72	2.16	22.01
金属制品业	Metal Production	31.03	8.48	96.29	23.80	26.10
通用设备制造业	Equipment in Common Use	27.35	9.02	95.91	20.10	32.32
专用设备制造业	Special Purpose Equipment	26.97	10.00	95.75	17.86	37.78
汽车制造业	Automotive Manufacturing	30.95	10.31	95.97	14.70	40.56
铁路、船舶、航空航天和其他运输设备制造业	Railway, Shipbuilding, Aerospace and other Transport Equipment	16.07	7.04	91.71	28.73	32.97
电气机械和器材制造业	Electric Equipment and Machinery	30.05	7.67	96.00	26.95	32.26
计算机、通信和其他电子设备制造业	Computers, Communications and Other Electronic Equipment Manufacturing	34.69	10.33	95.26	21.75	40.99
仪器仪表制造业	Instruments Manufacturing	33.75	10.92	94.10	21.18	44.22
其他制造业	Other Manufacturing	30.55	7.84	95.78	35.00	21.98
废弃资源综合利用业	Comprehensive Utilization of Waste Resources	93.48	8.95	98.84		12.46
金属制品、机械和设备修理业	Metal Products,Machinery and Equipment Repair Industry	5.59	5.53	94.87	44.05	0.11
电力、热力生产和供应业	Production and Supply of Electricity and Heating Power	11.86	22.63	98.66		1.23
燃气生产和供应业	Production and Supply of Gas	8.74	5.95	95.23		
水的生产和供应业	Production and Supply of Water	4.74	10.90	100.00		19.40

7-12 按行业分的外商投资和港澳台商投资工业企业主要指标(2014 年)

Main Indicators of Foreign Funded Enterprises and Enterprises Funded by Entrepreneurs from Hong Kong,Macao and Taiwai by Sector(2014)

单位:亿元(100 million yuan)

行业	Sector	企业单位数(个) Number of Enterprises (unit)	#亏损企业(个) Loss (unit)	工业总产值 Gross Industrial Output Value	出口交货值 Export Delivery value
总计	**Total**	**6237**	**1234**	**15993.63**	**4432.91**
按登记注册类型分	**by Registered Type**				
#国有	#State - owned				
集体	Collective owned				
私营	Private				
港澳台商投资	Enterprises Funded by Entrepreneurs From Hong Kong,Macao and Taiwan	3142	626	7853.63	1922.00
外商投资	Foreign Funded Enterprises	3095	608	8140.00	2510.91
在总计中:轻工业	Light Industry	3242	675	6798.40	2138.72
重工业	Heavy Industry	2995	559	9195.23	2294.19
按工业行业分	**By Sector**				
煤炭开采和洗选业	Coal Mining and Dressing				
黑色金属矿采选业	Ferrous Metals Mining and Dressing				
有色金属矿采选业	Nonferrous Metals Mining and Dressing				
非金属矿采选业	Nonmetal Minerals Mining and Dressing	5	1	4.92	0.25
农副食品加工业	Non - staple Food Processing	57	14	172.36	45.82
食品制造业	Food Manufacturing	77	11	210.08	26.56
酒、饮料和精制茶制造业	Wine, Soft Drinks and Refined Tea Manufacturing	54	8	242.34	5.07
烟草制品业	Tobacco Processing	1		2.32	
纺织业	Textile Industry	695	132	1256.41	355.56
纺织服装、服饰业	Garments and Apparel Industry	736	185	897.18	482.83
皮革、毛皮、羽毛及其制品和制鞋业	Leather,Furs,Down and Related Production,Shoes Manufacturing	213	32	285.42	137.97
木材加工和木、竹、藤、棕、草制品业	Timber Processing,Bamboo,Cane Palm Fiber and Straw Production	63	4	118.38	35.09
家具制造业	Furniture Manufacturing	150	42	329.31	171.59
造纸和纸制品业	Papermaking and Paper Production	92	14	301.99	49.09
印刷和记录媒介复制业	Printing and Record Medium Reproduction	35	4	69.42	17.66
文教、工美、体育和娱乐用品制造业	Cultural and Educational, Arts and Crafts,Sports and Entertainment Goods	238	52	405.25	230.35

续表 1 Continued　　单位:亿元(100 million yuan)

行业	Sector	企业单位数(个) Number of Enterprises (unit)	#亏损企业(个) Loss (unit)	工业总产值 Gross Industrial Output Value	出口交货值 Export Delivery value
石油加工、炼焦和核燃料加工业	Petroleum Processing, Coking and Nuclear Fuel Processing	10	3	301.97	0.01
化学原料和化学制品制造业	Raw Chemical Materials and Chemical Production	331	67	1809.75	202.97
医药制造业	Medical and Pharmaceutical Production	85	13	381.77	78.93
化学纤维制造业	Chemical Fiber	98	21	849.24	56.56
橡胶和塑料制品业	Rubber and Plastic Production	303	66	798.59	190.40
非金属矿物制品业	Nonmetal Mineral Production	145	20	273.40	26.40
黑色金属冶炼和压延加工业	Smelting and Pressing of Ferrous Metals	83	19	414.98	42.38
有色金属冶炼和压延加工业	Smelting and Pressing of Nonferrous Metals	69	22	411.29	38.09
金属制品业	Metal Production	298	55	429.77	189.25
通用设备制造业	Equipment in Common Use	643	118	1079.70	283.38
专用设备制造业	Special Purpose Equipment	304	55	488.08	146.88
汽车制造业	Automotive Manufacturing	307	45	936.04	172.12
铁路、船舶、航空航天和其他运输设备制造业	Railway, Shipbuilding, Aerospace and other Transport Equipment	58	20	213.64	158.88
电气机械和器材制造业	Electric Equipment and Machinery	545	108	1295.58	421.08
计算机、通信和其他电子设备制造业	Computers, Communications and Other Electronic Equipment Manufacturing	295	56	1351.91	757.82
仪器仪表制造业	Instruments Manufacturing	94	14	183.84	76.09
其他制造业	Other Manufacturing	40	11	65.93	22.87
废弃资源综合利用业	Comprehensive Utilization of Waste Resources	23	13	76.80	0.68
金属制品、机械和设备修理业	Metal Products, Machinery and Equipment Repair Industry	5	2	15.36	10.27
电力、热力的生产和供应业	Production and Supply of Electricity and Heating Power	48	4	241.44	
燃气生产和供应业	Production and Supply of Gas	25	2	74.04	
水的生产和供应业	Production and Supply of Water	12	1	5.12	

续表 2 Continued 单位:亿元(100 million yuan)

行业	Sector	资产总计 Total Assets	流动资产合计 Circulating Funds	固定资产合计 Fixed Assets	固定资产原价 Original Value of Fixed Assets
总计	**Total**	**15608.07**	**9614.88**	**4052.97**	**6393.21**
按登记注册类型分	**by Registered Type**				
#国有	#State - owned				
集体	Collective owned				
私营	Private				
港澳台商投资	Enterprises Funded by Entrepreneurs From Hong Kong, Macao and Taiwan	8109.17	5129.86	1862.14	2896.67
外商投资	Foreign Funded Enterprises	7498.90	4485.02	2190.83	3496.54
在总计中:轻工业	Light Industry	6546.40	4150.58	1589.91	2568.36
重工业	Heavy Industry	9061.67	5464.30	2463.06	3824.85
按工业行业分	**By Sector**				
煤炭开采和洗选业	Coal Mining and Dressing				
黑色金属矿采选业	Ferrous Metals Mining and Dressing				
有色金属矿采选业	Nonferrous Metals Mining and Dressing				
非金属矿采选业	Nonmetal Minerals Mining and Dressing	6.27	1.40	2.12	3.61
农副食品加工业	Non - staple Food Processing	120.99	70.76	31.20	49.37
食品制造业	Food Manufacturing	206.93	105.72	80.46	119.17
酒、饮料和精制茶制造业	Wine, Soft Drinks and Refined Tea Manufacturing	270.23	142.69	94.18	172.19
烟草制品业	Tobacco Processing	1.96	0.85	1.01	1.36
纺织业	Textile Industry	1365.19	863.86	345.86	573.25
纺织服装、服饰业	Garments and Apparel Industry	828.73	576.72	170.38	285.90
皮革、毛皮、羽毛及其制品和制鞋业	Leather, Furs, Down and Related Production, Shoes Manufacturing	256.54	190.01	43.64	67.50
木材加工和木、竹、藤、棕、草制品业	Timber Processing, Bamboo, Cane Palm Fiber and Straw Production	76.63	50.89	14.18	25.31
家具制造业	Furniture Manufacturing	311.59	209.72	66.62	94.41
造纸和纸制品业	Papermaking and Paper Production	504.08	263.29	129.58	229.04
印刷和记录媒介复制业	Printing and Record Medium Reproduction	79.07	52.10	18.96	32.31
文教、工美、体育和娱乐用品制造业	Cultural and Educational, Arts and Crafts, Sports and Entertainment Goods	264.79	183.03	57.60	90.48

续表 3 Continued 单位:亿元(100 million yuan)

行业	Sector	资产总计 Total Assets	流动资产合计 Circulating Funds	固定资产合计 Fixed Assets	固定资产原价 Original Value of Fixed Assets
石油加工、炼焦和核燃料加工业	Petroleum Processing, Coking and Nuclear Fuel Processing	88.28	51.28	15.83	26.22
化学原料和化学制品制造业	Raw Chemical Materials and Chemical Production	1634.47	891.46	564.77	826.77
医药制造业	Medical and Pharmaceutical Production	347.97	233.63	78.35	113.14
化学纤维制造业	Chemical Fiber	781.33	466.66	220.33	323.29
橡胶和塑料制品业	Rubber and Plastic Production	778.21	441.65	227.51	362.62
非金属矿物制品业	Nonmetal Mineral Production	342.97	203.53	99.98	144.04
黑色金属冶炼和压延加工业	Smelting and Pressing of Ferrous Metals	297.25	191.26	85.05	170.68
有色金属冶炼和压延加工业	Smelting and Pressing of Nonferrous Metals	310.23	191.68	53.08	78.93
金属制品业	Metal Production	405.12	253.09	101.71	152.19
通用设备制造业	Equipment in Common Use	1189.42	811.02	248.37	389.36
专用设备制造业	Special Purpose Equipment	585.42	370.68	129.07	198.76
汽车制造业	Automotive Manufacturing	1026.78	602.24	240.11	347.56
铁路、船舶、航空航天和其他运输设备制造业	Railway, Shipbuilding, Aerospace and other Transport Equipment	196.07	119.48	56.31	87.95
电气机械和器材制造业	Electric Equipment and Machinery	1188.59	808.93	240.01	398.07
计算机、通信和其他电子设备制造业	Computers, Communications and Other Electronic Equipment Manufacturing	1179.68	860.22	193.54	371.88
仪器仪表制造业	Instruments Manufacturing	252.28	170.19	40.62	71.82
其他制造业	Other Manufacturing	66.14	46.83	16.05	24.70
废弃资源综合利用业	Comprehensive Utilization of Waste Resources	40.32	29.48	1.96	3.68
金属制品、机械和设备修理业	Metal Products, Machinery and Equipment Repair Industry	47.14	12.62	19.75	22.04
电力、热力的生产和供应业	Production and Supply of Electricity and Heating Power	441.78	113.30	306.11	466.67
燃气生产和供应业	Production and Supply of Gas	86.40	24.57	50.15	57.21
水的生产和供应业	Production and Supply of Water	29.2	10.02	8.51	11.75

续表 4 Continued 单位:亿元(100 million yuan)

行业	Sector	固定资产净值 Net Value of fixed assets	年末负债合计 Total Liabilities	流动负债 Circulating Liabilities	非流动负债合计 non-circulating liabilities
总计	**Total**	**3773.92**	**8406.35**	**7503.85**	**644.24**
按登记注册类型分	**by Registered Type**				
#国有	#State-owned				
集体	Collective owned				
私营	Private				
港澳台商投资	Enterprises Funded by Entrepreneurs From Hong Kong, Macao and Taiwan	1733.40	4477.59	3984.57	328.69
外商投资	Foreign Funded Enterprises	2040.52	3928.76	3519.28	315.55
在总计中:轻工业	Light Industry	1458.02	3627.96	3264.80	234.95
重工业	Heavy Industry	2315.90	4778.39	4239.05	409.29
按工业行业分	**By Sector**				
煤炭开采和洗选业	Coal Mining and Dressing				
黑色金属矿采选业	Ferrous Metals Mining and Dressing				
有色金属矿采选业	Nonferrous Metals Mining and Dressing				
非金属矿采选业	Nonmetal Minerals Mining and Dressing	2.09	3.84	2.95	0.88
农副食品加工业	Non-staple Food Processing	29.29	66.26	56.86	8.47
食品制造业	Food Manufacturing	79.14	113.97	110.17	2.97
酒、饮料和精制茶制造业	Wine, Soft Drinks and Refined Tea Manufacturing	92.54	132.14	125.88	6.02
烟草制品业	Tobacco Processing	0.86	0.46	0.45	0.01
纺织业	Textile Industry	308.17	750.19	666.77	40.65
纺织服装、服饰业	Garments and Apparel Industry	163.78	422.11	403.57	12.21
皮革、毛皮、羽毛及其制品和制鞋业	Leather, Furs, Down and Related Production, Shoes Manufacturing	40.57	166.23	158.33	3.82
木材加工和木、竹、藤、棕、草制品业	Timber Processing, Bamboo, Cane Palm Fiber and Straw Production	13.16	44.94	41.30	0.46
家具制造业	Furniture Manufacturing	57.65	202.35	191.96	3.75
造纸和纸制品业	Papermaking and Paper Production	120.55	287.36	219.84	55.09
印刷和记录媒介复制业	Printing and Record Medium Reproduction	17.46	36.70	33.75	0.95
文教、工美、体育和娱乐用品制造业	Cultural and Educational, Arts and Crafts, Sports and Entertainment Goods	53.30	152.88	139.30	7.68

续表 5 Continued 单位:亿元(100 million yuan)

行业	Sector	固定资产净值 Net Value of fixed assets	年末负债合计 Total Liabilities	流动负债 Circulating Liabilities	非流动负债合计 non-circulating liabilities
石油加工、炼焦和核燃料加工业	Petroleum Processing, Coking and Nuclear Fuel Processing	15.90	45.12	43.49	1.62
化学原料和化学制品制造业	Raw Chemical Materials and Chemical Production	523.78	951.27	851.06	83.19
医药制造业	Medical and Pharmaceutical Production	73.99	156.88	146.75	5.90
化学纤维制造业	Chemical Fiber	184.71	493.16	426.13	42.25
橡胶和塑料制品业	Rubber and Plastic Production	205.27	449.81	379.79	57.85
非金属矿物制品业	Nonmetal Mineral Production	93.93	200.31	171.31	15.69
黑色金属冶炼和压延加工业	Smelting and Pressing of Ferrous Metals	82.99	185.19	162.08	10.02
有色金属冶炼和压延加工业	Smelting and Pressing of Nonferrous Metals	51.19	194.50	163.47	12.41
金属制品业	Metal Production	95.75	208.80	190.79	9.76
通用设备制造业	Equipment in Common Use	236.83	623.30	582.13	24.30
专用设备制造业	Special Purpose Equipment	118.42	269.42	249.90	17.42
汽车制造业	Automotive Manufacturing	227.47	521.46	468.10	48.38
铁路、船舶、航空航天和其他运输设备制造业	Railway, Shipbuilding, Aerospace and other Transport Equipment	55.09	116.85	112.16	2.94
电气机械和器材制造业	Electric Equipment and Machinery	225.96	678.14	603.37	61.85
计算机、通信和其他电子设备制造业	Computers, Communications and Other Electronic Equipment Manufacturing	181.70	507.85	480.33	16.91
仪器仪表制造业	Instruments Manufacturing	38.91	95.36	87.82	7.33
其他制造业	Other Manufacturing	14.70	43.71	42.29	0.74
废弃资源综合利用业	Comprehensive Utilization of Waste Resources	1.87	29.70	22.95	0.04
金属制品、机械和设备修理业	Metal Products, Machinery and Equipment Repair Industry	14.88	31.04	20.36	8.08
电力、热力的生产和供应业	Production and Supply of Electricity and Heating Power	295.34	159.44	105.20	52.90
燃气生产和供应业	Production and Supply of Gas	48.94	53.51	37.35	15.53
水的生产和供应业	Production and Supply of Water	7.76	12.09	5.90	6.18

续表 6 Continued 单位:亿元(100 million yuan)

行业	Sector	年末所有者权益合计 Creditors' Equity	实收资本 Total Capital Hold	主营业务收入 Revenues in Main Business	主营业务成本 Costs in Main Business
总计	**Total**	**7155.22**	**4198.37**	**15305.50**	**12833.04**
按登记注册类型分	**by Registered Type**				
#国有	#State - owned				
集体	Collective owned				
私营	Private				
港澳台商投资	Enterprises Funded by Entrepreneurs From Hong Kong, Macao and Taiwan	3599.88	1994.64	7514.91	6372.14
外商投资	Foreign Funded Enterprises	3555.34	2203.74	7790.59	6460.90
在总计中:轻工业	Light Industry	2885.18	1667.23	6505.50	5359.34
重工业	Heavy Industry	4270.04	2531.14	8800.00	7473.70
按工业行业分	**By Sector**				
煤炭开采和洗选业	Coal Mining and Dressing				
黑色金属矿采选业	Ferrous Metals Mining and Dressing				
有色金属矿采选业	Nonferrous Metals Mining and Dressing				
非金属矿采选业	Nonmetal Minerals Mining and Dressing	2.42	3.97	4.93	2.95
农副食品加工业	Non - staple Food Processing	54.47	31.28	166.45	153.80
食品制造业	Food Manufacturing	93.05	55.36	200.08	156.69
酒、饮料和精制茶制造业	Wine, Soft Drinks and Refined Tea Manufacturing	137.93	73.04	229.88	162.44
烟草制品业	Tobacco Processing	1.50	0.56	2.25	1.13
纺织业	Textile Industry	602.99	357.93	1207.27	1048.34
纺织服装、服饰业	Garments and Apparel Industry	402.48	206.90	859.83	725.65
皮革、毛皮、羽毛及其制品和制鞋业	Leather, Furs, Down and Related Production, Shoes Manufacturing	90.89	62.62	274.91	238.93
木材加工和木、竹、藤、棕、草制品业	Timber Processing, Bamboo, Cane Palm Fiber and Straw Production	29.99	20.29	112.24	97.87
家具制造业	Furniture Manufacturing	107.34	84.91	315.89	260.29
造纸和纸制品业	Papermaking and Paper Production	216.12	159.44	253.76	210.39
印刷和记录媒介复制业	Printing and Record Medium Reproduction	41.51	19.31	67.55	54.94
文教、工美、体育和娱乐用品制造业	Cultural and Educational, Arts and Crafts, Sports and Entertainment Goods	110.56	73.02	391.75	340.22

续表 7　Continued　　单位:亿元(100 million yuan)

行业	Sector	年末所有者权益合计 Creditors' Equity	实收资本 Total Capital Hold	主营业务收入 Revenues in Main Business	主营业务成本 Costs in Main Business
石油加工、炼焦和核燃料加工业	Petroleum Processing,Coking and Nuclear Fuel Processing	43.16	29.52	266.64	234.76
化学原料和化学制品制造业	Raw Chemical Materials and Chemical Production	685.39	464.72	1764.99	1535.12
医药制造业	Medical and Pharmaceutical Production	190.51	83.72	346.25	199.82
化学纤维制造业	Chemical Fiber	277.81	156.81	831.98	755.65
橡胶和塑料制品业	Rubber and Plastic Production	330.81	154.94	746.55	634.17
非金属矿物制品业	Nonmetal Mineral Production	141.63	88.83	270.71	231.55
黑色金属冶炼和压延加工业	Smelting and Pressing of Ferrous Metals	110.84	95.02	413.21	386.34
有色金属冶炼和压延加工业	Smelting and Pressing of Nonferrous Metals	108.81	65.13	398.01	372.17
金属制品业	Metal Production	195.82	129.56	415.50	361.13
通用设备制造业	Equipment in Common Use	565.38	310.14	1054.49	845.76
专用设备制造业	Special Purpose Equipment	314.82	160.16	472.97	370.58
汽车制造业	Automotive Manufacturing	503.49	280.72	862.48	703.15
铁路、船舶、航空航天和其他运输设备制造业	Railway, Shipbuilding, Aerospace and other Transport Equipment	79.44	34.56	145.05	128.63
电气机械和器材制造业	Electric Equipment and Machinery	509.19	316.24	1269.19	1069.58
计算机、通信和其他电子设备制造业	Computers, Communications and Other Electronic Equipment Manufacturing	669.59	312.26	1312.16	1036.41
仪器仪表制造业	Instruments Manufacturing	157.10	58.33	176.54	135.99
其他制造业	Other Manufacturing	22.42	16.23	61.64	52.99
废弃资源综合利用业	Comprehensive Utilization of Waste Resources	9.27	8.37	78.91	78.92
金属制品、机械和设备修理业	Metal Products,Machinery and Equipment Repair Industry	16.10	16.78	13.27	10.77
电力、热力的生产和供应业	Production and Supply of Electricity and Heating Power	282.34	229.45	237.77	166.65
燃气生产和供应业	Production and Supply of Gas	32.89	25.28	74.39	65.42
水的生产和供应业	Production and Supply of Water	17.14	12.97	6.0	3.84

续表 8 Continued 单位:亿元(100 million yuan)

行业	Sector	主营业务税金及附加 Sales Taxes and Extra Charges in Main Business	利润总额 Total Profits	利税总额 Total Profits and Taxes	本年应交增值税 Value Added Taxes Payable	全部从业人员年平均人数(万人) Average Number of Employed Persons (10000 persons)
总计	**Total**	**103.40**	**1021.31**	**1554.97**	**429.44**	**176.33**
按登记注册类型分	**by Registered Type**					
#国有	#State - owned					
集体	Collective owned					
私营	Private					
港澳台商投资	Enterprises Funded by Entrepreneurs From Hong Kong, Macao and Taiwan	64.87	474.90	758.26	218.00	87.04
外商投资	Foreign Funded Enterprises	38.54	546.41	796.71	211.44	89.28
在总计中:轻工业	Light Industry	34.40	441.39	677.60	201.26	97.32
重工业	Heavy Industry	69.00	579.92	877.37	228.18	79.01
按工业行业分	**By Sector**					
煤炭开采和洗选业	Coal Mining and Dressing					
黑色金属矿采选业	Ferrous Metals Mining and Dressing					
有色金属矿采选业	Nonferrous Metals Mining and Dressing					
非金属矿采选业	Nonmetal Minerals Mining and Dressing	0.38	0.44	1.04	0.22	0.04
农副食品加工业	Non - staple Food Processing	0.27	3.30	6.75	3.18	1.34
食品制造业	Food Manufacturing	0.82	17.87	27.44	8.73	2.32
酒、饮料和精制茶制造业	Wine, Soft Drinks and Refined Tea Manufacturing	6.84	24.28	41.17	10.03	2.20
烟草制品业	Tobacco Processing	0.03	0.79	1.04	0.21	0.02
纺织业	Textile Industry	5.34	70.43	111.46	35.59	18.36
纺织服装、服饰业	Garments and Apparel Industry	5.09	41.01	76.25	30.09	27.35
皮革、毛皮、羽毛及其制品和制鞋业	Leather, Furs, Down and Related Production, Shoes Manufacturing	1.22	12.45	22.64	8.96	6.26
木材加工和木、竹、藤、棕、草制品业	Timber Processing, Bamboo, Cane Palm Fiber and Straw Production	0.97	4.79	8.11	2.34	1.17
家具制造业	Furniture Manufacturing	1.58	19.28	30.86	9.88	6.27
造纸和纸制品业	Papermaking and Paper Production	1.07	15.72	23.82	7.01	2.34
印刷和记录媒介复制业	Printing and Record Medium Reproduction	0.33	6.57	9.37	2.47	1.03
文教、工美、体育和娱乐用品制造业	Cultural and Educational, Arts and Crafts, Sports and Entertainment Goods	1.61	18.53	27.09	6.90	5.98

续表 9 Continued 单位:亿元(100 million yuan)

行业	Sector	主营业务税金及附加 Sales Taxes and Extra Charges in Main Business	利润总额 Total Profits	利税总额 Total Profits and Taxes	本年应交增值税 Value Added Taxes Payable	全部从业人员年平均人数(万人) Average Number of Employed Persons (10000 persons)
石油加工、炼焦和核燃料加工业	Petroleum Processing, Coking and Nuclear Fuel Processing	30.22	3.54	61.74	27.98	0.14
化学原料和化学制品制造业	Raw Chemical Materials and Chemical Production	4.37	67.64	111.64	39.62	5.01
医药制造业	Medical and Pharmaceutical Production	2.93	50.47	76.05	22.64	3.18
化学纤维制造业	Chemical Fiber	1.61	45.46	58.92	11.79	3.07
橡胶和塑料制品业	Rubber and Plastic Production	3.23	43.92	61.16	13.95	7.21
非金属矿物制品业	Nonmetal Mineral Production	1.28	14.09	22.61	7.24	2.74
黑色金属冶炼和压延加工业	Smelting and Pressing of Ferrous Metals	0.76	9.37	14.76	4.62	1.60
有色金属冶炼和压延加工业	Smelting and Pressing of Nonferrous Metals	0.77	12.26	19.44	6.41	1.48
金属制品业	Metal Production	1.91	17.49	27.61	8.18	6.33
通用设备制造业	Equipment in Common Use	5.27	87.72	130.82	37.77	13.79
专用设备制造业	Special Purpose Equipment	2.59	42.57	60.41	15.23	6.46
汽车制造业	Automotive Manufacturing	8.79	82.03	117.45	26.62	9.62
铁路、船舶、航空航天和其他运输设备制造业	Railway, Shipbuilding, Aerospace and other Transport Equipment	0.46	4.37	6.87	2.03	1.63
电气机械和器材制造业	Electric Equipment and Machinery	4.86	69.29	102.39	28.17	16.44
计算机、通信和其他电子设备制造业	Computers, Communications and Other Electronic Equipment Manufacturing	5.79	160.26	197.40	31.31	16.35
仪器仪表制造业	Instruments Manufacturing	0.99	18.00	24.64	5.64	3.56
其他制造业	Other Manufacturing	0.25	2.41	3.88	1.21	1.38
废弃资源综合利用业	Comprehensive Utilization of Waste Resources	0.10	-6.38	-5.39	0.88	0.51
金属制品、机械和设备修理业	Metal Products, Machinery and Equipment Repair Industry	0.08	-0.44	0.17	0.53	0.17
电力、热力的生产和供应业	Production and Supply of Electricity and Heating Power	1.21	55.90	68.18	11.07	0.62
燃气生产和供应业	Production and Supply of Gas	0.34	4.64	5.83	0.85	0.29
水的生产和供应业	Production and Supply of Water	0.04	1.22	1.36	0.09	0.06

注：2012 年起行业分类采用 2011 年国民经济行业分类。
2012 industry classification by 2011 national economic industry classification。

7-13 按行业分的外商投资和港澳台商投资工业企业主要经济效益指标(2014 年)
Main Economic Beneficial Indicators of Foreign Funded Enterprises and Enterprises Funded by Entrepreneurs form Hong Kong, Macao and Taiwan by Sector(2014)

行业	Sector	每百元固定资产原值实现利税(元) Pre tax Profits per 100 Yuan Original Value of Fixed Assets(yuan)	每百元主营业务收入实现利税(元) Pre tax Profits per 100 Yuan Revenues in Main Business (yuan)	产品销售率(%) Rate of Production Sold (%)	出口交货值占工业销售(%) Export delivery value of the proportion of total sales value(%)	新产品产值率(%) New product ratio (%)
总计	**Total**	**24.32**	**10.16**	**96.70**	**28.66**	**31.08**
按登记注册类型分	**by Registered Type**					
#国有	#State - owned					
集体	Collective owned					
私营	Private					
港澳台商投资	Enterprises Funded by Entrepreneurs From Hong Kong, Macao and Taiwan	26.18	10.09	96.33	25.41	32.77
外商投资	Foreign Funded Enterprises	22.79	10.23	97.06	31.78	29.45
在总计中:轻工业	Light Industry	26.38	10.42	96.53	32.59	30.70
重工业	Heavy Industry	22.94	9.97	96.82	25.77	31.36
按工业行业分	**By Sector**					
煤炭开采和洗选业	Coal Mining and Dressing					
黑色金属矿采选业	Ferrous Metals Mining and Dressing					
有色金属矿采选业	Nonferrous Metals Mining and Dressing					
非金属矿采选业	Nonmetal Minerals Mining and Dressing	28.75	21.03	99.73	5.01	1.14
农副食品加工业	Non - staple Food Processing	13.67	4.05	96.84	27.45	8.59
食品制造业	Food Manufacturing	23.03	13.72	98.24	12.87	14.17
酒、饮料和精制茶制造业	Wine, Soft Drinks and Refined Tea Manufacturing	23.91	17.91	99.12	2.11	9.58
烟草制品业	Tobacco Processing	76.10	46.06	96.97		11.57
纺织业	Textile Industry	19.44	9.23	97.23	29.11	27.15
纺织服装、服饰业	Garments and Apparel Industry	26.67	8.87	97.20	55.37	34.06
皮革、毛皮、羽毛及其制品和制鞋业	Leather, Furs, Down and Related Production, Shoes Manufacturing	33.53	8.23	96.58	50.05	35.71
木材加工和木、竹、藤、棕、草制品业	Timber Processing, Bamboo, Cane Palm Fiber and Straw Production	32.05	7.22	98.02	30.24	23.57
家具制造业	Furniture Manufacturing	32.69	9.77	95.99	54.28	38.72
造纸和纸制品业	Papermaking and Paper Production	10.40	9.39	94.02	17.29	30.11
印刷和记录媒介复制业	Printing and Record Medium Reproduction	28.99	13.87	97.31	26.15	38.60
文教、工美、体育和娱乐用品制造业	Cultural and Educational, Arts and Crafts, Sports and Entertainment Goods	29.94	6.91	95.41	59.58	34.84

续表 Continued

行业	Sector	每百元固定资产原值实现利税(元) Pre tax Profits per 100 Yuan Original Value of Fixed Assets(yuan)	每百元主营业务收入实现利税(元) Pre tax Profits per 100 Yuan Revenues in Main Business (yuan)	产品销售率(%) Rate of Production Sold (%)	出口交货值占工业销售(%) Export delivery value of the proportion of total sales value(%)	新产品产值率(%) New product ratio (%)
石油加工、炼焦和核燃料加工业	Petroleum Processing, Coking and Nuclear Fuel Processing	235.49	23.15	89.82		0.27
化学原料和化学制品制造业	Raw Chemical Materials and Chemical Production	13.50	6.33	96.74	11.59	21.21
医药制造业	Medical and Pharmaceutical Production	67.22	21.96	92.00	22.47	23.71
化学纤维制造业	Chemical Fiber	18.23	7.08	94.45	7.05	29.57
橡胶和塑料制品业	Rubber and Plastic Production	16.87	8.19	97.94	24.34	24.46
非金属矿物制品业	Nonmetal Mineral Production	15.70	8.35	98.17	9.84	31.83
黑色金属冶炼和压延加工业	Smelting and Pressing of Ferrous Metals	8.65	3.57	95.63	10.68	19.91
有色金属冶炼和压延加工业	Smelting and Pressing of Nonferrous Metals	24.64	4.89	96.81	9.57	26.58
金属制品业	Metal Production	18.14	6.65	96.28	45.73	23.00
通用设备制造业	Equipment in Common Use	33.60	12.41	97.05	27.04	38.40
专用设备制造业	Special Purpose Equipment	30.40	12.77	98.20	30.65	40.17
汽车制造业	Automotive Manufacturing	33.79	13.62	95.85	19.18	46.44
铁路、船舶、航空航天和其他运输设备制造业	Railway, Shipbuilding, Aerospace and other Transport Equipment	7.81	4.74	100.56	73.95	35.69
电气机械和器材制造业	Electric Equipment and Machinery	25.72	8.07	97.42	33.36	44.64
计算机、通信和其他电子设备制造业	Computers, Communications and Other Electronic Equipment Manufacturing	53.08	15.04	97.37	57.57	47.38
仪器仪表制造业	Instruments Manufacturing	34.30	13.96	96.29	42.98	42.32
其他制造业	Other Manufacturing	15.69	6.29	97.14	35.70	28.47
废弃资源综合利用业	Comprehensive Utilization of Waste Resources	-146.43	-6.84	103.18	0.86	0.02
金属制品、机械和设备修理业	Metal Products, Machinery and Equipment Repair Industry	0.78	1.29	99.91	66.91	0.04
电力、热力生产和供应业	Production and Supply of Electricity and Heating Power	14.61	28.68	99.05		1.37
燃气生产和供应业	Production and Supply of Gas	10.20	7.84	99.20		
水的生产和供应业	Production and Supply of Water	11.57	22.65	99.73		1.35

7-14 大中型工业企业主要指标(2014年)
Main Indicators of Large and Medium-sized Industrial Enterprises(2014)

单位:亿元(100 million yuan)

行业	Sector	企业单位数(个) Number of Enterprises (unit)	#亏损企业(个) Loss (unit)	工业总产值 Gross Industrial Output Value	出口交货值 Export Delivery value
总计	**Total**	**5019**	**475**	**37157.21**	**7164.60**
按登记注册类型分	**by Registered Type**				
#国有	#State-owned	56		2867.01	7.04
集体	Collective owned	3		12.17	
私营	Private	2212	156	9939.94	2101.33
港澳台商投资	Enterprises Funded by Entrepreneurs From Hong Kong, Macao and Taiwan	753	99	4974.77	1366.67
外商投资	Foreign Funded Enterprises	712	98	5555.33	1766.24
在总计中:轻工业	Light Industry	2697	268	13574.88	3527.89
重工业	Heavy Industry	2322	207	23582.33	3636.72
按工业行业分	**By Sector**				
煤炭开采和洗选业	Coal Mining and Dressing				
黑色金属矿采选业	Ferrous Metals Mining and Dressing	2	1	10.02	
有色金属矿采选业	Nonferrous Metals Mining and Dressing	2		9.76	
非金属矿采选业	Nonmetal Minerals Mining and Dressing	3	1	5.02	0.04
农副食品加工业	Non-staple Food Processing	56	6	329.04	52.66
食品制造业	Food Manufacturing	64	11	284.90	42.13
酒、饮料和精制茶制造业	Wine, Soft Drinks and Refined Tea Manufacturing	38	5	293.01	3.60
烟草制品业	Tobacco Processing				
纺织业	Textile Industry	594	42	2761.54	522.95
纺织服装、服饰业	Garments and Apparel Industry	429	66	1375.72	542.93
皮革、毛皮、羽毛及其制品和制鞋业	Leather, Furs, Down and Related Production, Shoes Manufacturing	279	15	819.32	345.49
木材加工和木、竹、藤、棕、草制品业	Timber Processing, Bamboo, Cane Palm Fiber and Straw Production	36	2	146.39	43.24
家具制造业	Furniture Manufacturing	132	16	476.47	264.97
造纸和纸制品业	Papermaking and Paper Production	80	10	581.57	60.32
印刷和记录媒介复制业	Printing and Record Medium Reproduction	40	2	131.17	29.52
文教、工美、体育和娱乐用品制造业	Cultural and Educational, Arts and Crafts, Sports and Entertainment Goods	154	12	660.36	266.10

续表 1 Continued 单位:亿元(100 million yuan)

行业	Sector	企业单位数(个) Number of Enterprises (unit)	#亏损企业(个) Loss (unit)	工业总产值 Gross Industrial Output Value	出口交货值 Export Delivery value
石油加工、炼焦和核燃料加工业	Petroleum Processing,Coking and Nuclear Fuel Processing	2		1651.10	1.57
化学原料和化学制品制造业	Raw Chemical Materials and Chemical Production	160	17	3699.78	289.09
医药制造业	Medical and Pharmaceutical Production	106	8	799.85	213.70
化学纤维制造业	Chemical Fiber	83	5	1809.43	134.09
橡胶和塑料制品业	Rubber and Plastic Production	198	20	1385.16	291.35
非金属矿物制品业	Nonmetal Mineral Production	108	5	629.49	64.05
黑色金属冶炼和压延加工业	Smelting and Pressing of Ferrous Metals	69	3	1499.88	73.19
有色金属冶炼和压延加工业	Smelting and Pressing of Nonferrous Metals	55	10	1228.13	82.22
金属制品业	Metal Production	244	16	1119.59	299.93
通用设备制造业	Equipment in Common Use	436	27	2302.72	521.61
专用设备制造业	Special Purpose Equipment	156	12	724.08	186.61
汽车制造业	Automotive Manufacturing	262	18	1994.62	282.79
铁路、船舶、航空航天和其他运输设备制造业	Railway, Shipbuilding, Aerospace and other Transport Equipment	91	19	906.52	512.05
电气机械和器材制造业	Electric Equipment and Machinery	576	67	3450.88	879.69
计算机、通信和其他电子设备制造业	Computers, Communications and Other Electronic Equipment Manufacturing	282	31	2015.16	934.93
仪器仪表制造业	Instruments Manufacturing	112	9	433.19	118.69
其他制造业	Other Manufacturing	47	4	179.93	78.44
废弃资源综合利用业	Comprehensive Utilization of Waste Resources	7	3	134.06	
金属制品、机械和设备修理业	Metal Products,Machinery and Equipment Repair Industry	21	4	59.01	26.52
电力、热力的生产和供应业	Production and Supply of Electricity and Heating Power	70	2	3128.63	0.12
燃气生产和供应业	Production and Supply of Gas	4	1	49.24	
水的生产和供应业	Production and Supply of Water	21	5	72.46	

续表 2 Continued 单位:亿元(100 million yuan)

行业	Sector	资产总计 Total Assets	流动资产合计 Circulating Funds	固定资产合计 Fixed Assets	固定资产原价 Original Value of Fixed Assets
总计	**Total**	**35077.18**	**19105.30**	**9932.19**	**15244.84**
按登记注册类型分	**by Registered Type**				
#国有	#State - owned	2411.15	283.62	1689.28	2704.60
集体	Collective owned	10.60	4.60	3.30	5.19
私营	Private	8777.40	5424.00	1878.69	2831.69
港澳台商投资	Enterprises Funded by Entrepreneurs From Hong Kong, Macao and Taiwan	4938.71	3115.06	1081.83	1702.17
外商投资	Foreign Funded Enterprises	4759.79	2912.78	1293.18	2075.86
在总计中:轻工业	Light Industry	13466.58	7819.60	3290.89	5026.02
重工业	Heavy Industry	21610.60	11285.71	6641.30	10218.82
按工业行业分	**By Sector**				
煤炭开采和洗选业	Coal Mining and Dressing				
黑色金属矿采选业	Ferrous Metals Mining and Dressing	14.42	8.17	2.37	5.09
有色金属矿采选业	Nonferrous Metals Mining and Dressing	8.32	4.33	1.27	2.49
非金属矿采选业	Nonmetal Minerals Mining and Dressing	10.68	2.86	4.54	5.85
农副食品加工业	Non - staple Food Processing	293.83	177.68	65.40	96.02
食品制造业	Food Manufacturing	318.31	168.41	104.72	142.26
酒、饮料和精制茶制造业	Wine, Soft Drinks and Refined Tea Manufacturing	360.62	186.41	114.21	193.76
烟草制品业	Tobacco Processing				
纺织业	Textile Industry	2665.92	1574.79	683.54	1152.30
纺织服装、服饰业	Garments and Apparel Industry	1330.15	862.65	240.39	370.63
皮革、毛皮、羽毛及其制品和制鞋业	Leather, Furs, Down and Related Production, Shoes Manufacturing	590.83	415.08	106.40	148.42
木材加工和木、竹、藤、棕、草制品业	Timber Processing, Bamboo, Cane Palm Fiber and Straw Production	102.29	62.76	23.37	32.95
家具制造业	Furniture Manufacturing	433.67	282.47	93.32	133.98
造纸和纸制品业	Papermaking and Paper Production	859.44	430.23	268.73	409.58
印刷和记录媒介复制业	Printing and Record Medium Reproduction	143.63	84.18	33.57	59.01
文教、工美、体育和娱乐用品制造业	Cultural and Educational, Arts and Crafts, Sports and Entertainment Goods	478.18	323.68	86.76	129.52

续表 3 Continued 单位:亿元(100 million yuan)

行业	Sector	资产总计 Total Assets	流动资产合计 Circulating Funds	固定资产合计 Fixed Assets	固定资产原价 Original Value of Fixed Assets
石油加工、炼焦和核燃料加工业	Petroleum Processing,Coking and Nuclear Fuel Processing	426.87	172.83	234.46	362.68
化学原料和化学制品制造业	Raw Chemical Materials and Chemical Production	3387.22	1809.57	1035.31	1497.65
医药制造业	Medical and Pharmaceutical Production	1129.25	554.89	299.11	392.75
化学纤维制造业	Chemical Fiber	1500.52	721.06	440.07	647.37
橡胶和塑料制品业	Rubber and Plastic Production	1139.16	655.66	304.87	499.06
非金属矿物制品业	Nonmetal Mineral Production	905.82	409.33	306.82	445.63
黑色金属冶炼和压延加工业	Smelting and Pressing of Ferrous Metals	1172.12	627.62	359.41	609.78
有色金属冶炼和压延加工业	Smelting and Pressing of Nonferrous Metals	709.33	437.42	131.41	183.66
金属制品业	Metal Production	1020.77	655.09	213.13	307.40
通用设备制造业	Equipment in Common Use	2535.85	1540.40	469.38	713.09
专用设备制造业	Special Purpose Equipment	837.69	514.76	166.28	245.43
汽车制造业	Automotive Manufacturing	2102.27	1195.42	486.81	681.45
铁路、船舶、航空航天和其他运输设备制造业	Railway, Shipbuilding, Aerospace and other Transport Equipment	1059.81	592.42	275.37	384.98
电气机械和器材制造业	Electric Equipment and Machinery	3417.80	2219.55	579.10	867.35
计算机、通信和其他电子设备制造业	Computers, Communications and Other Electronic Equipment Manufacturing	2074.19	1466.02	327.26	585.55
仪器仪表制造业	Instruments Manufacturing	536.09	356.64	77.71	125.48
其他制造业	Other Manufacturing	183.52	120.93	39.14	53.49
废弃资源综合利用业	Comprehensive Utilization of Waste Resources	84.37	66.62	7.92	10.95
金属制品、机械和设备修理业	Metal Products,Machinery and Equipment Repair Industry	83.38	29.29	32.69	44.06
电力、热力的生产和供应业	Production and Supply of Electricity and Heating Power	2678.56	254.70	2056.60	3316.75
燃气生产和供应业	Production and Supply of Gas	80.73	19.73	47.63	53.84
水的生产和供应业	Production and Supply of Water	401.58	101.69	213.09	334.57

续表 4 Continued 单位:亿元(100 million yuan)

行业	Sector	固定资产净值 Net Value of fixed assets	年末负债合计 Total Liabilities	流动负债 Circulating Liabilities	非流动负债合计 non-circulating liabilities
总计	**Total**	**8942.13**	**19595.20**	**16691.34**	**2605.15**
按登记注册类型分	**by Registered Type**				
#国有	#State - owned	1467.86	1451.29	844.28	606.98
集体	Collective owned	2.92	2.01	2.01	
私营	Private	1706.97	5408.86	4937.75	382.18
港澳台商投资	Enterprises Funded by Entrepreneurs From Hong Kong, Macao and Taiwan	1001.36	2638.59	2370.09	228.35
外商投资	Foreign Funded Enterprises	1201.93	2517.24	2291.19	190.04
在总计中:轻工业	Light Industry	2927.97	7415.24	6579.72	707.99
重工业	Heavy Industry	6014.17	12179.96	10111.62	1897.16
按工业行业分	**By Sector**				
煤炭开采和洗选业	Coal Mining and Dressing				
黑色金属矿采选业	Ferrous Metals Mining and Dressing	2.37	4.51	3.40	0.01
有色金属矿采选业	Nonferrous Metals Mining and Dressing	1.27	5.84	5.60	0.05
非金属矿采选业	Nonmetal Minerals Mining and Dressing	3.88	7.01	6.38	0.53
农副食品加工业	Non - staple Food Processing	59.95	183.63	170.89	11.57
食品制造业	Food Manufacturing	97.86	154.41	145.39	5.98
酒、饮料和精制茶制造业	Wine, Soft Drinks and Refined Tea Manufacturing	109.82	180.87	160.98	19.89
烟草制品业	Tobacco Processing				
纺织业	Textile Industry	612.93	1613.75	1431.17	125.27
纺织服装、服饰业	Garments and Apparel Industry	218.71	644.07	609.01	29.80
皮革、毛皮、羽毛及其制品和制鞋业	Leather, Furs, Down and Related Production, Shoes Manufacturing	92.14	335.98	319.78	6.91
木材加工和木、竹、藤、棕、草制品业	Timber Processing, Bamboo, Cane Palm Fiber and Straw Production	21.88	54.94	52.45	1.76
家具制造业	Furniture Manufacturing	83.74	272.51	259.13	8.24
造纸和纸制品业	Papermaking and Paper Production	239.12	484.81	396.75	77.76
印刷和记录媒介复制业	Printing and Record Medium Reproduction	30.54	79.64	73.07	6.57
文教、工美、体育和娱乐用品制造业	Cultural and Educational, Arts and Crafts, Sports and Entertainment Goods	78.54	277.59	246.60	24.88

续表 5 Continued

单位:亿元(100 million yuan)

行业	Sector	固定资产净值 Net Value of fixed assets	年末负债合计 Total Liabilities	流动负债 Circulating Liabilities	非流动负债合计 non-circulating liabilities
石油加工、炼焦和核燃料加工业	Petroleum Processing,Coking and Nuclear Fuel Processing	171.09	168.78	168.72	0.06
化学原料和化学制品制造业	Raw Chemical Materials and Chemical Production	981.02	1887.35	1540.79	292.46
医药制造业	Medical and Pharmaceutical Production	252.46	433.16	350.11	81.34
化学纤维制造业	Chemical Fiber	375.33	924.03	809.45	111.80
橡胶和塑料制品业	Rubber and Plastic Production	276.15	629.30	564.86	55.13
非金属矿物制品业	Nonmetal Mineral Production	291.40	491.58	395.49	88.94
黑色金属冶炼和压延加工业	Smelting and Pressing of Ferrous Metals	336.12	718.47	638.06	79.96
有色金属冶炼和压延加工业	Smelting and Pressing of Nonferrous Metals	120.68	454.89	417.38	33.17
金属制品业	Metal Production	194.01	594.98	550.83	38.11
通用设备制造业	Equipment in Common Use	433.11	1344.15	1232.42	94.68
专用设备制造业	Special Purpose Equipment	148.49	421.12	393.73	25.07
汽车制造业	Automotive Manufacturing	443.46	1259.46	1038.13	218.47
铁路、船舶、航空航天和其他运输设备制造业	Railway, Shipbuilding, Aerospace and other Transport Equipment	259.89	769.35	641.49	85.26
电气机械和器材制造业	Electric Equipment and Machinery	529.06	1948.67	1726.39	207.87
计算机、通信和其他电子设备制造业	Computers, Communications and Other Electronic Equipment Manufacturing	297.86	985.28	918.80	50.82
仪器仪表制造业	Instruments Manufacturing	72.67	227.88	212.92	14.87
其他制造业	Other Manufacturing	31.71	96.37	94.79	0.67
废弃资源综合利用业	Comprehensive Utilization of Waste Resources	7.92	67.63	59.30	8.33
金属制品、机械和设备修理业	Metal Products,Machinery and Equipment Repair Industry	27.85	47.20	31.89	10.71
电力、热力的生产和供应业	Production and Supply of Electricity and Heating Power	1812.52	1558.14	888.41	669.47
燃气生产和供应业	Production and Supply of Gas	45.44	48.52	29.39	19.14
水的生产和供应业	Production and Supply of Water	181.17	219.33	107.37	99.61

续表 6 Continued 单位:亿元(100 million yuan)

行业	Sector	年末所有者权益合计 Creditors' Equity	实收资本 Total Capital Hold	主营业务收入 Revenues in Main Business	主营业务成本 Costs in Main Business
总计	**Total**	**15474.60**	**5937.32**	**35612.34**	**30352.91**
按登记注册类型分	**by Registered Type**				
#国有	#State - owned	956.77	96.58	2866.26	2710.18
集体	Collective owned	8.58	2.00	12.19	10.01
私营	Private	3379.33	1060.75	9582.74	8204.20
港澳台商投资	Enterprises Funded by Entrepreneurs From Hong Kong, Macao and Taiwan	2299.94	1052.96	4701.38	3909.11
外商投资	Foreign Funded Enterprises	2244.29	1199.22	5279.99	4359.50
在总计中:轻工业	Light Industry	6043.70	2197.34	13070.19	10833.62
重工业	Heavy Industry	9430.89	3739.99	22542.15	19519.29
按工业行业分	**By Sector**				
煤炭开采和洗选业	Coal Mining and Dressing				
黑色金属矿采选业	Ferrous Metals Mining and Dressing	9.91	1.81	8.86	7.63
有色金属矿采选业	Nonferrous Metals Mining and Dressing	2.48	1.19	9.74	9.07
非金属矿采选业	Nonmetal Minerals Mining and Dressing	3.67	4.35	4.83	3.99
农副食品加工业	Non - staple Food Processing	110.20	42.13	320.78	294.66
食品制造业	Food Manufacturing	163.91	65.82	312.36	244.24
酒、饮料和精制茶制造业	Wine, Soft Drinks and Refined Tea Manufacturing	179.75	64.33	280.05	188.84
烟草制品业	Tobacco Processing				
纺织业	Textile Industry	1050.49	405.51	2648.67	2319.00
纺织服装、服饰业	Garments and Apparel Industry	683.77	234.94	1295.72	1047.93
皮革、毛皮、羽毛及其制品和制鞋业	Leather, Furs, Down and Related Production, Shoes Manufacturing	254.07	104.35	789.69	670.70
木材加工和木、竹、藤、棕、草制品业	Timber Processing, Bamboo, Cane Palm Fiber and Straw Production	47.35	21.27	140.06	117.97
家具制造业	Furniture Manufacturing	160.92	89.41	446.38	364.04
造纸和纸制品业	Papermaking and Paper Production	373.98	195.62	500.00	417.76
印刷和记录媒介复制业	Printing and Record Medium Reproduction	63.98	29.29	127.29	108.19
文教、工美、体育和娱乐用品制造业	Cultural and Educational, Arts and Crafts, Sports and Entertainment Goods	199.48	69.23	641.46	553.81

续表 7 Continued 单位:亿元(100 million yuan)

行业	Sector	年末所有者权益合计 Creditors' Equity	实收资本 Total Capital Hold	主营业务收入 Revenues in Main Business	主营业务成本 Costs in Main Business
石油加工、炼焦和核燃料加工业	Petroleum Processing, Coking and Nuclear Fuel Processing	258.09	253.58	1358.03	1166.04
化学原料和化学制品制造业	Raw Chemical Materials and Chemical Production	1499.68	554.25	3792.51	3266.38
医药制造业	Medical and Pharmaceutical Production	695.95	166.48	737.37	450.14
化学纤维制造业	Chemical Fiber	576.47	204.17	1742.57	1602.90
橡胶和塑料制品业	Rubber and Plastic Production	512.76	164.60	1316.39	1125.48
非金属矿物制品业	Nonmetal Mineral Production	413.21	203.59	613.09	492.67
黑色金属冶炼和压延加工业	Smelting and Pressing of Ferrous Metals	453.65	262.16	1392.53	1291.63
有色金属冶炼和压延加工业	Smelting and Pressing of Nonferrous Metals	253.03	107.36	1217.14	1153.36
金属制品业	Metal Production	425.11	167.11	1032.32	886.67
通用设备制造业	Equipment in Common Use	1191.63	359.84	2225.54	1801.57
专用设备制造业	Special Purpose Equipment	415.15	146.87	693.34	563.81
汽车制造业	Automotive Manufacturing	859.98	342.40	1926.16	1601.20
铁路、船舶、航空航天和其他运输设备制造业	Railway, Shipbuilding, Aerospace and other Transport Equipment	289.58	134.91	648.74	590.76
电气机械和器材制造业	Electric Equipment and Machinery	1469.64	564.48	3355.25	2780.16
计算机、通信和其他电子设备制造业	Computers, Communications and Other Electronic Equipment Manufacturing	1076.97	429.90	2034.65	1622.44
仪器仪表制造业	Instruments Manufacturing	307.97	99.08	403.99	299.08
其他制造业	Other Manufacturing	87.08	26.55	165.88	140.62
废弃资源综合利用业	Comprehensive Utilization of Waste Resources	16.74	10.46	134.26	129.17
金属制品、机械和设备修理业	Metal Products, Machinery and Equipment Repair Industry	36.18	22.83	47.04	40.61
电力、热力的生产和供应业	Production and Supply of Electricity and Heating Power	1117.32	249.07	3124.89	2890.56
燃气生产和供应业	Production and Supply of Gas	32.20	29.38	50.75	47.46
水的生产和供应业	Production and Supply of Water	182.24	108.98	74.02	62.37

续表 8 Continued 单位:亿元(100 million yuan)

行业	Sector	主营业务税金及附加 Sales Taxes and Extra Charges in Main Business	利润总额 Total Profits	利税总额 Total Profits and Taxes	本年应交增值税 Value Added Taxes Payable	全部从业人员年平均人数(万人) Average Number of Employed Persons (10000 persons)
总计	**Total**	**310.77**	**2268.03**	**3598.99**	**1014.99**	**356.30**
按登记注册类型分	**by Registered Type**					
#国有	#State - owned	9.35	58.95	146.99	78.07	7.26
集体	Collective owned	0.07	0.49	1.09	0.53	0.29
私营	Private	45.31	556.68	875.16	270.43	126.77
港澳台商投资	Enterprises Funded by Entrepreneurs From Hong Kong, Macao and Taiwan	52.62	355.95	559.70	150.94	53.61
外商投资	Foreign Funded Enterprises	23.10	399.16	564.24	141.76	59.11
在总计中:轻工业	Light Industry	65.84	888.71	1380.55	425.07	185.88
重工业	Heavy Industry	244.93	1379.32	2218.44	589.92	170.42
按工业行业分	**By Sector**					
煤炭开采和洗选业	Coal Mining and Dressing					
黑色金属矿采选业	Ferrous Metals Mining and Dressing	0.13	-0.25	0.10	0.22	0.15
有色金属矿采选业	Nonferrous Metals Mining and Dressing	0.03	0.09	0.30	0.19	0.11
非金属矿采选业	Nonmetal Minerals Mining and Dressing	0.23	0.35	0.81	0.24	0.18
农副食品加工业	Non - staple Food Processing	0.68	8.34	14.32	5.28	3.45
食品制造业	Food Manufacturing	1.48	32.60	47.63	13.53	4.05
酒、饮料和精制茶制造业	Wine, Soft Drinks and Refined Tea Manufacturing	8.24	19.11	40.87	13.51	3.15
烟草制品业	Tobacco Processing					
纺织业	Textile Industry	12.87	149.91	243.68	80.72	37.34
纺织服装、服饰业	Garments and Apparel Industry	7.59	98.96	154.23	47.60	31.76
皮革、毛皮、羽毛及其制品和制鞋业	Leather, Furs, Down and Related Production, Shoes Manufacturing	4.28	47.99	80.85	28.57	18.79
木材加工和木、竹、藤、棕、草制品业	Timber Processing, Bamboo, Cane Palm Fiber and Straw Production	1.25	7.34	12.44	3.85	1.88
家具制造业	Furniture Manufacturing	2.16	28.49	46.46	15.70	9.88
造纸和纸制品业	Papermaking and Paper Production	1.81	32.32	49.47	15.33	4.59
印刷和记录媒介复制业	Printing and Record Medium Reproduction	0.48	7.60	11.59	3.51	2.03
文教、工美、体育和娱乐用品制造业	Cultural and Educational, Arts and Crafts, Sports and Entertainment Goods	2.63	33.01	50.34	14.66	9.60

续表 9　Continued　单位:亿元(100 million yuan)

行业	Sector	主营业务税金及附加 Sales Taxes and Extra Charges in Main Business	利润总额 Total Profits	利税总额 Total Profits and Taxes	本年应交增值税 Value Added Taxes Payable	全部从业人员年平均人数(万人) Average Number of Employed Persons (10000 persons)
石油加工、炼焦和核燃料加工业	Petroleum Processing, Coking and Nuclear Fuel Processing	147.21	37.69	242.13	57.23	0.71
化学原料和化学制品制造业	Raw Chemical Materials and Chemical Production	11.12	248.58	340.38	80.64	12.93
医药制造业	Medical and Pharmaceutical Production	5.57	97.51	150.21	47.10	8.65
化学纤维制造业	Chemical Fiber	3.35	82.60	118.11	32.03	8.13
橡胶和塑料制品业	Rubber and Plastic Production	5.21	89.30	121.72	27.13	13.03
非金属矿物制品业	Nonmetal Mineral Production	3.67	61.41	90.64	25.55	6.16
黑色金属冶炼和压延加工业	Smelting and Pressing of Ferrous Metals	4.50	54.67	83.70	24.54	6.76
有色金属冶炼和压延加工业	Smelting and Pressing of Nonferrous Metals	1.82	31.67	45.99	12.49	3.42
金属制品业	Metal Production	5.21	55.54	86.99	26.13	15.07
通用设备制造业	Equipment in Common Use	10.93	189.20	275.68	75.46	28.63
专用设备制造业	Special Purpose Equipment	2.65	60.19	83.22	20.35	8.87
汽车制造业	Automotive Manufacturing	23.54	163.66	247.65	57.48	19.14
铁路、船舶、航空航天和其他运输设备制造业	Railway, Shipbuilding, Aerospace and other Transport Equipment	2.44	1.90	13.84	9.48	6.53
电气机械和器材制造业	Electric Equipment and Machinery	13.57	228.04	330.85	88.99	42.19
计算机、通信和其他电子设备制造业	Computers, Communications and Other Electronic Equipment Manufacturing	9.48	219.33	283.06	54.22	27.00
仪器仪表制造业	Instruments Manufacturing	2.51	46.73	65.13	15.88	7.49
其他制造业	Other Manufacturing	0.88	9.76	19.82	9.16	3.95
废弃资源综合利用业	Comprehensive Utilization of Waste Resources	0.86	-0.73	5.20	5.08	0.75
金属制品、机械和设备修理业	Metal Products, Machinery and Equipment Repair Industry	0.39	1.05	3.65	2.21	1.55
电力、热力的生产和供应业	Production and Supply of Electricity and Heating Power	11.49	123.02	233.35	98.07	6.79
燃气生产和供应业	Production and Supply of Gas	0.13	0.16	0.87	0.53	0.22
水的生产和供应业	Production and Supply of Water	0.40	0.90	3.72	2.34	1.37

注：2012 年起行业分类采用 2011 年国民经济行业分类。
2012 industry classification by 2011 national economic industry classification。

7-15 按行业分的大中型工业企业主要经济效益指标(2014年)
Main Economic Beneficial Indicators of Large and Medium-sized Industrial Enterprises by Sector(2014)

行业	Sector	每百元固定资产原值实现利税(元) Pre tax Profits per 100 Yuan Original Value of Fixed Assets(yuan)	每百元主营业务收入实现利税(元) Pre tax Profits per 100 Yuan Revenues in Main Business (yuan)	产品销售率(%) Rate of Production Sold (%)	出口交货值占工业销售(%) Export delivery value of the proportion of total sales value(%)	新产品产值率(%) New product ratio (%)
总计	**Total**	**23.61**	**10.11**	**96.94**	**19.89**	**36.17**
按登记注册类型分	**by Registered Type**					
#国有	#State-owned	5.44	5.13	99.83	0.25	1.01
集体	Collective owned	20.93	8.92	100.00		
私营	Private	30.91	9.13	95.99	22.02	39.32
港澳台商投资	Enterprises Funded by Entrepreneurs From Hong Kong, Macao and Taiwan	32.88	11.91	96.31	28.53	40.68
外商投资	Foreign Funded Enterprises	27.18	10.69	96.96	32.79	35.21
在总计中:轻工业	Light Industry	27.47	10.56	96.20	27.01	38.26
重工业	Heavy Industry	21.71	9.84	97.37	15.84	34.96
按工业行业分	**By Sector**					
煤炭开采和洗选业	Coal Mining and Dressing					
黑色金属矿采选业	Ferrous Metals Mining and Dressing	1.94	1.12	96.77		
有色金属矿采选业	Nonferrous Metals Mining and Dressing	12.26	3.13	99.97		
非金属矿采选业	Nonmetal Minerals Mining and Dressing	13.88	16.83	104.86	0.79	
农副食品加工业	Non-staple Food Processing	14.91	4.46	96.84	16.53	14.02
食品制造业	Food Manufacturing	33.48	15.25	97.10	15.23	31.34
酒、饮料和精制茶制造业	Wine, Soft Drinks and Refined Tea Manufacturing	21.09	14.59	95.54	1.29	15.33
烟草制品业	Tobacco Processing					
纺织业	Textile Industry	21.15	9.20	96.91	19.54	32.55
纺织服装、服饰业	Garments and Apparel Industry	41.61	11.90	95.99	41.11	37.28
皮革、毛皮、羽毛及其制品和制鞋业	Leather, Furs, Down and Related Production, Shoes Manufacturing	54.47	10.24	96.37	43.75	38.80
木材加工和木、竹、藤、棕、草制品业	Timber Processing, Bamboo, Cane Palm Fiber and Straw Production	37.74	8.88	97.56	30.28	53.92
家具制造业	Furniture Manufacturing	34.68	10.41	96.20	57.81	42.35
造纸和纸制品业	Papermaking and Paper Production	12.08	9.90	95.18	10.90	36.50
印刷和记录媒介复制业	Printing and Record Medium Reproduction	19.64	9.10	97.75	23.03	34.82
文教、工美、体育和娱乐用品制造业	Cultural and Educational, Arts and Crafts, Sports and Entertainment Goods	38.86	7.85	96.53	41.74	40.54

续表 Continued

行业	Sector	每百元固定资产原值实现利税(元) Pre tax Profits per 100 Yuan Original Value of Fixed Assets(yuan)	每百元主营业务收入实现利税(元) Pre tax Profits per 100 Yuan Revenues in Main Business (yuan)	产品销售率(%) Rate of Production Sold (%)	出口交货值占工业销售(%) Export delivery value of the proportion of total sales value(%)	新产品产值率(%) New product ratio (%)
石油加工、炼焦和核燃料加工业	Petroleum Processing,Coking and Nuclear Fuel Processing	66.76	17.83	98.40	0.10	0.57
化学原料和化学制品制造业	Raw Chemical Materials and Chemical Production	22.73	8.98	96.81	8.07	37.87
医药制造业	Medical and Pharmaceutical Production	38.25	20.37	92.77	28.80	48.34
化学纤维制造业	Chemical Fiber	18.24	6.78	95.71	7.74	36.05
橡胶和塑料制品业	Rubber and Plastic Production	24.39	9.25	97.96	21.47	34.53
非金属矿物制品业	Nonmetal Mineral Production	20.34	14.78	97.53	10.43	34.13
黑色金属冶炼和压延加工业	Smelting and Pressing of Ferrous Metals	13.73	6.01	95.09	5.13	34.34
有色金属冶炼和压延加工业	Smelting and Pressing of Nonferrous Metals	25.04	3.78	97.98	6.83	37.02
金属制品业	Metal Production	28.30	8.43	95.55	28.04	34.05
通用设备制造业	Equipment in Common Use	38.66	12.39	97.16	23.31	48.42
专用设备制造业	Special Purpose Equipment	33.91	12.00	96.03	26.84	48.03
汽车制造业	Automotive Manufacturing	36.34	12.86	96.45	14.70	60.06
铁路、船舶、航空航天和其他运输设备制造业	Railway, Shipbuilding, Aerospace and other Transport Equipment	3.59	2.13	97.95	57.67	42.60
电气机械和器材制造业	Electric Equipment and Machinery	38.14	9.86	97.03	26.27	49.22
计算机、通信和其他电子设备制造业	Computers, Communications and Other Electronic Equipment Manufacturing	48.34	13.91	97.03	47.82	55.46
仪器仪表制造业	Instruments Manufacturing	51.91	16.12	95.22	28.77	56.57
其他制造业	Other Manufacturing	37.06	11.95	92.31	47.22	44.70
废弃资源综合利用业	Comprehensive Utilization of Waste Resources	47.49	3.87	102.49		23.20
金属制品、机械和设备修理业	Metal Products,Machinery and Equipment Repair Industry	8.29	7.76	96.66	46.49	0.10
电力、热力生产和供应业	Production and Supply of Electricity and Heating Power	7.04	7.47	99.86		0.32
燃气生产和供应业	Production and Supply of Gas	1.62	1.72	98.60		
水的生产和供应业	Production and Supply of Water	1.11	5.02	95.82		

7-16 规模以上工业企业能源购进、消费及库存(2014 年)
Purchasing,Consuming and Stocking of Energy in Industrial Enterprises Above Designated Size(2014)

能源名称		Item		年初库存 Stock at the Beginning of the Year	购进量实物量 Number of Purchasing	消费量 Consumption	#工业生产消费 Industry	年末库存 Stock at the End of the Year
原煤	(吨)	Coal	(ton)	6292075	128483861	128320671	128130730	6433795
洗精煤	(吨)	Coal Washing	(ton)	211055	4016648	4002673	4001931	225122
其他洗煤	(吨)	Other Coal Washing	(ton)	158	6529	6508	6396	179
煤制品	(吨)	Coal Puoducts	(ton)	25246	1600154	1582176	1581510	43134
焦炭	(吨)	Coke	(ton)	79451	1744345	4650675	4650313	57035
其他焦化产品	(吨)	Other Coking Production	(ton)	1180	17618	17847	17847	950
焦炉煤气	(万立方米)	Coking Coal	(10000 cu. m)		2533	69951	69951	
高炉煤气	(万立方米)	Blast Furnace Gas	(10000 cu. m)		27064	1663625	1663625	
转炉煤气	(万立方米)	Converter Furnace Gas	(10000 cu. m)		2625	112252	111415	
发生炉煤气	(万立方米)	Producer Furnace Gas	(10000 cu. m)		12	1649	1649	
天然气	(万立方米)	Natural Gas	(10000 cu. m)	921	566980	566821	564698	183
原油	(吨)	Crude Oil	(ton)	953311	27367706	27318684	27318631	986398
汽油	(吨)	Gasoline	(ton)	2196	287416	291444	142399	1955
煤油	(吨)	Kerosene	(ton)	1663	18254	18223	17242	1050
柴油	(吨)	Diesel Oil	(ton)	33890	748773	751255	626056	35682
燃料油	(吨)	Fuel Oil	(ton)	103679	1748961	1940092	1937773	147463
液化石油气	(吨)	LPG	(ton)	1389	66172	270731	268280	1140
其他石油制品	(吨)	Other Petroleum Production	(ton)	41398	1530915	3735932	3735758	43057
热力	(百万千焦)	Heat	(100 Million coke)		289815938	337602740	334710095	
电力	(万千瓦小时)	Electricity	(1000 kw. h)		16359498	18798944	18473539	
其他燃料	(吨标准煤)	Other Fuel	(Tons of SCE)	14221	153506	206369	205913	20674

7-17 能源生产弹性系数(1990-2014 年)
Elasticity Ratio of Energy Production(1990-2014)

年份 Year	全省能源生产量(万吨标准煤) Output of Energy Production (10000 tons of SCE)	全省电力生产量(亿千瓦小时) Output of Electricity Production (10000 million kwh)	能源生产比上年增长(%) Growth Rate of Energy Production Over Preceding year (%)	电力生产比上年增长(%) Growth Rate of Electricity Production Over Preceding year (%)	生产总值比上年增长(%) Growth Rate of GDP Over Preceding year (%)	能源生产弹性系数 Elasticity Ratio of Energy Production	电力生产弹性系数 Elasticity Ratio of Electricity Production
1990	317.18	208.58			3.93		
1991	324.1	242.25	2.18	16.14	17.83	0.12	0.91
1992	355.57	284.13	9.71	17.29	19.02	0.51	0.91
1993	388.8	308.52	9.35	8.58	22.02	0.42	0.39
1994	402.53	340.90	3.53	10.5	19.97	0.18	0.53
1995	460.7	407.11	14.45	19.42	16.78	0.86	1.16
1996	379.17	448.36	-17.7	10.13	12.69	-1.39	0.8
1997	392.16	485.77	3.43	8.34	11.1	0.31	0.75
1998	494.04	539.16	25.98	10.99	10.17	2.55	1.08
1999	454.81	597.26	-7.94	10.78	10.03	-0.79	1.07
2000	439.24	696.59	-3.42	16.63	11.04	-0.31	1.51
2001	516.41	790.35	17.57	13.46	10.65	1.65	1.26
2002	745.64	887.82	44.39	12.33	12.64	3.51	0.98
2003	945.58	1090.86	26.81	22.87	14.7	1.82	1.56
2004	1091.63	1258.81	15.45	15.4	14.48	1.07	1.06
2005	1273.02	1456.42	16.62	15.7	12.76	1.3	1.23
2006	1216.21	1765.93	-4.46	21.25	13.88	-0.32	1.53
2007	1169.43	2080.41	-3.85	17.81	14.67	-0.26	1.21
2008	1228.75	2133.87	5.07	2.57	10.05	0.50	0.26
2009	1238.39	2250.71	0.78	5.48	8.94	0.1	0.61
2010	1489.94	2567.51	20.31	14.08	11.94	1.70	1.18
2011	1354.08	2790.24	-9.12	8.67	9.05	-1.01	0.96
2012	1709.98	2846.91	26.28	2.03	7.98	3.29	0.25
2013	1537.52	2922.88	-5.97	3.29	8.20	-0.73	0.40
2014	1554.58	2878.28	1.11	-1.53	7.60	0.15	-0.20

注：2013 年起数据根据经济普查进行了调整。
Data of the table are adjusted according to the economic census since 2013.

7－18 能源消费弹性系数(1990－2014 年)
Elasticity Ratio of Energy Consumption(1990－2014)

年份 Year	全省能源消费量(万吨标准煤) Total Energy Consumption (10000 tons of SCE)	全省电力消费量(亿千瓦小时) Total Electricity Consumption (100 million kwh)	能源消费比上年增长(%) Growth Rate of Energy Consumption Over Preceding year (%)	电力消费比上年增长(%) Growth Rate of Electricity Consumption Over Preceding year (%)	生产总值比上年增长(%) Growth Rate of GDP Over Preceding year (%)	能源消费弹性系数 Elasticity Ratio of Energy Consumption	电力消费弹性系数 Elasticity Ratio of Electricity Consumption
1990	2732.86	230.29			3.93		
1991	3123.17	263.07	14.28	14.23	17.83	0.80	0.80
1992	3484.22	303.28	11.56	15.28	19.02	0.61	0.80
1993	4044.22	346.75	16.07	14.33	22.02	0.73	0.65
1994	4496.67	396.74	11.19	14.42	19.97	0.56	0.72
1995	4851.26	439.59	7.89	10.80	16.78	0.47	0.64
1996	5165.43	479.34	6.48	9.04	12.69	0.51	0.71
1997	5446.74	511.45	5.45	6.70	11.10	0.49	0.60
1998	5656.96	547.78	3.86	7.10	10.17	0.38	0.70
1999	5960.14	611.67	5.36	11.66	10.03	0.53	1.16
2000	6560.37	742.89	10.07	21.45	11.04	0.91	1.94
2001	7253.11	855.29	10.56	15.13	10.65	0.99	1.42
2002	8279.64	1015.84	14.15	18.77	12.64	1.12	1.49
2003	9522.56	1240.35	15.01	22.10	14.70	1.02	1.50
2004	10824.69	1419.53	13.67	14.45	14.48	0.94	1.00
2005	12031.67	1642.32	11.15	15.69	12.76	0.87	1.23
2006	13218.85	1909.23	9.87	16.25	13.88	0.71	1.17
2007	14524.13	2189.37	9.87	14.67	14.67	0.67	1.00
2008	15106.88	2322.87	4.01	6.10	10.05	0.40	0.61
2009	15566.89	2471.44	3.05	6.40	8.94	0.34	0.72
2010	16865.29	2820.93	8.34	14.14	11.94	0.70	1.18
2011	17827.27	3116.91	5.70	10.49	9.05	0.63	1.16
2012	18076.18	3210.55	1.40	3.00	7.98	0.18	0.38
2013	18640.00	3453.05	4.11	7.55	8.20	0.50	0.92
2014	18826.00	3506.39	1.00	1.54	7.60	0.13	0.20

7-19 全社会用电情况(2010-2014年)
The Total Electricit Consumption(2010-2014)

单位:万千瓦时(10000 kw. h)

指标	Item	2010	2011	2012	2013	2014
全社会用电总计	**Total**	**28209304**	**31169134**	**32105518**	**34530507**	**35063863**
全行业用电合计	**Total by Sector**	**25019898**	**27642805**	**28186507**	**30130010**	**30851838**
第一产业	Primary Industry	172955	193595	210895	240911	234350
第二产业	Secondary Industry	22064707	24271987	24487542	25981999	26525304
第三产业	Teriary Industry	2782236	3177223	3488070	3907100	4092184
全行业用电按行业分	**By Sector**					
农、林、牧、渔业	Farming, Forestry, Animal Husbandry and Fishery	172955	193595	210895	240911	234350
工业	Industry	21685595	23831545	24027285	25453614	25972814
采矿业	Mining and Quarrying	190577	208909	202208	196307	178179
制造业合计	Manufacturing	18072825	20130822	20299377	21346741	21911696
电力燃气及水的生产和供应业	Electicity, Gas and Water Production and Supply	3422192	3491814	3525700	3910567	3882938
建筑业	Construction	379112	440442	460257	528384	552490
交通运输、仓储、邮政业	Ttransport, Storage and Post	269682	317771	332122	405215	448770
信息传输计算机服务软件业	Information Transmission, Computer Services and Software	194160	232594	260184	290584	322866
商业、住宿和餐饮业	Commerce, Hotels and Catering Services	973866	1118963	1223055	1346738	1388438
金融房地产商务及居民服务业	Finace, Real Estate, Business and Service for the Residents	489829	567553	633225	725133	764908
公共事业及管理组织	Public Administration	854699	940341	1039485	1139431	1167202
城乡居民生活用电合计	**Total Electricity Consumption by Urban and Rural Residents**	**3189406**	**3526329**	**3919011**	**4400497**	**4212025**
城镇居民	Urban Residents	1688189	1865688	2083490	2332496	2241231
乡村居民	Rural Residents	1501217	1660642	1835521	2068001	1970794

7-20 规模以下工业主要指标
Basic Indicators on Total Industry Below Designated Size

指标名称		Item		2013	2014
企业(单位)数	(万家)	Number of Enterprises	(10000 units)	88.52	90.17
年末从业人数	(万人)	Number of Employed Persons at the Year-end	(10000 persons)	772.29	745.95
工业总产值	(亿元)	Gross Industrial Output Value	(100 million yuan)	21129.96	22184.18

注：(1)规模以下工业企业抽样调查范围为年主营业务收入2000万元以下企业。
Under scale industrial enterprise sampling scope for enterprises in main business income is 20 million yuan.
(2)2014年起规模以下企业单位数含停产企业。Industrial enterprises below designated size include discontinued enterprises。

7-21 规模以下工业企业主要指标
Basic Indicators on Industry Enterprise Below Designated Size

单位:亿元(100 million yuan)

指标		Item		2013	2014
企业数	(万家)	Number of Enterprises	(10000 units)	17.48	21.72
年末从业人数	(万人)	Number of Employed Persons at the Year-end	(10000 persons)	349.84	327.47
工业总产值		Gross Industrial Output Value		10481.84	10766.31
主营业务收入		Revenues in Main Business		10378.06	10659.71
税金总额		Total Taxes		422.53	443.11
所得税		Income Taxes		56.93	58.42
营业利润		Sales Profits		453.26	481.00
应付职工薪酬		Employee benefits payable		1032.35	1047.22
折旧		Depreciation		303.33	345.24

7-22 个体工业主要指标
Basic Indicators on Individual Industry

单位:亿元(100 million yuan)

指标		Item		2013	2014
单位数	(万家)	Number	(10000 units)	71.04	68.45
年末从业人数	(万人)	Number of Employed Persons at the Year-end	(10000 persons)	422.44	418.48
营业收入		Revenues in Business		10542.69	11304.82
生产支出		Cost of Produce		7358.70	7862.25
应付职工薪酬		Employee benefits payable		1228.28	1357.31

浙/江/统/计/年/鉴

主要统计指标解释

■ 工业增加值

是指工业行业在报告期内以货币表现的工业生产活动的最终成果。

■ 固定资产原价

固定资产原值指企业在建造、购置、安装、改建、扩建、技术改造某项固定资产时所支出的全部货币总额。它一般包括买价、包装费、运杂费和安装费等。

■ 固定资产净值

是指固定资产原价减去历年已提折旧额后的净额。

■ 流动资产

流动资产是指可以在一年或者超过一年的一个营业周期内变现或者耗用的资产，包括现金及各种存款、短期投资、应收及预付货款、存货等。

■ 利税总额

指企业利润总额、产品销售税金及附加和应交增值税之和。

■ 主营业务收入

指企业在销售商品（不一定是本企业生产）、提供劳务及让渡资产使用权等日常活动中所产生的收入。

■ 主营业务成本

指企业在销售商品、提供劳务及让渡资产使用权等日常活动而发生的实际成本。

■ 主营业务税金及附加

指企业日常活动应负担的税金及附加，包括营业税、消费税、城市维护建设税、资源税、土地增值税和教育费附加等。

■ 产品销售利润

指企业销售产品和提供工业性劳务等主要经营业务收入扣除其成本、费用、税金后的利润。

■ 利润总额

指企业实现的利润。

■ 应交增值税

指企业在报告期内应交纳的增值税额。

■ 资本金

指企业在工商行政管理部门登记的注册资金合计。企业资本金按投资主体可分为国家资本金、法人资本金、个人资本金和外商资本金等。资本金合计包括企业各种投资主体注册的全部资本金。

■ 总资产

指企业拥有或控制的全部资产。包括流动资产、长期投资、固定资产、无形及递延资产、其他长期资产、递延税项等，即为企业资产负债表的资产总计项。

（1）流动资产　指企业可以在一年内或者超过一年的一个生产周期内变现或耗用的资产合计。包括现金及各种存款、短期投资、应收及预付款项、存货等。

（2）固定资产　指企业固定资产净值、固定资产清理、在建工程、待处理固定资产损失所占用的资金合计。

（3）无形资产　指企业长期使用而没有实物形态的资产。包括专利权、非专利技术、商标权、著作权、土地使用权、商誉等。

■ 总负债

指企业承担并需要偿还的全部债务。包括流动负债和长期负债、递延税项等，即为企业资产负债表的负债合计项。

（1）流动负债　指企业在一年内或者超过一年的一个营业周期内需要偿还的债务合计，其中包括短期借款、应付及预收款项、应付工资、应交税金和应交利润等。

主要统计指标解释

（2）长期负债　指企业在一年以上或者超过一年的一个生产周期以上需要偿还的债务合计，其中包括长期借款、应付债务、长期应付款项等。

■ 所有者权益

指企业投资人对企业净资产的所有权。企业净资产等于企业全部资产减去全部负债后的余额，其中包括投资者对企业的最初投入，以及资本公积金、盈余公积金和未分配利润，对股份制企业即为股东权益。

■ 流动资产周转次数

指在一定时间内流动资产完成的周转次数，反映流动资产的周转速度。计算公式为：

流动资金周转次数＝产品销售收入/全部流动资产平均余额。

■ 全员劳动生产率

指根据产品的价值量指标计算的平均每一从业人员在单位时间内的产品生产量。计算公式为：

全员劳动生产率＝工业增加值÷全部从业人员数。

■ 能源生产总量

指一定时期内某地区一次能源生产量的总和。该指标是观察全国能源生产水平、规模、构成和发展速度的总量指标。一次能源生产量包括原煤、原油、天然气、水电、核能及其他动力能（如风能、地热能等）发电量，不包括低热值燃料生产值、生物能、太阳能等的利用和由一次能源加工转换而成的二次能源产量。

■ 能源消费总量

指一定时期内某地区物质生产部门、非物质生产部门和生活消费的各种能源的总和。该指标是观察能源消费水平、构成和增长速度的总量指标。能源消费总量包括原煤和原油及其制品、天然气、电力，不包括低热值燃料、生物质能和太阳能等的利用。能源消费总量分为终端能源消费量、能源加工转换损失量和能源损失量三部分。

（1）终端能源消费量：指一定时期内生产和生活消费的各种能源在扣除了用于加工转换二次能源消费量和损失量以后的数量。

（2）能源加工转换损失量：指一定时期内投入加工转换的各种能源数量之和与产出各种能源产品之和的差额。该指标是观察能源在加工转换过程中损失量变化的指标。

（3）能源损失量：指一定时期内能源在输送、分配、储存过程中发生的损失和由客观原因造成的各种损失量，不包括各种气体能源放空、放散量。

■ 能源生产弹性系数

研究能源生产增长速度与国民经济增长速度之间关系的指标。计算公式为：

$$能源生产弹性系数=\frac{能源生产总量年平均增长速度}{生产总值年平均增长速度}$$

■ 电力生产弹性系数

研究电力生产增长速度与国民经济增长速度之间关系的指标。一般来说，电力的发展应当快于国民经济的发展，也就是说电力应超前发展。计算公式为：

$$电力生产弹性系数=\frac{电力生产量年平均增长速度}{生产总值年平均增长速度}$$

■ 能源消费弹性系数

反映能源消费增长速度与国民经济增长速度之间比例关系的指标。计算公式为：

$$能源消费弹性系数=\frac{能源消费量年平均增长速度}{生产总值年平均增长速度}$$

■ 电力消费弹性系数

反映电力消费增长速度与国民经济增长速度之间比例关系的指标。计算公式为：

$$电力消费弹性系数=\frac{电力消费量年平均增长速度}{生产总值年平均增长速度}$$

ZHEJIANG STATISTICAL YEARBOOK

Explanatory Notes on Main Statistical Indicators

□ Value Added of Industry

refers to the final results of industrial production of the industrial trade in money terms during the reference period.

□ Original Value of Fixed Assets

refers to the original value of all fixed assets owned by industrial enterprises, calculated at the cost paid at the time of purchase, installation, reconstruction, expansion, and technical innovation and transformation of the said assets, which includes expenses on purchase, package, transportation, and installation, etc.

□ Net Value of Fixed Assets

is obtained by deducting depreciation over years from the original value of fixed assets.

□ Circulating Assets

refers to assets which can be cashed in or spent or consumed in an operating cycle of one year or over one year, which includes cash, various deposits, short term investment, and receivable payments, and advance payments, stock, etc.

□ Total Value of Profit and Tax (Pre - tax Profits)

refers to the sum of the total profits, products sales tax and surcharges and the value added tax payable of industrial enterprises. It is also called pre – tax profits.

□ Revenue on Main Business

refers to revenues from the sales of products, labor services provided, alienation of using asset right and etc.

□ Cost on Main Business

refers to real costs from the sales of products, labor services provided, alienation of using asset right and etc.

□ Tax and Extra Charges on Main Business

refer to the tax the business tax, consumption tax, city maintenance and construction, resources tax, land increasing value tax and extra charges for education and etc.

□ Sales Profit of Products

refers to the profit gained by the enterprises by deducting cost, charges and taxes from the business income of the enterprises obtained in selling products and providing industrial services.

□ Total Profits

refer to the profits gained by the enterprises.

□ Value Added Tax Payable

refers to the amount of the value added tax which should be paid by the enterprises in the reporting period.

□ Capital

refers to the corporation's capital registered in the departments of administration for industry and commerce. According to the different nature of investors, corporations' capital can be divided into state capital, legal person's capital, personal capital, foreign capital, etc. Total capital includes total registered capital of all investors in the corporation.

□ Total Assets

refer to all assets which are owned or controlled by enterprises, including circulating assets, long – term investment, fixed assets, intangible assets and deferred assets, other long – term assets, and deferred taxes, etc. The summation of above items is equal to total assets shown

EXPLANATORY NOTES ON MAIN STATISTICAL INDICATORS

in the balance sheets of the enterprises.

(1) Circulating assets (working capital) refer to assets which can be cashed in or spent or consumed in an operating cycle of one year or over one year, including cash, all kinds of deposits, short term investment, receivables, advance payment, stock, etc.

(2) Fixed assets refer to the net value of fixed assets, clearance of fixed assets, project under construction, fixed assets losses in suspense. These are corporations' fund holdings.

(3) Intangible assets refer to the assets without material form used by enterprises over a long time, such as patents, non - patent technologies, trade marks, copyright, land use right, business reputation, etc.

□ Total Liabilities

refer to the debts that enterprises are responsible for repayment, including liquid liabilities, long - term liabilities and deferred taxes, etc. Total liabilities correspond to the summation item of liabilities shown in the balance sheets of the enterprises.

(1) Liquid liabilities (also called quick liabilities or immediate liabilities) refer to enterprises total debt payable within an operating cycle of one year or over one year, including short term loans, payables and advance payments, wages payables, taxes payable and profit payable, etc.

(2) Long - term liabilities refers to total debt payable within an operating cycle of one year or over one year, including long - term loans, payable liabilities, long - term payables, etc.

□ Creditors' Equity

refers to investors' ownership of net assets of the enterprise. It is equal to the total assets of the enterprise minus its total liabilities, including the primary input from investors, capital accumulation fund, surplus accumulation fund and undistributed profit. It is the stock holders' equity in stock companies.

□ Turnover of Working Capital

refers to the number of times of turnover of working capital in a given period of time, which reflects the speed of the turnover of working capital and is calculated as follows:

□ Overall Labour Productivity of Industrial Enterprises

refers to the average output per employed person in industrial enterprises in value terms. At present, the value added and the average number of staff and worders of an industrial enterprises in a given period are used to calculate the overall labour productivity. The formula used is:

□ Total Energy Production

refers to the total production of primary energy by all energy producing enterprises in the region in a given period of time. It is a comprehensive indicator to show the capacity, scale, composition and development of energy production of the country. The production of primary energy includes that of coal, crude oil, natural gas, hydro - power and electricity generated by nuclear energy and other means such as wind power and geothermal power. However, it excludes the production of fuels of low calorific value, bio - energy, solar energy and the secondary energy converted from the primary energy.

□ Total Domestic Energy Consumption

refers to the total consumption of energy of various kinds by material production sectors, non material production sectors and households in the region in a given period of time. It is a comprehensive indicator to show the scale, composition and development of energy consumption. The total energy consumption includes that of coal, crude oil and their products, natural gas and electricity. However, it excludes the consumption of fuel of low calorific value, bioenergy and solar energy. Total domestic energy consumption can be divided into three parts: final energy consumption, loss during the process of energy conversion, and energy loss.

(1) Final Energy Consumption: It refers to the total energy consumption by material production sectors, non

EXPLANATORY NOTES ON MAIN STATISTICAL INDICATORS

material production sectors and households in the region in a given period of time, but excludes the consumption in conversion of the primary energy into the secondary energy and the loss in the process of energy conversion.

(2) Loss During the Process of Energy Conversion: It refers to the total input of various kinds of energy for conversion, minus the total output of various kinds of energy in the region in a given period of time. It is an indicator to show the loss that occurs during the process of energy conversion.

(3) Energy Loss: It refers to the total of the loss of energy during the course of energy transport, distribution and storage and the loss caused by any objective reason in a given period of time. The loss of various kinds of gas due to gas discharges and stocktaking is excluded.

□ Elasticity Ratio of Energy Production

is an indicator to show the relationship between the growth rate of energy production and the growth rate of the national economy. The formula is:

□ Elasticity Ratio of Electricity Production

is an indicator to show the relationship between the growth rate of electricity production and the growth rate of electricity production should be higher than that of the national economy.

Its formula is:

□ Elasticity Ratio of Energy Consumption

is an indicator to show the relationship between the growth rate of energy consumption and the growth rate of the national economy. The formula is:

□ Elasticity Ratio of Electricity Consumption

is an indicator to show the relationship between the growth rate of electricity consumption and the growth rate of the national economy. The formula is:

建筑业
Construction

8-1 建筑业企业主要指标(1990-2014年)
Key Indicators of Construction Enterprises(1990-2014)

年份 Year	建筑业企业单位数(个) Construction Enterprises (unit)	#其他经济类型 Other types of	建筑业企业平均就业人数(万人) The average number of construction enterprises employed (10000 persons)	#其他经济类型 Other types of	建筑业总产值(亿元) Gross Output Value (100 million yuan)	#其他经济类型 Other types of
1990	2550		67.37		78.98	
1991	2503		70.46		92.83	
1992	2450	24	75.25	0.68	134.00	1.80
1993	2901	20	97.28	0.50	260.54	1.62
1994	3538	50	127.89	1.11	470.79	4.58
1995	3549	115	144.21	5.17	710.23	35.79
1996	3691	666	145.32	18.24	845.68	104.46
1997	3937	969	141.22	24.21	883.33	154.07
1998	3540	1627	142.51	45.17	942.53	306.62
1999	3657	1994	150.63	66.37	1128.28	499.57
2000	3592	3238	165.90	97.14	1383.77	841.47
2001	3370	2595	185.17	140.61	1768.45	1365.60
2002	3210	2801	201.10	171.49	2282.99	1959.72
2003	3514	3131	247.22	218.94	3127.28	2802.02
2004	4053	3756	276.87	256.39	3911.30	3623.30
2005	4226	3942	322.12	302.82	4743.30	4450.60
2006	4482	4234	370.92	353.75	5701.00	5445.70
2007	4688	4465	427.52	411.58	7036.80	6778.30
2008	5259	5042	465.48	451.42	8268.60	8004.50
2009	5392	5185	530.95	517.54	9746.21	9474.70
2010	5627	5419	615.65	602.72	12210.90	11956.22
2011	5969	5771	601.42	590.19	15171.80	14859.10
2012	6286	6087	677.21	663.48	17656.00	17290.00
2013	6634	6500	739.18	728.93	20658.80	20360.10
2014	6725	6611	804.96	795.29	22668.20	22404.58

8-2 国有建筑企业主要经济指标(2008-2014年)
Major Economic Indicators of State-Owned Consruction Enterprises(2008-2014)

指标	Item	2008	2009	2010	2011	2012	2013	2014
建筑业总产值 (亿元)	Cross Output Value of Construction (100 million yuan)	155.6	156.8	125.9	166.1	181.9	125.6	92.0
增加值 (亿元)	Added Value (100 million yuan)	28.1	29.4	25.8	28.7	38.0	35.5	19.7
实现利润总额 (亿元)	Total Profits (100 million yuan)	3.2	4.1	3.7	4.5	4.2	7.4	2.6
上缴税金 (亿元)	Taxes Turned over to State (100 million yuan)	4.7	5.0	4.1	5.3	5.2	3.8	2.7
房屋建筑施工面积 (万平方米)	Floor Space of Buildings under Construction (10000 sq.m)	550.5	556.5	85.2	99.1	80.5	55.7	30.8
房屋建筑竣工面积 (万平方米)	Floor Space of Buildings Completed (10000 sq.m)	185.5	140.5	32.0	52.1	38.7	22.1	13.4
计算劳动生产率的平均人数 (万人)	Average Staff and Workers to Calculate Labor Productivity (10000 persons)	6.8	6.1	5.0	4.8	5.7	3.1	2.5
年末拥有固定资产合计 (亿元)	Net Value of Fixed Assets Owned (year-end) (100 million yuan)	25.6	28.5	15.1	17.6	17.8	17.3	8.7
年末拥有机械设备总功率 (万千瓦)	Total Power of Machinery and Equipment Owned (year-end) (10000 kw)	48.1	50.0	46.0	54.4	39.7	26.9	13.9
年末拥有机械设备净值 (亿元)	Net Value of Machinery and Equipment Owned(year-end) (100 million yuan)	8.2	9.2	8.6	9.6	7.7	7.2	2.5
全员劳动生产率	Overall Labor Productivity							
按总产值计算 (元/人)	Calculated by Gross Output Value (yuan/person)	227995	256991	252639	346975	321032	407351	374656
按增加值计算 (元/人)	Calculated by Added value (yuan/person)	41396	48239	51706	59911	67069	115013	80292
技术装备率 (元/人)	Value of Machines per Labourer (yuan/person)	13915	16140	19254	28687	16042	24182	10674
动力装备率 (千瓦/人)	Power of Machines per Labourer (kw/person)	8.2	8.8	10.3	16.3	8.3	9.0	5.9
产值利润率 (%)	Ratio of Profit to Gross Output Value (%)	2.1	2.6	2.9	2.7	2.3	5.9	2.8

注：1.8—2至8—18各表2004年以后数据为资质以上总承包、专业承包建筑业企业、不包括劳务分包企业。
The data in table 8-2 to 8-18 include enterprises of labor contracting which having qualificates since 2004.
2.2004年开始机械设备为年末施工机械设备。表8-3同。
The number of Machinery and Equipment Owned in 2004 refers to the machinery and equipment under construction(year end). The table 8-3 is the same.

8-3 私营建筑企业主要经济指标(2008-2014年) Major Economic Indicators of Private Construction Enterprises(2008-2014)

指标		Item		2008	2009	2010	2011	2012	2013	2014
建筑业总产值	(亿元)	Gross Output Value of Constrution	(100 million yuan)	3544.0	4280.6	5935.1	7835.9	9419.2	10837.5	11779.7
增加值	(亿元)	Added Value	(100 million yuan)	750.6	866.6	1200.8	1493.0	1976.1	2243.9	2416.3
实现利润总额	(亿元)	Total Profits	(100 million yuan)	101.5	135.8	186.6	229.5	263.1	303.6	312.9
上缴税金	(亿元)	Taxes Turned over to state	(100 million yuan)	114.2	136.3	187.9	266.4	274.3	318.5	341.0
房屋建筑施工面积	(万平方米)	Floor Space of Buildings under Constrution	(100 million yuan)	40813	44790	59530	76206	87610	94297	100205
房屋建筑竣工面积	(万平方米)	Floor Space of Buildings Completed	(100 million yuan)	18456	20119	24396	29478	32781	34040	35940
计算劳动生产率的平均人数	(万人)	Average Staff and Workers to Calculate Labor Productivity	(100 million yuan)	211.7	240.7	306.7	326.6	369.6	391.8	423.2
年末拥有固定资产净值	(亿元)	Net Value of Fixed Assets Owned (year-end)	(100 million yuan)	286.1	318.9	412.3	533.9	557.3	600.6	583.0
年末拥有机械设备总功率	(万千瓦)	Total Power of Machinery and Equipment Owned (year-end)	(100 million yuan)	688.5	760.9	942.6	1093.5	1171.8	1330.4	1406.1
年末拥有机械设备净值	(亿元)	Net Value of Machinery and Equipment Owned(year-end)	(100 million yuan)	159.6	175.5	219.2	257.8	278.2	293.5	289.4
全员劳动生产率		Overall Labor Productivity								
按总产值计算	(元/人)	Calculated by Gross Output Value	(100 million yuan)	167411	177810	193496	239929	254875	276628	278325
按增加值计算	(元/人)	Caculated by Added0-value	(100 million yuan)	35457	35998	39153	45715	53470	57276	57091
技术装备率	(元/人)	Value of Machines per Labourer	(100 million yuan)	7568	7328	7085	7720	7086	7093	6832
动力装备率	(元/人)	Power of Machines per Labourer	(100 million yuan)	3.3	3.2	3.0	3.3	3.0	3.1	3.3
产值利润率	(%)	Ratio of Profit to Gross Output Value	(100 million yuan)	2.9	3.2	3.1	2.9	2.8	2.8	2.7

8-4 各地区建筑业企业单位数(2008-2014年)
Number of Construction Enterprises by Region(2008-2014)

单位:个(unit)

地区	Region	2008	2009	2010	2011	2012	2013	2014
合 计	**Total**	**4728**	**4855**	**5111**	**5430**	**5726**	**6066**	**6185**
杭州市	Hangzhou	1174	1230	1331	1373	1430	1515	1476
宁波市	Ningbo	687	729	753	844	922	976	986
温州市	Wenzhou	561	551	547	593	617	639	652
嘉兴市	Jiaxing	248	247	271	291	308	325	322
湖州市	Huzhou	148	166	178	197	205	216	230
绍兴市	Shaoxing	530	534	541	572	620	661	707
金华市	Jinhua	543	547	583	625	666	687	731
衢州市	Quzhou	154	175	197	208	212	226	235
舟山市	Zhoushan	112	119	118	121	122	133	142
台州市	Taizhou	398	385	408	402	411	438	454
丽水市	Lishui	173	172	184	204	213	250	250

8-5 各地区建筑业企业年末就业人员(2008-2014年)
Employed Persons in Construction Enterprises by Region(2008-2014)

单位:万人(10000 Persons)

地区	Region	2008	2009	2010	2011	2012	2013	2014
合 计	**Total**	**428.62**	**487.76**	**566.16**	**541.84**	**640.91**	**682.34**	**723.86**
杭州市	Hangzhou	80.12	92.30	111.73	91.55	100.29	102.12	105.75
宁波市	Ningbo	51.38	64.04	74.36	86.68	95.59	107.14	112.42
温州市	Wenzhou	29.11	32.26	36.42	40.44	46.26	52.85	55.12
嘉兴市	Jiaxing	18.86	22.89	30.09	24.67	27.48	24.75	26.47
湖州市	Huzhou	10.94	12.71	14.13	11.76	16.33	17.54	18.23
绍兴市	Shaoxing	117.86	128.49	143.61	149.26	171.37	180.49	190.31
金华市	Jinhua	56.39	62.56	73.97	52.92	91.62	95.97	101.81
衢州市	Quzhou	8.51	9.89	11.98	13.17	14.49	16.44	17.11
舟山市	Zhoushan	4.76	5.30	6.50	6.63	6.41	7.36	8.17
台州市	Taizhou	45.27	51.17	55.66	57.55	63.28	68.65	78.17
丽水市	Lishui	5.42	6.15	7.72	7.20	7.80	9.04	10.31

8-6 各地区建筑业企业总产值(2008-2014年)
Gross Output Value of Construction Enterprises By Region(2008-2014)

单位:亿元(100 million yuan)

地区	Region	2008	2009	2010	2011	2012	2013	2014
合　计	**Total**	**8158.7**	**9588.9**	**12008.7**	**14907.4**	**17332.6**	**20200.0**	**22668.2**
杭州市	Hangzhou	1800.5	2110.2	2663.8	3032.5	3307.6	3755.5	3971.4
宁波市	Ningbo	921.5	1077.7	1425.1	1933.4	2509.1	3135.5	3714.1
温州市	Wenzhou	458.7	540.8	610.8	791.0	964.7	1149.1	1255.2
嘉兴市	Jiaxing	315.5	407.2	589.9	764.3	844.3	942.5	984.7
湖州市	Huzhou	215.5	283.5	354.2	433.6	464.9	526.7	590.9
绍兴市	Shaoxing	2413.3	2750.9	3263.4	4212.2	4847.7	5523.3	6178.1
金华市	Jinhua	995.3	1197.3	1566.7	1914.7	2321.3	2711.6	3044.2
衢州市	Quzhou	133.8	164.5	225.6	266.6	300.1	371.9	406.0
舟山市	Zhoushan	94.1	103.7	133.8	160.8	163.6	179.8	210.1
台州市	Taizhou	716.8	852.8	1034.4	1243.5	1448.1	1695.9	2069.8
丽水市	Lishui	93.8	100.4	141.1	155.0	161.2	208.2	243.6

8-7 各地区按登记注册类型分的建筑业企业单位数(2014年)
Number of Construction Enterprises by Registration Status and Region (2014)

单位:个(unit)

地区	Region	建筑业企业单位数 Number of Construction Enterprises	内资企业 Domestic Capital Enterprises	#国有企业 State-owned Enterprises	#集体企业 Collective owned Enterprises	#股份合作企业 Share Holdings Enterprises	#私营企业 Private Enterprises	港澳台商投资企业 Enterprises Funded by Entrepreneurs from Hong Kong Macao and Taiwan	外商投资企业 Foreign Funded Enterprises
合　计	**Total**	**6185**	**6157**	**42**	**70**	**10**	**4648**	**22**	**6**
杭州市	Hangzhou	1476	1466	13	10	1	1101	7	3
宁波市	Ningbo	986	983	5	3	2	858	2	1
温州市	Wenzhou	652	652	4	23	4	408		
嘉兴市	Jiaxing	322	322		1	1	276		
湖州市	Huzhou	230	227	8	3		108	3	
绍兴市	Shaoxing	707	700		6		521	5	2
金华市	Jinhua	731	728	4	10	1	586	3	
衢州市	Quzhou	235	235	1	1		209		
舟山市	Zhoushan	142	141	3	2		115	1	
台州市	Taizhou	454	453	3	8	1	254	1	
丽水市	Lishui	250	250	1	3		212		

8-8 各地区按登记注册类型分的建筑业企业年末就业人员(2014 年底)
Number of Employed Persons in Construction Enterprises by Registration Status and Region(End of 2014)

单位:人(Person)

地区	Region	年末就业人员 Average Number of Employed Persons	内资企业 Domestic Funded Enterprises	#国有企业 State-owned Enterprises	#集体企业 Collective Owned Enterprises	#股份合作企业 Cooperative Enterprises	#私营企业 Private Enterprises	港澳台商投资企业 Enterprises Funded by Entrepre-neurs From Hong Kong Macao and Taiwan	外商投资企业 Foreign Funded Enterprises
合　计	**Total**	**7238607**	**7201964**	**23830**	**74075**	**6677**	**4235696**	**19884**	**16759**
杭州市	Hangzhou	1057484	1053855	7259	1085	0	487644	2091	1538
宁波市	Ningbo	1124216	1123517	3382	333	4042	818738	676	23
温州市	Wenzhou	551220	551220	618	22092	264	283835		
嘉兴市	Jiaxing	264713	264713		22	353	206620		
湖州市	Huzhou	182281	182119	4822	1083		57009	162	
绍兴市	Shaoxing	1903095	1875993		4612		1152475	11904	15198
金华市	Jinhua	1018050	1013105	2931	4188	1038	528112	4945	
衢州市	Quzhou	171060	171060	403	63		153429		
舟山市	Zhoushan	81703	81681	1466	646		59249	22	
台州市	Taizhou	781733	781649	2856	39379	980	395964	84	
丽水市	Lishui	103052	103052	93	572		92621		

8-9 各地区建筑业总产值的构成(2014 年)
Total Construction Output Value by Structure and Region (2014)

单位:万元(10000 yuan)

地区	Region	建筑业总产值 Gross Output Value of Construction	建筑工程产值 Output Value of Construction	安装工程产值 Output Value of Installation	其他产值 Others
合　计	**Total**	**226681864**	**205976630**	**15673239**	**5031995**
杭州市	Hangzhou	39713876	34894095	3735431	1084350
宁波市	Ningbo	37141369	32700870	3435898	1004600
温州市	Wenzhou	12552128	11698411	824918	28799
嘉兴市	Jiaxing	9847473	9201424	418499	227550
湖州市	Huzhou	5908640	5242683	464159	201799
绍兴市	Shaoxing	61781500	56565812	3894429	1321259
金华市	Jinhua	30442218	28031377	1841263	569577
衢州市	Quzhou	4059795	3658982	241204	159609
舟山市	Zhoushan	2100896	2008064	83247	9586
台州市	Taizhou	20698072	19859851	559486	278734
丽水市	Lishui	2435899	2115062	174705	146132

8－10 各地区按登记注册类型分的建筑业总产值(2014 年)
Total Construction Output Value by Registration Status and Region (2014)

单位:万元(10000 yuan)

地区	Region	建筑业总产值 Gross Output Value of Construction	内资企业 Domestic Capital Enterprises	#国有企业 State－owned Enterprises	#集体企业 Collective owned Enterprises	#股份合作企业 Share Holdings Enterprises	#私营企业 Private Enterprises	港澳台商投资企业 Enterprises Funded by Entepre－neurs from Hong Kong Macao and Taiwan	外商投资企业 Foreign Funded Enterprises
合　计	**Total**	**226681864**	**225210395**	**920193**	**1715848**	**278717**	**117797233**	**760173**	**711296**
杭州市	Hangzhou	39713876	39505447	437312	19559	3	13332298	164488	43941
宁波市	Ningbo	37141369	37108369	101260	9371	221902	24147665	32865	134
温州市	Wenzhou	12552128	12552128	20161	576276	5856	6091479		
嘉兴市	Jiaxing	9847473	9847473		338	9420	7209807		
湖州市	Huzhou	5908640	5906142	111961	16692		1578096	2498	
绍兴市	Shaoxing	61781500	60608243		126146		33995793	506036	667221
金华市	Jinhua	30442218	30389628	118888	90717	15908	13642133	52590	
衢州市	Quzhou	4059795	4059795	6156	722		3548674		
舟山市	Zhoushan	2100896	2100295	56564	11414		1413210	601	
台州市	Taizhou	20698072	20696977	65534	844421	25628	10684508	1095	
丽水市	Lishui	2435899	2435899	2358	20193		2153569		

8－11 各地区按所含专业分的建筑业总产值(2014 年)
Total Construction Output Value by Sector And Region (2014)

单位:万元(10000 yuan)

地区	Region	建筑业总产值 Gross Output Value of Construction	房屋工程建筑 Housing	土木工程建筑 Civil Engineering	#铁路、道路、隧道和桥梁工程建筑 Railways, Tunnels, Roads and Bridges	建筑安装业 Installation	建筑装饰业和其他建筑业 Building Decoration and Others
合　计	**Zhejiang**	**226681864**	**168530236**	**42803946**	**30914428**	**6886993**	**8460690**
杭州市	Hangzhou	39713876	26464271	8793484	5914112	1781873	2674248
宁波市	Ningbo	37141369	25568940	8255402	5481125	1682581	1634445
温州市	Wenzhou	12552128	8245593	3591805	2099638	279457	435273
嘉兴市	Jiaxing	9847473	7571501	1608042	1246552	334631	333299
湖州市	Huzhou	5908640	4205230	1481224	1193989	102906	119280
绍兴市	Shaoxing	61781500	50237920	7477531	5863236	2116485	1949564
金华市	Jinhua	30442218	25622320	4094348	2758087	183693	541858
衢州市	Quzhou	4059795	2553704	1313211	1054870	34113	158768
舟山市	Zhoushan	2100896	1568628	330422	173887	98375	103472
台州市	Taizhou	20698072	15013582	5067238	4594185	228577	388676
丽水市	Lishui	2435899	1478548	791240	534747	44303	121808

8－12 各地区建筑业企业房屋建筑面积(2014 年)
Floor Space of Building Construction Enterprises by Region (2014)

单位:万平方米(10000 sq. m)

地区	Region	房屋建筑施工面积 Floor Space Under Construction				房屋建筑竣工面积 Floor Space Under Construction			
		合计 Total	#国有企业 State－owned Construction Enterprises	#集体企业 Collective owned Construction Enterprises	#私营企业 Private Enterprises	合计 Total	#国有企业 State－owned Construction Enterprises	#集体企业 Collective owned Construction Enterprises	#私营企业 Private Enterprises
合 计	**Total**	**201851.3**	**920.2**	**1715.8**	**117797.2**	**66473.0**	**13.4**	**771.0**	**35940.0**
杭州市	Hangzhou	29580.7	437.3	19.6	13332.3	9514.2		0.8	3394.1
宁波市	Ningbo	27367.2	101.3	9.4	24147.7	8251.7			5900.5
温州市	Wenzhou	11705.4	20.2	576.3	6091.5	2645.2		223.6	1417.7
嘉兴市	Jiaxing	8526.8		0.3	7209.8	3372.4		2.6	2737.6
湖州市	Huzhou	4187.9	112.0	16.7	1578.1	1806.4		2.9	504.3
绍兴市	Shaoxing	57926.1		126.1	33995.8	21068.0		65.8	11961.7
金华市	Jinhua	38115.2	118.9	90.7	13642.1	10686.6	10.2	52.0	4295.7
衢州市	Quzhou	2879.8	6.2	0.7	3548.7	1459.8			1355.5
舟山市	Zhoushan	1642.9	56.6	11.4	1413.2	404.6	3.1	0.7	239.5
台州市	Taizhou	18218.1	65.5	844.4	10684.5	6452.7		413.1	3370.6
丽水市	Lishui	1701.3	2.4	20.2	2153.6	811.4		9.5	762.8

8－13 各地区建筑业企业劳动生产率(2014 年)
Labor Productivity of Construction Enterprises by Region (2014)

单位:元/人(yuan/person)

地区	Region	按建筑业总产值计算的劳动生产率 Overall Labor Productivity Calculated by Gross Output Value of Construction	#国有企业 State－owned Enterprises	#集体企业 Collective owned Enterprise	按增加值计算的劳动生产率 Overall Labor Productivity Calculated by Added Value	国有企业 State－owned Enterprises	集体企业 Collective owned Enterprises
合 计	**Total**	**305358**	**374656**	**237846**	**60595**	**80292**	**53955**
杭州市	Hangzhou	306970	503410	209859	61308	118676	48505
宁波市	Ningbo	322385	288162	305254	62014	46799	118834
温州市	Wenzhou	244238	452043	256236	51134	120392	54390
嘉兴市	Jiaxing	351528		58276	57970		47966
湖州市	Huzhou	301698	252165	217055	54298	54048	81741
绍兴市	Shaoxing	324486		259081	62633		54415
金华市	Jinhua	309714	400161	247590	65960	63945	52688
衢州市	Quzhou	247548	155442	114587	51828	24977	24381
舟山市	Zhoushan	283426	395273	272418	64564	87992	47606
台州市	Taizhou	271615	253518	222497	56244	58846	53129
丽水市	Lishui	241887	259077	326741	56430	55758	42050

8－14 各地区建筑业企业技术装备情况(2014 年) Technology and Equipment Owned by Construction Enterprises by Region (2013)

地区	Region	自有机械设备总台数(台) Number of Machinery and Equipment Owned (unit)	自有机械设备总功率(万千瓦) Total Power of Machinery and Equipment Owned (1000kw)	自有机械设备净值(万元) Net Value of Machinery and Equipment Owned (10000 yuan)	技术装备率(元/人) Value of Machines per Labourer (yuan/person)	动力装备率(千瓦/人) Power of Machines per Labourer (Kw/person)
合　计	**Total**	**1044912**	**2209.71**	**4577582**	**6324**	**3.05**
杭州市	Hangzhou	175738	407.63	796789	7535	3.85
宁波市	Ningbo	126337	272.31	698445	6213	2.42
温州市	Wenzhou	72455	180.21	385782	6999	3.27
嘉兴市	Jiaxing	61800	109.05	189939	7175	4.12
湖州市	Huzhou	33425	62.76	131344	7206	3.44
绍兴市	Shaoxing	255220	477.47	932177	4898	2.51
金华市	Jinhua	134851	302.36	663663	6519	2.97
衢州市	Quzhou	26531	83.54	138792	8114	4.88
舟山市	Zhoushan	14712	28.05	50640	6198	3.43
台州市	Taizhou	104481	189.37	478275	6118	2.42
丽水市	Lishui	39362	96.97	111737	10843	9.41

8－15 各地区建筑业企业资产与负债(2014 年) Assets and Liabilities of Construction Enterprises by Region (2014)

单位:万元(10000 yuan)

地区	Region	资产合计 Total Assets	#流动资产 Circulating Assets	#固定资产 Fixed Assets	流动负债 Liquid Liabilities	非流动负债 Non－current Liabilities	所有者权益 Creditors´ Equity
合　计	**Total**	**109322066**	**88857764**	**10433547**	**61693155**	**2342353**	**43805219**
杭州市	Hangzhou	27843001	22168981	2826312	16894050	902065	9656533
宁波市	Ningbo	19208318	15651990	1395325	11381904	456141	7037525
温州市	Wenzhou	7111886	5749164	772137	3928566	70693	3007252
嘉兴市	Jiaxing	5023878	4346187	410717	3417352	37784	1475572
湖州市	Huzhou	3753959	3143184	370845	2475182	28295	1215625
绍兴市	Shaoxing	19007554	15214781	1928446	9547612	340835	8823956
金华市	Jinhua	14754527	12385016	1336210	7609750	257853	6780905
衢州市	Quzhou	1975721	1580967	238199	959860	12163	962429
舟山市	Zhoushan	1769867	1505409	152312	1236318	25842	506914
台州市	Taizhou	7353115	5861330	819712	3514641	204326	3595996
丽水市	Lishui	1520241	1250756	183333	727922	6357	742512

8－16 各地区建筑业企业总收入(2014 年)
Total Income of Construction Enterprises by Region (2014)

单位:万元(10000 yuan)

地区	Region	企业总收入 Total Income	工程结算收入 Revenue of Project Settlement Accounts	#工程结算成本 Costs of Project Settlement Accounts	#工程结算利润 Profits of Project Settlement Accounts	其他业务收入 Other Revenue from Business	#其他业务利润 Other Profits from Business
合 计	**Total**	**179448688**	**178571780**	**161442488**	**1060923**	**87691**	**165704**
杭州市	Hangzhou	34704862	34400279	31051768	224005	30458	61449
宁波市	Ningbo	25460220	25322165	22605266	183782	13806	37580
温州市	Wenzhou	9420508	9356609	8436102	56494	6390	9991
嘉兴市	Jiaxing	7239821	7217445	6651442	31903	2238	8164
湖州市	Huzhou	5200268	5158847	4694436	28364	4142	2943
绍兴市	Shaoxing	49158320	48935377	44661651	235091	22294	13948
金华市	Jinhua	25502850	25471369	22836652	168819	3148	9536
衢州市	Quzhou	3593791	3584818	3240969	20710	897	3203
舟山市	Zhoushan	1754913	1747829	1593317	9595	708	4689
台州市	Taizhou	15201393	15174436	13739735	84391	2696	12677
丽水市	Lishui	2211740	2202606	1931150	17769	913	1524

8－17 各地区建筑业企业利税总额(2014 年)
Profit and Taxes of Construction Enterprises by Region (2014)

地区	Region	利税总额(万元) Total Pre－tax Profits (10000 yuan)	利润总额 Total Profits	工程结算税金及附加 Taxes and Extra Charges on Project Settlement Accounts	管理费中的税金 Taxes In Management fees	产值利税率(%) Ratio of Pre－tax Profits to Output Value (%)	资产利税率(%) Ratio of Pre－tax Profits to Assets (%)
合 计	**Total**	**11980897**	**5762692**	**6062562**	**155642**	**5.29**	**11.48**
杭州市	Hangzhou	1961212	913117	1014672	33423	4.94	6.94
宁波市	Ningbo	1912121	1065936	821267	24918	5.15	13.70
温州市	Wenzhou	594114	245886	330100	18128	4.73	7.69
嘉兴市	Jiaxing	348207	106980	235058	6170	3.54	8.48
湖州市	Huzhou	306768	130710	170017	6041	5.19	8.27
绍兴市	Shaoxing	3351651	1528173	1798876	24602	5.43	17.38
金华市	Jinhua	1882103	972276	889098	20729	6.18	14.09
衢州市	Quzhou	226226	98538	123372	4316	5.57	9.50
舟山市	Zhoushan	114473	55645	55034	3795	5.45	7.52
台州市	Taizhou	1083713	531978	541001	10733	5.24	13.22
丽水市	lishui	200310	113454	84068	2787	8.22	10.93

8－18 建筑业企业财务状况(2014 年) Financial Indicators of Construction Enterprises (2014)

单位:万元(10000 yuan)

指标	Item	资产合计 Total Assets	流动资产小计 Liquid Assets	固定资产小计 Fixed Assets	流动负债小计 Total Liquid Liabilities
总计	**Total**	**109322066**	**88857764**	**10433547**	**61693155**
#特、一、二级企业	The First Enterprises	94999863	77458669	8505757	54457905
#国有及国有控股	State－owend and State－holding Enterprises	10647597	8864414	796556	7305373
按登记注册类型分组	**Group by registration type**				
内资企业	Domestic Funded Enterprises	108616409	88247065	10370277	61289656
#国有企业	State－owned Enterprises	984095	825589	87205	567733
集体企业	Cooperative Enterprises	827632	699826	90011	560319
股份合作企业	Limited Liability Corporations	81328	71613	7389	36490
私营企业	Private Enterprises	53385105	42947907	5829738	27223930
港、澳、台商投资企业	Funded by Enterpreneurs From Hong Kong Macao and Taiwan	620732	537731	56797	358800
外商投资企业	Foreign Funded Enterprises	84925	72968	6473	44699
按国民经济行业分组	**Group by national economy industry**				
房屋建筑业	Housing	67672172	56306027	5825952	39259997
土木工程建筑业	Civil Engineering	29588658	22668448	3545033	15348464
建筑安装业	Installation	5507993	4512701	563086	3497893
建筑装饰和其他建筑业	Building Decoration and Others	6553243	5370588	499477	3586801

续表 1 Continued

单位:万元(10000 yuan)

指标	Item	非流动负债 Non－Current Liabilities	负债合计 Total Liabilities	所有者权益合计 Creditors´ Equity	工程结算收入 Revenue of Project Settled Account	工程结算成本 Costs of Project Settled Accounts	工程结算税金及附加 Taxes and Extra Charges on Project Settled Accounts
总计	**Total**	**2342353**	**65516847**	**43805219**	**178571780**	**161442488**	**6062562**
#特、一、二级企业	The First Enterprises	1977733	57687668	37312195	162044977	147117175	5495572
#国有及国有控股	State－owend and State－holding Enterprises	764634	8299098	2348499	10962189	9965386	272823
按登记注册类型分组	**Group by registration type**						
内资企业	Domestic Funded Enterprises	2322114	65092559	43523851	177593793	160540739	6035281
#国有企业	State－owned Enterprises	179619	752925	231171	954888	870243	25595
集体企业	Cooperative Enterprises	7532	581749	245884	1282580	1181817	45220
股份合作企业	Limited Liability Corporations	614	41983	39345	154254	141101	4805
私营企业	Private Enterprises	557721	28411306	24973799	93830987	84445816	3307595
港、澳、台商投资企业	Funded by Enterpreneurs From Hong Kong Macao and Taiwan	20283	379633	241099	607745	556101	14739
外商投资企业	Foreign Funded Enterprises	－43	44656	40269	370241	345649	12542
按国民经济行业分组	**Group by national economy industry**						
房屋建筑业	Housing	1302432	41408981	26263191	127688918	117001742	4400767
土木工程建筑业	Civil Engineering	742714	16676030	12912628	36926506	32672609	1252432
建筑安装业	Installation	110172	3625591	1882402	6537435	5643225	168878
建筑装饰和其他建筑业	Building Decoration and Others	187037	3806245	2746999	7418921	6124912	240485

续表 2　Continued　　单位:万元(10000 yuan)

指标	Item	管理费用 Management Expenses	财务费用 Financial Expenses	营业利润 Business Profits	利润总额 Total Profits	应交所得税 Income Tax Payable	应付职工薪酬 Employee Benefits Payable
总计	**Total**	**3535002**	**1313796**	**5707869**	**5762692**	**1365223**	**32171925**
#特、一、二级企业	The First Enterprises	2804114	1209626	5005743	5056596	1176460	29395374
#国有及国有控股	State－owend and State－holding Enterprises	382871	45435	336663	344052	82380	1805731
按登记注册类型分组	**Group by registration type**						
内资企业	Domestic Funded Enterprises	3513494	1300857	5700759	5755117	1356939	31978255
#国有企业	State－owned Enterprises	35377	1511	25592	25656	7837	136598
集体企业	Cooperative Enterprises	29909	4278	24122	23940	8118	312045
股份合作企业	Limited Liability Corporations	2228	－404	6913	7657	2302	40630
私营企业	Private Enterprises	1934535	719028	3114097	3128924	797208	17112545
港、澳、台商投资企业	Funded by Enterpreneurs From Hong Kong Macao and Taiwan	16463	11839	1490	2171	6831	76794
外商投资企业	Foreign Funded Enterprises	5044	1099	5620	5405	1454	116876
按国民经济行业分组	**Group by national economy industry**						
房屋建筑业	Housing	1698908	919296	3627343	3665566	851489	24039620
土木工程建筑业	Civil Engineering	1174823	293185	1438374	1441521	357753	5955453
建筑安装业	Installation	364319	44299	301032	309470	74103	898684
建筑装饰和其他建筑业	Building Decoration and Others	296952	57016	341120	346135	81878	1278169

浙/江/统/计/年/鉴

主要统计指标解释

■ 建筑业增加值

指建筑业企业在报告期内以货币表现的建筑业生产经营活动的最终成果。目前建筑业增加值采用分配法计算，即从收入的角度出发，根据生产要素在生产过程中应得的收入份额计算。具体计算公式为：

建筑业企业增加值 = 本年提取的固定资产折旧 + 应付工资 + 应付福利费 + 管理费用中的劳动待业保险金、税金 + 工程结算税金及附加 + 营业利润 - 转作奖金的利润。

■ 房屋建筑施工面积

指在报告期内施工的全部房屋建筑面积。包括本期内新开工的、上期施工跨入本期继续施工、上期停建本期复工的房屋建筑面积；不包括上期开工后又停工，本期未施工的房屋建筑面积。

■ 房屋建筑竣工面积

指在报告期内，按照设计所规定的工程内容全部完成，达到了设计规定的交工条件，经有关部门检查验收鉴定合格的房屋建筑面积。

■ 自有施工机械设备年末总台数

指年末本企业（或单位）自有的直接用于工程施工的各种机械设备的台数。但不包括附属辅助生产机械设备、运输机械设备、生产试验机械设备的台数。

■ 自有施工机械设备年末总功率

指年末本企业（或单位）自有的直接用于工程施工的各种机械备年末总功率，按设定能力或查定能力计算。包括施工机械本身的动力和为该机械服务的单独动力设备，如电动机等。但不包括附属辅助生产机械设备、运输机械设备、生产试验机械设备的功率。计量单位用千瓦，动力换算可按 1 马力 = 0.735 千瓦折合成千瓦数。电焊机、变压器、锅炉不计算动力。

■ 工程结算收入

指企业（或单位）按工程的分部分项自行完成的建筑产品价值并已与甲方在报告期内办理结算手续的工程价款收入，以及向甲方收取的除工程价款以外的按规定列作营业收入的各种款项，如临时设施费、劳动保险费、施工机械调迁费等以及向甲方收取的各种索赔款。

■ 工程结算利润

指已结算工程实现的利润。如为亏损以“ - ”号表示。其计算公式为：

工程结算利润 = 工程结算收入 - 工程结算成本 - 工程结算税金及附加 - 经营费用

■ 企业总收入

指与企业生产经营直接有关的各项收入，包括工程结算收入和其他业务收入，即：

企业总收入 = 工程结算收入 + 其他业务收入

ZHEJIANG STATISTICAL YEARBOOK

Explanatory Notes on Main Statistical Indicators

□ Value Added of Construction

refers to the final result of the activities of production and management of construction in monetary terms in the reference period. At present, the value added of construction is calculated with the method of distribution. In other words, it is the sum of incomes of various production factors in the production process. The formula is as follows:

Value added of construction = depreciation of fixed assets in the year + wages payable + welfare expenses payable + insurance premium and tax for waiting for employment in the administrative expenses + taxes and surcharges on project settlement + profit gained from project settlement – profit used as bonus.

□ Floor Space of Buildings Under Construction

refers to floor space of buildings under construction during the reference period, including newly started buildings, buildings started earlier and continued during the reference period, and buildings suspended earlier but restarted during the reference period. Excluded are buildings started and then suspended earlier that have not been restarted during the reference time.

□ Floor Space of Buildings Completed

refers to the floor space of buildings that are completed in the reference period in accordance with the requirements of the design, up to the standard for putting them into use, and have been checked and accepted by concerned departments as qualified ones.

□ Total Number of Machinery and Equipment Owned by the Construction Enterprises(or Units)by the End of Year

refers to the number of machines and equipment which are used directly in constraction owned by the enterprises (or units) it does not include the number of ancilary machinery and equipment for construction, production and transportation.

□ Total Power of Machinery and Equipment Owned by the Construction Enterprises (or Units) by the End of Year

refer to the total power of machinery and equipment owned by the enterprises (or units), used directly in construction by the end of the year, including machinery and equipment for construction, production and transportation. The power of the machinery is calculated on basis of the designed or verified capacity, covering the power of the machinery/equipment and the separate power equipment serving the machinery/equipment (such as electric motors), but excluding welders, transformers and boilers. The unit use for the calculation of power is kilowatt, with horsepower converted to kilowatt by 1horsepower = 0.735 kilowatt.

□ Income from Settlement of Projects

refers to the income received by the construction enterprise/unit from the completed portion of the project through settlement procedures with the contractee during the reference period, and other charges to the contractee as operational costs, such as facility fee, labour insurance premium, moving cost of construction unit, as well as various types of claims to the contractee.

□ Profit from Settlement of Projects

refers to profit realized through settled projects. It is calculated with the following formula:

□ Total Revenue of Enterprises

refers to the sum of income from production and operation of enterprises, including income from settlement of projects and other operational incomes, namely:

2015

浙江统计年鉴

ZHEJIANG STATISTICAL YEARBOOK

交通运输和邮电通信业务

Transportation,Posts and Telecommunications

9－1 运输线路长度(2007－2014 年)
Length of Transportation Routes(2007－2014)

单位:公里(km)

指标	Item	2007	2008	2009	2010	2011	2012	2013	2014
铁路营业里程	**Length of Railways in Operation**	**1306**	**1306**	**1665**	**1761**	**1765**	**1765**	**2031**	**2310**
#复线里程	Double－tracking Length	714	714	1065	1164	1167	1185	1453	1744
公路通车里程	**Length of Highways**	**99812**	**103652**	**106942**	**110177**	**111776**	**113550**	**115426**	**116367**
#高速公路	Expressway	2651	3073	3298	3383	3500	3618	3787	3884
一级公路	First Class Highways	3617	3795	4099	4293	4565	4903	5310	5679
二级公路	Second Class Highways	8207	8596	8882	9101	9224	9447	9610	9819
内河通航里程	**Length of Navigable Inland Waterways**	**9667**	**9695**	**9704**	**9704**	**9750**	**9739**	**9747**	**9769**
民用航空航线(条)	**Number of Civil Aviation Routes(line)**	**188**	**166**	**206**	**217**	**239**	**264**	**334**	**389**
#国内航线	Domestic Routes	148	135	170	174	194	224	285	319

注：2006 年起公路通车里程包含村道。
The length of highways is including that of village road since 2006.

9－2 主要港口货物吞吐量(2008－2014 年)
Cargo Handled at Principal Ports(2008－2014)

单位:万吨(10000 tons)

港口名称	Port	2008	2009	2010	2011	2012	2013	2014
沿海港口合计	**Total**	**64518**	**71462**	**78846**	**86700**	**92760**	**100591**	**108177**
宁波－舟山港	Ningbo－zhoushan	52047	57684	63300	69393	74401	80978	87346
温州港	Wenzhou	4958	5999	6408	6950	6997	7379	7901
台州港	Taizhou	3898	4294	4706	5099	5358	5628	6049
嘉兴港	Jiaxing	2834	3485	4432	5258	6004	6605	6880
内河港口合计	**Total**	**31120**	**32282**	**33941**	**35673**	**39171**	**37459**	**30894**
其中:	Include							
杭州港	Hangzhou	5299	7605	8753	8929	9097	9382	10084
湖州港	Huzhou	4241	14945	14357	14668	17840	15312	8487
嘉兴港	Jiaxing	7871	8404	9486	10690	10856	11107	10110

注：2009 年起，湖州港统计范围扩大到了全市。
The data of Huzhou harbar was adjusted since 2009.

9－3 民用车辆拥有量
Number of Civil Vehicles Owned

单位:辆(unit)

指标	Item	合计 Total			#个人 Individual		
		2012	2013	2014	2012	2013	2014
总计	**Total**	**13085624**	**14230747**	**15387832**	**11712801**	**12774329**	**13887192**
汽车	**Vehicles**	**7749089**	**9033044**	**10132136**	**6446472**	**7651464**	**8710803**
载客汽车	Passenger Vehicles	6640840	7850003	8959921	5752637	6904639	7977515
#大型	Large－Sized	59958	63987	63294	1575	1796	1387
中型	Medium－Sized	70012	68415	56690	25192	25673	20092
小型	Small－Sized	6330596	7538323	8692178	5556215	6708245	7818446
微型	Minicar	180274	179278	147759	169655	168925	137590
#轿车	Cars	4808423	5675484	6479091	4290331	5132858	5915355
载货汽车	Trucks	1050189	1123643	1115620	673478	725891	713594
#重型	Heavy－Sized	128766	147373	155763	32550	35117	33131
中型	Medium－Size	92048	80793	61783	41907	36435	24411
轻型	Light－Sized	811633	880200	883194	584212	641462	643374
微型	Minicar	17742	15277	14880	14809	12877	12678
#普通载货	Ordinary	705588	744102	725774	518807	554895	541531
其它汽车	Others	58060	59398	56595	20357	20934	19694
摩托车	**Motorcycles**	**4951366**	**4859195**	**4927493**	**4921447**	**4828530**	**4895531**
普通	Ordinary	4636056	4565426	4634552	4607098	4535666	4603455
轻便	Lightweigh	315310	293769	292941	314349	292864	292076
拖拉机	**Tractors**	**341202**	**290192**	**276618**	**341202**	**290192**	**276618**
挂车	**Trailers**	**43865**	**48209**	**51480**	**3673**	**4136**	**4233**
其它类型车	**Others**	**102**	**107**	**105**	**7**	**7**	**7**
机动车驾驶员(人)	**Motor Drivers(person)**	**13186636**	**14222312**	**15830542**			
#汽车驾驶员	Automobile Drivers	11144918	12424429	14220871			

9-4 水路运输工具年末实有数
Number of Means of Waterway Transportation(Year-end)

指标		Item		合计 Total			#私人 Individuals		
				2012	2013	2014	2012	2013	2014
机动船	**(艘)**	**Motor Vessels**	**(unit)**	**18929**	**17732**	**17447**	**12695**	**11619**	**11216**
净载重量	(吨位)	Dead Weight Tonnage	(ton)	22512624	23684637	23988753	2893533	2903348	2923723
载客量	(客位)	Passenger Capacity	(seat)	76854	77531	78133	408	288	236
货船	(艘)	Cargo Ships	(unit)	17501	16384	16069	12610	11561	11171
净载重量	(吨位)	Dead Weight Tonnage	(ton)	22504885	23676660	23980744	2893532	2903348	2923723
客货船	(艘)	Passenger cargo Vessels	(unit)	14	9	9			
净载重量	(吨位)	Dead Weight Tonnage	(ton)	2					
载客量	(客位)	Passenger Capacity	(seat)	2511	1979	1979			
客船	(艘)	Passenger Ships	(unit)	1299	1238	1285	34	24	17
载客量	(客位)	Passenger Capacity	(seat)	74343	75552	76154	408	288	236
拖船	(艘)	Tugboats	(unit)	115	101	84	51	34	28
驳船	**(艘)**	**Barges**	**(unit)**	**655**	**476**	**334**	**337**	**196**	**149**
净载重量	(吨位)	Dead Weight Tonnage	(tons)	99757	90685	64321	27890	25750	20633

9-5 客运量和旅客周转量(1978-2014年)
Passenger Traffic and Turnover Volume of Passenger Traffic(1978-2014)

年份 Year	客运量合计(万人) Passenger Traffic Total (10000 persons)	铁路 Railway	公路 Highway	水运 Waterway	民用航空 Civil Aviation	旅客周转量合计(亿人公里) Turnover Volume of Passenger Traffic Total (100 million person-km)	铁路 Railway	公路 Highway	水运 Waterway
1978	20535	1889	12815	5828	3	66.68	29.75	27.60	9.33
1979	23781	2068	15543	6166	4	68.22	24.77	33.26	10.19
1980	28454	2421	19326	6702	5	96.74	43.55	41.70	11.49
1981	32458	2677	22864	6909	8	111.40	49.05	50.25	12.10
1982	35988	2735	26150	7094	9	120.66	50.73	57.28	12.65
1983	37856	2919	28468	6461	8	134.73	57.46	64.54	12.73
1984	40827	3252	30882	6683	10	157.81	66.74	76.86	14.21
1985	52776	3225	39375	10163	13	201.35	75.26	107.23	18.86
1986	57973	3126	45759	9066	22	220.38	78.43	124.91	17.04
1987	61403	3258	49589	8526	30	246.98	83.94	145.85	17.19
1988	64571	3595	52560	8382	34	269.43	93.12	158.81	17.50
1989	59477	3453	48726	7275	23	257.28	87.63	153.87	15.78
1990	60347	3018	51083	6214	32	257.29	75.94	166.87	14.48
1991	64906	3040	56495	5286	85	285.85	80.91	190.95	13.99
1992	71017	3051	62767	5087	112	322.40	87.83	220.68	13.89
1993	91553	3249	83606	4560	138	398.87	98.05	288.10	12.72
1994	100068	3559	92090	4269	150	435.15	108.35	314.95	11.85
1995	109139	3566	101370	3968	235	483.06	109.80	360.09	13.17
1996	114098	3071	107317	3446	264	500.98	98.11	391.65	11.22
1997	115141	2990	108654	3231	266	529.79	101.20	417.77	10.82
1998	118329	3169	111847	3034	279	552.35	106.57	436.34	9.44
1999	118819	3750	111771	3034	264	582.71	140.01	433.50	9.20
2000	124133	3909	116996	2938	290	606.73	148.33	449.51	8.89
2001	132881	4193	126008	2371	309	651.79	164.48	479.53	7.78
2002	135995	4511	128980	2122	382	706.85	180.95	519.20	6.70
2003	140699	4338	133968	1983	410	718.39	181.03	531.63	5.73
2004	150254	5195	142177	2311	571	795.32	216.41	571.50	7.41
2005	160669	5274	152222	2510	663	848.49	222.95	617.87	7.67
2006	174626	5588	165441	2792	805	929.15	241.05	681.39	6.71
2007	189658	5931	179501	3164	1062	1026.50	258.52	761.07	6.91
2008	217209	6448	206111	3494	1156	1118.62	289.76	821.57	7.29
2009	222130	6508	210584	3680	1358	1152.38	291.30	853.63	7.45
2010	228017	7634	215708	3155	1520	1250.74	362.67	882.04	6.03
2011	231900	8439	218415	3466	1580	1296.25	381.66	908.15	6.44
2012	234366	8725	220517	3454	1670	1317.58	390.25	921.18	6.16
2013	136790	10579	121185	3111	1915	1025.10	437.02	582.99	5.09
2014	131879	13214	112915	3581	2169	1076.76	513.14	558.06	5.56

注：1、民用航空客运量指发送量。
Passenger traffic of civil aviation refers to volume of transmitting passenger.
2、2008年始公路按新的调查方法进行统计;2013年起公路、水路按新的口径统计。
The data of highway is adjusted since 2008, The data of highway and waterway are adjusted since 2013.

9－6 货运量和货物周转量(1978－2014年)
Freight Traffic and Turnover Volume of Freight Traffic(1978－2014)

年份 Year	货运量合计(万吨) Freight Traffic Total (10000 ton)	铁路 Railway	公路 Highway	水运 Waterway	民用航空 Civil Aviation	货物周转量合计(亿吨公里) Turnover Volume of Freight Traffic Total (100 million ton－km)	铁路 Railway	公路 Highway	水运 Waterway
1978	8460	1415	2690	4355		164.19	112.77	6.69	44.73
1979	9202	1461	2998	4743		181.29	121.50	7.62	52.17
1980	9577	1523	3012	5042		190.76	126.23	8.25	56.28
1981	9608	1495	3042	5071		192.29	121.27	9.25	61.77
1982	10746	1609	3616	5521		201.83	120.49	11.49	69.85
1983	10877	1681	3728	5468		212.49	123.02	13.58	75.89
1984	11781	1736	3988	6057		232.67	127.59	16.67	88.41
1985	22385	1781	9397	11207		293.54	132.54	33.45	127.55
1986	31775	1893	17680	12202		341.20	135.18	68.14	137.88
1987	32346	1924	19426	10996		369.21	138.07	82.52	148.62
1988	37502	1877	24128	11497		403.96	136.50	96.25	171.21
1989	36358	1911	24354	10093		408.99	146.51	92.75	169.73
1990	33474	1691	22879	8904		400.65	144.43	100.75	155.47
1991	35198	1773	24162	9263		456.00	144.95	136.25	183.80
1992	41115	1915	28957	10243		546.81	167.52	158.83	220.46
1993	49867	1989	36439	11439		617.69	179.58	160.48	277.63
1994	54765	1841	40593	12331		685.41	181.55	171.63	332.23
1995	62287	1914	45052	15321		874.29	186.75	245.16	442.38
1996	63875	1928	47400	14547		900.80	178.92	266.22	455.66
1997	60956	1721	45224	14011		914.54	172.22	262.32	480.00
1998	60369	1726	45338	13305		897.88	173.28	257.11	467.49
1999	64004	1710	45754	16540		1004.10	171.80	256.90	575.40
2000	74884	1955	55008	17921		1199.74	187.16	280.02	732.56
2001	77832	2181	55706	19945		1371.60	206.48	282.53	882.59
2002	90507	2411	63532	24564		1616.61	230.41	293.60	1092.60
2003	103173	2658	70907	29598	10	2047.48	252.92	313.70	1480.86
2004	117312	2887	78540	35871	14	2701.48	288.22	353.62	2059.64
2005	126192	2960	81448	41768	16	3416.90	282.85	372.66	2761.39
2006	140110	3231	89342	47522	15	4363.71	300.74	431.07	3631.9
2007	153334	3447	98742	51129	16	4962.38	336.06	493.64	4132.68
2008	146654	3398	91625	51614	17	5476.25	339.74	1114.50	4022.01
2009	151258	3435	95802	52002	19	5659.78	323.30	1188.70	4147.78
2010	170563	3888	103394	63258	23	7117.04	342.08	1298.71	5476.24
2011	185717	4166	108654	72872	25	8634.82	312.24	1434.82	6887.75
2012	191084	3847	113393	73817	27	9183.30	291.26	1525.59	7366.45
2013	187915	4037	107186	76662	30	8949.57	270.44	1322.13	7357.00
2014	193488	3548	117070	72837	33	9539.61	223.02	1419.43	7897.16

注：2008年始公路按新的调查方法进行统计;2013年起公路、水路按新的口径统计。
The data of highway and waterway are adjusted since 2013.

9-7 邮电业务基本情况(1978-2014年)
Post and Telecommunications Services(1978-2014)

年份 Year	邮电业务总量(万元) Business Volume of Post and Telecommuni-cations (10000 yuan)	函件(万件) Number of Letters (10000 cases)	订销报刊累计份数(万份) Total Number of Newspaper and Magazine Subscribed (10000 copies)	快递业务量(万件) Express Business (10000 pieces)	城市电话年末户数(户) Number of Urban Telephone Subscribers at Year end (Subscriber)	农村电话年末户数(户) Number of Rural Telephone Subscribers at Year end (Subscriber)
1978	6851	11663	52264		42043	32919
1979	7832	14236	52264		46141	34120
1980	8991	16466	58538		51230	36838
1981	9970	18039	64945		57610	38749
1982	10834	19123	67993		65931	41513
1983	12477	23155	7373		75314	44677
1984	14879	28517	89384		89805	50487
1985	18837	33742	101657		104430	58012
1986	20564	34729	103759		121240	62935
1987	24878	39847	116953		145987	72806
1988	31300	42035	116694		188547	88729
1989	37020	36577	64557		234081	106895
1990	45396	34879	67183		280232	125783
1991	114607	32219	68849		355000	156500
1992	165815	33649	80349		486400	222100
1993	275148	39190	77457		782464	346685
1994	429179	38617	81515		1188163	585589
1995	630167	38678	85226		1666979	936297
1996	865336	37785	90955		1997814	1219930
1997	1129657	34186	98207		2392544	1631650
1998	1577157	33133	102761		2809491	2213890
1999	2190000	29439	107683		3409993	3249300
2000	3240800	30643	106807		4197800	4645000
2001	2799000	34839	116156		5477000	5739000
2002	3634295	37862	114707		7153572	6664178
2003	5047179	74901	116953		9373773	7191544
2004	6771657	73462	110417		11881841	7865948
2005	8303851	69844	112417	5835	14215278	8101240
2006	9720807	73349	117573	7274	15665856	8241649
2007	13270593	74475	124782	8441	16014157	8044271
2008	15454226	75528	131296	9860	14823869	8152032
2009	16663726	83625	137328	14765	13137656	8048195
2010	19719626	84869	147074	24898	12130911	7854547
2011	8979698	84741	154043	49661	11682165	7796637
2012	10240156	77656	164608	81987	11274422	7550455
2013	11786022	65746	183014	141953	10518851	7294643
2014	16844582	59209	175418	245745	11285351	5133713

注：1. 邮电业务总量1978—2000年按1990年不变价计算,2001-2010年按2000年不变价计算,2011年起按2010年不变价计算。
Business volume of post and telecommunications from 1978 to 2000 were calculated at constant price of 1990, at constant price of 2000 from 2001 to 2010, at constant price of 2010 since 2011.
2. 按最新统计口径,自2003年函件包括邮送广告。
The letters include advertisements sent by post according to new statistical scope since 2003.

9－8 邮电企业主要指标(2010－2014 年)
Principal Indicators of Post and Telecommunications Enterprises(2010－2014)

指标		Item		2010	2011	2012	2013	2014
邮电线路长度		**Length of Postal Routes**						
邮路总长度	(公里)	Length of Postal Routes	(km)	234673	260054	1957791	1956181	2570572
农村投递路线总长度	(公里)	Rural Delivery Routes	(km)	179456	184497	170167	179220	182704
长途电话电路总数	(2M)	Long－distance Telephone Service Circuits	(2M)				5353171	6686810
邮运通信工具		**Telecommunications Facilities**						
火车邮厢	(辆)	Postal Railway Carriage	(unit)	7	6	6	7	6
邮政汽车	(辆)	Postal Cars	(unit)	3550	4363	17431	20027	24952
公用电话	(万部)	Public Telephone	(10000 units)	220	217	212	207	189
固定长途电话交换机容量	(路端)	Long－distance Switchboard	(terminal circuit)	936300	847600	851520	851520	851520
本地电话交换机容量	(万门)	Urban Switchboard	(10000 lines)	3062	2986	2791	2613	1769
移动电话交换机	(万户)	Mobile Switchboard	(10000 users)	8666	9605	9685	10807	11141
移动电话	(万户)	Mobile Telephone	(10000 users)	5047	5756	6443	7072	7371
互联网用户	(万户)	Users of International Computer Network	(10000 users)	3970	4944	5887	5998	6371
#固定互联网宽带接入用户	(万户)	Fixed Broadband Internet Access	(10000 users)	868	1020	1153	1243	1276
长途光缆线路长度	(公里)	Length of Long Distance Optical Fibre Cable	(km)	23269	23792	25001	25801	25744

注：2012 年起邮路总长度和邮政汽车含规模以上快递企业数据。
The Data of Length of Postal Routes and Postal Cars include Courier Companies Above Dsignated Size since 2012。

9－9 邮电通信水平(2010－2014 年)
Level of Post and Telecommunications Services(2010－2014)

指标		Item		2010	2011	2012	2013	2014
每百人平均函件量	(件/百人)	Average Number of Letters Mailed per 100 Persons	(Piece/hundred People)	1590	1554	1420	1198	1076
每百人平均累计订阅报刊量	(份/百人)	Average Number of Newspaper Subscribed per 100 Persons	(piece/hundred People)	2702	2824	3009	3335	3185
每百人平均包件	(件/百人)	Average Number of Parcels per 100 Persons	(Piece/hundred People)	8.1	8.7	9.0	9.3	7.8
每百人平均快递业务量	(件/百人)	Average amount per one hundred courier business	(Piece/hundred People)	464	910	1499	2587	4466
固定电话普及率	(线/百人)	Popularization Rate of Fixed Telephone	(pars/hundred person)	36.9	35.6	34.2	32.4	30.0
移动电话普及率	(部/百人)	Popularization Rate of Mobile Telephone	(pars/hundred person)	93.3	105.2	117.2	128.7	134.6
人均邮政、电信费用支出(按合计总量算)	(元/人)	Per Capital Expenditure of Telecommunications	(yuan/person)	1301	1463	1637	1836	1987
已通电话的乡镇	(个)	Number of Townships with Telephone Communication	(Number)	1512	1346	1341	1324	1321
已通邮的行政村比重	(个)	Number of Villages with Posal Communication	(Percentage)	99.99	99.99	100	100	100
设有局所的乡(镇)比重	(%)	Percentage of Townships with Postal Offices	(Percentage)	70.9	80.4	82.1	89.8	96.4

浙/江/统/计/年/鉴

主要统计指标解释

■ 铁路营业里程

又称营业长度，指办理客货运输业务的铁路正线总长度。凡是全线或部分建成双线及以上的线路，以第一线的实际长度计算；复线、站线、段管线、岔线和特殊用途线以及不计算运费的联络线都不计算营业里程。铁路营业里程是反映铁路运输业基础设施发展水平的重要指标，也是计算客货周转量、运输密度和机车车辆运用效率等指标的基础资料。

■ 公路里程

指在一定时期内实际达到《公路工程技术标准JTJ01-88》规定的等级公路，并经公路主管部门正式验收交付使用的公路里程数。其计算单位为：km。它包括大中城市的郊区公路以及通过小城镇街道部分的公路里程，也包括桥梁、渡口的长度，但不包括大中城市的街道、厂矿、林区生产用道和农业生产用道的里程。两条或多条公路共同经由同一路段，只计算一次，不得重复计算里程长度。公路里程是反映公路建设发展规模的重要指标，也是计算运输网密度等指标的基础资料。

■ 内河航道里程

也称“内河通航里程”，是反映内河水运网规模、水平和发展情况的主要指标；是指在一定时期内，能通航运输船舶及排筏的天然河流、湖泊水库、运河及通航渠道的长度。包括全年季节性通航累计三个月以上的航道，但不包括仅供零散流放竹、木排的河道。

■ 货(客)运量

指在一定时期内，各种运输工具实际运送的货物(旅客)数量。是反映运输业为国民经济和人民生活服务的数量指标，也是制定和检查运输生产计划，研究运输发展规模和速度的重要指标。货运按吨计算，客运按人计算。货物不论运输距离长短，货物类别，均按实际重量统计；旅客不论行程远近或票价多少，均按一人一次作为客运量统计。半价票、小孩票也按一人统计。

■ 货物(旅客)周转量

指在一定时期内，由各种运输工具运送的货物(旅客)数量与其相应运输距离的乘积之总和，是反映运输业生产总成果的重要指标，也是编制和检查运输生产计划，计算运输效率、劳动生产率以及核算运输单位成本的主要基础资料。通常以吨公里和人公里为计算单位。计算货物周转量通常按发出站与到达站之间的最短距离，也就是计费距离计算。

■ 沿海主要港口货物吞吐量

指由水运进出沿海主要港区范围，并经过装卸的货物数量，包括邮件及办理托运手续的行李、包裹以及补给运输船舶的燃、物料和淡水。其计量单位为吨。货物吞吐量的货种分类及其主要流向流量，反映了港口在国内外物资交流和对外贸易运输中的地位和作用。吞吐量可以分为进口、出口，又可以分为国内贸易和对外贸易。

■ 邮电业务总量

指以货币表现的邮电部门用于传递信息和提供其他邮电服务的总数量。它综合反映了一定时期邮电工作的总成果，是研究邮电业务量构成和发展趋势的重要指标。它用各种邮电分类业务量，如函件件数、长途电话业务量、市内电话和农村电话的年均户数、订销报刊累计份数等，分别乘以相应的平均单价(不变价)，加总后再加上出租电路和设备的收入、代用户维护电话交换机和线路等设备的收入、其他业务收入求得。

ZHEJIANG STATISTICAL YEARBOOK

Explanatory Notes on Main Statistical Indicators

□ Length of Railways in Operation

refers to the total length of the trunk line under passenger and freight transportation. The calculation is based on the actual length of the first line even if this line has a full or partial double track or more tracks, excluding double tracks, stationsidings, tracks under the charge of stations; branch lines, specialpurpose lines and the non-payable connecting lines. The length of railways in operation is an important indicator to show the development of the intra – structure for the railway transport, and also the essential data to calculate volume of passenger freight transport, traffic density and utilization efficiency of the locomotives and carriages.

□ Length of Highways

refers to the length of highways which are built in conformity with the grades specified by the highway engineering standard formulated by the Ministry of Communications, and have been formally checked and accepted by the departments of highways and put into use. The length of highways includes that of the suburb highways at large and medium – sized cities, highways passing through streets at small cities and towns, and also the length of bridges and ferries. It does not include the length of streets in big and medium – sized cities and highways built for the production purpose at factories, mines, forest areas and agricultural areas. If two or more highways go the same section of the way, the length of the section is only calculated for once and no duplication is allowed. The length of highways is an important indicator to show the development of the highway construction and to provide essential information to calculate the transport network density.

□ Length of Navigable Inland Waterways

refers to the length of the natural rivers, lakes, reservoirs, canals, and ditches open to navigation during a given period, which enables the transport by ships and rafts. It includes the channels open to navigation for over 3 months accumulatively in a year, yet this does not include the river courses which are only used to float odd logs and bamboo rafts.

□ Length of Civil Aviation Routes

refers to the length of all routes for regular civil aviation flights. There are usually two ways to calculate the distance between airports connected by the route length: One is to put the length of all air routes together, called duplicated calculation of the length of the routes; the other is not to allow the duplication in calculation when two or more routes passing the same section. The latter is usually used, as it can precisely show the size of the civil aviation network and indicate the extent of civil aviation serving the national economy and the people.

□ Freight (Passenger) Traffic

refers to the volume of freight (passenger) transported with various means. Freight transport is calculated in tons and passenger traffic is calculated in the number of persons. Despite the type of freight and travelling distance, the freight transport is calculated by the principle that one person can be counted only once in one travel. The passenger who travel with a half – price ticket or a child ticket is also calculated as one person. The freight (passenger) traffic provides a quantitative measure to show how the transport industry serves the national economy and people, and is also an important indicator for planning the transport industry and for studying the development scale and speed of the transport industry.

□ Freight Ton-kilometers (Passenger – kilometers)

refer to the sum of the products of the volume of

EXPLANATORY NOTES ON MAIN STATISTICAL INDICATORS

transported cargo(passengers) multiplying by the transport distance, usually using ton – kilometre and passenger – kilometre as units for measurement. Normally, the shortest distance between the departure station and the destination station (i. e., the payable distance) is the basis to calculate the freight ton – kilometres. This is an important indicator to show the total results of the transport industry, to prepare and examine the transport plan and to measure the efficiency, the labour productivity and the unit cost of transport.

□ Volume of Freight Handled in Major Coastal Ports

refers to the volume of cargo passing in and out the harbor area of the major coastal ports and having been loaded and unloaded. The volume includes that of the postal matters, registered luggages and fuels, materials and fresh water as supplies of the ships. The volume of freight handled may be classfied as import, export, or as domestic trade and foreign trade. The volume of freight handled by type of cargo and by main flow direction reflects the position and function of the ports in the inflow of Chinese and foreign commodities and in the transportation for foreign trade.

□ Business Volume of Post and Telecommunications

refers to the total amount of the imformation delivered and other post and telecommunications services provided by the post and telecommunications departments for the customers. It is derived by first multiplying the business volume of different types, such as number of letters, telegrams, long distance calls, city and rural telephone subscribers and accumulated number of newspapers and journals subscribed and sold, etc. by their respective average unit price (fixed price) and then adding these products together: plus the income from maintenance of telephone exchanges and lines, and the income from other business operations. The business volume of post and telecommunications indicates the total achievements made by the post and telecommunications department during a given period of time in a comprehensive way, and is an important indicator to study the composition and development of the post and telecommunications business.

2015 浙江统计年鉴

ZHEJIANG STATISTICAL YEARBOOK

CHAPTER 10

批发、零售贸易和餐饮业

Wholesale and Retail Trade and Catering Trade

10－1 社会消费品零售总额(1978－2014年)
Total Retail Sales of Consumer Goods by Region(1978－2014)

单位:亿元(100 million yuan)

年份 Year	社会消费品零售总额 Total Retail Sales of Consumer Goods	按地区分 By Rergion			按行业分 By Secter		
		市 City	县 County	县以下 County Level	批发和零售业 Wholesale and Retail Trade	餐饮业 Catering Services	其他 Others
1978	46.86	9.75	14.46	22.65	43.57	1.84	1.45
1979	58.97	11.56	17.68	29.73	55.06	2.28	1.63
1980	74.87	14.99	21.68	38.20	69.62	2.86	2.39
1981	85.99	23.76	17.59	44.64	79.98	3.21	2.80
1982	93.77	25.01	19.57	49.19	86.78	3.45	3.54
1983	104.24	28.06	23.10	53.08	96.93	3.87	3.44
1984	125.82	35.66	27.96	62.20	116.37	4.98	4.47
1985	172.27	55.99	40.74	75.54	157.44	6.56	8.27
1986	203.49	67.15	44.71	91.63	185.26	7.90	10.33
1987	242.58	87.80	45.29	109.49	220.40	9.73	12.45
1988	325.88	132.28	51.23	142.37	298.19	12.55	15.14
1989	346.01	141.80	51.91	152.30	316.71	14.06	15.24
1990	353.75	153.27	48.55	151.93	321.45	15.90	16.40
1991	404.00	184.56	55.79	163.65	366.65	19.07	18.28
1992	493.87	230.23	73.72	189.92	442.64	25.04	26.19
1993	772.11	371.59	112.72	287.80	722.81	40.09	9.21
1994	1133.18	615.40	115.15	402.63	1013.18	55.24	64.76
1995	1472.66	791.45	142.73	538.48	1360.01	85.92	26.73
1996	1776.67	950.80	181.68	644.19	1610.94	115.02	50.71
1997	1951.96	1054.90	193.40	703.66	1759.87	129.88	62.21
1998	2120.78	1150.81	203.92	766.05	1896.93	149.33	74.52
1999	2305.86	1257.49	223.54	824.83	2041.43	188.31	76.12
2000	2553.59	1394.29	250.36	908.94	2235.01	237.67	80.91
2001	2839.59	1594.35	275.10	970.14	2478.04	277.97	83.57
2002	3166.15	1816.22	315.53	1034.40	2736.10	340.34	89.72
2003	3511.26	2224.23	366.42	920.61	2998.92	399.14	113.20
2004	4055.50	2573.23	452.89	1029.38	3525.14	452.78	77.58
2005	4645.85	3056.03	462.00	1127.83	4033.32	534.85	77.69
2006	5357.97	3540.56	522.60	1294.80	4687.61	613.63	56.73
2007	6271.32	4155.19	610.31	1505.83	5488.43	724.04	58.85
2008	7533.30	5021.44	735.99	1775.86	6678.37	804.09	50.85
2009	8666.19	5800.07	843.39	2022.72	7708.05	905.75	52.39
2010	10387.02	9138.46		1248.55	9231.22	1072.46	83.34
2011	12532.80	10547.42		1985.38			
2012	14199.59	11965.63		2233.97			
2013	15970.84	13399.10		2571.73			
2014	17835.34	14933.13		2902.20			

注：2010年起社会消费品零售总额由于口径变化,分为“城镇”和“乡村”两部分,分别列入原口径中的“市”和“县以下”中。
The data of total retail sales of consumer goods are adjusted since 2010.

10－2 按登记注册类型分限额以上批发零售贸易业基本情况
Basic Information of Enterprises Above Designated Size in Wholesale and Retail Trades by Types of Registration

指标	Item	法人企业(个) Number of Corporation (unit)		从业人员(人) Persons Employed (person)	
		2013	2014	2013	2014
总计	**Total**	**14603**	**15852**	**691577**	**739077**
批发业合计	**Wholesale Trade**	**10387**	**11157**	**352019**	**377490**
#国有及国有控股企业	State－owend and State Holding Enterprises	403	440	64136	63486
内资企业	Domestic Funded Enterprises	10225	10944	341115	364864
国有企业	State－owned Enterprises	62	55	9837	10137
集体企业	Collective Owned Enterprises	28	24	837	1057
股份合作企业	Cooperative Enterprises	24	23	426	418
联营企业	Joint Ownership Enterprises				
国有联营企业	State Joint Ownership Enterprises				
集体联营企业	Collective Joint Ownership Enterprises				
其他联营企业	Other Joint Ownership Enterprises				
有限责任公司	Limited Liability Corporations	2064	2187	97212	104651
国有独资公司	State Sole Funded Corporations	111	112	8231	7551
其他有限责任公司	Other Limited Liability Corporations	1953	2075	88981	97100
股份有限公司	Share－holding Corporations Ltd.	158	153	56379	55549
私营企业	Private Enterprises	7848	8451	175498	192006
私营独资企业	Private Funded Enterprises	41	48	674	812
私营合伙企业	Private Partnership Corporations	53	55	606	622
私营有限责任公司	Private Limited Liability Corporations	7642	8247	169947	186532
私营股份有限公司	Private Share－holding Corporations Ltd.	112	101	4271	4040
港、澳、台商投资企业	Enterprises With Funds From Hong Kong, Macao and Taiwan	78	99	6368	6999
合资经营企业	Joint－venture Enterprises	20	25	1894	1667
独资经营企业	Enterprises with Sole Investment	56	71	4246	5198
外商投资企业	Foreign Funded Enterprises	84	114	4536	5627
中外合资经营企业	Joint－venture Enterprises	29	39	1780	2140
中外合作经营企业	Cooperation Enterprises				
外资企业	Enterprises With Sole Foreign Investment	49	71	2093	3240
外商投资股份有限公司	Foreign Invesment Share－holding Corporations Ltd.	3	1	494	89

续表 Continued

指标	Item	法人企业(个) Number of Corporation (unit)		从业人员(人) Persons Employed (person)	
		2013	2014	2013	2014
零售业合计	**Retail Sale Trade**	**4216**	**4695**	**339558**	**361587**
#国有及国有控股企业	State - owend and State Holding Enterprises	358	390	38303	40664
内资企业	Domestic Funded Enterprises	4068	4530	298565	318504
国有企业	State - owned Enterprises	26	30	1616	1890
集体企业	Collective Owned Enterprises	47	44	2388	2170
股份合作企业	Cooperative Enterprises	24	29	580	544
联营企业	Joint Ownership Enterprises	11	9	196	156
国有联营企业	State Joint Ownership Enterprises	2	1	37	26
国有与集体联营企业	Joint State - collective Enterprises	7	6	132	102
其他联营企业	Other Joint Ownership Enterprises	2	2	27	28
有限责任公司	Limited Liability Corporations	1220	1359	123927	138419
国有独资公司	State Sole Funded Corporations	97	97	5875	7867
其他有限责任公司	Other Limited Liability Corporations	1123	1262	118052	130552
股份有限公司	Share - holding Corporations Ltd.	86	91	30166	23526
私营企业	Private Enterprises	2625	2931	139091	151113
私营独资企业	Private Funded Enterprises	109	133	2007	2173
私营合伙企业	Private Partnership Corporations	30	33	2666	2600
私营有限责任公司	Private Limited Liability Corporations	2436	2721	131498	144245
私营股份有限公司	Private Share - holding Corporations Ltd.	50	44	2920	2095
港、澳、台商投资企业	Enterprises With Funds From Hong Kong, Macao and Taiwan	78	89	18419	19854
合资经营企业	Joint - venture Enterprises From Hong Kong, Macao and Taiwan	29	28	6124	5814
合作经营企业	Cooperation Enterprises From Hong Kong, Macao and Taiwan	1	1	366	543
港、澳、台商独资经营企业	Enterprises with Sole Hong Kong,Macao and Taiwan	45	57	11529	13327
港、澳、台商投资股份有限公司	Share - holding Corporations Ltd. with Funds From Hong Kong,Macao and Taiwan	2	2	98	90
外商投资企业	Foreign Funded Enterprises	70	76	22574	23229
中外合资经营企业	Joint - venture Enterprises	19	20	12553	12314
中外合作经营企业	Cooperation Enterprises	1	1	50	53
外资企业	Enterprises With Sole Foreign Investment	49	52	9753	10444

10－3 分行业限额以上批发零售贸易基本情况
Basic Information of Enterprises Above Designated Size in Wholesale and Retail Trade by Sector

指标	Item	法人企业（个）Number of Corporation（unit）		从业人员（人）Persons Employed（person）	
		2013	2014	2013	2014
总计	**Total**	**14603**	**15852**	**691577**	**739077**
批发业	**Wholesale**	**10387**	**11157**	**352019**	**377490**
农、林、牧产品批发	Agriculture, forest, animal husbandry products wholesale	177	209	4578	4731
食品、饮料及烟草制品批发	Food, Beverages, Tobacoo and Its Production	579	625	55007	59161
#米、面制品及食用油批发	Rice, Flour and Its Production, Edible Oil	94	111	6450	6630
烟草制品批发	Tobacoo and Its Production	16	14	6460	7415
纺织、服装及家庭用品批发	Textile, Garments and Articles for Daily Use	2707	3105	97770	111239
#服装批发	Garments	600	654	31717	33523
文化、体育用品及器材批发	Culture, Sports Articles and Equipment	340	383	10879	11959
医药及医疗器材批发	Medicines and Medical Appliances	276	299	24655	25651
矿产品、建材及化工产品批发	Mineral Production, Building Materials and Chemical Production	4456	4599	106723	108521
#煤炭及制品批发	Coal and Related Production	502	477	6554	6433
石油及制品批发	Petroleurn and Related Production	463	487	41497	40559
金属及金属矿批发	Metal Materials and Mineral	1875	1843	25197	25389
建材批发	Building Materials	359	406	11279	11939
化肥批发	Fertilizer	70	71	1920	1823
机械设备、五金交电及电子产品批发	Machinery Equipment, Hardware and Electric Production	1341	1468	44371	48432
#汽车批发	Motor Vehicles	96	116	4142	4892
五金产品批发	Hardware products Wholesale	335	368	9828	10191
计算机、软件及辅助设备批发	Computers, Software and Auxiliary Equipment	66	70	1940	1953
贸易经纪与代理	Manage and Agencies in Trade	134	98	1610	1311
其他批发	Others	377	371	6426	6485

续表　Continued

指标	Item	法人企业（个）Number of Corporation (unit)		从业人员（人）Persons Employed (person)	
		2013	2014	2013	2014
零售业	**Retail Sale**	**4216**	**4695**	**339558**	**361587**
综合零售	Synthesizs	464	492	119493	121865
#百货零售	Consumer Goods	175	196	33750	33623
超级市场零售	Supermarkets	235	241	74288	77183
食品、饮料及烟草制品专门零售	Food, Beverages, Tobacoos and Its Production	183	222	11200	12130
纺织、服装及日用品专门零售	Textile Garments and Articles for Daily Use	199	241	26240	27103
#服装零售	Garments Articles	115	139	20731	21283
文化、体育用品及器材专门零售	Culture, Sports Articles and Equipment	221	233	13314	12670
#体育用品及器材零售	Sports Articles	8	6	1161	376
#图书报刊零售	Books, newspaper	89	89	5755	5607
医药及医疗器材专门零售	Medicines and Medical Appliances	219	262	20514	23571
#药品零售	Medicines	203	227	20214	23007
汽车、摩托车、燃料及零配件专门零售	Motor Vehicles Motorcycles Fuel	2058	2230	114385	122625
汽车零售	Motor Vehicles	1551	1659	94806	102738
机动车燃料零售	Fuel for Motor Vehicles Use	459	525	18364	18543
家用电器及电子产品专门零售	Household Appliance Electric Production	554	572	23886	23948
#日用家电设备零售	Household Appliance	212	218	9967	9923
计算机、软件及辅助设备零售	Computer, Software and Auxiliary Equipment	155	150	4174	3786
通信设备零售	Communication Equipment	58	74	3517	4338
五金、家具及室内装修材料专门零售	Hardware Furniture Decoration Indoors	123	146	3357	5700
货摊、无店铺及其他零售	Non - shop and Other Retail Sale	195	297	7169	11975
#邮购及电视电话零售	Mail, telephone and TV retail	6	6	857	870

10－4 按登记注册类型分限额以上批发零售贸易业商品销售总额
Total Sales of Enterprises Above Designated Size in Wholesale and Retail Trade by Types of Registration

单位:亿元(100 million yuan)

指标	Item	合计 Total		批发 Wholesale		零售 Retail Sale	
		2013	2014	2013	2014	2013	2014
总计	**Total**	**38399.93**	**43668.16**	**30798.75**	**35571.91**	**7601.19**	**8096.25**
批发业合计	**Wholesale Trade**	**32035.68**	**36722.92**	**30161.11**	**34847.31**	**1874.57**	**1875.61**
#国有及国有控股企业	State－owend and State Holding Enterprises	8209.69	9935.21	6826.02	8685.79	1383.67	1249.42
内资企业	Domestic Funded Enterprises	30910.64	35005.17	29044.61	33142.82	1866.03	1862.35
国有企业	State－owned Enterprises	1253.03	1134.48	1212.08	1129.37	40.95	5.11
集体企业	Collective Owned Enterprises	32.43	54.72	31.94	54.00	0.50	0.72
股份合作企业	Cooperative Enterprises	17.17	15.44	17.07	15.34	0.10	0.10
联营企业	Joint Ownership Enterprises						
国有联营企业	State Joint Ownership Enterprises						
集体联营企业	Collective Joint Ownership Enterprises						
其他联营企业	Other Joint Ownership Enterprises						
有限责任公司	Limited Liability Corporations	11576.30	14154.32	11221.16	13708.15	355.14	446.18
国有独资公司	State Sole Funded Corporations	709.66	933.73	690.33	913.73	19.33	19.99
其他有限责任公司	Other Limited Liability Corporations	10866.64	13220.60	10530.83	12794.41	335.81	426.19
股份有限公司	Share－holding Corporations Ltd.	4250.06	4341.72	2993.70	3207.76	1256.37	1133.95
私营企业	Private Enterprises	13766.14	15273.18	13553.63	14998.08	212.51	275.10
私营独资企业	Private Funded Enterprises	31.40	31.84	30.04	29.21	1.36	2.63
私营合伙企业	Private Partnership Corporations	25.25	25.38	25.20	25.27	0.06	0.11
私营有限责任公司	Private Limited Liability Corporations	13378.91	14884.66	13185.47	14624.13	193.45	260.53
私营股份有限公司	Private Share－holding Corporations Ltd.	330.58	331.30	312.92	319.47	17.65	11.83
港澳台商投资企业	Enterprises With Funds From Hong Kong Macao and Taiwan	393.70	577.92	388.43	570.42	5.27	7.50
合资经营企业	Joint－venture Enterprises	133.60	157.43	132.58	156.33	1.02	1.10
独资经营企业	Enterprises with Sole Investment	1.55	1.25	1.55	1.25		
外商投资企业	Foreign Funded Enterprises	731.34	1139.83	728.07	1134.07	3.27	5.76
中外合资经营企业	Joint－venture Enterprises	553.11	913.76	550.87	909.71	2.24	4.05
中外合作经营企业	Cooperation Enterprises						
外资企业	Enterprises With Sole Foreign Investment	69.25	113.80	68.37	112.21	0.88	1.59
外商投资股份有限公司	Foreign Invesment Share－holding Corporations Ltd.	12.18	0.60	12.10	0.52	0.08	0.08

续表 Continued 单位:亿元(100 million yuan)

指标	Item	合计 Total		批发 Wholesale		零售 Retail Sale	
		2013	2014	2013	2014	2013	2014
零售业合计	**Retail Trade**	**6364.25**	**6945.24**	**637.64**	**724.60**	**5726.61**	**6220.64**
#国有及国有控股企业	State - owend and State Holding Enterprises	1211.37	1258.78	203.17	195.51	1008.20	1063.26
内资企业	Domestic Funded Enterprises	5523.36	6049.54	583.30	650.44	4940.07	5399.09
国有企业	State - owned Enterprises	23.51	20.93	0.68	1.70	22.83	19.22
集体企业	Collective Owned Enterprises	47.88	50.69	13.03	14.41	34.84	36.28
股份合作企业	Cooperative Enterprises	7.35	10.40	0.21	0.29	7.14	10.11
联营企业	Joint Ownership Enterprises	8.64	8.40	0.17		8.47	8.40
国有联营企业	State Joint Ownership Enterprises	1.96	1.76			1.96	1.76
国有与集体联营企业	State - collective Joint Enterprises	5.61	5.58	0.17		5.44	5.58
其他联营企业	Other Joint Ownership Enterprises	1.07	1.05			1.07	1.05
有限责任公司	Limited Liability Corporations	2293.15	2740.02	219.59	306.63	2073.56	2433.39
国有独资公司	State Sole Funded Corporations	86.51	191.00	2.42	52.96	84.09	138.04
其他有限责任公司	Other Limited Liability Corporations	2206.64	2549.01	217.18	253.66	1989.46	2295.35
股份有限公司	Share - holding Corporations Ltd.	768.76	588.30	183.57	105.55	585.20	482.74
私营企业	Private Enterprises	2368.09	2624.39	165.58	220.77	2202.51	2403.62
私营独资企业	Private Funded Enterprises	27.24	30.44	3.72	5.68	23.53	24.75
私营合伙企业	Private Partnership Corporations	22.11	20.89	2.26	1.90	19.85	18.98
私营有限责任公司	Private Limited Liability Corporations	2247.03	2531.15	156.33	210.36	2090.70	2320.79
私营股份有限公司	Private Share - holding Corporations Ltd.	71.71	41.92	3.28	2.82	68.43	39.09
港澳台商投资企业	Enterprises With Funds From Hong Kong Macao and Taiwan	361.17	401.38	21.44	25.94	339.72	375.43
合资经营企业	Joint - venture Enterprises	187.90	186.26	19.62	15.80	168.27	170.47
合作经营企业	Cooperation Enterprises	7.24	6.09			7.24	6.09
独资经营企业	Enterprises with Sole Investment	163.92	207.62	1.82	10.15	162.10	197.47
港、澳、台商投资股份有限公司	Share - holding Corporations Ltd. with Funds From Hong Kong,Macao and Taiwan	1.29	0.98			1.29	0.98
外商投资企业	Foreign Funded Enterprises	479.72	494.33	32.90	48.22	446.82	446.11
中外合资经营企业	Joint - venture Enterprises	251.00	260.12	32.88	47.22	218.12	212.90
中外合作经营企业	Cooperation Enterprises	0.79	0.88			0.79	0.88
外资企业	Enterprises With Sole Foreign Investment	221.17	226.90	0.01	1.00	221.15	225.90

10-5 分行业限额以上批发零售贸易业销售总额 Total Sales of Enterprises Above Designated Size in Wholesale and Retail Trade by Sector

单位:亿元(100 million yuan)

指标	Item	销售总额 Sales 合计 Total 2013	2014	批发 Wholesale 2013	2014	零售 Retail Sale 2013	2014
总计	**Total**	**38399.93**	**43668.16**	**30798.75**	**35571.91**	**7601.19**	**8096.25**
批发业	**Wholesale**	**32035.68**	**36722.92**	**30161.11**	**34847.31**	**1874.57**	**1875.61**
农、林、牧产品批发	Agricultural and Animal Production	181.74	204.52	170.99	196.81	10.75	7.71
食品、饮料及烟草制品批发	Food, Beverages, Tobacoo and Its Production	2409.01	2740.48	2367.52	2676.04	41.49	64.44
#米、面制品及食用油批发	Rice, Flour and ItsProduction, Edible Oil	256.07	319.18	244.99	306.38	11.08	12.80
烟草制品批发	Tobacoo and Its Production	895.35	958.33	895.18	958.26	0.17	0.07
纺织、服装及家庭用品批发	Textile, Garments and Articles for Daily Use	4579.97	5500.76	4509.74	5361.92	70.23	138.85
#服装批发	Garments	1245.91	1454.85	1219.94	1400.90	25.97	53.95
文化、体育用品及器材批发	Culture, Sports Articles and Equipment	590.07	736.55	582.01	721.66	8.07	14.88
医药及医疗器材批发	Medicines and Medical Appliances	1164.24	1257.01	811.40	884.29	352.83	372.73
矿产品、建材及化工产品批发	Mineral Products, Building Materials and Chemical Production	19774.91	22411.84	18447.62	21235.68	1327.29	1176.15
#煤炭及制品批发	Coal and Related Production	1653.35	2369.37	1606.38	2351.42	46.98	17.96
石油及制品批发	Petroleurn and Related Production	4528.08	4575.10	3380.31	3483.16	1147.76	1091.93
金属及金属矿批发	Metal Materials and Mineral	9192.59	10133.41	9179.79	10115.58	12.80	17.83
建材批发	Building Materials	669.02	760.35	652.34	726.78	16.68	33.56
化肥批发	Fertilizer	147.47	133.42	146.98	132.74	0.49	0.68
机械设备、五金交电及电子产品批发	Machinery Equipment, Hardware and Electric Production	2491.32	2974.47	2429.78	2881.98	61.54	92.49
#汽车批发	Motor Vehicles	474.00	686.29	458.53	656.32	15.47	29.97
五金产品批发	Household Appliances	410.96	463.83	406.46	458.09	4.50	5.74
计算机、软件及辅助设备批发	Computers, Software and Auxiliary Equipment	88.35	102.35	82.80	91.73	5.56	10.63
贸易经纪与代理	Manage and Agencies in Trade	103.38	94.14	102.96	93.69	0.42	0.45
其他批发	Others	741.03	803.15	739.09	795.23	1.94	7.92

续表 Continued 单位:亿元(100 million yuan)

指标	Item	销售总额 Sales					
		合计 Total		批发 Wholesale		零售 Retail Sale	
		2013	2014	2013	2014	2013	2014
零售业	**Retail Sale**	**6364.25**	**6945.24**	**637.64**	**724.60**	**5726.61**	**6220.64**
综合零售	Synthesizs	1398.04	1442.99	157.08	171.38	1240.96	1271.61
#百货零售	Consumer Goods	599.47	607.29	40.59	30.53	558.88	576.76
超级市场零售	Supermarkets	731.68	756.96	98.79	128.19	632.88	628.77
食品、饮料及烟草制品专门零售	Food,Beverages,Tobacoos and Its Production	82.67	99.82	10.00	20.33	72.67	79.48
纺织、服装及日用品专门零售	Textile Garments and Articles for Daily Use	235.13	301.07	41.52	42.67	193.61	258.40
#服装零售	Garments Articles	178.38	223.19	33.79	32.87	144.59	190.32
文化、体育用品及器材专门零售	Culture,Sports Articles and Equipment	161.52	167.29	30.23	19.19	131.29	148.10
#体育用品及器材零售	Sports Articles	5.43	4.33	0.19	0.36	5.24	3.97
#图书报刊零售	Books	48.10	49.25	1.54	0.95	46.56	48.30
医药及医疗器材专门零售	Medicines and Medical Appliances	238.25	304.07	35.80	52.22	202.45	251.84
#药品零售	Medicines	233.93	294.88	35.16	50.22	198.77	244.66
汽车、摩托车、燃料及零配件专门零售	Motor Vehicles Motorcycles Fuel	3771.25	4031.56	285.85	315.82	3485.40	3715.74
#汽车零售	Motor Vehicles	2867.94	3081.52	116.39	154.30	2751.55	2927.22
机动车燃料零售	Fuel for Motor Vehicles Use	882.92	926.50	167.19	159.59	715.74	766.91
家用电器及电子产品专门零售	Household Appliance Electric Production	302.57	317.48	47.19	54.68	255.38	262.80
#日用家电设备零售	Household Appliance	139.14	143.00	19.19	20.39	119.95	122.62
计算机、软件及辅助设备零售	Computer,Software and Auxiliary Equipment	46.35	53.35	10.40	13.14	35.95	40.22
通信设备零售	Communication Equipment	37.51	41.72	10.12	13.60	27.39	28.13
五金、家具及室内装修材料专门零售	Hardware Furniture Decoration Indoors	55.71	81.24	9.81	23.84	45.91	57.40
货摊、无店铺及其他零售	Non - shop and Other Retail Sale	119.11	199.73	20.16	24.47	98.95	175.27
#邮购及电视电话零售	Mail Order and Electron Vendition	23.80	42.37	0.13	0.08	23.67	42.29

10－6 限额以上批发零售贸易业商品分类销售额(2011－2014 年) Total Sales of Enterprises Above Designated Size(2011－2014)

单位:亿元(100 million yuan)

商品分类	Commodity	合计 Total			
		2011	2012	2013	2014
食品、饮料、烟酒类	Food, Beverage, Tobacco and Liquor	2540.18	2878.14	3148.22	3316.95
肉禽蛋类	Meat, Poultry and Eggs	109.16	121.62	125.48	146.97
其他食品类	Other Food	828.85	978.05	1144.05	1266.45
饮料类	Beverages	626.93	713.35	765.99	728.34
烟酒类	Tobacco and Liquor	975.23	1065.12	1112.71	1175.19
服装鞋帽、针、纺织品类	Garments, Shoes, Hats, Knit and Textile Goods	2703.22	2857.72	3192.77	3580.11
服装类	Garments	1153.46	1215.36	1347.21	1506.94
鞋帽类	Shoes and Hats	333.03	355.74	357.10	386.71
针、纺织品类	Knit and Textile Goods	1216.73	1286.62	1488.46	1686.46
化妆品类	Cosmetics	93.48	110.64	127.23	134.31
金银珠宝类	Jewelry	150.63	178.34	301.30	375.42
日用品类	Articles For Daily Use	798.74	864.80	934.65	1034.95
洗涤用品类	Washing	172.93	206.62	214.26	198.42
儿童玩具类	Toy For Children	24.26	27.81	31.43	36.40
五金、电料类	Hardware & Electric Materials	376.44	360.33	367.62	435.26
体育、娱乐用品类	Sports and Recreation	38.24	36.24	42.70	41.42
书报杂志类	Newspapers and Magazines	65.25	69.95	77.57	82.48
电子出版物及音像制品类	Electronic Publication and Audiovisual Production	5.33	6.19	6.57	5.02
家用电器及音像器材类	Household Appliances and Audiovisual Equipment	808.98	825.10	946.64	994.54
中西药品类	Traditional Chinese & Western Medicines	917.14	1045.33	1228.57	1385.37
西药	Western Medicines	660.43	777.10	908.42	1022.15
中草药及中成药	Chinese Herbal Medicine and Other Traditional Chinese Medicine	173.70	188.11	217.95	254.56
文化办公用品类	Culture and Official Articles	404.13	447.13	464.39	479.05
家具类	Furniture	75.26	86.14	107.97	153.48
通讯器材类	Communication Appliances	180.28	214.54	276.88	283.36
煤炭及制品类	Coal and Related Production	1026.93	1322.25	1426.48	1374.73
木材及制品类	Timber and Related Production	113.93	148.74	168.32	236.29
石油制品及类	Oil and Related Production	3483.04	3998.33	4554.47	4668.32
化工材料及制品及类	Chemical Materials and Related Production	2798.94	3302.85	3601.12	4238.95
化肥类	Fertilizer	130.25	139.63	152.52	139.17
金属材料类	Metal Materials	7258.17	7849.86	8895.87	9761.29
建筑及装潢材料类	Building and Decoration Materials	227.50	249.63	380.04	542.94
机电成品及设备类	Mechanical and Electrical Production and Appliances	849.95	724.69	779.68	872.78
农机类	Agricutural Mechanical Production	12.48	10.16	8.40	10.20
汽车类	Motor Vehicles	2768.18	2972.83	3378.35	3812.40
种子饲料类	Seed and Forage	28.80	39.50	45.59	40.41
棉麻类	Cotton & Ambery	89.34	107.23	81.16	96.33
其他类	Others	1089.00	1179.38	1461.44	1924.63

续表 1 Continued 单位:亿元(100 million yuan)

商品分类	Commodity	批发额 Wholesale 2011	2012	2013	2014
食品、饮料、烟酒类	Food, Beverage, Tobacco and Liquor	2035.36	2238.59	2498.55	2579.79
肉禽蛋类	Meat, Poultry and Eggs	59.24	63.26	64.00	77.76
其他食品类	Other Food	508.99	550.93	713.47	706.02
饮料类	Beverages	574.55	653.70	702.89	653.31
烟酒类	Tobacco and Liquor	892.58	970.71	1018.19	1073.48
服装鞋帽、针、纺织品类	Garments, Shoes, Hats, Knit and Textile Goods	2250.04	2343.10	2609.70	2892.12
服装类	Garments	801.85	821.96	897.79	971.27
鞋帽类	Shoes and Hats	273.01	280.88	279.62	300.35
针、纺织品类	Knit and Textile Goods	1175.17	1240.26	1432.29	1620.49
化妆品类	Cosmetics	31.54	40.42	48.54	44.55
金银珠宝类	Jewelry	41.34	27.84	121.01	187.77
日用品类	Articles For Daily Use	633.90	659.51	707.16	784.17
洗涤用品类	Washing	127.43	148.78	156.19	149.37
儿童玩具类	Toy For Children	17.01	18.91	22.41	26.67
五金、电料类	Hardware & Electric Materials	363.94	345.56	351.24	407.33
体育、娱乐用品类	Sports and Recreation	24.95	21.12	26.73	24.17
书报杂志类	Newspapers and Magazines	26.53	25.49	32.75	35.74
电子出版物及音像制品类	Electronic Publication and Audiovisual Production	2.55	3.69	4.32	3.01
家用电器及音像器材类	Household Appliances and Audiovisual Equipment	500.33	518.09	645.26	660.16
中西药品类	Traditional Chinese & Western Medicines	511.12	840.91	679.49	741.61
西药	Western Medicines	359.51	637.68	487.96	547.75
中草药及中成药	Chinese Herbal Medicine and Other Traditional Chinese Medicine	94.62	136.58	121.23	130.00
文化办公用品类	Culture and Official Articles	337.39	379.47	392.15	395.17
家具类	Furniture	61.69	58.30	68.31	91.13
通讯器材类	Communication Appliances	131.14	162.33	197.61	199.93
煤炭及制品类	Coal and Related Production	1025.17	1320.64	1423.92	1370.98
木材及制品类	Timber and Related Production	113.93	147.57	167.73	236.29
石油制品及类	Oil and Related Production	2482.72	3037.51	3323.29	3331.68
化工材料及制品及类	Chemical Materials and Related Production	2798.94	3300.61	3601.12	4238.95
化肥类	Fertilizer	130.25	138.74	152.52	139.17
金属材料类	Metal Materials	7258.17	7846.86	8894.98	9761.29
建筑及装潢材料类	Building and Decoration Materials	216.60	222.59	333.51	457.65
机电成品及设备类	Mechanical and Electrical Production and Appliances	843.37	719.81	773.57	860.94
农机类	Agricutural Mechanical Production	12.48	9.73	8.40	10.20
汽车类	Motor Vehicles	557.23	472.38	664.90	838.89
种子饲料类	Seed and Forage	28.80	39.43	45.59	40.41
棉麻类	Cotton & Ambery	89.34	106.80	81.16	96.33
其他类	Others	1049.75	1121.84	1396.27	1844.30

续表 2 Continued

单位:亿元(100 million yuan)

商品分类	Commodity	零售额 Retail Sale			
		2011	2012	2013	2014
食品、饮料、烟酒类	Food, Beverage, Tobacco and Liquor	504.82	639.55	649.67	737.16
肉禽蛋类	Meat, Poultry and Eggs	49.92	58.36	61.48	69.21
其他食品类	Other Food	319.86	427.13	430.58	560.42
饮料类	Beverages	52.38	59.65	63.10	75.03
烟酒类	Tobacco and Liquor	82.65	94.41	94.52	101.71
服装鞋帽、针、纺织品类	Garments, Shoes, Hats, Knit and Textile Goods	453.19	514.62	583.07	687.99
服装类	Garments	351.61	393.40	449.42	535.67
鞋帽类	Shoes and Hats	60.02	74.86	77.48	86.36
针、纺织品类	Knit and Textile Goods	41.56	46.36	56.17	65.96
化妆品类	Cosmetics	61.94	70.22	78.69	89.77
金银珠宝类	Jewelry	109.29	150.51	180.29	187.65
日用品类	Articles For Daily Use	164.84	205.28	227.48	250.78
洗涤用品类	Washing	45.50	57.84	58.07	49.05
儿童玩具类	Toy For Children	7.25	8.91	9.02	9.72
五金、电料类	Hardware & Electric Materials	12.50	14.77	16.38	27.94
体育、娱乐用品类	Sports and Recreation	13.29	15.12	15.97	17.26
书报杂志类	Newspapers and Magazines	38.73	44.46	44.82	46.73
电子出版物及音像制品类	Electronic Publication and Audiovisual Production	2.78	2.50	2.25	2.01
家用电器及音像器材类	Household Appliances and Audiovisual Equipment	308.65	307.01	301.38	334.38
中西药品类	Traditional Chinese & Western Medicines	406.02	204.42	549.07	643.75
西药	Western Medicines	300.91	139.42	420.46	474.40
中草药及中成药	Chinese Herbal Medicine and Other Traditional Chinese Medicine	79.09	51.53	96.72	124.56
文化办公用品类	Culture and Official Articles	66.74	67.65	72.24	83.89
家具类	Furniture	13.57	27.84	39.66	62.34
通讯器材类	Communication Appliances	49.14	52.21	79.27	83.43
煤炭及制品类	Coal and Related Production	1.76	1.61	2.56	3.74
木材及制品类	Timber and Related Production		1.17	0.59	
石油制品及类	Oil and Related Production	1000.33	960.82	1231.18	1336.64
化工材料及制品及类	Chemical Materials and Related Production		2.24		
化肥类	Fertilizer		0.89		
金属材料类	Metal Materials		3.00	0.89	
建筑及装潢材料类	Building and Decoration Materials	10.90	27.04	46.53	85.28
机电成品及设备类	Mechanical and Electrical Production and Appliances	6.58	4.88	6.11	11.84
农机类	Agricutural Mechanical Production		0.43		
汽车类	Motor Vehicles	2210.95	2500.45	2713.44	2973.51
种子饲料类	Seed and Forage		0.07		
棉麻类	Cotton & Ambery		0.43		
其他类	Others	39.24	57.55	65.17	80.33

10-7 限额以上批发零售贸易企业财务状况(2007-2014年)
Finanical Conditions of Wholesale and Retail Trade Above Designated Siae(2007-2014)

单位:亿元(100 million yuan)

指标	Item	2007	2008	2009	2010	2011	2012	2013	2014
法人企业数(个)	Corporation Units(unit)	4716	9316	8990	10053	11943	12917	14603	15852
从业人员(人)	Employed Persons(person)	363920	422631	447634	516727	601464	641490	691577	739077
流动资产合计	Total Circulating Assets	3520.00	5137.40	5926.70	7716.00	10011.10	11186.82	13177.24	14578.67
固定资产合计	Total Fixed Assets	580.61	594.87	555.61	620.00	676.23	755.73	947.51	983.27
资产总计	Total Assets	4546.40	6608.00	7661.40	9678.10	12417.10	13925.58	16605.02	18648.98
负债合计	Total Liabilities	3423.30	4926.80	5728.60	7412.80	9650.10	10850.65	12893.32	14525.48
商品销售收入净额	Net Value of Sales Revenue	11419.90	16248.40	15171.80	20927.10	26913.80	29083.68	34510.37	39122.87
商品销售成本	Cost of Sales	10765.70	15339.70	14232.10	19729.80	25435.30	27524.14	32563.71	37049.63
经营费用	Business Expenses	276.74	411.31	424.92	546.72	654.62	738.07	831.60	925.63
商品销售税金及附加费	Tax and Extra Charges on Goods Sales	13.35	21.70	41.64	63.66	74.33	83.06	98.66	107.14
主营业务利润	Profits of Major Management	640.77	886.94	897.11	1134.66	1404.17	1476.47	1739.19	1879.87
管理费用	Management Expenses	164.59	223.48	241.54	293.83	353.76	398.49	466.47	514.58
财务费用	Financial Expenses	48.92	87.20	65.87	114.34	183.29	206.29	196.52	224.45
利润总额	Total Profits	238.93	274.49	308.82	376.72	407.73	352.50	493.37	520.93
本年应付职工薪酬	Total Wages Payable In the Year					292.02	389.62	421.39	504.63

10-8 按登记注册类型分限额以上批发零售贸易企业资产及负债情况(2014年)
Assets and Liabilities of Enterprises Above Designated Size in Wholesale and Retail Trade by Types of Registration(2014)

单位:亿元(100 million yuan)

指标	Item	资产合计 Total Assets	固定资产 Fixed assets	流动资产 Circulating assets	负债合计 Total Liabilities	所有者权益合计 Total Creditor's Equity
批发和零售贸易业合计	**Total**	**18648.98**	**983.27**	**14578.67**	**14525.48**	**4123.83**
批发企业合计	**Wholesale Trade**	**15308.45**	**537.56**	**12266.29**	**11971.12**	**3337.34**
#国有及国有控股	State-owend and State Holding Enterprises	2950.97	155.69	2291.99	1856.58	1094.39
内资企业	Domestic Funded Enterprises	14562.18	522.89	11653.91	11423.98	3138.21
国有企业	State-owned Enterprises	469.90	32.97	412.81	86.39	383.51
集体企业	Collective Owned Enterprises	24.99	1.97	20.99	19.74	5.25
股份合作企业	Cooperative Enterprises	7.50	0.43	6.60	5.50	2.00
联营企业	Joint Ownership Enterprises					
国有联营企业	State Joint Ownership Enterprises					
集体联营企业	Collective Joint Ownership Enterprises					
国有与集体联营企业	State-collective Joint Enterprises					
其他联营企业	Other joint ownership enterprises					
有限责任公司	Limited Liability Corporations	5512.46	169.82	4418.10	4345.49	1166.97
国有独资公司	State Sole Funded Corporations	504.82	24.74	341.87	293.15	211.68
其他有限责任公司	Other Limited Liability Corporations	5007.64	145.09	4076.23	4052.34	955.29
股份有限公司	Share-holding Corporations Ltd.	1453.84	113.94	866.23	1027.03	426.82
私营企业	Private Enterprises	7085.24	202.96	5922.48	5934.49	1150.75
私营独资企业	Private Funded Enterprises	12.54	1.07	11.14	10.98	1.57
私营合伙企业	Private Partnership Corporations	3.82	0.05	3.75	3.14	0.68
私营有限责任公司	Private Limited Liability Corporations	6859.03	197.75	5765.63	5754.59	1104.45
私营股份有限公司	Enterprises With Funds From Hong Kong Macao and Taiwan	209.85	4.09	141.96	165.79	44.06
港澳台商投资企业	Enterprises With Funds From Hong Kong Macao and Taiwan	296.49	8.74	248.44	199.30	97.19
与港澳台合资经营企业	Joint-venture Enterprises	39.70	2.06	33.45	28.34	11.36
港澳台商独资企业	Enterprises with Sole Hong Kong, Macao and Taiwan	253.81	6.61	212.49	169.24	84.57
外商投资企业	Foreign Funded Enterprises	449.78	5.93	363.94	347.83	101.94
中外合资经营企业	Joint-venture Enterprises	393.14	4.00	313.66	307.01	86.13
中外合作经营企业	Cooperation Enterprises					
外资企业	Enterprises With Sole Foreign Investment	54.92	1.91	48.58	39.85	15.07
外商投资股份有限企业	Foreign Invesment Share-holding Corporations Ltd.	0.09		0.09	0.09	

续表 Continued 单位:亿元(100 million yuan)

指标	Item	资产合计 Total Assets	固定资产 Fixed assets	流动资产 Circulating assets	负债合计 Total Liabilities	所有者权益合计 Total Creditor's Equity
零售企业总计	**Retail Sale**	**3340.53**	**445.71**	**2312.38**	**2554.36**	**786.50**
#国有及国有控股	State－owend and State Holding Enterprises	415.64	64.82	242.94	232.47	183.17
内资企业	Domestic Funded Enterprises	2843.97	365.62	1996.66	2216.89	627.40
国有企业	State－owned Enterprises	16.91	1.95	12.83	12.24	4.67
集体企业	Collective Owned Enterprises	13.11	2.78	7.76	9.09	4.02
股份合作企业	Cooperative Enterprises	3.69	0.37	2.74	3.03	0.66
联营企业	Joint Ownership Enterprises	0.66	0.17	0.41	0.15	0.51
国有联营企业	State Joint Ownership Enterprises	0.09	0.04	0.05	0.01	0.08
集体联营	Collective Joint Ownership Enterprises					
国有与集体联营企业	State－collective Joint Enterprises	0.37	0.09	0.27	0.13	0.24
其他联营企业	Other Joint Ownership Enterprises	0.20	0.04	0.09	0.02	0.18
有限责任公司	Limited Liability Corporations	1313.94	163.78	921.51	1023.42	290.52
国有独资公司	State Sole Funded Corporations	76.93	19.32	41.61	39.47	37.46
其他有限责任公司	Other Limited Liability Corporations	1237.01	144.46	879.89	983.95	253.06
股份有限公司	Share－holding Corporations Ltd.	279.97	46.08	143.59	159.42	120.55
私营企业	Private Enterprises	1213.94	149.78	907.02	1008.81	205.45
私营独资企业	Private Funded Enterprises	8.92	1.05	7.32	8.87	0.05
私营合伙企业	Private Partnership Corporations	12.41	1.63	8.04	10.74	1.67
私营有限责任公司	Private Limited Liability Corporations	1165.54	145.71	874.49	972.15	193.72
私营股份有限公司	Private Share－holding Corporations Ltd.	27.07	1.40	17.16	17.06	10.01
港澳台商投资企业	Funded by Enterpreneurs From Hong Kong Macao and Taiwan	230.21	36.13	124.55	140.09	90.12
与港澳台商合资经营	Joint－venture Enterprises	91.64	15.59	58.77	51.88	39.76
与港澳台商合作经营	Cooperation Enterprises From Hong Kong,Macao and Taiwan	3.49	0.92	1.89	0.47	3.02
港澳台独资企业	Enterprises with Sole Hong Kong, Macao and Taiwan	134.24	19.37	63.41	86.84	47.40
港澳台商股份有限公司	Share－holding Corporations Ltd. with Funds From Hong Kong, Macao and Taiwan	0.50	0.24	0.17	0.52	－0.02
外商投资企业	Foreign Funded Enterprises	266.35	43.97	191.16	197.37	68.98
中外合资经营企业	Joint－venture Enterprises	68.62	23.61	31.82	56.51	12.12
中外合作经营企业	Cooperation Enterprises	1.24	0.31	0.59	0.33	0.91
外资企业	Enterprises With Sole Foreign Investment	194.05	19.79	156.65	137.27	56.78
外商投资股份有限公司	Foreign Invesment Share－holding Corporations Ltd.	1.98	0.11	1.82	2.19	－0.21

10－9 分行业限额以上批发零售贸易企业资产及负债情况(2014 年)
Assets and Liabilities of Enterprises Retail Trade by Types of Registration(2014)

单位:亿元(100 million yuan)

指标	Item	资产合计 Total Assets	固定资产 Fixed	流动资产 Circulating	负债合计 Total Liabilities	所有者权益合计 Total Creditor's Equity
批发企业合计	**Wholesale**	**15308.45**	**537.56**	**12266.29**	**11971.12**	**3337.34**
农、林、牧产品批发	Agricultural and Animal Production	106.25	11.63	84.96	79.71	26.54
食品、饮料及烟草制品批发	Food,Beverages,Tobacoo and Its Production	1306.41	84.01	1036.97	719.20	587.21
米、面制品及食用油批发	Rice,Flour and Its Production,Edible Oil	295.59	17.69	190.06	244.86	50.73
烟草制品批发	Tobacoo and Its Production	413.49	28.40	374.58	22.30	391.19
纺织、服装及日用品批发	Textile,Garments and Articles for Daily Use	2746.40	80.83	2355.79	2275.41	470.99
服装批发	Garments	791.71	27.55	637.29	651.92	139.80
文化、体育用品及器材批发	Culture,Sports Articles and Equipment	344.42	10.46	296.42	263.31	81.11
医药及医疗器材批发	Medicines and Medical Appliances	525.59	22.47	428.09	379.97	145.62
矿产品、建材及化工产品批发	Mineral Products,Building Materials and Chemical Production	8607.68	279.31	6705.22	6934.37	1673.32
#煤炭及制品批发	Coal and Related Production	825.09	13.85	669.12	708.50	116.59
石油及制品批发	Petroleum and Related Production	1278.25	131.76	798.90	985.25	293.00
金属及金属矿批发	Metal Materials and Mineral	4252.59	71.27	3361.37	3437.12	815.48
建材批发	Building Materials	538.87	18.08	428.84	408.28	130.59
化肥批发	Fertilizer	110.46	3.02	81.71	79.35	31.11
机械设备、五金交电及电子产品批发	Machinery Equipment,Hardware and Electric Production	1377.15	36.58	1100.92	1072.77	304.39
#汽车批发	Motor Vehicles	191.47	5.02	137.45	149.45	42.02
五金产品批发	Household Appliances	211.11	7.30	172.88	144.68	66.43
计算机、软件及辅助设备批发	Computers,Software and Auxiliary Equipment	43.22	0.44	37.64	35.67	7.55
贸易经纪与代理	Manage and Agencies in Trade	37.51	1.51	34.48	31.22	6.29
其他批发	Others	257.02	10.76	223.44	215.15	41.87

续表 Continued 单位:亿元(100 million yuan)

指标	Item	资产合计 Total Assets	固定资产 Fixed	流动资产 Circulating	负债合计 Total Liabilities	所有者权益合计 Total Creditor's Equity
零售业合计	**Retail Sale**	**3340.53**	**445.71**	**2312.38**	**2554.36**	**786.50**
综合零售	Synthesizs	1051.00	173.64	641.74	762.61	288.39
#百货零售	Consumer Goods	627.53	104.93	361.67	410.58	216.95
超级市场零售	Supermarkets	391.38	64.58	258.29	326.14	65.24
食品、饮料及烟草制品专门零售	Food, Beverages, Tobacoos and Its Production	63.09	8.16	44.72	39.59	23.50
纺织、服装及日用品专门零售	Textile Garments and Articles for Daily Use	234.41	27.62	148.88	184.30	50.11
#服装零售	Garments Articles	189.46	25.13	115.83	154.35	35.12
文化、体育用品及器材专门零售	Culture, Sports Articles and Equipment	147.25	24.43	102.79	92.83	54.42
#体育用品及器材零售	Sports Articles	1.98	0.17	1.74	1.83	0.15
图书报刊零售	Books	75.44	17.25	46.47	38.90	36.54
医药及医疗器材专门零售	Medicines and Medical Appliances	132.50	7.24	115.99	101.94	30.56
#药品零售	Medicines	127.23	6.84	111.99	98.94	28.29
汽车、摩托车、燃料及零配件专门零售	Motor Vehicles Motorcycles Fuel	1418.87	163.47	1039.83	1151.29	267.90
汽车零售	Motor Vehicles	1255.14	135.51	957.81	1053.56	201.90
机动车燃料零售	Fuel for Motor Vehicles Use	154.49	27.21	75.37	91.98	62.51
家用电器及电子产品专门零售	Household Appliance Electric Production	151.38	10.00	127.63	115.13	36.25
#日用家电设备零售	Household Appliance	70.11	4.26	60.06	54.37	15.74
计算机、软件及辅助设备零售	Computer, Software and Auxiliary Equipment	25.78	0.92	21.39	14.47	11.31
通信设备零售	Communication Equipment	14.73	1.64	12.40	11.85	2.88
五金、家具及室内装修材料专门零售	Hardware Furniture Decoration Indoors	58.87	18.34	30.97	47.86	11.01
货摊、无店铺及其他零售	Non - shop and Other Retail Sale	83.15	12.80	59.82	58.79	24.36
#邮购及电视、电话零售	Mail, telephone and TV retail	4.70	0.15	4.18	2.77	1.93

10－10 按登记注册类型分限额以上批发零售贸易企业主要财务指标情况(2014 年)
Main Financial Indicators of Enterprises Above Designated Size in Wholesale and Retail Trade by Types of Regidtration(2014)

单位:亿元(100 million yuan)

指标	Item	主营业务收入 Revenue in Main Business	主营业务成本 Cost in Main Business	主营业务税金及附加 Tax and Extra Changes in Main Business	主营业务利润 Profits in Main Business	销售费用 Sales Expenses
批发和零售贸易业合计	**Total**	**38870.40**	**36886.22**	**104.31**	**1879.87**	**925.63**
批发企业合计	**Wholesale Trade**	**32926.27**	**31487.41**	**83.88**	**1354.98**	**597.74**
#国有及国有控股	State－owned and State Holding Enterprises	8518.61	8088.04	56.14	374.42	98.11
内资企业	Domestic Funded Enterprises	31379.59	30022.59	82.30	1274.69	554.41
国有企业	State－owned Enterprises	987.11	778.58	45.63	162.90	12.08
集体企业	Collective Owned Enterprises	52.78	50.59	0.10	2.10	0.93
股份合作企业	Cooperative Enterprises	13.62	12.91	0.03	0.67	0.31
联营企业	Joint Ownership Enterprises					
国有联营企业	State Joint Ownership Enterprises					
集体联营企业	Collective Joint Ownership Enterprises					
国有与集体联营企业	State－collective Joint Enterprises					
其他联营企业	Other Joint Ownership Enterprises					
有限责任公司	Limited Liability Corporations	12633.01	12174.15	19.03	439.83	209.14
国有独资公司	State Sole Funded Corporations	829.28	791.52	4.75	33.02	9.29
其他有限责任公司	Other Limited Liability Corporations	11803.72	11382.63	14.28	406.82	199.85
股份有限公司	Share－holding Corporations Ltd.	3643.44	3492.22	2.84	148.38	81.31
私营企业	Private Enterprises	14018.61	13484.36	14.60	519.65	250.44
私营独资企业	Private Funded Enterprises	28.46	26.92	0.10	1.44	0.47
私营合伙企业	Private Partnership Corporations	24.35	23.35	0.03	0.96	0.23
私营有限责任公司	Private Limited Liability Corporations	13659.65	13142.93	14.16	502.57	240.99
私营股份有限公司	Private Share－holding Corporations Ltd.	306.15	291.16	0.31	14.68	8.76
港、澳、台商投资企业	Enterprises With Funds From Hong Kong, Macao and Taiwan	520.33	472.00	0.91	47.42	31.82
港澳台商合资经营企业	Joint－venture Enterprises	137.57	126.43	0.16	10.98	11.66
港澳台商独资经营企业	Enterprises with Sole Hong－Kong, Macao and Taiwan	358.63	321.59	0.74	36.29	20.07
外商投资企业	Foreign Funded Enterprises	1026.35	992.82	0.66	32.88	11.50
中外合资经营企业	Joint－venture Enterprises	821.23	796.38	0.45	24.40	7.31
中外合作经营企业	Cooperation Enterprises					
外商企业	Enterprises With Sole Foreign Investment	94.14	86.11	0.09	7.94	4.01
外商投资股份有限公司	Foreign Invesment Share－holding Corporations Ltd.	0.57	0.51		0.06	0.10

续表 1 Continued 单位:亿元(100 million yuan)

指标	Item	主营业务收入 Revenue in Main Business	主营业务成本 Cost in Main Business	主营业务税金及附加 Tax and Extra Changes in Main Business	主营业务利润 Profits in Main Business	销售费用 Sales Expenses
零售企业总计	**Retail Sale**	**5944.13**	**5398.81**	**20.43**	**524.89**	**327.89**
#国有及国有控股	State - owend and State - holding Enterprises	1013.23	933.71	2.72	76.80	38.80
内资企业	Domestic Funded Enterprises	5255.67	4805.21	17.02	433.44	267.20
国有企业	State - owned Enterprises	19.48	17.01	0.04	2.43	1.26
集体企业	Collective Owned Enterprises	30.24	27.42	0.11	2.71	1.42
股份合作企业	Cooperative Enterprises	9.09	8.33	0.02	0.75	0.28
联营企业	Joint Ownership Enterprises	7.26	6.61	0.01	0.64	0.16
国有联营企业	State Joint Ownership Enterprises	1.50	1.33		0.17	0.03
集体联营企业	Collective Joint Ownership Enterprises					
国有与集体联营企业	State - collective Joint Enterprises	4.77	4.37	0.01	0.39	0.11
其他联营企业	Other Joint Ownership Enterprises	0.99	0.90		0.08	0.02
有限责任公司	Limited Liability Corporations	2378.62	2162.30	7.82	208.51	139.32
国有独资公司	State Sole Funded Corporations	165.16	150.97	0.41	13.78	6.57
其他有限责任公司	Other Limited Liability Corporations	2213.46	2011.32	7.41	194.73	132.75
股份有限公司	Share - holding Corporations Ltd.	508.73	467.30	1.88	39.55	23.09
私营企业	Private Enterprises	2296.08	2110.80	7.13	178.15	101.58
私营独资企业	Private Funded Enterprises	27.41	24.98	0.09	2.34	0.92
私营合伙企业	Private Partnership Corporations	18.92	17.01	0.08	1.83	1.82
私营有限责任公司	Private Limited Liability Corporations	2214.28	2037.17	6.78	170.33	97.64
私营股份有限公司	Private Share - holding Corporations Ltd.	35.47	31.64	0.17	3.65	1.20
其他企业	others	6.16	5.45	0.01	0.70	0.10
港澳台商投资企业	Enterprises With Funds From Hong Kong Macao and Taiwan	327.92	273.69	1.84	52.38	27.88
与港澳台商合资经营	Joint - venture Enterprises	143.90	118.07	0.86	24.97	10.62
与港澳台商合作经营	Cooperation Enterprises From Hong Kong, Macao and Taiwan	5.41	4.49	0.03	0.89	0.26
港澳台商独资经营	Enterprises with Sole Hong - Kong, Macao and Taiwan	177.35	150.18	0.95	26.21	16.83
港澳台商投资股份有限公司	Share - holding Corporations Ltd. with Funds From Hong Kong, Macao and Taiwan	0.92	0.70		0.21	0.03
外商投资企业	Foreign Funded Enterprises	360.54	319.90	1.57	39.07	32.82
中外合资经营企业	Joint - venture Enterprises	154.92	142.12	0.65	12.15	15.57
中外合作经营企业	Cooperation Enterprises	0.75	0.62		0.12	0.16
外商企业	Enterprises With Sole Foreign Investment	198.44	171.25	0.90	26.29	16.53
外商投资股份有限公司	Foreign Invesment Share - holding Corporations Ltd.	4.99	4.80		0.19	0.18

续表 2 Continued 单位:亿元(100 million yuan)

指标	Item	管理费用 Managemen Expenses	财务费用 Financial Expenses	利润总额 Profits	应付职工薪酬(本年贷方累计发生额) Total Wages Pagable in the Year	本年应交增值税 Value added tases payab in the year
批发和零售贸易业合计	**Total**	**514.58**	**224.45**	**520.93**	**504.63**	**319.41**
批发企业合计	**Wholesale Trade**	**336.71**	**173.22**	**468.02**	**298.56**	**247.45**
#国有及国有控股	State - owned and State Holding Enterprises	86.33	0.35	241.21	83.55	76.93
内资企业	Domestic Funded Enterprises	320.01	166.71	438.82	286.41	238.71
国有企业	State - owned Enterprises	31.97	-9.57	130.77	26.11	33.97
集体企业	Collective Owned Enterprises	0.99	0.18	0.29	0.65	0.22
股份合作企业	Cooperative Enterprises	0.22	0.09	0.08	0.18	0.23
联营企业	Joint Ownership Enterprises					
国有联营企业	State Joint Ownership Enterprises					
集体联营企业	Collective Joint Ownership Enterprises					
国有与集体联营企业	State - collective Joint Enterprises					
其他联营企业	Other Joint Ownership Enterprises					
有限责任公司	Limited Liability Corporations	103.05	55.44	164.32	93.56	83.00
国有独资公司	State Sole Funded Corporations	13.35	1.40	23.88	9.85	5.60
其他有限责任公司	Other Limited Liability Corporations	89.70	54.04	140.43	83.71	77.40
股份有限公司	Share - holding Corporations Ltd.	34.51	14.84	56.55	44.89	17.28
私营企业	Private Enterprises	149.06	105.70	86.11	120.78	103.96
私营独资企业	Private Funded Enterprises	0.43	0.29	0.32	0.36	0.78
私营合伙企业	Private Partnership Corporations	0.23	0.07	0.46	0.23	0.06
私营有限责任公司	Private Limited Liability Corporations	144.95	101.23	77.34	117.63	95.29
私营股份有限公司	Private Share - holding Corporations Ltd.	3.46	4.11	7.99	2.55	7.84
港、澳、台商投资企业	Enterprises With Funds From Hong Kong , Macao and Taiwan	10.07	1.39	12.69	6.64	6.28
港澳台商合资经营企业	Joint - venture Enterprises	1.43	0.21	0.48	1.43	1.28
港澳台商独资经营企业	Enterprises with Sole Hong - Kong, Macao and Taiwan	8.51	1.18	12.28	5.11	4.98
外商投资企业	Foreign Funded Enterprises	6.63	5.12	16.50	5.52	2.47
中外合资经营企业	Joint - venture Enterprises	3.52	4.65	15.48	2.70	1.70
中外合作经营企业	Cooperation Enterprises					
外商企业	Enterprises With Sole Foreign Investment	2.95	0.40	0.73	2.64	0.68
外商投资股份有限公司	Foreign Invesment Share - holding Corporations Ltd.			-0.05	0.07	

续表 3 Continued 单位:亿元(100 million yuan)

指标	Item	管理费用 Managemen Expenses	财务费用 Financial Expenses	利润总额 Profits	应付职工薪酬(本年贷方累计发生额) Total Wages Pagable in the Year	本年应交增值税 Value added tases payab in the year
零售企业总计	**Retail Sale**	**177.87**	**51.23**	**52.92**	**206.07**	**71.96**
#国有及国有控股	State - owend and State - holding Enterprises	20.40	1.19	28.40	27.58	9.89
内资企业	Domestic Funded Enterprises	149.36	46.98	36.01	175.82	61.50
国有企业	State - owned Enterprises	0.99	-0.06	0.84	1.23	0.17
集体企业	Collective Owned Enterprises	1.20	0.09	0.78	0.98	0.30
股份合作企业	Cooperative Enterprises	0.21	0.02	0.29	0.22	0.12
联营企业	Joint Ownership Enterprises	0.04		0.45	0.10	0.08
国有联营企业	State Joint Ownership Enterprises			0.13	0.02	0.03
集体联营企业	Collective Joint Ownership Enterprises					
国有与集体联营企业	State - collective Joint Enterprises	0.02		0.26	0.07	0.04
其他联营企业	Other Joint Ownership Enterprises	0.02		0.05	0.01	0.01
有限责任公司	Limited Liability Corporations	64.86	16.22	23.34	80.32	31.59
国有独资公司	State Sole Funded Corporations	4.14	-0.12	5.17	5.74	1.51
其他有限责任公司	Other Limited Liability Corporations	60.72	16.35	18.17	74.58	30.08
股份有限公司	Share - holding Corporations Ltd.	12.49	2.34	11.48	14.46	5.52
私营企业	Private Enterprises	69.44	28.35	-1.62	78.33	23.71
私营独资企业	Private Funded Enterprises	0.86	0.15	0.50	0.73	0.28
私营合伙企业	Private Partnership Corporations	0.45	0.28	0.17	0.98	0.22
私营有限责任公司	Private Limited Liability Corporations	66.50	27.34	-3.34	75.64	22.74
私营股份有限公司	Private Share - holding Corporations Ltd.	1.63	0.58	1.06	0.97	0.47
其他企业	others	0.13	0.02	0.46	0.17	0.01
港澳台商投资企业	Enterprises With Funds From Hong Kong Macao and Taiwan	16.41	2.54	12.79	15.25	5.81
与港澳台商合资经营	Joint - venture Enterprises	6.41	0.69	9.77	5.93	3.21
与港澳台商合作经营	Cooperation Enterprises From Hong Kong, Macao and Taiwan	0.59	0.01	0.05	0.20	0.07
港澳台商独资经营	Enterprises with Sole Hong - Kong, Macao and Taiwan	9.08	1.83	2.84	8.98	2.49
港澳台商投资股份有限公司	Share - holding Corporations Ltd. with Funds From Hong Kong, Macao and Taiwan	0.20	0.02	-0.04	0.04	0.04
外商投资企业	Foreign Funded Enterprises	12.11	1.71	4.12	15.01	4.65
中外合资经营企业	Joint - venture Enterprises	3.16	1.16	-1.12	6.80	1.54
中外合作经营企业	Cooperation Enterprises			0.06	0.04	0.01
外商企业	Enterprises With Sole Foreign Investment	8.83	0.46	5.34	8.05	3.04
外商投资股份有限公司	Foreign Invesment Share - holding Corporations Ltd.	0.08	0.08	-0.06	0.06	

10-11 分行业限额以上批发零售贸易企业主要财务指标情况(2014 年)
Main Financial Indicators of Enterprises Above Designated Size in Wholesale and Retail Trade by Sector(2014)

单位:亿元(100 million yuan)

指标	Item	主营业务收入 Revenue in Main Business	主营业务成本 Cost in Main Business	主营业务税金及附加 Tax and Extra Changes in Main Business	主营业务利润 Profits in Main Business	销售费用 Sales Expenses
批发企业合计	**Wholesale**	**32926.27**	**31487.41**	**83.88**	**1354.98**	**597.74**
农、林、牧产品批发	Agriculture, forest, animal husbandry products wholesale	195.02	187.12	0.26	7.64	3.04
食品、饮料及烟草制品批发	Food, Beverages, Tobacoo and Its Products	2353.44	1955.27	54.42	343.74	113.56
#米、面制品及食用油批发	Rice, Flour and Its Products, Edible Oil	289.69	280.81	0.54	8.34	6.03
烟草制品批发	Tobacoo and Its Products	821.33	599.83	49.66	171.84	10.50
纺织、服装及日用品批发	Textile, Garments and Articles for Daily Use	5192.18	4860.57	7.39	324.22	161.72
#服装批发	Garments	1378.39	1283.21	2.46	92.72	41.68
文化、体育用品及器材批发	Culture, Sports Articles and Equipment	692.88	660.93	0.69	31.26	14.29
医药及医疗器材批发	Medicines and Medical Appliances	1103.39	1010.92	1.88	90.60	43.42
矿产品、建材及化工产品批发	Mineral Products, Building Materials and Chemical Products	19823.09	19417.47	14.00	391.62	172.06
#煤炭及制品批发	Coal and Related Products	2109.13	2063.42	1.80	43.92	21.92
石油及制品批发	Petroleurn and Related Products	3784.87	3677.78	4.00	103.08	54.60
金属及金属矿批发	Metal Materials and Mineral	9158.91	9032.86	4.37	121.68	44.00
建材批发	Building Materials	671.57	640.15	1.27	30.15	8.98
化肥批发	Fertilizer	129.06	124.54	0.08	4.44	2.33
机械设备、五金交电及电子产品批发	Machinery Equipment, Hardware and Electric Products	2721.81	2571.10	3.15	147.55	83.32
#汽车批发	Motor Vehicles	587.97	562.74	0.48	24.75	23.49
五金产品批发	Hardware products Wholesale	449.00	419.14	0.38	29.47	11.47
计算机、软件及辅助设备批发	Computers, Software and Auxiliary Equipment	90.07	86.80	0.07	3.19	1.64
贸易经纪与代理	Manage and Agencies in Trade	90.64	87.82	0.05	2.77	1.26
其他批发	Others	753.83	736.21	2.04	15.58	5.06

续表1 Continued 单位:亿元(100 million yuan)

指标	Item	主营业务收入 Revenue in Main Business	主营业务成本 Cost in Main Business	主营业务税金及附加 Tax and Extra Changes in Main Business	主营业务利润 Profits in Main Business	销售费用 Sales Expenses
零售企业合计	**Retail Sale**	**5944.13**	**5398.81**	**20.43**	**524.89**	**327.89**
综合零售	Synthesizs	1185.57	1012.61	8.43	164.53	126.55
#百货零售	Consumer Goods	484.18	406.86	5.33	71.99	36.92
超级市场零售	Supermarkets	644.61	559.73	2.80	82.08	80.63
食品、饮料及烟草制品专门零售	Food,Beverages,Tobacoos and Its Products	88.64	76.62	0.31	11.70	7.47
纺织服装及日用品专门零售	Textile Garments and Articles for Daily Use	247.97	182.47	1.75	63.76	39.12
#服装零售	Garments Articles	178.40	128.79	1.32	48.29	31.13
文化、体育用品及器材专门零售	Culture,Sports Articles and Equipment	149.08	126.86	1.46	20.76	11.45
#体育用品及器材零售	Sports Articles	3.97	3.29	0.01	0.66	0.54
图书报刊零售	Books,newspaper	44.70	34.88	0.06	9.76	5.03
医药及医疗器材专门零售	Medicines and Medical Appliances	262.92	233.05	0.66	29.22	14.20
#药品零售	Medicines	254.81	226.85	0.60	27.36	13.43
汽车、摩托车、燃料及零配件专门零售	Motor Vehicles Motorcycles Fuel	3496.90	3314.34	5.92	176.64	92.71
#汽车零售	Motor Vehicles	2745.44	2604.81	5.03	135.59	74.23
机动车燃料零售	Fuel for Motor Vehicles Use	731.04	690.53	0.85	39.65	17.75
家用电器及电子产品专门零售	Household Appliance Electric Products	274.38	244.99	0.88	28.51	19.15
#日用家电设备零售	Household Appliances Retail	121.97	105.49	0.37	16.10	10.31
计算机、软件及辅助设备零售	Computer,Software and Auxiliary Equipment	46.64	43.71	0.12	2.81	1.23
通信设备零售	Communication Equipment	36.64	34.05	0.19	2.40	2.36
五金、家具及室内装修材料专门零售	Hardware Furniture Decoration Indoors	61.11	52.79	0.59	7.73	3.33
货摊、无店铺及其他零售	Stalls, No Satores and Other Retail	177.54	155.07	0.44	22.03	13.92
#邮购及电视、电话零售	Mail, telephone and TV retail	36.38	34.44	0.07	1.87	1.41

续表 2 Continued 单位:亿元(100 million yuan)

指标	Item	管理费用 Manage－ment Expenses	财务费用 Financial Expenses	利润总额 Profits	应付职工薪酬 Total Wages Pagable in the Year	本年应交增值税 Value Added Tases payable in the year
批发企业合计	**Wholesale**	**336.71**	**173.22**	**468.02**	**298.56**	**247.45**
农、林、牧产品批发	Agriculture, forest, animal husbandry products wholesale	3.40	1.91	2.55	2.37	0.42
食品、饮料及烟草制品批发	Food, Beverages, Tobacoo and Its Products	64.93	－1.68	208.03	59.50	61.60
#米、面制品及食用油批发	Rice, Flour and Its Products, Edible Oil	5.33	4.83	0.66	4.16	3.49
烟草制品批发	Tobacoo and Its Products	31.20	－11.29	142.65	24.56	36.00
纺织、服装及日用品批发	Textile, Garments and Articles for Daily Use	80.53	36.49	74.10	83.88	69.71
#服装批发	Garments	28.82	12.91	23.03	22.73	15.39
文化、体育用品及器材批发	Culture, Sports Articles and Equipment	9.06	3.49	7.37	6.82	2.52
医药及医疗器材批发	Medicines and Medical Appliances	20.50	6.30	26.83	18.30	13.62
矿产品、建材及化工产品批发	Mineral Products, Building Materials and Chemical Products	110.54	105.71	114.16	92.26	67.09
#煤炭及制品批发	Coal and Related Products	10.67	13.54	4.61	4.99	11.32
石油及制品批发	Petroleurn and Related Products	24.22	8.56	35.54	33.31	19.73
金属及金属矿批发	Metal Materials and Mineral	38.68	56.89	37.47	25.44	22.71
建材批发	Building Materials	9.32	7.09	9.37	10.07	3.10
化肥批发	Fertilizer	1.74	0.52	4.83	1.37	0.12
机械设备、五金交电及电子产品批发	Machinery Equipment, Hardware and Electric Products	41.79	13.47	32.03	31.90	14.32
#汽车批发	Motor Vehicles	2.74	－0.72	3.50	3.46	1.45
五金产品批发	Hardware products Wholesale	8.83	2.10	8.40	6.86	1.67
计算机、软件及辅助设备批发	Computers, Software and Auxiliary Equipment	1.10	0.30	0.37	1.00	0.40
贸易经纪与代理	Manage and Agencies in Trade	1.06	0.08	0.50	0.57	0.10
其他批发	Others	4.89	7.45	2.44	2.95	18.07

续表 3 Continued 单位:亿元(100 million yuan)

指标	Item	管理费用 Manage - ment Expenses	财务费用 Financial Expenses	利润总额 Profits	应付职工薪酬 Total Wages Pagable in the Year	本年应交增值税 Value Added Tases payable in the year
零售企业合计	**Retail Sale**	**177.87**	**51.23**	**52.92**	**206.07**	**71.96**
综合零售	Synthesizs	56.80	7.32	28.01	71.38	19.44
#百货零售	Consumer Goods	34.85	6.84	19.75	27.20	9.56
超级市场零售	Supermarkets	19.48	0.10	8.08	40.66	9.15
食品、饮料及烟草制品专门零售	Food, Beverages, Tobacoos and Its Products	4.34	0.55	2.44	5.24	1.25
纺织服装及日用品专门零售	Textile Garments and Articles for Daily Use	15.51	3.80	6.90	17.54	8.17
#服装零售	Garments Articles	12.13	3.15	2.91	14.35	6.44
文化、体育用品及器材专门零售	Culture, Sports Articles and Equipment	6.96	1.13	3.43	8.41	1.70
#体育用品及器材零售	Sports Articles	0.17	0.01	-0.06	0.17	0.08
图书报刊零售	Books, newspaper	3.86	-0.49	3.18	4.95	0.29
医药及医疗器材专门零售	Medicines and Medical Appliances	8.92	1.65	5.96	10.54	4.33
#药品零售	Medicines	8.21	1.57	5.52	10.21	4.04
汽车、摩托车、燃料及零配件专门零售	Motor Vehicles Motorcycles Fuel	67.86	32.30	3.60	74.36	30.90
#汽车零售	Motor Vehicles	60.41	30.81	-10.74	63.33	24.44
机动车燃料零售	Fuel for Motor Vehicles Use	6.76	1.42	14.24	10.33	5.78
家用电器及电子产品专门零售	Household Appliance Electric Products	8.56	1.65	-0.39	11.31	3.42
#日用家电设备零售	Household Appliances Retail	3.30	0.74	-0.83	4.97	1.46
计算机、软件及辅助设备零售	Computer, Software and Auxiliary Equipment	1.48	0.18	0.64	1.95	0.52
通信设备零售	Communication Equipment	1.69	0.28	-0.07	1.72	0.46
五金、家具及室内装修材料专门零售	Hardware Furniture Decoration Indoors	2.99	1.69	0.29	2.11	0.76
货摊、无店铺及其他零售	Stalls, No Satores and Other Retail	5.94	1.14	2.68	5.18	1.99
#邮购及电视、电话零售	Mail, telephone and TV retail	0.46	-0.02	0.63	0.49	0.24

10－12 限额以上住宿餐饮业基本情况(2014 年)
Main Indicator of Hotels and Catering Services Above Designated Size(2014)

单位:亿元(100 million yuan)

指标	Item	法人企业(个) Number of Corporation (unit)	从业人员数(人) Persons Employed (person)	营业额 Business Volume
总计	**Total**	**2817**	**270082**	**549.97**
住宿业	**Hotels**	**1273**	**138360**	**280.03**
#国有及国有控股	State－owend and State Holding Enterprises	169	25624	53.27
按登记注册类型分组	**by Registration**			
内资企业	Domestic Funded Enterprises	1212	124163	239.00
国有企业	State－owned Enterprises	77	8889	18.31
集体企业	Collective owned Enterprises	25	1930	3.47
股份合作企业	Cooperative Enterprises	7	231	0.48
联营企业	Joint Ownership Enterprises	3	390	0.59
国有联营企业	State Joint Ownership Enterprises			
集体联营企业	Collective Joint Ownership Enterprises	1	196	0.12
国有与集体联营企业	Joint State－collective Enterprises	2	194	0.47
有限责任公司	Limited Liability Corporations	367	53577	107.48
国有独资公司	State Sole Funded Corporations	23	4129	7.99
其他有限责任公司	Other Limited Liability Corporations	344	49448	99.49
股份有限公司	Share－holding Corporations Ltd.	17	3727	7.69
私营企业	Private Enterprises	714	55374	100.92
私营独资企业	Private Funded Enterprises	70	2728	4.25
私营合伙企业	Private Partnership Corporations	35	1617	2.19
私营有限责任公司	Private Limited Liability Corporations	589	48513	89.30
私营股份有限公司	Private Share－holding Corporations Ltd.	20	2516	5.18
其他企业	others	2	45	0.06
港、澳、台商投资企业	Enterprises With Funds From Hong Kong, Macao and Taiwan	33	10150	31.87
合资经营企业	Joint－venture Enterprises From Hong Kong, Macao and Taiwan	14	4937	16.42
合作经营企业	Cooperation Enterprises From Hong Kong, Macao and Taiwan	1	70	0.06
独资经营企业	Enterprises with Sole Hong Kong, Macao and Taiwan	16	4322	13.66
外商投资企业	Foreign Funded Enterprises	28	4047	9.15
中外合资经营企业	Joint－venture Enterprises	13	2514	5.70
外资企业	Enterprises With Sole Foreign Investment	12	1219	2.92
外商投资股份有限公司	Foreign Invesment Share－holding Corporations Ltd.	1	26	0.08
按住宿行业中类分组	by Category			
旅游饭店	Restaurant for Tourism	867	119449	244.41
一般旅馆	Ordinary Hotels	390	17948	33.52
其他住宿服务	Others	16	963	2.09

续表　Continued　单位:亿元(100 million yuan)

指标	Item	法人企业(个) Number of Corporation (unit)	从业人员数(人) Persons Employed (person)	营业额 Business Volume
餐饮业	**Catering Services**	**1544**	**131722**	**269.95**
#国有及国有控股	State – owend and State Holding Enterprises	32	7351	15.36
按登记注册类型分组	by Registration			
内资企业	Domestic Funded Enterprises	1508	105290	210.17
国有企业	State – owned Enterprises	10	895	3.88
集体企业	Collective owned Enterprises	2	56	0.10
股份合作企业	Cooperative Enterprises	4	466	1.01
有限责任公司	Limited Liability Corporations	221	24166	48.58
国有独资公司	State Sole Funded Corporations	8	1012	2.08
其他有限责任公司	Other Limited Liability Corporations	213	23154	46.50
股份有限公司	Share – holding Corporations Ltd.	11	3395	7.49
私营企业	Private Enterprises	1251	75985	148.78
私营独资企业	Private Funded Enterprises	281	9438	15.78
私营合伙企业	Private Partnership Corporations	56	2756	4.65
私营有限责任公司	Private Limited Liability Corporations	897	57241	118.67
私营股份有限公司	Private Share – holding Corporations Ltd.	17	6550	9.68
其他企业	Others	8	272	0.29
港、澳、台商投资企业	Enterprises With Funds From Hong Kong, Macao and Taiwan	18	3675	6.79
合资经营企业	Joint – venture Enterprises From Hong Kong, Macao and Taiwan	8	1565	2.94
合作经营企业	Cooperation Enterprises From Hong Kong, Macao and Taiwan			
独资经营企业	Enterprises with Sole Hong Kong, Macao and Taiwan	9	2058	3.74
外商投资企业	Foreign Funded Enterprises	18	22757	52.99
中外合资经营企业	Joint – venture Enterprises	8	19602	42.56
中外合作经营企业	Cooperation Enterprises			
外资企业	Enterprises With Sole Foreign Investment	9	3121	10.37
按餐饮行业中类分组	**by Category**			
正餐服务	Dinner Services	1426	99439	197.80
快餐服务	Snack Services	48	27560	61.44
饮料及冷饮服务	Beverages and Cold Drink Services	23	929	1.77
其他餐饮服务	Others	47	3794	8.93

10-13 限额以上餐饮企业财务状况(2008-2014年)

Financial Indicators of Enterprises in Catering Serveices Above Designated Size(2008-2014)

单位:亿元(100 million yuan)

指标	Item	2008	2009	2010	2011	2012	2013	2014
法人企业数(个)	Corporation Unit(unit)	946	878	1003	1179	1273	1506	1544
从业人员(人)	Employed Persons(person)	99629	102056	129524	162017	144237	136523	131722
流动资产合计	Total Circulating Assets	54.89	69.04	98.02	117.63	131.00	122.77	124.78
固定资产合计	Total Fixed Assets	42.20	45.17	64.61	87.81	99.72	109.21	119.43
资产总计	Total Assets	123.15	152.29	204.26	266.74	290.19	299.61	312.97
负债合计	Total Liabilities	85.65	112.02	151.01	196.20	222.15	235.70	252.00
主营业务收入	Businese Income	150.22	165.46	210.05	264.72	276.61	257.59	263.66
主营业务成本	Business Cost	79.44	87.44	109.92	143.24	143.56	134.08	132.88
营业费用	Business Expenses	42.15	47.22	58.82	65.31	77.47	77.17	80.49
主营业务税金及附加	Sale Tax and Extra Charges of Major Management	8.08	8.87	11.38	14.22	14.77	13.64	13.77
主营业务利润	Profits of Major Management	62.71	69.22	88.70	107.26	118.28	109.87	117.01
管理费用	Management Expenses	14.55	15.59	20.75	30.50	35.20	34.97	36.57
财务费用	Financial Expenses	2.27	2.47	3.41	5.61	7.17	6.25	5.87
利润总额	Total Profits	6.49	6.45	8.97	8.75	3.81	-4.69	-1.14
本年应付工资总额	Total Wages Payable in this year				43.91	46.05	49.31	50.25
本年应付福利费总额	Total Welfare Expenses Payable in this year	0.91	0.89	0.99				

10－14 限额以上住宿餐饮企业资产负债情况(2014 年)
Assets and Liabilities of Hotel and Catering Services Above Designated Size(2014)

单位:亿元(100 million yuan)

指标	Item	资产合计 Total Assets	固定资产 Fixed Assets	流动资产 Circulating Assets	负债合计 Total Liabilities	所有者权益合计 Total Creditor's Equity
总计	**Total**	**1204.51**	**468.57**	**446.61**	**951.34**	**253.17**
住宿业	**Hotels**	**891.54**	**349.15**	**321.83**	**699.34**	**192.20**
#国有及国有控股	State－owend and State－holding Enterprises	158.19	69.52	44.83	76.70	81.49
按登记注册类型分组	**by Registration**					
内资企业	Domestic Funded Enterprises	741.26	278.68	264.73	587.76	153.50
国有企业	State－owned Enterprises	29.93	12.89	11.35	12.60	17.33
集体企业	Collective Owned Enterprises	8.52	4.43	2.37	6.02	2.50
股份合作企业	Cooperative Enterprises	1.80	0.71	0.93	1.35	0.45
联营企业	Joint Ownership Enterprises	0.89	0.28	0.60	0.20	0.70
国有联营企业	State Joint Ownership Enterprises					
集体联营企业	Collective Joint Ownership Enterprises	0.24	0.11	0.12	0.07	0.17
国有与集体联营企业	State－collective Joint Enterprises	0.65	0.17	0.48	0.13	0.52
有限责任公司	Limited Liability Corporations	390.43	161.78	126.58	294.36	96.08
国有独资公司	State Sole Funded Corporations	20.52	8.26	8.71	12.58	7.94
其他有限责任公司	Other Limited Liability Corporations	369.92	153.52	117.87	281.78	88.14
股份有限公司	Share－holding Corporations Ltd.	23.00	6.87	7.98	16.45	6.55
私营企业	Private Enterprises	286.30	91.58	114.86	256.56	29.75
私营独资企业	Private Funded Enterprises	8.52	3.60	3.50	5.08	3.44
私营合伙企业	Private Funded Corporations	3.44	0.88	1.34	2.64	0.79
私营有限责任公司	Private Limited liability Corporations	242.45	80.87	97.73	215.89	26.57
私营股份有限公司	Private Share－holding Corporations Ltd.	31.90	6.23	12.28	32.95	－1.05
其他企业	Others Enterprises	0.39	0.15	0.06	0.23	0.16
港澳台商投资企业	Enterprises With Funds From Hong Kong Macao and Taiwan	107.55	53.98	41.25	72.18	35.37
合资经营企业	Joint－venture Enterprises	50.64	18.89	27.90	28.58	22.06
合作经营企业	Cooperation Enterprises From Hong Kong,Macao and Taiwan	0.08	0.07	0.01	0.11	－0.03
独资经营企业	Enterprises with Sole Hong Kong,Macao and Taiwan	51.98	31.37	12.41	39.89	12.09
外商投资企业	Foreign Funded Enterprises	42.73	16.48	15.86	39.40	3.33
中外合资经营企业	Joint－venture Enterprises	20.86	12.13	5.23	20.60	0.27
外资企业	Enterprises With Sole Foreign Investment	18.34	2.52	9.10	16.00	2.33
外商投资股份有限公司	Foreign Invesment Share－holding Corporations Ltd.	0.08		0.06	0.01	0.07

续表 1 Continued 单位:亿元(100 million yuan)

指标	Item	资产合计 Total Assets	固定资产 Fixed Assets	流动资产 Circulating Assets	负债合计 Total Liabilities	所有者权益合计 Total Creditor's Equity
按住宿行业中类分组	**by Category**					
旅游饭店	Restaurant for Tourism	812.31	323.09	297.67	640.62	171.69
一般旅馆	Ordinary Hotels	75.39	24.18	23.48	55.80	19.60
其他住宿服务	others	3.83	1.87	0.68	2.92	0.91
餐饮业	**Catering Services**	**312.97**	**119.43**	**124.78**	**252.00**	**60.98**
#国有及国有控股	State - owend and State - holding Enterprises	20.07	3.67	10.54	12.38	7.70
按登记注册类型分组	**By Registration**					
内资企业	Domestic Funded Enterprises	264.65	92.26	113.50	211.11	53.54
国有企业	State - owned Enterprises	1.90	0.43	1.14	1.39	0.51
集体企业	Collective Owned Enterprises	0.01		0.01	0.02	-0.01
股份合作企业	Cooperative Enterprises	0.28	0.08	0.19	0.15	0.12
有限责任公司	Limited Liability Corporations	78.64	30.70	31.09	69.54	9.10
国有独资公司	State Sole Funded Corporations	4.73	0.72	1.78	3.06	1.67
其他有限责任公司	Other Limited Liability Corporations	73.91	29.98	29.31	66.47	7.43
股份有限公司	Share - holding Corporations Ltd.	9.38	2.43	3.37	3.83	5.54
私营企业	Private Enterprises	173.88	58.25	77.51	136.07	37.81
私营独资企业	Private Funded Enterprises	8.98	3.69	3.68	4.42	4.56
私营合伙企业	Private Partnership Corporations	4.88	1.24	1.65	3.12	1.76
私营有限责任公司	Catering Services	150.13	51.44	66.59	120.93	29.20
私营股份有限公司	Private Share - holding Corporations Ltd.	9.89	1.88	5.60	7.59	2.30
其他	Others	0.55	0.35	0.18	0.11	0.45
港澳台商投资企业	Funded by Enterpreneurs From Hong Kong Macao and Taiwan	14.71	6.80	4.65	12.13	2.58
合资经营企业	Joint - venture Enterprises	3.83	1.35	1.50	2.76	1.07
独资经营企业	Enterprises with Sole Hong Kong,Macao and Taiwan	10.81	5.45	3.08	9.31	1.50
外商投资企业	Foreign Funded Enterprises	33.61	20.37	6.63	28.76	4.85
中外合资经营企业	Joint - venture Enterprises	23.85	17.66	4.34	19.09	4.76
中外合作经营企业	Cooperation Enterprises					
外商独资企业	Enterprises With Sole Foreign Investment	9.73	2.71	2.28	9.52	0.21
按餐饮行业中类分组	**by Category**					
正餐服务	Dinner Services	277.97	103.67	110.11	225.16	52.81
快餐服务	Snack Services	27.72	14.59	9.36	21.72	6.00
饮料及冷饮服务	Beverages and Cold Drink Services	1.04	0.09	0.77	0.40	0.64
其他餐饮服务	Others	6.24	1.07	4.54	4.72	1.52

续表 2 Continued 单位:亿元(100 million yuan)

指标	Item	主营业务收入 Revenue in Main Business	主营业务成本 Cost in Main Business	主营业务税金及附加 Tax and Extra Changes in Main Business	营业费用 Management Cost
总计	**Total**	**542.45**	**221.53**	**29.66**	**172.79**
住宿业	**Hotels**	**278.79**	**88.65**	**15.89**	**92.30**
#国有及国有控股	State - owend and State - holding Enterprises	52.46	15.33	2.91	17.85
按登记注册类型分组	**by Registration**				
内资企业	Domestic Funded Enterprises	237.21	77.00	13.35	81.36
国有企业	State - owned Enterprises	18.06	5.69	0.96	5.90
集体企业	Collective Owned Enterprises	3.55	0.92	0.21	1.38
股份合作企业	Cooperative Enterprises	0.49	0.12	0.02	0.17
联营企业	Joint Ownership Enterprises	0.57	0.17	0.03	0.17
国有联营企业	State Joint Ownership Enterprises				
集体联营企业	Collective Joint Ownership Enterprises	0.10	0.06		
国有与集体联营企业	State - collective Joint Enterprises	0.47	0.11	0.03	0.17
有限责任公司	Limited Liability Corporations	106.48	31.77	6.09	37.48
国有独资公司	State Sole Funded Corporations	7.95	2.32	0.43	2.68
其他有限责任公司	Other Limited Liability Corporations	98.53	29.45	5.65	34.80
股份有限公司	Share - holding Corporations Ltd.	7.23	2.32	0.39	2.66
私营企业	Private Enterprises	100.77	35.97	5.65	33.58
私营独资企业	Private Funded Enterprises	4.32	2.06	0.20	0.96
私营合伙企业	Private Funded Corporations	2.16	1.00	0.10	0.51
私营有限责任公司	Private Limited liability Corporations	89.16	31.08	5.04	30.47
私营股份有限公司	Private Share - holding Corporations Ltd.	5.12	1.83	0.31	1.65
其他企业	Others Enterprises	0.06	0.04		0.02
港澳台商投资企业	Enterprises With Funds From Hong Kong Macao and Taiwan	32.47	8.41	2.03	8.39
合资经营企业	Joint - venture Enterprises	17.22	4.57	1.15	3.68
合作经营企业	Cooperation Enterprises From Hong Kong, Macao and Taiwan	0.06	0.02		0.03
独资经营企业	Enterprises with Sole Hong Kong, Macao and Taiwan	13.48	3.34	0.78	3.94
外商投资企业	Foreign Funded Enterprises	9.11	3.23	0.52	2.56
中外合资经营企业	Joint - venture Enterprises	5.67	2.41	0.32	1.25
外资企业	Enterprises With Sole Foreign Investment	2.91	0.75	0.16	1.14
外商投资股份有限公司	Foreign Invesment Share - holding Corporations Ltd.	0.08	0.01		0.06

续表 3 Continued 单位:亿元(100 million yuan)

指标	Item	主营业务收入 Revenue in Main Business	主营业务成本 Cost in Main Business	主营业务税金及附加 Tax and Extra Changes in Main Business	营业费用 Management Cost
按住宿行业中类分组	**by Category**				
旅游饭店	Restaurant for Tourism	243.69	77.69	13.86	79.80
一般旅馆	Ordinary Hotels	33.02	10.38	1.89	11.86
其他住宿服务	others	2.07	0.59	0.15	0.65
餐饮业	**Catering Services**	**263.66**	**132.88**	**13.77**	**80.49**
#国有及国有控股	State - owend and State - holding Enterprises	13.06	6.29	0.59	4.45
按登记注册类型分组	**By Registration**				
内资企业	Domestic Funded Enterprises	204.59	105.63	10.58	60.31
国有企业	State - owned Enterprises	1.70	0.72	0.10	0.65
集体企业	Collective Owned Enterprises	0.10	0.06	0.01	0.03
股份合作企业	Cooperative Enterprises	1.01	0.73	0.06	0.09
有限责任公司	Limited Liability Corporations	48.22	22.27	2.47	16.89
国有独资公司	State Sole Funded Corporations	2.00	0.85	0.09	0.64
其他有限责任公司	Other Limited Liability Corporations	46.22	21.42	2.38	16.25
股份有限公司	Share - holding Corporations Ltd.	7.47	3.57	0.36	2.60
私营企业	Private Enterprises	145.76	78.08	7.57	40.00
私营独资企业	Private Funded Enterprises	15.03	9.01	0.80	2.32
私营合伙企业	Private Partnership Corporations	4.55	2.64	0.20	1.10
私营有限责任公司	Catering Services	116.74	62.86	6.06	31.90
私营股份有限公司	Private Share - holding Corporations Ltd.	9.44	3.56	0.52	4.69
其他	Others	0.30	0.18	0.02	0.06
港澳台商投资企业	Funded by Enterpreneurs From Hong Kong Macao and Taiwan	6.73	2.28	0.36	3.00
合资经营企业	Joint - venture Enterprises	2.91	0.89	0.16	1.41
独资经营企业	Enterprises with Sole Hong Kong, Macao and Taiwan	3.71	1.34	0.19	1.54
外商投资企业	Foreign Funded Enterprises	52.33	24.98	2.83	17.18
中外合资经营企业	Joint - venture Enterprises	42.55	21.22	2.37	11.48
中外合作经营企业	Cooperation Enterprises				
外商独资企业	Enterprises With Sole Foreign Investment	9.72	3.74	0.46	5.61
按餐饮行业中类分组	**by Category**				
正餐服务	Dinner Services	192.52	97.30	10.18	57.88
快餐服务	Snack Services	60.72	28.85	3.21	20.61
饮料及冷饮服务	Beverages and Cold Drink Services	1.61	0.68	0.09	0.52
其他餐饮服务	Others	8.82	6.05	0.30	1.49

续表 4 Continued　　单位:亿元(100 million yuan)

指标	Item	管理费用 Management Expenses	财务费用 Financial Expenses	利润总额 Profits	本年应付工资薪酬(本年贷方累计发生额) Total Wages Pagable in the year
总计	**Total**	**120.66**	**26.23**	**-16.96**	**113.32**
住宿业	**Hotels**	**84.09**	**20.36**	**-15.83**	**63.07**
#国有及国有控股	State - owend and State - holding Enterprises	17.33	1.66	-0.41	15.03
按登记注册类型分组	**by Registration**				
内资企业	Domestic Funded Enterprises	71.36	16.29	-17.88	54.42
国有企业	State - owned Enterprises	5.51	0.05	0.36	4.70
集体企业	Collective Owned Enterprises	1.11	0.04	-0.05	0.85
股份合作企业	Cooperative Enterprises	0.14	0.04	0.01	0.12
联营企业	Joint Ownership Enterprises	0.16	-0.01	0.07	0.19
国有联营企业	State Joint Ownership Enterprises				
集体联营企业	Collective Joint Ownership Enterprises			0.05	0.05
国有与集体联营企业	State - collective Joint Enterprises	0.16	-0.01	0.02	0.14
有限责任公司	Limited Liability Corporations	34.68	8.43	-8.41	26.33
国有独资公司	State Sole Funded Corporations	2.59	0.29	-0.03	2.37
其他有限责任公司	Other Limited Liability Corporations	32.09	8.14	-8.38	23.95
股份有限公司	Share - holding Corporations Ltd.	2.10	0.64	-0.48	2.01
私营企业	Private Enterprises	27.63	7.09	-9.36	20.20
私营独资企业	Private Funded Enterprises	0.74	0.18	0.16	0.73
私营合伙企业	Private Funded Corporations	0.45	0.08	0.01	0.47
私营有限责任公司	Private Limited liability Corporations	24.79	5.94	-5.40	18.04
私营股份有限公司	Private Share - holding Corporations Ltd.	1.65	0.89	-4.13	0.96
其他企业	Others Enterprises	0.02		-0.02	0.02
港澳台商投资企业	Enterprises With Funds From Hong Kong Macao and Taiwan	9.44	3.16	3.23	6.45
合资经营企业	Joint - venture Enterprises	4.35	1.48	3.07	2.96
合作经营企业	Cooperation Enterprises From Hong Kong, Macao and Taiwan	0.04		-0.03	0.02
独资经营企业	Enterprises with Sole Hong Kong, Macao and Taiwan	4.68	1.51	0.38	3.08
外商投资企业	Foreign Funded Enterprises	3.29	0.92	-1.17	2.20
中外合资经营企业	Joint - venture Enterprises	2.11	0.64	-0.89	1.25
外资企业	Enterprises With Sole Foreign Investment	0.95	0.10	-0.13	0.79
外商投资股份有限公司	Foreign Invesment Share - holding Corporations Ltd.	0.01			0.01

续表 5 Continued 单位:亿元(100 million yuan)

指标	Item	管理费用 Management Expenses	财务费用 Financial Expenses	利润总额 Profits	本年应付工资薪酬(本年贷方累计发生额) Total Wages Pagable in the year
按住宿行业中类分组	**by Category**				
旅游饭店	Restaurant for Tourism	73.97	18.84	-15.16	55.83
一般旅馆	Ordinary Hotels	9.66	1.40	-0.76	6.81
其他住宿服务	others	0.46	0.12	0.09	0.44
餐饮业	**Catering Services**	**36.57**	**5.87**	**-1.14**	**50.25**
#国有及国有控股	State - owend and State - holding Enterprises	1.79	0.07	1.42	2.89
按登记注册类型分组	**By Registration**				
内资企业	Domestic Funded Enterprises	29.48	5.12	-2.35	37.44
国有企业	State - owned Enterprises	0.21		0.03	0.44
集体企业	Collective Owned Enterprises	0.01			0.02
股份合作企业	Cooperative Enterprises	0.05	0.02	0.06	0.15
有限责任公司	Limited Liability Corporations	8.03	1.40	-2.12	9.62
国有独资公司	State Sole Funded Corporations	0.49	0.03	-0.01	0.62
其他有限责任公司	Other Limited Liability Corporations	7.54	1.36	-2.11	9.00
股份有限公司	Share - holding Corporations Ltd.	0.93	0.05	1.34	0.98
私营企业	Private Enterprises	20.14	3.65	-1.72	26.11
私营独资企业	Private Funded Enterprises	1.94	0.10	0.77	2.83
私营合伙企业	Private Partnership Corporations	0.41	0.07	0.08	0.88
私营有限责任公司	Catering Services	17.25	3.43	-2.65	20.14
私营股份有限公司	Private Share - holding Corporations Ltd.	0.54	0.04	0.08	2.27
其他	Others	0.11		0.05	0.11
港澳台商投资企业	Funded by Enterpreneurs From Hong Kong Macao and Taiwan	1.17	0.43	-0.30	1.28
合资经营企业	Joint - venture Enterprises	0.37	0.06	0.03	0.60
独资经营企业	Enterprises with Sole Hong Kong, Macao and Taiwan	0.78	0.37	-0.32	0.65
外商投资企业	Foreign Funded Enterprises	5.93	0.32	1.51	11.52
中外合资经营企业	Joint - venture Enterprises	5.01	0.07	2.55	8.82
中外合作经营企业	Cooperation Enterprises				
外商独资企业	Enterprises With Sole Foreign Investment	0.91	0.25	-1.04	2.68
按餐饮行业中类分组	**by Category**				
正餐服务	Dinner Services	30.13	5.25	-3.78	35.77
快餐服务	Snack Services	5.37	0.53	2.37	12.75
饮料及冷饮服务	Beverages and Cold Drink Services	0.34	0.01		0.30
其他餐饮服务	Others	0.72	0.08	0.27	1.42

10－15 商品交易市场情况(1978－2014 年)
Basic Conditions of Business Markets of Commodity(1978－2014)

年份 Year	交易市场数(个) Business Markets (unit)	10 亿元以上(个) Above 1000 Million Yuan (unit)	100 亿元以上(个) Above 10000 Million Yuan (unit)	商品市场成交额(亿元) Transaction (100b million yuan)
1978	1051			8.6
1979	1322			11.3
1980	1415			12.2
1981	1656			14.7
1982	1736			18.1
1983	1788			21.6
1984	2241			26.9
1985	2345			44.0
1986	3653			59.1
1987	3706			80.9
1988	3632			96.3
1989	3669			149.0
1990	3797			161.9
1991	3802			204.6
1992	3865			321.3
1993	4127			651.2
1994	4207			1480.5
1995	4349			2165.7
1996	4388	57	3	2545.3
1997	4488	57	2	2798.0
1998	4619	58	2	3209.6
1999	4347	69	3	3606.0
2000	4348	68	4	4023.0
2001	4278	78	6	4652.0
2002	4193	77	6	4997.0
2003	4036	93	9	5591.0
2004	4049	114	9	6384.0
2005	4008	120	10	7173.0
2006	4064	125	13	8247.0
2007	4096	133	15	9325.0
2008	4087	139	15	9794.0
2009	4194	180	18	10744.9
2010	4146	202	22	12717.3
2011	4212	210	25	14500.0
2012	4297	233	31	15816.6
2013	4316	225	38	17800.0
2014	4321	225	33	19500.0

10-16 亿元以上商品交易市场成交情况
Basic Conditions of Business Markets of Commodity Above 100 Million Yuan

单位:万元(10000 yuan)

指标	Item	摊位数量(个) Number of Stall(unit)			成交额 Value		
		2012	2013	2014	2012	2013	2014
总计	**Total**	**457275**	**463648**	**466119**	**137692506**	**148403313**	**155249661**
食品、饮料、烟酒类	Food, Beverage, Tobacco and Liquor	140618	142537	139589	29593084	32716716	34855965
服装鞋帽、针、纺织品类	Garments, Shoes, Hats, Knit and Textile Goods	137715	139300	141746	32457560	36256556	40017654
化妆品类	Cosmetics	2551	2396	2496	398068	415477	474033
金银珠宝类	Jewelry	1523	1771	1786	1021761	1995165	1917432
日用品类	Articles For Daily Use	23597	24704	24145	4939493	5190424	6016601
五金、电料类	Hardware & Electric Materials	18582	18770	18680	4027544	4828213	4948770
体育、娱乐用品类	Sports and Recreation	1155	1397	1270	216331	302293	285692
书报杂志类	Newspapers and Magazines	130	263	226	32538	53675	53772
电子出版物及音像制品类	Electronic Publication and Audiovisual Production	73	93	85	40205	28625	22569
家用电器和音像器材类	Household Appliances and Audiovisual Equipment	4101	3725	3324	669734	726312	430819
中西药品类	Traditional Chinese & Western Medicines	744	909	1324	156165	226406	241548
#中草药及中成药	Chinese Herbal Medicine and Other Traditional Chinese Medicine	685	850	1236	141279	211596	217552
文化办公用品类	Culture and Official Articles	12540	11244	10906	1704868	1654422	1537831
家具类	Furniture	13141	13310	13929	2562912	2677526	2629676
通讯器材类	Communication Appliances	2253	2104	2758	253146	254792	315185
煤炭及制品类	Coal and Related Production	79	81	72	1789101	1930855	1688077
木材及制品类	Timber and Related Production	4746	5046	4969	1232845	1300823	1347348
石油及制品类	Oil and Related Production	30	47	70	917511	1127166	2100453
化工材料及制品类	Chemical Materials and Related Production	4381	4518	4228	7801375	8408791	8917291
金属材料类	Metal Materials	14760	14480	15827	24739732	22434663	22401259
建筑及装潢材料类	Building and Decoration Materials	25871	26983	28904	5068344	5265248	5541930
机电成品及设备类	Mechanical and Electrical Products and Appliances	6943	6582	8911	2447310	2440749	2387960
#农机类	Agricutural Mechanical Production	11	11	11	3300	4700	4300
汽车类	Motor Vehicles	11812	12614	12242	9153078	10776701	11151991
种子饲料类	Seed and Forage	183	175	179	59196	62561	41121
棉麻类	Cotton & Ambery	197	179	196	898651	759700	643100
其他类	Others	29550	30420	28257	5511954	6569454	5281584

10－17 个体经济发展情况
Developments in Individual Economy

项目	Item	2011	2012	2013	2014
户数(户)	**Number of Households(household)**	**2301306**	**2498636**	**2592246**	**2843733**
农、林、牧、渔业	Farming,Forestry,Animal Husbandry and Fishery	21312	24077	30080	40772
采矿业	Ming and Quarrying	633	573	430	402
制造业	Manufacturing	448888	482147	471377	511071
电力、燃气及水的生产和供应业	Production and Supply of Electricity,Gas and Water	617	556	450	424
建筑业	Construction	5461	5873	6096	6410
交通运输、仓储和邮政业	Transport,Storage and Post	87311	91808	83326	86013
信息传输、计算机服务和软件业	Information Transmission,Computer Services and Software	4508	3742	4307	4811
批发和零售业	Wholesale and Retail Trade	1361851	1490252	1566472	1687008
住宿和餐饮业	Hotels and Catering Services	135673	143837	158088	199362
房地产业	Real Estate	6431	6546	6201	6476
租赁和商务服务业	Leasing and Services and Other Services	25110	29726	35212	43257
居民服务和其他服务业	Resident Services and Other Services	184041	192927	202973	228316
卫生、社会保障和社会福利业	Health Care,Social Securities and Social Welfare	2369	2574	2764	3148
文化、体育和娱乐业	Culture,Sports and Recreation	13085	13651	13760	14881
其他行业	Others	4016	10347	10710	11382
从业人员(人)	**Number of Employed Persons(person)**	**5214880**	**5593201**	**5380824**	**6253197**
农、林、牧、渔业	Farming,Forestry,Animal Husbandry and Fishery	62227	73922	89011	122512
采矿业	Ming and Quarrying	3007	2732	2037	1877
制造业	Manufacturing	1513493	1691670	1666704	1906985
电力、燃气及水的生产和供应业	Production and Supply of Electricity,Gas and Water	1410	1330	1050	988
建筑业	Construction	17646	19670	20347	21928
交通运输、仓储和邮政业	Transport,Storage and Post	113788	119648	109954	117058
信息传输、计算机服务和软件业	Information Transmission,Computer Service and Software	7966	6644	7468	8179
批发和零售业	Wholesale and Retail Sale Trade	2542120	2664552	2416126	2751170
住宿和餐饮业	Hotels and Catering Services	376011	413086	434108	538795
房地产业	Real Estate	23386	23533	22993	23514
租赁和商务服务业	Leasing and Services and Other Services	82482	91139	108500	124371
居民服务和其他服务业	Resident Services and Other Services	422842	419092	433712	559838
卫生、社会保障和社会福利业	Health Care,Social Securities and Social Welfare	5555	6276	6888	7751
文化、体育和娱乐业	Culture,Sports and Recreation	35328	38927	39626	43722
其他行业	Others	7619	20980	22300	24509

10－18 私营经济发展情况 Developments of Private－owned Economy

项目	Item	2011	2012	2013	2014
户数(户)	**Number of Households(household)**	**719499**	**775290**	**936330**	**1112630**
农、林、牧、渔业	Farming,Forestry,Animal Husbandry and Fishery	10248	11583	19462	24695
采矿业	Ming and Quarrying	934	873	829	846
制造业	Manufacturing	295146	304903	355799	391476
电力、燃气及水的生产和供应业	Production and Supply of Electricity,Gas and Water	2185	2226	2444	2555
建筑业	Construction	27473	30396	34989	43231
交通运输、仓储和邮政业	Transport,Storage and Post	14445	15453	17218	20199
信息传输、计算机服务和软件业	Information Transmission,Computer Service and Software	20692	21122	23042	30337
批发和零售业	Wholesale and Retail Trade	212910	235812	299659	367323
住宿和餐饮业	Hotels and Catering Services	7931	8639	13021	15572
房地产业	Real Estate	17295	17437	19702	21753
租赁和商务服务业	Leasing and Services and Other Services	58486	64963	74786	96451
居民服务和其他服务业	Resident Services and Other Services	18418	20774	24929	30221
卫生、社会保障和社会福利业	Health Care,Social Securities and Social Welfare	854	916	1142	1467
文化、体育和娱乐业	Culture,Sports and Recreation	3789	5225	7362	10866
其他行业	Others	28693	34968	41946	55638
从业人员(人)	**Number of Employed Persons(person)**	**8081053**	**8250462**	**10337454**	**11212457**
农、林、牧、渔业	Farming,Forestry,Animal Husbandry and Fishery	64831	73252	124909	155778
采矿业	Ming and Quarrying	17938	17493	17330	17265
制造业	Manufacturing	4805597	4772748	6034142	5964740
电力、燃气及水的生产和供应业	Production and Supply of Electricity,Gas and Water	18678	20773	23587	26021
建筑业	Construction	489375	506454	563860	612570
交通运输、仓储和邮政业	Transport,Storage and Post	112913	112172	134803	151002
信息传输、计算机服务和软件业	Information Transmission,Computer Service and Software	151051	127091	148768	192729
批发和零售业	Wholesale and Retail Sale Trade	1411244	1563529	1917720	2379473
住宿和餐饮业	Hotels and Catering Services	95284	92551	146371	148547
房地产业	Real Estate	129338	126462	150589	161350
租赁和商务服务业	Leasing Services and Other Services	432464	443323	554165	716848
居民服务和其他服务业	Resident Services and Other Services	110017	119471	152910	183963
卫生、社会保障和社会福利业	Health Care,Social Securities and Social Welfare	8109	8389	10069	12609
文化、体育和娱乐业	Culture,Sports and Recreation	28847	35565	55109	80951
其他行业	Others	205367	231189	303122	408611

10－19 个体和私营经济发展情况(2014 年)
Developments on Individual an d Private－owned Economy(2014)

项目	Item	个体 Individuals	#城镇 Urban Areas	私营 Privates	#城镇 Urban Areas
户数(户)	**Number of Households(household)**	**2843733**	**1797990**	**1112630**	**728571**
农、林、牧、渔业	Farming,Forestry,Animal Husbandry and Fishery	40772	16242	24695	11095
采矿业	Ming and Quarrying	402	166	846	320
制造业	Manufacturing	511071	221531	391476	179299
电力、燃气及水的生产和供应业	Production and Supply of Electricity,Gas and Water	424	142	2555	994
建筑业	Construction	6410	3614	43231	30074
交通运输、仓储和邮政业	Transport,Storage and Post	86013	49038	20199	13537
信息传输、计算机服务和软件业	Information Transmission,Computer Service and Software	4811	3497	30337	26240
批发和零售业	Wholesale and Retail Sale Trade	1687008	1140005	367323	280483
住宿和餐饮业	Hotels and Catering Services	199362	143053	15572	11887
房地产业	Real Estate	6476	5769	21753	16600
租赁和商务服务业	Leasing and Services and Other Services	43257	33097	96451	81320
居民服务和其他服务业	Resident Services and Other Services	228316	161329	30221	22708
卫生、社会保障和社会福利业	Health Care,Social Securities and Social Welfare	3148	2486	1467	1114
文化、体育和娱乐业	Culture,Sports and Recreation	14881	10022	10866	8993
其他行业	Others	11382	7999	55638	43907
从业人员(人)	**Number of Employed(person)**	**6253197**	**3973567**	**11212457**	**6539495**
农、林、牧、渔业	Farming,Forestry,Animal Husbandry and Fishery	122512	45166	155778	66877
采矿业	Ming and Quarrying	1877	691	17265	4556
制造业	Manufacturing	1906985	891607	5964740	2578590
电力、燃气及水的生产和供应业	Production and Supply of Electricity,Gas and Water	988	336	26021	13520
建筑业	Construction	21928	11426	612570	422463
交通运输、仓储和邮政业	Transport,Storage and Post	117058	68512	151002	98743
信息传输、计算机服务和软件业	Information Transmission,Computer Service and Software	8179	5957	192729	167750
批发和零售业	Wholesale and Retail Sale Trade	2751170	1936027	2379473	1847332
住宿和餐饮业	Hotels and Catering Services	538795	401618	148547	114885
房地产业	Real Estate	23514	22217	161350	122190
租赁和商务服务业	Leasing and Services and Other Services	124371	105095	716848	590131
居民服务和其他服务业	Resident Services and Other Services	559838	428744	183963	140289
卫生、社会保障和社会福利业	Health Care,Social Securities and Social Welfare	7751	6239	12609	9775
文化、体育和娱乐业	Culture,Sports and Recreation	43722	31606	80951	63560
其他行业	Others	24509	18326	408611	298834

10-20 限额以上服务业企业主要经济指标(2014 年)
Main Indicators of Service Enterprises Above Designated Size(2014)

单位:亿元(100 million yuan)

项目	Item	单位数(个) Number of Enterprises (unit)	资产总计 Total assets	固定资产原价 Original value of fixed assets	本年折旧 This Year Depreciation
总计	**Total**	**8766**	**25144.25**	**7981.99**	**454.43**
按登记注册类型分	**by Registered Type**				
国有企业	State - owned	384	990.87	277.74	14.93
集体企业	Collective Owned	147	262.58	80.69	5.10
股份合作企业	Share - cooperations	32	72.66	40.04	1.29
联营企业	Joint	9	9.99	5.28	0.26
有限责任公司	Limited Liability Corporations	3009	15855.96	4060.82	205.53
股份有限公司	Share - holding Corporations Ltd.	247	1786.08	1347.69	78.08
私营企业	Private	4549	2619.66	980.24	71.53
其他企业	Others	68	49.03	12.70	0.99
港澳台商投资企业	Investment from HongKong, Macao and Taiwan	151	2884.25	963.13	67.36
外商投资企业	Investment from Foreign	170	613.18	213.67	9.36
按国民经济行业分	**by Sector**				
交通运输、仓储和邮政业	Transportation, Storage and Post	2825	5478.66	3288.12	158.69
信息传输、软件和信息技术服务业	Information Transmission, Software and Information Technology Services	818	4382.35	2249.18	177.74
金融业	Finance				
房地产业(除房地产开发经营)	Real Estate	574	175.95	54.54	2.73
租赁和商务服务业	Renting and Business Services	1929	12133.42	1647.88	69.73
科学研究和技术服务业	Scientific Research and Technical Services	1122	910.82	153.46	12.03
水利、环境和公共设施管理业	Water Conservancy, Environment and Public Utility	369	1079.54	318.09	16.30
居民服务、修理和其他服务业	Service for the Residents, Repair and Others	304	70.03	25.28	1.56
教育	Education	206	46.12	28.52	2.18
卫生和社会工作	Health Care and Social Work	177	82.55	48.05	3.06
文化、体育和娱乐业	Culture, Sports and Recreation	442	784.82	168.85	10.41

续表 1 Continued 单位:亿元(100 million yuan)

项目	Item	负债合计 Total Liabilities	所有者权益 Owner's Equity	营业收入 The Business revenue	主营业务收入 Revenues in Main Business
总计	**Total**	**12747.72**	**12396.53**	**7919.62**	**7698.52**
按登记注册类型分	**by Registered Type**				
国有企业	State - owned	424.90	565.97	368.75	350.46
集体企业	Collective Owned	127.01	135.57	63.42	62.02
股份合作企业	Share - cooperations	26.86	45.80	13.45	11.17
联营企业	Joint	5.70	4.29	4.09	3.94
有限责任公司	Limited Liability Corporations	8486.72	7369.24	3121.46	3012.98
股份有限公司	Share - holding Corporations Ltd.	747.39	1038.69	668.99	654.47
私营企业	Private	1686.82	932.83	2123.36	2092.32
其他企业	Others	21.93	27.10	32.02	31.61
港澳台商投资企业	Investment from HongKong, Macao and Taiwan	888.99	1995.26	1114.21	1072.28
外商投资企业	Investment from Foreign	331.40	281.78	409.86	407.29
按国民经济行业分	**by Sector**				
交通运输、仓储和邮政业	Transportation, Storage and Post	3139.78	2338.88	2230.70	2166.31
信息传输、软件和信息技术服务业	Information Transmission, Software and Information Technology Services	1471.57	2910.77	2412.94	2340.68
金融业	Finance				
房地产业(除房地产开发经营)	Real Estate	116.14	59.81	163.71	159.34
租赁和商务服务业	Renting and Business Services	6407.93	5725.49	1755.03	1698.78
科学研究和技术服务业	Scientific Research and Technical Services	515.10	395.73	695.29	687.91
水利、环境和公共设施管理业	Water Conservancy, Environment and Public Utility	649.84	429.70	217.51	210.89
居民服务、修理和其他服务业	Service for the Residents , Repair and Others	42.62	27.41	54.15	53.38
教育	Education	25.82	20.30	41.26	40.96
卫生和社会工作	Health Care and Social Work	49.86	32.69	77.26	76.99
文化、体育和娱乐业	Culture, Sports and Recreation	329.06	455.76	271.76	263.28

续表 2 Continued 单位:亿元(100 million yuan)

项目	Item	营业成本 Costs in Business	主营业务成本 Costs in Main Business	营业税金及附加 Sales Taxes and Extra Charges in Business	主营业务税金及附加 Sales Taxes and Extra Charges in Main Business
总　计	**Total**	**5334.09**	**5231.41**	**107.83**	**96.42**
按登记注册类型分	**by Registered Type**				
国有企业	State - owned	275.53	266.19	4.31	3.99
集体企业	Collective Owned	33.88	33.37	2.93	2.91
股份合作企业	Share - cooperations	6.46	4.51	0.70	0.65
联营企业	Joint	2.31	2.31	0.08	0.07
有限责任公司	Limited Liability Corporations	2224.15	2179.46	44.74	38.28
股份有限公司	Share - holding Corporations Ltd.	414.51	407.28	12.52	11.07
私营企业	Private	1685.14	1665.38	26.02	25.45
其他企业	Others	19.72	19.66	0.41	0.39
港澳台商投资企业	Investment from HongKong, Macao and Taiwan	349.00	330.71	12.67	10.19
外商投资企业	Investment from Foreign	323.40	322.54	3.45	3.42
按国民经济行业分	**by Sector**				
交通运输、仓储和邮政业	Transportation, Storage and Post	1894.98	1860.98	15.74	14.94
信息传输、软件和信息技术服务业	Information Transmission, Software and Information Technology Services	1115.21	1075.66	25.90	17.79
金融业	Finance				
房地产业(除房地产开发经营)	Real Estate	105.28	103.68	7.58	7.43
租赁和商务服务业	Renting and Business Services	1305.17	1289.09	37.83	35.75
科学研究和技术服务业	Scientific Research and Technical Services	485.92	482.40	8.32	8.22
水利、环境和公共设施管理业	Water Conservancy, Environment and Public Utility	152.21	148.30	5.92	5.76
居民服务、修理和其他服务业	Service for the Residents, Repair and Others	36.69	36.50	1.26	1.25
教育	Education	23.12	22.83	1.42	1.40
卫生和社会工作	Health Care and Social Work	47.25	47.22	0.11	0.11
文化、体育和娱乐业	Culture, Sports and Recreation	168.27	164.77	3.75	3.78

续表 3 Continued 单位:亿元(100 million yuan)

项目	Item	销售费用 Sales Charges	管理费用 Management Expenses	税金 Taxes	财务费用 Financial Expenses	营业利润 Operating Profits
总　　计	**Total**	**501.96**	**933.50**	**19.87**	**160.35**	**1110.00**
按登记注册类型分	**by Registered Type**					
国有企业	State - owned	14.75	55.82	1.08	-5.31	32.51
集体企业	Collective Owned	3.56	14.10	0.34	0.44	11.63
股份合作企业	Share - cooperations	1.12	2.57	0.03	0.07	2.78
联营企业	Joint	0.98	0.55	0	0.02	0.15
有限责任公司	Limited Liability Corporations	187.50	334.20	9.70	140.19	347.76
股份有限公司	Share - holding Corporations Ltd	69.91	67.15	2.92	12.84	116.19
私营企业	Private	94.44	210.04	2.90	38.60	83.11
其他企业	Others	2.67	6.78	0.02	0.05	2.56
港澳台商投资企业	Investment from HongKong, Macao and Taiwan	106.88	216.48	2.10	-30.58	478.66
外商投资企业	Investment from Foreign	20.16	25.80	0.78	4.02	34.65
按国民经济行业分	**by Sector**					
交通运输、仓储和邮政业	Transportation, Storage and Post	42.76	152.07	5.20	84.03	80.63
信息传输、软件和信息技术服务业	Information Transmission, Software and Information Technology Services	280.24	388.08	4.37	-31.10	640.40
金融业	Finance					
房地产业(除房地产开发经营)	Real Estate	16.13	28.23	0.55	1.68	5.26
租赁和商务服务业	Renting and Business Services	77.46	166.11	7.03	94.31	209.92
科学研究和技术服务业	Scientific Research and Technical Services	26.87	107.36	0.98	1.71	71.11
水利、环境和公共设施管理业	Water Conservancy, Environment and Public Utility	14.93	25.16	0.65	7.47	16.58
居民服务、修理和其他服务业	Service for the Residents, Repair and Others	5.36	8.31	0.11	0.84	1.80
教育	Education	3.94	8.73	0.15	0.17	3.92
卫生和社会工作	Health Care and Social Work	9.53	14.21	0.08	0.78	5.61
文化、体育和娱乐业	Culture, Sports and Recreation	24.75	35.24	0.74	0.44	54.00

续表 4 Continued 单位:亿元(100 million yuan)

项目	Item	利润总额 Profits	应交所得税 Income tax payable	应付职工薪酬 Total Wages Pagable	应交增值税 Value Added Taxes Payable	就业人员平均数(万人) Average Number of Employed Persons (10000 persons)
总计	**Total**	**1251.48**	**186.07**	**1218.93**	**173.40**	**154.23**
按登记注册类型分	**by Registered Type**					
国有企业	State - owned	40.34	4.44	119.99	6.42	12.97
集体企业	Collective Owned	13.12	0.71	12.53	0.57	2.09
股份合作企业	Share - cooperations	2.83	0.09	3.77	0.16	0.53
联营企业	Joint	0.25	0.02	1.55	0.06	0.12
有限责任公司	Limited Liability Corporations	446.32	46.73	473.46	55.07	60.51
股份有限公司	Share - holding Corporations Ltd.	126.23	24.08	101.54	15.42	10.85
私营企业	Private	97.72	22.10	310.02	31.98	55.55
其他企业	Others	2.71	0.49	10.34	0.51	1.16
港澳台商投资企业	Investment from HongKong, Macao and Taiwan	485.13	80.23	151.92	59.88	7.69
外商投资企业	Investment from Foreign	36.82	7.19	33.80	3.30	2.77
按国民经济行业分	**by Sector**					
交通运输、仓储和邮政业	Transportation, Storage and Post	141.67	37.74	301.39	35.02	39.25
信息传输、软件和信息技术服务业	Information Transmission, Software and Information Technology Services	661.81	89.93	295.65	98.83	19.34
金融业	Finance					
房地产业(除房地产开发经营)	Real Estate	6.45	2.20	68.62	0.23	16.26
租赁和商务服务业	Renting and Business Services	263.14	27.72	288.33	13.24	46.42
科学研究和技术服务业	Scientific Research and Technical Services	76.22	12.74	142.28	16.61	15.09
水利、环境和公共设施管理业	Water Conservancy, Environment and Public Utility	24.23	4.37	33.64	0.91	6.25
居民服务、修理和其他服务业	Service for the Residents, Repair and Others	2.55	0.65	14.50	0.82	3.47
教育	Education	4.49	0.78	12.60	0.02	2.02
卫生和社会工作	Health Care and Social Work	5.51	1.18	19.17	0	2.41
文化、体育和娱乐业	Culture, Sports and Recreation	65.41	8.74	42.75	7.71	3.72

注：限额以上服务业单位统计不包括批发零售业,住宿餐饮业,房地产开发业,银行、保险和证券业。
Above designated size services unit statistics do not include wholesale and retail trade, hotel and restaurant industry, the real estate development industry, banking, insurance and securities industries.

10－21 限额以上服务业非企业单位主要经济指标(2014 年)
Main Indicators of Services Non－Enterprise Units Above Designated Size(2014)

单位:亿元(100 million yuan)

项目	Item	单位数(个) Number of Enterprises (unit)	从业人员平均人数(万人) Average Number of Employed Persons(10000 persons)	年末资产 Total assets At the End of Year	固定资产原价 Original Value of Fixed Assets	收入合计 Total revenue
总计	**Total**	**9692**	**136.58**	**8572.02**	**4136.85**	**5226.77**
按国民经济行业分	**by Sector**					
交通运输、仓储和邮政业	Transportation,Storage and Post	126	1.38	96.57	51.17	84.79
信息传输、软件和信息技术服务业	Information Transmission, Software and Information Technology Services	91	0.46	53.00	29.39	17.18
房地产业(除房地产开发经营)	Real Estate	77	0.30	54.37	13.74	10.63
租赁和商务服务业	Renting and Business Services	190	0.79	214.73	66.76	37.28
科学研究和技术服务业	Scientific Research and Technical Services	410	2.83	819.33	112.24	166.89
水利、环境和公共设施管理业	Water Conservancy,Environment and Public Utility	390	5.03	310.76	97.98	112.09
居民服务、修理和其他服务业	Service for the Residents , Repair and Others	110	0.53	23.86	10.64	11.15
教育	Education	3226	47.93	2490.34	1616.61	1095.77
卫生和社会工作	Health Care and Social Work	1572	35.88	1544.94	955.71	1561.40
文化、体育和娱乐业	Culture,Sports and Recreation	518	3.19	249.05	135.28	92.23
公共管理、社会保障和社会组织	Public management, social security and social organization	2982	38.26	2715.08	1047.32	2037.37

续表 Continued 单位:亿元(100 million yuan)

项目	Item	支出合计 Total expenditure	工资福利支出 Wages and welfare expenses	商品和服务支出 Goods and services spending	对个人和家庭的补助 For individual and family allowance
总计	**Total**	**5042.00**	**1417.85**	**1834.94**	**480.83**
按国民经济行业分	**by Sector**				
交通运输、仓储和邮政业	Transportation, Storage and Post	74.89	12.86	8.15	3.53
信息传输、软件和信息技术服务业	Information Transmission, Software and Information Technology Services	15.30	4.34	7.07	0.85
房地产业(除房地产开发经营)	Real Estate	12.25	2.71	1.94	0.60
租赁和商务服务业	Renting and Business Services	32.97	6.34	14.61	1.09
科学研究和技术服务业	Scientific Research and Technical Services	179.34	30.02	43.06	13.15
水利、环境和公共设施管理业	Water Conservancy, Environment and Public Utility	110.16	26.99	42.31	5.69
居民服务、修理和其他服务业	Service for the Residents, Repair and Others	9.95	3.32	4.99	0.49
教育	Education	1025.42	478.09	255.16	161.95
卫生和社会工作	Health Care and Social Work	1500.27	430.01	918.16	62.10
文化、体育和娱乐业	Culture, Sports and Recreation	89.02	29.15	33.39	7.39
公共管理、社会保障和社会组织	Public management, social security and social organization	1992.42	394.02	506.11	223.99

浙/江/统/计/年/鉴

主要统计指标解释

■ 社会消费品零售总额

指各种经济类型的批发零售贸易业、餐饮业和除制造业和农业外的其他行业对城乡居民和社会集团的消费品零售额。这个指标反映通过各种商品流通渠道向居民和社会集团供应的生活消费品来满足他们生活需要，是研究人民生活，社会消费品购买力、货币流通等问题的重要指标。社会消费品零售总额包括：(1)售给城乡居民作为生活用的商品和修建房屋用的建筑材料；(2)售给社会集团的各种办公用品和公用消费品；(3)售给机关、团体、学校、部队、企业、事业单位的职工食堂和旅店(招待所)附设专门供本店旅客食用，不对外营业的食堂的各种食品、燃料；企业、单位和国营农场直接售给本单位职工和职工食堂的自己生产的产品；(4)售给部队干部、战士生活用的粮食、副食品、衣着品、日用品、燃料；(5)售给来华的外国人、华侨、港澳(台)同胞的消费品；(6)居民自费购买的中、西药品、中药材及医疗用品；(7)报社、出版社直接售给居民和社会集团的报纸、图书、杂志、集邮公司出售的新、旧纪念邮票、特种邮票、首日封、集邮册、集邮工具等；(8)旧货寄售商店自购、自销部分的商品；(9)煤气公司、液化石油气站售给居民和社会集团的煤气灶具和罐装液化石油气。不包括售给国民经济各部门企业、事业单位(包括国有经济的农场)生产经营用的各种原材料、燃料、设备、工具等和售给批发零售贸易业、餐饮业作为转卖用的商品、旧货寄售商店受托寄售卖出的商品、服务业的营业收入、邮局出售邮票的收入、自来水、电力、煤气生产(供应)单位的产品供应收入。

■ 商品销售总额

指对本企业(单位)以外的单位和个人出售(包括对国(境)外直接出口)的商品。这个指标反映批发零售贸易业在国内市场上销售商品以及出口商品的总量。商品销售总额包括：(1)售给城乡居民和社会集团消费用的商品；(2)售给工业、农业、建筑业、运输邮电业、批发零售贸易业、餐饮业、服务业等作为生产、经营使用的商品；(3)售给批发零售贸易业作为转卖或加工后转卖的商品；(4)对国(境)外直接出口的商品。不包括：出售本企业(单位)自用的废旧包装用品，未通过买卖行为付出的商品，经本单位介绍，由买卖双方直接结算，本单位只收取手续费的业务，购货退回的商品以及商品损耗和损失等。

■ 消费品市场成交额

指在全国消费品交易市场成交的全部商品金额。消费品市场包括农副产品市场和工业消费品市场。

■ 亿元商品交易市场成交额

年成交额达到亿元以上，经工商部门批准，专门从事商品批发、零售业务活动的市场，其市场所有摊位销售总额称为亿元商品交易市场成交额。

■ 连锁企业(或称连锁店、连锁公司)

指在核心企业或总店的领导下，由分散的、经营同类商品或服务的企业或活动单位，采取共同方针，实行集中采购和分散销售的有机结合，通过规范化经营，实行集中采购和分散销售的有机结合，通过规范化经营，实现规模效益的经济联合组织形式。一般连锁店应由若干个分店组成。其经营特征：(1)经营同类商品；(2)使用统一商号；(3)统一采购配送，采购与销售相分离(部分商品可根据物流合理和保质保鲜原则，由供应商直接送货到门店，其余均由总部统一配送)。

连锁门店包括下列两种形式：

直营连锁：指正规连锁。连锁门店均由总部独资或控股开设，在总部的直接领导下统一经营。

加盟连锁：指特许连锁。各连锁门店(被特许人)通过合同形式，取得使用总部(特许人)商标、商号、经营技术和销售总部开发的商品的特许权，各加盟连锁门店为独立法人，在总部指导下统一经营。

ZHEJIANG STATISTICAL YEARBOOK

Explanatory Notes on Main Statistical Indicators

□ Total Retail Sales of Consumer Goods

refer to the sum of retail sales of consumer goods by the establishments in wholesale trade, retail sale trade, catering trade and other industries except manufacturing and agriculture of different types of ownership, to urban and rural residents and social groups. This indicator is used to show the supply of consumers goods through various channels to households and institutions to meet their demands, and is therefore very important for the study of the issues on people ' s livelihood, on the purchasing power of consumer goods and on the circulation of money. The retail sales of consumer goods include: (1) commodities sold to urban and rural residents for residential use and building materials sold to them for the construction or repair of houses; (2) food and fuels sold to canteens of institutions, enterprises, schools, military units and to canteens of hotels and hostels that only serve their guests, and commodities produced by enterprises, institutions or state farms and sold directly to their employees or their canteens; (3) grain and non – staple food, clothing, daily articles and fuels sold to military personnel; (4) consumer goods sold to foreigners, overseas Chinese, and Chinese compatriots from Taiwan, Hong Kong and Macao during their stay in the mainland of China; (5) Chinese and western medicines, herbs and medical facilities purchased by residents; (6) newspapers, books and magazines directly sold to residents and social groups by publishers, new and old commemorative stamps, special stamps, first – day covers, stamp albums and other stamp – collection articles sold by stamp companies; (7) consumer goods purchased and then sold by second – hand shops; (8) stoves and other heating facilities and liquified gas sold by gas companies to households and institutions. Excluded under this heading are: raw materials, fuels, equipment, tools sold to enterprises, institutions and state farms for production purpose; commodities sold to trade establishments for re – selling; commissioned sales at second – hand shops; operational income of urban public utilities; stamps sold at post offices; income of water, power, gas production and supply establishments from the supply of their products.

□ Total Sales of Commodities

refer to selling of commodities by the establishments to other establishments and individuals (including direct export). This indicator is used to show the total value of sales of commodities at domestic markets and export. The total sales include: (1) commodities sold to urban and rural residents and social groups for their consumption; (2) commodities sold to establishments in industry, agriculture, construction, transportation, post and telecommunications, wholesale and retail trades, catering trade and public utility for their production and operation; (3) commodities sold to wholesale and retail establishments for re – selling, with or without further processing; and (4) commodities for direct export to other countries. Excluded are selling of waste packaging materials used by the establishments (units) themselves, commodities transferred without buying or selling procedures, commission income from brokerage in transactions whose settlement is directly handled by buyers and sellers , rejected commodities in the purchase, loss in commodities, etc.

□ Volume of Transaction at Consumer Goods Markets

refers to the value of transaction of all goods at consumer goods markets in the country, including both markets for farm and sideline products and for industrial consumption goods.

□ Volume of Transaction at Large Commodity Markets(with transaction value over 100 million yuan)

refers to markets approved by the industrial and commercial administration departments, which specialize in wholesale and retail of modities with transaction value

EXPLANATORY NOTES ON MAIN STATISTICAL INDICATORS

over 100 million yuan. The stall of sales of all sellers in the markets makes up the transaction value of the markets.

□ Chain Enterprises (also called chain stores or called corporations)

refer to a form of joint economic entities unit which scattered enterprises or establishments engaged in pithing homogeneous commodities or services, with the central leadership of core enterprise or headquarters and guided by policies, conduct centralized purchase and distributed selling commodities, in order to gain better efficiency through standardized operation. Consisting of a number of branch stores the chain stores have in general following features: (1) homogeneous commodities, (2) unique name of stores, (3) centralized purchase and delivery which is separated from the headquarters cept some items which, from logistics, quality or considerations, might be delivered by the suppliers directy.

Chain stores have two categories:

(a) Chain stores under direct management: These are chain stores invested or controlled by the headquarters operate under the direct and unified management from the headquarters.

(b) Chain stores through license arrangement: These are contracts, chain stores (their owners) obtain licenses from the headquarters to use designated trade marks, names, operates know - how, and to sell the commodity developed by the headquarters. Under this arrangement. Each store in the chairs an independent legal entity and operates under the guidance the headquarters.

2015
浙江统计年鉴
ZHEJIANG STATISTICAL YEARBOOK

对外经济贸易和旅游
Foreign Economy and Trade, Tourism

11－1 进出口总值(1986－2014年)
Total Value of Imports and Exports(1986－2014)

单位:万美元(USD 10000)

年份 Year	进出口总值 Total Value of Imports and Exports	出口 Export	#一般贸易 Ordinary Trade	进口 Import	#一般贸易 Ordinary Trade
1986	129291	109128		20163	
1987	149984	123406		26578	
1988	198628	149004		49624	
1989	251387	187222		64165	
1990	277342	218881		58461	
1991	385052	290628		94424	
1992	499907	357127	258763	142780	48230
1993	673269	432313	326388	240956	78690
1994	899144	608657	474070	290487	75292
1995	1151230	769782	593336	381448	92160
1996	1254126	804147	572545	449979	102558
1997	1427732	1011113	739172	416619	106496
1998	1485382	1086623	820244	398759	148712
1999	1830540	1287125	1001423	543415	314525
2000	2783265	1944279	1540108	838986	528135
2001	3279969	2297747	1825752	982222	635302
2002	4195650	2941102	2426940	1254548	859007
2003	6141083	4159499	3418932	1981584	1361717
2004	8521312	5814638	4674761	2706674	1665622
2005	10739123	7680353	6023916	3058770	1858590
2006	13914686	10089427	7731170	3825259	2143288
2007	17685633	12827293	9935900	4858341	2922772
2008	21110927	15426700	12185303	5684227	3440144
2009	18773488	13301032	10664403	5472456	3744581
2010	25353311	18046487	14500708	7306824	4943317
2011	30937777	21634949	17648423	9302827	6534332
2012	31240276	22451854	17968381	8788421	6243733
2013	33578871	24874624	19629669	8704246	6320295
2014	35504894	27332897	21676500	8171997	5819584

11 -2 出口总值分类表(2008 -2014 年)
Total Value of Exports by Category(2008 -2014)

单位:万美元(USD 10000)

项目	Item	2008	2009	2010	2011	2012	2013	2014
出口总值	**Export**	**15426700**	**13301032**	**18046487**	**21634949**	**22451854**	**24874624**	**27332897**
#机电产品	Electrical and Mechanical Production	6804800	5550552	7912485	9242116	9589938	10155084	11249163
总值中:	**Among Total**							
国有企业	State - owned Enterprises	1993053	1497457	1822803	2113709	2058912	1932966	1954347
三资企业	Foreign Funded Enterprises	5426543	4477847	5813723	6528698	6298252	6206415	6258027
集体企业	Collective Owned Enterprises	1238192	899306	1107903	1178390	1029500	936231	898275
私营企业	Private Enterprises	6738201	6393095	9259160	11758106	13000168	15726403	18147611
其他企业	Others	30712	33327	42898	56047	65022	72609	74637
总值中:	**Among Total**							
工业制成品	Manufactured Goods	14868136	12831464	17412873	20743661	21443210	23841361	26401846
初级产品	Primary Goods	558564	469568	633613	891288	1008644	1033263	931051

11 -3 进口总值分类表(2008 -2014 年)
Total Value of Imports by Category(2008 -2014)

单位:万美元(USD 10000)

项目	Item	2008	2009	2010	2011	2012	2013	2014
进口总值	**Total**	**5684227**	**5472456**	**7306824**	**9302827**	**8788421**	**8704246**	**8171997**
#机电产品	Electrical and Mechanical Production	1502351	1189665	1631207	1803721	1590660	1495148	1450632
总值中:	**Among Total**							
国有企业	State - owned Enterprises	846188	894294	847264	1036810	904531	961541	933934
三资企业	Foreign Funded Enterprises	2933865	2451898	3425816	4263893	4021255	3770510	3419079
集体企业	Collective Owned Enterprises	397254	434019	690342	795269	663920	476642	401151
私营企业	Private Enterprises	1495030	1686184	2333907	3196934	3185058	3476978	3381090
其他企业	Others	11889	6061	9494	9921	13656	18575	36743
总值中:	**Among Total**							
工业制成品	Manufactured Goods	4221124	4092752	5388682	6510300	6042550	5849765	5387537
初级产品	Primary Goods	1463103	1379704	1918142	2792527	2745871	2854482	2784460

11－4 浙江省与各国(地区)的进出口总额
Zhejiang's Foreign Trade with Related Countries (Regions)

单位:万美元(USD 10000)

国别(地区)	Country(Region)	出口 Exports			进口 Imports		
		2012	2013	2014	2012	2013	2014
总值	**Total**	**22451854**	**24874624**	**27332897**	**8788421**	**8704246**	**8171997**
#亚太经济合作组织	APEC	10668988	11563182	12400727	6150685	6071150	5586460
亚洲	**Asia**	**7544121**	**8469537**	**9346981**	**5153241**	**5061201**	**4591532**
#中国香港	Hong Kong,China	662934	591134	582427	28820	26952	21479
日本	Japan	1344569	1331439	1270734	1126154	1014641	929573
中国台湾	Taiwan,China	233390	262031	282431	1087949	1101056	984643
韩国	Korea Rep	556538	585006	626939	839921	744079	733583
东南亚联盟	The Association of Southeast Asian Nations	1695998	2016659	2269887	1133909	1169937	1049681
非洲	**Africa**	**1578458**	**2007369**	**2204026**	**221883**	**237259**	**289358**
欧洲	**Europe**	**6292509**	**6807633**	**7517554**	**1294851**	**1235486**	**1174833**
#欧洲联盟	EU	5055909	5445047	6267058	1030496	1017670	965760
#英国	United Kingdom	722275	816070	993179	91817	85175	83735
德国	Germany	1043111	1102136	1241591	315768	337553	318775
意大利	Italy	517559	539814	606804	108558	111543	97813
法国	France	456603	467178	530660	132906	96174	126547
比利时	Belgium	243854	257117	289003	78246	72752	69674
#俄罗斯	Russia	798195	930461	932948	164527	129773	116856
拉丁美洲	**Latin America**	**2208945**	**2414322**	**2546075**	**670746**	**606609**	**652842**
北美洲	**North America**	**4210030**	**4571762**	**5073970**	**897432**	**840090**	**779077**
#美国	United States	3817181	4139863	4615276	720982	655183	620381
加拿大	Canada	392735	431555	458367	176424	184845	158694
大洋洲	**Oceania**	**617791**	**604002**	**644292**	**550085**	**723454**	**684147**
#澳大利亚	Australia	484406	500699	522515	446044	598011	542459

11－5 进出口货物分贸易方式总值表(2011－2014 年)
Total Value of Imports and Exports by Type(2011－2014)

单位:万美元(USD 10000)

贸易方式	Type	出 口 Exports				进 口 Imports			
		2011	2012	2013	2014	2011	2012	2013	2014
总值	Total	21634949	22451854	24874624	27332897	9302827	8788421	8704246	8171997
一般贸易	Ordinary Trade	17648423	17968381	19629669	21676500	6534332	6243733	6320295	5819584
补偿贸易	Compensation Trade								
来料加工装配贸易	Processing and Assembling Raw Material Supplied by Foreign Firms	253583	245343	223983	208910	185349	166124	130813	115269
进料加工贸易	Processing Imported Raw Materials	3350211	3224060	2999990	3055632	1533967	1360785	1313982	1297359
外商投资企业作为投资进口的设备	Imported Equipment as Investment of Foreign Enterprises					72590	61480	80445	35140
出料加工贸易	Processing Exported Raw Materials		44	12			31	34	11
保税监管场所进出境货物	Bonded cargo entry and exit monitoring sites	288896	393973	364683	245681	588681	681105	637453	684757
海关特殊监管区域物流货物	Customs supervision of goods logistics	76745	66548	101086	108422	349928	243882	199433	202360
国家间、国际组织无偿援助和赠送物资	Assistant Goods From International Organization	246	782	513	669				
华侨、港澳台同胞、外籍华人捐赠物资	Assistant Goods From Overseas Chinese Compatriots from Hong Kong, Macao and Taiwan	2				15	2686	137	
来料加工装配进口的设备	Assembling Imported Equipment					704	109	318	135
对外承包工程出口货物	Exported Commodities for Contracted Projects	4135	8735	16104	12663				
其他	Others	12708	543988	1538583	2024420	37261	28486	21337	17382

11－6 出口主要商品情况(2010－2014 年)
Statistics on Export of Commodities(2010－2014)

单位:万美元(USD 10000)

项目名称	Item	2010	2011	2012	2013	2014
机电产品	Electrical and Mechanical Products	7912485	9242116	9589938	10155084	11249163
高新技术产品	High－tech Production	1473315	1533458	1480117	1427065	1550037
农副产品	Farm Production	829581	966358	971841	1005141	1028031
服装及衣着附件	Garments and Related Production	2489643	2913835	2854395	3188259	3327578
纺织纱线、织物及制品	Spinning,Textile and Related Production	2486184	3110820	3126421	3536825	3768787
鞋类	Shoes	598273	748640	755695	888177	951918
家具及其零件	Furniture and Related Parts	676729	761579	807384	892432	1009468
塑料制品	Plastic Articles	314253	391872	489003	652103	807430
自动数据处理设备及其部件	Automatic Data Processing Equipment and Related Parts	137184	125570	130479	127315	140200
灯具、照明装置及类似品	Lamps & Lanterns and Lighting Installation	229472	277376	327029	410897	579170
箱包及类似容器	Bags	243479	296561	322729	412970	468806
汽车零件	Parts of Moter Vehicles	350998	450209	465458	638298	691537
钢材	Steel	223114	298983	282509	336089	448163
床垫、寝具及类似品	Mattress and Beddings	176272	195695	206287	220256	227112
船舶	Seawater Aquatic Production	733778	658922	570711	344798	302482
医药品	Medical and Pharmaceutical Production	199535	213015	211528	222688	240651
电线和电缆	Electric Wire and Cables	195826	235762	249921	261117	292372
水海产品	Freshwater and Seawater Aquatic Production	92738	177399	174833	189409	199776
通断及保护电路装置	Equipment for Switching or Protecting Electrical Circuits	202715	240004	254062	278894	326886
钢铁或铜制标准紧固件	Standard Parts Made by Iron & Steel or Copper	162909	208565	195170	198361	214523

11－7 进口主要商品情况(2010－2014 年)
Statistics on Import of Commodities(2010－2014)

单位:万美元(USD 10000)

商品名称	Item	2010	2011	2012	2013	2014
机电产品	Electrical and Mechanical Production	1631207	1803721	1590660	1495148	1450632
高新技术产品	High－tech Production	895664	967357	875158	766405	820211
农副产品	Farm Production	565421	713452	736390	737500	783812
钢材	Steed Production	134049	156321	118269	90487	94277
初级形状的塑料	Plastics of Primary Forms	545979	610595	654046	678670	655355
对苯二甲酸	Telephthatic Acid	274958	364507	253296	95134	15674
纺织机械及零件	Textile Machinery and Related Parts	106503	124806	97100	104539	90451
未锻造的铜及铜材	Unwrought Copper	363077	404615	309164	277777	265669
自动数据处理设备及其部件	Automatic Data Processing Equipment and Related Parts	26299	18855	15867	15079	17361
液晶显示板	LCD Panel	296949	271750	288467	212126	191737
原油	Crude Oil	128405	134568	129337	66714	154982
集成电路	Integrated Circuit	189177	165607	160040	172127	214903
苯乙烯	Styrene	92369	89279	98381	150535	92318
铁矿砂及其精矿	Iron ore in Sand Form and Refined ore	458200	717326	655343	772378	627337
橡胶或塑料加工机械及零件	Machinery Parts for Processing Rubber and Plastics	34205	39453	40105	31491	25573
金属加工机床	Processing Machine Tools	52977	71174	58634	57844	49413
纸浆	Paper Pulp	155751	212641	185388	162708	163050
乙二醇	Glycol	236466	331738	288388	262932	182533
原木	Log	72740	76992	91151	87066	141027
计量检测分析自控仪器及器具	Automatic Instruments for Measurement Examination Analysis	51932	67300	63821	66834	71933
成品油	Processed Oil	148979	323136	427057	499066	375832

11－8 利用外资协议合同(项目)和金额(1979－2014 年)
Total Amount of Foreign Capital Utilized Through the Signed Agreements and Contracts(1979－2014)

年份 Year	协议合同(项目)(个) Projects(unit)			协议金额(万美元) Value(USD 10000)		
	合计 Total	对外借款 Foreign Loans	外商直接投资 Direct Foreign Investment	合计 Total	对外借款 Foreign Loans	外商直接投资 Direct Foreign Investment
1979				1120		
1980	4		4	620		138
1981	1	1		749	385	
1982	1		1	552		1
1983	2		2	440		94
1984	25	2	23	8506	4005	3955
1985	58	3	55	9154	4352	3650
1986	33	3	30	5224	2414	2307
1987	68	29	39	14291	7745	4525
1988	185	33	152	26815	14865	11326
1989	226	41	185	37107	23910	12212
1990	296	2	294	24792	11274	13313
1991	592	7	585	37480	5634	31728
1992	2343	5	2338	324084	32076	290922
1993	4497	10	4487	404330	29274	374562
1994	2537	9	2528	321573	27839	289317
1995	1861	25	1836	422153	92950	325031
1996	1243	35	1208	429083	107750	312866
1997	888	36	852	486522	294123	121008
1998	1013	48	965	225795	41999	183390
1999	1154	41	1113	302839	85528	214793
2000	1742	100	1642	306977	56029	250948
2001	2311	1	2310	717502	209462	501588
2002	3364		3364	720846	38453	678912
2003	4442		4442	1317478	108301	1205014
2004	3824		3824	1567591	106407	1456066
2005	3396		3396	1858137	209649	1612667
2006	3583		3583	2175249	192344	1910261
2007	2919		2919	2585485	271271	2040043
2008	1858		1858	2115422	290101	1781995
2009	1738		1738	1761290	142406	1601785
2010	1944		1944	2313902	260493	2004666
2011	1691		1691	2637868	579475	2058393
2012	1597		1597	2666132	558919	2107213
2013	1572		1572	2438359		2438359
2014	1550		1550	2441203		2441203

11－9 实际利用外资金额(1984－2014年)
Amount of Foreign Capital Actually Used(1984－2014)

单位:万美元(USD 10000)

年份	合计	对外借款 Foreign Loans	外商直接投资 Direct Foreign Investment	其他投资 Others
1984	4887	4005	252	630
1985	6452	4352	1634	466
1986	4891	2414	1853	624
1987	11360	7745	2337	1278
1988	18124	14419	2957	748
1989	26918	21503	5181	234
1990	16235	11305	4844	86
1991	17186	7947	9162	77
1992	40971	10496	29398	1077
1993	121991	18226	103271	494
1994	137073	22038	114449	586
1995	153965	27692	125775	498
1996	238313	77825	152021	8467
1997	306641	84905	150345	71391
1998	241656	109448	131802	406
1999	252499	97036	153262	2201
2000	248919	87022	161266	631
2001	451934	223301	221162	7471
2002	469547	148515	316002	5030
2003	757824	207160	544936	5728
2004	974631	298657	668128	7846
2005	1393826	582049	772271	39506
2006	1450582	486127	888935	75520
2007	1432049	119126	1036576	276347
2008	1244995	192632	1007294	45069
2009	1087685	74715	993974	18996
2010	1322584	172425	1100175	49984
2011	1539807	353257	1166601	19949
2012	1622327	287791	1306926	27610
2013	1415898		1415898	
2014	1579725		1579725	

11－10 按行业分的外商直接投资
Foreign Direct Investment

单位：万美元(USD 10000)

指标	Item	项目 Number of Projects (unit)		合同外资 Compact of Foreign Captial		实际利用外资 Foreign Investments Actually Used	
		2013	2014	2013	2014	2013	2014
总计	**Total**	**1572**	**1550**	**2438359**	**2441203**	**1415898**	**1579725**
合资企业	Joint Enterprises	434	426	416637	392153	354182	313869
独资企业	Foreign Enterprises	1130	1115	1995163	1970647	996766	1205573
第一产业	Primary Industry	21	36	13685	34570	8094	8146
第二产业	Secondary Industry	550	461	914802	953204	620096	592423
#制造业	Manufacturing	542	448	896284	930790	604012	570815
纺织业	Textile Industry	31	13	47084	32221	35896	29282
化学原料及化学制品制造业	Raw Chemical Materials and Chemical Products	10	14	65629	57341	59151	45573
医药制造业	Medical and Pharmaceutical Products	8	7	20984	6516	28555	5404
通用设备制造业	Ordinary Machinery	83	54	111620	104218	64163	55597
专用设备制造业	For Special Purpose Equipment Manufacturing	61	46	98447	68532	61266	40299
通信设备、计算机及其他电子设备制造业	Telecommunications Equipment, Computer and Other Electronic Equipment Manufacturing	42	35	74766	51640	58165	47754
#电力、燃气及水的生产和供应业	Electricity, Gas and Water Production and Supply	4	12	8680	19696	7983	18994
#建筑业	Construction	4	1	2308	2518	6391	2584
第三产业	Tertiary Industry	1001	1053	1509872	1453429	787708	979156
#交通运输、仓储和邮政业	Transport, Storage and Post	12	15	66917	48205	93762	28691
信息传输、计算机服务和软件业	Information Transmission, Computer Services and Software	79	93	110951	116023	60765	63335
批发和零售业	Wholesale and Retail Trade	484	511	267018	356233	107304	179934
住宿和餐饮业	Hotels and Catering Services	13	16	2121	11565	11271	4948
金融业	Banking	29	34	47485	143089	15094	21982
房地产业	Real Estate	59	29	621431	267871	345374	466395
租赁和商务服务业	Renting and Business Services	153	154	191641	202795	85474	90796
科学研究、技术服务和地质勘查业	Scientific Research, Technic Service and Geological Prospecting	149	158	170888	232176	60202	92449
水利、环境和公共设施管理业	Water Conservancy, Environment and Public Utility	6	4	10843	20723	3243	17773
居民服务和其他服务业	Service for the Residents and Other	5	19	－1522	9295	692	3694
教育	Education	1	4	110	697		75
卫生、社会保障和社会福利业	Health Care, Sports and Social Welfare	1	3	1951	1794	2108	1848
文化、体育和娱乐业	Culture, Sports and Entertainment	10	13	20038	42963	2419	7236

11－11 按国别(地区)分的外商直接投资
Foreign Direct Investment by Country(Region)

国别(地区)	Country(Region)	2014年末实有企业 Number of Enterprises at the End of 2014		项目(个) Number of Projects (unit)		合同外资金额(万美元) Agreements of Foreign Capital (USD 10000)		实际利用外资(万美元) Foreign Capital Actually Used (USD 10000)	
		个数 Number	外方注册资本(万美元) Foreign Registered Capital (USD 10000)	2013	2014	2013	2014	2013	2014
总计	**Total**	**20960**	**11938917**	**1572**	**1550**	**2438359**	**2441203**	**1415898**	**1579725**
#中国香港	Hong Kong, China	9188	7471565	802	764	1845279	1661826	965042	1128983
中国台湾	Taiwan, China	1672	217481	96	124	37122	58630	6014	9743
日本	Japan	1346	610666	58	38	61187	158003	41431	28625
新加坡	Singapore			33	26	55687	57896	53577	45940
韩国	Korea Rep	623	168222	58	48	15231	16416	16540	6749
英国	United Kingdom	305	109070	22	19	14270	10613	7428	5541
法国	France	238	80019	21	13	8279	11655	20825	11250
德国	Germany	339	69852	20	20	3228	18250	3933	34914
意大利	Italy			23	22	8585	6556	7669	5136
美国	United States	1778	424450	115	135	64069	50276	19245	18376
加拿大	Canada	338	49498	36	39	28013	10416	3326	2573
澳大利亚	Australia	324	52843	17	18	15303	9098	2425	5513
维尔京群岛	Virgin Islands	977	974436	44	29	109616	81928	86034	85332

注：年末实有企业指在工商行政管理部门登记注册的外商投资企业。
The number of Foreign－invested enterprises at year－end refer to the enterprises registered at Industry and Commerce Administrative Department.

11－12 对外经济合作情况(2008－2014)
Labour Services Contracted Projects with Foreign and Regions(2008－2014)

项目		Item		2008	2009	2010	2011	2012	2013	2014
新签对外承包工程和劳务合作合同额	(万美元)	Amount of Newly Signed Contracts	(USD 10000)	336265	247103	246106	295438	361220	464707	423539
对外承包工程和劳务合作营业额	(万美元)	Business Income	(USD 10000)	209313	239345	291076	302693	382974	440266	533922
对外承包工程和劳务合作在年底在外人数	(人)	Population in Foreign Countries and Regions	(person)	25054	23504	26261	17836	27149	27923	31279
境外投资企业数	(个)	Number of Enterprises Investing Abroad	(unit)	427	475	630	568	634	568	577
境外企业中方投资额	(万美元)	Amount of Investing Abroad	(USD 10000)	86088	123491	336008	344551	389236	551648	581489

11-13 国际旅游发展情况(1979-2014年)
Development of International Tourism(1979-2014)

单位:人(person)

年份 Year	入境旅游者人数(人) International Tourists	#外国人 Foreigners	#港澳台同胞 Compatriots from Hong Kong,Macao and Taiwan,China	旅游创汇收入(万美元) Foreign Exchange Earnings(USD 10000)
1979	93094	49021	42901	
1980	138877	68583	68218	
1981	171710	102088	67005	
1982	180271	109309	67972	
1983	184287	114524	64618	1458
1984	213098	131977	73916	1900
1985	272870	178282	84621	2519
1986	293968	190695	90501	4175
1987	330062	206192	104005	4289
1988	392672	169782	182901	5624
1989	294062	84800	187607	3568
1990	496218	116429	342248	5440
1991	554091	176605	351881	7489
1992	685367	234282	403458	10210
1993	728408	289559	393251	11679
1994	612689	329529	261226	18055
1995	672717	366491	283353	23591
1996	729012	412970	293000	29184
1997	811468	453449	328430	34495
1998	819615	414273	364074	36122
1999	947788	506650	408454	41009
2000	1125898	643840	482058	51397
2001	1469502	818686	650816	70693
2002	2041761	1214635	827126	92763
2003	1817986	1069318	748668	87249
2004	2766680	1776392	990288	130047
2005	3480089	2328941	1151148	171626
2006	4272786	2817266	1455520	213490
2007	5111789	3436358	1675431	270790
2008	5396682	3661293	1735389	302408
2009	5706385	3776024	906547	322358
2010	6847102	4474054	2373048	393020
2011	7736908	5150408	2586500	454173
2012	8659290	5705072	2954218	515174
2013	8662817	5765720	2897097	539293
2014	9310301	6144460	3165841	575348

注:1979-1999年旅游者人数中包括华侨。
Total Tourists number from 1979-1999 in this table included Overseas Chinese.

11－14 旅游事业发展情况(2008－2014 年)
Development of Tourism(2008－2014)

项目	Item	2008	2009	2010	2011	2012	2013	2014
国内旅游	**Domestic Tourism**							
人数(万人次)	Number of Touris (10000 person－times)	20900.0	24410	29500	34295	39124	43439	47875
收入(亿元)	Earnings(100 million yuan)	2040.0	2424	3046	3785	4476	5202	5947
入境旅游	**International Tourism**							
人数合计(人次)	Total(person－time)	5396682	5706385	6847102	7736908	8659290	8662817	9310301
#外国人	Foreigners	3661293	3776024	4474054	5150408	5705072	5765720	6144460
港澳同胞	Compatriots from Hong Kong and Macao, China	820554	906547	1085362	1173601	1334035	1363811	1485451
台湾同胞	Compatriots from Taiwan, China	914835	1023814	1287686	1412899	1620183	1533286	1680390
创汇收入(万美元)	**Foreign Exchange Earnings(USD 10000)**	**302408**	**322358**	**393020**	**454173**	**515174**	**539293**	**575348**

11－15 接待入境旅游者人数(2008－2014年)
Reception and Tourism Departments(2008－2014)

单位:人次(person－time)

国别(地区)	Country(Region)	2008	2009	2010	2011	2012	2013	2014
日本	Japan	661465	655722	708286	773145	717114	567087	515107
韩国	Korea Rep	661668	623905	714301	790920	838539	857061	955953
马来西亚	Malaysia	177103	197084	238386	259275	263866	267461	257037
美国	United States	272776	270430	338155	388266	419638	441632	450717
新加坡	Singapore	135770	128438	160493	167125	168995	180420	195472
泰国	Thailand	103423	100083	104606	113853	125147	131264	134234
德国	Germany	111433	117846	136780	161516	158434	205304	221007
意大利	Italy	96407	103074	124211	156184	194011	227382	250023
法国	France	94438	95883	120369	140761	123699	171045	184472
印度尼西亚	Indonesia	62860	62639	79815	83225	85869	80659	79890
澳大利亚	Australia	77793	73816	93118	102934	115200	120212	121192
英国	United Kingdom	81024	83805	107092	124179	135582	169887	186097
印度	India	61419	70565	85319	91729	110701	115530	126043
菲律宾	Philippines	42903	46148	51418	55099	61038	60639	56034
加拿大	Canada	78835	75366	102507	110807	121858	125987	121996
西班牙	Spain	69117	68112	76984	92656	121332	121215	121430
荷兰	Netherlands	49240	46033	53506	63018	19878	67309	67075
俄罗斯	Russia	61761	81844	93631	113778	62749	116026	121211
瑞典	Sweden	25380	25704	27929	28657	8052	23049	20907
瑞士	Switzerland	22486	23136	26721	26026	28171	29393	32424
新西兰	New Zealand	19165	21757	25126	32411	35208	36530	37642
中国香港	Hong Kong,China	700548	742035	855220	924711	1032449	1022083	1097730
中国澳门	Macao,China	120006	164512	230142	248990	301586	341728	387721
中国台湾	Taiwan,China	914835	1023814	1287686	1412899	1620183	1533286	1680390

浙/江/统/计/年/鉴

主要统计指标解释

■ 利用外资

指我国各级政府、部门、企业和其他经济组织通过对外借款、吸收外商直接投资以及用其他方式筹措的境外现汇、设备、技术等。

■ 对外借款

指通过对外正式签订借款协议,从境外筹措的资金,包括外国政府贷款、国际金融组织贷款、外国银行商业贷款、出口信贷以及对外发行债券等。1996 年及以前还包括对外发行股票。

■ 外商直接投资

是指外国企业和经济组织或个人(包括华侨、港澳台胞以及我国在境外注册的企业)按我国有关政策、法规,用现汇、实物、技术等在我国境内开办外商独资企业、与我国境内的企业或经济组织共同举办中外合资经营企业、合作经营企业或作合作开发资源的投资(包括外商投资收益的再投资)。

■ 外商其他投资

指除对外借款和外商直接投资以外的各种利用外资的形式。包括企业在境内外股票市场公开发行的以外币计价的股票(目前主要是在香港证券市场发行的 H 股和在境内证券市场发行的 B 股)发行价总额,国际租赁进口设备的应付款,补偿贸易中外商提供的进口设备、技术、物料的价款,加工装配贸易中外商提供的进口设备、物料的价款。

■ 对外劳承包工程及劳务合作

包括对外承包工程、对外劳务合作及对外设计咨询。其中对外承包工作指各对外承包公司以招标议标承包方式承揽的下列业务:(1)承包国外工程建设项目,(2)承包我国对外经授项目,(3)承包我国驻外机构的工程建设项目,(4)承包我国境内利用外资进行建设的工程项目,(5)与外国承包公司合营或联合承包工程项目时我国公司分包部分,(6)对外承包兼营的房屋开发业务。对外承包工程的营业额是以货币表现的本期内完成的对外承包工程的工作量,包括以前年度签订的合同和本年度新签订的合同在报告期内完成的工作量。对外劳务合作指以收取工资的形式向业主或承包商提供技术和劳动服务的活动。我国对外承包公司在境外开办的合营企业,中国公司同时又提供劳务的,其劳务部分也纳入劳务合作统计。劳务合作营业额按报告期内向雇主提交的结算数(包括工资、加班费和奖金等)统计。对外设计咨询指以服务成果向业主收费的技术服务项目。包括承担地形地貌测绘,地质资源勘探与普查,建设区域规划,提供设计文件、图纸、生产工艺技术资料和工程技术经济咨询,工程项目的可行性考察、研究和评估,进行技术指导和培训人员等;也包括承担国(境)内利用外资进行建设的工程项目的上述规定的设计咨询项目的收取外币部分。

■ 旅游人数

指来我国参观、访问、旅行、探亲、访友、休养、考察、参加会议和从事经济、科技、文化、教育、体育、宗教等活动的外国人、华侨、港澳和台湾同胞的人数。不包括外国在我国的常住机构,如领使馆、通讯社、企业办事处的工作人员;来我国常驻的外国专家、留学生以及在岸逗留不过夜人员。

■ 国际旅游(外汇)收入

指入境旅游的外国人、华侨、港澳台同胞在中国大陆旅游过程中发生的一切旅游支出。

ZHEJIANG STATISTICAL YEARBOOK

Explanatory Notes on Main Statistical Indicators

□ Utilization of Foreign Capital

refers to remittance, equipment and technology financed from abroad, by loans, foreign direct investment and other forms undertaken by the Chinese governments at all levels, by various departments, enterprises and other economic units.

□ Foreign Borrowings

refer to funds borrowed from abroad through formal signing of borrowing agreements with foreign institutions, including loans of foreign governments, loans of international financial institutions, commercial loans of foreign banks, export credit, and funds raised by Chinese bonds (and shares before 1996) issued abroad.

□ Foreign Direct Investment

refers to the investments inside China by foreign enterprises and economic organizations or individuals (including overseas Chinese, compatriots from Hong Kong and Macao, and Chinese enterprises registered abroad), following the relevant policies and laws of China, for the establishment of ventures exclusively with foreign own investment, si no - foreign joint ventures and cooperative enterprises or for co - operative exploration of resources with enterprises or economic organizations in China. It includes the re - investment of the foreign entrepreneurs with the profits gained from the investment.

□ Other Foreign Investment

refers to all forms of utilization of foreign capitals other than foreign borrowings and foreign direct investment. It includes the total value of stock shares in foreign currencies issued by enterprises at domestic or foreign stock exchanges (now mainly consisting of H shares issued at Hong Kong Security Market and B shares issued at domestic security markets), rent payable for the imported equipment through international leasing arrangement, cost of imported equipment, technology and materials provided by foreign counterparts in compensation trade and processing and assembly trade.

□ Overseas Contracted Project and Overseas Labour Services

It includes Overseas Contracted Project 、Overseas Labour Services and Overseas Design and Consultation Services. Overseas Contracted Project refers to projects undertaken by Chinese contractors (project contracting companies) through bidding process. They include: (1) overseas civil engineering construction projects financed by foreign investors; (2) overseas projects financed by the Chinese government through its foreign aid programs; (3) construction projects of Chinese diplomatic missions, trade offices and other institutions stationed abroad; (4) construction projects in China financed by foreign investment; (5) sub - contracted projects to be taken by Chinese contractors through a joint umbrella project with foreign contractor (s); (6) housing development projects. The business income from international contracted projects is the work volume of contracted projects completed during the reference period, expressed in monetary terms, including completed work on projects signed in previous years. Overseas Labour Services refer to the activities of providing technology and labour services to employers or contractors in the forms of receiving salaries and wages. Labour services providing by contractual joint ventures of Chinese international contracting corporations should be included in the statistics of service co - operation with foreign countries. The business income of labour service cooperation is the income in the form of wages and salaries, overtime pay, bonuses and other remuneration received from the employers during the reference period. Overseas Design and Consultation Services refer to projects with income for technical services provided to overseas operators. It includes geographic and topographic mapping, geological resource prospecting and survey, planning of construction areas, provision of design documents, blueprints, materials on production process and techniques, as well as engineering, technical and economic consultation, and feasibility study, research and evaluation of projects. Also included under this category are the above - mentioned services of foreign - financed projects in China that are paid in foreign currencies.

EXPLANATORY NOTES ON MAIN STATISTICAL INDICATORS

□ Number of Tourists

refers to the number of foreigners, overseas Chinese, and compatriots from Hong Kong, Macao and Taiwan coming to China for sightseeing, visits, tours, family reunions, vacations, study tours and other activities of an economic, scientific and technological, cultural, physical culture and religious nature. This does not include the number of employees of foreign organizations stationed in China such as embassies, consulates, news agencies, the offices of corporations and enterprises and foreign experts and students resi-ding in China and the persons staying briefly in China but not for passing the night .

□ Foreign Exchange Earnings from International Tourism

refer to the total expenditures of the foreigners, overseas Chinese, compatriots from Hong Kong, Macao and Taiwan in the process of their tourism in the mainland of China.

2015
浙江统计年鉴
ZHEJIANG STATISTICAL YEARBOOK

CHAPTER 12

财政、金融和保险
Public Finance,Banking and Insurance

12-1 一般预算总收入和总支出(1978-2014年) Total Financial Budgettary Revenue and Expenditure(1978-2014)

单位:亿元(100 million yuan)

年份 Year	总收入 Total Revenue	#地方 The local	总支出 Total Expenditure	#一般公共服务支出 Expenditure on Public Service	#教育支出 Expenditure on Education	#城乡社区事务支出 Expenditure Urban and Lural Community Affairs	#农林水事务支出 Expenditure on Agriculture, Forestry and Land Reclamation, and Water Conservancy Affairs
1978	27.45		17.43				
1979	25.87		17.74				
1980	31.13		17.34				
1981	34.34		17.12				
1982	36.64		18.88				
1983	41.79		21.94				
1984	46.67		28.80				
1985	58.25		37.40				
1986	68.61		50.96				
1987	76.36		51.24				
1988	85.55		63.14				
1989	98.21		74.77				
1990	101.59		80.23				
1991	108.94		88.43				
1992	118.36		95.31				
1993	166.64		125.04				
1994	209.39	94.63	153.03				
1995	248.50	116.82	180.29				
1996	291.75	139.63	213.71				
1997	340.52	157.33	240.16				
1998	401.80	198.10	286.81				
1999	477.40	245.47	344.04				
2000	658.42	342.77	431.30				
2001	917.76	418.00	597.30				
2002	1166.58	566.85	749.90				
2003	1468.89	706.56	896.77				
2004	1805.16	900.99	1062.94				
2005	2115.36	1066.60	1265.53				
2006	2567.66	1298.20	1471.86	272.88	310.77	127.37	114.03
2007	3239.89	1649.50	1806.79	328.91	383.89	154.63	142.15
2008	3730.06	1933.39	2208.58	372.46	453.99	193.95	177.42
2009	4122.04	2142.51	2653.35	397.69	519.33	224.61	236.08
2010	4895.41	2608.47	3207.88	434.29	606.54	272.30	290.37
2011	5925.00	3150.80	3842.59	471.55	751.42	338.43	373.32
2012	6408.49	3441.23	4161.88	503.61	877.86	307.82	408.20
2013	6908.41	3796.92	4730.47	538.88	950.07	332.93	513.03
2014	7521.70	4122.02	5159.57	527.74	1030.99	389.01	524.59

12-2 地方一般预算收入和支出(2010-2014 年)
The Local Financial Budgetary Revenue and Expenditure(2010-2014)

单位:亿元(100 million yuan)

项目	Item	2010	2011	2012	2013	2014
一般预算收入合计	**The Amout of Tax Revenue**	**2608.47**	**3150.80**	**3441.23**	**3796.92**	**4122.02**
税收收入小计	The Amount of Tax Revenue	2464.96	2952.01	3227.77	3545.66	3853.96
国内增值税(25%部分)	Value-added Taxe(25%)	398.82	461.75	507.57	651.67	743.40
营业税	Business Taxe	816.68	915.71	1063.49	1069.97	1086.58
企业所得税	Company Income Tax	374.13	497.56	536.97	565.88	635.25
个人所得税	Personal Income Tax	151.08	185.56	178.93	193.84	217.54
城市维护建设税	City Maintenance and Construction Tax	143.06	200.07	218.09	232.58	246.61
房产税	Tax on Real Estates	71.97	99.19	126.94	134.11	158.43
契税	Contract Tax	227.94	234.17	192.72	254.20	267.09
其它地方各税	Others	281.29	357.99	403.06	443.40	499.06
非税收入小计	The Amount of Non Tax Revenue	143.51	198.79	213.46	251.26	268.06
排污费收入	Fee on Sewage Treatment	9.33	9.54	8.45	9.78	8.52
教育费附加收入	Extra Charge for Education	69.02	95.44	103.70	109.23	116.94
行政事业性收费收入	Adiministrative Fees Income	44.59	40.80	33.60	34.71	33.90
罚没收入	Penalty and Confiscatory Income	70.60	82.76	83.32	97.80	93.64
其它收入	Others	23.41	35.69	38.51	52.88	72.41
国有企业计划亏损补贴	Subsidies for the Loss of State-owned Enterprises	-73.45	-65.43	-54.12	-53.13	-57.35
一般预算支出合计	**The Local Financial Budgetary Expenditure**	**3207.88**	**3842.59**	**4161.88**	**4730.47**	**5159.57**
一般公共服务	Public Service	434.29	471.55	503.61	538.88	527.74
公共安全	Public Safe	260.67	290.87	319.03	347.78	370.69
教育	Education	606.54	751.42	877.86	950.07	1030.99
科学技术	Science and Technology	121.40	143.90	165.98	191.87	207.99
文化体育与传媒	Culture, Physical Culture and the Media	77.15	85.09	94.18	106.00	115.36
社会保障和就业	Social Security and Employment	206.39	291.82	345.44	397.06	435.54
医疗卫生	Medical and Health Sevice	224.53	278.98	305.91	350.73	433.80
环境保护	Environment Protect	82.07	78.11	77.70	98.14	120.65
城乡社区事务	Urban and Rural Community Affairs	272.30	338.43	307.82	332.93	389.01
农林水事务	Agriculture, Forestry and Land Reclamation and Water Conservancy Affairs	290.37	373.32	408.20	513.03	524.59
交通运输	Transportation	233.37	273.99	287.64	372.51	388.33
工业商业等事务	Industrial and Business Affairs	248.19	284.10	296.72	331.90	358.09
其他支出	Others	150.60	181.01	171.80	199.58	256.79

12－3 金融机构存贷款年末余额(1978－2014 年)
Deposits and Loans of Financial Institutions(year－end,1978－2014)

单位:亿元(100 million yuan)

年份	全部金融机构本外币存款余额 Deposits	全部金融机构人民币存款余额 RMB Deposits	城乡居民本外币储蓄存款年末余额 Savings Deposits	城乡居民人民币储蓄存款年末余额 RMB Savings Deposi	全部金融机构本外币贷款余额 Loans	全部金融机构人民币贷款余额 RMB Loans
1978		35.79		7.73		48.90
1979		44.92		11.79		54.91
1980		60.74		16.95		73.30
1981		74.26		21.47		85.85
1982		88.20		28.52		97.88
1983		108.14		37.34		109.42
1984		143.17		49.58		161.39
1985		185.66		67.73		210.81
1986		248.68		97.92		288.97
1987		306.44		129.12		365.87
1988		354.26		144.03		433.41
1989		441.13		214.98		505.48
1990		606.01		306.74		618.14
1991		789.64		402.09		749.93
1992		1036.72		514.44		972.09
1993		1316.53		664.64		1247.76
1994		1910.98		990.26		1627.87
1995		2623.60		1377.22		2103.65
1996		3400.19		1844.74		2584.09
1997		4297.07		2293.55		3273.73
1998		5264.21		2847.29		3897.12
1999		6273.15		3261.34		4650.50
2000		7299.57		3594.65		5423.52
2001		8823.12		4262.38		6482.22
2002	11899.34	11242.84	5700.77	5233.73	8791.38	8612.81
2003	15415.67	14758.15	6889.28	6452.21	12418.6	12014.28
2004	17855.05	17236.62	7741.65	7364.06	14982.54	14350.75
2005	21117.94	20494.16	9123.12	8746.02	17122.14	16557.67
2006	25005.92	24413.94	10801.7	10473.47	20757.83	20153.94
2007	29030.34	28504.46	11381.16	11160.73	24939.89	24144.42
2008	35481.20	34806.43	14804.54	14501.49	29649.22	28958.36
2009	45112.01	44336.49	18169.41	17833.44	39223.91	37997.98
2010	54482.29	53441.45	21093.62	20612.16	46938.54	45288.07
2011	60893.14	59727.91	23945.23	23470.25	53239.34	51276.64
2012	66679.08	64886.28	26902.40	26406.81	59509.12	56982.64
2013	73732.36	71986.58	29360.48	28922.97	65338.54	62597.56
2014	79241.90	77145.38	31167.48	30666.41	71361	68566.32

注:2008 年起含外资金融机构。
Data of this table include foreign financial institutions since 2008.

12-4 金融机构人民币信贷收支表(资金来源)
Credit Funds Balance Sheet of Financial Institution(RMB,Sources of Funds,2004-2010)

单位:亿元(100 million yuan)

项目	ALL Sources	2011	2012	2013	2014
资金来源合计	**All Sources**	**70238.78**	**70161.91**	**78329.64**	**89112.22**
各项存款	**Deposits**	**59727.91**	**64886.28**	**71986.58**	**77145.38**
单位存款	Corporate Deposits	32890.75	34697.37	37839.62	40142.55
个人存款	Individual Deposits	24013.70	26955.13	30231.46	32050.98
财政性存款	Fiscal Deposits	1324.24	1404.57	1553.70	1799.79
临时性存款	Temporay Drposits	89.76	121.81	107.53	94.21
委托存款	Commission Deposits	114.63	158.66	260.62	383.12
其他存款	Other Deposits	1294.83	1548.74	1993.67	2674.72
金融债券	**Bonds**	**172.10**	**362.28**	**463.93**	**555.84**
中长期借款	**Medium-term and Long-term Borrowings**	**115.51**	**170.77**	**214.97**	**260.18**
应付及暂收款	**Accounts Payable and Temporary Collection of Money**	**1435.02**	**1607.93**	**1948.73**	**2367.66**
其中:应付利息	Interst Payable	551.65	744.13	1013.63	1261.32
同业往来	**Interbank Fund Transfer**	**414.05**	**510.48**	**1007.41**	**2791.30**
系统内资金往来	**Current of Bankroll in System**				**825.38**
外汇买卖	**Foreign Exchange Trading**	**10548.78**	**5578.18**	**7830.54**	**11311.68**
其中:结售汇	Exchange Settlement	10369.37	5267.14	7567.47	11143.76
各项准备	**ALL Reserves**	**940.22**	**1253.37**	**1495.31**	**1825.60**
其中:贷款损失准备金	Loan Loss Reserve	926.99	1231.33	1469.23	1788.44
所有者权益	**Creditor's Equity**	**2661.07**	**2938.49**	**3299.20**	**3522.59**
其中:实收资本	Paid-in Capital	554.92	674.43	841.05	936.33
其他	**Others**	**-5775.87**	**-7145.86**	**-9917.05**	**-11493.38**

注:本表含外资金融机构。
Data of this table include foreign financial institutions

12－5 金融机构人民币信贷收支表(资金运用,2008－2014年) Credit Funds Balance Sheet of Financial Institution(RMB,Use of Funds,2008－2014)

(年末余额)单位:亿元(year－end)(100 million yuan)

项目	Item	2008	2009	2010	2011	2012	2013	2014
资金运用合计	**All Uses**	**34872.15**	**44008.27**	**52283.57**	**70238.78**	**70161.91**	**78329.64**	**89112.22**
各项贷款	**Loans**	**28958.36**	**37997.98**	**45288.07**	**51276.64**	**56982.64**	**62597.56**	**68566.32**
短期贷款	Short－term Loans	17057.62	21382.81	25715.19	30818.25	34864.43	37600.99	38258.33
中长期贷款	Medium－term & Long－term Loans	10610.95	15100.77	18468.99	19354.38	20347.65	23242.76	27677.74
融资租赁	Circulating Funds Tenancy	141.57	210.00	298.14	394.33	493.75	574.62	686.40
委托贷款	Commission Loans	78.83	113.46	170.58				
票据融资	Circulating Funds of Bills	1046.89	1152.61	607.25	639.96	1061.56	969.64	1714.82
各项垫款	Paying in Advance	22.50	38.33	27.51	50.14	198.82	195.66	217.34
境外贷款	External Loan			0.40	19.58	16.44	13.90	11.70
有价证券	**Securities**	**1074.64**	**1654.94**	**1908.49**	**1289.50**	**1579.31**	**2082.16**	**2683.69**
股权及其他投资	**Eqnity and other Investments**				**437.20**	**1153.55**	**2384.90**	**3872.43**
应收及预付款	**Collectable Account and Advance Payment**	**577.60**	**583.50**	**450.88**	**853.98**	**564.46**	**1059.44**	**1033.55**
同业往来	**Interbank Fund Transfer**	**47.25**	**38.27**	**74.61**	**133.51**	**351.51**	**871.44**	**540.04**
系统内资金往来	**Current of bankroll in system**	**3475.39**			**4806.48**	**3012.22**	**396.99**	
行内资金往来	**Inside－bank Transaction**		**2975.53**	**4245.72**				
外汇占款	**Purchase of Foreign Exchanges**	**57.10**	**－1.75**	**－561.45**	**10379.73**	**5330.31**	**7673.61**	**11083.94**
固定资产	**Fitness Assets**	**432.79**	**489.82**	**536.01**	**628.88**	**720.79**	**764.57**	**806.51**
库存现金	**Storage Cash**	**247.02**	**269.97**	**335.91**	**429.07**	**463.79**	**494.15**	**520.92**
投资性房地产	**Investment Property**			**5.33**	**3.80**	**3.32**	**4.82**	**4.82**

注:1.2008年起含外资金融机构。Data of this table include foreign financial institutions since 2008.
2.2010年起按照新的分类方式设置贷款指标。Loans were grouped by new item since 2010.
3.2011年前有价证券为有价证券及投资。Data of Securities include securities and investment before 2011.

12－6 保险公司分支机构情况(2014 年底)
Basic Statistics on Institution of Insurance Corporations(End of 2014)

单位:(个)(unit)

城市	City	人寿保险 Life Insurance					财产保险 Property Insurance				
		分公司 Companies at City Level	中心支公司 Centers	支公司 Business Branches	营业部 Business Division	营销服务部 Service Division of Business	分公司 Companies at City Level	中心支公司 Centers	支公司 Business Branches	营业部 Business Division	营销服务部 Service Division of Business
合 计	**Total**	**58**	**173**	**332**	**99**	**830**	**66**	**215**	**837**	**153**	**875**
杭州市	Hangzhou	42	8	47	18	129	35	17	137	39	158
宁波市	Ningbo	15	7	70	2	79	27	7	178	12	209
温州市	Wenzhou		18	32	15	93	4	25	93	17	112
嘉兴市	Jiaxing		21	23		96		26	75	3	59
湖州市	Huzhou		18	21	12	57		22	42	14	41
绍兴市	Shaoxing		21	25	12	69		26	66	22	68
金华市	Jinhua	1	23	33	13	106		32	84	13	75
衢州市	Quzhou		17	18	12	53		11	26	10	24
舟山市	Zhoushan		8	11		28		11	19		28
台州市	Taizhou		23	32	15	81		26	77	15	68
丽水市	Lishui		9	20		39		12	40	8	33

12－7 保险公司主要业务经济技术指标(2008－2014 年)
Economic Technical Indicators of Insurance Companies(2008－2014)

单位:亿元(100 million yuan)

项目	Item	2008	2009	2010	2011	2012	2013	2014
保费收入	**Premium**	**576.35**	**645.54**	**834.40**	**879.27**	**984.58**	**1109.91**	**1258.04**
财产险	Property Insurance	203.39	247.41	325.67	387.61	444.45	511.99	584.47
#机动车辆保险	Motor Vehicle Insurance	156.56	196.29	262.14	308.30	352.81	408.09	469.75
人身意外伤害险	Unforeseen Human Injury Insurance	14.75	16.74	20.34	23.88	27.13	30.03	35.43
健康险	Health Insurance	29.09	29.07	30.82	32.81	42.50	54.63	74.16
寿险	Life Insurance	329.13	352.31	457.57	434.97	470.50	513.26	563.97
各项赔款和给付	**Settled Claim and Payment**	**212.99**	**220.07**	**216.08**	**256.21**	**342.63**	**451.02**	**474.63**
财产险	Property Insurance	128.74	128.71	143.93	187.44	250.87	349.26	349.77
#机动车辆保险	Motor Vehicle Insurance	96.10	104.83	120.55	157.12	204.41	272.63	281.17
人身意外伤害险	Unforeseen Human Injury Insurance	3.76	3.67	4.03	4.55	5.09	5.85	6.86
健康险	Health Insurance	8.92	12.30	12.85	15.66	15.93	19.30	25.74
寿险	Life Insurance	71.58	75.39	55.26	48.56	70.74	76.60	92.25
退保金	Insurance Withdrawn	73.78	76.17	71.66	68.06	88.79	117.13	164.36
手续费及佣金支出	**Service Charges and Expenditure for Commission**	**50.94**	**57.51**	**61.87**	**61.70**	**67.42**	**79.66**	**100.92**

浙/江/统/计/年/鉴

主要统计指标解释

■ 财政收入

包括:(1) 各项税收　包括增值税、营业税、消费税、土地增值税、城市维护建设税、资源税、城市土地使用税、印花税、固定资产投资方向调节税、个人所得税、企业所得税、农牧业税和耕地占用税等。

(2) 专项收入　包括征收排污费、征收城市水资源费收入、教育费附加收入等。

(3) 其他收入　包括基本建设贷款归还收入、国家能源交通重点建设基金收入、国家预算调节基金等。

(4) 国有企业计划亏损补贴　这项为负收入,冲减财政收入。

■ 财政支出

国家财政将筹集起来的资金进行分配使用,以满足经济建设和各项事业的需要,主要包括:

(1) 一般公共服务

(2) 公共安全

(3) 教育

(4) 科学技术

(5) 文化体育传媒

(6) 社会保障和就业

(7) 医疗卫生

(8) 环境保护

(9) 城乡社区事务

(10) 农林水事务

(11) 交通运输

(12) 工业商业等事务

■ 信贷资金

指金融机构以信用方式积聚和分配的货币资金。金融机构信贷资金的来源有各项存款、金融债券发行、应付及暂收款、对国际金融机构负债、流通中货币、各项准备、所有者权益和其他项目等;信贷资金的运用有各项贷款、有价证券及投资、应收入预付款、委托投资、金银占款、外汇占款、库存现金、财政借款及在国际金融机构中的资产等。

■ 存款

指企业、机关、团体或居民根据资金必须收回的原则,把货币资金存入银行或其他信贷机构保管并取得一定利息的一种信用活动形式。根据存款对象或性质的不同可划分为企业存款、财政存款、机关团体存款、基本建设存款、储蓄存款、农村存款、委托存款、其他存款等科目。它是银行信贷资金的主要来源。

■ 贷款

指银行或其他信贷机构根据资金必须归还的原则,按一定利率,为企业、个人等提供资金的一种信用活动形式。我国银行贷款分为短期贷款、中期流动资金贷款、中长期贷款、信托贷款、融资租赁,委托贷款、票据融资、各项垫款等。

■ 保险公司

在中国境内的、经过保险监督管理部门批准设立,并依法登记注册的各类商业保险公司。

■ 保险金额

指保险人承担赔偿或者给付保险责任的最高限额。

■ 保费

指投保人为取得保险人在约定范围内所承担赔偿责任而支付给保险人的费用。

■ 赔款

指保险人根据保险合同的规定,向被保险人支付的赔偿保险责任损失的金额。

■ 给付

包括死伤医疗给付和满期给付。死伤医疗给付是指保险人根据人寿保险及长期健康保险合同的规定,因被保险人在保险期内发生保险责任范围内的保险事故支付给被保险人(或受益人)的金额。满期给付是指被保险人生存期满,保险人按人寿保险合同规定支付给被保险人的满期保险金额。

ZHEJIANG STATISTICAL YEARBOOK

Explanatory Notes on Main Statistical Indicators

□ Financial Revenue

It includes the following main items:

(1) Various tax revenues, including value added tax, business tax, consumption tax, land value added tax, tax on city maintenance and construction, resources tax, tax on use of urban land, stamp tax, tax on adjustment of the orientation of investment in fixed assets, personal income tax, enterprise income tax, tax on agriculture and animal husbandry and tax on occupancy of cultivated land, etc.

(2) Special revenues, including revenue collected from imposing fee on sewage treatment, revenue collected from imposing fee on urban water resources, and extra-charges for education, etc.

(3) Other revenues, including revenue from the repayment of capital construction loan, the funds for the state key construction projects in energy industry and transportation, and the funds for state budget adjustment, etc.

(4) Planned subsidies for the losses of the state-owned enterprises. This is an item of negative revenue, used to eat up part of the government revenue.

□ Financial Expenditure

refers to the distribution and use of the funds the government finance has raised, so as to meet the needs of economic construction and various causes. It includes the following main items:

(1) Public Service

(2) Pubic Safe

(3) Education

(4) Science and Technology

(5) Culture, Physical Culture and the Media

(6) Social Security and Employment

(7) Medical and Health Service

(8) Environment Protect

(9) Urban and Rural Community Affairs

(10) Agriculture, Forestry and Land Reclamation, and Water Conservancy Affairs

(11) Transportation

(12) Industrial and Business Affairs

□ Credit Funds

refer to the funds issued as loans by banking institutions. The sources of credit funds of the banking institutions included deposits, issue of financial bonds, account-pay-able and temporary gathering, liabilities to international financial institutions, currency in circulation, various reserves, owners' rights and interests and other items. The credit funds can be used in forms of loans, securities and investment, account receivable and advance payment, entrusted investment, gold, foreign exchange, cash on hand, government debt and assets in the international financial institutions.

□ Deposit

is a form of credit by which enterprises, institutions, organizations or households can put money into banks and other credit institutions for safekeeping and interest earning under the principle of free withdrawal. According to different depositors, deposits are divided into enterprise deposits, treasury deposits, deposits of government agencies and organizations, capital construction deposits, savings deposits, rural saving deposits, entrusted deposits and other deposits. Deposits are major sources of the credit funds of banks.

□ Loan

is a form of credit by which banks and other creditinstitutions provide funds at certain interest rate to enterprises and individuals in the light of the principle of unconditional repayment. Loans from Chinese banks include circulating capital loans, fixed assets loans, loans to urban and rural individuals engaged in industrial and

EXPLANATORY NOTES ON MAIN STATISTICAL INDICATORS

commercial business and agricultural loans.

□ Insurance Companies

refer to commercial insurance companies of various forms registered by law and established in China with the approval of insurance regulatory agencies.

□ Amount Insured

refers to the maximum that the insurant will get for the claim of the case insured.

□ Premium

is the fee paid by the insurant to the insurer to obtain the obligation of compensation from the insurance within the agreed terms.

□ Settled Claim

is the compensation paid by the insurer to the insurant in accordance with the insurance contract.

□ Payment

includes payment fordeath, injury or medical teatment and mature payment. Payment for death, injury or medical treatment refers to the money paid to the insurant (or the beneficiary) in accordance with the life or health insurance contract when the insurant encounters accidents within the insured period covered in the contract. Mature payment refers to the mature payment to the insurant in accordance with the life insurance contract at the end of the insured period.

城市建设和环境保护

City Construction and Environment

13－1 城市公用事业(2008－2014 年) Urban Public Utilities(2008－2014)

项目		Item		2008	2009	2010	2011	2012	2013	2014
自来水全年供水总量	**(万吨)**	**Annual Supply of Tap Water**	**(10000 tons)**	**267864**	**269809**	**270044**	**273591**	**281165**	**304982**	**308411**
#生活用水量		Water Consumption for Residential Use		124350	129393	122841	130583	134079	140214	145737
人均日生活用水量	(升)	Daily Average Water Consumption for Residential Use Per Capita	(Litres)	194.22	201.55	185.43	196.30	195.81	192.32	197.01
用水普及率	(%)	Percentage of Population with Access to Tap Water	(%)	99.70	99.81	99.79	99.84	99.88	99.97	99.93
公共车辆总数	**(辆.标台)**	**Number of Public Transportation Vehicles**	**(unit. set)**	**21836**	**19889**	**21589**	**21927**	**26219**	**29260**	**31890**
每万人拥有公共车辆	(标台)	Number of Public Transportation Vehicles Owned 10000 Population	(set)	13.24	12.24	13.10	13.55	13.96	14.64	15.72
城市道路面积	**(万平方米)**	**Area of Paved Roads**	**(10000 sq. m)**	**26736**	**28244**	**30381**	**31998**	**33575**	**35633**	**37323**
人均拥有道路面积	(平方米)	Areas of Paved Roads Per Capita	(sq. m)	15.20	16.03	16.70	17.53	17.88	17.83	18.40
排水道长度	**(公里)**	**Length of Sewer Pipelines**	**(km)**	**23522**	**24456**	**26367**	**28103**	**29786**	**33502**	**35960**
液化石油气供气总量	**(万吨)**	**Total Supply of LPG**	**(10000 tons)**	**93.70**	**90.95**	**87.80**	**80.76**	**77.64**	**82.17**	**70.18**
液化石油气家庭用量	(万吨)	Consumption of LPG for Residential Use	(10000 tons)	59.22	57.75	55.10	55.02	51.82	53.28	47.86
用气普及率	(%)	Percentage of Population with Access to LPG	(%)	97.72	97.93	99.07	97.06	99.49	99.80	99.81
城市绿化覆盖面积	**(公顷)**	**Green Area of City**	**(hectare)**	**81007**	**85854**	**91111**	**119131**	**138877**	**144481**	**149641**
园林绿地面积	(公顷)	Green Areas in Gardens	(hectare)	69621	74362	79459	105200	122723	127927	132619
#公园绿地面积		Public Green Areas		16882	18969	20090	21480	23420	24852	26155
人均公园绿地	(平方米)	Public Green Areas Per Capita	(sq. m)	9.60	10.76	11.05	11.77	12.47	12.44	12.90
公园个数	(个)	Number of Parks	(unit)	842	893	914	954	1015	1068	1106
公园面积	(公顷)	Areas of Parks	(hectare)	12291	13727	12631	13511	14803	15165	15949
环境卫生		**Environmental Sanitation**								
污水处理率	(%)	Sewage Treatment Rate	(%)	75.10	78.88	82.74	85.09	87.50	89.28	90.68
生活垃圾清运量	(万吨)	Volume of Living Garbage Disposal	(10000 tons)	806.78	925.60	954.78	1018.08	1048.01	1123.36	1229.05

注：2007 年起,人均指标统计口径进行了调整,包含暂住人口。2012 年起,公共车辆总数包含轨道交通,计量单位改为标台。
The data of Per capita indicators were adjusted since 2007. Number of public transportation vehicles included number of rail transit vehicles sinc 2012.

13－2 自然资源（2010－2014年）
Natural Resources（2010－2014）

项目		Item		2010	2011	2012	2013	2014
人口		**Population**						
年末人口总数	（万人）	Year－end Population	（10000 persons）	4747.95	4781.31	4799.34	4826.89	4859.18
人口密度	（人/平方公里）	Density of Population	（person/sq. km）	466	470	471	474	477
土地		**Land**						
土地面积	（万平方公里）	Land Area	（10000 sq. km）	10.18	10.18	10.18	10.18	10.18
山区面积	（%）	Mountains Area	（%）	70.4	70.4	70.4	70.4	70.4
平原面积	（%）	Plains Area	（%）	23.2	23.2	23.2	23.2	23.2
河流湖泊面积	（%）	Rivers Area	（%）	6.4	6.4	6.4	6.4	6.4
气候（主要城市）		**Climate（Main Cities）**						
年平均降雨量	（毫米）	Total Precipitation	（millimeter）	1835.2	1302.5	1959.5	1442.8	1635.5
年平均气温	（摄氏度）	Average Tempreature	（℃）	17.5	17.2	17.1	17.9	17.6
森林		**Forest**						
林地面积	（万公顷）	Area of Afforetated Land	（10000 hectare）	660.74	660.74	661.27	660.31	659.77
森林覆盖率	（%）	Forest－coverage Rate	（%）	60.58	60.58	60.82	60.89	60.91
林木蓄积量	（万立方米）	Volume of Standing Forests	（10000 cu. m）	24225	24225	28225	29591	31385
水资源		**Water Resources**						
水资源总量	（亿标立方米）	Hydropower Resources	（100 million cu. m）	1397.61	744.21	1444.79	930.90	1130.69
总供水量	（亿标立方米）	Total Amount of Water Supply	（100 million cu. m）	220.08	222.24	222.31	224.75	220.24
用水量构成	（%）	Component of Water Use	（%）					
农田灌溉		Farmlands Irrigation		36.60	34.80	34.10	33.70	33.20
农牧渔畜		Agriculture, Animal Husbandry and Fishery		7.20	7.50	7.00	7.20	6.90
工业		Indrstry		27.10	27.80	27.30	26.10	25.30
居民生活		Residential Consumption		11.80	11.90	12.40	12.40	12.60
城镇公共用水		Urban Public Consumption		5.30	5.20	6.30	6.50	7.30
环境配水		Supplement for Environment		10.10	10.70	10.90	11.80	12.40
生态环境用水		Eco－Environmental Water Consumption		1.90	2.10	2.00	2.30	2.30
淡水已养殖面积	（千公顷）	Cultivated Freshwater Area	（1000 hectare）	218.95	213.17	213.22	213.02	209.89
海水已养殖面积	（千公顷）	Cultivated Seawater Area	（1000 hectare）	93.90	90.84	89.75	89.36	88.18
海岸线总长度	（公里）	Length of Mainland Coastline	（km）	6486	6486	6486	6486	6486
矿产资源（保有储量）	**（万吨）**	**Mineral Resources（Ensured Reserves）**	**（10000 tons）**					
铁矿石		Iron Ore		3551	9460	8604	11852	16172
煤		Coal		9434	9000	9309	9309	9309
沸石（矿石）		Zeolite		12704	12761	12754	12764	12752
叶蜡石（矿石）		Pyrophylite		3965	4427	4892	4868	4802
普通萤石		Fluorite		1783	2841	3129	3298	3571
明矾石		Alumstone		9829	9817	16883	16840	16831
水泥用灰岩		Cement Limestone		259411	316299	334000	316281	329123

13-3 各市水资源总量(2008-2014年)
Total Amount of Water Resource by City(2008-2014)

单位:亿立方米(100 million cu. m)

城市	City	2008	2009	2010	2011	2012	2013	2014
合　计	**Total**	**855.23**	**931.35**	**1397.61**	**744.21**	**1444.79**	**930.90**	**1130.69**
杭州市	Hangzhou	154.38	141.50	190.40	136.70	221.26	141.15	163.01
宁波市	Ningbo	71.60	87.48	96.22	61.23	129.82	81.03	85.06
温州市	Wenzhou	111.70	140.86	196.47	88.76	183.94	138.08	159.01
嘉兴市	Jiaxing	27.31	26.48	30.04	15.01	36.87	21.70	23.52
湖州市	Huzhou	46.85	46.71	46.30	34.72	56.48	30.19	39.45
绍兴市	Shaoxing	56.55	65.78	75.90	58.58	102.23	67.04	72.40
金华市	Jinhua	79.14	80.48	152.22	80.19	144.34	81.66	115.13
衢州市	Quzhou	86.54	80.73	158.77	81.96	154.15	72.18	120.27
舟山市	Zhoushan	8.08	7.11	7.53	4.26	13.05	5.69	7.94
台州市	Taizhou	67.75	83.96	139.62	63.94	129.58	99.79	112.31
丽水市	Lishui	145.34	170.28	304.13	118.86	273.07	192.40	232.59

13-4 各市供水总量(2008-2014年)
Total Amount of Water Supply by City(2008-2014)

单位:亿立方米(100 million cu. m)

城市	City	2008	2009	2010	2011	2012	2013	2014
合　计	**Total**	**216.62**	**217.07**	**220.08**	**222.24**	**222.31**	**224.75**	**220.24**
杭州市	Hangzhou	56.70	54.29	54.95	56.99	56.45	57.77	57.38
宁波市	Ningbo	21.12	22.57	21.51	22.13	22.21	22.32	22.97
温州市	Wenzhou	19.00	20.90	21.17	20.41	22.66	22.83	21.79
嘉兴市	Jiaxing	20.05	20.04	19.87	19.61	18.99	20.24	19.34
湖州市	Huzhou	17.67	17.21	17.58	18.02	18.01	18.07	16.97
绍兴市	Shaoxing	21.34	22.08	22.53	21.94	21.55	21.10	20.17
金华市	Jinhua	19.63	19.90	19.44	18.91	18.96	18.78	17.88
衢州市	Quzhou	14.59	13.17	13.58	13.92	14.20	14.09	13.91
舟山市	Zhoushan	1.28	1.26	1.37	1.41	1.44	1.49	1.45
台州市	Taizhou	16.34	17.05	19.53	20.05	19.18	19.25	20.03
丽水市	Lishui	8.88	8.61	8.56	8.86	8.66	8.82	8.35

13－5 主要城市平均气温(2014 年)
Average Temperature in Major Cities(2014)

单位:0.1 摄氏度(0.1℃)

城市名称	City	1月 Jan.	2月 Feb.	3月 Mar.	4月 Apr.	5月 May	6月 June	7月 July	8月 Aug.	9月 Sep.	10月 Oct.	11月 Nov.	12月 Dec.	年平均 Annual Average
杭　州	Hangzhou	70	60	127	170	225	247	284	267	246	203	141	64	175
宁　波	Ningbo	73	70	125	164	217	239	285	271	248	204	151	63	176
温　州	Wenzhou	95	94	133	177	209	250	291	279	264	216	173	96	190
嘉　兴	Jiaxing	64	62	118	159	216	241	278	264	242	200	143	56	170
湖　州	Huzhou	58	56	120	163	220	244	276	259	241	194	133	49	168
绍　兴	Shaoxing	72	64	130	171	230	250	290	272	250	208	148	67	179
金　华	Jinhua	78	74	134	184	227	256	293	278	260	213	152	72	185
衢　州	Quzhou	69	73	128	179	220	255	287	272	259	205	145	66	180
舟　山	Zhoushan	75	73	111	150	200	226	270	265	243	202	155	70	170
丽　水	Lishui	79	86	135	197	223	264	297	283	266	209	160	79	190
临　海	Linhai	71	77	124	171	211	243	288	272	257	202	155	66	178

注：本表由省气象局整理提供。表 13－6 至 13－7 同。
The data on this table are provided by Provincial Meteorological Bureau. Table from 13－6 to 13－7 are the same.

13－6 主要城市降水量(2014 年)
Precipitation in Major Cities(2014)

单位:0.1 毫米(0.1 millimeters)

城市名称	City	1月 Jan.	2月 Feb.	3月 Mar.	4月 Apr.	5月 May	6月 June	7月 July	8月 Aug.	9月 Sep.	10月 Oct.	11月 Nov.	12月 Dec.	全年 Annual Total
杭　州	Hangzhou	320	1559	789	827	1598	1785	1963	2033	1706	321	623	75	13599
宁　波	Ningbo	269	1324	773	859	1460	1861	1499	4597	1987	46	491	155	15321
温　州	Wenzhou	55	1106	1464	668	3052	3325	1642	3459	4389	305	776	355	20596
嘉　兴	Jiaxing	334	1579	741	846	706	1554	2331	2329	1340	470	476	83	12789
湖　州	Huzhou	262	1483	1089	1230	833	2642	1848	2205	1438	560	772	74	14436
绍　兴	Shaoxing	305	1514	900	726	1379	1802	1460	3031	2005	230	614	47	14013
金　华	Jinhua	231	1349	1724	1184	2230	4181	1885	1850	1252	63	918	176	17043
衢　州	Quzhou	261	1403	2167	1243	3158	5531	2038	3135	580	146	1332	143	21137
舟　山	Zhoushan	204	1485	691	1039	1621	3026	1296	2746	3297	146	678	330	16559
丽　水	Lishui	146	942	1658	412	3049	3077	1237	3411	1800	91	342	99	16264
临　海	Linhai	172	1056	1255	788	1906	3754	2558	3133	2248	64	333	384	17651

13－7 主要城市日照时数(2014 年)
Sunshine Hours in Major Cities(2014)

单位:0.1 小时(0.1hours)

城市名称	City	1月 Jan.	2月 Feb.	3月 Mar.	4月 Apr.	5月 May	6月 June	7月 July	8月 Aug.	9月 Sep.	10月 Oct.	11月 Nov.	12月 Dec.	全年 Annual Total
杭　州	Hangzhou	1438	553	1272	1064	1427	900	1558	882	776	1669	947	1586	14072
宁　波	Ningbo	1957	689	1544	1203	1391	902	1953	1113	875	1850	1034	1495	16006
温　州	Wenzhou	1587	834	1171	1236	707	1148	1951	1236	1330	1895	925	1108	15128
嘉　兴	Jiaxing	1337	651	1679	1156	1587	912	1371	827	690	1935	1065	1631	14841
湖　州	Huzhou	1610	790	1810	1391	1923	971	1894	935	1011	2127	1224	1879	17565
绍　兴	Shaoxing	1680	699	1498	1191	1772	1194	2086	1151	1023	1988	1236	1815	17333
金　华	Jinhua	1690	657	1275	1126	1341	1428	2366	1282	1394	2152	1066	1743	17520
衢　州	Quzhou	1743	865	1241	1092	1230	1414	2229	1375	1503	2392	792	1773	17649
舟　山	Zhoushan	1792	617	1711	1262	1559	957	1652	1229	1127	1953	1127	1514	16500
丽　水	Lishui	1402	717	978	973	962	1217	2354	1282	1390	1764	795	1466	15300
临　海	Linhai	1828	781	1305	1329	1181	1109	2197	1158	1125	2196	1191	1641	17041

13－8 环境保护机构和人员情况(2014 年)
Institutions and Personnel on Environmental Protection(2014)

项目	Item	合计 Total	环保局 Environ－ment Protection Bureau	监测站 Monitoring Station	环境监察 Environ－mental monitoring	科研所 Research Insti－tutions	其他 Others
机构数(个)	**Number of Institutions(unit)**	**618**	**119**	**86**	**89**	**10**	**314**
年末实有人数(人)	Number of Personnel(person)	7415	1515	2340	2117	213	1230
各类专业技术人员	All kinds of professional and technical personnel	3409					
#高级职称	Senior Titles	839					
中级职称	Medium Titles	1462					

13－9 废水排放及处理利用情况(2008－2014 年)
Discharging and Using of Industrial Waste Water(2008－2014)

单位:万吨(10000 tons)

项目	Item	2008	2009	2010	2011	2012	2013	2014
废水排放总量	**Waste Water Discharged**	**350377**	**365017**	**422618**	**420417**	**420960**	**419120**	**418262**
工业	Industry	200488	203441	184506	182425	175416	163674	149380
城镇生活及其他	For Living and Others	149889	161575	237740	237592	245049	254972	268360
集中式治理设施污水排放	Centralized Treatment Facilities			372	400	495	474	521
工业重复用水率(%)	**Rate of Water Utilized Repeatedly in Industry(%)**	**62.20**	**60.60**	**57.40**	**63.30**	**66.70**	**65.40**	**83.40**

13－10 工业废气排放及处理利用情况(2008－2014年)
Discharge and Useage of Industrial Waste Gas(2008－2014)

项目		Item		2008	2009	2010	2011	2012	2013	2014
工业废气排放总量	**(亿标立方米)**	**Total Volume of Industrial Waste Gas Discharged**	**(100 million cu. m)**	**17633**	**18860**	**24435**	**24940**	**23967**	**24565**	**26958**
燃料燃烧废气排放总量	(亿标立方米)	Waste Gas in the Process of Fuel Burning	(100 million cu. m)	8881	11913	16472				
生产工艺废气排放量	(亿标立方米)	Volume of Waste Gas from the Process of Production	(100 million cu. m)	6143	6947	7963				
二氧化硫排放量	**(万吨)**	**Volume of Industrial SO2 Discharged**	**(10000 tons)**	**71.59**	**67.70**	**66.50**	**64.70**	**61.10**	**57.90**	**56.00**
氮氧化物排放量	**(万吨)**	**Volume of Industrial Nitrogen Oxide Discharged**	**(10000 tons)**	**56.40**	**63.80**	**69.40**	**69.10**	**63.50**	**57.30**	**51.90**
烟(粉)尘排放总量	**(万吨)**	**Volume of Industrial Smoke (Powder) Dust Discharged**	**(10000 tons)**	**33.60**	**34.80**	**43.30**	**30.20**	**23.30**	**29.70**	**35.90**

13－11 工业固体废物排放及处理利用情况(2007－2014年)
Discharge and Treatment of Industrial Solid Wastes(2007－2014)

单位:万吨(10000 tons)

项目	Item	2007	2008	2009	2010	2011	2012	2013	2014
工业固体废物产生量	**Volume of Industrial Solid Wastes Produced**	**3613**	**3785**	**3910**	**4843**	**4529**	**4542**	**4404**	**4700**
工业固体废物排放量	Volume of Industrial Solid Wastes Discharged	1.44	1.67	0.78	2.54	0.34	0.40		
工业固体废物综合利用量	Volume of Industrial Solid Wastes Utilized	3334	3498	3586	3983	4129	4111	4123	4365
工业固体废物贮存总量	Volume of Industrial Solid Wastes Accumulated	101.06	222.53	74.70	134.90	45.30	69.3	53.8	52.6
工业固体废物处置量	Volume of Industrial Solid Wastes Consumed	179.06	180.61	255.96	299	362	366	248	295
工业固体废物综合利用率(%)	Comprehensive utilization ratio of Industrial Solid Wastes(%)	92.23	92.19	91.55	82.07	91.07	90.45	93.24	92.75

浙/江/统/计/年/鉴

主要统计指标解释

■ 工业废水排放量

指经过企业厂区所有排放口排到企业外部的工业废水量 。包括生产废水、外排的直接冷却水、超标排放的矿井地下水和与工业废水混排的厂区生活污水，不包括外排的间接冷却水（清污不分流的间按冷却水应计算在内）。

■ 工业废水排放达标量

指各项指标都达到国家或地方排放标准的外排工业废水量，包括未经处理外排达标的和经过处理后外排达标的两部分。国家排放标准见 GB8978-88。

■ 工业废气排放量

指企业厂区内燃料燃烧和生产工艺过程中产生的各种排入空气的含有污染物的气体的总量，以标准状态（273K，101325Pa）计。

■ 工业固体废物产生量

指企业在生产过程中产生的固体状、半固体状和高浓度液体状废弃物的总量，包括危险废物、冶炼废渣、粉煤灰、炉渣、煤矸石、尾矿、放射性废物和其他废物等；不包括矿山开采的剥离废石和掘进废石（煤矸石和呈酸性或碱性的废石除外）。酸性或碱性废石是指采掘的废石其流经水、雨淋水的 pH 值小于 4 或 pH 值大于 10.5 者 。

■ 工业固体废物综合利用量

指通过回收、加工、循环、交换等方式，从固体废物中提取或者使其转化为可以利用的资源、能源和其他原材料的固体废物量（包括当年利用往年的工业固体废物累计贮存量）。如用作农业肥料、生产建筑材料、筑路等。综合利用量由原产生固体废物的单位统计。

ZHEJIANG STATISTICAL YEARBOOK

Explanatory Notes on Main Statistical Indicators

□ Volume of Industrial Waste Water Discharged

refers to the volume of industrial waste water discharged, through all outlets, to the outside of industrial enterprises, including waste water produced, direct - cooling water, underground water from mines that does not meet the standard of discharge, and the domestic sewage mixed up with industrial waste water when discharged, but excluding discharged indirect - cooling water.

□ Volume of Waste Water up to the Standard for Discharge

refers to the volume of discharged industrial waste water that, with or without treatment, has come up to the national or local standards for discharge.

□ Volume of Waste Gas Emission

refers to waste gas emitted from burning of fuels and from production process in the area of the factory, and is measured by 10000 standard cubic metres each year under normal condition.

□ Volume of Industrial Solid Wastes Produced

refers to the total volume of solid, semi - solid or highconcentration liquid residue produced by industrial enterprises in their production process, including dangerous wastes, residues from melting, slag, powdered coal ash, gangue, chemical residues, tailings, radioactive residues and other residues, but excluding stripped or dug stones in mining (except gangue and acid or alkali stones which are stones washed or soaked by water with a pH value smaller than 4 or larger than 10.5.)

□ Volume of Industrial Solid Wastes Utilized in a Comprehensive Way

refers to the volume of solid wastes from which useful materials can be extracted or which can be changed to be utilizable resources, energy or other materials, including the volume of industrial solid wastes stored up in the previous years and utilized in the current year, such as the solid wastes utilized as fertilizers, building materials, for making roads or for other purpose. Statistical data on utilization of industrial solid wastes are collected by solid wastes producing units.

2015
浙江统计年鉴
ZHEJIANG STATISTICAL YEARBOOK

CHAPTER 14

教育、科技、专利、测绘和标准计量

Education, Science, Patent, Surveying and Mapping and Standard Calculating

14－1 高等学校基本情况(1978－2014年)
Basic Statistics on Institutions of Higher Education(1978－2014)

年份 Year	学校数(所) Number of Schools (unit)	招生数(人) New Students Enrollment (person)		在校学生数(人) Students Enrollment (person)		毕业生数(人) Graduates (person)		教职员工数(人) Number of School Staff and Workers (person)	
		本专科 Regular College Course and Specialized Subject	研究生 Graduates	本专科 Regular College Course and Specialized Subject	研究生 Graduates	本专科 Regular College Course and Specialized Subject	研究生 Graduates		#专任教师 Teachers
1978	20	14241		24223		3743		11961	5389
1979	20	9498		32227		1013		13889	6275
1980	22	9387		37815		3710		15619	6886
1981	22	9208		41020		5852		16365	6933
1982	22	10162		36088		14968		18181	7701
1983	24	12750		39008		10411		19274	8219
1984	27	15030		44883		9002		20431	8690
1985	35	19026		52688		11044		22497	9908
1986	37	17877		57352		13027		24723	10804
1987	37	18190		60072		15017		25620	11223
1988	37	19364		60419		18712		26472	11578
1989	37	18270		61045		17323		26772	11574
1990	37	18264		60327		18417		26787	11578
1991	36	18651		59822		18175		27004	11208
1992	35	21217		62226		18267		27821	11105
1993	36	27716		73586		15971		27898	11148
1994	37	30482		87428		17895		28212	11345
1995	37	28094		92857		22443		28194	11491
1996	36	30541		96480		27133		28107	11530
1997	35	33145		102302		26386		28123	11595
1998	32	36668	2155	113543	5991	24296		28327	11816
1999	36	59300	3216	151318	7460	30561	1578	30532	13140
2000	35	93516	4130	212375	9895	32477	1600	40037	18981
2001	38	120195	5577	293078	13237	37230	1882	44347	22168
2002	60	152470	6111	393145	16297	48431	2645	48481	25993
2003	64	173519	6863	484639	19269	78685	3514	48691	29945
2004	68	195617	8029	572759	22062	103123	4858	60833	35766
2005	67	215362	9577	651307	25637	133051	5558	58924	38402
2006	68	237157	10996	719869	27125	162531	8731	69730	42143
2007	77	249749	12326	777982	31409	183863	7387	73704	45622
2008	77	265696	13691	832224	35812	203203	8944	75986	47795
2009	78	261361	16184	866496	43381	218226	7941	77852	49516
2010	80	260111	16575	884867	47991	233741	11156	79785	50969
2011	104	271285	17565	907482	51846	238448	13046	81384	52296
2012	105	280824	18748	932292	54369	247537	15112	83843	54154
2013	106	283353	19535	959629	57801	244860	15592	85381	56000
2014	108	284285	20164	978216	60511	253708	16535	87375	58076

注：2011年起包含独立学院。
The data since 2011 include independent College.

14-2 中等职业学校基本情况(1978-2014年)
Basic Statistics on Secondary Professional Schools(1978-2014)

年份 Year	学校数（所）Number of Schools (unit)	招生数（万人）New Students Enrolled (10000 persons)	在校学生数（万人）Students Enrolled (10000 persons)	毕业生数（万人）Graduates (10000 persons)	教职员工数（万人）Staff and Workers (10000 persons)	#专任教师 Teachers
1978	73	1.29	2.79	0.14	0.54	0.24
1979	75	1.24	3.42	0.61	0.55	0.30
1980	81	1.13	3.10	1.44	0.67	0.33
1981	83	1.16	2.67	1.59	0.75	0.35
1982	92	1.19	2.77	1.08	0.85	0.39
1983	96	1.30	3.07	0.98	0.87	0.41
1984	104	1.64	3.66	1.16	0.96	0.44
1985	119	1.99	4.36	1.29	1.12	0.49
1986	130	2.14	5.22	1.27	1.25	0.58
1987	134	2.26	5.79	1.66	1.34	0.65
1988	136	2.31	6.31	1.81	1.40	0.70
1989	140	2.31	6.61	2.02	1.49	0.72
1990	141	2.23	6.67	2.12	1.50	0.73
1991	141	2.41	6.77	2.29	1.52	0.72
1992	142	2.72	7.20	2.27	1.54	0.72
1993	144	3.59	8.48	2.28	1.55	0.72
1994	155	4.92	10.87	2.32	1.58	0.74
1995	158	6.00	13.91	2.90	1.61	0.78
1996	161	7.30	17.72	3.44	1.63	0.80
1997	151	5.68	15.74	3.99	1.64	0.81
1998	150	5.65	16.70	4.58	1.60	0.79
1999	149	5.16	16.52	5.08	1.49	0.78
2000	86	3.54	14.80	5.08	0.97	0.53
2001	82	3.10	12.93	4.77	0.57	0.31
2002	62	4.22	12.25	4.67	0.59	0.34
2003	57	4.67	12.07	4.12	0.60	0.36
2004	53	4.33	12.81	3.22	0.57	0.37
2005	51	4.36	12.94	3.83	0.55	0.37
2006	49	3.39	11.36	4.10	0.50	0.37
2007	402	21.38	63.13	20.56	3.36	2.69
2008	392	21.09	59.36	20.84	3.32	2.69
2009	377	22.81	59.02	19.21	3.32	2.72
2010	358	22.62	60.64	17.29	3.35	2.77
2011	338	22.09	61.59	17.39	3.49	2.91
2012	319	18.89	58.40	19.06	3.58	3.04
2013	300	17.84	54.76	19.33	3.62	3.10
2014	274	16.73	50.60	18.97	3.64	3.16

注：2007年起数据口径调整为职业高中和普通中等专业学校。
The data scope were adjusted since 2007, including the vocational high schools and the general secondary specialized schools.

14－3 普通高等教育分类情况(2014年)
Institutions of Higher Education by Type(2014)

分类	Item	学校数(所) Number of Schools (unit)	本、专科学生(人) Regular College Course and Specialized Subject (person) 毕业生数 Graduates	招生数 New Students Enrolled	在校学生数 Students Enrolled	教职员工数(人) Number of Schools Staff and Workers (person)	#专任教师 Teachers
总计	**Total**	**108**	**253708**	**284285**	**978216**	**87375**	**58076**
普通本科	**Institutions of Higher Education**	**58**	**134219**	**152750**	**599978**	**63356**	**41687**
#民办本科	Private Institutions	25	49329	57211	226222	14758	11112
#独立学院	Indenpendency Institutions	22	39338	43244	174144	11245	8655
高职(高专)院校	**Higher(Colleges) Professional Institutions**	**50**	**119489**	**131535**	**378238**	**24019**	**16389**
#民办	Private Higher Professional Institutions	10	21804	22535	65191	4188	2922

14－4 各级成人教育基本情况
Adult Education by Level

类别	Item	学校数(所) Schools (Unit) 2012	2013	2014	毕(结)业生数(万人) Graduates (10000 persons) 2011	2013	2014	在校学生数(万人) Students Enrollment (10000 persons) 2011	2013	2014
成人高等学历教育	**Adult Higher Education**	**9**	**9**	**9**	**9.75**	**10.11**	**11.38**	**26.32**	**27.66**	**28.53**
广播电视大学	Radio and TV Universities	2	2	2	0.29	0.45	0.40	1.35	1.52	1.57
职工高等学校	Schools of Higher Education for Staff and Workers	4	4	4	0.26	0.22	0.24	0.46	0.44	0.41
教育学院	Pedagogical Colleges	3	3	3	0.16	0.21	0.27	0.73	0.81	0.83
普通高校	Institutions of Higher Education	75	74	74	9.04	9.22	10.48	23.78	24.89	25.73
成人中等学历教育	**Secondary Education for Adults**	**39**	**37**	**30**	**1.29**	**1.39**	**1.30**	**3.46**	**3.09**	**2.78**
成人中学	**Secondary Schools for Adults**	**343**	**321**	**256**	**13.37**	**9.63**	**9.93**	**14.31**	**11.58**	**12.64**
成人技术培训学校	**Technical Training Schools for Adults**	**4599**	**4452**	**4371**	**319.20**	**303.99**	**281.49**	**304.79**	**296.90**	**265.65**
成人初等学校	**Primary Schools for Adults**	**18**	**210**	**337**	**0.25**	**1.01**	**13.62**	**0.08**	**3.79**	**12.70**

14-5 技工学校基本情况(1980-2014年)
Basic Statistics on Technical Schools(1980-2014)

年份 Year	学校数(所) Number of Schools (unit)	在校学生数(人) Students Enrolled (person)	毕业生数(人) Graduates (person)	招生数(人) New Students Enrolled (person)	教职员工数(人) Number of School Staff and Workers (person)
1980	140	17093	5895	5139	2709
1981	139	12180	8718	4115	4462
1982	141	9386	5798	3813	3987
1983	142	8536	3935	4260	4266
1984	101	11152	2696	6110	4673
1985	94	14065	4138	6790	5146
1986	94	17122	3529	6717	5936
1987	92	19006	4663	6907	5960
1988	91	18243	6121	6125	5881
1989	94	17323	6377	6060	4464
1990	96	16365	5815	6176	5826
1991	94	18230	5083	7489	6131
1992	98	21663	5414	9480	6373
1993	99	31998	7523	14204	6541
1994	102	38658	10523	17603	6993
1995	104	15149	12140	20852	7273
1996	107	49246	15415	20438	7335
1997	107	56633	13709	24026	6758
1998	106	62052	17268	23916	6560
1999	99	63128	18081	22681	6197
2000	95	60968	21029	22630	7204
2001	97	59068	20410	23983	5914
2002	96	62572	17684	27123	5774
2003	87	70650	15933	33494	5616
2004	83	88652	19062	40536	6335
2005	79	97783	21954	39406	5441
2006	76	101968	25444	39318	7128
2007	72	95295	22940	35323	6348
2008	71	97072	23944	35621	6316
2009	68	103862	26374	37892	5785
2010	68	108791	26328	39120	6875
2011	68	113036	25681	39173	7660
2012	66	106085	26618	35537	8431
2013	66	118587	27273	37351	8877
2014	71	121196	33376	39893	10059

14－6 特殊教育情况(1980－2014年)
Basic Statistics on Special Education(1980－2014)

年份 Year	学校数 (所) Number of Schools (unit)	在校学生数 (人) Students Enrolled (person)	毕业生数 (人) Graduates (person)	招生数 (人) New Students Enrolled (person)	教职员工数 (人) Number of School Staff and Workers (person)	#专任教师 Teachers
1980	7	1293	73	203	174	116
1981	7	1347	109	204	177	117
1982	7	1407	118	224	186	136
1983	8	1478	129	271	225	162
1984	11	1668	81	340	258	186
1985	13	1784	150	380	311	231
1986	15	1979	125	412	334	242
1987	18	2303	128	553	410	294
1988	24	2621	201	641	507	370
1989	32	2985	135	594	600	435
1990	43	3443	222	832	729	555
1991	46	3963	142	784	847	639
1992	47	6907	346	918	963	735
1993	53	13202	548	4288	1081	824
1994	55	18038	1172	2774	1291	1003
1995	56	23690	1791	2831	1433	1130
1996	60	22691	1778	2261	1462	1169
1997	61	23919	2190	2306	1419	1154
1998	63	22812	3086	2486	1453	1172
1999	62	21840	3315	2437	1382	1120
2000	62	19749	3701	2445	1396	1139
2001	64	19358	2783	2593	1385	1068
2002	64	16484	2603	2158	1424	1122
2003	63	15357	2561	1947	1445	1133
2004	62	14195	2124	1663	1475	1194
2005	62	12889	1782	1465	1531	1233
2006	63	12160	1717	1535	1576	1281
2007	63	12993	1567	1612	1603	1326
2008	64	12924	1603	1864	1680	1413
2009	64	12268	1649	1751	1605	1351
2010	67	13010	1718	1904	1837	1586
2011	78	13048	1544	2174	2095	1794
2012	79	14425	1550	2741	2185	1915
2013	82	16327	1777	2812	2331	2038
2014	84	15884	2101	2444	2422	2132

14-7 普通中学基本情况(1978-2014年)
Basic Statistics on Regular Secondary Schools(1978-2014)

年份 Year	学校数 (所) Number of Schools (unit)	招生数 (万人) New Students Enrolled (10000 persons)	在校学生数 (万人) Students Enrolled (10000 persons)	毕业生数 (万人) Graduates (10000 persons)	教职员工数 (万人) Workers and Staff (10000 persons)	#专任教师 Teachers
1978	4097	83.92	214.65	83.59	12.29	9.94
1979	3680	72.29	181.12	80.45	11.04	9.04
1980	3391	64.67	170.04	49.05	11.45	8.53
1981	3243	61.03	155.75	50.75	10.88	8.07
1982	3115	59.93	151.08	44.01	10.34	7.89
1983	3161	61.28	154.91	39.43	10.44	7.90
1984	3199	61.95	166.13	39.50	10.56	7.87
1985	3235	63.29	177.46	41.84	10.94	8.24
1986	3296	65.09	184.04	47.49	11.14	8.41
1987	3346	62.41	182.95	50.19	11.26	8.56
1988	3389	54.34	169.74	52.04	11.53	8.83
1989	3384	58.19	163.34	52.09	11.76	8.95
1990	3353	64.78	169.62	49.92	11.59	8.98
1991	3381	66.01	180.75	46.02	11.87	9.24
1992	3283	66.14	188.38	49.55	12.17	9.53
1993	3259	63.08	185.02	55.67	12.36	9.73
1994	3315	72.82	194.02	56.88	12.72	10.12
1995	3255	80.67	210.54	58.84	13.37	10.77
1996	3240	75.03	223.64	57.41	14.15	11.55
1997	3186	71.92	222.74	68.10	14.74	12.19
1998	3128	76.23	217.67	75.49	15.11	12.52
1999	2995	85.72	228.15	69.91	15.78	13.14
2000	2940	92.51	249.55	66.83	16.52	13.93
2001	2900	89.34	263.00	71.57	17.70	14.73
2002	2781	92.10	270.30	81.36	18.25	15.33
2003	2695	90.99	270.07	88.09	18.78	15.83
2004	2609	84.72	266.14	86.48	19.17	16.29
2005	2524	86.45	261.08	89.71	19.49	16.69
2006	2459	91.93	262.32	88.60	19.82	17.01
2007	2404	90.14	266.55	82.99	20.05	17.34
2008	2377	90.40	269.80	83.40	20.36	17.76
2009	2353	85.47	262.27	87.73	20.56	18.02
2010	2314	83.30	255.15	85.97	20.82	18.29
2011	2314	80.03	244.50	85.30	21.05	18.26
2012	2306	78.85	236.88	81.15	21.15	18.34
2013	2296	77.76	232.24	78.19	21.14	18.29
2014	2280	75.60	228.99	75.72	21.31	18.47

14-8 小学基本情况(1978-2014年)
Basic Statistics on Primary Schools(1978-2014)

年份 Year	学校数（万所）Number of Schools (unit)	招生数（万人）New Students Enrolled (10000 persons)	在校学生数（万人）Students Enrolled (10000 persons)	毕业生数（万人）Graduates (10000 persons)	教职员工数（万人）Workers and Staff (10000 persons)	#专任教师 Teachers	小学学龄儿童入学率（%）Percentage of Schoolage Children Enrolled(%)
1978	4.45	104.85	501.43	81.56	18.07	17.35	97.60
1979	4.26	86.44	486.77	72.47	18.38	17.54	97.40
1980	4.17	83.58	482.42	71.07	18.45	17.26	97.00
1981	4.10	74.19	459.83	78.66	17.66	16.50	97.20
1982	3.94	70.63	430.59	81.06	17.09	15.94	97.00
1983	3.82	70.20	407.20	83.03	16.44	15.25	97.40
1984	3.75	70.10	395.46	76.47	16.08	14.82	97.80
1985	3.65	67.78	384.91	75.34	16.09	14.62	98.10
1986	3.56	69.38	378.09	72.15	15.84	14.42	98.30
1987	3.45	57.33	365.15	67.32	15.55	14.16	98.60
1988	3.36	63.19	366.04	58.54	15.78	14.39	98.90
1989	3.27	72.30	375.73	60.16	16.11	14.65	99.10
1990	3.18	64.60	372.43	65.81	14.88	13.46	99.30
1991	2.97	57.85	362.64	65.64	14.97	13.50	99.30
1992	2.73	57.90	355.21	63.74	15.10	13.63	99.40
1993	2.53	64.74	359.23	59.33	15.23	13.77	99.50
1994	2.37	72.71	366.15	66.20	15.46	13.98	99.70
1995	2.26	66.19	362.98	70.01	15.84	14.34	99.70
1996	2.14	63.84	363.80	63.90	16.30	14.85	99.80
1997	1.97	61.39	368.57	57.72	16.84	15.40	99.88
1998	1.69	56.19	365.23	59.59	17.17	15.69	99.92
1999	1.38	65.46	363.31	67.83	17.53	16.00	99.95
2000	1.18	61.58	353.76	71.58	17.57	16.04	99.93
2001	1.00	58.45	346.28	66.66	17.64	15.99	99.97
2002	0.90	57.78	343.75	64.48	17.65	16.01	99.99
2003	0.77	52.45	340.29	59.78	17.54	15.91	99.98
2004	0.67	51.42	344.31	53.24	17.61	16.01	99.99
2005	0.61	48.96	342.40	55.25	17.79	16.22	99.99
2006	0.55	52.99	339.43	62.04	17.98	16.38	99.99
2007	0.48	54.85	335.46	62.81	18.12	16.56	99.99
2008	0.44	55.78	332.28	62.48	18.28	16.78	99.99
2009	0.41	53.91	325.14	57.24	18.45	17.01	99.99
2010	0.40	60.21	333.33	54.13	18.61	17.19	99.99
2011	0.38	62.88	344.06	51.78	18.53	17.44	99.99
2012	0.37	60.72	346.73	53.83	19.03	17.95	99.99
2013	0.34	60.75	349.58	54.04	19.44	18.35	99.99
2014	0.33	59.81	354.50	53.75	20.19	19.04	99.99

14 - 9 幼儿园基本情况(1979 - 2014 年)
Basic Statistics on Kindergartens(1979 - 2014)

年份 Year	园数 (所) Number of Kindergartens (unit)	班数 (个) Number of Classes (unit)	在园幼儿数 (万人) Number of Children Enrolled (10000 persons)	教职员工数 (人) Staff and Workers (person)	#专任教师 Teachers
1979	3100	8908	28.34	13400	10095
1980	7067	14951	43.39	20601	17473
1981	5235	14605	41.97	20737	17473
1982	6409	14916	44.52	22209	18212
1983	6120	15440	47.19	23198	18839
1984	11511	20043	60.65	28735	24074
1985	12468	21902	65.41	30801	26180
1986	12375	24286	71.90	34210	29012
1987	13366	25980	81.25	37548	31680
1988	12590	26048	80.32	38205	32261
1989	12153	26277	74.85	38955	32703
1990	11824	26684	75.16	39859	33556
1991	11242	28308	85.72	41706	34425
1992	9860	29035	94.30	41052	34024
1993	9179	29396	97.63	43522	35887
1994	11705	31178	99.33	48006	39453
1995	11794	31530	99.43	49377	40220
1996	11915	32654	98.95	50389	40678
1997	12920	34637	100.21	54459	43503
1998	14068	37270	105.90	58867	46500
1999	14864	38637	108.38	61549	47902
2000	15073	41271	112.45	67773	51168
2001	12501	43167	115.13	72593	48195
2002	11920	44483	117.61	75000	49442
2003	11560	44651	117.96	83022	54056
2004	11367	46490	127.85	91772	58732
2005	11472	47153	132.22	98629	62679
2006	11437	48666	138.91	106202	67046
2007	10411	51048	147.78	115965	73164
2008	10212	53755	159.34	127635	79741
2009	10067	55922	167.06	139977	87271
2010	9863	60856	183.05	157174	95101
2011	9649	63850	187.14	168497	100019
2012	9573	65192	188.63	180518	107289
2013	9209	64058	186.88	190186	110251
2014	8871	64112	185.75	200295	112297

14－10 各级学校女学生和女教师数(2007－2014年)
Female Students and Teachers by Level of Schools(2007－2014)

类别	Category	2007	2008	2009	2010	2011	2012	2013	2014
女学生数（万人）	Number of Female Students (10000 persons)	353.63	354.29	349.60	352.35	355.04	353.10	352.16	352.06
普通高等学校	Institutions of Higher Education	40.40	43.15	45.17	46.61	48.59	50.72	52.79	54.26
中等职业学校	Specialized Secondary Schools	32.62	30.42	30.10	30.63	30.99	29.08	26.63	24.36
普通中学	Regular Secondary Schools	126.55	128.52	125.26	122.31	117.42	114.13	111.86	110.37
小学	Primary Schools	154.06	152.21	149.07	152.80	158.04	159.17	160.88	163.07
女学生占学生总数（%）	Percentage of Female Students to Total Students (%)	47.36	47.34	47.45	47.77	47.69	47.80	47.87	47.92
普通高等学校	Institutions of Higher Education	51.93	51.85	52.13	52.67	53.55	54.40	55.01	55.46
中等职业学校	Specialized Secondary Schools	48.77	48.16	47.95	47.70	47.53	47.02	46.02	45.64
普通中学	Regular Secondary Schools	47.48	47.63	47.76	47.94	48.02	48.18	48.17	48.20
小学	Primary Schools	45.92	45.81	45.85	45.84	45.93	45.91	46.02	46.00
女教师数（万人）	Number of Female Teachers (10000 persons)	23.08	23.83	24.45	25.07	25.59	26.40	27.06	28.01
普通高等学校	Institutions of Higher Education	1.97	2.08	2.17	2.26	2.32	2.42	2.51	2.63
中等职业学校	Specialized Secondary Schools	1.61	1.59	1.58	1.60	1.64	1.73	1.78	1.77
普通中学	Regular Secondary Schools	8.73	9.11	9.36	9.60	9.71	9.82	9.91	10.11
小学	Primary Schools	10.77	11.06	11.34	11.61	11.92	12.43	12.86	13.50
女教师占教师总数（%）	Percentage of Female Teachers to Total Teachers (%)	55.43	56.16	56.81	57.50	58.12	58.76	59.46	60.16
普通高等学校	Institutions of Higher Education	43.20	43.53	43.84	44.41	44.31	44.65	44.89	45.28
中等职业学校	Specialized Secondary Schools	50.63	51.16	51.63	52.41	53.04	53.53	54.26	54.49
普通中学	Regular Secondary Schools	50.35	51.27	51.94	52.51	53.18	53.53	54.22	54.73
小学	Primary Schools	65.04	65.86	66.67	67.55	68.38	69.24	70.10	70.92

14－11 每万人口中在校学生数和构成(1979－2014 年)
Students Enrollment Per 10 Thousand Population and Its Composition(1979－2014)

年份 Year	各级学校在校学生占全省人口(%) Students Enrollment as Percentage of Total Population(%)	平均每万人口中 Number of Students Per 10000 Population			大、中、小学生占学生总数 Students of Different Level as Percentage of Total Students(%)		
		大学生(人) University and College Students (person)	中学生(人) Secondary School Students (person)	小学生(人) Primary School Students (person)	大学生(人) University and College Students (person)	中学生(人) Secondary School Students (person)	小学生(人) Primary School Students (person)
1979	17.79	8.50	486.60	1283.56	0.5	27.4	72.2
1980	17.27	9.88	456.50	1260.71	0.6	26.4	73.0
1981	16.11	10.60	412.65	1187.73	0.7	25.6	73.7
1982	15.01	9.20	394.84	1097.23	0.6	26.3	73.1
1983	14.43	9.84	405.18	1027.48	0.7	28.1	71.2
1984	14.38	11.24	436.36	990.36	0.8	30.3	68.9
1985	14.37	13.08	469.11	955.22	0.9	32.6	66.5
1986	14.29	14.09	486.19	928.95	1.0	34.0	65.0
1987	13.80	14.58	479.78	886.03	1.1	34.8	64.2
1988	13.36	14.49	443.83	877.83	1.1	33.2	65.7
1989	13.32	14.50	424.92	892.71	1.1	31.9	67.0
1990	13.33	14.25	439.14	879.43	1.1	32.9	66.0
1991	13.29	14.04	463.63	850.99	1.1	34.9	64.0
1992	13.25	14.52	481.58	828.79	1.1	36.3	62.6
1993	13.28	17.06	477.71	832.84	1.3	36.0	62.7
1994	13.72	20.14	508.46	843.42	1.5	37.0	61.5
1995	14.07	21.25	554.97	830.70	1.5	39.5	59.0
1996	14.37	21.93	588.29	826.80	1.5	41.0	57.5
1997	14.48	23.13	591.39	833.44	1.6	40.8	57.6
1998	14.34	25.52	587.47	821.32	1.8	41.0	57.2
1999	14.58	33.87	611.26	813.24	2.3	41.9	55.8
2000	14.86	47.19	554.41	785.92	3.2	43.9	52.9
2001	14.61	61.97	667.40	732.27	4.3	45.2	50.5
2002	14.94	82.31	691.96	719.69	5.5	46.3	48.2
2003	15.01	99.78	699.06	700.65	6.7	46.6	46.7
2004	15.11	116.29	695.51	699.08	7.7	46.0	46.3
2005	14.97	130.49	668.96	686.05	9.1	44.6	46.3
2006	14.86	141.93	674.74	669.25	9.6	45.4	45.0
2007	14.66	157.02	658.03	650.76	10.7	44.9	44.4
2008	14.54	166.53	650.11	637.48	11.5	44.7	43.8
2009	14.18	172.47	628.70	616.33	12.2	44.3	43.5
2010	13.83	171.28	599.78	612.00	12.4	43.4	44.3
2011	13.86	175.60	580.99	629.80	12.7	41.9	45.4
2012	13.72	180.15	558.49	633.06	13.1	40.7	46.2
2013	13.59	185.05	543.59	630.64	13.6	40.0	46.4
2014	13.62	188.59	529.61	643.61	13.8	38.9	47.3

注：从 2001 年起按常住人口计算。
The data in this table were calculated by resident population since 2001.

14－12 学校教师负担学生数(1979－2014年)
Students－Teachers Ratio by Level of Schools(1979－2014)

年份 Year	高等学校 Institutions of Higher Education		中等学校 Secondary Schools		小学 Primary Schools	
	教师数（万人）Number of Teachers (10000 persons)	平均每个教师负担学生（人）Student－Teacher Ratio (person)	教师数（万人）Number of Teachers (10000 persons)	平均每个教师负担学生（人）Student－Teacher Ratio (person)	教师数（万人）Number of Teachers (10000 persons)	平均每个教师负担学生（人）Student－Teacher Ratio (person)
1979	0.63	5.10	9.34	19.80	17.54	27.80
1980	0.69	5.50	8.95	19.50	17.26	28.00
1981	0.69	5.90	8.51	18.80	16.50	27.90
1982	0.77	4.70	8.35	18.60	15.94	27.00
1983	0.82	4.70	8.45	19.00	15.25	26.70
1984	0.87	5.20	8.54	20.40	14.82	26.70
1985	0.99	5.30	9.12	20.70	14.62	26.30
1986	1.08	5.30	9.45	20.90	14.42	26.20
1987	1.12	5.40	9.71	20.40	14.16	25.80
1988	1.16	5.20	10.12	18.30	14.39	25.40
1989	1.16	5.30	10.28	17.40	14.65	25.60
1990	1.16	5.20	10.36	18.00	13.46	27.70
1991	1.12	5.30	10.62	18.60	13.50	26.90
1992	1.11	5.60	10.97	18.80	13.63	26.10
1993	1.11	6.60	11.27	18.30	13.77	26.10
1994	1.13	7.70	11.75	18.80	13.98	26.20
1995	1.15	8.10	12.57	19.30	14.34	25.30
1996	1.15	8.40	13.43	19.30	14.85	24.50
1997	1.16	8.80	13.46	19.40	15.40	23.93
1998	1.18	9.60	14.66	17.80	15.69	23.28
1999	1.31	11.55	15.40	17.73	16.00	22.71
2000	1.90	11.17	14.83	18.24	16.04	22.05
2001	2.22	13.20	17.08	18.48	15.99	21.66
2002	2.60	15.12	18.01	18.35	16.01	21.47
2003	2.99	16.21	18.82	18.04	15.91	21.39
2004	3.58	16.00	19.57	17.50	16.01	21.51
2005	3.84	17.60	19.36	17.04	16.22	21.11
2006	4.21	17.10	20.26	16.40	16.38	20.70
2007	4.56	17.74	20.02	16.47	16.56	20.26
2008	4.78	18.16	20.82	16.28	16.78	19.80
2009	4.95	18.38	21.10	15.72	17.01	19.11
2010	5.10	18.30	21.61	15.12	17.19	19.39
2011	5.23	18.34	21.74	14.60	17.44	19.73
2012	5.42	18.22	21.97	13.92	17.95	19.32
2013	5.60	18.17	22.01	13.58	18.35	19.05
2014	5.81	17.89	22.37	13.04	19.04	18.62

注：2010年起中等学校教师数包括了技工学校专任教师数。
Since 2010 the number of secondary school teachers in technical schools, including the number of full－time teachers.

14－13 科技活动经费投入情况(1990－2014)
Basic Statistics on Scientific and Technoligical Activities Funds(1990－2014)

单位:亿元(100 million yuan)

年份 Year	科技活动经费 Scientific and Technological Activities Funds	研究与试验发展经费支出 Expenditure on R&D	按执行部门分 By Sector				按经费来源分 By Source			
			研究机构 Research and Development Institutions	高等院校 Colleges and Universities	工业企业 Enterprises	其他部门 Others	政府资金 Government Appropriation Funds	企业资金 Self－raised Funds by Enterprises	国外资金 Overseas Capital	其他资金 Other
1990	8.60	2.04	0.96	0.51	0.52	0.05				
1991	9.86	2.27	0.87	0.69	0.64	0.06				
1992	14.12	3.46	1.21	1.25	0.90	0.09				
1993	17.93	4.43	1.48	1.77	1.04	0.13				
1994	23.21	7.88	1.33	1.82	4.52	0.21				
1995	32.57	9.14	1.85	2.42	4.63	0.24				
1996	37.96	10.50	2.23	2.43	5.56	0.29				
1997	51.33	15.19	2.96	3.04	7.85	1.34				
1998	60.89	19.70	3.10	3.00	11.80	1.80				
1999	76.78	27.05	3.04	3.71	17.80	2.50				
2000	104.89	36.59	3.21	3.33	26.54	3.51	5.73	26.93	0.53	3.40
2001	124.29	44.74	3.32	5.09	32.04	4.29	6.59	32.73	0.64	4.78
2002	150.03	57.65	2.97	6.58	42.58	5.52	6.77	42.20	0.17	8.51
2003	185.20	77.76	4.35	7.88	59.62	5.91	9.46	57.70	0.32	10.28
2004	243.85	115.55	4.62	13.33	91.10	6.50	13.78	97.42	0.63	3.72
2005	321.42	163.29	11.58	13.90	130.41	7.40	24.12	134.74	0.55	3.88
2006	407.85	224.03	12.38	15.99	183.39	12.27	28.00	190.28	1.12	4.63
2007	516.78	286.32	13.63	18.18	235.55	18.96	30.94	246.39	2.50	6.49
2008	619.52	345.76	13.89	19.15	283.73	28.99	37.08	296.46	4.39	7.83
2009	717.08	398.84	12.85	23.91	330.10	31.98	36.63	354.22	2.48	5.51
2010	832.44	494.23	15.36	34.55	407.43	36.89	48.00	435.45	3.27	7.53
2011	1003.40	612.93	18.07	40.81	501.87	52.18	53.56	539.41	9.51	10.45
2012	1143.83	722.59	21.83	44.72	588.61	67.43	60.41	644.37	3.13	14.68
2013	1292.90	817.27	24.17	47.28	684.36	61.46	66.16	733.62	2.38	15.12
2014	1411.84	907.85	27.12	49.76	768.15	62.83	70.65	817.35	2.58	17.27

14－14 县级以上政府部门属研究与开发机构情况(1986－2014年)
Basic Statistics on Research and Development Organizations Attached to Goverment at County Level and Above(1986－2014)

年份 Year	机构数(个) Institutions (unit)	从事科技活动人员数(人) Specialized Technical Persons (person)	科技经费收入(万元) Science and technology fund income (10000 yuan)	政府拨款 Government Appropriations	科技经费支出(万元) Spending on science and technology (10000 yuan)	#人员费用 Charge for Person
1986	153		14015	8877	12580	3067
1987	152		17721	10431	15234	3001
1988	156		18920	14073	27715	4065
1989	161		24889	11974	25070	4026
1990	163		33801	15801	29169	5123
1991	164		29623	9330	26494	5001
1992	165		40512	14410	37017	6156
1993	162		47139	14289	45206	9001
1994	161		53069	18251	48025	13993
1995	161		62021	11784	59248	15589
1996	161		72172	25110	63407	18189
1997	162		91503	31795	83434	20806
1998	164		126704	47919	107580	23018
1999	160		126740	50194	113565	28392
2000	146		120587	54365	108129	27263
2001	127		89248	51719	82109	26341
2002	110	5470	89540	54571	80771	28286
2003	104	5095	115029	65770	97981	38157
2004	92	4792	116542	80373	102949	34213
2005	99	5798	144821	109676	120907	31646
2006	99	6178	176610	128341	142664	38853
2007	100	6677	211682	155461	167207	44752
2008	98	7123	247818	177210	203732	51972
2009	97	7517	259300	188672	217138	57000
2010	95	7771	281040	205659	250360	60634
2011	94	8247	324294	223070	289858	71232
2012	97	8971	375690	270412	336575	80561
2013	97	9255	412979	309667	369037	92073
2014	97	9199	431374	311697	408097	104341

注：从事科技活动人员数包括本单位在职科技活动人员，也包括外聘的流动学者和非本单位在读研究生，和表14－17的科技活动人员口径一致。
Specialized technical persons include the on－the－job technical staff in the unit, including external flow scholars and the graduate students outside the unit, same as the table 14－17.

14-15 县级以上政府部门属研究与开发机构课题情况
Basic Statistics on Topics in Research and Development Organizations Attache to Government at County Level and Above

分类	Item	课题数(项) Topics (unit)			投入人员(人年) Persons (Person-year)			投入经费(万元) Funds (10000 yuan)		
		2012	2013	2014	2012	2013	2014	2012	2013	2014
总计	**Total**	**3743**	**4044**	**4217**	**5358**	**5411**	**5715**	**133137**	**129391**	**140051**
按活动类型分	**By Type**									
基础研究	Fundational Research	266	308	465	315	340	583	4518	5318	9637
应用研究	Applied Research	645	644	571	953	983	997	30817	33005	26087
试验发展	Experimental Development	1127	1134	1197	1779	1708	1665	45818	42150	42454
R&D 成果应用	Applying of R&D Results	924	1040	1057	1188	1267	1369	20064	23315	29098
科技服务	Technology Service	781	918	927	1123	1113	1102	31920	25603	32776

14-16 县级以上政府部门属研究与机构科学论文与科技著作
Basic Statistics on Papers in Research and Development Organizations Attached to Government at County Level and Above

单位:篇(paper)

项目	Item	科学论文 Papers of Science			#国外发表 Publishing Abroad			科技著作 Works of Science and Technology		
		2012	2013	2014	2012	2012	2014	2012	2013	2014
合计	**Total**	**3908**	**3957**	**4217**	**676**	**864**	**923**	**130**	**144**	**142**
国务院部门属	Attaching to the Sate Council	1066	1119	1180	363	514	562	30	33	41
省属	Attaching to Province	2413	2391	2659	295	330	326	88	98	91
市属	Attaching to City	429	447	378	18	20	35	12	13	10

14－17 县级以上政府部门属研究与开发机构情况(2014 年)

Basic Statistics on Research and Development Organizations Attached to Government at County Level and Above(2014)

项目	Item	机构数（个）Institutions (unit)	从事科技活动人员数（人）Specialized Technical Persons (person)	经费收入（万元）Income (10000 yuan)	#政府拨款 Government Appropriation	经费支出（万元）Expenditures (10000 yuan)	#科技费用 Charge of Science
总计	**Total**	**97**	**9199**	**520035**	**337336**	**489823**	**408097**
按隶属关系分	**By Relationship of Subordination**						
中央	Central Enterprises	10	2664	146152	116103	139626	127136
地方	The Local	87	6535	373883	221233	350198	280961
按机构地域分	**By Region**						
杭州市	Hangzhou	40	5451	342691	213079	318180	265753
宁波市	Ningbo	10	1574	81239	65831	79173	75533
温州市	Wenzhou	14	1068	41740	28664	40852	33126
嘉兴市	Jiaxing	2	221	19832	3907	19930	9526
湖州市	Huzhou	4	165	9850	7067	9831	7814
绍兴市	Shaoxing	2	51	1779	1610	1761	1434
金华市	Jinhua	8	218	8192	4963	6538	4377
衢州市	Quzhou	4	54	1625	1577	1064	816
舟山市	Zhoushan	6	106	3065	2370	3260	2509
台州市	Taizhou	4	181	6443	4799	5815	4126
丽水市	Lishui	3	110	3578	3469	3422	3083

注：该表中的经费收入和经费支出均指的是全部经费收入和支出。
The data of income and expenditure in the table refers to the data of all financial income and expenditure.

14－18 县级以上政府部门属研究与开发机构课题情况(1986－2014年)
Basic Statistics on Research and Development Organizations Attached to Government at County Level and Above(1986－2014)

年份 Year	课题数 (项) Number of Topics (topic)	投入人员 (人年) Persons (person－year)	投入经费 (万元) Funds (10000 yuan)	人均经费 (元/人年) Funds per Capital (yuan/person－year)	课题平均经费 (元/项) Funds per Topic (yuan/topic)
1986	2568	6506	3590	5518	13980
1987	3272	6892	4467	6481	13652
1988	3066	7053	5180	7344	16895
1989	3134	7405	5644	7622	18009
1990	3120	6276	5551	8845	17792
1991	3457	5506	4720	8572	13653
1992	3452	5533	6772	12239	19618
1993	2941	4948	7418	14992	25223
1994	2540	4401	9262	21045	36465
1995	2453	4301	10058	23385	41003
1996	2315	4331	12792	29536	55257
1997	2440	4390	17798	40542	72943
1998	2534	5568	25194	45248	99424
1999	2558	5070	26927	53110	105266
2000	1989	4040	29664	73426	149140
2001	1790	2818	21663	76874	121022
2002	1746	2812	23329	89262	133614
2003	1700	2944	30816	104674	181271
2004	1540	2769	42463	153351	275734
2005	2121	3383	58242	172161	274597
2006	2834	3787	65945	174135	232392
2007	3539	4372	82918	189657	234298
2008	3151	4542	92146	202875	292434
2009	3132	4457	101017	226648	322532
2010	3278	4211	113576	269713	346480
2011	3223	4401	123464	280536	383072
2012	3743	5358	133137	248483	355697
2013	4044	5411	129391	239126	319958
2014	4217	5715	140051	245059	332111

14－19 高等学校科技活动情况(1986－2014 年)
Basic Statistics on Scientific Technological Activities on Higher Education(1986－2014)

年份 Year	科技活动机构数(个) Institutions (unit)	科技活动人员(人) Persons Engaged in Scientific and Technological Activities (person)	经费拨入总额(万元) Funds (10000 yuan)	#政府拨款 Government Appropriations	经费支出总额(万元) Expenditures (10000 yuan)	#仪器设备费 Expenditurs for Instrument and Equipment
1986	31	16086	2760	2061	2191	943
1987	32	15363	2954	1836	2557	823
1988	45	19874	3167	1789	2757	639
1989	44	20166	4514	2039	3926	884
1990	45	20267	5320	2773	4068	881
1991	43	20251	6442	3234	5505	1101
1992	58	20597	11083	5250	9996	2128
1993	234	20940	26974	9129	26563	4917
1994	262	20933	25766	8965	24830	3449
1995	259	21098	28731	7522	24805	3067
1996	259	22111	32341	7404	29516	3417
1997	295	22247	38327	10791	34538	4497
1998	433	23092	45677	11598	45008	4592
1999	365	23869	58749	13654	51850	3035
2000	430	28555	81153	23554	74714	8225
2001	534	34716	108576	37059	90486	11448
2002	405	19659	150651	61506	112630	17339
2003	421	21763	178362	67396	136090	19425
2004	203	29031	209249	90951	178960	27796
2005	191	25077	271011	136055	203204	37122
2006	160	25436	314684	170843	257099	53033
2007	161	26496	350014	178132	261104	41679
2008	169	28594	398755	225555	297278	51504
2009	575	53160	449992	242782	391720	72279
2010	471	56822	596839	348846	539237	61563
2011	494	60216	660167	376049	635506	108295
2012	524	62209	718381	410322	686972	98605
2013	595	64507	722863	406115	675602	96108
2014	601	65855	750889	433034	725606	88192

14－20 高等学校自然科学领域研究与发展课题情况(1986－2014 年)
Basic Statistics on Topics of Natural Scientific Research and Development in Institutions of Higher Education(1986－2014)

年份 Year	课题数 (项) Number of Topics (topic)	投入人员 (人年) Persons (person－year)	投入经费 (万元) Funds (10000 yuan)	课题平均经费 (元/项) Funds per Topic (yuan/tipic)
1986	1684		2295	13569
1987	1849		2681	14500
1988	2163		2616	12094
1989	2285		3848	16840
1990	2925		4667	15956
1991	3400		5053	14862
1992	4083		7905	19361
1993	4263		12961	30403
1994	4398		17082	38840
1995	4264		16211	38018
1996	4415		17900	40544
1997	4713		23901	50713
1998	5173		24912	48158
1999	5412		25385	46905
2000	5268		29482	55964
2001	6375	3821	40110	62918
2002	8736	4295	37511	42938
2003	13385	6363	90175	67370
2004	16003	8354	154804	96734
2005	18789	8676	133346	70970
2006	19896	8844	126763	63713
2007	19945	8966	150157	75286
2008	21657	9687	192980	89107
2009	22235	9581	210106	94493
2010	22391	10073	346706	154842
2011	22193	9847	351999	158608
2012	23938	9745	342897	143244
2013	25264	9984	385379	152541
2014	25510	9857	424142	166265

14－21 高等学校自然科学领域研究与发展课题情况
Basic Statistics on Topics of Natural Scientific Research and Development in Institutions of Higher Education

项目	Item	课题数(项) Number of Topics (topic)		投入人员(人年) Persons (person)		投入经费(万元) Funds (10000 yuan)		课题平均经费(元) Funds per Topic (yuan)	
		2013	2014	2013	2014	2013	2014	2013	2014
总计	**Total**	**25264**	**25510**	**9984**	**9857**	**385379**	**424142**	**152541**	**166265**
按活动类型分	**By Type of Activities**								
基础研究	Fundational Research	9282	9055	3771	3440	123867	135816	133448	149990
应用研究	Applied Research	11331	11771	4432	4607	175750	190930	155105	162203
试验发展	Experimental Development	1777	1562	732	624	26481	22785	149024	145869
研究与试验发展成果应用	Applying in R&D Results	1395	1629	538	731	27801	44234	199292	271541
科技服务	Technology Service	1479	1493	512	456	31480	30378	212843	203470

14－22 高等学校自然科学领域研究与发展机构科技著作
Scientific and Technical Works of Research and Development Organizations in Institutions of Higher Education

项目	Item	出版科技专著(部) Science and Technology Workers Published (work)				发表学术论文(篇) Academic Papers Published (paper)				#国外及全国性学术刊物 Published in Foreign Academic Publications			
		2011	2012	2013	2014	2011	2012	2013	2014	2011	2012	2013	2014
合计	**Total**	**68**	**104**	**108**	**117**	**31273**	**32471**	**31363**	**28334**	**11266**	**12454**	**11914**	**11647**
自然科学	Natural Sciences	7	15	26	23	7792	8046	7524	6430	3277	3817	3035	2592
工程与技术	Engineering and Technology	35	38	42	47	13630	13282	13307	12022	4943	5160	5907	5816
医学科学	Medical Sciences	24	44	33	37	7592	8216	7770	7260	2209	2476	1888	2131
农业科学	Agricultural Sciences	2	7	7	10	2259	2927	2762	2622	837	1001	1084	1108

14－23 规模以上工业企业科技活动情况(2009－2014年)
Basic Statistics on Scientific and technological Activities of Enterprises above Designated Size by Industrial Sector(2009－2014)

单位:亿元(100 million yuan)

项目		Item		2009	2010	2011	2012	2013	2014
有科技活动企业数	(个)	Number of Enterprises with Scientific and Technoligical Activities	(unit)	13883	14537	11791	13830	15179	16524
企业有科技机构	(个)	Number of Research Intitutions	(unit)	5694	6745	6781	7498	8278	9049
从业人员年平均人数	(万人)	Average Number of Employed Person	(10000 persons)	797.13	602.72	714.96	712.64	719.13	709.23
科技活动人员	(万人)	Persons with Scientific and Technoligical Activities	(10000 persons)	33.31	38.18	40.20	45.53	49.20	51.32
#高中级职称人员	(万人)	Persons with Senior or Middle Titles	(10000 persons)	7.26	7.29	7.97	8.66	9.10	9.36
科技活动经费支出		Internal Expenditures on S&T Activities		545.09	675.50	774.76	903.71	1031.11	1109.54
#劳务费		Service Fees		141.65	181.53	202.90	243.14	289.34	334.51
原材料费		Material Costs		202.00	260.31	314.75	382.47	437.96	465.08
#新产品开发经费支出		Expenditure on New Product Developmet		418.31	526.16	601.47	714.53	821.66	896.05
委托外单位开发经费支出		Expenditure on Entrustment		32.89	36.48	39.56	43.50	35.31	38.69
研究与试验发展人员	(万人)	Persons Engaged in R&D	(10000 persons)	18.49	22.39	24.82	29.75	33.72	36.23
研究与试验发展经费支出		Expenditure on R&D		330.10	407.43	479.91	588.61	684.36	768.15
新产品产值		Output of New Product		6801.6	8789.3	10749.6	11778.5	15862.2	18769.9
新产品销售收入		Sales income of New Product		6348.6	8352.5	10049.4	11284.0	14882.1	16507.9
#出口		Export		1612.00	2232.92	2535.51	2674.50	2981.38	3493.63
专利申请数	(项)	Number of Patent Application	(item)	46420	48334	52207	68003	77067	77135
#发明专利	(项)	Patent of Invention	(item)	8698	8879	9335	12844	15036	16824
拥有发明专利数	(项)	Owning Invention Patent	(item)	11789	14178	18091	20553	22578	28235
技术改造经费支出		Expenditure for Technology Transform		329.36	285.37	257.27	246.09	257.55	278.09
技术引进经费支出		Expenditure for Acquisition of Foreign Technology		21.37	24.89	16.94	14.61	11.04	12.47
消化吸收经费支出		Expenditure for Assimilation of Technology		9.91	12.73	8.55	7.97	5.26	4.87
购买国内技术经费支出		Expenditure for Purchasing of Domestic Technology		16.08	14.84	13.33	12.16	17.06	14.43

注：2011年起规模以上工业为主营业务收入为2000万及以上工业企业。
Industrial enterprises above designated size refer to those with annual revenue from principal business over 20 million yuan since 2011.

14-24 大中型工业企业科技活动情况(2009-2014年)
Basic Statistics on Science and Technology Activities of Large and Medium sized Industrial Enterprises(2009-2014)

单位:亿元(100 million yuan)

项目		Item		2009	2010	2011	2012	2013	2014
企业数	(个)	Number of Enterprises	(unit)	4328	4420	5040	5240	5209	5007
#有科技活动企业数	(个)	Number of Enterprises with Scientific and Technoligical Activities	(unit)	2613	3078	3137	3376	3443	3498
企业有科技机构	(个)	Number of Research Intitutions	(unit)	2247	2733	2583	2689	2844	2890
从业人员年平均人数	(万人)	Average Number of Employed Person	(10000 persons)	331.22	352.08	374.11	380.35	368.25	353.35
科技活动人员	(万人)	Persons Related with Scientific and Technoligical Activities	(10000 persons)	18.62	23.09	25.48	28.05	29.38	29.89
#高中级职称人员	(万人)	Persons with Senior or Middle Titles	(10000 persons)	4.19	4.54	4.92	5.03	5.10	5.18
科技活动经费内部支出		Internal Expenditures on S&T Activities		338.53	441.25	519.36	592.37	655.83	687.57
#劳务费		Service Fees		91.22	121.07	138.09	161.23	189.67	216.94
原材料费		Material Costs		124.75	173.00	215.36	257.90	284.25	287.99
#新产品开发经费支出		Expenditure on New Product Developmet		261.35	349.64	411.35	480.50	541.39	572.11
委托外单位开发经费支出		Expenditure on Entrustment		24.40	28.45	32.03	35.25	27.51	29.94
研究与试验发展人员	(万人)	Persons Engaged in R&D	(10000 persons)	10.78	13.82	15.67	18.58	20.39	21.52
研究与试验发展经费支出		Expenditure on R&D		215.85	272.34	321.24	389.73	440.57	484.76
新产品产值		Output of New Product		4826.22	6584.46	8046.62	9037.27	11519.70	13072.46
新产品销售收入		Sales income of New Porduct		4526.20	6282.62	7537.02	8697.36	10900.12	11666.65
#出口		Export		1182.57	1775.97	1967.37	2083.53	2233.26	2521.91
专利申请数	(项)	Number of Patent Application	(item)	19964	22859	25529	31218	34470	33184
#发明专利	(项)	Patent of Invention	(item)	3837	4241	5071	6513	7548	8237
拥有发明专利数	(项)	Owning Invention Patent	(item)	5189	6924	9693	11495	12639	15210
技术改造经费支出		Expenditure for Technology Transform		240.24	226.64	209.97	202.61	212.40	218.70
技术引进经费支出		Expenditure for Acquisition of Foreign Technology		16.14	21.33	14.55	12.97	8.33	6.17
消化吸收经费支出		Expenditure for Assimilation of Technology		7.12	10.59	7.29	6.78	4.28	3.92
购买国内技术经费支出		Expenditure for Purchasing of Domestic Technology		11.58	10.70	10.54	9.03	10.98	8.84

14－25 大中型工业企业科技活动情况(2014 年)

Basic Statistics on Scientific and Technological Activities in Large and Medium sized Industrial Enterprises(2014)

项目	Item	企业数(个) Number of Enterprises (unit)	有R&D的企业数(个) Number of Enterprises with R&D (unit)	企业办科技机构(个) Number of Institutions Found by Enterprises (unit)
总计	**Total**	**5007**	**2784**	**2890**
按企业规模分	**By Scale**			
大型企业	Large－sized Enterprises	597	449	627
中型企业	Medium－sized Enterprises	4410	2335	2263
按登记注册类型分	**By Status of Registration**			
内资企业	Domestic Funded Enterprises	3545	2055	2143
国有企业	State－owned Enterprises	56	21	8
股份合作企业	Cooperative Enterprises	12	9	6
有限责任公司	Limited Liability Corporations	900	546	547
股份有限公司	Share－holding Corporations Ltd.	366	314	451
私营企业	Private Enterprises	2204	1164	1130
其他企业	Others	7	1	1
港、澳、台商投资企业	Funded by Entrepreneurs From Hong Kong Macao and Taiwan	750	399	385
合资经营企业	Joint－venture Enterprises	429	248	244
合作经营企业	Cooperation Enterprises From Hong Kong ,Macao and Taiwan	12	8	7
港、澳、台商独资经营企业	Enterprises with Sole Hong Kong,Macao and Taiwan	287	128	118
港、澳、台商投资股份有限公司	Share－holding Corporations Ltd. with Funds From Hong Kong,Macao and Taiwan	22	15	16
外商投资企业	Foreign Funded Enterprises	712	330	362
中外合资经营企业	Joint－venture Enterprises	387	201	211
中外合作经营企业	Cooperation Enterprises	5	3	4
外资企业	Enterprises With Sole Foreign Investment	308	118	140
外商投资股份有限公司	Foreign Invesment Share－holding Corporations Ltd.	11	7	7
其他外商投资企业	Other foreign investment	1	1	
按隶属关系分	**By Relationship**			
中央企业	Central Enterprises	49	24	21
地方企业	Local Enterprises	4958	2760	2869

企业办机构仪器设备原价(万元) Original Value of Machines (10000 yuan)	企业科技活动人员数(人) Persons with Scientific and Technical Activities (person)	R&D人员 Persons Engaged in R&D	科技活动经费内部支出 Internal Expenditures on S&T Activities	R&D支出 Expenditure on R&D	#新产品开发经费支出 Expenditure on New Product Development	发明专利申请数(项) Number of Patent Applications (item)	有效发明专利数(项) Patent of Inventions Owned (item)
3149033	**298856**	**215204**	**6875663**	**4847603**	**5721057**	**8237**	**15210**
1401404	135655	97720	3368734	2371992	2924968	3597	7298
1747629	163201	117484	3506930	2475611	2796089	4640	7912
2084628	212600	155526	4707960	3368094	3872752	5293	9599
6684	3186	2439	68195	42262	43674	588	454
5865	436	357	9093	7661	8489	3	15
623455	63602	46392	1443660	1056888	1201658	1239	2541
733451	60897	46566	1360798	1032453	1168976	1706	3307
715051	84454	59747	1825556	1228171	1449295	1757	3276
121	25	25	659	659	659		6
544448	45842	33163	1185839	839766	1016094	1784	4042
292043	22768	16368	595434	393664	464753	640	1008
2084	508	409	12777	10235	10931	1	3
186732	16756	12029	416980	332144	383247	1021	2725
63589	5810	4357	160648	103723	157162	122	306
519957	40414	26515	981865	639743	832212	1160	1569
384478	25904	16819	669220	416049	570742	722	1106
3968	126	72	1655	1042	1655		
121847	13643	9102	302194	216843	252260	427	448
9664	728	519	8260	5794	7034	11	15
	13	3	537	15	521		
33201	4196	2544	88610	39646	36347	573	533
3115831	294660	212660	6787054	4807957	5684710	7664	14677

14-26 "星火"计划项目情况
Basic Statistics on "Sparkle" Programmes

项目	Item	验收项目数(项) Programmes (item)			新增经济效益(万元) Newly Added Economic Efficiency (10000 yuan)					
					新增产值 Newly Added Output Value			新增利税 Newly Added Profits and Taxes		
		2012	2013	2014	2012	2013	2014	2012	2013	2014
合计	**Total**	**476**	**289**	**296**	**568645**	**468802**	**510949**	**73786**	**86453**	**66102**
国家级	Country Level	120	133	148	399941	399002	440531	47066	76903	53920
省级	Province Level	16	25	27	29516	27800	20757	5664	5250	4255
市县级	City and County Level	340	131	121	139189	42000	49661	21056	4300	7927

14-27 "星火"计划项目情况(1986-2014年)
Basic Statistics on "Sparkle" Programmes(1986-2014)

单位:项(item)

年份 Year	国家级 Country Level		省级 Province Level		市县级 City and County Level	
	立项 Programmmes	验收 Checked and Accepted	立项 Programmmes	验收 Checked and Accepted	立项 Programmmes	验收 Checked and Accepted
1986	29	7	70	188	203	44
1987	33	3	71	11	191	21
1988	38		66	2	185	2
1989	10		71	3	208	6
1990	28	8	79	44	298	102
1991	37	9	81	66	343	159
1992	37	26	89	65	413	161
1993	44	40	149	78	246	124
1994	43	14	152	34	302	100
1995	45	19	165	54	379	175
1996	58	17	119	38	509	165
1997	74	26	144	37	587	193
1998	82	35	144	35	636	200
1999	79	42	143	75	656	285
2000	80	54	171	83	540	261
2001	88	39	156	61	665	303
2002	100	35	84	45	785	535
2003	115	58	138	65	831	498
2004	118	65	116	51	493	330
2005	107	40	131	49	591	244
2006	147	55	132	36	495	339
2007	165	48	23	44	537	320
2008	177	59	13	33	491	177
2009	13	62	13	35	269	134
2010	210	66	13	35	404	140
2011	265	91	16	40	300	281
2012	236	120	16	16	375	340
2013	259	133	31	25	228	131
2014	203	148	35	27	263	121

注: 1. 从2007年起,我省"星火"计划项目管理口径发生变化。
The data of "Sparkle Plan" Programmes by province level are adjusted since 2007.
2. 2009年国家星火只安排了重点项目,没有设立一般项目。
The data of "Sparkle Plan" Programmes by country level includes key projects, except general projects in 2009.

14－28 科协系统科技活动情况
Basic Statistics on Scientific and Technological Activities

项目	Item	科协合计 Total Associations with Science and Technology System		省科协 Associations at province Level		市科协 Associations at City level		县级科协 Associations at County Level	
		2013	2014	2013	2014	2013	2014	2013	2014
机构数 （个）	**Institutions （unit）**	**104**	**104**	**1**	**1**	**11**	**11**	**92**	**103**
人员数 （人）	**Personnel （person）**	**1532**	**1573**	**233**	**255**	**383**	**403**	**916**	**915**
学术活动	**Academic Activities**								
学术会议	Academic Meetings								
次数 （次）	Number （time）	612	507	7	5	357	361	248	141
参加人数 （人）	Participants （person）	94246	54517	7860	4200	42070	36123	44316	14194
继续教育	Continuing Education								
办培训班 （个）	Training Classes （class）	23	382	7	8	16	9		365
结业人数 （人次）	People Graduated （person－time）	2546	82739	638	888	1908	550		81301
科普活动	Activities for Popular Science								
宣讲活动 （次）	Propaganda Activity （time）	8580	10302	105	116	1470	1909	7005	8277
受众 （人次）	Audience （time）	7833213	3642182	3630000	2555400	699329	1186782	3503884	4122139
出版	**Publications**								
编著科技图书 （种）	Books Edited （kind）	102	90	5	4	14	10	83	76
年发行总量 （册）	Number of Annual Published （copy）	682800	872000	56000	50000	123500	301000	503300	566000

注：2012 年开始科协统计口径有变化，后表同。
Data of this table is adjusted since 2012, following tables are the same.

14－29 科协系统省级学会情况(2008－2014 年)
Basic Statistics on Academy in Science Systems(2008－2014)

项目		Item		2008	2009	2010	2011	2012	2013	2014
机构数	**(个)**	**Institutions**	**(unit)**	**156**	**157**	**160**	**162**	**162**	**165**	**169**
会员数	**(人)**	**Personnel**	**(person)**	**156523**	**169856**	**171028**	**181803**	**200156**	**197578**	**219027**
学术活动		**Academic Activities**								
学术会议		Domestic Academic Meetings								
次数	(次)	Number	(Time)	621	637	587	656	768	771	927
参加人数	(人)	Participants	(person)	82543	81493	79565	88064	95156	100846	127614
交流论文数	(篇)	Papers Presented	(paperr)	26074	23475	16959	21940	27289	14873	33283
科技培训		Training								
继续教育	(个)	Continuing Education	(unit)	435	335	363	388	234	253	344
结业人数	(人次)	Number of Students Graduated	(Time)	46892	29666	46121	49922	28115	35343	51386
科普活动		Activities for Popular Science								
宣讲活动	(次)	Propaganda Activity	(Time)	588	613	734	874	909	937	1455
受众人数	(人次)	Audience Numbers	(Time)	153174	235496	335215	374632	263943	265364	323308
青少年科技竞赛次数	(次)	Teenagers Participating in Science technology Competitions	(Time)	20	25	31	32	58	61	39
出版		Publications								
主办科技期刊	(种)	Journals by held	(kind)	46	48	47	45	50	58	54
年发行总数	(册)	Number of Copies Distributed	(cope)	817295	1518030	1614535	1137611	2212513	981607	2144011
编著科技图书	(种)	Academic Newspaper	(kind)	36	20	5	11	44	44	51
年发行总量	(册)	Number of Copies Distributed	(cope)	121001	142500	53100	40400	150300	167000	291400

14-30 专利申请量和授权量(2008-2014年)
Patent Applications Accepted and Approved(2008-2014)

项目	Item	2008	2009	2010	2011	2012	2013	2014
申请量合计(项)	**Number of Patent Applications Accepted(item)**	**89965**	**108563**	**120782**	**177081**	**249373**	**294014**	**261434**
发明	Inventions	12063	15655	18024	24745	33265	42744	52405
实用新型	Utility Models	25168	40436	50249	75875	108599	127122	116011
外观设计	Outward Designs	52734	52472	52509	76461	107509	124148	93018
授权量合计(项)	**Number of Patent Applications Approved(item)**	**52955**	**79945**	**114643**	**130190**	**188431**	**202350**	**188544**
发明	Inventions	3269	4818	6409	9135	11459	11139	13372
实用新型	Utility Models	20002	25295	47615	56030	84897	106238	99508
外观设计	Outward Designs	29684	49832	60616	65025	92075	84973	75664

14-31 测绘部门主要指标完成情况(2008-2014年)
Major Indicators of Surveying and Mapping Department(2008-2014)

项目	Item	2008	2009	2010	2011	2012	2013	2014
基础测绘经费总投入 (万元)	Gross Investment on Surveying and Mapping (10000 yuan)	23348	30656	35920	34496	40576	50675	74789
测绘服务总值 (亿元)	Gross Output Value (100 million yuan)	11.42	12.83	15.13	25.10	27.95	32.39	33.64
年末测绘人数 (人)	Personnel (person)	8682	9686	10295	10774	11742	12488	14587
1:1万地形图测制与更新 (幅)	1:10000 Topographic Maps and Updated (Suit)	743	1446	1819	1473	1657	1639	1502
1:5千地形图测制与更新 (幅)	1:5000 Topographic Maps and Updated (Suit)			124	338	162	165	
提供各种比例尺地形图 (张)	Topographic Maps of All Kinds (Piece)	86603	72404	53470	108450	87825	149968	107833

注：测绘服务总值:指全省从事测绘及相关活动的测绘资质单位在报告期内完成各种测绘项目或提供各种服务实现的总值(总产出)。
基础测绘经费总投入:指在报告期内省、市、县三级政府对基础测绘投入的经费。

14－32 标准计量、质量监督机构和人员数(2007－2013年)
Institutions and Personnel Engaged in Standard Measuring and Quality Supervising (2007－2013)

项目		Item		2007	2008	2009	2010	2011	2012	2013
质量技术监督行政部门及其技术机构	(个)	Number of Institutions Engaged in Standard Measuring	(unit)	190	191	250	254	251	266	266
省级机构数	(个)	Institutions at Province Level	(unit)	15	15	15	15	15	15	15
市级机构数	(个)	Institutions at City Level	(unit)	51	52	51	52	52	57	57
县(市、区)级机构数	(个)	Institutions at County Level	(unit)	124	124	184	187	184	194	194
产品质量监督检验机构数	(个)	Number of Institutions Engaged in Quality Supervising	(unit)	1024	1116	1122	1195	1294	1360	1407
省级院	(所)	Institutions at Province Level	(unit)	125	132	128	127	134	153	118
市级院	(所)	Institutions at City Level	(unit)	406	410	429	498	487	495	505
县级院	(所)	Institutions at County Level	(unit)	493	574	565	570	673	712	787
年末职工总数	(人)	Number of Staff and Workers year－end (person)	(person)	5295	5747	5732	5915	6131	6018	6407
专业技术人员	(人)	Specialized Technological Personnel	(person)	2545	2777	2718	2679	2864	2648	3044
业务管理人员	(人)	Professional Management Personnel	(person)	701	884	895	1002	1213	823	983
行政人员	(人)	Administrative Personnel	(person)	1621	1761	1874	1945	1806	2315	2142
工人	(人)	Workers	(person)	428	325	245	285	248	232	238
已建省级社会公用计量标准	(大类)	Social Public Measurement Standard Established at Province Level	(type)	10	10	15	10	10	10	10
已建市级社会公用计量标准	(大类)	Social Public Measurement Standard Establishcd at City Level	(type)	10	10	58	10	10	10	10
已开展强制检定工作计量器具	(项)	Measurement Implement Tested Compulsively	(item)	42	41	41	41	41	41	41

续表 Continued

项目		Item		2007	2008	2009	2010	2011	2012	2013
强制检定计量器具实际检出数	(万台件)	Actual Quantity Checked by Measurement Implement Tested Compulsively	(10000 units)	140.77	216.07	586.35	588.46	616.24	1701.60	682.32
计量仪器检定	(万台件)	Quantity Checked by Measurement Implement	(10000 units)	150.20	217.09	613.65	614.50	711.91	1850.23	1035.52
产品质量监督检验受检企业数	(个)	Number of Enterprises Passed Quality Check	(unit)	25101	22844	28617	27948	26593	26412	19644
本年度财政拨款	(万元)	Financial Allocations	(10000 yuan)	85812	94233	102674	106977	147006	197577	197295
#省级机构拨款		Province Level		22704	19809	31298	26969	22356	27422	31341
市级机构拨款		City Level		25263	32541	30947	35952	60492	83156	81290
县级机构拨款		County Level		37845	41883	40429	44055	64157	86999	84664
固定资产总值	(万元)	Total Value of Fixed Assets	(10000 yuan)	138284	166794	193566	216826	248366	268170	295782
省级固定资产	(万元)	Province Level	(10000 yuan)	24988	29247	28597	35268	42789	42776	45579
市级固定资产	(万元)	City Level	(10000 yuan)	53829	64919	88730	94677	114243	125100	143801
县级固定资产	(万元)	County Level	(10000 yuan)	59466	72628	76239	86882	91334	100295	106401
现有工作用房	(万平方米)	Floor Space of Working Houses	(10000 sq. m)	33.44	34.41	36.55	43.97	47.55	54.64	59.28
标准馆藏总量	(万件)	Volume of Standard Measurement Implement Collected	(10000 pieces)	25	35	41	65	54	55	61
国内标准		Domestic Standard		13.5	13.0	15.2	15.2	15.0	14.5	12.5
国外标准		Foreign Standard		11.5	22.0	25.8	50.5	39.0	40.5	48.5
打击假冒伪劣案件立案数	(个)	Cases of Imitions and Poor Guantity Products Registered	(case)	10310	8778	6260	6252	5273	5301	5978

14－33 按行业分的事业单位专业技术人员(2014 年)
Specialized Technical Personnel in Enterprises by Sector(2014)

单位:人(person)

项目	Item	总数 Total	高级岗位 Senior		中级岗位 Medium	
			四级及以上 The forth and above	五至七级 The fifth to seventh	八至九级 The eighth to ninth	十级 The tenth
总计	**Total**	**841378**	**14554**	**123284**	**195074**	**158814**
农、林、牧、渔业	Farming, Forestry, Animal Husbandry and Fishery	20727	186	2016	5001	4257
采矿业	Mining and Quarrying					
制造业	Manufacturing					
电力、热力、燃气及水生产和供应业	Electricity, Heat, Gas and Water Production and Supply					
建筑业	Construction	2854	44	600	642	554
批发和零售业	Wholesale and Retail Sale Trade					
交通运输、仓储和邮政业	Transport, Storage and Post	7452	64	1268	1605	1648
住宿和餐饮业	Hotels and Catering Services	201		5	41	36
信息传输、软件和信息技术服务业	Information Transmission, Software and Information Technology	799	10	101	163	163
金融业	Finance	1243		16	18	269
房地产业	Real Estate	1532	10	244	390	267
租赁和商务服务业	Leasing and Commercial Services	582		27	100	105
科学研究和技术服务业	Scientific Research and Technic Services	15346	762	4010	2897	3577
水利、环境和公共设施管理业	Water Conservancy, Environment and Public Facilities Management	15451	246	2502	3268	3118
居民服务、修理和其他服务业	Resident Services, Repair and Other Services	1339	6	79	274	237
教育	Education	474347	5623	82109	132108	94984
卫生和社会工作	Health Care and Social Work	237245	6847	24350	36589	36979
文化、体育和娱乐业	Culture, Sports and Recreation	24655	661	3150	4956	5175
公共管理、社会保障和社会组织	Public Management, Social Security and Social Organization	37605	95	2807	7022	7445

续表 Continued 单位:人(person)

项目	Item	按职务分 By Post			
		初级岗位 Junior			其他 Others
		十一级 The eleventh	十二级 The twelvth	十三级 The thirteenth	
总计	**Total**	**101771**	**164116**	**52075**	**31690**
农、林、牧、渔业	Farming, Forestry, Animal Husbandry and Fishery	3196	4102	1533	436
采矿业	Mining and Quarrying				
制造业	Manufacturing				
电力、热力、燃气及水生产和供应业	Electricity, Heat, Gas and Water Production and Supply				
建筑业	Construction	364	501	86	63
批发和零售业	Wholesale and Retail Sale Trade				
交通运输、仓储和邮政业	Transport, Storage and Post	878	1497	313	179
住宿和餐饮业	Hotels and Catering Services	39	31	49	
信息传输、软件和信息技术服务业	Information Transmission, Software and Information Technology	96	205	33	28
金融业	Finance	14	12	530	384
房地产业	Real Estate	217	295	94	15
租赁和商务服务业	Leasing and Commercial Services	111	160	56	23
科学研究和技术服务业	Scientific Research and Technic Services	1096	2334	348	322
水利、环境和公共设施管理业	Water Conservancy, Environment and Public Facilities Management	1978	3213	749	377
居民服务、修理和其他服务业	Resident Services, Repair and Other Services	185	380	138	40
教育	Education	57189	80091	9250	12993
卫生和社会工作	Health Care and Social Work	27564	56122	33921	14873
文化、体育和娱乐业	Culture, Sports and Recreation	3169	5002	1823	719
公共管理、社会保障和社会组织	Public Management, Social Security and Social Organization	5675	10171	3152	1238

14－34 按行业分的企业单位专业技术人员(2014年)
Specialized Technical Personnel in Enterprises by Sector(2014)

单位:人(person)

项目	Item	总数 Total	按职务分 By Post				
			高级职务 Senior	#正高级职务 Chief Senior	中级职务 Medium	初级职务 Junior	未聘任专业技术职务 Not Appointed
总计	**Total**	**130142**	**9083**	**209**	**33484**	**55696**	**31879**
农、林、牧、渔业	Farming, Forestry, Animal Husbandry and Fishery	902	43	3	262	500	97
采矿业	Mining and Quarrying	498	57		191	236	14
制造业	Manufacturing	22039	1684	23	5855	9352	5148
电力、热力、燃气及水生产和供应业	Electricity, Heat, Gas and Water Production and Supply	15686	1154	3	4266	7750	2516
建筑业	Construction	14978	1435		3980	6116	3447
批发和零售业	Wholesale and Retail Sale Trade	17033	519	3	3065	7125	6324
交通运输、仓储和邮政业	Transportation, Storage and Post	20815	1702		6172	10576	2365
住宿和餐饮业	Hotels and Catering Services	1444	39		283	622	500
信息传输、软件和信息技术服务业	Information Transmission, Software and Information Technology	2978	51		211	463	2253
金融业	Finance	9535	205		2198	3251	3881
房地产业	Real Estate	5015	460	1	1892	1828	835
租赁和商务服务业	Leasing and Commercial Services	2733	111		636	1535	451
科学研究和技术服务业	Scientific Research and Technic Services	2880	463	23	983	1099	335
水利、环境和公共设施管理业	Water Conservancy, Environment and Public Facilities Management	4049	345	1	1232	2095	377
居民服务、修理和其他服务业	Resident Services, Repair and Other Services	2041	107		692	967	275
教育	Education	287	51	10	175	56	5
卫生和社会工作	Health Care and Social Work	1169	125	13	378	574	92
文化、体育与娱乐业	Culture, Sports and Recreation	6060	532	129	1013	1551	2964
公共管理、社会保障和社会组织	Public Management, Social Security and Social Organization						

续表　Continued　　　　单位：人(person)

项目	Item	按专业分 By Occupation					
		#工程技术人员 Engine－ering	#农业技术人员 Agricu－lature	#科学技术人员 Scientific Research	#卫生技术人员 Medical Profess－ionals	#教学人员 Teaching	#其他专技人员 Others
总计	**Total**	**63583**	**520**	**527**	**3190**	**699**	**61623**
农、林、牧、渔业	Farming, Forestry, Animal Husbandry and Fishery	294	195		8	2	403
采矿业	Mining and Quarrying	264			10		224
制造业	Manufacturing	13638	74	118	305	245	7659
电力、热力、燃气及水生产和供应业	Electricity, Heat, Gas and Water Production and Supply	10091	8	1	26	5	5555
建筑业	Construction	12363			2	11	2602
批发和零售业	Wholesale and Retail Sale Trade	2171	165	4	934	14	13745
交通运输、仓储和邮政业	Transportation, Storage and Post	10039	50		96	77	10553
住宿和餐饮业	Hotels and Catering Services	219			3	2	1220
信息传输、软件和信息技术服务业	Information Transmission, Software and Information Technology	1792		64	8	19	1095
金融业	Finance	1249		1	4	3	8278
房地产业	Real Estate	2791	4		1	15	2204
租赁和商务服务业	Leasing and Commercial Services	409	1		691	6	1626
科学研究和技术服务业	Scientific Research and Technic Services	2332	1	254	3	30	260
水利、环境和公共设施管理业	Water Conservancy, Environment and Public Facilities Management	2575	20	84	5	8	1357
居民服务、修理和其他服务业	Resident Services, Repair and Other Services	1013	2		8	8	1010
教育	Education	15			4	238	30
卫生和社会工作	Health Care and Social Work	22			1081		66
文化、体育与娱乐业	Culture, Sports and Recreation	2306		1	1	16	3736
公共管理、社会保障和社会组织	Public Management, Social Security and Social Organization						

浙/江/统/计/年/鉴

主要统计指标解释

■ 普通高等学校

指按照国家规定的设置标准和审批程序批准举办,通过国家统一招生考试,招收高中毕业生为主要培养对象,实施高等教育的全日制大学、独立设置的学院和高等专科学校、短期职业大学。

■ 成人高等学校

指按照国家有关规定审批,招收通过全国成人高教统一招生考试的具有高中毕业或同等学历的在职从业人员利用脱产、半脱产、业余或函授等多种形式对其实施高等学历教育,培养高等教育专科或本科毕业水平的专门人才,修业年限、课程设置和总学时数均按高等学历教育要求付诸实施的学校。包括广播电视大学、职工高等学校、农民高等学校、管理干部学院、教育学院、独立设置的函授学院等。

■ 小学学龄儿童入学率

指调查范围内已入小学学习的学龄儿童占校内外学龄儿童总数(包括弱智儿童在内,但不包括盲聋哑儿童)的比重。计算公式

$$\text{小学学龄儿童入学率} = \frac{\text{已入学的小学学龄儿童数}}{\text{校内外小学学龄儿童总数}} \times 100\%$$

■ 独立研究与开发机构

指有明确的任务和研究方向,有一定学术水平的业务骨干和一定数量的研究人员,具有研究、开发、开展学术工作的基本条件,主要进行科学研究与技术开发活动,并且在行政上有独立的组织形式,财务上独立核算盈亏,有权与其他单位签订合同,在银行有单独户头的单位。包括国务院各部门、中国科学院、中国社会科学院和各省、自治区、直辖市以及地(市)以上(含地,市)各部门所属的国有独立的科学研究与技术开发机构。

■ 科学家和工程师

指具有大学本科及以上学历的和不具备上述学历但有高、中级职称的人员。

ZHEJIANG STATISTICAL YEARBOOK

Explanatory Notes on Main Statistical Indicators

□ Regular Institutions of Higher Education

refer to educational establishments set up according to the government evaluation and approval procedures, enrolling graduates from senior secondary schools and providing higher education courses and training for senior professionals. They include full - time universities, colleges, high professional schools and short - term professional universities.

□ Institutions of Higher Education for Adults

refer to educational establishments, set up in line with relevant rules approved by the government, enrolling staff and workers with senior secondary school or equivalent education, and providing higher education courses in many forms of full-time, part-time, spare - time, or correspondence for adults. Professionals thus trained receive a qualification equivalent to graduates studying regular courses at regular universities, colleges and professional colleges. Institutions of higher learning for adults include Radio and TV universities, schools of high education for staff and workers and peasants, colleges for management cadres, pedagogical colleges, independent correspondence colleges.

□ Enrollment Rate of Primary School-age Children

refers to the proportion of school - age children enrolled at schools to the total number of school - age children both in and outside schools (including retarded children, but excluding blind, deaf and mute children). The formula is:

□ Independent Research and Development Institutions

refer to the state - owned insitutions which have direct mission and research purpose, a certain number of core member with higher research level and a certain number of research personnel, favorable conditions for R&D and engaging in scientific rese arch and technological development. The institutions also have their own indepen dent organization and finance, authority to sign contracts with other units, with their own accounts in banks. Independent research and development institutions include the institutions attached to central government agencies, Chinese Acade my of Sciences. Chinese Academy of Social Sciences and the institutions attached to local governments.

□ Scientists and Engineers

refer to persons who have completed university or higher education or obtained titles of senior and middle - level professional positions.

2015
浙江统计年鉴
ZHEJIANG STATISTICAL YEARBOOK

CHAPTER 15

文化、体育和卫生
Culture, Sports and Public Health

15－1 文化部门文化、艺术、文物机构数(1978－2014年)
Number of Institutions for Culture, Arts and Heritage (1978－2014)

单位:个(unit)

年份 Year	电影放映单位 Film Projection Units	艺术表演团体 Art Performance Troupes	文化馆、站 Cultural Centers, Stations	#文化馆 Cultural Centers	公共图书馆 Public Libraries	博物馆 Museums
1978	4375	128	1125	76	63	19
1979	4320	161	1332	79	69	17
1980	4218	170	1659	79	69	19
1981	4126	147	1753	79	70	20
1982	4095	135	2124	82	73	20
1983	4625	131	2954	86	73	20
1984	5242	133	3607	91	74	21
1985	5592	126	3598	93	76	21
1986	5375	122	3617	95	78	35
1987	5089	112	3619	93	80	40
1988	4896	98	3501	87	80	45
1989	4673	90	3547	87	80	47
1990	4580	90	3554	85	80	51
1991	4436	91	3695	85	80	55
1992	4050	89	2065	84	80	55
1993	3600	89	2033	84	81	58
1994	3327	87	2010	84	82	58
1995	3029	83	1974	83	81	59
1996	2817	85	2114	83	81	61
1997	2766	86	2014	83	81	63
1998	2723	82	2016	83	82	68
1999	2381	82	1956	84	83	69
2000	2129	79	1932	84	83	65
2001	1868	80	1640	86	83	69
2002	1984	80	1676	86	83	70
2003	83	77	1650	87	83	70
2004	1758	71	1634	87	84	73
2005	1505	68	1592	87	90	73
2006	1829	68	1593	87	92	72
2007	1626	71	1582	87	93	75
2008		71	1593	87	94	81
2009	100	72	1613	88	96	90
2010	136	70	1612	89	97	90
2011	160	77	1449	104	97	89
2012	196	65	1447	102	97	103
2013	263	60	1432	102	98	103
2014	325	57	1420	102	98	105

注：1、2003年电影放映单位为发行机构数,2009年起为城市影院数。
The film projection units in 2003 refer to publishing institutions, as it refers to the number of urban theater since 2009.
2. 2011年“群艺馆”更名为“文化馆”,2011年之前“文化馆”单位数未包括“群艺馆
"Art House" was renamed "Museum" in 2011, before 2011 the number of"Museum" did not include the number of "Mass Art".

15－2 文化部门文化及相关产业机构和人员数(2014 年)
Number of Cultural Institutions and Persons(2014)

单位:个、人(unit,person)

类别	Category	文化部门 Cultural Department		按登记注册类型分 By Registration			
				国有单位 State－owned Units		集体单位 Collective－owned Units	
		机构数 Institutions	人数 Persons	机构数 Institutions	人数 Persons	机构数 Institutions	人数 Persons
总计	**Total**	**2170**	**27394**	**2107**	**25775**	**6**	**58**
艺术业	Art Institutions	119	4891	106	4407	2	51
图书馆	Libraries	98	3483	98	3483		
群众文化服务	Mass Cultural Services	1420	6908	1420	6908		
艺术教育业	Art and Education	6	896	6	896		
文艺科研	Cultural, Art and Science Research	7	144	6	58		
文物业	Cultural Relic	262	6113	250	6001	1	1
其他	Other	258	4959	221	4022	3	6

15－3 电影放映情况(2008－2014 年)
Considions of Film Projection(2008－2014)

项目	Item	2008	2009	2010	2011	2012	2013	2014
城市影院数 (个)	**Number of Urban Theaters (unit)**		**100**	**136**	**160**	**196**	**263**	**325**
放映场次 (万场)	Number of Projection (10000 shows)	38	43	69	108	151	232	305
观众人数 (万人次)	Number of Audiences (10000 person－times)	915	1299	2021	2624	3440	4862	6426
放映收入 (万元)	Projection Income (10000 yuan)	27300	42144	71450	97533	137500	180368	236817

注：2009 年之前为电影放映单位。The data of urban theaters refers to the data of projection units before 2009.

15－4 文化馆(站)业务活动和经费情况
Basic Statistics on Activities and Expenditures of Cultural Centers

项目		Item		总计 Total 2012	2013	2014	文化馆 Cultural Centers 2012	2013	2014	文化站 Cultural Stations 2012	2013	2014
单位数	**(个)**	**Number of Units**	**(unit)**	**1447**	**1432**	**1420**	**102**	**102**	**102**	**1345**	**1330**	**1318**
举办展览	(个)	Number of Exhibitions	(unit)	7053	7560	8918	1211	1380	1827	5842	6180	7091
组织文艺活动	(次)	Entertainment Activities	(Times)	40738	45132	53039	8455	10424	11893	32283	34708	41146
举办训练班班次	(次)	Number of Training Classes	(Times)	25300	27119	36555	9447	8201	13665	15853	18918	22890
培训人次	(千人次)	Persons Training Courses	(1000 person－times)	1498	1982	2485	460	657	864	1038	1326	1621
由本馆(站)指导单位		Units Responsible for Guilding Centers(Stations)										
群众业余文艺团队	(个)	Part time Art Groups	(Number)	30441	34230	38803	2731	3390	3843	27710	30840	34960
总支出	(万元)	Total Expenditures	(10000 yuan)	149577	164864	180824	50314	55024	60044	99263	109840	120780
#事业支出	(万元)	Operating Expenditures	(10000 yuan)	73871	76953	80952	34111	35247	36546	39760	41706	44405

15－5 博物馆、文物保护管理单位基本情况
Basic Statistics on Museums and Cultural Relic Protiction & Management Agencies

项目		Item		博物馆 Museums			文物保护管理单位 Protection & Management Agencies		
				2012	2013	2014	2012	2013	2014
单位数	**(个)**	**Number of Units**	**(unit)**	**103**	**103**	**105**	**89**	**94**	**91**
藏　品	**(件)**	**Number of Collections**	**(case)**	**723413**	**724756**	**780671**	**61540**	**60474**	**75159**
#一级品		Grade One		2011	2216	2242	232	216	231
业务活动		**Vocational Activities**							
陈列、展览	(个)	Number of Displays(Exhibitions)	(unit)	1025	1176	1153	140	119	183
参观人数	(万人次)	Number of Visitors	(10000 person－times)	2716	3348	3657	1170	1115	1271
本年收入	**(万元)**	**Total Income**	**(10000 yuan)**	**67567**	**73604**	**81700**	**61738**	**73634**	**73872**
本年支出	**(万元)**	**Total Expenditure**	**(10000 yuan)**	**66024**	**78262**	**85849**	**57855**	**70545**	**74577**
固定资产原值	**(万元)**	**Original Value of Fixed Assets**	**(10000 yuan)**	**117989**	**132462**	**164130**	**92579**	**76443**	**97948**

15－6 公共图书馆基本情况(2008－2014年)
Basic Statistics on Public Libraries(2008－2014)

项目		Item		2008	2009	2010	2011	2012	2013	2014
单位数	**(个)**	**Number of Units**	**(unit)**	**94**	**96**	**97**	**97**	**97**	**98**	**98**
从业人员	(人)	Staff and Workers	(person)	2526	2646	3040	3091	3096	3273	3483
总藏量	**(万册件)**	**Total Collections**	**(10000 volume－tome)**	**3179**	**3552**	**3761**	**3964**	**4539**	**5165**	**5634**
有效借书证数	(万个)	Number of Library Cards Borrowed	(10000 units)	129	139	177	203	241	322	926
书刊文献外借人次	(万人次)	Number of Persons Borrowing Books and Papers	(10000 person－times)	1180	1214	1376	1766	1677	1912	1953
书刊文献外借册次	(万册次)	Number of Books and Papers Borrowed by the Readers	(10000 volume－times)	2386	2785	2924	3660	3900	3919	4936
经费总支出	**(万元)**	**Total Expenditure**	**(10000 yuan)**	**38113**	**44880**	**47316**	**56470**	**73446**	**76969**	**83152**
本年新购藏量	(万册)	Number of Books Purchased During the Year	(10000 volumes)	448	321	337	450	628	480	437
固定资产原值	**(万元)**	**Original Value of Fixed Assets**	**(10000 yuan)**	**105130**	**119547**	**128663**	**142779**	**167655**	**191237**	**207624**
实际使用房建筑面积	(万平方米)	Space of Actual Building Area	(10000 sq. m)	55	56	58	63	69	75	86
阅览室座席数	**(千个)**	**Seating Capacity of Reading Rooms**	**(1000 seats)**	**31**	**35**	**35**	**36**	**40**	**42**	**51**

注：总藏量未包含电子图书。The data of total collections does not include electronic books.

15-7 报纸和杂志出版数量 Number of Newspaper and Magazines Published

项目	Item	种数(种) Number of Publications (kind)			总印量 (万册、万份) Total Printed Copies (10000 Copies)			总印张 (千印张) Total Printed Sheets (1000 sheets)		
		2012	2013	2014	2012	2013	2014	2012	2013	2014
报纸	**Newspaper**	**71**	**69**	**69**	**347100**	**346280**	**337367**	**16283603**	**16224654**	**14795017**
综合报	Synthetical Newspapers	44	40	40	280346	274296	280217	14299205	13961395	13259916
专业报	Special Newspapers	27	29	29	66754	71984	57150	1984398	2263259	1535101
杂志	**Magazines**	**222**	**223**	**225**	**8312**	**8149**	**7765**	**429265**	**416743**	**376511**
综合	Synthesis	22	22	21	21	23	23	1483	1612	1600
哲学、社会科学	Philosophy and Social Science	46	48	47	2217	2343	2038	131634	141052	109329
自然科学技术	Natural Science and Technology	106	106	109	654	644	493	33478	33191	28035
文化教育	Culture and Education	32	31	32	4695	4486	4561	204424	186023	181977
文学艺术	Literature and Arts	16	16	16	725	653	650	58245	54865	55571
画刊	Pictorial	4			104			4931		
#少年儿童读物	Books for Children	6			1725			43099		

15-8 图书出版数量 Number of Books Published

项目	Item	本版图书种数(种) Number of Publications (kind)		租型图书种数(种) Number of Publications for Lease (kind)		总印数 (万册、万份) Total Printed Copies (10000 Copies)		总印张 (千印张) Total Printed Sheets (10000 sheets)	
		2013	2014	2013	2014	2013	2014	2013	2014
图书总计	**Total**	**12706**	**12687**	**266**	**381**	**38491**	**36971**	**2376981**	**2435140**
使用《中国标准书号》部分合计	Publications with"China Standard Book Number"	12578	12606	266	381	38299	36807	2366688	2423222
#哲学	Philosophy	100	117			66	59	8495	7452
社会科学总论	General Social Science	285	288			255	114	26792	16629
文化、科学、教育、体育	Culture, Science, Education and Sports	6994	6842	266	381	28497	28808	1736373	1789850
文学	Literature	1321	1409			3369	3932	291029	333784
艺术	Arts	1137	1261			529	497	45081	52517
自然科学总论	General Natural Science	40	44			38	27	4243	3305
不使用《中国标准书号》部分合计	Publications without"China Standard Book Number"	128	81			192	164	10293	11919

15-9 电视节目制作情况(2008-2014年)
Prodiction of Television Programs(2008-2014)

项目		Item		2008	2009	2010	2011	2012	2013	2014
基本情况		**Basic Statistics**								
省市级电视台	(座)	Television Station	(set)	12	12	12	12	12	12	12
电视节目套数	(套)	Sets of Television Programs	(Set)	114	114	115	116	116	116	117
电视发射台及转播台	(座)	Number of TV Transmission Stations and Relaying Stations at 1 kw and Higher Level	(set)	110	104	98	97	97	100	100
播出时间	(小时)	Broadcasting Hours (Hour/per week)	(hour)	679332	700188	712130	722035	733784	738055	755633
新闻资讯节目		News and Informating Programs		75456	75452	82533	86552	94558	98587	103248
专题服务节目		Special Subject Service Programs		63925	64751	66995	72850	73588	84682	93206
综艺益智节目		Programs of General Entertainment		33734	32120	35839	38317	38789	32970	31496
影视剧节目		Movie and Teleplay Programs		302801	313022	319215	322303	329109	322553	324315
广告节目		Advertisement		109865	122910	122267	122537	123652	122328	126074
其他节目		Other Programs		93551	91931	85280	79475	74085	66935	77292
电视人口覆盖率	(%)	Viewer Rating	(%)	99.13	99.27	99.35	99.38	99.60	99.64	99.65
中央电视台(一套节目)	(%)	CCTV -1	(%)	98.34	98.42	98.52	98.63	98.91	99.00	99.01
浙江电视台(一套节目)	(%)	ZJTV -1	(%)	98.47	98.60	98.72	98.70	99.16	99.24	99.26
有线电视入户率	(%)	Rate of Households with Cable Television	(%)	66.93	69.61	74.13	82.78	83.89	98.65	92.43

15－10 广播节目制作情况(2008－2014 年)
Prodiction of Broadcasting Programs(2008－2014)

项目		Item		2008	2009	2010	2011	2012	2013	2014
基本情况		**Basic Stations**								
省市级广播电台	(座)	Broadcasting Stations	(set)	12	12	12	12	12	12	12
广播节目套数	(套)	Sets of Broadcasting Programs	(Set)	106	106	107	107	108	110	111
中短波广播发射台和转播台	(座)	Number of Broadcasting Transmission Stations and Relaying Stations	(set)	36	37	37	37	36	36	36
县级广播电视台	(个)	Number of Broadcast Stations at County and Higher Level	(unit)	66	66	66	66	66	66	66
广播人口综合覆盖率	(%)	Listener Rating	(%)	98.92	99.09	99.17	99.20	99.54	99.56	99.57
中央人民广播电台第一套节目	(%)	Channel 1,Central People Broadcasting Station	(%)	98.05	98.13	98.26	98.40	98.81	98.81	98.82
浙江电台第一套节目	(%)	Zhejiang Channel 1	(%)	98.31	98.45	98.61	98.56	98.97	99.02	99.03
全年公共广播节目播出时间	(小时)	Broadcasting Hours Per Day	(hours)	687024	694857	709854	713198	714622	740977	749740
新闻资讯类节目		News Programs		127897	127753	123775	140654	145666	156168	157189
专题服务类节目		Special Subject Programs		147620	145694	158029	176263	174486	188969	185000
综艺类节目		Programs of Entertainment		161767	177756	179135	178555	179916	177619	173893
广播剧类节目		Educational Programs		23859	24279	25821	26072	26662	28500	27580
广告类		Advertisement		78723	76959	74354	72488	72741	73229	75670
其他类节目		Service Programs		147158	142413	148739	119166	115105	116492	130406

15－11 体委系统职工人数(2014 年)
Number of Staff and Workers in Sports Commissions(2014)

单位:人(person)

类别	Category	总计 Total	体育行政机关 Sports Commis－sion Organization	运动项目管理部门 Sports Manag－ement	职业运动技术学院 Profes－sional Sports and Technical Colleges	体育运动学校 Physical Education and Sports Schools	竞技(业余)体校 Amateur Sports Schools	体育场所 Public Sports Places	训练基地 Training bases	体育科研机构 Sports Science Research Institutions	其他事业单位 Others
总计	**Total**	**5503**	**919**	**628**	**1088**	**458**	**914**	**701**	**22**	**26**	**747**
公务员	Government Office Worker	729	729								
运动员	Athletes	1078		453	625						
专职教练员(教练员)	Full-time Coaches	948		55	164	197	469	10	12		41
专职教师(文化教师)	Full-time Teachers	432		1	66	128	208	9			20
科研人员	Scientific and Technical Personnel	41		1	10	7	1		1	18	3
医务人员	Medical Personnel	57		1	43	5	4	2			2
管理人员	Administrative Personnel	1057		51	161	66	127	247	6	4	395
工勤人员	workers	257	105	15		17	20	64		1	35
其他人员	Others	904	85	51	19	38	85	369	3	3	251

注：业余体校包括重点业余体校和普通业余体校。
Sparetime sports schools included key and ordinary spare schools.

15－12 等级运动员、裁判员人数(2009－2014)
Number of Athletes and Referees in Different Levels(2009－2014)

单位:人(person)

项目	Item	2009	2010	2011	2012	2013	2014
等级运动员	**Number of Athletes in Grades**	**2408**	**2032**	**1950**	**2889**	**2256**	**2496**
国际级健将	International Master of Sports	4	15	9	12	10	10
国家级健将	National Master of Sports	39	65	122	126	85	75
一级	First Grade Sportsmen	277	472	633	517	545	622
二级	Second Grade Sportsmen	2088	1480	1186	2234	1616	1789
等级裁判员	**Number of Referees in Grades**	**2196**	**1619**	**1671**	**1430**	**1958**	**2332**
国际裁判员	International Referees		1				1
国家级裁判员	National Referees		38	26	58	5	5
一级	First Grade Referees	390	417	214	247	676	667
二级	Second Grade Referees	1806	1163	1431	1125	1277	1659

15－13 运动员分项获奖情况(2009－2014)
Awards Own by Athletes by Item(2009－2014)

单位:项(item)

项目	Item	世界冠军 World Championships						亚洲冠军 Asia Championships						全国冠军 National Championships					
		2009	2010	2011	2012	2013	2014	2009	2010	2011	2012	2013	2014	2009	2010	2011	2012	2013	2014
合计	**Total**	**11**	**7**	**11**	**15**	**17**	**12**	**23**	**31**	**14**	**36**	**7**	**31**	**59**	**173**	**203**	**208**	**204**	**376**
举重	Weightlifting			2			2				8			1		6	1		47
游泳	Swimming	2		3	7	3		11	8		13		9	9	21	30	24	37	60
田径	Track and Field							1			2	2	2	5	8	11	6	4	21
棋类	Chess	2					3	1		2	2		3	4	1		2		6
羽毛球	Badminton	1	1				2						3	2		1	2	1	6
射击	Shooting	1	1	1	1		2	1	5		1	1	3		2	1	10	1	13
拳击	Boxing				1				1	4	2				7	6	3	2	1
体操	Gymnastics					1			1		1		1	1		1	1	2	22
皮划艇	Canoe/Kayak							9	6					15	3	8	7		20
其他	Others	5	5	5	6	13	3		10	8	7	4	10	22	131	139	152	157	180

15－14 群众体育活动和新建体育场地情况
Basic Statistics on Activities of Mass Sports and Number of Newly－built Sports Ground

项目				2009	2010	2011	2012	2013	2014
群众体育活动		**Activities of Mass Sports**							
#省级	(次)	Provincial Level	(unit)	62	117	79	211	494	650
参加人数	(万人)	Number of active persons	(10000 persons)	35	34	7	13	145	44
#市级	(次)	City level	(item)	591	692	1195	1319	2446	2771
参加人数	(万人)	Number of active persons	(10000 persons)	49	113	97	51	204	190
#县级	(次)	County level	(item)	6647	7073	5532	7616	11747	13017
参加人数	(万人)	Number of active persons	(10000 persons)	213	234	200	298	1818	684
国民体质监测		**Monitor Wational constitution**							
站点数	(个)	Sites	(unit)	759	572	592	597	1934	1126
累计受测人员数	(万人)	Accumulative persons involved monitoring	(10000 persons)	43.9	57.6	62.3	71.6	109.0	140.2
本年受测人员数	(万人)	Persons involved monitoring this year	(10000 persons)	11.7	16.5	15.0	15.6	37.4	4.2
测试达标人员数	(万人)	Number of persons reached the Standards	(10000 persons)	10.2	14.6	13.4	14.1	7.0	3.9
测试达标率	(%)	Attainment rate	(%)	87.1	88.7	88.9	89.9	89.5	92.8
体育俱乐部		**Sport Club**							
个数	(个)	Number of Sport Club	(unit)	1044	1157	1378	1944	2886	771
#国家级	(个)	National level	(unit)						48
#省级	(个)	Provincial level	(unit)	508	516	493	788	700	1009
教练员	(人)	Coach	(person)	1572	2132	2454	2685	4928	5584
会员数	(万人)	Club members	(10000 persons)	13.4	15.8	13.9	17.4	54.0	65.6
年组织活动参加人数	(万人)	Number of active persons	(10000 persons)	113.8	49.5	35.3	36.6	128.4	152.6
政府命名群众体育场地		**Sports Ground**							
数量	(个)	Number of Sports Ground	(unit)	288	347	89	913	1640	3364
占地面积	(千平方米)	Area of Sports Ground	(1000 sq. m)	677.0	754.7	690.1	2071.3	2941.1	2927.9
场地面积	(千平方米)	Space of sports Ground	(1000 sq. m)	564.1	304.6	408.6	1556.4	2070.8	2138.5

15－15 卫生事业情况(2009－2014 年) Statistics on Health Undertakings(2009－2014)

项目	Item	2009	2010	2011	2012	2013	2014
卫生机构数合计(个)	**Total Number of Health Institutions(unit)**	**15618**	**29941**	**30515**	**30267**	**30060**	**30360**
医院	Hospital	652	687	731	782	843	935
疗养院	Sanatoriam	13	14	12	16	18	14
社区卫生服务中心(站)	Center of Community Service	5313	6105	6526	6622	6264	6166
卫生院	Commune Hospital	1821	1550	1205	1151	1146	1148
门诊部	Clinics	620	712	746	822	917	1060
诊所医务室卫生所	Consulting Room	6581	6634	6879	7253	7824	8257
专科防治所站	Specialized Prevention Station	25	25	25	22	25	20
疾控中心防疫站	Sanitation and Antiepidemic Institutions	101	101	100	99	100	100
#卫生防疫站	Sanitaion Station	1					
妇幼保健机构	Maternity and Child Care Institutions	87	87	85	86	87	89
卫生监督所	Sanitation Supervisory Station	99	100	100	100	103	103
医学科学研究机构	Research Institutions of Medical Science	8	8	8	7	7	7
医学在职培训机构	Training Institutions	47	47	44	44	42	42
村卫生室	Clinics by Village		13643	13851	13091	12504	12042
其他卫生机构	Others	251	228	203	172	169	173
床位合计数(张)	**Total Beds(bed)**	**170187**	**184097**	**194759**	**213267**	**230056**	**245752**
#医院	Hospital	137512	150986	162905	180722	197096	213451
社区服务中心(站)	Center of Community Service	3526	6219	9425	8463	7775	7120
卫生院	Commune Hospital	20365	18339	14274	14893	15207	15481
门诊部	Clinics	502	495	268	496	428	370
妇幼保健机构	Maternity and Child Care Institutions	5092	5491	5845	6568	6794	7194
专科防治所站	Specialized Prevention Sation	687	722	610	634	241	224
其他卫生机构	Others	2503	1845	1432	1491	2022	1517
卫生人员合计(人)	**Persons Engaged in Health Institutions(persons)**	**309451**	**352883**	**374157**	**399930**	**427215**	**455704**
卫生技术人员	Medical Technical Personnel	260028	288491	306922	328660	352393	375542
#医生	Doctors	107930	120444	124497	129998	138289	145698
其他技术人员	Others	12683	13856	15014	16068	16812	18127
管理人员	Management Personnel	13660	14492	14015	13599	14075	15173
工勤人员	Logistics Workers	23080	25049	27373	31825	34990	38327
乡村医生和卫生员	Doctors and Health Workers in Rural Area		10995	10833	9778	8945	8535
在卫生技术人员中	Among them						
执业医师	Licenced Doctors	89712	99375	103554	109484	117370	124648
执业助理医师	Licenced Assistant Doctors	18218	21069	20943	20514	20919	21050
注册护士	Registered Nurses	87843	99615	109275	121313	132705	145135
药剂人员	Medical Pharmacists	17996	19168	20339	21613	23036	24452
检验人员	Laboratory Technicians	14440	15614	16126	16950	18047	19372
其他	Others	31819	33650	36685	38786	40316	40885
平均每千人口拥有卫生技术人员(按常住人口计算)	Number of Medical Technical Personnel Per 1000 Population(Calculated by Number of Permanent population)	4.93	5.30	5.62	6.00	6.41	6.82
#医生	Doctors	2.05	2.21	2.28	2.37	2.52	2.65
平均每千人口拥有卫生技术人员(按户籍人口计算)	Number of Medical Technical Personnel Per 1000 Population(Calculated by Number of Household population)	5.51	6.08	6.42	6.85	7.30	7.73
#医生	Doctors	2.29	2.54	2.60	2.71	2.86	3.00

注：自 2010 年开始，卫生机构中包含村卫生室，卫生人员中包含乡村医生和卫生员。
Since 2010, health agencies are included in the village clinics, health personnel include rural doctors and health workers.

15－16 医院诊疗次数和入院人数(2014 年)
Number of Hospital Patients(2014)

类别	Type	机构数(个) Number of Institutions (unit)	诊疗人次数(万人次) Total Number of Patients Treate (10000 person-times)	#门、急诊 Out-Patients and Emergency Patients	入院人数(人) Hospital Admissions (person)	每百门急诊次入院人数(人) Hospital Admissions Per 100 Patient-time (person)
医院合计	**Hospitals**	**935**	**23926**	**237470727**	**6826681**	**2.87**
综合医院	**General Hospitals**	**444**	**16596**	**164725534**	**5078143**	**3.08**
中医医院	**Hospitals of Chinese Medicine**	**132**	**4676**	**46484849**	**931768**	**2.00**
中西医结合医院	**Hospitals which Integrate Traditional Chinese Therapeutics with Western Therapeutics**	**26**	**524**	**5179959**	**112648**	**2.17**
专科医院	**Specialized Hospitals**	**319**	**2124**	**21026303**	**696159**	**3.31**
传染病院	Hospitals for Infectious Diseases	3	58	572021	26739	4.67
精神病院	Mental Hospitals	54	392	3903825	106887	2.74
肿瘤医院	Tumor Hospitals	5	104	1034617	116950	11.30
眼科病院	Ophthalmology Hospitals	18	145	1403261	40275	2.87
妇幼保健院	**Hospitals for Maternity and Children Care**	**57**	**1625**	**15827963**	**426980**	**2.70**
社区卫生服务中心	**Center of Community Service**	**481**	**7924**	**76196428**	**60875**	**0.08**
卫生院	**Rural Hospitals**	**1148**	**8409**	**81814996**	**217474**	**0.27**
门诊部	**Clinics**	**1060**	**1190**	**10840194**	**11025**	

15－17 医疗机构病床使用情况(2014 年)
Utilization of Beds of Medical Institutions(2014)

类别	Type	入院人数(人) Hospital Admissions (person)	病床使用率(%) Utilization Rate of Beds (%)	病床周转次数(次) Turnover of Beds (time)	出院者平均住院日(日) Average Hospitalization Period (day)
合计	**Total**	**7564375**	**87.4**	**32.2**	**9.8**
#医院	Hospital	6826681	92.4	33.3	10.0
#社区卫生服务中心	Center of Community Service	60875	38.7	9.0	15.7
#卫生院	Rural Hospitals	217474	39.0	15.3	8.8

15-18 县(区)村卫生室基本情况
Basic Conditions of Rual Clinics on Country

项目		Item		总计 Total		村办 Villiage-run		乡卫生院设点 Township-run	
				2013	2014	2013	2014	2013	2014
机构数	(个)	Number of Institutions	(unit)	12504	12042	8806	7500	1261	1238
执业(助理)医师	(个)	Licensed(Assistant)Doctors	(unit)	5766	5360	4607	3586		
注册护士	(人)	Registered Nurse	(person)	578	529	455	325		
乡村医生和卫生员	(人)	Rural Doctors and Health Workers	(person)	8945	8535	6476	5589	520	548
乡村医生数	(人)	Rural Doctors	(person)	8423	8075	6130	5344	508	534
#大专及以上学历		College and Above							
中专学历及中专水平		The Level on Special Secondary School							
在职培训合格者		Persons Passed Training							
卫生员	(人)	Health Workers	(person)	522	460	346	245	12	14
年内培训人次数	(人次)	Training Number	(Times)	21216	30388	15503	19796	1510	1559
当年考核合格的乡村医生数	(人)	Doctor Number	(person)	4566	4607	3331	3115	352	389
年总收入	(万元)	Total Income	(1000 yuan)	111461	129825	81524	82022	6668	8325
#上级补助收入		Subsidies of the Higher Level		7651	9625	4827	6149	1101	1194
村或集体补助收入		Subiness of Villiage		64	64	54	53	1	5
医疗和药品收入		Medical and Pharmaceutical Income		164027	195476	120058	123174	9165	11944
年总支出	(万元)	Total Expenditure	(1000 yuan)	103638	121880	75615	78004	6910	10036
#人员经费		Persons Expenditure		39971	43493	29274	28468	2474	2532
药品支出		Medicines Expenditure		54198	66156	39300	42415	3807	4562
诊疗人次数	(万人)	Patients Treated	(10000 persons-times)	3733.5	3812.7	2842.6	2538.0	175.5	184.7
其中:出诊人次数	(万人)	Medical Treatment Outside	(10000 persons-times)	105.8	97.7	76.2	65.0	5.4	5.1
报告疑似传染病例数	(数)	The Number of Suspected Infections Diseases	(person)	3942	6753	3384	3523	98	37
参加乡镇卫生院例会次数	(次)	The Number of Rural Hospital to Psrticipate in Regular Meetings	(Times)	90408	89137	65174	58140	6997	6658

按设置/主办单位分 by Ownership						按行医方式分 by Type					
联合办 Combination		私人办 Privata - run		其他 Others		中医 Chinese Medicine		西医 Western Medicine		中西医结合 Combining Chinese Medicine With Western Medicine	
2013	2014	2013	2014	2013	2014	2013	2014	2013	2014	2013	2014
218	175	1848	2107	371	1022	190	187	11578	11114	736	741
177	117	790	975	192	682	162	149	5536	4810	496	401
21	11	74	128	28	65	4	5	563	481	61	43
115	90	1531	1642	303	666	65	64	8352	7941	528	530
112	90	1415	1516	258	591	64	61	7869	7542	490	472
3		116	126	45	75	1	3	483	399	38	58
186	185	3606	5343	411	3505	388	450	19762	24317	1066	5621
21	22	745	789	117	292	41	36	4286	4264	239	307
2754	1923	17432	24352	3083	13203	2155	2334	100882	117949	8424	9543
40	87	1419	1600	265	596	84	104	6959	8786	609	736
		8	1	1	5			62	59	2	6
4650	3330	25782	37769	4373	19259	3506	3708	148188	177869	12333	13900
2643	1752	15620	20984	2850	11103	2131	4063	92848	108918	8659	8899
1099	713	5890	7639	1234	4140	696	774	36199	39422	3076	3297
1441	1015	8230	12039	1420	6126	1206	1278	48348	59963	4644	4915
86.2	57.9	536.0	705.0	93.1	327.3	58.8	56.2	3417.6	3499.7	257.2	256.8
1.0	0.8	21.4	23.0	1.9	3.8	2.0	1.0	77.6	72.2	26.2	24.4
73	80	360	3048	27	65	70	56	3595	6639	277	58
709	717	15105	17604	2423	6018	1251	1132	84464	83020	4693	4985

15－19 城市和农村前十位疾病死亡原因和构成
Main 10 Causes of Death by Diseases in Urban and Rural Areas

2013				2014			
位次 No.	城市死因	Cause of Death in Urban Area	占死亡总数(%) As % of Total Death	位次 No.	城市死因	Cause of Death in Urban Area	占死亡总数(%) As % of Total Death
1	恶性肿瘤	Malignant Tumour	30.94	1	恶性肿瘤	Malignant Tumour	30.54
2	脑血管病	Cerebrovasular Disease	17.67	2	脑血管病	Cerebrovasular Disease	17.85
3	呼吸系统疾病	Respiratory Disease	15.22	3	呼吸系统疾病	Respiratory Disease	15.45
4	心脏病	Heart Trouble	12.29	4	心脏病	Heart Trouble	13.45
5	损伤和中毒	Trauma and Toxicosis	8.52	5	损伤和中毒	Trauma and Toxicosis	8.13
6	内分泌、营养和代谢的其他疾病	Other Diseases of Endocrine, Nutrilion and Supersession	3.14	6	内分泌、营养和代谢的其他疾病	Other Diseases of Endocrine, Nutrilion and Supersession	2.85
7	消化系统疾病	Disease of Digestion System	2.33	7	消化系统疾病	Disease of Digestion System	2.31
8	神经系统疾病	Mental Disease	1.90	8	神经系统疾病	Mental Disease	1.94
9	传染病和寄生虫病	Infections and Parasite Disease	1.33	9	传染病和寄生虫病	Infections and Parasite Disease	1.16
10	泌尿生殖系统疾病	Urinary Disease	1.1	10	泌尿生殖系统疾病	Urinary Disease	1.06
	合计	Total	94.44		合计	Total	94.74

2013				2014			
位次 No.	农村死因	Cause of Death in Rural Area	占死亡总数(%) As % of Total Death	位次 No.	农村死因	Cause of Death in Rural Area	占死亡总数(%) As % of Total Death
1	恶性肿瘤	Malignant Tumour	29.04	1	恶性肿瘤	Malignant Tumour	29.15
2	脑血管病	Cerebrovasular Disease	18.38	2	脑血管病	Cerebrovasular Disease	18.07
3	呼吸系统疾病	Respiratory Disease	14.38	3	呼吸系统疾病	Respiratory Disease	14.97
4	心脏病	Heart Trouble	12.01	4	心脏病	Heart Trouble	12.77
5	损伤和中毒	Trauma and Toxicosis	10.11	5	损伤和中毒	Trauma and Toxicosis	9.44
6	消化系统疾病	Disease of Digestion System	2.69	6	神经系统疾病	Mental Disease	2.62
7	神经系统疾病	Mental Disease	2.53	7	内分泌,营养和代谢的其他疾病	Other Diseases of Endocrine, Nutrilion and Supersession	2.42
8	内分泌、营养和代谢的其他疾病	Other Diseases of Endocrine, Nutrilion and Supersession	2.47	8	消化系统疾病	Disease of Digestion System	2.25
9	传染病和寄生虫病	Infections and Parasite Disease	1.23	9	传染病和寄生虫病	Infections and Parasite Disease	1.28
10	泌尿生殖系统疾病	Urinary Disease	1.12	10	泌尿生殖系统疾病	Urinary Disease	1.04
	合计	Total	93.96		合计	Total	94.01

浙/江/统/计/年/鉴

主要统计指标解释

■ 文化事业机构

指从事专业文化工作和为专业文化工作服务的独立建制的单独核算的单位。不包括这些单位另外举办独立核算的其他机构和各部门的业余文化组织。

■ 艺术表演团体

指从事戏曲、音乐、舞蹈、杂技等专业艺术表演,有独立帐户,实行单独核算的团体。不包括半工半艺、半农半艺和民间职业剧团。

■ 电影放映单位

指具有放映机器设备、固定或不固定的放映场所与专职或兼职的放映技术人员,经有关部门登记批准,经常为一定的观众对象放映电影的机构。包括经批准对外开放进行营业,并与电影发行放映管理机构分帐的专用放映单位和军委系统租片单位。

■ 等级运动员人数

指经考核正式批准授予等级运动员称号的人数。运动员等级分为国际级运动健将、运动健将、一级运动员、二级运动员、三级运动员、少年级运动员。

■ 等级裁判员人数

指经考核正式批准授予等级裁判员称号的人数。裁判员等级分为国际裁判、国家级裁判、一级裁判、二级裁判、三级裁判。

■ 医院

指名称为医院,设有固定床位能收容病人住院并能为病人提供医疗、护理服务的医疗机构。包括县及县以上医院、农村乡卫生院、其他医院三部分。按所属性质分为卫生部门、工业及其他部门,集体经济单位三类。其中县及县以上医院按业务性质分为综合医院和专科医院。

■ 卫生技术人员

指卫生事业机构支付工资的全部固定职工和合同制职工中现任职务为卫生技术工作的专业人员。包括中医师、西医师、中西医结合高级医师、护师、中药师、西药师、检验师、其他技师、中医士、西医士、护士、助产士、中药剂士、西药剂士 、检验士、其他技士、其他中医、护理员、中药剂员、西药剂员、检验员,其他初级卫生技术人员。

■ 医生

指领取职业医生证书,从事医疗工作的专业人员。分为中医医生、西医医生和助理中西医医生。

ZHEJIANG STATISTICAL YEARBOOK

Explanatory Notes on Main Statistical Indicators

□ Cultural Institutions

refer to units which have their own organizational system and independent accounting system and specialize in or serve cultural development. They exclude other establishments run by these cultural institutions and amateur cultural groups established by various departments.

□ Art Troupe

refers to the troupe which is engaged in drama, opera, music, dance, acrobatics or other art performance, opens independent accounts with banks and has self – supporting accounting system; excluding the troupes which are engaged partly in industrial or agricultural activities, partly in art performance and the professional troupes organized by the people.

□ Film Projection Units

refer to units with film projection equipment, full or part – time projectionists, permanent or non – permanent places, approved by related administrative departments to show films regularly for certain groups of audience, including those film projection units which have been approved to give commercial shows and run business with independent accounting system as well as those film – renting units of the military system.

□ Number of Athletes in Grades

refers to the number of at athletes who have been given titles through examination. The titles of athletes include international masters of sports, masters of sports, first – grade, second – grade and third – grade sportsmen and young athletes.

□ Number of Referees in Grades

refers to the number of referees who have been given titles after examination. They are classified as international referees, national referees and referees of the first, second and third grades.

□ Hospitals

refer to medical institutions named as "hospital" with permanent hospital beds, which are able to take in patients and provide them with medical and nursing services. Hospitals are classified into three categories: hospitals at or above the county level, hospitals of rural townships, and other hospitals. According to their ownership, hospitals can be classified into three categories: hospitals under the public health departments, hospitals under industrial and other departments and Collective Owned hospitals. Hospitals at or above county level are divided into comprehensive and specialized hospitals.

□ Medical Technical Personnel

refers to all permanent medical staff and workers employed by medical institutions, including doctors of Chinese and Western medicine, senior doctors who integrate traditional Chinese thrapeutics with Western thrapeutics in practice, senior nurses, pharmacists of Chinese and Western medicine, laboratory specialists, other specialists, paramedics of Chinese and Western medicine, nurses, midwives, druggists in Chinese and Western medicine, laboratory technicians, other technicians, other practitioners of Chinese medicine, nursing attendants, pharmacological workers of Chinese and Western medicine, laboratory workers, and other primary medical personnel.

□ Doctors

refer to qualified professional medical workers approved to practice by public health departments. They are classified into doctors of Chinese medicine, doctors of Western medicine, Assistant Doctors.

2015
浙江统计年鉴
ZHEJIANG STATISTICAL YEARBOOK

CHAPTER 16

档案、司法、社会福利和工会组织
Archives,Judicature,Social Welfare and Labour Union

16－1 档案事业机构和人员数
Number of Persons and Instituions of Archives

项目	Item	机构数（个）Number of Institutions (unit)			专职人员数（人）Full－time Persons (person)			#女性 Female			#大专以上文化程度 College and Higher Level		
		2012	2013	2014	2012	2013	2014	2012	2013	2014	2012	2013	2014
总计	**Total**	**4680**	**5344**	**5563**	**5881**	**8550**	**6613**	**3987**	**4448**	**4618**	**5329**	**5939**	**6067**
档案行政管理部门	Administrative Department of Archives	100	100	100	1285	1316	1291	571	575	566	1233	1273	1259
档案馆	Archives	114	114	115	452	574	578	232	288	303	425	554	558
档案室（处、科）	Archive Offices (Sections)	4466	5130	5578	4144	4660	4744	3184	3585	3749	3671	4112	4250

16－2 档案馆档案资料馆藏和利用情况（2007－2014年）
Conditions and Files Stored and Used in the Archives (2007－2014)

项目	Item	2007	2008	2009	2010	2011	2012	2013	2014
馆藏档案	Archives Stored								
全　宗（个）	Whole Volume (unit)	17772	17888	18260	18606	19289	19491	19608	20016
案　卷（万卷、件）	Files (10000 volumes, part)	1066	1118	1173	1310	1399	1446	2269	2609
录音录像影片（盘）	Records, Films on Videotape (copy)	16824	17801	23855	23282	24778	29194	32213	36608
照　片（万张）	Pictures (10000 Pieces)	135.00	144.94	158.87	170.00	177.56	185.40	181.00	234.00
馆藏资料（万册）	**Number of Material Stored (10000 volumes)**	**114.00**	**116.53**	**124.75**	**127.00**	**124.95**	**124.22**	**179.45**	**133.00**
档案馆面积（平方米）	**Areas of Archives (sq. m)**	**268856**	**298709**	**318659**	**351321**	**399899**	**389569**	**391816**	**468545**
#库房建筑面积	Areas of Storerooms	120018	126447	127168	126535	132358	132231	140090	154880
档案资料利用	**Use of Archive Material**								
利用人次（万人次）	Number of Persons Using Material (10000 person－times)	20.00	21.85	26.36	27.00	64.06	50.66	47.36	45.00
利用档案（万卷、次）	Number of Archives Used (10000 volume－times)	63.00	74.75	56.09	56.06	186.00	138.49	121.81	142.00
利用资料（万册、次）	Number of Material Used (10000 volume－times)	3.60	2.69	3.69	4.00	2.67	7.10	7.15	15.50
复　制（万页）	Copies (10000 pages)	80.00	90.66	87.27	102.41	137.11			
开放档案	**Opening Archives**								
全　宗（个）	Whole Volume (unit)	10240	10517	10580	11062	11866	11711	11958	12375
案　卷（万卷、件）	Files (10000 volumes, part)	233.00	256.22	282.83	301.96	321.61	328.11	458.23	448.37

注：2013年起案卷的计量单位改为万卷、件。The unit of files is adjusted since 2013.

16-3 律师、公证及调解工作基本情况(2008-2014年)
Basic Statistics on Lawyers, Notarization and Mediation (2008-2014)

项目		Item		2008	2009	2010	2011	2012	2013	2014
律师工作		**Lawyers**								
律师事务所	(个)	Number of Law Offices	(unit)	700	787	868	957	1021	1072	1158
律师工作人员	(人)	Number of Lawyers	(person)	10441	11917	12994	14623	15698	16657	18680
聘请担任常年法律顾问单位	(处)	Number of Units with Permanent Legal Advisors	(unit)	27727	28144	33076	35941	63978	37623	39614
民事诉讼代理	(件)	Agent of Civil Cases	(case)	140515	168615	152714	158360	173321	181043	226327
刑事辩护及代理	(件)	Defending and Agent of Criminal Cases	(case)	44836	24813	28410	25576	27396	23992	32733
非诉讼法律事务	(件)	Agent of Non litigious Legal Affairs	(case)	18212	14541	16645	18364	15949	16716	16120
解答法律咨询	(人次)	Legal Advisory Services	(person-times)	203023	245373	191413	196616	190738	201693	201913
代写法律事务文书	(件)	Agent of Legal Document Written on Behalf of Clients	(case)	34102	22374	23091	20927	20201	21688	19384
公证工作		Notarization								
公证处	(个)	Number of Notary Offices	(unit)	93	92	92	92	92	92	92
公证人员	(人)	Notarial Personnel	(person)	940	957	1044	1133	1186	1252	1305
#公证员		Notaries		346	365	383	395	408	410	418
公证员助理		Assistant Notaries		321	306	378	443	447	509	489
办理国内公证文书	(件)	Number of Domestic Notarized Documents	(case)	360655	447429	486654	483449	494958	606423	497469
#经济合同公证	(件)	Notarized Business Contracts	(case)	134058	167300	192312	190298	199471	169214	115332
人民调解工作		**People's Mediation**								
专职司法助理员	(人)	Number of Full-time Judicial Assistants	(person)	3051	3269	5005	3527	4533	3598	3533
人民调解委员会	(个)	Number of People's Mediation Committees	(unit)	47779	47056	46688	45805	45050	44032	42731
调解人员	(人)	Number of Mediators	(person)	175616	175849	174422	174570	173677	170704	158310
调解民事纠纷	(件)	Number of Civil Disputes Mediated	(case)	295042	357388	408744	492858	562072	601314	598686
法律援助机构	(个)	Assistance Institution of Law	(unit)	102	102	102	102	102	103	102
工作人员	(人)	Staff and Workers	(person)	461	461	511	501	530	529	540
承办案件总数	(件)	Number of Cases Accepted	(case)	28408	37730	41811	44917	58965	75129	84383
受援人总数	(人)	Number of Persons Being Assisted	(person)	45263	44509	47210	53153	73053	84921	98292

16－4 涉外公证文书分类(2008－2014 年)
Foreign－related Notarial Documents by Type(2008－2014)

单位:件(case)

项目	Item	2008	2009	2010	2011	2012	2013	2014
合　　计	Total	211895	210341	200432	199146	197025	214091	208748
收养子女	Children Adoption	51	113	100	91	90	61	78
遗　　嘱	Testaments	8	20	4	9	5	2	7
出　　生	Births	38897	39385	35439	34653	33656	33655	32128
死　　亡	Deaths	683	739	577	521	537	486	619
生存、居住	Survival and Residence	618	692	793	902	671	728	748
学　　历	Schooling	6750	6372	5755	5632	5180	5804	3633
经　　历	Personal Histories	1177	1064	1021	616	906	689	505
婚姻状况	Marriages	13779	14983	12805	14428	12237	9525	8775
亲属关系	Kinship	19122	19354	20409	21143	18574	18283	20207
继 承 权	Rights of Inheritance	769	530	18	103	55	144	441
受、未受刑事处分	Criminal Records & Uncriminal Records	27131	27883	20334	18139	15876	16530	16055
声 明 书	Declarations	5540	5069	6938	7087	5591	6823	5924
委 托 书	Trust Deeds	2976	3689	3728	4075	2752	4239	4367
文本相符	Confirmation of Copies and Photo－offset Copies to Originals	29910	27685	29626	30909	35323	43700	41423
签名印鉴属实	Confirmation of Signatures and Seals	32726	30301	31381	29503	19376	15904	23051
其　　他	Others	31758	32462	31504	31335	46196	57518	25262

16－5 调解民间纠纷分类(2008－2014 年)
Civil Disputes Mediated by Type(2008－2014)

单位:件(case)

分类	Item	2008	2009	2010	2011	2012	2013	2014
合　　计	**Total**	**295042**	**357388**	**408744**	**492858**	**562072**	**601314**	**598686**
婚　　姻	Marriages	32962	40078	45628	52534	50762	51544	53516
邻　　里	Neighbor Disputes	64030	75971	88362	99751	103940	102239	103261
合　　同	Contracts	11631	14176	15369	14851	17146	18421	21734
损害赔偿	Compensation for Damages	69230	91245	60703	60728	57361	65421	70811
劳　　动	Labour Dispates	29201	31620	32529	36342	34956	34692	35437
村务管理	Management of Rural Business	4659	4750	3687	5205	5479	6935	4338
土地承包	Contracts of Land	9634	10643	13268	15744	15485	15330	15976
征地拆迁	Land Expropriating and Rehouse	10556	12570	18113	14753	12733	14525	13372
计划生育	Family Planning	1321	1329	1031	671	1029	531	
施工扰民	Fazing Civilian with Construction	3010	3482			4242		
房屋、宅基地	Housing and Housing Sites	15877	20355	22931	24610	24092	21413	19495
其　　他	Others	42931	51169	107123	167669	234847	90239	85134

16－6 国内公证文书分类(2008－2014 年)
Domestic Notarial Documents by type(2008－2014)

单位:件(case)

分类	Item	2008	2009	2010	2011	2012	2013	2014
总计	**Domestic Notarial Documents**	**360655**	**447429**	**486654**	**483449**	**494958**	**606423**	**497469**
经济公证	**Notarized Documents on Economic Affairs**	**134058**	**167300**	**192312**	**190298**	**199471**		
购　　销	Purchases and Sales of Production	274	181	382	45	25		
联　　营	Joint Business	296	4	13	2	23		
拍　　卖	Auctions	2768	3956	3744	5545	3785	5225	3947
贷　　款	Loans	78866	103315	115540	118531	119889		
担　　保	Guarantees	691	218	264	69	277	3715	2464
招标、投标	Bidding	8728	9908	12485	11144	11876	15929	13871
科技协作	Coordination of Science and Technology	1	85	11		1		
供 用 电	Supply and Use of Electric Power			40				
劳务合同	Labor Contracts	316	154	278	63	307	14	9
建筑工程承包	Construction Project Contracts	1300	863	1467	1220	902	1915	993
工商服务业承包	Industrial and Commercial Service Contracts	697	1041	647	529	431		
农林牧副渔业承包	Farming, Forestry, Animal Husbandry, Sideline Production and Fishery Contracts	260	266	160	79	147		
财产租赁	Property Leases	312	73	931	23	61		
企业租赁	Enterprise Leases	12	8	2	10	45		
资产经营责任制	System of Asset Business Responsibility			105	70	64		
还款协议	Repayment Agreement	673	509	555	416	649	444	85
土地使用权出让转让	Transferring or Renting the Use Right of Land	4059	4274	4182	3368	2823	2267	1600
其他经济合同	Other Business Contracts	5207	4980	7476	6909	10072	20409	3630
法人(代表人)资格	Legal Person (Agent) Identification	311	508	463	674	589		
法人委托书	Legal Person Trust Deeds	10430	14059	15147	13936	12806		
公司章程	Corporation Constitutions	86	85	75	4	22	3	5
执行许可证明	Operating Permits	810	879	880	820	1393	1246	1189
其　　他	Others	17961	21934	27465	26841	33284		

续表 Continued 单位:件(case)

分类	Item	2008	2009	2010	2011	2012	2013	2014
民事公证	**Notarized Documents on Civil Relations**	**226597**	**280129**	**294342**	**293151**	**295487**		
收　　养	Child Adoption	58	373	228	158	103	90	94
解除收养	Adoption Renouncements	281	8	133	8	6		
继 承 权	Rights of Inheritance	22868	30123	32178	38220	38131	44907	44177
遗　　嘱	Testaments	5851	6322	6406	6098	4889	4897	4066
产　　权	Property Rights	4251	2240	2748	2478	2106		
亲属关系	Kinship	1131	1327	2133	2631	3036	2518	2160
死　　亡	Death Certificates	81	100	778	83	126	89	76
房屋买卖	Purchases and Sales Of Houses	6103	13061	8874	6725	5970		
房屋租赁	House Leases	343	232	134	799	226		
留学协议	Foreign Study Contracts	143	71	114	154	272	456	946
遗赠扶养协议	Donations and Family Fostering	180	543	698	260	270	578	506
委 托 书	Trust Deeds	60208	108375	109487	96067	88395	111539	81922
赠 与 书	Presentation Documents	4681	6005	6663	6725	7496	6287	2131
声 明 书	Declarations	10002	15881	14443	15867	16359	22853	23424
现场监督	Field Supervision	38285	12545	11242	32181	13877	52645	47172
文本相符	Confirmation of Copies and Photo – offset Copies to Originals	5828	4165	4682	6372	17820	21366	16576
签名印鉴属实	Confirmation of Signatures and Seals	3834	8457	10494	14094	19738	40968	42405
宅基地使用权	Rights to Housing Site	1137	572	417	204	183		
证据保全	Evidence Preservation	9873	10307	12504	11945	11813	10379	13026
拆迁协议	Housing Demolition Agreements	5243	6259	11500	2956	3951	11716	6232
计划生育协议	Birth Control Contracts	24	16	13	4	12		
夫妻财产协议	Property Agreements Between Spouses	3626	5976	5267	4371	3879		
其他民事协议	Other Civil Agreements	12824	12318	12004	13403	13477		
其　　他	Others	29742	34853	41202	31348	43352		

16－7 社会福利事业单位基本情况(2008－2014 年)
Basic Statiatics on Social Welfare Institutions(2008－2014)

项目		Item		2008	2009	2010	2011	2012	2013	2014
收养性社会福利单位	(个)	Adoptive Social Welfare Institutions	(unit)	1591	1633	1695	1863	1979	2089	2030
床位数	(万张)	Hospital Beds	(10000 bed)	15.49	17.25	19.42	21.80	24.92	27.96	29.82
收养人数	(万人)	Number of Persons Adopted	(10000 persons)	9.87	10.40	10.88	11.96	12.70	14.04	14.22
福利企业单位	(个)	Number of Social Welfare Enterprises and Institutions	(unit)	2771	2769	2708	2664	2574	2123	1934
福利企业单位全部职工数	(万人)	Total Number of Staff and Workers Engaged in Welfare Institutions	(10000 persons)	26.67	26.53	26.71	27.03	25.64	22.33	20.40
#残疾人数		Number of Disabled Persons		10.34	10.00	10.00	9.88	9.78	7.36	6.75
殡葬事业单位	(个)	Funeral and Interment Services Institutions	(unit)	220	226	240	240	251	217	225

16－8 享受国家抚恤、补助及救济人员情况(2008－2014 年)
Pensons Enjoying Subsidy and Commiseration of Country(2008－2014)

单位：人、户(persons,household)

项目	Item	2008	2009	2010	2011	2012	2013	2014
享受定期抚恤人数	Number of Persons Receiving Periodical Commiseration	5486	5478	5501	5382	5419	4872	4897
革命伤残人员抚恤人数	Number of Persons Receiving Disability Commiseration	22458	22255	22004	21879	22232	22285	22246
享受定期补助优抚对象数	Number of Persons Receiving Periodical Subsidies	91379	90299	90653	119449	182445	235293	249113
#在乡复员军人数	Rural Demobilized Soldier	36447	33972	31910	29711	27418	23048	20736
在乡退伍军人数	Rural Veteran	29995	29543	30780	34688	26224	23536	20193
社会困难户得到国家临时救济人数	Number of Persons in Poor Households Receiving Temporary Government Relief Funds	166894	182088	138000	213895	157164	138637	139545

注：2012 年起社会困难户得到国家临时救济人数计量单位为户次。
The data of number of persons in poor households receiving temporary government relief funds was adjusted since 2012.

16-9 最低生活保障和救济情况(2008-2014年) Basic Statistics of Lowest Cost-of-Living and Relief(2008-2014)

项目	Item		2008	2009	2010	2011	2012	2013	2014
最低生活保障人数（万人）	Number of Person Receiving Lowest Cost-of-Living	(10000 persons)	70.08	70.40	70.67	71.09	68.56	66.05	60.78
#城镇	In Urban Areas		9.28	9.33	8.98	8.76	7.85	7.18	6.43
#农村(含五保)	In Rural Areas (Including Beneficiaries)		60.80	61.08	61.70	62.33	60.71	58.87	54.35
保障资金总额（亿元）	Amount of Security Money	(100 million yuan)	10.68	12.15	14.71	18.98	22.19	24.32	24.41
#城镇	In Urban Areas		2.73	2.97	3.44	4.17	4.37	4.38	4.20
#农村(不含五保)	In Rural Areas (Not Including Beneficiaries)		7.95	9.18	11.27	14.81	17.82	19.94	20.21
医疗救助支出（亿元）	Expenditure of Medical Care Relief	(100 million yuan)	4.19	5.10	6.03	6.50	7.72	9.23	9.68
自然灾害救济支出（亿元）	Expenditure of Natural Disasters Relief	(100 million yuan)	1.55	1.28	1.12	1.73	2.37	3.32	2.28

注：农村最低生活保障人数中包含了农村五保供养人数。
Number of Persons Receiving Lowest Cost-of-Living in Rural Areas include Number of Persons with Livlihood Guaranteed in Five Aspects.

16-10 内地居民婚姻登记情况(2008-2014年) Conditions of Marriages(2008-2014)

项目		Item		2008	2009	2010	2011	2012	2013	2014
准予登记结婚数	**(对)**	**Registered Marriages**	**(couple)**	**413774**	**427614**	**431568**	**440931**	**441984**	**422174**	**436802**
初婚数	(人)	First Marriages	(person)	750003	755950	757741	775973	770792	712969	732704
恢复结婚数	(对)	Resume Marriages	(couple)	4670	5856	7527	8796	10229	11758	10305
再婚数	(人)	Remarriages	(person)	77545	99278	105395	105889	113176	131379	140900
男	(人)	Male	(person)	36021	47832	48384	51631	53731	69154	67692
女	(人)	Female	(person)	41524	51446	57011	54258	59445	62225	73208
准予登记离婚数	**(对)**	**Divorces Approved**	**(couple)**	**73689**	**82902**	**87671**	**90442**	**98082**	**108097**	**111040**
内地居民登记离婚	(对)	Mainland residents to register a divorce	(couple)	73361	82541	87309	90024	97628	107546	110637
涉外及华侨、港澳台居民登记离婚	(对)	Concerning foreign affairs and overseas Chinese, Hong Kong, Macao and Taiwan residents to register a divorce	(couple)	328	361	362	418	454	551	403

16-11 工会、妇联工作情况(2008-2014年)
Basic statistics on Unions and Women Federation(2008-2014)

项目	Item	2008	2009	2010	2011	2012	2013	2014
工会情况	**Basic Statistics on Unions**							
基层工会组织数 (个)	Number of Grass Roots Unions (unit)	102339	110416	117501	134706	143885	149865	153220
全省已建立工会组织的基层单位职工和会员人数	Membership and Number of Staff and Workers in Grass Roots Unions							
在岗职工人数 (万人)	Number of Staff and Workers (10000 persons)	1306.58	1415.99	1569.35	1770.70	2011.04	2098.18	2142.20
#女职工	Female	580.08	624.35	687.79	778.49	862.39	891.27	905.40
会员人数 (万人)	Membership (10000 persons)	1190.04	1307.32	1468.97	1669.22	1925.75	2010.34	2055.20
#女会员	Female	537.75	583.74	652.65	739.90	831.71	865.38	880.30
工会专职干部 (万人)	Full-time Cadres (10000 persons)	1.34	1.56	1.38	1.80	1.75	1.26	1.40
提出合理化建议 (万件)	Advanced Rationa-lization Proposals (10000 cases)	29.31	27.39	34.14	36.00	46.53	42.12	90.30
建立劳动保护监督检查委员会 (个)	Commissions for Labour protection Supervising and inspecting (unit)	38637	42657	48577	66083	70031	88385	2298
建立了工会劳动法律监督组织 (个)	Organization of Labor Law Supervision Established by Grass Roots Unions (unit)	29542	38657	45075	53883	57646	68971	7286
建立劳动争议调解委员会 (个)	Labour dispute mediation Committee (unit)	35812	46005	53437	63753	62278	83380	92207
劳动争议调解委员会调解成功劳动争议 (件)	Disputes resolved through mediation by the committees (unit)	10411	9653	6421	10459	8733	12668	12513
妇联工作情况	**Condition of the Women Federation**							
妇联的基层组织数 (个)	Number of Grass Roots Women Federation (unit)	33604	34503	34337	33508	33548	33996	35302
接受技术培训人数 (万人)	Number of Women Participating in Technical Training (10000 persons)	75.30	53.30	70.33	38.68	25.94	38.09	1000.00
创建巾帼文明岗数量 (个)	Number of Posts (unit)	2891	2665	2423	2437	1955	3385	1701
评选巾帼建功标兵数量 (人)	Number of Persons (person)	1078	814	912	864	885	961	635
来信来访处理情况	Treatment of the Letters From the People and the Persons Coming to Visit							
女职工劳动保护信访案件 (件)	Petition Letter and Visit Cases about Women Laber Protection (Piece)	678	897	1022	505	453	379	357
侵犯妇女财产权利信访案件 (件)	Petition Letter and Visit Cases about Woman's Property Right be Violated (Piece)	3136	1581	1487	892	1034	901	860
文明家庭户数 (万户)	Civilized family households (10000 households)	150.79	46.76	30.95	815.57	815.18	882.31	1047.22

注：1. 自2011年起接受技术培训人数统计口径有调整。
The data of number of women participating in technical training was adjusted since 2011.
2. 自2011年起文明家庭户数统计口径有调整。
The data of civilized family households was adjusted since 2011.

浙/江/统/计/年/鉴

主要统计指标解释

■ 社会福利事业单位

指集中收养社会孤老,残,幼的机构。包括由民政部门管理的社会福利院、儿童福利院、精神病人福利院和城镇集体办的福利院,以及农村集体举办的敬老院。

■ 社会福利事业单位收养人数

包括民政部门管理和城镇及农村集体举办的社会福利事业单位中收养的老人,少年儿童,缺乏生活自理能力的残疾人员和精神病人。

■ 社会福利企业单位

指以安置城镇有一定劳动能力的盲,聋,哑和肢体残疾人员就业为目的,享受国家减免税待遇的国有或集体经济性质的企业。包括福利工厂、福利商业服务业、假肢厂和安置农场等单位。

■ 律师

指受聘参加法律顾问处工作,提任法律顾问、刑(民)事代理人、刑事辩护人、办理非诉讼事件、解答法律询问、代定法律事务文书等主要从事律师业务的专职法律工作者和兼职律师。

■ 公证人员

指在国家公证机关依法办理公证事务的司法人员。包括公证员、助理公证员和在公证员和在公证处工作的其他人员。

■ 办理公证文书

指公证处在一定时期内办结的公证文书件数。公证文书系按司法部规定或批准的格式制作。包括国内公证和涉外公证两部分。其中国内公证分为经济合同公证和民事法律关系公证两大类。

■ 调解人员

在人民调解委员会担负调解民间一般民事纠纷和轻微违法行为所引起和纠纷的工作人员。包括调解委员会的委员和调解小组的调解员。

■ 调解民间纠纷

指调解委员会依照法律规定,根据自愿原则,用说服教育的方法调解民间发生的有关民事权利和义务的争执,促成当事双方达到协议和谅解,解决纠纷。包括婚姻家庭纠纷,财产权益纠纷等。不包括法院受理调解的民事案件数。

■ 受理劳动争议案件数

是指劳动争议仲裁委员会根据国家有关规定,对劳动争议当事人的申请予以审查,符合受理条件而正式立案,准备处理的劳动争议案件数。

■ 离休、退休、通职人员

指正式办理了离休、退休、退职手续,并享受相应的离休、退休、退职待遇的人员。

■ 保险福利费用

指企业、事业、机关单位在工资以外实际支付给职工和离休、退休、退职人员个人以及用于集体的劳动保险和福利费用。

ZHEJIANG STATISTICAL YEARBOOK

Explanatory Notes on Main Statistical Indicators

□ Social Welfare Institutions

refer to institutions taking care of old people without children, handicapped people and orphans. They include social welfare institutions run by civil affairs departments, children's welfare institutions social welfare institutions for mental patients, and Collective Owned old people's homes in tual areas.

□ Number of People Taken in by Social Welfare Institutions

refers to the number of old people, children, totally dependent handicapped people and mental patiens taken in by scoial welfare institutions run by civil affairs departments and those run by collective units in urban and rural aress.

□ Social Welfare Enterprises

are Collective Owned enterprises which employ the blind, deaf-mute, and other handicapped people who are able to work in cities and towns and enjoy exemption from state taxes, including welfare plants, welfare commercial services, artificial limb plants and farms, etc.

□ Lawyers

are legal workers who are employed full-time by legal counseling firms to act as legal advisres, agents in criminal or civil lawsuits, or defenders in criminal lawsuits, or to handle non-litigious legal affairs, to advise on matters of law or to write legal papers for others. Both full-time and part-time lawyers are included.

□ Notary Personnel

refers to judicial workers of the state notary offices handing notarization work according to law. They include notaries, assistant notaries, and other people working for notary offices.

□ Notarized Documents

refer to the documents settled by notary offices in a year . The notarial documents are drawn up in accordance with the regulations of the Ministry of Justice, including domestic documents and foreign-related documents. Domestic documents are divided into two major categoriees, documents on economic contracts and documents on civil legal relations.

□ Mediators

refer to workers on people's mediation committees responsible for mediating in civil dispites and cases of slight infraction of the law. They include members of the mediation committees and mediators of mediation groups.

□ Mediation of Civil Disputes

refers to mediation committees' work in mediating in civi ldisputes concerning civil rights and duties through persuasion and education in accordance with the provisions of law on a voluntary basis, so as to solve disputes by helping the parties involved come to an agreement and understanding. These disputes include divorce cases and disputes over property ownership, but exclude the civil cases to be handled by the court.

□ Number of Labour Dispute Cases Accepted

refers to the number of cases of labour dispute submitted that, after being reviewed by the labour dispute arbitration committees in line with the relevant state regulations, are accepted and registered for trearment.

□ Retired or Resigned Personnel

refers to the persons who have formally gone through the formalities for their retorement or quitting work and enjoy the corresponding treatments.

□ Insurance and welfare funds

refers to labour insurance and welfare fund paid by enterprises, organizations and institutions to their staff and workers as well as retired and resigned in addition to their wages and salaries.

2015
浙江统计年鉴
ZHEJIANG STATISTICAL YEARBOOK

CHAPTER 17

各市、县国民经济主要经济指标

Major Indicators of National Economy by City,Prefecture and County

17－1 各市土地面积和行政区划(2014年)
Land Area and Administrative Divisions by City (2014)

城市	City	土地面积（平方公里）Land Area (sq. km)	市辖区（个）Districts Under City Administration (unit)	县（县级市）（个）Counties (Cities) (unit)	建制镇（个）Towns (unit)	乡（个）Townships (unit)	村（个）Villages (unit)
浙东北	**Eastern and Northern Region**	**45881**	**24**	**22**	**331**	**63**	**8890**
杭州市	Hangzhou	16596	9	4	75	23	2044
宁波市	Ningbo	9816	6	5	76	10	2543
嘉兴市	Jiaxing	3915	2	5	44		797
湖州市	Huzhou	5820	2	3	40	10	986
绍兴市	Shaoxing	8279	3	3	79	15	2176
舟山市	Zhoushan	1455	2	2	17	5	344
浙西南	**Western and Southern Region**	**58561**	**11**	**33**	**298**	**195**	**19107**
温州市	Wenzhou	12065	3	8	64	6	5405
金华市	Jinhua	10942	2	7	76	36	4791
衢州市	Quzhou	8845	2	4	44	39	1482
台州市	Taizhou	9411	3	6	61	24	4704
丽水市	Lishui	17298	1	8	53	90	2725

17－2 各市国民经济主要指标(2014 年)
Main Indicators of National Economy by City (2014)

城市	City	年末总人口(万人) Total Population by year－end (10000 persons)	生产总值(亿元) Gross Domestic Product (100 million yuan)	第一产业 Primary Industry	第二产业 Secondary Industry	第三产业 Tertiary Industry
浙东北	**Eastern and Northern Region**	**2451.99**	**27406.19**	**1110.33**	**13277.50**	**13018.35**
杭州市	Hangzhou	715.76	9206.16	274.35	3845.58	5086.24
宁波市	Ningbo	583.78	7610.28	275.70	3980.41	3354.17
嘉兴市	Jiaxing	348.14	3352.60	144.77	1813.67	1394.17
湖州市	Huzhou	263.78	1956.00	120.34	999.10	836.56
绍兴市	Shaoxing	443.04	4265.88	194.28	2213.48	1858.12
舟山市	Zhoushan	97.49	1015.26	100.90	425.27	489.09
浙西南	**Western and Southern Region**	**2407.18**	**13065.48**	**643.32**	**6181.37**	**6240.78**
温州市	Wenzhou	813.69	4303.05	117.94	2029.70	2155.41
金华市	Jinhua	475.07	3208.20	138.56	1508.36	1561.29
其中:义乌市	Yiwu	76.66	971.47	21.19	369.93	580.34
衢州市	Quzhou	255.67	1115.10	82.64	558.90	473.56
台州市	Taizhou	597.10	3387.38	215.63	1578.85	1592.89
丽水市	Lishui	265.65	1051.75	88.56	505.57	457.63

续表 1 Continued

城市	City	工业 Industry	人均生产总值(元) Per Capita GDP (yuan)	全社会就业人员年末数(万人) Total Employed Persons by year－end (10000 persons)	社会消费品零售总额(亿元) Total Retail Sales of Consumer Goods (100 million yuan)
浙东北	**Eastern and Northern Region**	**11749.73**		**2101.67**	**11275.45**
杭州市	Hangzhou	3414.90	129448	654.92	4201.46
宁波市	Ningbo	3533.68	130769	511.50	2992.03
嘉兴市	Jiaxing	1636.88	96607	332.29	1347.04
湖州市	Huzhou	901.76	74334	182.97	871.20
绍兴市	Shaoxing	1926.32	96437	345.67	1487.14
舟山市	Zhoushan	336.20	104239	74.32	376.58
浙西南	**Western and Southern Region**	**5299.05**		**1590.02**	**6629.52**
温州市	Wenzhou	1707.25	53094	567.57	2410.36
金华市	Jinhua	1302.05	67654	345.51	1592.70
其中:义乌市	Yiwu	316.60	127280	94.01	466.58
衢州市	Quzhou	481.57	43740	134.16	503.79
台州市	Taizhou	1374.80	56876	402.15	1646.32
丽水市	Lishui	433.37	39721	140.63	476.35

续表 2 Continued

城市	City	固定资产投资（亿元）Investment in Fixed Assets (100 million yuan)	出口总额（亿美元）Exports (USD 100 million)	财政总收入（亿元）Total Financial Revenue (100 million yuan)	地方财政收入（亿元）Local Financial Revenue (100 million yuan)
浙东北	**Eastern and Northern Region**	**15671.85**	**1902.59**	**5270.07**	**2781.13**
杭州市	Hangzhou	4952.70	491.66	1920.11	1027.32
宁波市	Ningbo	3989.46	731.09	1790.89	860.61
嘉兴市	Jiaxing	2221.21	236.51	568.09	307.07
湖州市	Huzhou	1242.92	88.06	295.71	167.84
绍兴市	Shaoxing	2304.68	297.51	546.34	317.27
舟山市	Zhoushan	960.88	57.76	148.93	101.02
浙西南	**Western and Southern Region**	**7860.71**	**830.95**	**1820.97**	**1047.88**
温州市	Wenzhou	3052.81	185.51	612.44	352.53
金华市	Jinhua	1594.79	396.71	461.40	268.87
其中：义乌市	Yiwu	438.18	237.09	119.02	69.68
衢州市	Quzhou	782.10	28.85	126.82	80.32
台州市	Taizhou	1765.93	193.51	485.29	265.21
丽水市	Lishui	665.08	26.37	135.02	80.96

续表 3 Continued

城市	City	地方财政支出（亿元）Local Financial Expenditure (100million yuan)	城乡居民储蓄存款年末余额（亿元）Savings Deposits of Urban and Rural Residents (100 million yuan)	城镇居民人均可支配收入（元）Per Capita Disposable Income of Urban Residents (yuan)	农村居民人均可支配收入（元）Per Capita Disposable Income of Rural Residents (yuan)
浙东北	**Eastern and Northern Region**	**3056.14**	**18950.55**		
杭州市	Hangzhou	961.18	6694.55	44632	23555
宁波市	Ningbo	1000.86	4780.31	44155	24283
嘉兴市	Jiaxing	334.90	2701.58	42143	24676
湖州市	Huzhou	224.57	1369.95	38959	22404
绍兴市	Shaoxing	346.44	2806.15	43167	23539
舟山市	Zhoushan	188.19	598.00	41466	23783
浙西南	**Western and Southern Region**	**1622.53**	**11715.86**		
温州市	Wenzhou	488.98	3883.11	40510	19394
金华市	Jinhua	352.86	3212.58	39807	18544
其中：义乌市	Yiwu	72.23	1165.27	51899	25963
衢州市	Quzhou	191.94	790.06	30583	15354
台州市	Taizhou	371.47	2892.41	39763	19362
丽水市	Lishui	217.27	937.71	30413	13635

17－3 全社会就业人员数(2014 年底)
Total Employed Persons (end of 2014)

单位:万人(10000 persons)

城市	City	全社会就业人员数 Total Employed Persons	第一产业 Primary Industry	第二产业 Secondary Industry	第三产业 Tertiary Industry
浙东北	**Eastern and Northern Region**	**2101.67**	**197.04**	**1057.12**	**847.50**
杭州市	Hangzhou	654.92	66.39	286.99	301.54
宁波市	Ningbo	511.50	19.39	273.16	218.95
嘉兴市	Jiaxing	332.29	31.21	193.36	107.71
湖州市	Huzhou	182.97	23.34	94.25	65.38
绍兴市	Shaoxing	345.67	46.25	179.11	120.31
舟山市	Zhoushan	74.32	10.46	30.25	33.61
浙西南	**Western and Southern Region**	**1590.02**	**310.40**	**686.27**	**593.35**
温州市	Wenzhou	567.57	63.99	276.82	226.76
金华市	Jinhua	345.51	68.36	163.59	113.56
其中:义乌市	Yiwu	94.01	5.68	56.53	31.80
衢州市	Quzhou	134.16	52.66	30.22	51.28
台州市	Taizhou	402.15	73.59	178.56	150.00
丽水市	Lishui	140.63	51.80	37.08	51.75

17－4 各市年末城镇就业人员数(2014 年)
Employed Persons in Towns by City (2014)

单位:万人(10000 persons)

城市	City	年末城镇就业人员数 Total Employed Persons in Towns	农、林、牧、渔业 Agriculture	采矿业 Mining and Quarrying	制造业 Manufac－turing	电力、煤气及水的生产和供应业 Electricity, Gas and Water Production and Supply	建筑业 Construction	批发和零售业 Wholesale and Retail Trade
浙东北	**Eastern and Northern Region**	**779.60**	**0.34**	**0.63**	**261.82**	**7.54**	**217.19**	**39.61**
杭州市	Hangzhou	293.44	0.11	0.15	70.65	2.06	86.92	18.38
宁波市	Ningbo	171.71	0.05		76.51	1.76	32.30	7.03
嘉兴市	Jiaxing	80.08	0.06		48.27	1.16	2.99	2.50
湖州市	Huzhou	49.43	0.03	0.18	18.99	0.76	12.53	2.14
绍兴市	Shaoxing	139.74	0.03	0.20	37.19	1.30	75.36	2.55
舟山市	Zhoushan	45.20	0.06	0.10	10.21	0.50	7.09	7.01
浙西南	**Western and Southern Region**	**346.14**	**0.28**	**0.25**	**94.23**	**4.24**	**117.28**	**8.48**
温州市	Wenzhou	104.10	0.06	0.12	32.77	1.08	26.82	2.81
金华市	Jinhua	96.00	0.04	0.04	15.75	0.94	48.47	2.03
其中:义乌市	Yiwu	12.07			2.56	0.15	2.16	0.36
衢州市	Quzhou	20.83	0.02	0.03	6.79	0.48	2.00	0.61
台州市	Taizhou	107.43	0.08	0.01	35.87	1.02	39.36	2.60
丽水市	Lishui	17.78	0.08	0.05	3.05	0.72	0.63	0.43

续表 1 Continued 单位:万人(10000 persons)

城市	City	交通运输、仓储和邮政业 Transport, Storage and Post	住宿、餐饮业 Hotels and Catering Services	信息传输、软件和信息技术服务业 Information Transmission, Software and Information Technology Services	金融业 Finance	房地产业 Real Estate	租赁和商业服务业 Leasing and Commercial Services	科学研究和技术服务业 Scientific Research and Technical Services
浙东北	**Eastern and Northern Region**	**25.34**	**15.32**	**14.72**	**23.91**	**16.45**	**21.52**	**13.23**
杭州市	Hangzhou	11.55	6.81	10.75	9.58	9.62	9.86	8.57
宁波市	Ningbo	6.22	1.71	1.38	7.12	2.54	6.07	2.00
嘉兴市	Jiaxing	1.91	0.80	0.53	2.07	1.72	2.50	0.92
湖州市	Huzhou	0.90	0.51	0.42	1.71	0.74	0.69	0.44
绍兴市	Shaoxing	1.55	0.72	0.51	2.51	0.78	1.01	0.83
舟山市	Zhoushan	3.21	4.77	1.13	0.92	1.05	1.39	0.47
浙西南	**Western and Southern Region**	**8.95**	**2.97**	**2.59**	**14.07**	**3.87**	**5.76**	**3.08**
温州市	Wenzhou	3.38	1.08	0.58	4.39	1.71	2.47	1.02
金华市	Jinhua	2.59	0.79	0.86	2.95	0.64	1.39	0.53
其中:义乌市	Yiwu	0.66	0.22	0.08	0.70	0.19	0.55	0.15
衢州市	Quzhou	0.61	0.20	0.28	1.41	0.12	0.29	0.26
台州市	Taizhou	1.79	0.66	0.58	4.06	1.28	1.22	0.92
丽水市	Lishui	0.58	0.24	0.29	1.26	0.12	0.39	0.35

续表 2 Continued 单位:万人(10000 persons)

城市	City	水利、环境和公共设施管理业 Water Conservancy, Environment and Public Facilities Management	居民服务、修理和其他服务业 Service for the Residents, Repair and Others	教育 Education	卫生和社会工作 Health Care and Social Work	文化、体育和娱乐业 Culture Sports and Recreation	公共管理、社会保障和社会组织 Public Administration, Social Security and Social Organization
浙东北	**Eastern and Northern Region**	**7.99**	**3.11**	**42.35**	**25.99**	**5.09**	**37.46**
杭州市	Hangzhou	3.20	1.46	17.48	10.49	2.28	13.53
宁波市	Ningbo	1.62	0.42	8.96	5.97	0.95	9.09
嘉兴市	Jiaxing	0.99	0.10	5.44	3.16	0.49	4.47
湖州市	Huzhou	0.62	0.06	3.22	1.94	0.23	3.33
绍兴市	Shaoxing	1.04	0.07	5.72	3.26	0.65	4.46
舟山市	Zhoushan	0.52	1.00	1.53	1.17	0.49	2.58
浙西南	**Western and Southern Region**	**3.69**	**0.47**	**27.84**	**15.73**	**2.38**	**29.96**
温州市	Wenzhou	0.60	0.14	9.80	5.08	0.91	9.27
金华市	Jinhua	1.53	0.13	6.17	3.82	0.53	6.82
其中:义乌市	Yiwu	0.21	0.04	1.29	0.73	0.09	1.92
衢州市	Quzhou	0.20	0.02	2.45	1.36	0.21	3.48
台州市	Taizhou	0.96	0.15	6.27	3.69	0.45	6.45
丽水市	Lishui	0.40	0.03	3.15	1.78	0.28	3.94

17－5 各市农、林、牧、渔业总产值(2014 年)
Gross Output Value of Farming, Forestry, Animal Husbandry and Fishery by City(2014)

单位:亿元(100 million yuan)

城市	City	农、林、牧、渔业总产值 Total Output Value	农业产值 Farming	林业产值 Forestry	牧业产值 Animal Husbandry	渔业产值 Fishery	农林牧渔业服务业产值 Services
浙东北	**Eastern and Northern Region**	**1808.01**	**867.35**	**108.61**	**311.24**	**479.25**	**41.56**
杭州市	Hangzhou	418.58	233.38	47.02	82.82	44.20	11.16
宁波市	Ningbo	432.48	209.51	12.51	53.33	150.71	6.42
嘉兴市	Jiaxing	249.12	125.52	1.20	83.02	27.83	11.55
湖州市	Huzhou	211.40	96.04	21.47	40.85	43.68	9.36
绍兴市	Shaoxing	296.95	192.43	26.15	46.28	29.95	2.14
舟山市	Zhoushan	199.48	10.47	0.26	4.94	182.88	0.93
浙西南	**Western and Southern Region**	**1069.63**	**514.48**	**50.08**	**202.25**	**287.95**	**14.87**
温州市	Wenzhou	192.23	86.64	4.38	34.50	63.12	3.59
金华市	Jinhua	223.00	134.01	6.87	64.00	12.73	5.39
其中:义乌市	Yiwu	30.76	20.55	0.67	7.57	1.57	0.40
衢州市	Quzhou	138.67	67.70	11.23	52.14	6.28	1.32
台州市	Taizhou	379.34	133.62	6.30	32.38	203.46	3.58
丽水市	Lishui	136.39	92.51	21.30	19.23	2.36	0.99

17－6 各市播种面积(2014 年)
Sown Area by City (2014)

城市	City	农作物播种面积(千公顷) Swon Area of Farm Crop (1000 hectares)	#粮食 Grain	#谷物 Cereal	#油料 Oilbearing Crops	#棉花 Cotton	#蔬菜 Vegetable	果用瓜 Melo used as Fruit
浙东北	**Eastern and Northern Region**	**1363.76**	**678.34**	**564.25**	**87.46**	**8.44**	**349.67**	**52.67**
杭州市	Hangzhou	294.96	107.26	76.19	30.06	0.50	92.24	10.71
宁波市	Ningbo	286.61	127.84	96.62	12.63	4.48	77.44	17.08
嘉兴市	Jiaxing	312.81	183.28	165.39	16.26	1.74	82.32	9.08
湖州市	Huzhou	187.12	106.43	98.29	12.53	0.17	37.51	5.35
绍兴市	Shaoxing	268.81	148.37	125.01	14.98	1.42	55.44	8.76
舟山市	Zhoushan	13.45	5.17	2.76	0.99	0.14	4.73	1.70
浙西南	**Western and Southern Region**	**1020.09**	**519.59**	**402.08**	**90.77**	**8.82**	**256.33**	**43.07**
温州市	Wenzhou	218.76	123.97	103.38	9.27	0.07	57.57	10.06
金华市	Jinhua	226.32	99.61	77.02	25.20	6.16	47.29	11.50
其中:义乌市	Yiwu	22.65	8.54	5.51	1.54	0.02	7.95	1.33
衢州市	Quzhou	207.12	110.46	87.45	38.43	1.86	36.77	5.23
台州市	Taizhou	203.60	96.10	75.38	8.10	0.71	67.82	12.84
丽水市	Lishui	164.29	89.46	58.85	9.78	0.02	46.89	3.45

17－7 各市主要农产品产量(2014年)
Output of Major Farm Products by City (2014)

单位:吨(ton)

城市	City	粮食 Grain	#谷物 Cereal	油菜籽 Rapeseeds	棉花 Cotton	水果 Fruit	#柑桔 Citrus	茶叶 Tea	蚕茧 Silkworm Cocoons
浙东北	**Eastern and Northern Region**	**4332209**	**3895201**	**178779**	**10711**	**3475591**	**525704**	**96272**	**43745**
杭州市	Hangzhou	625429	509587	63580	742	753729	187321	26548	12294
宁波市	Ningbo	741491	636412	18596	5211	1205112	250330	15921	
嘉兴市	Jiaxing	1223362	1158805	41448	2638	600134	46751	93	20057
湖州市	Huzhou	737476	704975	27798	270	268817	683	10344	9338
绍兴市	Shaoxing	977611	868100	26054	1731	569221	13817	43269	2056
舟山市	Zhoushan	26840	17322	1303	119	78578	26802	97	
浙西南	**Western and Southern Region**	**3169533**	**2706128**	**142603**	**14114**	**3672800**	**1483547**	**69113**	**3271**
温州市	Wenzhou	759809	670035	13815	163	469025	80812	5464	2
金华市	Jinhua	607127	518655	41052	9488	636955	100235	22109	990
其中:义乌市	Yiwu	51380	36387	2099	35	98444	14454	1104	25
衢州市	Quzhou	706750	616468	59734	3307	879748	675503	6904	763
台州市	Taizhou	602159	520524	13506	1124	1264754	441096	4723	279
丽水市	Lishui	493688	380446	14496	32	422318	185901	29913	1237

续表 Continued

单位:吨(ton)

城市	City	生猪年末存栏头数(万头) Year-end Hogs (10000 heads)	牛年末存栏头数(头) Year-end Cattle (head)	羊年末存栏只数(万只) Year-end Sheep and Goats (10000 heads)	肉产量(吨) Output of Meat (ton)	#猪肉 Pork (ton)	禽蛋产量(吨) Poultry Eggs (ton)	牛奶产量(吨) Cow Milk (ton)	水产品产量(吨) Output of Aquatic Production (ton)
浙东北	**Eastern and Northern Region**	**539**	**49529**	**142**	**1148824**	**888359**	**357642**	**81300**	**3526290**
杭州市	Hangzhou	173	17300	23	296700	242104	130870	36859	273990
宁波市	Ningbo	106	17141	11	173160	142119	73232	25564	1010556
嘉兴市	Jiaxing	82	2007	59	322988	250047	58556	8513	163514
湖州市	Huzhou	60	3000	36	166757	97790	48077	3761	305810
绍兴市	Shaoxing	105	9658	11	168510	138346	41800	6291	103023
舟山市	Zhoushan	12	423	2	20709	17953	5107	312	1669397
浙西南	**Western and Southern Region**	**476**	**147174**	**42**	**841748**	**691079**	**168748**	**93279**	**2224289**
温州市	Wenzhou	76	39148	14	122155	91456	43458	20021	586513
金华市	Jinhua	121	32099	8	232683	201980	50938	63471	76151
其中:义乌市	Yiwu	11	228	1	29497	23294	2367	170	3600
衢州市	Quzhou	162	19324	5	270832	234851	22268	365	59072
台州市	Taizhou	65	27138	6	123414	89231	39150	8119	1483914
丽水市	Lishui	53	29465	8	92664	73561	12934	1303	18639

17－8 各市农业现代化情况(2014 年)
Agricultural Modernization by City (2014)

城市	City	农业机械总动力(万千瓦) Total Power of Agricultural Machinery (10000 million kw)	农村用电量(万千瓦小时) Electricity Consumed in Rural Area (10000 million kw. h)	农用化肥施用量(折纯)(吨) Consumption of Chemical Fertilizers (pure) (ton)	机耕面积(千公顷) Area Ploughed by Tractors (1000 hectares)	有效灌溉面积(千公顷) Irrigated Area (1000 hectares)
浙东北	**Eastern and Northern Region**	**1347.38**	**6550016**	**478792**	**815.73**	**821.29**
杭州市	Hangzhou	342.19	1103016	97928	158.78	155.51
宁波市	ningbo	298.57	1832695	111447	187.11	175.57
嘉兴市	jiaxing	147.87	1152969	104060	153.16	182.50
湖州市	huzhou	168.47	365902	47423	127.56	136.87
绍兴市	shaoxing	230.92	1960844	112811	180.65	155.77
舟山市	zhoushan	159.37	134590	5123	8.47	15.07
浙西南	**Western and Southern Region**	**1072.74**	**2503433**	**417378**	**622.36**	**604.08**
温州市	wenzhou	219.17	849803	82623	154.90	113.81
金华市	jinhua	261.41	462659	111410	150.96	161.16
其中:义乌市	yiwu	27.80	107482	12741	17.03	18.00
衢州市	quzhou	162.95	99754	71496	123.67	108.39
台州市	taizhou	316.72	1033239	89528	132.17	125.96
丽水市	lishui	112.49	57978	62321	60.65	94.76

17-9 各市规模以上工业企业单位数(2014年) Number of Industrial Enterprises Above Designated Size by City (2014)

单位:个(unit)

城市	City	工业企业单位数 Number of Enterprises	内资企业 Domestic-funded Enterprises	港澳台商投资企业 Enterprises with Investment from Hong Kong, Macao and Taiwan	外商投资企业 Enterprises with Foreign Investment
浙东北	**Eastern and Northern Region**	**25900**	**20498**	**2768**	**2634**
杭州市	Hangzhou	6169	5035	503	631
宁波市	Ningbo	7383	5496	1002	885
嘉兴市	Jiaxing	5005	3915	522	568
湖州市	Huzhou	2719	2233	239	247
绍兴市	Shaoxing	4231	3451	494	286
舟山市	Zhoushan	393	368	8	17
浙西南	**Western and Southern Region**	**14952**	**14113**	**377**	**462**
温州市	Wenzhou	4897	4664	91	142
金华市	Jinhua	4065	3794	132	139
其中:义乌市	Yiwu	837	781	33	23
衢州市	Quzhou	1025	970	21	34
台州市	Taizhou	3804	3556	118	130
丽水市	Lishui	1161	1129	15	17

17-10 各市规模以上工业总产值(2014年) Gross Output Value of Industry by City Above Designated Size (2014)

单位:亿元(100 million yuan)

城市	City	工业总产值 Gross Output Value of Industry	内资企业 Domestic-funded Enterprises	港澳台商投资企业 Enterprises with Investment from Hong Kong, Macao and Taiwan	外商投资企业 Enterprises with Foreign Investment
浙东北	**Eastern and Northern Region**	**49779.32**	**35303.89**	**7228.20**	**7247.23**
杭州市	Hangzhou	12853.05	8963.72	1436.81	2452.52
宁波市	Ningbo	14028.05	8945.26	3070.59	2012.20
嘉兴市	Jiaxing	7463.75	5105.23	893.85	1464.68
湖州市	Huzhou	4201.40	3222.15	519.99	459.25
绍兴市	Shaoxing	9735.30	7702.65	1296.02	736.64
舟山市	Zhoushan	1497.76	1364.89	10.94	121.94
浙西南	**Western and Southern Region**	**16906.31**	**15388.11**	**625.43**	**892.77**
温州市	Wenzhou	4844.02	4445.50	133.23	265.29
金华市	Jinhua	4585.87	4163.71	254.39	167.78
其中:义乌市	Yiwu	855.86	748.46	76.44	30.96
衢州市	Quzhou	1584.66	1464.00	29.01	91.65
台州市	Taizhou	4052.52	3534.46	173.64	344.43
丽水市	Lishui	1839.23	1780.44	35.17	23.63

17－11 各市工业企业经济指标(2014 年)
Main Indicators of Industrial Enterprises by City (2014)

单位:亿元(100 million yuan)

城市	City	从业人员平均人数(万人) Average Number of Employed Persons (10000 persons)	流动资产年平均余额 Annual Average Balance of Circulating Assets	固定资产净值年平均余额 Annual Average Balance of Net Value of Fixed Assets	主营业务收入 Revenues in Main Business
浙东北	**Eastern and Northern Region**	**477.31**	**26700.79**	**12921.86**	**47986.90**
杭州市	Hangzhou	114.50	7938.51	3166.10	12833.70
宁波市	Ningbo	151.84	7077.60	3469.46	13254.65
嘉兴市	Jiaxing	85.00	3890.87	2752.80	7232.79
湖州市	Huzhou	36.42	1777.70	952.83	4102.83
绍兴市	Shaoxing	81.12	5214.00	2021.78	9448.25
舟山市	Zhoushan	8.43	802.11	558.90	1114.68
浙西南	**Western and Southern Region**	**243.65**	**9364.55**	**4149.25**	**15841.24**
温州市	Wenzhou	79.82	2737.55	1026.30	4386.81
金华市	Jinhua	65.42	2716.89	1125.49	4303.43
其中:义乌市	Yiwu	13.91	518.12	264.32	801.93
衢州市	Quzhou	15.75	816.75	558.86	1646.54
台州市	Taizhou	64.77	2343.61	1045.10	3732.59
丽水市	Lishui	17.89	749.75	393.50	1771.87

续表 Continued

单位:亿元(100 million yuan)

城市	City	利税总额 Total Profits and Taxes	产品销售税金及附加 Sales Tax and Extra Charges	本年应交增值税 Tax Payable of Value Added	利润总额 Total Profits
浙东北	**Eastern and Northern Region**	**4717.74**	**634.88**	**1323.88**	**2758.98**
杭州市	Hangzhou	1536.56	232.98	398.98	904.60
宁波市	Ningbo	1343.75	302.12	353.38	688.25
嘉兴市	Jiaxing	625.70	31.45	219.41	374.84
湖州市	Huzhou	378.90	25.63	112.94	240.33
绍兴市	Shaoxing	807.75	38.87	221.35	547.53
舟山市	Zhoushan	25.09	3.83	17.83	3.43
浙西南	**Western and Southern Region**	**1562.70**	**83.38**	**504.12**	**975.20**
温州市	Wenzhou	456.62	23.96	154.03	278.63
金华市	Jinhua	405.54	23.45	128.34	253.75
其中:义乌市	Yiwu	79.80	4.21	21.47	54.12
衢州市	Quzhou	154.09	7.49	54.67	91.93
台州市	Taizhou	350.33	20.43	123.75	206.15
丽水市	Lishui	196.13	8.05	43.34	144.74

17-12 各市客运量和货运量(2014年)
Passenger Traffic and Freight Traffic by City (2014)

城市	City	客运量(万人) Passenger Traffic (10000 persons)				货运量(万吨) Freight Traffic (10000 tons)		
		铁路 Railways	公路 Highways	水运 Waterways	航空 Civil Aviation	铁路 Railways	公路 Highways	水运 Waterways
浙东北	**Eastern and Northern Region**	**10700.61**	**58029**	**3211.73**	**2023.71**	**2805.67**	**78156**	**53996.60**
杭州市	Hangzhou	4688.88	17431	615.80	1334.00	311.78	23202	5797.00
宁波市	Ningbo	3771.30	12144	171.17	635.91	2364.15	21918	16112.89
嘉兴市	Jiaxing	1149.10	9594	37.00		27.98	9861	8296.00
湖州市	Huzhou		6244	62.76			7463	5738.71
绍兴市	Shaoxing	1091.33	9721	103.00		101.76	10091	1390.00
舟山市	Zhoushan		2895	2222.00	53.80		5621	16662.00
浙西南	**Western and Southern Region**	**4048.50**	**54887**	**326.12**	**530.30**	**1295.31**	**38912**	**14164.21**
温州市	Wenzhou	1542.38	20385	56.23	354.58	720.04	7681	3335.39
金华市	Jinhua	1459.73	11980		120.45	114.80	7811	37.70
其中:义乌市	Yiwu	752.49	1830		120.45	24.91	2279	
衢州市	Quzhou	258.90	5112	4.34	22.07	320.47	8877	3.66
台州市	Taizhou	695.00	12931	209.00	33.20	29.00	9628	10565.00
丽水市	Lishui	92.49	4479	56.55		111.00	4915	222.46

17-13 各市公路里程、邮电通信和用电量情况(2014 年)
Length of Highways, Posts and Telecommunications and Electricity by City (2014)

城市	City	境内公路里程(公里) Length of Highways (km)	#高速公路 Expressway	民用汽车拥有量(辆) Civil Motor Vehicles (unit)	固定电话用户(万户) Telephone Subscribers (10000 subscribers)	年末移动电话用户数(万户) Number of Mobile Telephones Subscribers (10000 subscribers)
浙东北	**Eastern and Northern Region**	**54437.88**	**2221.28**	**6005292**	**999.18**	**4681.24**
杭州市	Hangzhou	16024.48	581.68	2184000	311.14	1561.71
宁波市	Ningbo	11045.41	495.82	1597218	270.00	1267.00
嘉兴市	Jiaxing	8067.00	393.06	791861	135.23	614.60
湖州市	Huzhou	7510.98	289.15	471480	90.62	383.00
绍兴市	Shaoxing	9893.01	419.57	850681	150.94	691.63
舟山市	Zhoushan	1897.00	42.00	110052	41.25	163.30
浙西南	**Western and Southern Region**	**55678.19**	**1662.38**	**4100301**	**581.82**	**3359.62**
温州市	Wenzhou	8215.00	297.00	1409532	210.06	1113.34
金华市	Jinhua	12269.39	354.48	1149667	136.49	918.36
其中:义乌市	Yiwu	1422.56	54.12	354849	43.20	278.25
衢州市	Quzhou	8070.00	317.00	244756	48.04	280.04
台州市	Taizhou	12283.00	298.00	1039522	140.55	758.62
丽水市	Lishui	14840.80	395.90	256824	46.68	289.26

续表 Continued

城市	City	国际互联网用户数(万户) Users of International Computer Network (10000 subscribers)	电信业务收入(万元) Telecom Business Income (10000 yuan)	全年用电量(亿千瓦小时) Total Electricity Consumption (100 million kw.h)	#工业用电 Industrial Consumption	#城乡居民生活用电 Residential Consumption
浙东北	**Eastern and Northern Region**	**1073.27**	**4724751**	**2215.40**	**1652.74**	**231.77**
杭州市	Hangzhou	278.78	1700825	640.19	420.07	83.86
宁波市	Ningbo	281.00	1204763	576.78	435.25	60.83
嘉兴市	Jiaxing	141.91	810134	396.45	328.88	27.79
湖州市	Huzhou	87.84	308693	191.61	147.78	19.74
绍兴市	Shaoxing	154.13	557053	364.93	297.27	31.89
舟山市	Zhoushan	129.61	143283	45.43	23.50	7.66
浙西南	**Western and Southern Region**	**725.74**	**2950621**	**1095.19**	**748.74**	**189.44**
温州市	Wenzhou	261.48	1186395	349.27	217.29	78.74
金华市	Jinhua	194.62	732874	284.79	202.04	38.51
其中:义乌市	Yiwu	61.79	250806	74.72	47.75	9.37
衢州市	Quzhou	50.60	151148	128.30	103.34	12.08
台州市	Taizhou	167.67	698860	254.42	173.17	46.57
丽水市	Lishui	51.37	181344	78.42	52.90	13.54

17-14 各市固定资产投资(2014年)
Investment in Fixed Assets by City (2014)

单位:亿元(100 million yuan)

城市	City	固定资产投资 Inventment in Fixed Assets	第一产业 Primary Industry	第二产业 Secondary Industry	第三产业 Tertiary Industry
浙东北	**Eastern and Northern Region**	**15671.85**	**121.93**	**5154.63**	**10395.29**
杭州市	Hangzhou	4952.70	19.07	915.25	4018.38
宁波市	Ningbo	3989.46	45.15	1264.67	2679.64
嘉兴市	Jiaxing	2221.21	25.14	1001.91	1194.17
湖州市	Huzhou	1242.92	6.80	569.61	666.51
绍兴市	Shaoxing	2304.68	16.13	1106.02	1182.54
舟山市	Zhoushan	960.88	9.64	297.18	654.06
浙西南	**Western and Southern Region**	**7860.71**	**141.58**	**2774.41**	**4944.71**
温州市	Wenzhou	3052.81	84.71	760.06	2208.05
金华市	Jinhua	1594.79	5.51	736.05	853.22
其中:义乌市	Yiwu	438.18	2.30	135.49	300.39
衢州市	Quzhou	782.10	21.75	357.49	402.86
台州市	Taizhou	1765.93	12.06	731.88	1021.99
丽水市	Lishui	665.08	17.56	188.93	458.59

续表 Continued 单位:亿元(100 million yuan)

城市	City	#房地产开发投资 Real Estate Development	#住宅 Residential Buildings	新增固定资产 Newly Increased Fixed Assets	商品房屋销售面积(万平方米) Floor Space of Commerical Houses Sold (10000 sq. m)	商品房屋销售额 Total Value of Commerical Houses Sold
浙东北	**Eastern and Northern Region**	**5337.00**	**3287.03**	**9833.91**	**3273.29**	**3435.30**
杭州市	Hangzhou	2301.08	1337.02	2328.14	1121.13	1558.39
宁波市	Ningbo	1328.14	773.25	2748.57	726.44	780.54
嘉兴市	Jiaxing	525.72	341.52	1652.90	497.34	353.96
湖州市	Huzhou	342.75	233.28	654.31	304.95	199.97
绍兴市	Shaoxing	613.51	465.69	1590.24	531.73	440.26
舟山市	Zhoushan	225.80	136.25	859.76	91.70	102.19
浙西南	**Western and Southern Region**	**1925.38**	**1307.15**	**4871.13**	**1403.53**	**1487.70**
温州市	Wenzhou	808.88	551.53	1920.93	420.17	589.91
金华市	Jinhua	367.67	240.31	822.26	336.60	354.03
其中:义乌市	Yiwu	94.17	61.38	168.22	55.39	104.97
衢州市	Quzhou	95.17	71.13	440.82	166.81	109.15
台州市	Taizhou	496.05	332.84	1272.37	344.55	307.01
丽水市	Lishui	157.63	111.33	414.76	135.40	127.60

17－15 各市国内贸易情况(2014 年)
The Situation of Domestic Trade by City (2014)

城市	City	社会消费品零售总额(亿元) Total Retail Sales of Consumer Goods (100 million yuan)	限额以上批发、零售贸易业商品销售总额(亿元) Total Sales of Wholesale and Retailsale Trade Above Designated Size (100 million yuan)	限额以上批发零售企业数(个) Number of Wholesale and retail enterprises above the Designated Size (unit)	零售 Retail
浙东北	**Eastern and Northern Region**	**11275.45**	**36741.64**	**11150**	**2911**
杭州市	Hangzhou	4201.46	16505.35	3887	1077
宁波市	Ningbo	2992.03	12645.55	3311	732
嘉兴市	Jiaxing	1347.04	2131.72	1511	383
湖州市	Huzhou	871.20	2004.54	644	250
绍兴市	Shaoxing	1487.14	2175.84	1465	372
舟山市	Zhoushan	376.58	1278.64	332	97
浙西南	**Western and Southern Region**	**6629.52**	**6732.67**	**4642**	**1728**
温州市	Wenzhou	2410.36	2599.50	2049	590
金华市	Jinhua	1592.70	1474.22	1091	447
其中:义乌市	Yiwu	466.58	312.34	279	102
衢州市	Quzhou	503.79	446.00	313	140
台州市	Taizhou	1646.32	1699.84	894	363
丽水市	Lishui	476.35	513.12	295	188

17－16 各市外贸及利用外资情况(2014 年)
The Situation of Foreign Trade and the Use of Foreign Capital by City(2014)

城市	City	进口总额(亿美元) Total imports (100 million USD)	出口总额(亿美元) Total exports (100 million USD)	外国和港澳台地区在华直接投资 Foreign Funded Enterprises and Enterprises Funded by Entrepreneurs from Hong Kong, Macao & Taiwan	
				新签项目(合同)数(个) Newly Signed Contracts(unit)	实际使用外资金额(万美元) Amount of Foreign Capital Actually Use (USD 10000)
浙东北	**Eastern and Northern Region**	**731.85**	**1902.59**	**1434**	**1471062**
杭州市	Hangzhou	188.32	491.66	408	633460
宁波市	Ningbo	315.95	731.09	468	402514
嘉兴市	Jiaxing	100.83	236.51	246	249577
湖州市	Huzhou	11.83	88.06	157	98419
绍兴市	Shaoxing	49.32	297.51	141	67130
舟山市	Zhoushan	65.59	57.76	14	19962
浙西南	**Western and Southern Region**	**86.09**	**830.95**	**194**	**133659**
温州市	Wenzhou	22.31	185.51	43	53267
金华市	Jinhua	18.16	396.71	70	27840
其中:义乌市	Yiwu	4.81	237.09	47	6034
衢州市	Quzhou	15.63	28.85	14	7009
台州市	Taizhou	27.28	193.51	40	27705
丽水市	Lishui	2.71	26.37	27	17838

17－17 各市国际旅游事业情况(2014 年)
International Tourism by City (2014)

城市	City	海外游客人数(人) Total Number of International Tourists (person)	#外国人 Foreigners	#港澳台同胞 Compatriots from Hong Kong Macao and Taiwan, China	国际旅游收入(万美元) Total International Income From Tourism (USD 10000)
浙东北	**Eastern and Northern Region**	**6985605**	**4382477**	**2603128**	**396080**
杭州市	Hangzhou	3261337	2254866	1006471	231811
宁波市	Ningbo	1396802	778251	618551	77832
嘉兴市	Jiaxing	706642	422715	283927	22728
湖州市	Huzhou	602847	314239	288608	22511
绍兴市	Shaoxing	702142	421174	280968	24971
舟山市	Zhoushan	315835	191232	124603	16227
浙西南	**Western and Southern Region**	**2322333**	**1761257**	**561076**	**179287**
温州市	Wenzhou	910803	628006	282797	48132
金华市	Jinhua	841864	706725	135139	47974
其中:义乌市	Yiwu	657159	586056	71103	42415
衢州市	Quzhou	116046	43185	72861	5696
台州市	Taizhou	155286	115129	40157	4909
丽水市	Lishui	298334	268212	30122	72576

17－18 各市财政收支情况(2014 年)
Total Financial Revenve and Expenditure by City (2014)

单位:万元(10000 yuan)

城市	City	财政总收入(亿元) Total Financial Revenue (100 million)	地方财政预算内收入 Total Local Government Budgetary Financial Revenue	地方财政预算内支出 Total Local Government Financial Expenditures	#一般性公共服务支出 Expenses for Public Service	#教育支出 Expenses for Education
浙东北	**Eastern and Northern Region**	**5270.07**	**27811261**	**30561373**	**3067069**	**5669753**
杭州市	Hangzhou	1920.11	10273169	9611771	892027	1826924
宁波市	Ningbo	1790.89	8606109	10008563	1001565	1596238
嘉兴市	Jiaxing	568.09	3070675	3349028	341643	756642
湖州市	Huzhou	295.71	1678400	2245670	229421	464525
绍兴市	Shaoxing	546.34	3172705	3464437	378765	779332
舟山市	Zhoushan	148.93	1010203	1881904	223648	246092
浙西南	**Western and Southern Region**	**1820.97**	**10478830**	**16225257**	**1919891**	**3680794**
温州市	Wenzhou	612.44	3525253	4889810	606291	1249850
金华市	Jinhua	461.40	2688673	3528648	379651	818413
其中:义乌市	Yiwu	119.02	696800	722345	111168	163255
衢州市	Quzhou	126.82	803239	1919400	221203	351888
台州市	Taizhou	485.29	2652092	3714666	432342	838763
丽水市	Lishui	135.02	809573	2172733	280404	421880

17-19 各市金融保险情况(2014年)
Finace and Insurance by City (2014)

单位:亿元(100 million yuan)

城市	City	金融机构年末存款余额 Deposits	城乡居民储蓄年末余额 Residents' Savings Deposits	金融机构年末贷款余额 Loans	保费 Premium	赔款、给付 Settled Claim
浙东北	**Eastern and Northern Region**	**53684.30**	**18950.55**	**47924.32**	**803.19**	**306.15**
杭州市	Hangzhou	23950.05	6694.55	20356.17	320.41	119.03
宁波市	Ningbo	13307.41	4780.31	13610.61	206.96	94.67
嘉兴市	Jiaxing	5513.87	2701.58	4393.16	96.67	27.18
湖州市	Huzhou	2756.05	1369.95	2324.95	63.23	22.99
绍兴市	Shaoxing	6554.22	2806.15	5823.39	92.96	33.51
舟山市	Zhoushan	1602.70	598.00	1416.03	22.97	8.76
浙西南	**Western and Southern Region**	**23461.08**	**11715.86**	**20642.01**	**461.30**	**150.91**
温州市	Wenzhou	7937.16	3883.11	7223.63	144.77	46.07
金华市	Jinhua	6548.78	3212.58	5647.18	135.83	44.00
其中:义乌市	Yiwu	2347.36	1165.27	1930.38	40.40	13.83
衢州市	Quzhou	1624.29	790.06	1454.46	35.43	11.38
台州市	Taizhou	5609.04	2892.41	4912.24	112.39	38.38
丽水市	Lishui	1741.81	937.71	1404.49	32.88	11.08

17-20 各市社会保险福利情况(2014 年)
Basic Statistics on Social Insurance & Welfare by City (2014)

单位:万人(10000 persons)

城市	City	基本养老保险参保人数 Persons Participating in the Basic Retirement Security Program	基本医疗保险参保人数 Persons Participating in the Basic Health Care Program	失业保险人数 Persons Participating in the Unemployment Insurance Program
浙东北	**Eastern and Northern Region**	**1869.06**	**2541.11**	**885.24**
杭州市	Hangzhou	559.48	840.21	331.83
宁波市	Ningbo	542.23	478.70	243.39
嘉兴市	Jiaxing	221.22	380.12	110.78
湖州市	Huzhou	127.39	264.00	61.62
绍兴市	Shaoxing	345.09	483.18	116.5
舟山市	Zhoushan	73.66	94.90	21.09
浙西南	**Western and Southern Region**	**838.86**	**1753.08**	**309.63**
温州市	Wenzhou	248.37	594.17	92.60
金华市	Jinhua	174.27	480.93	74.99
其中:义乌市	Yiwu	41.56	80.21	16.38
衢州市	Quzhou	176.80	237.34	24.92
台州市	Taizhou	181.20	195.48	95.95
丽水市	Lishui	58.22	245.16	21.16

续表 Continued

单位:万人(10000 persons)

城市	City	社会福利院数(个) Social Welfare Homes(unit)	社会福利院床位数(张) Beds of Social Welfare Homes(bed)	社区服务设施数(个) Number of Community Service Facilities Established in Urban Areas (unit)	居民最低生活保障线以下人数(人) Residents under Minimum Life Guarantee Relief (person)
浙东北	**Eastern and Northern Region**	**739**	**137480**		**33451**
杭州市	Hangzhou	299	56131	4948	9938
宁波市	Ningbo	239	41996	2523	7712
嘉兴市	Jiaxing	119	29118	1699	4807
湖州市	Huzhou	12	2109	4130	1375
绍兴市	Shaoxing	5	1963		7765
舟山市	Zhoushan	65	6163	364	1854
浙西南	**Western and Southern Region**	**878**	**109186**	**12277**	**26062**
温州市	Wenzhou	328	38231	5372	11818
金华市	Jinhua	11	3589	1611	2795
其中:义乌市	Yiwu	1	200	32	80
衢州市	Quzhou	109	16297	311	3951
台州市	Taizhou	331	37963	4722	3838
丽水市	Lishui	99	13106	261	3660

17－21 各市各类学校在校学生数(2014年)
Student Enrollment by Type of School and by City (2014)

城市	City	高等学校(人) Institutions of Higher Education (person)	中等职业学校(人) Vocational Secondary Schools (person)	普通中学(万人) Regular Secondary Schools (10000 persons)	小学(万人) Primary Schools (10000 persons)
浙东北	**Eastern and Northern Region**	**821343**	**326424**	**117.64**	**172.25**
杭州市	Hangzhou	474700	112119	32.44	50.27
宁波市	Ningbo	150854	69268	28.01	48.26
嘉兴市	Jiaxing	65722	51027	17.02	24.54
湖州市	Huzhou	26988	32341	12.20	15.61
绍兴市	Shaoxing	80348	53624	24.61	28.86
舟山市	Zhoushan	22731	8045	3.36	4.71
浙西南	**Western and Southern Region**	**234183**	**253003**	**110.91**	**182.26**
温州市	Wenzhou	81612	59982	36.71	62.11
金华市	Jinhua	86725	70845	24.21	41.06
其中:义乌市	Yiwu	8093	12755	4.56	9.51
衢州市	Quzhou	13664	28386	11.20	14.30
台州市	Taizhou	32631	63905	28.23	48.16
丽水市	Lishui	19551	29885	10.56	16.63

17－22 各市专利申请(2014年)
Patent Application by City (2014)

城市	City	专利申请受理量(项) Patent Application Accepted (item)	专利申请授权量(项) Patent Application Approved (item)	#发明 Invention
浙东北	**Eastern and Nortern Region**	**182394**	**126413**	**10768**
杭州市	Hangzhou	48569	33548	5552
宁波市	Ningbo	58530	43286	2832
嘉兴市	Jiaxing	23818	17456	546
湖州市	Huzhou	19886	12679	700
绍兴市	Shaoxing	28173	17356	880
舟山市	Zhoushan	3418	2088	258
浙西南	**Western and Soutern Region**	**79122**	**62181**	**2604**
温州市	Wenzhou	31385	24371	954
金华市	Jinhua	18989	15129	524
其中:义乌市	Yiwu	4740	3996	112
衢州市	Quzhou	3957	2891	176
台州市	Taizhou	20570	16134	791
丽水市	Lishui	4221	3656	159

17-23 各市文化和卫生事业主要指标(2014 年)
Main Indicators of Culture and Public Healthy by City (2014)

城市	City	体育场馆数(个) Number of Sports Grounds and Gymnasiums (unit)	剧场、影剧院数(个) Number of Theaters and Music Halls (unit)	公共图书馆图书藏量(千册件) Total Collections of Books in Public Libraries (1000 copies)	医院卫生院数(个) Number of Health Institutions (unit)	医院卫生院床位数(张) Number of Beds in Health Institutions (bed)	医生数(人) Doctors (person)
浙东北	**Eastern and Northern Region**	**413**	**243**	**39639**	**1006**	**138529**	**84127**
杭州市	Hangzhou	146	78	18642	307	51402	31977
宁波市	Ningbo	128	90	7218	233	29652	20984
嘉兴市	Jiaxing	62	31	6801	130	19989	9280
湖州市	Huzhou	38	5	2174	114	11632	6819
绍兴市	Shaoxing	23	30	3367	162	20804	12012
舟山市	Zhoushan	16	9	1437	60	5050	3055
浙西南	**Western and Southern Region**	**301**	**118**	**25010**	**1283**	**95820**	**62906**
温州市	Wenzhou	39	10	16444	391	30864	21855
金华市	Jinhua	138	26	2813	268	23154	13833
其中:义乌市	Yiwu	27	11	645	36	3851	2609
衢州市	Quzhou	26	14	1475	177	9744	6752
台州市	Taizhou	75	47	2623	209	21334	14266
丽水市	Lishui	23	21	1655	238	10724	6200

17－24 各市、县国民经济主要指标(2014 年)
Main Indicators of National Economy by City and Country (2014)

市县名称	City and County	土地面积（平方公里）Land Area (sq. km)	年末总人口（万人）Total Population by year－end (10000 persons)	生产总值（亿元）Gross Domestic Product (100 million yuan)	第一产业 Primary Industry	第二产业 Secondary Industry	第三产业 Tertiary Industry
杭州市区	Hangzhou District	4876	525.08	7977.37	156.31	3202.00	4619.06
萧山区	Xiaoshan	1163	125.54	1727.63	61.60	928.27	737.77
余杭区	Yuhang	1222	92.54	1101.23	45.54	441.25	614.45
富阳区	Fuyang	1808	66.61	601.47	39.93	316.59	244.95
临安市	Linan	3124	52.97	431.67	37.50	233.88	160.29
建德市	Jiande	2364	50.97	298.93	28.65	161.30	108.99
桐庐县	Tonglu	1780	40.84	306.13	21.78	172.13	112.22
淳安县	Chunan	4452	45.90	192.06	30.11	76.27	85.69
宁波市区	Ningbo District	2462	229.64	4589.30	60.12	2340.31	2188.87
鄞州区	Yinzhou	1346	85.20	1296.64	39.34	761.82	495.48
余姚市	Yuyao	1501	83.67	804.36	41.34	467.73	295.29
慈溪市	Cixi	1361	104.59	1109.41	48.48	637.93	423.00
奉化市	Fenhua	1268	48.37	308.99	28.50	140.60	139.89
象山县	Xiangshan	1382	54.86	388.08	57.95	180.65	149.49
宁海县	Ninghai	1843	62.64	410.14	39.30	213.20	157.64
温州市区	Wenzhou District	1138	152.45	1699.70	11.14	811.17	877.39
瑞安市	Ruian	1350	123.11	676.88	18.96	322.66	335.26
乐清市	Yueqing	1367	128.73	724.69	19.99	388.45	316.25
洞头县	Dongtou	173	13.23	56.45	4.21	20.67	31.57
永嘉县	Yongjia	2677	97.67	312.27	9.91	167.55	134.82
平阳县	Pingyang	1042	88.40	319.62	13.45	143.28	162.89
苍南县	Cangnan	1253	133.18	393.60	27.21	169.74	196.65
文成县	Wenchen	1296	40.24	66.38	6.98	22.00	37.40
泰顺县	Taishun	1768	36.68	67.95	6.21	22.69	39.05
嘉兴市区	Jiaxing District	968	86.36	837.91	31.62	395.95	410.33
平湖市	Pinghu	537	49.14	478.21	16.48	289.69	172.03
海宁市	Haining	668	67.38	669.09	22.75	379.81	266.53
桐乡市	Tongxiang	727	68.68	614.36	29.19	320.35	264.82
嘉善县	Jiashan	507	38.75	402.59	23.65	224.18	154.76
海盐县	Haiyan	508	37.83	350.70	21.06	204.50	125.14
湖州市区	Huzhou District	1565	110.65	865.50	42.61	425.16	397.73
德清县	Deqing	938	43.70	367.50	20.33	206.24	140.92
长兴县	ChangXing	1431	63.05	438.10	31.71	229.99	176.40
安吉县	Anji	1886	46.38	284.50	25.69	137.28	121.53
绍兴市区	Shaoxing District	2965	217.78	2525.71	87.45	1295.60	1142.67
柯桥区	keqiao	1066	64.98	1138.08	32.92	630.69	474.47
上虞区	Shangyu	1406	78.00	681.03	41.36	372.09	267.58

续表 1 Continued

市县名称	City and County	土地面积（平方公里）Land Area (sq. km)	年末总人口（万人）Total Population by year-end (10000 persons)	生产总值（亿元）Gross Domestic Product (100 million yuan)	第一产业 Primary Industry	第二产业 Secondary Industry	第三产业 Tertiary Industry
诸暨市	Zhuji	2311	108.04	981.12	49.09	533.32	398.71
嵊州市	Shengzhou	1789	73.31	423.04	37.01	212.84	173.19
新昌县	Xinchang	1214	43.90	333.77	20.74	171.73	141.29
金华市区	Jinhua District	2049	95.09	605.98	32.21	240.40	333.37
金东区	JIndong	658	32.09	149.08	13.85	72.97	62.26
兰溪市	Lanxi	1312	66.09	273.56	23.62	148.57	101.38
东阳市	Dongyang	1747	83.42	439.25	17.38	215.11	206.77
义乌市	Yiwu	1105	76.66	971.47	21.19	369.93	580.34
永康市	Yongkang	1047	59.17	459.51	8.78	281.65	169.09
武义县	Wuyi	1568	33.85	195.28	15.25	106.87	73.16
浦江县	Pujiang	918	39.61	188.59	9.44	109.29	69.86
磐安县	Panan	1195	21.19	74.55	10.68	36.54	27.33
衢州市区	Quzhou District	2354	84.13	467.68	28.62	220.33	218.74
江山市	Jiangshan	2019	61.19	250.17	20.79	135.68	93.70
常山县	Changshan	1097	34.10	107.09	7.76	54.68	44.65
开化县	Kaihua	2231	35.82	98.39	12.13	41.99	44.27
龙游县	Longyou	1143	40.42	189.72	13.34	104.31	72.06
舟山市区	Zhoushan District	1034	70.90	743.54	51.72	313.66	378.17
岱山县	Daishan	324	18.79	192.33	29.13	99.99	63.21
嵊泗县	Shengsi	97	7.80	78.14	20.05	12.24	45.85
台州市区	Taizhou District	1536	158.47	1233.21	43.33	566.08	623.80
温岭市	Wenling	836	121.80	797.21	58.29	369.86	369.06
临海市	Linhai	2171	119.04	439.34	38.57	200.10	200.68
玉环县	Yuhuan	378	43.02	423.68	26.91	248.57	148.19
三门县	Sanmen	1072	44.06	156.43	22.92	60.99	72.52
天台县	Tiantai	1426	59.84	173.79	12.10	75.65	86.04
仙居县	Xianju	1992	50.87	155.83	13.50	65.88	76.45
丽水市区	Lishui District	1502	39.99	269.29	16.96	104.80	147.53
龙泉市	Longquan	3059	29.06	102.61	12.94	47.29	42.37
青田县	Qingtian	2484	53.58	181.77	7.51	106.57	67.69
云和县	Yunhe	978	11.36	50.78	4.30	26.52	19.97
庆元县	Qingyuan	1898	20.65	53.15	7.46	23.30	22.38
缙云县	Jinyun	1482	46.39	184.06	9.72	107.03	67.30
遂昌县	Suichang	2539	23.23	87.37	10.37	38.09	38.91
松阳县	Songyang	1406	24.06	81.60	12.85	38.76	30.00
景宁自治县	Jingning	1950	17.33	42.00	6.44	13.42	22.14

续表 2 Continued

市县名称	City and County	工业 Industry Industry	人均生产总值（元） Per-capita GDP (yuan)	社会消费品零售总额（亿元） Total Retail Sales of Consumer Goods (100 million yuan)	固定资产投资（亿元） Investment in Fixed Assets (100 million yuan)	财政总收入（亿元） Total Financia Revenue (100 million yuan)
杭州市区	Hangzhou District	2837.52	153152	3785.52	4257.22	1686.61
萧山区	Xiaoshan	852.69	138255	515.65	850.85	243.21
余杭区	Yuhang	400.83	120439	349.43	786.15	240.78
富阳区	Fuyang	291.78	90809	170.79	350.07	88.42
临安市	Linan	216.26	81701	141.11	197.51	52.60
建德市	Jiande	147.18	58695	93.41	143.29	33.32
桐庐县	Tonglu	155.68	75188	117.37	209.64	38.05
淳安县	Chunan	58.26	41912	64.05	145.05	21.10
宁波市区	Ningbo District	2088.45	200743	1619.76	2245.25	1298.94
鄞州区	Yinzhou	710.33	153254	404.96	593.33	279.47
余姚市	Yuyao	422.34	96227	388.08	515.62	119.43
慈溪市	Cixi	587.95	106186	484.86	636.07	196.92
奉化市	Fenhua	118.43	63877	144.65	182.17	55.28
象山县	Xiangshan	129.66	71052	188.32	185.20	54.77
宁海县	Ninghai	186.85	65847	166.37	225.16	65.56
温州市区	Wenzhou District	653.34	113707	1248.71	1040.75	272.04
瑞安市	Ruian	292.26	55168	298.94	434.97	86.46
乐清市	Yueqing	363.51	56501	273.39	485.90	111.22
洞头县	Dongtou	12.71	36566	20.15	82.34	8.48
永嘉县	Yongjia	138.95	32090	117.22	241.17	40.51
平阳县	Pingyang	119.35	36245	141.64	297.79	36.09
苍南县	Cangnan	139.62	29662	247.53	353.71	41.09
文成县	Wenchen	13.80	16634	30.70	56.50	8.32
泰顺县	Taishun	10.84	18622	32.08	59.68	8.22
嘉兴市区	Jiaxing District	352.60	97527	370.14	584.77	168.07
平湖市	Pinghu	276.63	97493	149.66	297.28	90.41
海宁市	Haining	329.92	99647	304.01	448.16	108.49
桐乡市	Tongxiang	281.62	89718	268.66	372.33	89.05
嘉善县	Jiashan	204.51	104043	151.51	257.63	60.06
海盐县	Haiyan	192.57	92899	103.05	261.04	52.01
湖州市区	Huzhou District	380.21	78477	452.11	539.07	114.16
德清县	Deqing	192.72	84226	121.03	231.97	61.33
长兴县	ChangXing	203.46	69611	185.47	326.61	70.16
安吉县	Anji	124.96	61470	112.59	145.26	50.05
绍兴市区	Shaoxing District	1116.83	116261	839.59	1411.52	348.72
柯桥区	keqiao	556.29	176077	210.25	576.95	145.09
上虞区	Shangyu	319.09	87342	243.85	409.05	86.70

续表 3 Continued

市县名称	City and County	工业 Industry Industry	人均生产总值(元) Per-capita GDP (yuan)	社会消费品零售总额(亿元) Total Retail Sales of Consumer Goods (100 million yuan)	固定资产投资(亿元) Investment in Fixed Assets (100 million yuan)	财政总收入(亿元) Total Financia Revenue (100 million yuan)
诸暨市	Zhuji	454.47	90976	316.18	568.77	109.54
嵊州市	Shengzhou	194.40	57681	205.62	192.12	41.46
新昌县	Xinchang	160.63	75995	125.75	132.28	46.63
金华市区	Jinhua District	196.49	63902	463.95	351.91	102.57
金东区	JIndong	55.62	46639	103.98	120.11	19.57
兰溪市	Lanxi	138.27	41212	106.49	150.13	37.60
东阳市	Dongyang	165.79	52767	208.81	219.41	70.01
义乌市	Yiwu	316.60	127280	466.58	438.18	119.02
永康市	Yongkang	263.51	78078	161.11	182.52	69.19
武义县	Wuyi	95.13	57535	72.25	112.46	29.18
浦江县	Pujiang	98.03	47718	88.16	91.71	22.78
磐安县	Panan	28.24	35308	25.35	48.48	11.05
衢州市区	Quzhou District	190.91	55763	196.31	327.35	68.50
江山市	Jiangshan	123.06	41051	96.38	151.02	22.08
常山县	Changshan	44.04	31504	49.27	103.01	10.79
开化县	Kaihua	29.22	27538	57.35	73.76	9.79
龙游县	Longyou	92.45	46949	104.48	126.96	15.66
舟山市区	Zhoushan District	245.55	105072	292.24	777.77	122.87
岱山县	Daishan	86.76	102167	57.66	122.02	18.89
嵊泗县	Shengsi	4.44	100081	26.68	61.08	7.16
台州市区	Taizhou District	503.09	77994	664.49	601.53	206.20
温岭市	Wenling	315.59	65653	430.54	339.61	87.71
临海市	Linhai	166.31	36999	183.87	251.44	63.33
玉环县	Yuhuan	236.02	98721	141.95	135.15	64.48
三门县	Sanmen	43.27	35595	70.50	165.88	21.33
天台县	Tiantai	64.65	29115	85.09	130.74	23.35
仙居县	Xianju	52.88	30716	69.89	141.59	18.90
丽水市区	Lishui District	83.90	67662	170.08	188.17	50.11
龙泉市	Longquan	38.84	35385	41.48	76.47	9.19
青田县	Qingtian	97.13	34177	68.85	95.25	20.94
云和县	Yunhe	22.12	44718	20.57	36.03	6.82
庆元县	Qingyuan	18.29	25751	25.50	41.23	4.87
缙云县	Jinyun	97.34	39829	58.64	92.00	17.04
遂昌县	Suichang	33.77	37586	38.05	47.92	9.54
松阳县	Songyang	33.73	33978	30.84	48.29	6.73
景宁自治县	Jingning	8.42	24224	22.34	39.71	9.78

续表 4 Continued

市县名称	City and County	地方财政收入（亿元）Local Financial Revenue (100 million yuan)	地方财政支出（亿元）Local Financial Expendi - ture (100 million yuan)	城乡居民储蓄存款年末余额（亿元）Savings Deposits of Urban and Rural Residents (100 million yuan)	城镇居民人均可支配收入（元）Per Capita Disposable Income of Urban Residents (yuan)	农村居民人均可支配收入（元）Per Capita Disposable Income of Rural Residents (yuan)
杭州市区	Hangzhou District	942.65	807.80	6004.26		
萧山区	Xiaoshan	133.85	120.20	1205.05	47195	26758
余杭区	Yuhang	148.80	137.12	821.68	45329	26581
富阳区	Fuyang	49.60	57.70	353.85	39954	22840
临安市	Linan	28.19	45.66	212.20	37860	21578
建德市	Jiande	18.70	31.24	181.48	35117	18295
桐庐县	Tonglu	23.91	32.92	174.72	36366	20627
淳安县	Chunan	13.86	43.56	121.90	30559	13278
宁波市区	Ningbo District	597.53	661.13	2652.48	47190	25815
鄞州区	Yinzhou	166.22	168.22	766.99	46324	26682
余姚市	Yuyao	64.81	80.47	610.25	41921	24312
慈溪市	Cixi	100.02	107.89	879.94	43526	25041
奉化市	Fenhua	29.02	47.69	244.19	38755	22033
象山县	Xiangshan	33.17	52.74	186.29	40189	22146
宁海县	Ninghai	36.06	50.94	204.16	40664	22209
温州市区	Wenzhou District	161.31	165.31	1788.60		
瑞安市	Ruian	48.44	55.31	577.49	43208	21682
乐清市	Yueqing	55.65	61.35	548.49	42610	22668
洞头县	Dongtou	4.50	16.79	22.43	31730	16617
永嘉县	Yongjia	22.31	45.26	274.56	32330	15404
平阳县	Pingyang	22.00	40.58	227.91	33396	15823
苍南县	Cangnan	25.64	49.49	275.26	33585	15471
文成县	Wenchen	6.48	27.32	105.14	27419	11943
泰顺县	Taishun	6.19	27.58	63.22	26166	11739
嘉兴市区	Jiaxing District	93.81	108.88	773.01	37673	23689
平湖市	Pinghu	45.68	44.92	336.46	43192	24758
海宁市	Haining	60.03	60.68	535.01	44887	25786
桐乡市	Tongxiang	49.19	52.42	513.14	41438	25195
嘉善县	Jiashan	31.33	39.60	297.88	43126	25048
海盐县	Haiyan	27.03	28.40	246.08	43618	25101
湖州市区	Huzhou District	64.42	94.45	717.39		
德清县	Deqing	33.71	37.92	237.13	39516	22820
长兴县	ChangXing	40.23	51.41	234.75	39234	22685
安吉县	Anji	29.48	40.78	180.68	37963	21562
绍兴市区	Shaoxing District	201.13	204.82	1728.59		
柯桥区	keqiao	82.01	71.42	618.98	46809	26743
上虞区	Shangyu	46.56	50.01	443.48	43569	23018

续表 5 Continued

市县名称	City and County	地方财政收入（亿元）Local Financial Revenue (100 million yuan)	地方财政支出（亿元）Local Financial Expendi－ture (100 million yuan)	城乡居民储蓄存款年末余额（亿元）Savings Deposits of Urban and Rural Residents (100 million yuan)	城镇居民人均可支配收入（元）Per Capita Disposable Income of Urban Residents (yuan)	农村居民人均可支配收入（元）Per Capita Disposable Income of Rural Residents (yuan)
诸暨市	Zhuji	66.34	74.14	586.51	45790	25583
嵊州市	Shengzhou	25.05	34.45	306.76	41058	20749
新昌县	Xinchang	24.75	33.03	184.28	40556	19802
金华市区	Jinhua District	63.69	91.55	563.37		
金东区	JIndong	12.18	13.77		32351	17929
兰溪市	Lanxi	19.95	33.49	189.23	29766	13890
东阳市	Dongyang	41.48	48.05	420.61	38105	20466
义乌市	Yiwu	69.68	72.23	1165.27	51899	25963
永康市	Yongkang	38.85	40.64	463.42	39432	19849
武义县	Wuyi	15.80	26.31	170.16	28126	12429
浦江县	Pujiang	13.40	21.64	179.05	32719	15141
磐安县	Panan	6.01	18.96	61.46	27600	12138
衢州市区	Quzhou District	43.49	82.42	319.33	32305	14736
江山市	Jiangshan	13.66	30.90	189.19	32022	16659
常山县	Changshan	7.19	21.41	78.06	25899	13939
开化县	Kaihua	5.77	29.90	81.52	24532	11920
龙游县	Longyou	10.21	27.31	121.95	31424	15559
舟山市区	Zhoushan District	83.66	138.56	477.59		
岱山县	Daishan	11.44	29.87	83.82	36723	23894
嵊泗县	Shengsi	5.92	19.77	36.59	37103	23012
台州市区	Taizhou District	115.67	140.51	1235.78	44082	20544
温岭市	Wenling	47.84	64.51	644.97	41225	21786
临海市	Linhai	35.26	51.35	368.00	36488	19180
玉环县	Yuhuan	29.84	39.97	245.64	47761	22950
三门县	Sanmen	12.77	25.35	103.90	31805	17040
天台县	Tiantai	13.29	26.09	151.59	32257	15765
仙居县	Xianju	10.56	23.70	142.52	28526	14398
丽水市区	Lishui District	30.62	49.77	233.56	32327	17601
龙泉市	Longquan	6.14	20.40	76.78	31511	14404
青田县	Qingtian	12.86	29.27	275.15	31256	15546
云和县	Yunhe	3.66	13.29	37.99	28726	12789
庆元县	Qingyuan	3.01	18.47	40.28	26224	11762
缙云县	Jinyun	9.49	24.46	119.69	29766	13416
遂昌县	Suichang	6.00	20.78	62.21	31478	12908
松阳县	Songyang	4.38	20.14	61.07	26525	12039
景宁自治县	Jingning	4.80	20.68	30.97	26152	12432

17-25 各市、县全社会就业人员数(2014年底)
Total Employed Persons by City and County (End of 2014)

单位:万人(10000 persons)

市县名称	City and County	全社会就业人员数 Total Employed Persons	第一产业 Primary Industry	第二产业 Secondary Industry	第三产业 Tertiary Industry
杭州市区	Hangzhou District	534.11	31.75	238.42	263.94
萧山区	Xiaoshan	113.34	11.55	71.54	30.25
余杭区	Yuhang	74.59	7.50	39.65	27.44
富阳区	Fuyang	48.44	9.01	25.12	14.31
临安市	Linan	39.32	7.72	20.03	11.57
建德市	Jiande	26.65	9.58	8.90	8.17
桐庐县	Tonglu	31.49	6.09	15.57	9.83
淳安县	Chunan	23.35	11.25	4.07	8.03
宁波市区	NiBo District	266.07	10.00	102.41	153.66
鄞州区	Yinzhou	99.77	5.53	27.75	66.49
余姚市	Yuyao	65.90	6.48	33.02	26.40
慈溪市	Cixi	83.80	10.20	49.70	23.90
奉化市	Fenhua	35.82	6.35	18.53	10.94
象山县	Xiangshan	36.34	8.07	17.11	11.16
宁海县	Ninghai	48.10	8.00	22.60	17.50
温州市区	WenZhou District	150.49	4.63	79.82	66.03
瑞安市	Ruian	73.09	8.61	39.37	25.11
乐清市	Yueqing	74.13	11.59	30.52	32.02
洞头县	Dongtou	4.92	1.05	1.75	2.12
永嘉县	Yongjia	48.55	14.12	20.45	13.98
平阳县	Pingyang	45.02	12.25	18.25	14.52
苍南县	Cangnan	62.85	17.44	25.71	19.70
文成县	Wenchen	16.63	6.14	4.28	6.21
泰顺县	Taishun	17.55	5.60	6.46	5.49
嘉兴市区	JiXing District	84.56	7.85	43.23	33.48
平湖市	Pinghu	44.55	3.49	28.69	12.37
海宁市	Haining	63.58	5.05	39.05	19.48
桐乡市	Tongxiang	69.94	5.87	41.92	22.15
嘉善县	Jiashan	39.77	4.49	22.97	12.30
海盐县	Haiyan	29.88	4.46	17.50	7.92
湖州市区	District	80.19	9.63	39.67	30.89
德清县	Deqing	31.52	3.56	18.04	9.92
长兴县	ChangXing	41.91	5.34	22.52	14.05
安吉县	Anji	29.35	4.81	14.02	10.52
绍兴市区	ShaoXing District				
柯桥区	keqiao	66.13	5.92	37.32	22.89
上虞区	Shangyu	52.00	10.58	29.90	11.52

续表 Continued 单位:万人(10000 persons)

市县名称	City and County	全社会就业人员数 Total Employed Persons	第一产业 Primary Industry	第二产业 Secondary Industry	第三产业 Tertiary Industry
诸暨市	Zhuji	82.04	13.23	46.50	22.31
嵊州市	Shengzhou	47.04	10.54	24.25	12.25
新昌县	Xinchang	27.85	7.01	12.47	8.37
金华市区	JinHua District	70.24	6.57	36.39	27.28
金东区	JIndong	21.46	9.63	7.44	4.39
兰溪市	Lanxi	34.56	9.82	17.52	7.22
东阳市	Dongyang	52.37	9.07	26.37	16.93
义乌市	Yiwu	94.01	5.68	56.53	31.80
永康市	Yongkang	49.29	8.15	29.35	11.79
武义县	Wuyi	20.54	4.97	10.40	5.17
浦江县	Pujiang	30.37	6.65	15.00	8.72
磐安县	Panan	11.95	5.32	5.10	1.53
衢州市区	QuZhou District	48.76	19.83	10.30	18.63
江山市	Jiangshan	28.26	9.44	8.13	10.69
常山县	Changshan	16.33	6.11	3.45	6.44
开化县	Kaihua	15.50	6.93	2.57	6.00
龙游县	Longyou	23.47	8.69	5.61	9.17
舟山市区	ZhouShan District	55.41	6.29	21.16	27.97
岱山县	Daishan	12.76	3.10	4.79	4.87
嵊泗县	Shengsi	4.60	1.19	0.75	2.66
台州市区	TaiZhou District	123.41	14.92	67.59	40.90
温岭市	Wenling	96.41	18.54	43.82	34.05
临海市	Linhai	61.75	16.51	32.55	12.69
玉环县	Yuhuan	41.70	3.54	26.81	11.35
三门县	Sanmen	21.81	6.61	9.85	5.35
天台县	Tiantai	22.39	8.26	6.54	7.59
仙居县	Xianju	19.94	7.24	7.05	5.65
丽水市区	LiShui District	28.55	6.60	9.90	12.05
龙泉市	Longquan	15.95	6.68	4.24	5.03
青田县	Qingtian	19.27	6.07	6.57	6.63
云和县	Yunhe	7.87	2.30	2.83	2.74
庆元县	Qingyuan	8.28	4.00	2.32	1.96
缙云县	Jinyun	26.33	9.72	5.95	10.66
遂昌县	Suichang	12.48	5.17	3.39	3.92
松阳县	Songyang	13.33	4.81	5.22	3.30
景宁自治县	Jingning	6.10	3.37	0.91	1.82

17－26 各市、县年末单位就业人员数(2014 年底)
Employed Persons in Towns by City and County (End of 2014)

单位:万人(10000 persons)

市县名称	City and County	年末城镇就业人员数 Total Employed Persons in Towns	农、林、牧、渔业 Agriculture	采矿业 Mining and Quarrying	制造业 Manufac－turing	电力、煤气及水的生产和供应业 Electricity, Gas and Water Production and Supply	建筑业 Construction	批发和零售业 Wholesale and Retail Trade	交通运输、仓储和邮政业 Transport, Storage and Post
杭州市区	Hangzhou District	271.90	0.07	0.09	62.30	1.57	84.47	17.49	10.94
萧山区	Xiaoshan	58.74		0.01	20.89	0.34	26.54	1.41	1.43
余杭区	Yuhang	23.87	0.03	0.01	10.61	0.30	2.51	0.99	1.03
富阳区	Fuyang	12.37		0.06	4.51	0.26	2.97	0.27	0.28
临安市	Linan	8.89		0.02	4.10	0.14	1.54	0.21	0.18
建德市	Jiande	4.48		0.02	1.81	0.14	0.21	0.13	0.14
桐庐县	Tonglu	4.37		0.01	1.89	0.17	0.10	0.19	0.10
淳安县	Chunan	3.79	0.03	0.01	0.55	0.06	0.60	0.36	0.19
宁波市区	Ningbo District	94.65	0.02		46.18	0.83	6.76	5.03	4.96
鄞州区	Yinzhou	24.52			15.42	0.13	1.37	0.93	0.47
余姚市	Yuyao	15.11			10.04	0.20	0.53	0.25	0.27
慈溪市	Cixi	14.44	0.02		9.14	0.20	0.12	0.61	0.27
奉化市	Fenhua	6.03			3.40	0.09	0.13	0.16	0.12
象山县	Xiangshan	30.27			3.47	0.15	23.76	0.11	0.13
宁海县	Ninghai	7.09	0.01		2.98	0.28	0.54	0.08	0.20
温州市区	Wenzhou District	31.01		0.01	8.78	1.10	7.86	1.68	2.02
瑞安市	Ruian	11.69			4.87	0.06	2.25	0.23	0.30
乐清市	Yueqing	17.02	0.01	0.01	9.03	0.13	3.02	0.29	0.01
洞头县	Dongtou	0.80			0.08	0.01	0.05	0.02	0.07
永嘉县	Yongjia	9.87	0.01		4.89	0.04	2.26	0.11	0.19
平阳县	Pingyang	9.34	0.01		3.25	0.15	2.78	0.23	0.07
苍南县	Cangnan	9.68		0.10	1.74	0.17	3.96	0.19	0.17
文成县	Wenchen	1.81	0.03		0.04	0.08	0.60	0.04	0.03
泰顺县	Taishun	5.43		0.01	0.03	0.07	3.99	0.09	0.04
嘉兴市区	Jiaxing District	26.24	0.02		13.09	0.28	1.33	1.31	1.03
平湖市	Pinghu	13.26	0.01		9.61	0.31	0.05	0.20	0.29
海宁市	Haining	11.68	0.01		7.55	0.17	0.09	0.28	0.17
桐乡市	Tongxiang	11.60	0.02		6.64	0.19	0.99	0.27	0.17
嘉善县	Jiashan	10.79			8.04	0.09	0.09	0.30	0.11
海盐县	Haiyan	6.51			3.34	0.13	0.43	0.14	0.14
湖州市区	Huzhou District	25.55	0.01	0.07	7.34	0.33	8.46	1.36	0.64
德清县	Deqing	9.64		0.05	5.73	0.12	1.14	0.34	0.08
长兴县	ChangXing	7.99		0.05	3.45	0.22	1.55	0.32	0.06
安吉县	Anji	6.25	0.01		2.47	0.09	1.39	0.12	0.11
绍兴市区	Shaoxing District	90.11		0.17	23.33	0.96	49.49	1.68	1.20
柯桥区	keqiao	34.47			8.61	0.36	21.49	0.30	0.24
上虞区	Shangyu	22.05			7.48	0.24	10.93	0.37	0.09

续表 1 Continued 单位:万人(10000 persons)

市县名称	City and County	年末城镇就业人员数 Total Employed Persons in Towns	农、林、牧、渔业 Agriculture	采矿业 Mining and Quarrying	制造业 Manufac - turing	电力、煤气及水的生产和供应业 Electricity, Gas and Water Production and Supply	建筑业 Construction	批发和零售业 Wholesale and Retail Trade	交通运输、仓储和邮政业 Transport, Storage and Post
诸暨市	Zhuji	36.90	0.02	0.03	7.46	0.15	24.00	0.66	0.15
嵊州市	Shengzhou	6.02			3.00	0.11	0.41	0.08	0.13
新昌县	Xinchang	6.71			3.39	0.07	1.46	0.14	0.08
金华市区	Jinhua District	20.05	0.01		4.08	0.26	6.06	1.04	1.13
金东区	JIndong	2.50			0.67		0.14	0.19	0.04
兰溪市	Lanxi	6.00	0.01	0.02	2.41	0.15	0.87	0.14	0.25
东阳市	Dongyang	43.71	0.01	0.01	3.41	0.12	36.44	0.18	0.18
义乌市	Yiwu	12.07			2.56	0.15	2.16	0.36	0.66
永康市	Yongkang	5.42			1.25	0.10	0.56	0.23	0.13
武义县	Wuyi	2.13	0.01		0.43	0.08	0.03	0.05	0.10
浦江县	Pujiang	2.74			0.90	0.06	0.06	0.03	0.09
磐安县	Panan	3.88		0.01	0.71	0.01	2.29	0.02	0.05
衢州市区	Quzhou District	11.54			4.18	0.20	0.90	0.44	0.44
江山市	Jiangshan	2.76			0.92	0.13	0.10	0.03	0.01
常山县	Changshan	1.57			0.19	0.04	0.27	0.02	0.02
开化县	Kaihua	1.41	0.02		0.22	0.05	0.08	0.02	0.06
龙游县	Longyou	3.54	0	0.03	1.29	0.06	0.65	0.11	0.07
舟山市区	Zhoushan District	30.42	0.37	0.08	5.87	0.51	3.19	4.81	2.53
岱山县	Daishan	3.96	0.16	0.01	0.82	0.12	0.41	0.50	0.39
嵊泗县	Shengsi	2.89	0.52	0.03	0.23	0.06	0.10	0.27	0.12
台州市区	Taizhou District	49.29	0.04		15.04	0.35	19.16	1.57	0.96
温岭市	Wenling	15.03			5.53	0.15	4.69	0.26	0.12
临海市	Linhai	17.72	0.01		3.94	0.23	9.28	0.33	0.33
玉环县	Yuhuan	11.23			8.23	0.08	0.46	0.19	0.19
三门县	Sanmen	3.26	0.02		0.77	0.07	0.96	0.05	0.06
天台县	Tiantai	6.00			1.08	0.07	2.81	0.05	0.09
仙居县	Xianju	4.90		0.01	1.27	0.08	2.00	0.16	0.04
丽水市区	Lishui District	5.39			0.61	0.18	0.09	0.26	0.25
龙泉市	Longquan	1.59			0.07	0.08	0.01	0.06	0.07
青田县	Qingtian	2.48	0.01	0.03	0.83	0.08	0.02	0.02	0.03
云和县	Yunhe	1.11			0.17	0.06	0.15	0.02	0.05
庆元县	Qingyuan	0.99	0.02		0.04	0.06	0.01	0.02	0.04
缙云县	Jinyun	2.07	0.01		0.42	0.08	0.05	0.03	0.05
遂昌县	Suichang	2.13	0.02	0.02	0.89	0.07	0.09	0.01	0.03
松阳县	Songyang	1.05			0.02	0.05	0.06	0.01	0.04
景宁自治县	Jingning	0.98	0.01		0.01	0.06	0.16	0.01	0.03

续表 2 Continued 单位:万人(10000 persons)

市县名称	City and County	住宿、餐饮业 Hotels and Catering Services	信息传输、软件和信息技术服务业 Information Transmission, Software and Information Technology Services	金融业 Finance	房地产业 Real Estate	租赁和商业服务业 Leasing and Commercial Services	科学研究和技术服务业 Scientific Research and Technical Services
杭州市区	Hangzhou District	6.34	10.61	9.08	9.24	9.47	8.36
萧山区	Xiaoshan	0.39	0.11	0.34	0.83	0.65	0.19
余杭区	Yuhang	0.23	1.34	0.31	0.91	0.64	0.36
富阳区	Fuyang	0.12	0.07	0.22	0.14	0.29	0.12
临安市	Linan	0.07	0.03	0.10	0.15	0.14	0.06
建德市	Jiande	0.03	0.03	0.19	0.06	0.09	0.04
桐庐县	Tonglu	0.07	0.04	0.12	0.07	0.06	0.03
淳安县	Chunan	0.30	0.04	0.10	0.10	0.11	0.07
宁波市区	Ningbo District	1.30	0.57	6.03	2.04	4.92	1.20
鄞州区	Yinzhou	0.30	0.07	1.19	0.47	0.27	0.14
余姚市	Yuyao	0.16	0.08	0.25	0.13	0.16	0.12
慈溪市	Cixi	0.14	0.03	0.31	0.08	0.12	0.13
奉化市	Fenhua	0.02	0.03	0.15	0.03	0.18	0.05
象山县	Xiangshan	0.05	0.06	0.13	0.05	0.25	0.05
宁海县	Ninghai	0.03	0.02	0.14	0.08	0.39	0.06
温州市区	Wenzhou District	0.56	0.05	0.25	1.01	1.41	0.56
瑞安市	Ruian	0.10	0.01	0.10	0.12	0.30	0.09
乐清市	Yueqing	0.19	0.12	0.12	0.13	0.40	0.08
洞头县	Dongtou		0.01	0.02	0.01	0.03	0.01
永嘉县	Yongjia	0.05		0.07	0.07	0.01	0.07
平阳县	Pingyang	0.05		0.09	0.11	0.13	0.05
苍南县	Cangnan	0.08		0.11	0.17	0.08	0.03
文成县	Wenchen	0.04	0.01	0.04	0.02	0.04	0.01
泰顺县	Taishun	0.03	0.01	0.04	0.01	0.05	0.01
嘉兴市区	Jiaxing District	0.33	0.39	1.72	0.93	0.68	0.56
平湖市	Pinghu	0.13	0.04	0.06	0.14	0.27	0.05
海宁市	Haining	0.10	0.03	0.09	0.27	0.41	0.14
桐乡市	Tongxiang	0.10	0.03	0.09	0.15	0.40	0.06
嘉善县	Jiashan	0.07	0.02	0.07	0.09	0.12	0.05
海盐县	Haiyan	0.07	0.02	0.05	0.15	0.62	0.06
湖州市区	Huzhou District	0.26	0.36	1.41	0.49	0.44	0.30
德清县	Deqing	0.14	0.03	0.08	0.09	0.10	0.08
长兴县	ChangXing	0.06	0.02	0.10	0.09	0.06	0.03
安吉县	Anji	0.05		0.11	0.07	0.09	0.04
绍兴市区	Shaoxing District	0.52	0.46	2.27	0.50	0.80	0.68
柯桥区	keqiao	0.05	0.03	0.23	0.19	0.24	0.20
上虞区	Shangyu	0.14	0.05	0.13	0.10	0.28	0.08

续表 3 Continued 单位:万人(10000 persons)

市县名称	City and County	住宿、餐饮业 Hotels and Catering Services	信息传输、软件和信息技术服务业 Information Transmission, Software and Information Technology Services	金融业 Finance	房地产业 Real Estate	租赁和商业服务业 Leasing and Commercial Services	科学研究和技术服务业 Scientific Research and Technical Services
诸暨市	Zhuji	0.13	0.03	0.11	0.22	0.11	0.09
嵊州市	Shengzhou	0.04		0.08	0.02	0.05	0.03
新昌县	Xinchang	0.02	0.02	0.06	0.04	0.05	0.03
金华市区	Jinhua District	0.15	0.50	1.21	0.26	0.38	0.23
金东区	JIndong		0.21	0.11	0.03	0.15	0.03
兰溪市	Lanxi	0.01	0.04	0.18	0.06	0.07	0.03
东阳市	Dongyang	0.25	0.07	0.27	0.05	0.04	0.03
义乌市	Yiwu	0.22	0.08	0.70	0.19	0.55	0.15
永康市	Yongkang	0.09	0.11	0.32	0.04	0.22	0.04
武义县	Wuyi	0.01	0.04	0.08	0.02	0.04	0.02
浦江县	Pujiang	0.02	0.01	0.13	0.02	0.06	0.02
磐安县	Panan	0.04		0.06	0.01	0.02	0.02
衢州市区	Quzhou District	0.08	0.27	1.22	0.08	0.15	0.16
江山市	Jiangshan	0.04		0.06	0.01	0.02	0.03
常山县	Changshan	0.07	0.01	0.03	0.01	0.02	0.02
开化县	Kaihua			0.04	0.01	0.02	0.01
龙游县	Longyou		0.01	0.05	0.01	0.07	0.03
舟山市区	Zhoushan District	2.40	0.33	1.09	0.92	1.15	0.46
岱山县	Daishan	0.17	0.04	0.08	0.08	0.09	0.04
嵊泗县	Shengsi	0.52	0.15	0.06	0.09	0.02	0.06
台州市区	Taizhou District	0.26	0.50	3.43	0.62	0.62	0.39
温岭市	Wenling	0.07	0.03	0.28	0.25	0.30	0.10
临海市	Linhai	0.07	0.03	0.12	0.13	0.12	0.21
玉环县	Yuhuan	0.14		0.06	0.09	0.09	0.02
三门县	Sanmen	0.02	0.01	0.08	0.07	0.01	0.04
天台县	Tiantai	0.07	0.01	0.05	0.08	0.04	0.10
仙居县	Xianju	0.03		0.04	0.04	0.04	0.05
丽水市区	Lishui District	0.12	0.20	0.73	0.04	0.16	0.18
龙泉市	Longquan	0.05	0.02	0.07	0.02	0.04	0.03
青田县	Qingtian		0.01	0.12		0.06	0.02
云和县	Yunhe			0.04	0.01	0.02	0.01
庆元县	Qingyuan		0.02	0.05		0.01	0.02
缙云县	Jinyun	0.02	0.01	0.10	0.01	0.02	0.02
遂昌县	Suichang	0.04	0.01	0.06	0.02	0.06	0.02
松阳县	Songyang		0.01	0.05	0.01	0.01	0.03
景宁自治县	Jingning		0.01	0.04		0.01	0.01

续表 4 Continued 单位:万人(10000 persons)

市县名称	City and County	水利、环境和公共设施管理业 Water Conservancy, Environment and Public Facilities Management	居民服务、修理和其他服务业 Service for the Residents, Repair and Others	教育 Education	卫生和社会工作 Health Care and Social Work	文化、体育和娱乐业 Culture Sports and Recreation	公共管理、社会保障和社会组织 Public Administration, Social Security and Social Organization
杭州市区	Hangzhou District	2.70	1.44	15.12	9.11	2.15	11.36
萧山区	Xiaoshan	0.33	0.03	2.30	1.20	0.14	1.59
余杭区	Yuhang	0.15	0.06	1.65	0.78	0.08	1.87
富阳区	Fuyang	0.30	0.09	1.21	0.54	0.08	0.83
临安市	Linan	0.20	0.01	0.85	0.40	0.05	0.65
建德市	Jiande	0.12	0.01	0.54	0.36	0.03	0.54
桐庐县	Tonglu	0.10		0.55	0.35	0.02	0.51
淳安县	Chunan	0.09		0.43	0.27	0.04	0.46
宁波市区	Ningbo District	0.97	0.34	4.70	3.41	0.63	4.71
鄞州区	Yinzhou	0.13	0.03	1.72	0.71	0.13	1.05
余姚市	Yuyao	0.06	0.03	1.05	0.61	0.03	1.14
慈溪市	Cixi	0.23		1.22	0.73	0.10	0.95
奉化市	Fenhua	0.10	0.01	0.48	0.37	0.05	0.66
象山县	Xiangshan	0.09		0.63	0.37	0.08	0.88
宁海县	Ninghai	0.17	0.03	0.85	0.43	0.06	0.75
温州市区	Wenzhou District	0.17	0.04	2.54	0.53	0.27	2.18
瑞安市	Ruian	0.16	0.04	1.22	0.71	0.06	1.07
乐清市	Yueqing	0.08	0.03	1.54	0.55	0.12	1.15
洞头县	Dongtou	0.01		0.14	0.06	0.02	0.26
永嘉县	Yongjia	0.02	0.01	0.89	0.29	0.06	0.84
平阳县	Pingyang	0.08	0.01	0.96	0.38	0.08	0.92
苍南县	Cangnan	0.04	0.01	1.22	0.45	0.11	1.06
文成县	Wenchen	0.03		0.24	0.14	0.02	0.40
泰顺县	Taishun	0.03	0.01	0.39	0.14	0.03	0.44
嘉兴市区	Jiaxing District	0.22	0.03	1.63	1.22	0.17	1.30
平湖市	Pinghu	0.13	0.01	0.71	0.35	0.10	0.81
海宁市	Haining	0.13	0.02	1.03	0.51	0.07	0.62
桐乡市	Tongxiang	0.34	0.01	0.99	0.48	0.05	0.63
嘉善县	Jiashan	0.12	0.04	0.56	0.32	0.05	0.64
海盐县	Haiyan	0.05	0.01	0.52	0.28	0.04	0.46
湖州市区	Huzhou District	0.30	0.02	1.43	0.96	0.09	1.26
德清县	Deqing	0.13	0.03	0.55	0.31	0.04	0.60
长兴县	ChangXing	0.09	0.01	0.76	0.37	0.06	0.69
安吉县	Anji	0.10		0.49	0.30	0.03	0.78
绍兴市区	Shaoxing District	0.51	0.03	2.98	1.79	0.25	2.49
柯桥区	keqiao	0.20		0.88	0.58	0.08	0.80
上虞区	Shangyu	0.18	0.01	0.78	0.42	0.04	0.74

续表 5 Continued 单位:万人(10000 persons)

市县名称	City and County	水利、环境和公共设施管理业 Water Conservancy, Environment and Public Facilities Management	居民服务、修理和其他服务业 Service for the Residents, Repair and Others	教育 Education	卫生和社会工作 Health Care and Social Work	文化、体育和娱乐业 Culture Sports and Recreation	公共管理、社会保障和社会组织 Public Administration, Social Security and Social Organization
诸暨市	Zhuji	0.35	0.02	1.62	0.77	0.06	0.92
嵊州市	Shengzhou	0.06	0.02	0.70	0.42	0.31	0.56
新昌县	Xinchang	0.12	0.01	0.43	0.28	0.03	0.49
金华市区	Jinhua District	0.23	0.06	1.73	1.11	0.17	1.45
金东区	JIndong	0.04		0.40	0.09		0.40
兰溪市	Lanxi	0.14	0.01	0.69	0.35	0.05	0.52
东阳市	Dongyang	0.40	0.01	0.83	0.55	0.12	0.76
义乌市	Yiwu	0.21	0.04	1.29	0.73	0.09	1.92
永康市	Yongkang	0.32	0.01	0.64	0.47	0.03	0.85
武义县	Wuyi	0.08		0.38	0.23	0.03	0.50
浦江县	Pujiang	0.12	0.01	0.40	0.27	0.02	0.53
磐安县	Panan	0.04		0.21	0.11	0.01	0.29
衢州市区	Quzhou District	0.10	0.01	1.03	0.62	0.11	1.53
江山市	Jiangshan	0.03		0.51	0.28	0.03	0.57
常山县	Changshan	0.02		0.26	0.13	0.02	0.42
开化县	Kaihua	0.02		0.28	0.16	0.03	0.38
龙游县	Longyou	0.02		0.36	0.17	0.02	0.58
舟山市区	Zhoushan District	0.44	1.20	1.07	0.74	0.48	2.80
岱山县	Daishan	0.03	0.12	0.21	0.10	0.11	0.47
嵊泗县	Shengsi	0.09	0.06	0.09	0.15	0.05	0.22
台州市区	Taizhou District	0.36	0.04	1.93	1.25	0.22	2.54
温岭市	Wenling	0.17	0.05	1.22	0.76	0.04	1.02
临海市	Linhai	0.10	0.03	1.19	0.67	0.04	0.88
玉环县	Yuhuan	0.10	0.01	0.53	0.30	0.05	0.69
三门县	Sanmen	0.05		0.38	0.20	0.04	0.43
天台县	Tiantai	0.14	0.01	0.60	0.29	0.03	0.47
仙居县	Xianju	0.05	0.01	0.41	0.22	0.04	0.43
丽水市区	Lishui District	0.08	0.01	0.74	0.70	0.11	0.93
龙泉市	Longquan	0.07		0.40	0.16	0.02	0.42
青田县	Qingtian	0.06	0.01	0.47	0.18	0.04	0.51
云和县	Yunhe	0.04		0.14	0.08	0.02	0.29
庆元县	Qingyuan	0.01		0.25	0.10	0.01	0.33
缙云县	Jinyun	0.04		0.49	0.23	0.02	0.46
遂昌县	Suichang	0.06		0.26	0.12	0.02	0.33
松阳县	Songyang	0.02		0.24	0.14	0.02	0.33
景宁自治县	Jingning	0.03		0.17	0.07	0.02	0.33

17－27 各市、县农、林、牧、渔业总产值(2014年)
Gross Output Value of Farming,Forestry,Animal Husbandry and Fishery by City and County (2014)

单位:万元(10000 yuan)

市县名称	City and County	农、林、牧、渔业总产值 Total Output Value of Agriculture	农业产值 Farming	林业产值 Forestry	牧业产值 Animal Husbandry	渔业产值 Fishery	农林牧渔业服务业产值 Services
杭州市区	Hangzhou District	2430801	1348405	166821	462940	372142	80493
萧山区	Xiaoshan	1003972	567507	12038	261262	128355	34810
余杭区	Yuhang	719022	395756	70944	60560	151762	40000
富阳区	Fuyang	564073	319018	83148	127647	29750	4510
建德市	Jiande	459059	267019	24378	135953	20905	10804
桐庐县	Tonglu	323166	187864	43941	65131	19789	6441
临安市	Linan	544044	249133	178091	101684	6943	8193
淳安县	Chunan	428734	281383	56933	62476	22244	5698
宁波市区	Ningbo District	892178	646942	25996	101517	96888	20835
鄞州区	Yinzhou	576499	411841	17772	59204	74182	13500
余姚市	Yuyao	631492	426598	33288	113459	52290	5857
慈溪市	Cixi	722552	455646	4450	93147	150349	18960
奉化市	Fenhua	468363	194997	30603	78829	158657	5277
象山县	Xiangshan	1069540	201221	12619	73157	772005	10538
宁海县	Ninghai	540635	169737	18101	73155	276928	2714
温州市区	Wenzhou District	179444	110538	1583	48932	16870	1521
瑞安市	Ruian	320840	127186	3421	55389	129686	5158
洞头县	Dongtou	98110	1730	300	1380	94480	220
乐清市	Yueqing	304561	134045	1484	57762	97258	14012
永嘉县	Yongjia	160065	93218	11333	45845	7250	2419
平阳县	Pingyang	240352	95619	4773	54159	81217	4584
苍南县	Cangnan	427765	152935	8830	56729	203151	6120
文成县	Wenchen	100397	81734	6922	9824	825	1092
泰顺县	Taishun	90752	69359	5174	14946	446	827
嘉兴市区	Jiaxing District	611083	248484	1009	260583	82887	18120
海宁市	Haining	358005	180100	2761	110651	44660	19833
平湖市	Pinghu	260141	145261	1281	55649	36407	21543
嘉善县	Jiashan	486962	307472	331	112387	55501	11271
海盐县	Haiyan	318006	153136	4280	113871	29385	17334
桐乡市	Tongxiang	456974	220726	2312	177093	29450	27393
湖州市区	Huzhou District	752464	246244	22528	200176	234414	49102
德清县	Deqing	391574	65139	47337	127030	124303	27765
长兴县	ChangXing	581078	403653	53192	54150	57892	12191
安吉县	Anji	388927	245351	91611	27166	20229	4570
绍兴市区	Shaoxing District	1367786	862248	88100	197140	208763	11535
柯桥区	keqiao	484762	307457	40845	84867	48388	3205
上虞区	Shangyu	669961	429842	39961	82462	111128	6568

续表 Continued 单位:万元(10000 yuan)

市县名称	City and County	农、林、牧、渔业总产值 Total Output Value of Agriculture	农业产值 Farming	林业产值 Forestry	牧业产值 Animal Husbandry	渔业产值 Fishery	农林牧渔业服务业产值 Services
诸暨市	Zhuji	763327	440170	96691	141243	80530	4693
嵊州市	Shengzhou	553004	399132	49287	96781	5824	1980
新昌县	Xinchang	285415	222688	27460	27672	4395	3200
金华市区	Jinhua District	583338	289226	13560	230520	32571	17461
金东区	JIndong	253973	144401	1802	92118	12895	2757
兰溪市	Lanxi	406722	196088	3288	151522	47999	7825
东阳市	Dongyang	267828	196736	11793	39703	9717	9879
义乌市	Yiwu	307645	205510	6686	75755	15657	4037
永康市	Yongkang	132969	85945	4259	24787	11818	6160
武义县	Wuyi	238676	152740	10839	64334	5963	4800
浦江县	Pujiang	136877	89496	3080	39236	3157	1908
磐安县	Panan	155910	124377	15179	14163	365	1826
衢州市区	Quzhou District	478552	226356	31744	190721	25313	4418
江山市	Jiangshan	368176	173437	17138	164129	10662	2810
常山县	Changshan	121775	69680	18115	25520	5583	2877
开化县	Kaihua	177482	122449	28071	20501	4911	1550
龙游县	Longyou	240689	85024	17247	120562	16285	1571
舟山市区	Zhoushan District	1034418	83828	1580	39217	902808	6985
岱山县	Daishan	628100	19418	964	8862	597916	940
嵊泗县	Shengsi	332312	1421	47	1354	328142	1348
台州市区	Taizhou District	738613	341276	3973	63222	324112	6030
玉环县	Yuhuan	506133	64221	873	15368	419638	6033
三门县	Sanmen	452735	93695	3260	28634	326946	200
天台县	Tiantai	183972	121758	13895	43688	3628	1003
仙居县	Xianju	208145	145531	20324	35522	5208	1560
温岭市	Wenling	1073148	260973	566	67060	725851	18698
临海市	Linhai	630636	308723	20142	70301	229198	2272
丽水市区	Lishui District	254341	187453	20805	37777	5984	2322
龙泉市	Longquan	205410	136102	43490	23276	1675	867
青田县	Qingtian	113807	73385	14397	17490	7459	1076
云和县	Yunhe	68898	54032	5068	6661	1196	1941
庆元县	Qingyuan	113975	68493	34777	8592	1745	368
缙云县	Jinyun	149203	91154	17933	37539	1686	891
遂昌县	Suichang	165888	101906	39877	21922	1174	1009
松阳县	Songyang	191690	142025	21515	26400	1315	435
景宁县	Jingning	100674	70610	15148	12599	1317	1000

17－28 各市、县农作物播种面积(2014 年)
Sown Area by City and County (2014)

单位:千公顷(1000 hectares)

县市名称	City and County	农作物播种面积 Sown Area of Farm Crops	#粮食 Grain	#谷物 Cereal	油料 Oil－bearing Crops	棉花 Cotton	蔬菜 Vegetables	#果用瓜 Melon Used as Fruit
杭州市区	Hangzhou District	176.49	59.83	44.28	11.64	0.26	62.79	5.21
萧山区	Xiaoshan	76.95	25.94	16.52	3.79	0.20	25.05	1.41
余杭区	Yuhang	47.67	14.64	11.83	1.40	0.05	22.29	1.53
富阳区	Fuyang	44.09	18.62	15.37	6.42		10.24	2.17
建德市	Jiande	30.83	12.43	9.77	4.92	0.10	7.52	2.31
桐庐县	Tonglu	24.72	9.30	7.25	4.21		6.38	1.41
临安市	Linan	24.57	8.50	6.54	1.65		6.61	0.91
淳安县	Chunan	38.35	17.20	8.34	7.64	0.14	8.94	0.87
宁波市区	Ningbo District	77.24	32.13	29.76	1.26	0.07	18.67	3.97
鄞州区	Yinzhou	53.18	25.30	23.85	0.94	0.04	11.95	2.53
余姚市	Yuyao	56.33	29.00	24.66	2.12	0.42	16.75	1.33
慈溪市	Cixi	75.97	26.12	11.08	6.25	2.89	27.40	6.62
奉化市	Fenhua	20.76	10.52	8.63	0.36		2.56	0.93
象山县	Xiangshan	29.21	13.36	10.17	1.32	0.08	7.69	1.98
宁海县	Ninghai	27.11	16.71	12.32	1.33	1.02	4.38	2.25
温州市区	Wenzhou District	22.04	8.54	6.61	0.56		10.76	0.89
瑞安市	Ruian	30.76	16.00	15.10	2.08	0.01	9.48	2.40
洞头县	Dongtou	1.16	0.74	0.07	0.14		0.27	0.01
乐清市	Yueqing	32.01	21.85	19.98	1.36	0.05	5.96	1.26
永嘉县	Yongjia	32.06	16.61	12.50	2.20		5.29	1.32
平阳县	Pingyang	29.55	19.48	17.81	1.19		5.86	1.60
苍南县	Cangnan	38.12	24.13	21.78	0.48		9.91	1.89
文成县	Wenchen	17.42	8.40	4.33	0.51		5.66	0.56
泰顺县	Taishun	15.64	8.22	5.20	0.77		4.40	0.12
嘉兴市区	Jiaxing District	75.89	45.05	40.99	3.07	0.24	21.89	3.03
海宁市	Haining	43.15	20.60	16.78	4.52	0.19	11.50	1.10
平湖市	Pinghu	50.36	37.69	35.23	3.11	0.34	7.77	0.82
嘉善县	Jiashan	41.47	22.34	21.16	0.73		14.95	2.08
海盐县	Haiyan	43.09	31.75	29.65	2.15	0.66	7.04	0.94
桐乡市	Tongxiang	58.85	25.86	21.58	2.69	0.31	19.17	1.11
湖州市区	Huzhou District	59.77	36.81	35.01	4.19	0.06	14.24	1.23
德清县	Deqing	19.39	12.93	10.39	0.82	0.09	3.66	0.83
长兴县	ChangXing	74.64	37.99	36.30	6.11	0.02	12.30	1.92
安吉县	Anji	33.79	19.16	17.79	1.41	0.01	7.30	1.37
绍兴市区	Shaoxing District	120.50	65.95	59.52	6.03	1.15	29.98	5.17
柯桥区	keqiao	33.32	15.57	13.83	1.48	0.02	9.28	1.11
上虞区	Shangyu	67.87	40.17	35.82	3.78	1.11	15.82	3.36

续表 Continued 单位:千公顷(1000 hectares)

县市名称	City and County	农作物播种面积 Sown Area of Farm Crops	#粮食 Grain	#谷物 Cereal	油料 Oil - bearing Crops	棉花 Cotton	蔬菜 Vegetables	#果用瓜 Melon Used as Fruit
诸暨市	Zhuji	70.05	43.38	34.49	3.53	0.01	7.12	1.29
嵊州市	Shengzhou	52.49	26.25	20.60	2.52	0.13	12.95	1.63
新昌县	Xinchang	23.03	10.05	6.51	2.90	0.12	5.40	0.66
金华市区	Jinhua District	47.59	19.68	17.05	5.38	1.20	8.44	2.52
金东区	JIndong	15.35	2.88	1.69	1.24	0.50	4.70	1.51
兰溪市	Lanxi	45.14	19.75	14.13	9.50	4.74	7.00	1.36
东阳市	Dongyang	40.05	19.53	16.22	2.18	0.10	6.98	2.57
义乌市	Yiwu	22.65	8.54	5.51	1.54	0.02	7.95	1.33
永康市	Yongkang	15.87	8.69	7.19	0.45		4.29	1.01
武义县	Wuyi	24.82	12.63	9.81	2.84	0.01	5.41	0.91
浦江县	Pujiang	20.41	10.01	6.47	2.91	0.09	4.23	1.07
磐安县	Panan	14.68	5.68	2.97	0.40		3.01	0.73
衢州市区	Quzhou District	61.24	28.14	22.37	8.89	0.03	15.66	3.00
江山市	Jiangshan	52.66	30.48	24.83	9.52	0.68	8.49	0.53
常山县	Changshan	20.08	11.23	8.53	4.09	0.06	3.44	0.41
开化县	Kaihua	29.92	14.76	9.60	7.01	0.05	5.12	0.56
龙游县	Longyou	43.23	25.85	22.13	8.91	1.05	4.06	0.73
舟山市区	Zhoushan District	16.83	7.48	3.06	1.48	0.14	5.65	1.41
岱山县	Daishan	3.96	1.73	0.61	0.41		1.48	0.29
嵊泗县	Shengsi	0.26	0.06				0.20	
台州市区	Taizhou District	41.57	16.86	13.87	0.15	0.06	18.46	2.46
玉环县	Yuhuan	8.44	1.96	1.01	0.97	0.21	3.78	1.23
三门县	Sanmen	16.06	7.22	5.85	0.39	0.17	5.40	2.26
天台县	Tiantai	22.98	12.43	10.27	1.02	0.05	6.41	0.75
仙居县	Xianju	29.62	15.37	12.00	2.97		6.41	0.98
温岭市	Wenling	46.78	23.26	17.47	0.51	0.14	15.07	2.72
临海市	Linhai	38.24	19.08	14.84	2.07	0.08	12.28	2.44
丽水市区	Lishui District	23.50	9.00	4.17	1.48		10.55	1.17
龙泉市	Longquan	26.26	15.98	12.83	1.21		6.25	0.17
青田县	Qingtian	17.05	10.64	6.64	0.69	0.01	4.39	0.48
云和县	Yunhe	6.60	4.27	2.76	0.14		1.65	0.23
庆元县	Qingyuan	13.30	9.40	7.23	0.02		2.87	0.34
缙云县	Jinyun	20.49	10.54	7.04	1.72	0.01	6.35	0.50
遂昌县	Suichang	22.27	11.86	7.49	2.64		4.90	0.17
松阳县	Songyang	18.87	9.88	5.83	1.58		4.65	0.09
景宁县	Jingning	15.95	7.88	4.86	0.32		5.29	0.28

17－29 各市、县主要农产品产量(2014 年)
Output of Major Farm Products by City and County (2014)

单位:吨(ton)

县市名称	City and County	粮食 Grain	#谷物 Cereal	油菜籽 Rapeseeds	棉花 Cotton	水果 Fruit	#柑桔 Citrus	茶叶 Tea	蚕茧 Silkworm Cocoons
杭州市区	Hangzhou District	370013	310498	27397	408	287034	3673	14867	2244
萧山区	Xiaoshan	143479	110788	9107	314	80898	373	509	6
余杭区	Yuhang	102086	90570	2806	94	91971	445	7867	196
富阳区	Fuyang	120187	105105	15465		109394	2660	5863	2042
建德市	Jiande	73449	65634	10947	141	204246	110879	2328	723
桐庐县	Tonglu	54837	46511	8209		91353	3585	2599	2787
临安市	Linan	51547	41480	3842	1	52468	850	2500	2345
淳安县	Chunan	75583	45464	13185	192	118628	68334	4254	4195
宁波市区	Ningbo District	207528	198076	1518	112	266390	42306	3527	
鄞州区	Yinzhou	162371	156147	987	47	166060	21437	2800	
余姚市	Yuyao	179207	162618	4134	478	156271	2572	4829	
慈溪市	Cixi	111085	65484	10145	3290	324294	6185	101	
奉化市	Fenhua	62529	56355	133		82959	11814	1436	
象山县	Xiangshan	85612	73785	1358	58	200207	117396	1254	
宁海县	Ninghai	95530	80094	1308	1273	174991	70057	4774	
温州市区	Wenzhou District	53872	46221	1061	2	68945	29102	37	
瑞安市	Ruian	107630	104136	3353	50	82120	8247	77	
洞头县	Dongtou	2995	578	151		223			
乐清市	Yueqing	136448	129411	1981	78	60048	7845	155	
永嘉县	Yongjia	98196	79593	3093	4	76749	14397	668	
平阳县	Pingyang	118118	109204	1729		52982	6104	639	2
苍南县	Cangnan	147412	139682	785		60526	14113	725	
文成县	Wenchen	47224	28900	676		41252	617	370	
泰顺县	Taishun	47914	32310	986	29	26180	387	2793	
嘉兴市区	Jiaxing District	302850	287299	7248	317	205787	364		1619
海宁市	Haining	142527	128057	11385	352	106645	21551		5090
平湖市	Pinghu	246719	239153	8252	427	34552	1249		1
嘉善县	Jiashan	150032	146477	1714		90248	1917		
海盐县	Haiyan	205091	196037	5735	823	90901	20987	93	1911
桐乡市	Tongxiang	176143	161782	7114	719	72001	683		11436
湖州市区	Huzhou District	283422	276302	10159	60	51188	143	372	4982
德清县	Deqing	90070	77861	1866	180	30316	38	1121	2257
长兴县	ChangXing	250722	245071	13133	25	138495	411	4540	1105
安吉县	Anji	112813	108006	2640	5	48818	91	4311	994
绍兴市区	Shaoxing District	430132	400635	12697	1384	336599	2286	11467	419
柯桥区	keqiao	108773	100094	2980	43	54702	250	7400	26
上虞区	Shangyu	251693	232178	8002	1260	246457	1966	2950	393

续表 1 Continued 单位:吨(ton)

县市名称	City and County	粮食 Grain	#谷物 Cereal	油菜籽 Rapeseeds	棉花 Cotton	水果 Fruit	#柑桔 Citrus	茶叶 Tea	蚕茧 Silkworm Cocoons
诸暨市	Zhuji	298029	254440	5420	20	67484	800	5779	331
嵊州市	Shengzhou	163133	138009	3469	133	130932	9365	20229	773
新昌县	Xinchang	59758	43768	3990	194	34206	1366	5794	533
金华市区	Jinhua District	120906	110244	8535	1902	158242	40714	2928	7
金东区	JIndong	17221	11908	1957	812	116485	30708	43	7
兰溪市	Lanxi	116381	97484	17294	7277	89224	16478	1366	300
东阳市	Dongyang	122339	110787	3259	156	105689	13137	1325	135
义乌市	Yiwu	51380	36387	2099	35	98444	14454	1104	25
永康市	Yongkang	59457	53526	651		62680	8921	12	75
武义县	Wuyi	73593	64853	4689	13	52619	4750	11979	343
浦江县	Pujiang	57230	41621	4270	105	54759	1730	1174	
磐安县	Panan	31280	19168	255		15298	51	2221	105
衢州市区	Quzhou District	177193	153726	13216	32	533603	426372	1180	47
江山市	Jiangshan	199805	177693	14166	1055	54425	25123	1366	7
常山县	Changshan	70580	62022	7102	76	155132	136832	127	34
开化县	Kaihua	97622	74192	11956	47	30718	5319	1937	675
龙游县	Longyou	161550	148835	13294	2097	105870	81857	2294	
舟山市区	Zhoushan District	35766	18767	2134	119	67463	23101	50	
岱山县	Daishan	8180	3522	506		10971	3581	47	
嵊泗县	Shengsi	260				144	120		
台州市区	Taizhou District	109683	99163	121	85	244151	79526	49	
玉环县	Yuhuan	11978	7507	1495	488	99955	45562	7	
三门县	Sanmen	43618	38863	461	231	151403	68993	700	
天台县	Tiantai	76111	67860	1760	37	76121	19129	2423	62
仙居县	Xianju	94812	81565	5017	2	93866	6992	496	95
温岭市	Wenling	143276	121196	787	166	236733	19731	45	
临海市	Linhai	122628	104418	3865	115	362525	201163	1003	122
丽水市区	Lishui District	42996	27189	1945	1	187100	94601	1734	1
龙泉市	Longquan	97636	86534	1526		9832	2179	1713	
青田县	Qingtian	56856	39996	895	6	80919	44315	181	
云和县	Yunhe	23494	18476	209		8861	505	826	
庆元县	Qingyuan	56025	47753	11		12014	7578	528	
缙云县	Jinyun	59231	44509	3176	16	57522	3948	2078	1220
遂昌县	Suichang	61969	46670	3559		8104	1001	9193	
松阳县	Songyang	51677	36013	2862	9	46576	28412	11271	16
景宁县	Jingning	43804	33306	313		11390	3362	2389	

续表 2 Continued

单位:吨(ton)

县市名称	City and County	生猪年末存栏头数(万头) Year-end Hogs (10000 heads)	牛年末存栏头数(头) Year-end Cattle (head)	羊年末存栏只数(万只) Year-end Sheep and Goats (10000 heads)	肉产量(吨) Output of Meat (ton)	#猪肉(吨) Pork (ton)	禽蛋产量(吨) Poultry Eggs (ton)	牛奶产量(吨) Cow Milk (ton)	水产品产量(吨) Output of Aquatic Production (ton)
杭州市区	Hangzhou District	117	8320	16	194510	159920	20102	29321	236057
萧山区	Xiaoshan	85	2380	5	115900	105487	2820	8880	
余杭区	Yuhang	6	440	5	20684	12055	9627		
富阳区	Fuyang	24	2445	3	53784	39766	7286	5800	
建德市	Jiande	13	1861	2	29424	17744	95030	1050	11737
桐庐县	Tonglu	10	2298	2	17210	14427	5568		8457
临安市	Linan	19	3184	3	37128	33006	5814	6488	12887
淳安县	Chunan	15	1637		18428	17007	4356		4852
宁波市区	Ningbo District	15	5977	1	31857	25527	15725	14782	47634
鄞州区	Yinzhou	10	1533	1	19436	17142	8080	2496	
余姚市	Yuyao	23	2326	2	38565	27923	7529	4506	23763
慈溪市	Cixi	23	841	3	34030	28923	9668	1890	52191
奉化市	Fenhua	18	1822	1	24582	21955	15425	913	151212
象山县	Xiangshan	11	636	2	19722	16845	12852		584940
宁海县	Ninghai	15	5539	1	24404	20946	12033	3473	150816
温州市区	Wenzhou District	10	2477	1	20575	11821	6185	2528	4864
瑞安市	Ruian	17	4964	1	20587	18549	5512	3518	85761
洞头县	Dongtou		2		515	385	163		168650
乐清市	Yueqing	14	5220	1	18645	13546	12847	5316	69021
永嘉县	Yongjia	10	12319	5	18534	14537	2828	126	3465
平阳县	Pingyang	10	4379	2	14011	11035	4300	3165	59033
苍南县	Cangnan	12	3957	2	19209	16389	10706	2066	194413
文成县	Wenchen		2618	1	3618	754	597	7	800
泰顺县	Taishun	4	3212	1	6461	4440	320	3295	506
嘉兴市区	Jiaxing District	27	898	6	104473	95623	8872	4436	52518
海宁市	Haining	5		23	39005	17760	4811		29901
平湖市	Pinghu	9	757	1	23301	21462	2426	3277	25173
嘉善县	Jiashan	12	223	1	46326	40565	15659	800	26199
海盐县	Haiyan	20		6	48241	35108	2291		13647
桐乡市	Tongxiang	10	129	22	61642	39529	24497		16076
湖州市区	Huzhou District	23	138	21	90277	38308	18038		154675
德清县	Deqing	24	1437	6	49003	43108	17799	3761	95258
长兴县	ChangXing	9	491	8	16790	9471	10856		42752
安吉县	Anji	5	934	1	10687	6903	1384		13125
绍兴市区	Shaoxing District	54	1365	5	75777	62924	18111	2291	75737
柯桥区	keqiao	18	603	1	28151	23948	7613	1737	
上虞区	Shangyu	30	738	3	34245	28913	5293	540	

续表 3 Continued

单位:吨(ton)

县市名称	City and County	生猪年末存栏头数(万头) Year-end Hogs (10000 heads)	牛年末存栏头数(头) Year-end Cattle (head)	羊年末存栏只数(万只) Year-end Sheep and Goats (10000 heads)	肉产量(吨) Output of Meat (ton)	#猪肉(吨) Pork (ton)	禽蛋产量(吨) Poultry Eggs (ton)	牛奶产量(吨) Cow Milk (ton)	水产品产量(吨) Output of Aquatic Production (ton)
诸暨市	Zhuji	24	2613	2	52099	40043	16950		20240
嵊州市	Shengzhou	22	4497	3	33474	29525	4895	4000	4346
新昌县	Xinchang	5	1183	1	7160	5854	1844		2700
金华市区	Jinhua District	53	23767	2	85265	75825	18003	59565	19967
金东区	JIndong	17	6167	1	31842	27497	10171	18152	
兰溪市	Lanxi	25	2230	2	50602	44226	19836	1495	20303
东阳市	Dongyang	7	1257	1	12650	10862	2986		9696
义乌市	Yiwu	11	228	1	29497	23294	2367	170	3600
永康市	Yongkang	3	296		7096	6328	544		13026
武义县	Wuyi	11	2854	1	27488	24030	1411	2218	6086
浦江县	Pujiang	7	839	1	15629	13480	4346		3265
磐安县	Panan	4	628	1	4456	3935	1445	23	208
衢州市区	Quzhou District	49	7228	2	103434	94859	6794	299	19354
江山市	Jiangshan	47	5087	1	71106	59206	4238	11	12938
常山县	Changshan	10	1377	1	14921	11934	1851	55	5442
开化县	Kaihua	9	2413		9705	8720	685		4548
龙游县	Longyou	47	3219	1	71666	60132	8700		16790
舟山市区	Zhoushan District	10	329	1	16777	14432	4444	310	949125
岱山县	Daishan	2	82	1	3138	2777	640	2	389262
嵊泗县	Shengsi		12		794	744	23		331010
台州市区	Taizhou District	11	3035	1	23695	20010	11540	4230	313483
玉环县	Yuhuan	4	727	1	8036	5702	2171	10	262015
三门县	Sanmen	6	1790	1	9029	7659	6258	66	226292
天台县	Tiantai	14	7003	1	19515	8169	2761	16	2808
仙居县	Xianju	8	6765	1	13172	10932	2835	1351	4446
温岭市	Wenling	10	2244	1	28612	17133	9155	324	554866
临海市	Linhai	14	5574	2	21355	19626	4430	2122	120004
丽水市区	Lishui District	10	1708	1	17762	13274	3704	197	4095
龙泉市	Longquan	8	2609	1	12053	10956	302	107	2380
青田县	Qingtian	6	8224	2	11132	9515	585		2970
云和县	Yunhe	2	2185		3416	2651	89	14	1395
庆元县	Qingyuan	3	2465	1	4324	3288	345		695
缙云县	Jinyun	6	1585	2	14626	8699	4169	18	2513
遂昌县	Suichang	7	3421		10492	9349	1168	1	1278
松阳县	Songyang	6	2190		12987	11332	2310	966	2053
景宁县	Jingning	3	5078	1	5872	4497	262		1260

17－30 各市、县农业现代化情况(2014年)
Agricultural Modernization by City and County (2014)

市县名称	City and County	农业机械总动力(千瓦) Total Power of Agricultural Machinery (kw)	农村用电量(万千瓦小时) Electricity Consumed in Rural Areas (10000 kw. h)	农用化肥施用量(折纯)(吨) Consumption of Chemical Fertilizers (pure) (ton)	机耕面积(千公顷) Area Ploughed by Tractors (1000 hectares)	有效灌溉面积(千公顷) Irrigated Area (1000 hectares)
杭州市区	Hangzhou District	2097040	906717	48568	97.84	96.29
萧山区	Xiaoshan		228880	22493		
余杭区	Yuhang		235178	13871		
富阳区	Fuyang		356922	9490		
建德市	Jiande	297400	21562	17179	21.96	15.30
桐庐县	Tonglu	255923	59901	7878	13.03	14.46
临安市	Linan	467491	102469	16822	13.95	20.38
淳安县	Chunan	304004	12367	7481	11.99	9.08
宁波市区	Ningbo District	610686	592472	28492	53.50	45.57
鄞州区	Yinzhou		458939	19421		
余姚市	Yuyao	570098	250151	14024	50.43	39.74
慈溪市	Cixi	425948	702476	27051	60.56	38.62
奉化市	Fenhua	265097	123108	20276	13.34	20.40
象山县	Xiangshan	803501	58210	11688	21.04	16.58
宁海县	Ninghai	310385	106278	9916	17.92	14.66
温州市区	Wenzhou District	125240	234874	8496	13.23	10.73
瑞安市	Ruian	411412	96852	13978	32.09	19.41
洞头县	Dongtou	278679	3827	176	0.49	0.09
乐清市	Yueqing	295040	115350	13089	27.47	17.54
永嘉县	Yongjia	170915	212563	12955	17.92	14.16
平阳县	Pingyang	276337	90987	12159	25.54	14.99
苍南县	Cangnan	493424	77230	8065	27.59	19.32
文成县	Wenchen	72724	10363	5568	5.89	8.41
泰顺县	Taishun	60973	7757	8137	4.67	9.16
嘉兴市区	Jiaxing District	286817	204363	26550	36.66	38.13
海宁市	Haining	267690	201796	8226	20.43	33.46
平湖市	Pinghu	226338	245494	22933	25.93	23.03
嘉善县	Jiashan	234284	140228	9628	27.29	24.19
海盐县	Haiyan	151947	108112	16315	18.54	25.49
桐乡市	Tongxiang	311624	252976	20408	24.32	38.20
湖州市区	Huzhou District	589333	150214	14042	47.07	54.36
德清县	Deqing	347675	135840	5011	8.46	23.74
长兴县	ChangXing	375205	54240	16040	51.68	37.82
安吉县	Anji	372455	25608	12330	20.35	20.95
绍兴市区	Shaoxing District	882560	1286076	48060	101.89	68.45
柯桥区	keqiao		1003120	6319		
上虞区	Shangyu		171515	33690		

续表 Continued

市县名称	City and County	农业机械总动力（千瓦）Total Power of Agricultural Machinery (kw)	农村用电量（万千瓦小时）Electricity Consumed in Rural Areas (10000 kw. h)	农用化肥施用量（折纯）（吨）Consumption of Chemical Fertilizers (pure) (ton)	机耕面积（千公顷）Area Ploughed by Tractors (1000 hectares)	有效灌溉面积（千公顷）Irrigated Area (1000 hectares)
诸暨市	Zhuji	821958	533070	29659	44.72	44.01
嵊州市	Shengzhou	403555	96155	23503	26.68	30.66
新昌县	Xinchang	201081	45543	11589	7.36	12.65
金华市区	Jinhua District	596111	61870	30981	27.39	42.08
金东区	JIndong		31722	15856		
兰溪市	Lanxi	312498	113737	25005	28.44	32.50
东阳市	Dongyang	500209	75000	11118	29.15	22.53
义乌市	Yiwu	277956	107482	12741	17.03	18.00
永康市	Yongkang	339909	56722	8468	15.57	15.91
武义县	Wuyi	200337	15652	14724	21.16	14.95
浦江县	Pujiang	139396	23746	4411	7.62	10.94
磐安县	Panan	247680	8450	3962	4.60	4.25
衢州市区	Quzhou District	595776	32007	21902	29.64	32.38
江山市	Jiangshan	402184	25685	15581	18.75	23.71
常山县	Changshan	146553	21205	9679	31.53	13.10
开化县	Kaihua	170870	6833	6833	15.78	12.17
龙游县	Longyou	314080	14024	17501	27.11	27.03
舟山市区	Zhoushan District	761744	120160	3837	7.13	12.74
岱山县	Daishan	594699	11010	1261	1.29	2.32
嵊泗县	Shengsi	237295	3420	25	0.06	0.01
台州市区	Taizhou District	550137	389117	29601	27.24	28.24
玉环县	Yuhuan	273477	90947	2440	3.92	5.67
三门县	Sanmen	304531	37660	6290	12.95	12.89
天台县	Tiantai	159947	31045	6978	10.14	13.67
仙居县	Xianju	214244	31912	4545	18.83	15.50
温岭市	Wenling	1196437	289712	17566	25.16	21.50
临海市	Linhai	468468	162846	22108	33.93	28.49
丽水市区	Lishui District	150778	4343	11544	9.78	9.08
龙泉市	Longquan	214100	7956	7032	11.21	16.61
青田县	Qingtian	70471	13833	2247	4.38	8.23
云和县	Yunhe	68331	1683	586	2.87	5.91
庆元县	Qingyuan	105890	2643	7614	6.67	14.88
缙云县	Jinyun	157778	12203	7147	12.26	15.28
遂昌县	Suichang	108630	6059	9575	6.48	8.83
松阳县	Songyang	144961	6704	11764	4.00	9.54
景宁县	Jingning	93761	2554	4812	3.00	6.40

17-31 各市、县规模以上工业企业单位数(2014年)
Number of Industrial Enterprises Above Designated Size by City and County (2014)

单位:个(unit)

市县名称	City and County	工业企业单位数 Number of Enterprises	内资企业 Domestic-Funded Enterprises	港澳台商投资企业 Enterprises with Investment from Hong Kong, Macao and Taiwan	外商投资企业 Enterprises with Foreign Investment
杭州市区	Hangzhou District	4716	3713	431	572
萧山区	Xiaoshan	1846	1465	198	183
余杭区	Yuhang	1259	1062	81	116
富阳区	Fuyang	668	573	47	48
临安市	Linan	593	553	19	21
建德市	Jiande	358	346	6	6
桐庐县	Tonglu	376	306	44	26
淳安县	Chunan	126	117	3	6
宁波市区	Ningbo District	3461	2331	592	538
鄞州区	Yinzhou	1763	1344	230	189
余姚市	Yuyao	1193	912	172	109
慈溪市	Cixi	1323	1107	128	88
奉化市	Fenhua	445	364	32	49
象山县	Xiangshan	464	382	29	53
宁海县	Ninghai	497	400	49	48
温州市区	Wenzhou District	1648	1518	43	87
瑞安市	Ruian	1050	1026	5	19
乐清市	Yueqing	1086	1063	11	12
洞头县	Dongtou	26	23	3	
永嘉县	Yongjia	359	347	6	6
平阳县	Pingyang	315	291	13	11
苍南县	Cangnan	358	342	10	6
文成县	Wenchen	32	31		1
泰顺县	Taishun	23	23		
嘉兴市区	Jiaxing District	1000	742	106	152
平湖市	Pinghu	635	449	68	118
海宁市	Haining	1167	992	97	78
桐乡市	Tongxiang	1057	862	117	78
嘉善县	Jiashan	679	475	94	110
海盐县	Haiyan	467	395	40	32
湖州市区	District	996	834	78	84
德清县	Deqing	680	490	110	80
长兴县	ChangXing	658	588	24	46
安吉县	Anji	385	321	27	37
绍兴市区	Shaoxing District	2446	1949	316	181
柯桥区	keqiao	1223	1033	136	54
上虞区	Shangyu	638	512	74	52

续表 Continued 单位:个(unit)

市县名称	City and County	工业企业单位数 Number of Enterprises	内资企业 Domestic - Funded Enterprises	港澳台商投资企业 Enterprises with Investment from Hong Kong, Macao and Taiwan	外商投资企业 Enterprises with Foreign Investment
诸暨市	Zhuji	1111	956	93	62
嵊州市	Shengzhou	438	337	69	32
新昌县	Xinchang	236	209	16	11
金华市区	Jinhua District	664	581	42	41
金东区	JIndong	259	250	4	5
兰溪市	Lanxi	466	434	18	14
东阳市	Dongyang	501	482	6	13
义乌市	Yiwu	837	781	33	23
永康市	Yongkang	651	628	10	13
武义县	Wuyi	488	473	2	13
浦江县	Pujiang	321	290	15	16
磐安县	Panan	137	125	6	6
衢州市区	Quzhou District	325	301	5	19
江山市	Jiangshan	294	280	6	8
常山县	Changshan	116	109	4	3
开化县	Kaihua	81	79	2	0
龙游县	Longyou	209	201	4	4
舟山市区	Taizhou District	320	303	7	10
岱山县	Daishan	61	54	1	6
嵊泗县	Shengsi	12	11		1
台州市	Taizhou District	1159	1086	37	36
温岭市	Wenling	973	922	19	32
临海市	Linhai	464	429	22	13
玉环县	Yuhuan	761	710	24	27
三门县	Sanmen	167	159	1	7
天台县	Tiantai	136	125	4	7
仙居县	Xianju	144	125	11	8
丽水市区	Lishui District	218	212	4	2
龙泉市	Longquan	172	169	1	2
青田县	Qingtian	193	184	3	6
云和县	Yunhe	51	49		2
庆元县	Qingyuan	67	66	1	
缙云县	Jinyun	265	260	4	1
遂昌县	Suichang	52	47	2	3
松阳县	Songyang	106	106		
景宁自治县	Jingning	37	36		1

17－32 各市、县规模以上工业总产值(2014年)
Gross Output Value of Industry Above Designated Size by City and County (2014)

单位:亿元(100 million yuan)

市县名称	City and County	工业总产值 Gross Output Value of Industry	内资企业 Domestic－Funded Enterprises	港澳台商投资企业 Enterprises with Investment from Hong Kong, Macao and Taiwan	外商投资企业 Enterprises with Foreign Investment
杭州市区	Hangzhou District	11023.03	7335.59	1322.58	2364.87
萧山区	Xiaoshan	4151.56	2965.07	721.01	465.48
余杭区	Yuhang	1492.28	1178.07	115.16	199.04
富阳区	Fuyang	1297.47	1103.61	75.79	118.07
临安市	Linan	683.79	635.02	27.49	21.28
建德市	Jiande	423.32	399.04	7.30	16.98
桐庐县	Tonglu	473.50	364.77	76.25	32.48
淳安县	Chunan	249.41	229.30	3.20	16.91
宁波市区	Ningbo District	9181.66	5340.62	2379.54	1461.50
鄞州区	Yinzhou	2361.93	1535.84	623.27	202.82
余姚市	Yuyao	1335.42	900.44	252.91	182.07
慈溪市	Cixi	1983.14	1514.58	252.65	215.91
奉化市	Fenhua	376.33	239.07	93.16	44.10
象山县	Xiangshan	539.62	422.19	49.19	68.24
宁海县	Ninghai	611.87	528.37	43.14	40.37
温州市区	Wenzhou District	1699.23	1552.76	47.77	98.70
瑞安市	Ruian	853.86	793.94	7.78	52.15
乐清市	Yueqing	1227.29	1133.03	19.20	75.06
洞头县	Dongtou	48.17	45.65	2.53	
永嘉县	Yongjia	414.19	404.97	5.65	3.56
平阳县	Pingyang	266.18	222.66	11.80	31.71
苍南县	Cangnan	292.32	250.04	38.50	3.79
文成县	Wenchen	24.07	23.75		0.33
泰顺县	Taishun	18.70	18.70		
嘉兴市区	Jiaxing District	1733.56	1146.45	166.72	420.39
平湖市	Pinghu	1298.57	701.26	176.22	421.09
海宁市	Haining	1401.86	1009.85	200.60	191.41
桐乡市	Tongxiang	1367.10	1118.92	158.94	89.25
嘉善县	Jiashan	924.04	484.54	129.02	310.48
海盐县	Haiyan	738.63	644.21	62.35	32.07
湖州市区	Huzhou District	1552.89	1246.77	147.95	158.17
德清县	Deqing	1018.94	664.84	232.56	121.54
长兴县	ChangXing	1134.80	908.18	92.74	133.88
安吉县	Anji	494.76	402.36	46.73	45.67
绍兴市区	Shaoxing District	6413.58	4939.91	985.90	487.77
柯桥区	keqiao	3546.74	2792.22	515.92	238.60
上虞区	Shangyu	1618.72	1262.88	213.46	142.38

续表 Continued 单位:亿元(100 million yuan)

市县名称	City and County	工业总产值 Gross Output Value of Industry	内资企业 Domestic - Funded Enterprises	港澳台商投资企业 Enterprises with Investment from Hong Kong, Macao and Taiwan	外商投资企业 Enterprises with Foreign Investment
诸暨市	Zhuji	2341.40	1953.61	187.37	200.42
嵊州市	Shengzhou	392.33	262.51	87.40	42.41
新昌县	Xinchang	588.00	546.60	35.35	6.04
金华市区	Jinhua District	689.11	546.32	103.89	38.90
金东区	JIndong	182.50	178.01	2.78	1.72
兰溪市	Lanxi	764.21	702.99	29.32	31.90
东阳市	Dongyang	472.31	456.88	6.07	9.36
义乌市	Yiwu	855.86	748.46	76.44	30.96
永康市	Yongkang	913.28	882.88	12.81	17.58
武义县	Wuyi	476.28	459.55	0.77	15.96
浦江县	Pujiang	341.22	304.05	21.43	15.74
磐安县	Panan	73.61	62.57	3.66	7.38
衢州市区	Quzhou District	736.12	660.57	17.00	58.54
江山市	Jiangshan	341.60	325.46	3.45	12.69
常山县	Changshan	106.22	102.36	2.27	1.60
开化县	Kaihua	104.08	101.37	2.71	
龙游县	Longyou	296.64	274.24	3.58	18.82
舟山市区	Zhoushan District	1177.90	1128.33	10.37	39.20
岱山县	Daishan	314.48	231.46	0.56	82.45
嵊泗县	Shengsi	5.38	5.09		0.29
台州市区	Taizhou District	1477.03	1294.23	64.75	118.04
温岭市	Wenling	728.55	652.25	36.69	39.61
临海市	Linhai	670.35	617.72	24.02	28.62
玉环县	Yuhuan	689.75	530.48	31.31	127.96
三门县	Sanmen	178.61	168.23	0.30	10.08
天台县	Tiantai	179.68	158.80	3.85	17.03
仙居县	Xianju	128.56	112.75	12.71	3.10
丽水市区	Lishui District	397.20	390.47	2.37	4.37
龙泉市	Longquan	175.06	173.10	0.38	1.57
青田县	Qingtian	379.56	353.55	18.41	7.60
云和县	Yunhe	70.76	68.52		2.24
庆元县	Qingyuan	61.80	60.24	1.56	
缙云县	Jinyun	387.92	378.85	5.96	3.11
遂昌县	Suichang	169.98	159.45	6.49	4.05
松阳县	Songyang	179.99	179.99		
景宁自治县	Jingning	16.95	16.26		0.69

17－33 各市、县工业企业经济指标(2014 年)
Main Indicators of Industrial Enterprises by City and County (2014)

单位:亿元(100 million yuan)

市县名称	City and County	从业人员平均人数(万人) Average Number of Employed Persons (10000 persons)	流动资产合计 Circulating Assets	固定资产净值合计 Net Value of Fixed Assets	主营业务收入 Revenues in Main Business
杭州市区	Hangzhou District	96.48	7038.93	2765.95	11057.00
萧山区	Xiaoshan	36.41	2565.05	1009.51	4096.61
余杭区	Yuhang	19.87	924.55	368.29	1455.50
富阳区	Fuyang	9.63	863.30	334.84	1293.90
临安市	Linan	7.80	426.06	135.94	664.23
建德市	Jiande	3.95	181.96	118.99	409.29
桐庐县	Tonglu	4.35	224.13	102.83	459.12
淳安县	Chunan	1.92	67.43	42.39	244.08
宁波市区	Ningbo District	77.02	4092.55	2245.73	8679.79
鄞州区	Yinzhou	33.84	1247.89	374.52	2288.58
余姚市	Yuyao	20.56	780.78	286.71	1277.94
慈溪市	Cixi	28.46	1183.98	424.61	1874.32
奉化市	Fenhua	9.02	250.35	102.24	358.49
象山县	Xiangshan	7.21	387.08	180.79	493.88
宁海县	Ninghai	9.58	382.88	229.38	570.22
温州市区	Wenzhou District	31.10	845.09	351.01	1412.76
瑞安市	Ruian	14.42	452.29	147.74	786.98
乐清市	Yueqing	17.34	866.71	231.56	1161.36
洞头县	Dongtou	0.28	14.34	5.51	50.26
永嘉县	Yongjia	7.55	259.66	94.38	398.01
平阳县	Pingyang	4.84	114.83	64.13	257.76
苍南县	Cangnan	3.75	168.13	121.85	282.30
文成县	Wenchen	0.33	9.30	4.73	21.42
泰顺县	Taishun	0.22	7.22	5.40	15.96
嘉兴市区	Jiaxing District	20.00	903.28	548.61	1685.91
平湖市	Pinghu	16.00	752.95	578.07	1294.31
海宁市	Haining	16.00	771.53	406.53	1375.40
桐乡市	Tongxiang	14.00	592.89	397.61	1320.82
嘉善县	Jiashan	12.00	471.95	220.50	848.62
海盐县	Haiyan	7.00	398.26	601.48	707.72
湖州市区	Huzhou District	13.10	767.55	342.77	1545.77
德清县	Deqing	8.96	355.53	168.30	976.15
长兴县	ChangXing	8.03	456.87	324.80	1097.66
安吉县	Anji	6.33	197.75	116.95	483.25
绍兴市区	Shaoxing District	51.21	3230.43	1485.35	6204.26
柯桥区	keqiao	25.28	1560.76	693.54	3457.93
上虞区	Shangyu	13.63	949.30	374.66	1501.41

续表 Continued 单位:亿元(100 million yuan)

市县名称	City and County	从业人员平均人数(万人) Average Number of Employed Persons (10000 persons)	流动资产合计 Circulating Assets	固定资产净值合计 Net Value of Fixed Assets	主营业务收入 Revenues in Main Business
诸暨市	Zhuji	17.11	1281.82	325.86	2280.43
嵊州市	Shengzhou	6.78	265.34	94.21	375.63
新昌县	Xinchang	6.02	436.41	116.36	587.92
金华市区	Jinhua District	9.80	470.55	176.51	637.75
金东区	JIndong	2.96	116.10	45.31	164.90
兰溪市	Lanxi	6.10	326.34	203.89	708.29
东阳市	Dongyang	7.98	270.06	127.50	435.72
义乌市	Yiwu	13.91	518.12	264.32	801.93
永康市	Yongkang	12.96	653.37	180.85	889.65
武义县	Wuyi	7.74	269.92	91.31	433.90
浦江县	Pujiang	5.13	157.02	66.79	327.78
磐安县	Panan	1.80	51.51	14.33	68.41
衢州市区	Quzhou District	7.00	407.83	296.08	849.54
江山市	Jiangshan	3.43	139.83	89.93	330.08
常山县	Changshan	1.43	42.02	48.44	98.32
开化县	Kaihua	0.75	97.63	26.46	96.96
龙游县	Longyou	3.14	129.43	97.96	271.64
舟山市区	Zhoushan District	7.01	558.07	413.02	865.42
岱山县	Daishan	1.38	241.39	144.54	244.26
嵊泗县	Shengsi	0.03	2.64	1.35	5.01
台州市区	Taizhou District	21.37	920.11	361.78	1414.60
温岭市	Wenling	13.83	353.61	134.49	669.63
临海市	Linhai	9.48	421.60	171.32	552.63
玉环县	Yuhuan	12.30	350.79	224.64	646.99
三门县	Sanmen	2.80	114.64	54.22	158.92
天台县	Tiantai	2.40	108.48	61.98	169.63
仙居县	Xianju	2.59	74.38	36.66	120.20
丽水市区	Lishui District	4.33	263.81	100.46	468.38
龙泉市	Longquan	1.88	53.82	28.61	159.99
青田县	Qingtian	3.44	143.62	109.17	336.09
云和县	Yunhe	0.81	11.67	13.02	67.32
庆元县	Qingyuan	0.92	19.46	15.73	57.37
缙云县	Jinyun	3.84	144.57	56.08	366.87
遂昌县	Suichang	1.15	62.76	38.27	131.29
松阳县	Songyang	1.26	42.49	25.27	168.96
景宁自治县	Jingning	0.25	7.54	6.89	15.60

17－34 各市、县客运量和货运量(2014 年)
Passenger Traffic and Freight Traffic by City and County (2014)

市县名称	City and County	客运量(万人) Passenger Traffic (10000 persons)			货运量(万吨) Freight Traffic (10000 tons)		
		铁路 Railways	公路 Highways	水运 Waterways	铁路 Railways	公路 Highways	水运 Waterways
杭州市区	Hangzhou District	4688.88	13155	328.10	191.94	21227	5240.00
萧山区	Xiaoshan		572	22.50	43.16	5411	1716.00
余杭区	Yuhang	74.22	393		100.29	1845	1888.00
富阳区	Fuyang		1739	5.40		770	572.00
临安市	Linan		1211	30.70		529	179.00
建德市	Jiande		1228	11.00	73.44	636	124.00
桐庐县	Tonglu		1004	25.00		666	160.00
淳安县	Chunan		833	221.00	46.40	144	94.00
宁波市区	Ningbo District	2816.05	4309	32.65	2200.57	15853	12098.38
鄞州区	Yinzhou		1096	15.06	27.37	4385	839.54
余姚市	Yuyao	713.21	324	0.51	95.86	1595	15.03
慈溪市	Cixi		1380		67.71	1570	13.50
奉化市	Fenhua	49.87	2049			1220	395.00
象山县	Xiangshan		2108	88.90		820	2676.99
宁海县	Ninghai	192.17	1973	49.11		860	913.99
温州市区	Wenzhou District	939.87	2393		720.04	3833	684.00
瑞安市	Ruian	136.27	2988	6.11		1105	131.00
乐清市	Yueqing	146.62	4494			703	638.00
洞头县	Dongtou		470	30.77		79	1400.00
永嘉县	Yongjia	49.83	2445			797	145.00
平阳县	Pingyang	119.44	2612	18.85		543	78.00
苍南县	Cangnan	150.35	3290			501	260.00
文成县	Wenchen		845	0.50		105	
泰顺县	Taishun		848			15	
嘉兴市区	Jiaxing District	599.80	3214	37.00	21.97	2740	2157.00
平湖市	Pinghu		1350			2279	1111.00
海宁市	Haining	202.70	2353		2.71	923	816.00
桐乡市	Tongxiang	181.80	1003			1199	1666.00
嘉善县	Jiashan	164.80	997		3.30	1943	1317.00
海盐县	Haiyan		677			776	1229.00
湖州市区	Huzhou District		2577	13.36		2887	1653.58
德清县	Deqing		1189	26.02		1139	463.65
长兴县	ChangXing		950	23.38		2290	2576.48
安吉县	Anji		1530			1147	1045.00
绍兴市区	Shaoxing District	723.53	5147	63.00		5196	774.00
柯桥区	keqiao	591.16	2202	61.00	0.20	2704	123.00
上虞区	Shangyu	120.79	1385		5.44	1362	426.00

续表 Continued

市县名称	City and County	客运量(万人) Passenger Traffic (10000 persons)			货运量(万吨) Freight Traffic (10000 tons)		
		铁路 Railways	公路 Highways	水运 Waterways	铁路 Railways	公路 Highways	水运 Waterways
诸暨市	Zhuji	123.72	2183	36.00	5.34	2341	544.00
嵊州市	Shengzhou	26.23	1380			1383	72.00
新昌县	Xinchang	32.70	1011	4.00		1171	
金华市区	Jinhua District	599.28	3383		83.00	1401	
金东区	JIndong						
兰溪市	Lanxi	16.16	1105		1.62	598	37.70
东阳市	Dongyang		1715			830	
义乌市	Yiwu	752.49	1830		24.91	2279	
永康市	Yongkang	65.30	2014		3.35	1459	
武义县	Wuyi	26.50	817		1.53	449	
浦江县	Pujiang		771		0.39	465	
磐安县	Panan		345			329	
衢州市区	Quzhou District	164.26	2060	2.48	56.00	3460	
江山市	Jiangshan	67.37	1031	0.67	254.32	2522	
常山县	Changshan		526			939	
开化县	Kaihua		687			627	
龙游县	Longyou	27.26	808	1.18	10.14	1329	3.66
舟山市区	Zhoushan District		1294	1663.00		1612	12962.00
岱山县	Daishan		1196	385.00		905	2226.00
嵊泗县	Shengsi		404	174.00		172	1474.00
台州市区	Taizhou District	287.00	1729	10.00	29.00	4826	6555.00
温岭市	Wenling	286.00	4279			1364	1582.00
临海市	Linhai	77.00	426			1379	422.00
玉环县	Yuhuan		2803	199.00		1002	1274.00
三门县	Sanmen	45.00	1214			283	731.00
天台县	Tiantai		1240			426	
仙居县	Xianju		1240			349	
丽水市区	Lishui District	49.70	1392	30.31	76.00	2339	
龙泉市	Longquan		421	2.88		379	
青田县	Qingtian	23.78	879	3.20	4.77	369	211.46
云和县	Yunhe		175	15.50		182	1.00
庆元县	Qingyuan		167			340	
缙云县	Jinyun	19.01	698		30.00	358	
遂昌县	Suichang		370	1.90		329	
松阳县	Songyang		212			490	
景宁自治县	Jingning		165	2.76		129	10.00

17-35 各市、县公路里程邮电通信和用电量情况(2014年) Length of Highways, Posts and Telecommunications, Electricity Consumption by City and County (2014)

市县名称	City and County	境内公路里程(公里) Length of Highways (km)	#高速公路 Expressway	民用汽车拥有量(辆) Civilb Motor Vehicles (unit)	固定电话用户(万户) Telephone Subscribers (10000 subscribers)	年末移动电话用户数(万户) Number of Mobile Telephones Subscribers (10000 subscribers)
杭州市区	Hangzhou District	6782.22	351.66	1969939	269.07	1355.31
萧山区	Xiaoshan	2398.34	108.15	372855	61.57	248.85
余杭区	Yuhang	2318.07	122.46	278337	30.55	192.26
富阳区	Fuyang	1933.36	37.29	109651	18.59	91.00
临安市	Linan	2891.20	104.00	92156	15.28	73.95
建德市	Jiande	1899.62	83.66	41649	8.66	47.10
桐庐县	Tonglu	1758.96	29.34	56000	9.96	50.26
淳安县	Chunan	2692.48	13.02	24256	8.17	35.09
宁波市区	Ningbo District	3343.73	244.33	874986		
鄞州区	Yinzhou	1941.68	143.53	286672	55.40	229.17
余姚市	Yuyao	1937.04	41.99	202880	33.92	161.56
慈溪市	Cixi	1571.89	81.52	252620	41.63	285.73
奉化市	Fenghua	1303.15	55.40	90338	15.42	64.17
象山县	Xiangshan	1317.94	21.71	86611	16.84	76.90
宁海县	Ninghai	1571.66	50.88	89783	14.43	80.04
温州市区	Wenzhou District	1034.00	53.00	497907	84.74	419.93
瑞安市	Ruian	1359.00	15.00	271457	30.62	172.30
乐清市	Yueqing	1055.00	68.00	190199	33.58	161.91
洞头县	Dongtou	177.00		11867	1.73	11.56
永嘉县	Yongjia	1182.00	110.00	154624	16.86	89.77
平阳县	Pingyang	664.00	27.00	90998	12.47	83.74
苍南县	Cangnan	873.00	24.00	136366	22.49	131.94
文成县	Wenchen	809.00		27370	4.31	18.02
泰顺县	Taishun	1063.00		28744	3.26	24.18
嘉兴市区	Jiaxing District	1631.87	124.76	242870	39.20	216.78
平湖市	Pinghu	1242.60	45.60	90896	16.95	74.68
海宁市	Haining	1419.56	101.19	135788	26.83	97.39
桐乡市	Tongxiang	2012.07	43.69	159114	22.28	112.71
嘉善县	Jiashan	771.87	37.29	85521	16.28	66.89
海盐县	Haiyan	988.67	40.54	77672	13.69	46.16
湖州市区	Huzhou District	2158.85	120.68	222575	46.01	206.63
德清县	Deqing	1135.80	43.60	72304	13.86	53.82
长兴县	Changxing	2132.72	89.48	94777	15.66	67.25
安吉县	Anji	2083.61	35.39	81824	15.09	55.31
绍兴市区	Shaoxing District	3652.96	148.61	490441	88.69	409.06
柯桥区	keqiao	1416.64	23.43	178493	41.74	134.06
上虞区	Shangyu	1573.03	87.32	112009	22.84	95.82

续表 1 Continued

市县名称	City and County	境内公路里程(公里) Length of Highways (km)	#高速公路 Expressway	民用汽车拥有量(辆) Civilb Motor Vehicles (unit)	固定电话用户(万户) Telephone Subscribers (10000 subscribers)	年末移动电话用户数(万户) Number of Mobile Telephones Subscribers (10000 subscribers)
诸暨市	Zhuji	2637.56	131.04	216340	34.92	148.44
嵊州市	Shengzhou	2277.94	99.85	85868	18.06	81.35
新昌县	Xinchang	1324.55	40.07	58032	9.26	52.77
金华市区	Jinhua District	2631.65	73.41	214471	28.59	189.68
金东区	JIndong	1100.67	49.54			
兰溪市	Lanxi	1360.26	14.71	63821	9.32	59.16
东阳市	Dongyang	2342.28	96.10	155813	19.33	121.93
义乌市	Yiwu	1422.56	54.12	354849	43.20	278.25
永康市	Yongkang	1146.99	58.32	206886	17.43	137.70
武义县	Wuyi	1363.86	25.90	57708	7.26	53.16
浦江县	Pujiang	838.06	13.12	72989	8.60	58.24
磐安县	Panan	1163.73	18.80	23130	2.77	20.24
衢州市区	Quzhou District	2274.00	39.00	102082	21.59	121.44
江山市	Jiangshan	1793.00	76.00	60884	9.17	57.53
常山县	Changshan	996.00	73.00	22030	4.37	28.49
开化县	Kaihua	1514.00	50.00	23670	4.08	29.01
龙游县	Longyou	1492.00	80.00	36090	8.84	43.57
舟山市区	Zhoushan District	1326.00	42.00	95379	32.74	131.07
岱山县	Daishan	401.00		11623	5.94	22.05
嵊泗县	Shengsi	171.00		3050	2.57	10.18
台州市区	Taizhou District	2465.00	34.00	433259	54.28	273.91
温岭市	Wenling	1943.00	11.00	235620	28.65	156.05
临海市	Linhai	2275.00	85.00	138799	17.82	127.98
玉环县	Yuhuan	617.00		91364	16.83	82.30
三门县	Sanmen	1255.00	21.00	37087	6.90	34.75
天台县	Tiantai	1916.00	42.00	53192	9.74	43.55
仙居县	Xianju	1812.00	106.00	50201	6.34	40.08
丽水市区	Lishui District	1319.20	68.80	80987	13.12	77.05
龙泉市	Longquan	2465.80	65.70	28547	4.01	29.18
青田县	Qingtian	2207.87	67.30	31310	7.80	42.96
云和县	Yunhe	886.30	43.90	12895	2.05	16.04
庆元县	Qingyuan	1511.40	21.20	12652	2.40	17.37
缙云县	Jinyun	1409.10	35.20	41707	8.26	44.37
遂昌县	Suichang	1714.70	29.00	20131	3.71	23.62
松阳县	Songyang	1430.80	52.80	17084	3.65	23.15
景宁自治县	Jingning	1895.60	12.00	10230	1.67	15.50

续表 2 Continued

市县名称	City and County	电信业务收入（万元）Telecom Business Income (10000 yuan)	全年用电量（万千瓦小时）Total Electricity Consumption (10000 kw. h)	#工业用电 Industrial Consumption	#城乡居民生活用电 Residential Consumption
杭州市区	Hangzhou District	1542894	5527078	3550615	725608
萧山区	Xiaoshan	216689	2118482	1779648	135158
余杭区	Yuhang	167820	760810	489009	117653
富阳区	Fuyang	78797	718561	611897	57565
临安市	Linan	58894	308698	229492	42736
建德市	Jiande	35092	289341	242375	24867
桐庐县	Tonglu	40566	181273	121881	29110
淳安县	Chunan	23379	95527	56336	16285
宁波市区	Ningbo District		571140	233253	108198
鄞州区	Yinzhou	181183	770919	542136	106962
余姚市	Yuyao	126373	733023	577211	73560
慈溪市	Cixi	210879	1116873	896209	113256
奉化市	Fenghua	58511	278991	203297	38463
象山县	Xiangshan		195245	115104	40362
宁海县	Ninghai	70338	262049	186342	45456
温州市区	Wenzhou District	491074	1282475	779475	250194
瑞安市	Ruian	170837	636107	442254	134899
乐清市	Yueqing	171108	497785	292386	135063
洞头县	Dongtou	10463	24180	7684	8526
永嘉县	Yongjia	87215	230151	141447	55554
平阳县	Pingyang	81568	258769	160424	64435
苍南县	Cangnan	137182	490314	318414	112811
文成县	Wenchen	14957	38979	18974	11826
泰顺县	Taishun	21993	33898	11877	14130
嘉兴市区	Jiaxing District	280220	1013706	800089	76542
平湖市	Pinghu	95594	571558	489891	35755
海宁市	Haining	136039	705905	578002	49479
桐乡市	Tongxiang	145452	766418	647695	54219
嘉善县	Jiashan	91647	468038	389425	38350
海盐县	Haiyan	61181	410863	355698	23538
湖州市区	Huzhou District	164946	780792	561503	87347
德清县	Deqing	43937	345008	275660	31080
长兴县	Changxing	53639	572434	487369	44748
安吉县	Anji	46171	202276	137627	34228
绍兴市区	Shaoxing District	352289	2501567	2077161	175294
柯桥区	keqiao	127755	1385783	1230027	62017
上虞区	Shangyu	71251	446541	355149	43898

续表 3 Continued

市县名称	City and County	电信业务收入（万元）Telecom Business Income (10000 yuan)	全年用电量（万千瓦小时）Total Electricity Consumption (10000 kw. h)	#工业用电 Industrial Consumption	#城乡居民生活用电 Residential Consumption
诸暨市	Zhuji	117906	733673	593658	75591
嵊州市	Shengzhou	53608	216252	148218	42684
新昌县	Xinchang	33250	178467	134297	25311
金华市区	Jinhua District	164077	503986	309239	87213
金东区	JIndong		174854	123898	22734
兰溪市	Lanxi	38510	396275	342366	31110
东阳市	Dongyang	91955	362664	244423	64004
义乌市	Yiwu	250806	747164	477529	93703
永康市	Yongkang	93866	389695	298874	55043
武义县	Wuyi	35785	196728	156090	21254
浦江县	Pujiang	45413	197054	153256	24630
磐安县	Panan	12463	39356	23669	8110
衢州市区	Quzhou District	73282	679802	572386	48958
江山市	Jiangshan	26438	212291	161957	25390
常山县	Changshan	13690	122391	98168	13267
开化县	Kaihua	14434	55978	31928	12709
龙游县	Longyou	23305	201608	158069	20438
舟山市区	Zhoushan District	116692	352190	189102	60586
岱山县	Daishan	17954	61677	39722	11359
嵊泗县	Shengsi	8637	40471	6163	4631
台州市区	Taizhou District	287809	954879	651513	153237
温岭市	Wenling	149039	518686	334223	118839
临海市	Linhai	87309	352248	242177	65738
玉环县	Yuhuan	78163	385435	298979	57678
三门县	Sanmen	30099	116322	68530	21156
天台县	Tiantai	34994	108311	64910	27264
仙居县	Xianju	31446	90004	53075	21835
丽水市区	Lishui District	63727	183421	103027	33085
龙泉市	Longquan	16173	52356	27299	14042
青田县	Qingtian	26820	128284	83279	26311
云和县	Yunhe	8639	74603	62129	7188
庆元县	Qingyuan	8829	26033	13494	6595
缙云县	Jinyun	24431	153588	119099	21548
遂昌县	Suichang	12982	81492	64259	10137
松阳县	Songyang	11799	50402	32904	10503
景宁自治县	Jingning	7945	17692	7130	5951

17-36 各市、县固定资产投资(2014 年)
Investment in Fixed Assets by City and County (2014)

单位:亿元(100 million yuan)

市县名称	City and County	固定资产投资 Investment in Fixes Assets	第一产业 Primary Industry	第二产业 Secondary Industry	第三产业 Tertiary Industry
杭州市区	Hangzhou District	4257.22	1.79	711.89	3543.54
萧山区	Xiaoshan	850.85	0.20	288.75	561.91
余杭区	Yuhang	786.15	0.61	134.54	651.00
富阳区	Fuyang	350.07	0.98	140.31	208.79
临安市	Linan	197.51	2.91	52.09	142.51
建德市	Jiande	143.29	3.99	59.82	79.48
桐庐县	Tonglu	209.64	8.30	68.25	133.09
淳安县	Chunan	145.05	2.09	23.21	119.76
宁波市区	Ningbo District	2245.25	2.72	643.99	1598.54
鄞州区	Yinzhou	593.33	0.31	174.03	418.99
余姚市	Yuyao	515.62	6.30	211.04	298.28
慈溪市	Cixi	636.07	18.28	248.75	369.04
奉化市	Fenghua	182.17	6.47	44.33	131.37
象山县	Xiangshan	185.20	6.20	50.42	128.58
宁海县	Ninghai	225.16	5.18	66.15	153.82
温州市区	Wenzhou District	1040.75	4.68	212.88	823.19
瑞安市	Ruian	434.97	5.40	158.44	271.13
乐清市	Leqing	485.90	11.12	188.22	286.57
洞头县	Dontou	82.34	1.75	4.41	76.18
永嘉县	Yongjia	241.17	14.75	47.28	179.14
平阳县	Pingyang	297.79	11.45	59.86	226.47
苍南县	Cangnan	353.71	19.16	80.32	254.23
文成县	Wencheng	56.50	3.37	4.83	48.30
泰顺县	taishun	59.68	13.03	3.82	42.83
嘉兴市区	Jiaxing District	584.77	11.33	183.51	389.93
平湖市	Pinghu	297.28	2.74	161.89	132.65
海宁市	Haining	448.16	4.00	200.76	243.41
桐乡市	Tongxiang	372.33	3.69	175.04	193.61
嘉善县	Jiashan	257.63		120.88	136.75
海盐县	Haiyan	261.04	3.38	159.84	97.82
湖州市区	Huzhou District	539.07	0.93	209.65	328.48
德清县	Deqing	231.97	3.51	125.42	103.04
长兴县	Changxing	326.61	2.35	154.34	169.92
安吉县	Anji	145.26		80.19	65.07
绍兴市区	Shaoxing District	1411.52	4.76	656.87	749.89
柯桥区	keqiao	576.95	1.04	291.77	284.13
上虞区	Shangyu	409.05	2.21	243.40	163.44

续表 1 Continued 单位:亿元(100 million yuan)

市县名称	City and County	固定资产投资 Investment in Fixes Assets	第一产业 Primary Industry	第二产业 Secondary Industry	第三产业 Tertiary Industry
诸暨市	Zhuji	568.77	5.04	252.73	310.99
嵊州市	Shengzhou	192.12	5.39	111.88	74.85
新昌县	Xinchang	132.28	0.93	84.54	46.80
金华市区	Jinhua District	351.91	0.67	146.30	204.94
金东区	JIndong	120.11		42.46	77.65
兰溪市	Lanxi	150.13		98.16	51.96
东阳市	Dongyang	219.41	1.19	124.44	93.77
义乌市	Yiwu	438.18	2.30	135.49	300.39
永康市	Yongkang	182.52		88.82	93.70
武义县	Wuyi	112.46	0.46	65.69	46.31
浦江县	Pujiang	91.71	0.43	55.71	35.57
磐安县	Panan	48.48	0.46	21.43	26.58
衢州市区	Quzhou District	327.35	5.27	139.32	182.77
江山市	Jiangshan	151.02	2.53	76.97	71.52
常山县	Changshan	103.01	7.25	46.22	49.53
开化县	Kaihua	73.76	3.81	24.01	45.94
龙游县	Longyou	126.96	2.88	70.97	53.10
舟山市区	District	777.77	2.40	222.38	552.99
岱山县	Daishan	122.02	5.49	58.85	57.69
嵊泗县	Shengsi	61.08	1.75	15.95	43.38
台州市区	Taizhou District	601.53	3.71	182.41	415.40
温岭市	Wenling	339.61	2.41	119.84	217.36
临海市	Linhai	251.44	1.15	133.88	116.41
玉环县	Yuhuan	135.15	1.19	54.54	79.42
三门县	Sanmen	165.88	0.69	121.35	43.84
天台县	Tiantai	130.74	2.46	59.19	69.09
仙居县	Xianju	141.59	0.44	60.68	80.46
丽水市区	Lishui District	188.17	0.98	42.15	145.05
龙泉市	Longquan	76.47	1.38	23.14	51.94
青田县	Qingtian	95.25	1.12	34.22	59.91
云和县	Yunhe	36.03	4.84	9.90	21.29
庆元县	Qingyuan	41.23	1.13	12.03	28.07
缙云县	Jinyun	92.00	4.00	25.20	62.79
遂昌县	Suichang	47.92	2.33	16.15	29.44
松阳县	Songyang	48.29	0.93	20.19	27.17
景宁自治县	Jingning	39.71	0.83	5.95	32.93

续表 2 Continued 单位:亿元(100 million yuan)

市县名称	City and County	#房地产开发投资 Real Estate	#住宅 Residential Buildings	新增固定资产 Newly Increased Fixed Assets	商品房屋销售面积(万平方米) Floor Space of Commercial Houses Sold (10000 sq. m)	商品房屋销售额(亿元) Total Value of Commercial Houses
杭州市区	Hangzhou District	2112.88	1199.60	1899.01	974.68	1455.22
萧山区	Xiaoshan	318.74	213.56	521.94	144.38	175.80
余杭区	Yuhang	350.56	235.89	275.51	322.55	323.60
富阳区	Fuyang	95.82	67.52	231.81	56.70	59.31
临安市	Linan	61.93	46.92	113.86	44.82	30.44
建德市	Jiande	27.74	20.40	95.93	19.04	15.30
桐庐县	Tonglu	46.64	33.18	133.83	55.47	35.11
淳安县	Chunan	51.88	36.93	85.52	27.13	22.30
宁波市区	Ningbo District	848.53	468.53	1475.01	458.56	544.61
鄞州区	Yinzhou	250.38	155.28	316.25	185.62	224.19
余姚市	Yuyao	140.33	77.55	438.77	81.27	68.09
慈溪市	Cixi	178.14	123.40	466.81	83.51	71.65
奉化市	Fenghua	54.68	37.61	89.13	27.02	26.38
象山县	Xiangshan	52.81	38.04	123.97	32.81	34.43
宁海县	Ninghai	53.65	28.11	154.88	43.26	35.38
温州市区	Wenzhou District	310.03	221.79	505.38	118.35	222.17
瑞安市	Ruian	114.00	70.30	260.59	60.35	98.13
乐清市	Leqing	84.17	57.17	383.42	51.23	71.77
洞头县	Dontou	5.07	4.08	12.90	6.18	5.49
永嘉县	Yongjia	78.06	59.76	249.94	35.48	38.26
平阳县	Pingyang	90.27	53.34	201.27	60.39	69.74
苍南县	Cangnan	96.28	63.64	212.61	45.15	52.09
文成县	Wencheng	11.08	7.19	56.64	8.00	6.23
泰顺县	taishun	19.91	14.26	38.16	35.05	26.03
嘉兴市区	Jiaxing District	191.49	103.13	386.06	193.29	144.60
平湖市	Pinghu	61.16	46.58	246.67	60.66	43.18
海宁市	Haining	90.87	68.59	307.93	54.39	43.11
桐乡市	Tongxiang	72.50	45.92	321.43	81.14	54.87
嘉善县	Jiashan	63.83	44.96	217.22	58.70	39.09
海盐县	Haiyan	45.88	32.34	173.58	49.16	29.12
湖州市区	Huzhou District	171.49	108.94	306.24	147.10	103.05
德清县	Deqing	45.70	35.13	133.16	50.74	30.87
长兴县	Changxing	93.52	64.72	135.90	57.81	37.48
安吉县	Anji	32.03	24.49	79.01	49.29	28.58
绍兴市区	Shaoxing District	382.53	311.57	975.25	295.94	267.48
柯桥区	keqiao	143.04	112.62	381.94	136.49	120.48
上虞区	Shangyu	86.51	67.75	356.94	81.57	69.77

续表 3 Continued 单位:亿元(100 million yuan)

市县名称	City and County	#房地产开发投资 Real Estate	#住宅 Residential Buildings	新增固定资产 Newly Increased Fixed Assets	商品房屋销售面积(万平方米) Floor Space of Commercial Houses Sold (10000 sq. m)	商品房屋销售额(亿元) Total Value of Commercial Houses
诸暨市	Zhuji	166.70	109.30	403.65	158.91	117.71
嵊州市	Shengzhou	35.58	23.59	105.42	31.22	23.64
新昌县	Xinchang	28.70	21.23	105.91	45.66	31.42
金华市区	Jinhua District	133.13	90.37	125.23	113.44	98.17
金东区	JIndong	46.35	26.42	27.87	42.60	35.77
兰溪市	Lanxi	30.54	19.50	64.53	30.59	22.26
东阳市	Dongyang	47.38	27.62	178.08	71.43	52.72
义乌市	Yiwu	94.17	61.38	168.22	55.39	104.97
永康市	Yongkang	28.02	15.85	172.97	36.23	51.94
武义县	Wuyi	15.83	11.80	43.58	10.03	8.28
浦江县	Pujiang	13.37	10.59	53.29	12.39	11.70
磐安县	Panan	5.21	3.20	16.35	7.10	3.99
衢州市区	Quzhou District	49.13	38.59	169.89	103.79	65.76
江山市	Jiangshan	18.49	12.14	120.53	25.70	17.57
常山县	Changshan	10.38	6.22	45.51	8.86	6.53
开化县	Kaihua	4.56	4.40	27.89	9.15	5.98
龙游县	Longyou	12.62	9.78	77.00	19.31	13.31
舟山市区	District	214.97	128.68	656.14	80.46	93.07
岱山县	Daishan	6.44	5.61	143.70	8.57	7.11
嵊泗县	Shengsi	4.39	1.96	59.92	2.67	2.01
台州市区	Taizhou District	268.91	179.17	396.40	148.49	142.84
温岭市	Wenling	95.32	68.70	182.62	57.93	55.57
临海市	Linhai	36.94	22.71	276.53	46.25	38.40
玉环县	Yuhuan	29.02	18.51	86.82	21.43	21.33
三门县	Sanmen	17.70	12.68	157.44	24.23	15.42
天台县	Tiantai	22.13	14.52	67.99	20.44	12.75
仙居县	Xianju	26.02	16.55	104.57	25.78	20.69
丽水市区	Lishui District	75.75	51.38	108.89	62.34	63.69
龙泉市	Longquan	10.62	7.44	41.81	9.10	7.52
青田县	Qingtian	26.37	21.03	57.53	23.31	22.35
云和县	Yunhe	0.73	0.34	35.12	0.96	0.62
庆元县	Qingyuan	5.60	3.39	9.58	2.90	4.89
缙云县	Jinyun	19.20	13.17	62.97	23.29	19.13
遂昌县	Suichang	6.53	4.83	28.11	4.20	3.40
松阳县	Songyang	5.57	3.16	32.77	7.39	5.31
景宁自治县	Jingning	7.26	6.60	37.98	1.90	0.69

17－37 各市、县国内贸易情况(2014 年)
Domestic and Foreign Trade by City and County (2014)

市县名称	City and County	社会消费品零售总额(亿元) Total Retail Sales of Consumer Goods (100 million yuan)	限额以上批发、零售贸易业商品销售总额(亿元) Total Sales of Wholesale and Retailsale Trade Above Designated Size(100 million yuan)	限额以上批发零售企业数(个) Number of Wholesale and retail enterprises above Designaged Size(unit)	#零售 Retail
杭州市区	Hangzhou District	3785.52	16184.27	3531	887
萧山区	Xiaoshan	515.65	1940.84	678	131
余杭区	Yuhang	349.43	868.07	461	129
富阳区	Fuyang	170.79	322.68	223	63
临安市	Linan	141.11	122.96	124	79
建德市	Jiande	93.41	47.94	56	25
桐庐县	Tonglu	117.37	98.20	125	55
淳安县	Chunan	64.05	51.97	51	31
宁波市区	Ningbo District	1619.76	11221.87	2569	425
鄞州区	Yinzhou	404.96	1556.31	702	119
余姚市	Yuyao	388.08	543.93	201	64
慈溪市	Cixi	484.86	529.56	238	108
奉化市	Fenhua	144.65	131.23	92	39
象山县	Xiangshan	188.32	112.26	96	36
宁海县	Ninghai	166.37	106.69	115	60
温州市区	Wenzhou District	1248.71	1802.71	1087	253
瑞安市	Ruian	298.94	288.82	289	68
乐清市	Yueqing	273.39	196.57	259	98
洞头县	Dongtou	20.15	52.47	26	6
永嘉县	Yongjia	117.22	87.01	82	41
平阳县	Pingyang	141.64	59.18	100	35
苍南县	Cangnan	247.53	94.83	160	55
文成县	Wenchen	30.70	10.62	24	15
泰顺县	Taishun	32.08	7.29	22	19
嘉兴市区	Jiaxing District	370.14	940.08	443	131
平湖市	Pinghu	149.66	247.72	151	40
海宁市	Haining	304.01	380.92	334	63
桐乡市	Tongxiang	268.66	328.62	379	104
嘉善县	Jiashan	151.51	136.87	108	22
海盐县	Haiyan	103.05	97.52	96	23
湖州市区	Huzhou District	452.11	908.69	299	111
德清县	Deqing	121.03	291.17	125	36
长兴县	ChangXing	185.47	757.71	149	63
安吉县	Anji	112.59	46.96	71	40
绍兴市区	Shaoxing District	839.59	1580.15	991	201
柯桥区	keqiao	210.25	658.90	490	45
上虞区	Shangyu	243.85	216.85	157	52

续表 Continued

市县名称	City and County	社会消费品零售总额(亿元) Total Retail Sales of Consumer Goods (100 million yuan)	限额以上批发、零售贸易业商品销售总额(亿元) Total Sales of Wholesale and Retailsale Trade Above Designated Size(100 million yuan)	限额以上批发零售企业数(个) Number of Wholesale and retail enterprises above Designaged Size(unit)	#零售 Retail
诸暨市	Zhuji	316.18	450.60	317	102
嵊州市	Shengzhou	205.62	57.93	80	40
新昌县	Xinchang	125.75	87.17	77	29
金华市区	Jinhua District	463.95	627.60	323	141
金东区	JIndong	103.98	122.96	88	56
兰溪市	Lanxi	106.49	108.90	122	46
东阳市	Dongyang	208.81	146.36	87	49
义乌市	Yiwu	466.58	312.34	279	102
永康市	Yongkang	161.11	214.55	155	53
武义县	Wuyi	72.25	23.23	50	23
浦江县	Pujiang	88.16	32.04	56	22
磐安县	Panan	25.35	9.20	19	11
衢州市区	Quzhou District	196.31	288.46	155	58
江山市	Jiangshan	96.38	40.69	53	32
常山县	Changshan	49.27	15.96	27	14
开化县	Kaihua	57.35	7.59	20	14
龙游县	Longyou	104.48	93.30	58	22
舟山市区	Zhoushan District	292.24	1250.71	285	78
岱山县	Daishan	57.66	22.82	33	14
嵊泗县	Shengsi	26.68	5.00	14	5
台州市区	Taizhou District	664.49	1202.43	417	167
温岭市	Wenling	430.54	228.13	193	60
临海市	Linhai	183.87	126.98	96	58
玉环县	Yuhuan	141.95	81.90	106	31
三门县	Sanmen	70.50	19.94	32	13
天台县	Tiantai	85.09	10.47	19	17
仙居县	Xianju	69.89	30.00	31	17
丽水市区	Lishui District	170.08	278.79	113	75
龙泉市	Longquan	41.48	24.51	17	12
青田县	Qingtian	68.85	11.54	27	12
云和县	Yunhe	20.57	10.13	22	14
庆元县	Qingyuan	25.50	11.74	12	11
缙云县	Jinyun	58.64	22.65	43	27
遂昌县	Suichang	38.05	27.81	31	19
松阳县	Songyang	30.84	10.92	16	9
景宁自治县	Jingning	22.34	115.03	14	9

17－38 各市、县外贸及利用外资情况(2014 年)
Foreign Trade and Utlization of Foreign Capital by City and County (2014)

市县名称	City and County	进口总额(万美元) Total imports (USD 10000)	出口总额(万美元) Total exports (USD 10000)	外国和港澳台地区在华直接投资 Foreign Funded Enterprises and Enterprises Funded by Entrepreneurs from Hong Kong, Macao & Taiwan	
				新签项目(合同)数(个) Newly Signed Contracts (unit)	实际使用外资金额(万美元) Amount of Foreign Capital Actually Use (USD 10000)
杭州市区	Hangzhou District	1828786	4526592	368	587798
萧山区	Xiaoshan	385536	999287	72	125852
余杭区	Yuhang	43362	557858	57	107800
富阳区	Fuyang	147810	137170	18	25681
临安市	Linan	36108	156893	7	11108
建德市	Jiande	7594	86608	15	14015
桐庐县	Tonglu	7524	125868	15	14020
淳安县	Chunan	3200	20602	3	6519
宁波市区	Ningbo District	2577190	4812036	70	302839
鄞州区	Yinzhou	257363	1207326	91	58874
余姚市	Yuyao	208899	708408	66	39133
慈溪市	Cixi	198352	937140	32	43717
奉化市	Fenhua	41704	253201	13	11745
象山县	Xiangshan	18234	235448	29	10013
宁海县	Ninghai	24015	222722	17	11200
温州市区	Wenzhou District	117621	861729	17	17797
瑞安市	Ruian	37638	337437	4	2016
乐清市	Yueqing	7886	214215	4	9258
洞头县	Dongtou	20170	6368	2	10
永嘉县	Yongjia	8396	68496	3	70
平阳县	Pingyang	9647	70110	1	5796
苍南县	Cangnan	1954	68731	12	7623
文成县	Wenchen	65	3344		99
泰顺县	Taishun		3495		
嘉兴市区	Jiaxing District	244205	705918	80	74605
平湖市	Pinghu	413963	407706	35	45098
海宁市	Haining	94801	508467	40	44007
桐乡市	Tongxiang	122334	306322	33	33123
嘉善县	Jiashan	89951	271056	32	41848
海盐县	Haiyan	43091	165618	26	10896
湖州市区	Huzhou District	60899	275684	57	45717
德清县	Deqing	29990	195790	39	19158
长兴县	ChangXing	21652	162065	33	19300
安吉县	Anji	5784	247042	28	14244
绍兴市区	Shaoxing District	405452	2139198	113	54670
柯桥区	keqiao	159404	1100265	59	21003
上虞区	Shangyu	40838	330851	32	22025

续表 Continued

市县名称	City and County	进口总额（万美元）Total imports（USD 10000）	出口总额（万美元）Total exports（USD 10000）	外国和港澳台地区在华直接投资 Foreign Funded Enterprises and Enterprises Funded by Entrepreneurs from Hong Kong, Macao & Taiwan	
				新签项目（合同）数（个）Newly Signed Contracts（unit）	实际使用外资金额（万美元）Amount of Foreign Capital Actually Use（USD 10000）
诸暨市	Zhuji	73747	491438	27	10045
嵊州市	Shengzhou	8543	155035	1	209
新昌县	Xinchang	5504	189476		2206
金华市区	Jinhua District	10343	351383	13	12750
金东区	JIndong	1581	122301	2	5200
兰溪市	Lanxi	38865	126121	2	2275
东阳市	Dongyang	24207	242972		2422
义乌市	Yiwu	48129	2370934	47	6034
永康市	Yongkang	49199	489665	4	2012
武义县	Wuyi	3242	256619	2	1024
浦江县	Pujiang	6327	92651	1	1253
磐安县	Panan	1305	36751	1	70
衢州市区	Quzhou District	136968	158898	6	3362
江山市	Jiangshan	1677	62897	4	1049
常山县	Changshan	241	17811	1	519
开化县	Kaihua	3217	17980		
龙游县	Longyou	14191	30890	3	2079
舟山市区	Zhoushan District	546192	465938	13	15981
岱山县	Daishan	27539	101376	1	850
嵊泗县	Shengsi	82164	10260		3131
台州市区	Taizhou District	222005	746168	17	13648
温岭市	Wenling	15011	384573	7	5811
临海市	Linhai	15558	248724	3	4110
玉环县	Yuhuan	10986	354340	4	1092
三门县	Sanmen	4062	68749		1193
天台县	Tiantai	2475	64903	6	610
仙居县	Xianju	2697	67674	3	1241
丽水市区	Lishui District	8653	53208	5	5619
龙泉市	Longquan	112	31146	4	766
青田县	Qingtian	8871	42170	4	2841
云和县	Yunhe	235	12516	2	652
庆元县	Qingyuan	1	8124	3	650
缙云县	Jinyun	1370	70474	1	4900
遂昌县	Suichang	7513	14682	3	760
松阳县	Songyang	35	24120	4	950
景宁自治区	Jingning	301	7257	1	700

17－39 各市、县财政收支情况(2014 年)
Total Financial Revenue and Expenditure by City and County (2014)

单位:亿元(100 million yuan)

市县名称	City and County	财政总收入 Total Financial Revenue	地方财政预算内收入 Total Local Government Budgetary Financial Revenue	地方财政预算内支出 Total Local Government Financial Expenditures	一般性公共服务支出 Expenses for Public Service	#教育事业费 Expenses for Education
杭州市区	Hangzhou District	1686.61	942.65	807.80	74.77	149.49
萧山区	Xiaoshan	243.21	133.85	120.20	11.31	28.90
余杭区	Yuhang	240.78	148.80	137.12	13.14	28.79
富阳区	Fuyang	88.42	49.60	57.70	5.57	17.34
临安市	Linan	52.60	28.19	45.66	4.24	10.27
建德市	Jiande	33.32	18.70	31.24	3.20	7.11
桐庐县	Tonglu	38.05	23.91	32.92	2.67	7.64
淳安县	Chunan	21.10	13.86	43.56	4.32	8.17
宁波市区	Ningbo District	1298.94	597.53	661.13	65.96	93.62
鄞州区	Yinzhou	279.47	166.22	168.22	14.28	26.00
余姚市	Yuyao	119.43	64.81	80.47	8.34	15.45
慈溪市	Cixi	196.92	100.02	107.89	10.74	22.06
奉化市	Fenhua	55.28	29.02	47.69	5.13	9.15
象山县	Xiangshan	54.77	33.17	52.74	4.81	9.01
宁海县	Ninghai	65.56	36.06	50.94	5.17	10.34
温州市区	Wenzhou District	272.04	161.31	165.31	24.46	40.40
瑞安市	Ruian	86.46	48.44	55.31	6.16	16.30
乐清市	Yueqing	111.22	55.65	61.35	5.51	17.68
洞头县	Dongtou	8.48	4.50	16.79	2.56	3.07
永嘉县	Yongjia	40.51	22.31	45.26	5.82	12.83
平阳县	Pingyang	36.09	22.00	40.58	4.20	9.55
苍南县	Cangnan	41.09	25.64	49.49	5.85	14.48
文成县	Wenchen	8.32	6.48	27.32	2.92	5.41
泰顺县	Taishun	8.22	6.19	27.58	3.16	5.27
嘉兴市区	Jiaxing District	168.07	93.81	108.88	10.31	18.00
平湖市	Pinghu	90.41	45.68	44.92	5.34	10.18
海宁市	Haining	108.49	60.03	60.68	6.37	15.16
桐乡市	Tongxiang	89.05	49.19	52.42	5.01	15.29
嘉善县	Jiashan	60.06	31.33	39.60	4.20	8.57
海盐县	Haiyan	52.01	27.03	28.40	2.92	8.45
湖州市区	Huzhou District	114.16	64.42	94.45	8.93	17.09
德清县	Deqing	61.33	33.71	37.92	4.63	8.23
长兴县	ChangXing	70.16	40.23	51.41	4.90	11.62
安吉县	Anji	50.05	29.48	40.78	4.47	9.51
绍兴市区	Shaoxing District	348.72	201.13	204.82	24.72	41.27
柯桥区	keqiao	145.09	82.01	71.42	7.98	13.95
上虞区	Shangyu	86.70	46.56	50.01	6.72	10.95

续表 Continued　　单位:亿元(100 million yuan)

市县名称	City and County	财政总收入 Total Financial Revenue	地方财政预算内收入 Total Local Government Budgetary Financial Revenue	地方财政预算内支出 Total Local Government Financial Expenditures	一般性公共服务支出 Expenses for Public Service	#教育事业费 Expenses for Education
诸暨市	Zhuji	109.54	66.34	74.14	6.24	19.24
嵊州市	Shengzhou	41.46	25.05	34.45	3.45	9.56
新昌县	Xinchang	46.63	24.75	33.03	3.47	7.87
金华市区	Jinhua District	102.57	63.69	91.55	8.93	15.87
金东区	JIndong	19.57	12.18	13.77	1.70	3.35
兰溪市	Lanxi	37.60	19.95	33.49	2.71	7.83
东阳市	Dongyang	70.01	41.48	48.05	4.44	14.60
义乌市	Yiwu	119.02	69.68	72.23	11.12	16.33
永康市	Yongkang	69.19	38.85	40.64	4.34	12.52
武义县	Wuyi	29.18	15.80	26.31	2.50	5.13
浦江县	Pujiang	22.78	13.40	21.64	1.93	5.47
磐安县	Panan	11.05	6.01	18.96	1.99	4.10
衢州市区	Quzhou District	68.50	43.49	82.42	9.92	13.54
江山市	Jiangshan	22.08	13.66	30.90	3.39	6.80
常山县	Changshan	10.79	7.19	21.41	2.63	4.10
开化县	Kaihua	9.79	5.77	29.90	3.35	4.72
龙游县	Longyou	15.66	10.21	27.31	2.84	6.04
舟山市区	Zhoushan District	122.87	83.66	138.56	16.47	18.81
岱山县	Daishan	18.89	11.44	29.87	3.09	3.51
嵊泗县	Shengsi	7.16	5.92	19.77	2.80	2.29
台州市区	Taizhou District	206.20	115.67	140.51	16.54	29.42
温岭市	Wenling	87.71	47.84	64.51	6.02	15.69
临海市	Linhai	63.33	35.26	51.35	5.02	13.10
玉环县	Yuhuan	64.48	29.84	39.97	5.69	7.42
三门县	Sanmen	21.33	12.77	25.35	3.24	5.11
天台县	Tiantai	23.35	13.29	26.09	3.80	7.75
仙居县	Xianju	18.90	10.56	23.70	2.94	5.38
丽水市区	Lishui District	50.11	30.62	49.77	6.29	9.75
龙泉市	Longquan	9.19	6.14	20.40	2.52	4.15
青田县	Qingtian	20.94	12.86	29.27	4.65	6.04
云和县	Yunhe	6.82	3.66	13.29	1.95	2.10
庆元县	Qingyuan	4.87	3.01	18.47	2.33	3.09
缙云县	Jinyun	17.04	9.49	24.46	2.76	6.07
遂昌县	Suichang	9.54	6.00	20.78	2.58	3.89
松阳县	Songyang	6.73	4.38	20.14	2.49	3.86
景宁自治县县	Jingning	9.78	4.80	20.68	2.47	3.24

17-40 各市、县金融业、社会保险、福利情况(2014年)
Basic Statistics on Finace and Social Insurance and Welfare by City and County (2014)

市县名称	City and County	金融机构年末存款余额(亿元) Deposits in Financial Institutions (100 million yuan)	#城乡居民储蓄存款年末余额(亿元) Savings Deposit of Urban and Rural Residents (100 million yuan)	金融机构年末贷款余额(亿元) Loans in Financial Institutions (100 million yuan)	基本养老保险参保人数(万人) Persons Participating in the Basic Retirement Security program (10000 persons)	基本医疗保险参保人数(万人) Persons Participating in the Basic Health Care Program (10000 persons)
杭州市区	Hangzhou District	22641.98	6004.26	19278.38	495.00	662.30
萧山区	Xiaoshan	3039.38	1205.05	2732.19	128.36	133.49
余杭区	Yuhang	1801.94	821.68	1291.17	72.55	101.83
富阳区	Fuyang	871.27	353.85	885.29	36.50	68.14
临安市	Linan	433.60	212.20	357.79	22.65	51.58
建德市	Jiande	282.04	181.48	231.56	17.45	46.23
桐庐县	Tonglu	332.51	174.72	283.70	15.02	38.15
淳安县	Chunan	259.91	121.90	204.74	9.36	41.95
宁波市区	Ningbo District	9089.51	2652.48	8892.46	323.29	310.69
鄞州区	Yinzhou	1696.77	766.99	1516.69	91.47	79.41
余姚市	Yuyao	1181.87	610.25	1219.09	63.41	57.75
慈溪市	Cixi	1678.70	879.94	1757.84	78.95	42.21
奉化市	Fenhua	441.18	244.19	519.67	25.23	25.94
象山县	Xiangshan	423.98	186.29	603.90	23.91	19.96
宁海县	Ninghai	450.55	204.16	572.12	27.43	22.15
温州市区	Wenzhou District	4391.14	1788.60	3605.50	113.89	82.56
瑞安市	Ruian	960.75	577.49	930.74	50.14	79.24
乐清市	Yueqing	994.66	548.49	1062.14	39.93	97.45
洞头县	Dongtou	57.29	22.43	55.58	3.18	10.17
永嘉县	Yongjia	441.80	274.56	422.94	23.09	79.72
平阳县	Pingyang	352.92	227.91	356.19	22.60	70.02
苍南县	Cangnan	458.48	275.26	614.19	25.08	108.01
文成县	Wenchen	157.48	105.14	90.45	3.68	35.23
泰顺县	Taishun	122.64	63.22	85.89	4.37	33.00
嘉兴市区	Jiaxing District	1922.96	773.01	1517.10	60.82	97.34
平湖市	Pinghu	695.55	336.46	494.79	38.42	52.82
海宁市	Haining	1038.85	535.01	793.17	37.14	75.48
桐乡市	Tongxiang	867.15	513.14	714.92	40.90	74.63
嘉善县	Jiashan	538.48	297.88	402.34	22.89	42.58
海盐县	Haiyan	450.89	246.08	470.84	21.06	37.26
湖州市区	Huzhou District	1425.94	717.39	1081.82	52.05	112.00
德清县	Deqing	464.64	237.13	393.04	27.18	45.00
长兴县	ChangXing	526.44	234.75	468.47	25.44	61.00
安吉县	Anji	339.03	180.68	381.62	22.72	46.00
绍兴市区	Shaoxing District	4510.48	1728.59	4041.86	189.73	262.56
柯桥区	keqiao	1442.08	618.98	1256.08	54.31	78.66
上虞区	Shangyu	902.07	443.48	783.32	58.94	76.32

续表 1 Continued

市县名称	City and County	金融机构年末存款余额（亿元）Deposits in Financial Institutions (100 million yuan)	#城乡居民储蓄存款年末余额（亿元）Savings Deposit of Urban and Rural Residents (100 million yuan)	金融机构年末贷款余额（亿元）Loans in Financial Institutions (100 million yuan)	基本养老保险参保人数（万人）Persons Participating in the Basic Retirement Security program (10000 persons)	基本医疗保险参保人数（万人）Persons Participating in the Basic Health Care Program (10000 persons)
诸暨市	Zhuji	1145.40	586.51	1092.02	79.86	108.46
嵊州市	Shengzhou	505.54	306.76	399.95	48.59	71.29
新昌县	Xinchang	392.80	184.28	289.57	26.90	40.87
金华市区	Jinhua District	1393.99	563.37	1195.99	45.80	101.69
金东区	JIndong					22.82
兰溪市	Lanxi	356.42	189.23	324.07	15.07	59.62
东阳市	Dongyang	807.09	420.61	638.00	26.91	86.32
义乌市	Yiwu	2347.36	1165.27	1930.38	41.56	80.21
永康市	Yongkang	921.47	463.42	864.99	20.66	58.56
武义县	Wuyi	314.56	170.16	332.81	10.31	35.07
浦江县	Pujiang	279.52	179.05	255.44	9.08	38.44
磐安县	Panan	128.37	61.46	105.50	4.88	21.01
衢州市区	Quzhou District	776.38	319.33	713.13	68.81	82.52
江山市	Jiangshan	330.27	189.19	305.33	38.94	55.73
常山县	Changshan	147.19	78.06	125.30	21.53	31.01
开化县	Kaihua	146.93	81.52	108.64	22.40	31.97
龙游县	Longyou	223.51	121.95	202.06	28.40	36.12
舟山市区	Zhoushan District	1357.21	477.59	1263.46	53.51	70.46
岱山县	Daishan	179.40	83.82	117.80	14.50	17.53
嵊泗县	Shengsi	66.09	36.59	34.77	5.65	6.90
台州市区	Taizhou District	2622.68	1235.78	2348.42	68.14	73.95
温岭市	Wenling	1168.75	644.97	924.64	35.49	36.53
临海市	Linhai	645.76	368.00	527.65	27.10	25.85
玉环县	Yuhuan	456.97	245.64	399.65	16.81	24.95
三门县	Sanmen	191.28	103.90	246.73	8.56	8.87
天台县	Tiantai	268.53	151.59	238.31	16.12	15.27
仙居县	Xianju	255.07	142.52	226.84	8.98	10.06
丽水市区	Lishui District	592.22	233.56	533.58	16.75	45.50
龙泉市	Longquan	132.65	76.78	119.66	6.46	27.61
青田县	Qingtian	362.06	275.15	201.13	5.99	36.32
云和县	Yunhe	72.53	37.99	54.57	3.00	11.14
庆元县	Qingyuan	76.66	40.28	73.81	3.95	18.94
缙云县	Jinyun	219.59	119.69	194.36	8.63	44.97
遂昌县	Suichang	108.27	62.21	95.03	5.36	22.40
松阳县	Songyang	100.95	61.07	75.47	3.86	22.67
景宁自治县	Jingning	76.88	30.97	56.88	2.98	15.61

续表 2 Continued

市县名称	City and County	失业保险人数（万人）Persons Participating in the Unemployment Insurance Program (10000 persons)	社会福利院数（个）Social Welfare Homes (unit)	社会福利院床位数（张）Beds of Social Welfare Homes (bed)	社区服务设施数（个）Number of Community Service Facilities Established in Urban Areas (unit)	居民最低生活保障线以下人数（人）Residents under Minimum Life Guarantee Relief (person)
杭州市区	Hangzhou District	305.31	193	42338	3832	8015
萧山区	Xiaoshan	51.50	44	8520	381	1871
余杭区	Yuhang	38.51	33	7491	953	453
富阳区	Fuyang	18.68	25	4199	277	241
临安市	Linan	8.91	27	3019	310	282
建德市	Jiande	7.49	31	4102	331	529
桐庐县	Tonglu	5.81	20	3540	24	581
淳安县	Chunan	4.30	28	3132	451	531
宁波市区	Ningbo District	166.36	114	20589	1008	5303
鄞州区	Yinzhou	45.11	66	9313	92	567
余姚市	Yuyao	20.60	27	5609	582	698
慈溪市	Cixi	24.85	16	4178	374	491
奉化市	Fenhua	9.92	20	2863	33	575
象山县	Xiangshan	10.70	45	5225	500	407
宁海县	Ninghai	10.96	17	3532	26	238
温州市区	Wenzhou District	48.27	74	12651	2035	6839
瑞安市	Ruian	16.10	140	15845	1	1616
乐清市	Yueqing	15.90	24	3695	316	347
洞头县	Dongtou	0.68	13	983	427	35
永嘉县	Yongjia	8.67	57	3149	1722	810
平阳县	Pingyang	7.85	4	63	582	626
苍南县	Cangnan	8.39	3	138		853
文成县	Wenchen	1.09	3	332		297
泰顺县	Taishun	1.15	10	1375	289	395
嘉兴市区	Jiaxing District	33.21	36	7283	337	1521
平湖市	Pinghu	18.83	14	3584	288	1456
海宁市	Haining	19.89	23	6342	224	676
桐乡市	Tongxiang	16.27	23	6006	254	347
嘉善县	Jiashan	11.78	13	3145	231	564
海盐县	Haiyan	10.90	10	2758	365	243
湖州市区	Huzhou District	25.47	9	1345	355	103
德清县	Deqing	13.82	1	344	185	467
长兴县	ChangXing	12.27	1	353	1305	
安吉县	Anji	10.05	1	67	2285	805
绍兴市区	Shaoxing District	77.73	1	864		1360
柯桥区	keqiao	23.22				2387
上虞区	Shangyu	17.03	1	400		1685

续表 3 Continued

市县名称	City and County	失业保险人数（万人）Persons Participating in the Unemployment Insurance Program (10000 persons)	社会福利院数（个）Social Welfare Homes (unit)	社会福利院床位数（张）Beds of Social Welfare Homes (bed)	社区服务设施数（个）Number of Community Service Facilities Established in Urban Areas (unit)	居民最低生活保障线以下人数（人）Residents under Minimum Life Guarantee Relief (person)
诸暨市	Zhuji	18.49	1	200		482
嵊州市	Shengzhou	11.23	1	233		677
新昌县	Xinchang	9.09	1	266		308
金华市区	Jinhua District	23.73	3	200	333	1182
金东区	JIndong				290	106
兰溪市	Lanxi	7.12	1	245	328	643
东阳市	Dongyang	11.20	1	280	291	100
义乌市	Yiwu	16.38	1	200	32	80
永康市	Yongkang	7.56	1	1210	253	145
武义县	Wuyi	3.62	1	390	36	103
浦江县	Pujiang	3.70	1	350	306	352
磐安县	Panan	1.69	2	714	32	190
衢州市区	Quzhou District	12.47	34	5243	180	1270
江山市	Jiangshan	4.64	27	3465	46	472
常山县	Changshan	2.19	20	3259	28	937
开化县	Kaihua	2.02	17	2031	37	528
龙游县	Longyou	3.59	11	2299	20	744
舟山市区	Zhoushan District	17.39	39	4444	299	1272
岱山县	Daishan	2.72	15	1265	12	205
嵊泗县	Shengsi	0.98	11	454	53	377
台州市区	Taizhou District	37.73	81	10623	10566	1039
温岭市	Wenling	17.77	64	8226	1194	373
临海市	Linhai	16.27	62	7452	680	913
玉环县	Yuhuan	8.99	23	2729	467	1001
三门县	Sanmen	4.15	33	2341	566	166
天台县	Tiantai	5.75	44	3505	435	247
仙居县	Xianju	5.29	24	3087	415	99
丽水市区	Lishui District	8.46	16	2470	62	1070
龙泉市	Longquan	1.94	10	1416	32	439
青田县	Qingtian	2.49	17	2122	38	679
云和县	Yunhe	0.91	4	619	17	90
庆元县	Qingyuan	0.59	7	910	17	287
缙云县	Jinyun	3.29	15	2315	31	83
遂昌县	Suichang	1.43	8	1221	27	186
松阳县	Songyang	0.93	14	1250	21	251
景宁自治县	Jingning	1.13	8	783	16	575

17-41 各市、县各类学校在校学生数(2014年)
Student Enrollment by Type of School ,City and County (2014)

市县名称	City and County	高等学校(人) Institutions of Higher Education (person)	中等职业学校(人) Specialized Secondary Schools (person)	普通中学(万人) Regular Secondary Schools (10000 persons)	小学(万人) Primary Schools (10000 persons)
杭州市	Hangzhou District	459200	96940	24.90	41.33
萧山区	Xiaoshan	24800	16102	6.52	10.67
余杭区	Yuhang	14800	10656	4.38	8.23
富阳区	Fuyang		8777	3.29	4.45
临安市	Linan	15500	4738	2.14	2.90
建德市	Jiande		3953	2.09	2.09
桐庐县	Tonglu		2809	1.60	2.30
淳安县	Chunan		3679	1.72	1.66
宁波市	Ningbo District		31378	12.23	21.16
鄞州区	Yinzhou		12427	4.13	8.21
余姚市	Yuyao		9465	3.96	6.76
慈溪市	Cixi		10853	4.89	8.76
奉化市	Fenhua		5902	1.99	3.28
象山县	Xiangshan		4858	2.17	3.53
宁海县	Ninghai		6812	2.77	4.77
温州市	Wenzhou District	81612	19209	8.43	16.59
瑞安市	Ruian		8402	5.71	9.87
乐清市	Yueqing		7241	5.97	10.16
洞头县	Dongtou		489	0.39	0.58
永嘉县	Yongjia		6614	4.32	6.48
平阳县	Pingyang		7305	3.81	5.69
苍南县	Cangnan		7681	5.73	9.25
文成县	Wenchen		1000	0.91	1.56
泰顺县	Taishun		2041	1.44	1.93
嘉兴市	Jiaxing District	55821	14333	5.03	7.20
平湖市	Pinghu		7097	2.13	2.74
海宁市	Haining	9901	10827	2.84	4.40
桐乡市	Tongxiang		9061	3.41	4.78
嘉善县	Jiashan		4404	1.89	3.12
海盐县	Haiyan		5305	1.73	2.31
湖州市	Huzhou District	26988	10146	4.93	6.89
德清县	Deqing		4028	2.13	2.43
长兴县	ChangXing		11118	2.93	3.61
安吉县	Anji		7049	2.22	2.68
绍兴市	Shaoxing District	74184	31039	11.80	15.34
柯桥区	keqiao	7536	11578	4.19	5.41
上虞区	Shangyu		7412	3.71	4.35

续表 Continued

市县名称	City and County	高等学校（人）Institutions of Higher Education (person)	中等职业学校（人）Specialized Secondary Schools (person)	普通中学（万人）Regular Secondary Schools (10000 persons)	小学（万人）Primary Schools (10000 persons)
诸暨市	Zhuji	6164	12034	7.67	7.22
嵊州市	Shengzhou		6495	3.11	3.62
新昌县	Xinchang		4056	2.03	2.68
金华市	Jinhua District	63712	29790	5.34	7.71
金东区	JIndong		153	0.91	2.18
兰溪市	Lanxi		5338	2.76	3.40
东阳市	Dongyang	14920	7611	4.23	7.09
义乌市	Yiwu	8093	12755	4.56	9.51
永康市	Yongkang		7637	3.10	5.73
武义县	Wuyi		2396	1.35	2.77
浦江县	Pujiang		3717	1.93	3.61
磐安县	Panan		1601	0.93	1.23
衢州市	Quzhou District	13664	13633	4.08	5.10
江山市	Jiangshan		7003	2.78	3.48
常山县	Changshan		1622	1.30	1.78
开化县	Kaihua		2497	1.36	1.85
龙游县	Longyou		3631	1.67	2.08
舟山市	Zhoushan District	22731	7280	2.64	3.74
岱山县	Daishan		537	0.49	0.70
嵊泗县	Shengsi		228	0.23	0.27
台州市	Taizhou District	25112	18580	8.17	14.08
温岭市	Wenling		10449	5.29	9.93
临海市	Linhai	7519	15143	5.60	8.67
玉环县	Yuhuan		3550	1.93	4.94
三门县	Sanmen		3956	1.61	2.86
天台县	Tiantai		6328	2.94	3.68
仙居县	Xianju		5899	2.69	4.00
丽水市	Lishui District	19551	7596	2.32	3.41
龙泉市	Longquan		3692	1.23	1.72
青田县	Qingtian		3817	1.82	3.14
云和县	Yunhe		1909	0.52	0.79
庆元县	Qingyuan		2002	0.70	1.10
缙云县	Jinyun		5309	1.90	3.00
遂昌县	Suichang		2110	0.82	1.22
松阳县	Songyang		2164	0.90	1.34
景宁自治县	Jingning		1286	0.52	0.91

17－42 各市、县专利申请(2014 年)
Patent Application by City and County (2014)

市县名称	City and County	专利申请受理量(项) Patent Application Accepted (item)	专利申请授权量(项) Patent Application Approved (item)	#发明 Invention
杭州市区	Hangzhou District	43205	29189	5305
萧山区	Xiaoshan	4781	4019	341
余杭区	Yuhang	6696	4521	295
富阳区	Fuyang	2758	2071	128
临安市	Linan	1801	1450	134
建德市	Jiande	1456	1213	50
桐庐县	Tonglu	1711	1314	39
淳安县	Chunan	396	382	24
宁波市区	Ningbo District	32107	22265	1882
鄞州区	Yinzhou	17224	12081	697
余姚市	Yuyao	8645	7093	259
慈溪市	Cixi	9879	7867	385
奉化市	Fenghua	1885	1335	96
象山县	Xiangshan	2623	1939	88
宁海县	Ninghai	3236	2710	120
温州市区	Wenzhou District	11337	9192	452
瑞安市	Ruian	6276	4707	171
乐清市	Yueqing	7814	6054	196
洞头县	Dongtou	171	97	3
永嘉县	Yongjia	1817	1499	45
平阳县	Pingyang	1384	1162	50
苍南县	Cangnan	1663	1151	30
文成县	Wencheng	696	346	2
泰顺县	Taishun	227	163	5
嘉兴市区	Jiaxing District	4948	4455	184
平湖市	Pinghu	3543	2626	48
海宁市	Haining	4089	3159	90
桐乡市	Tongxiang	5535	3488	107
嘉善县	Jiashan	3855	2289	53
海盐县	Haiyan	1848	1439	64
湖州市区	Huzhou District	7567	5074	226
德清县	Deqing	4843	2467	156
长兴县	Changxing	4958	3277	219
安吉县	Anji	2518	1861	99
绍兴市区	Shaoxing District	11931	8793	557
柯桥区	keqiao	6312	4437	108
上虞区	Shangyu	3528	2780	181

续表 Continued

市县名称	City and County	专利申请受理量（项）Patent Application Accepted (item)	专利申请授权量（项）Patent Application Approved (item)	#发明 Invention
诸暨市	Zhuji	9140	5294	115
嵊州市	Shengzhou	2099	1581	103
新昌县	Xinchang	5003	1688	105
金华市区	Jinhua District	2794	2112	184
金东区	JIndong	663	622	27
兰溪市	Lanxi	1605	892	19
东阳市	Dongyang	2011	1581	80
义乌市	Yiwu	4740	3996	112
永康市	Yongkang	5107	4388	54
武义县	Wuyi	1136	925	26
浦江县	Pujiang	936	640	38
磐安县	Panan	660	595	11
衢州市区	Quzhou District	2269	1629	129
江山市	Jiangshan	941	724	20
常山县	Changshan	301	250	7
开化县	Kaihua	165	92	7
龙游县	Longyou	281	196	13
舟山市区	Zhoushan District	3086	1784	246
岱山县	Daishan	241	240	11
嵊泗县	Shengsi	91	64	1
台州市区	Taizhou District	9205	7247	318
温岭市	Wenling	5053	4220	103
临海市	Linhai	2308	1653	200
玉环县	Yuhuan	2122	1510	86
三门县	Sanmen	424	419	22
天台县	Tiantai	985	691	37
仙居县	Xianju	473	394	25
丽水市区	Lishui District	1008	834	56
龙泉市	Longquan	730	518	17
青田县	Qingtian	446	363	5
云和县	Yunhe	356	394	16
庆元县	Qingyuan	394	306	14
缙云县	Jinyun	750	678	22
遂昌县	Suichang	183	105	17
松阳县	Songyang	285	388	7
景宁自治县	Jingning	69	70	5

17－43 各市、县文化和卫生事业主要指标(2014 年)
The Culture and Public Health by City and county (2014)

市县名称	City and County	体育场馆数（个）Number of Sports and Gymnsiums (unit)	剧场和影剧院数（个）Number of Theaters and Music Halls (unit)	公共图书馆图书藏量（千册件）Total Collections of Books in Public Libraries (1000 copies)	医院卫生院数（个）Number of Health Institutions (unit)	医院卫生院床位数（张）Number of Beds in Health Institutions (bed)	医生数（人）Doctors (person)
杭州市区	Hangzhou District	114	66	16759	182	44677	27675
萧山区	Xiaoshan	37	8	2627	45	6501	3835
余杭区	Yuhang	12	8	716	10	2751	2469
富阳区	Fuyang	9	5	384	19	1732	1691
临安市	Linan	10	5	524	48	1845	1425
建德市	Jiande	6	1	560	30	1888	1059
桐庐县	Tonglu	6	4	491	19	1485	1036
淳安县	Chunan	10	2	309	28	1507	782
宁波市区	Ningbo District		60	4956	94	17905	11733
鄞州区	Yinzhou	24	25	1317	29	3472	3021
余姚市	Yuyao	11	5	578	22	2676	2124
慈溪市	Cixi	29	7	666	33	3361	3126
奉化市	Fenhua	8	9	220	31	2196	1315
象山县	Xiangshan	3	4	422	25	1879	1211
宁海县	Ninghai	5	5	376	28	1635	1475
温州市区	Wenzhou District	13	4	7090	98	15141	8380
瑞安市	Ruian	5	1	4550	38	3837	3261
乐清市	Yueqing	4	1	848	52	3372	3357
洞头县	Dongtou		1	429	8	175	215
永嘉县	Yongjia	4		645	53	1589	1674
平阳县	Pingyang	4	1	907	36	2149	1834
苍南县	Cangnan	2		1082	53	3156	2211
文成县	Wenchen	3	1	597	14	804	506
泰顺县	Taishun	4	1	295	39	641	417
嘉兴市区	Jiaxing District	18	9	2026	36	7865	3329
平湖市	Pinghu	6	3	701	16	2481	1145
海宁市	Haining	8	4	1500	20	3220	1611
桐乡市	Tongxiang	12	6	1252	23	2987	1524
嘉善县	Jiashan	10	5	695	17	1967	859
海盐县	Haiyan	8	4	627	18	1469	812
湖州市区	Huzhou District	14	3	1059	25	5940	3332
德清县	Deqing	11		344	26	1367	1108
长兴县	ChangXing	10	1	490	30	2504	1387
安吉县	Anji	3	1	281	33	1821	992
绍兴市区	Shaoxing District	15	16	2247	78	11389	6643
柯桥区	keqiao	4	5	350	25	3470	2320
上虞区	Shangyu	2	4	456	25	2766	1625

续表 Continued

市县名称	City and County	体育场馆数（个）Number of Sports and Gymnsiums (unit)	剧场和影剧院数（个）Number of Theaters and Music Halls (unit)	公共图书馆图书藏量（千册件）Total Collections of Books in Public Libraries (1000 copies)	医院卫生院数（个）Number of Health Institutions (unit)	医院卫生院床位数（张）Number of Beds in Health Institutions (bed)	医生数（人）Doctors (person)
诸暨市	Zhuji	3	8	347	35	4580	2998
嵊州市	Shengzhou	3	3	539	30	2628	1448
新昌县	Xinchang	2	3	234	19	2207	923
金华市区	Jinhua District	45	7	570	69	7338	3720
金东区	JIndong	8	1	0	17	238	465
兰溪市	Lanxi	9	2	240	36	2019	1336
东阳市	Dongyang	15	1	334	27	3900	2253
义乌市	Yiwu	27	11	645	36	3851	2609
永康市	Yongkang	15	1	330	26	2365	1680
武义县	Wuyi	8	2	275	24	1057	717
浦江县	Pujiang	11	1	248	26	1975	1082
磐安县	Panan	8	1	172	24	649	436
衢州市区	Quzhou District	10	9	743	58	4696	3181
江山市	Jiangshan	3	1	206	25	1912	1209
常山县	Changshan	1	1	175	18	776	647
开化县	Kaihua	6	1	235	39	1024	811
龙游县	Longyou	6	2	116	37	1336	904
舟山市区	Zhoushan District	9	6	1077	41	4312	2482
岱山县	Daishan	5	1	242	10	438	392
嵊泗县	Shengsi	2	2	117	9	300	181
台州市区	Taizhou District	17	15	1232	55	7132	4726
温岭市	Wenling	13	14	385	49	4798	2955
临海市	Linhai	18	4	390	42	4174	2642
玉环县	Yuhuan	5	8	218	13	1470	962
三门县	Sanmen	6	3	130	14	961	773
天台县	Tiantai	9	1	140	16	1666	1204
仙居县	Xianju	7	2	127	20	1133	1004
丽水市区	Lishui District	9	7	333	31	4463	2193
龙泉市	Longquan	2	2	179	39	744	524
青田县	Qingtian	2	2	191	37	980	707
云和县	Yunhe	1	1	181	10	400	309
庆元县	Qingyuan	1	2	105	20	420	400
缙云县	Jinyun	2	2	219	23	1693	825
遂昌县	Suichang	3	1	140	23	657	525
松阳县	Songyang	2	2	204	30	882	448
景宁自治县	Jingning	1	2	103	25	485	269

CHAPTER 18

附 录
Appendix

附表1 各季消费者信心指数(2014 年)

指标	1 季度	2 季度	3 季度	4 季度
全省	109.39	109.05	110.14	112.93
按地区分				
杭州	108.02	108.33	107.04	115.05
宁波	109.60	109.69	118.18	113.98
温州	103.84	101.99	101.42	106.38
嘉兴	112.16	110.47	113.29	119.60
湖州	116.79	115.08	113.87	118.67
绍兴	113.19	108.31	109.44	107.65
金华	110.87	108.33	110.86	110.85
衢州	109.12	109.12	113.18	115.53
舟山	106.62	110.59	103.31	103.25
台州	109.08	113.09	111.29	119.89
丽水	107.24	108.05	111.70	113.06
按城乡分				
城市	108.60	107.83	109.75	112.45
农村	110.56	110.88	110.72	113.63
按年龄分				
18 - 20 岁	123.63	116.37	121.07	125.81
21 - 30 岁	106.62	109.27	109.38	111.69
31 - 40 岁	102.68	104.33	106.09	105.96
41 - 50 岁	103.78	103.41	102.12	107.72
51 - 60 岁	113.29	107.99	110.49	114.91
61 岁以上	129.87	126.62	128.19	128.07
按就业状况分				
全职工作	106.48	107.07	107.21	110.70
非全职工作	107.21	105.67	106.66	107.53
离退休	125.84	126.66	126.36	126.72
不工作	109.28	105.49	107.71	109.26

附表2 各季就业信心指数(2014年)

指标	1季度	2季度	3季度	4季度
全省	112.69	111.71	112.80	115.23
按地区分				
杭州	112.02	111.05	109.36	118.80
宁波	114.55	113.97	123.03	118.42
温州	105.92	104.31	99.04	107.21
嘉兴	116.30	115.37	114.16	122.52
湖州	115.33	115.11	115.61	117.80
绍兴	116.26	108.13	111.49	106.55
金华	119.77	111.39	114.66	114.42
衢州	113.01	109.59	115.83	117.69
舟山	107.26	112.03	106.13	105.94
台州	112.62	118.78	117.36	123.93
丽水	109.16	111.93	117.96	114.92
按城乡分				
城市	110.86	109.30	111.90	114.51
农村	115.42	115.34	114.13	116.29
按年龄分				
18－20岁	120.34	115.04	122.39	126.94
21－30岁	111.06	113.44	113.99	116.29
31－40岁	109.27	109.59	111.00	111.12
41－50岁	107.05	106.45	104.36	109.17
51－60岁	117.26	108.01	111.13	113.73
61岁以上	125.70	123.81	126.28	126.89
按就业状况分				
全职工作	110.59	110.76	110.76	114.09
非全职工作	112.82	110.42	109.84	111.10
离退休	122.98	123.12	124.22	123.79
不工作	113.25	106.85	112.29	112.81

附表3 各季收入信心指数(2014年)

指标	1季度	2季度	3季度	4季度
全省	109.65	109.68	110.40	112.55
按地区分				
杭州	107.80	108.82	107.34	113.02
宁波	109.62	109.52	117.43	112.03
温州	105.48	103.98	106.03	107.69
嘉兴	111.32	108.48	114.40	119.28
湖州	121.83	118.81	114.70	120.63
绍兴	113.55	110.66	110.11	109.89
金华	106.49	107.83	110.37	108.23
衢州	107.88	110.59	113.22	114.99
舟山	109.81	112.74	103.73	102.44
台州	108.36	112.37	109.54	118.63
丽水	107.01	106.03	107.77	113.75
按城乡分				
城市	109.97	109.35	110.48	112.38
农村	109.17	110.17	110.27	112.82
按年龄分				
18－20岁	129.49	119.08	122.74	127.63
21－30岁	107.01	109.78	109.32	110.50
31－40岁	100.92	103.40	104.55	103.67
41－50岁	103.09	103.23	101.86	106.61
51－60岁	111.03	108.87	111.37	116.15
61岁以上	135.34	131.13	131.85	130.67
按就业状况分				
全职工作	106.22	107.41	106.64	109.54
非全职工作	105.57	103.55	106.50	105.50
离退休	130.77	131.77	130.31	130.60
不工作	108.51	105.40	107.37	107.78

附表4　开发区(园区)主要经济指标

指标	2014	上年同期
工业总产值(亿元)	48556.2	43200.0
资产合计(亿元)	43004.5	37827.2
营业收入(亿元)	46631.4	41090.6
#新产品销售收入	12198.2	10372.2
外资及港澳台企业销售收入	13535.0	12659.3
出口交货值(亿元)	8828.4	7371.6
利税总额(亿元)	4162.0	3612.4
#利润总额	2441.8	2199.7
研究开发费用(亿元)	617.0	537.7
#高新技术企业	401.2	358.6
技术成果引进费用(亿元)	129.1	123.3
工业企业用水总量(亿吨)	22.7	16.6
工业企业用电总量(亿千瓦时)	1170.5	1067.7
从业人员年末人数(万人)	595.9	562.9
#直接从事研究开发人员	26.6	22.1
大专及以上学历或高中级技术职称人员	134.4	121.4
从业人员劳动报酬(亿元)	2601.3	2272.5

附表5 开发区(园区)基本建设情况

指标	2014	至2014年累计
投资		
基础建设投入(亿元)	1885.9	10802.9
拆迁安置补偿款(亿元)	289.2	2075.7
入园企业投资额(亿元)	6871.2	46203.0
引进外资		
实际到位外资(亿美元)	99.9	881.7
引进项目		
入园企业(个)	211208	379126
#工业企业	110849	206424
外资及港澳台	12465	25068
高新技术企业	3871	7251
投产企业	157122	287867

附表6 旅游度假区基本建设情况

指标	2014	至2014年累计
投资		
基础建设投入(亿元)	108.3	584
拆迁安置补偿款(亿元)	42	202
入园企业投资额(亿元)	357.2	1532.1
引进外资		
实际到位外资(亿美元)	3.4	27.6
引进项目		
入园企业数(个)	3902	7308

附表7 浙江省投入产出表(2012年)

(按当年生产价格计算) 单位:万元

产出 投入	中间使用						
	农林牧渔产品和服务	煤炭采选产品	石油和天然气开采产品	金属矿采选产品	非金属矿和其他矿采选产品	食品和烟草	纺织品
农林牧渔产品和服务	1296063	5	0	54	573	7149348	3472504
煤炭采选产品	0	27667	0	5002	19226	82037	404027
石油和天然气开采产品	0	0	0	28	0	18895	50425
金属矿采选产品	0	0	0	139539	0	0	0
非金属矿和其他矿采选产品	12232	0	0	383	353799	21328	2424
食品和烟草	2143203	13	0	128	993	6309325	102378
纺织品	0	1	0	97	63	29508	25809984
纺织服装鞋帽皮革羽绒及其制品	0	509	0	1152	5578	27786	134260
木材加工品和家具	17367	1148	0	291	1445	9192	288987
造纸印刷和文教体育用品	0	108	0	1027	5125	1062471	440250
石油、炼焦产品和核燃料加工品	81103	64	0	3221	79041	134283	252455
化学产品	1667670	12	0	17693	86210	1831243	14516912
非金属矿物制品	38161	2	0	438	15185	398951	34871
金属冶炼和压延加工品	7528	0	0	41865	8738	35927	228416
金属制品	541367	0	0	2504	3461	305408	95026
通用设备	0	4	0	5974	25074	89085	338254
专用设备	1496650	0	0	54692	33768	32221	84396
交通运输设备	15732	0	0	942	1392	11192	6005
电气机械和器材	0	0	0	2054	28619	26687	147017
通信设备、计算机和其他电子设备	0	1	0	124	298	4957	55932
仪器仪表	0	757	0	440	1989	8282	43652
其他制造产品	0	0	0	4	0	1263	8761
废品废料	0	24	0	9	15306	6676	20936
金属制品、机械和设备修理服务	20925	114	0	4889	30687	72256	211437
电力、热力的生产和供应	104398	2700	0	18498	173157	997661	2645835
燃气生产和供应	0	0	0	40	0	16800	2121
水的生产和供应	0	58	0	110	1988	28169	61355
建筑	0	89	0	124	438	15171	16108
批发和零售	433572	904	0	9352	27241	1354642	5453069
交通运输、仓储和邮政	64996	3757	0	8511	172257	829565	702581
住宿和餐饮	0	291	0	2636	19195	136093	150448
信息传输、软件和信息技术服务	0	7204	0	5472	38172	198979	639962
金融	568488	1080	0	9772	43416	736525	1580337
房地产	0	16	0	34	2849	12056	31841
租赁和商务服务	13187	94	0	7758	30644	575355	300315
科学研究和技术服务	106099	577	0	1614	8866	28680	53740
水利、环境和公共设施管理	64337	33	0	276	2405	9620	14302
居民服务、修理和其他服务	80746	290	0	1123	24655	56708	33009
教育	0	165	0	262	2987	12476	12425
卫生和社会工作	228656	0	0	0	0	0	0
文化、体育和娱乐	0	63	0	642	5428	23170	35899
公共管理、社会保障和社会组织	905419	3	0	641	206	9904	5829
中间投入合计	**9907899**	**47753**	**0**	**349415**	**1270474**	**22709895**	**58488485**
劳动者报酬	16080600	14711	0	34698	106457	2091874	4390140
生产税净额	-739500	39469	0	11576	227275	2249800	1725328
固定资产折旧	1337700	2216	0	7763	48326	760352	1912424
营业盈余	0	-23274	0	73199	152215	2694552	5749159
增加值合计	**16678800**	**33122**	**0**	**127236**	**534273**	**7796578**	**13777051**
总投入	**26586699**	**80875**	**0**	**476651**	**1804747**	**30506473**	**72265536**

续1

投入 \ 产出	中间使用						
	纺织服装鞋帽皮革羽绒及其制品	木材加工品和家具	造纸印刷和文教体育用品	石油、炼焦产品和核燃料加工品	化学产品	非金属矿物制品	金属冶炼和压延加工品
农林牧渔产品和服务	648372	1157540	688064	156	2045259	874	614
煤炭采选产品	59867	34396	370547	96901	946063	1113102	893296
石油和天然气开采产品	3805	10807	8947	10343055	2614113	179253	131095
金属矿采选产品	0	718	92018	0	67289	123551	2926670
非金属矿和其他矿采选产品	191	3659	18209	6	222244	1832234	63263
食品和烟草	210420	52715	169218	3329	564658	26525	5855
纺织品	13080895	466932	1004859	1901	1557325	51365	8924
纺织服装鞋帽皮革羽绒及其制品	10897387	351324	201427	3962	380497	58571	28235
木材加工品和家具	87787	5914069	836188	2760	198008	43290	18762
造纸印刷和文教体育用品	866545	503246	11985592	1910	1718300	347350	145708
石油、炼焦产品和核燃料加工品	237412	83540	212236	1031158	4443294	366450	579956
化学产品	3893964	1306191	3782300	373681	64572070	1395910	261574
非金属矿物制品	52792	232035	218952	1389	1373536	4883378	295849
金属冶炼和压延加工品	112076	739370	2026149	1129	1124321	753993	31741466
金属制品	160784	430355	716733	2759	657406	122583	116601
通用设备	188214	249678	324820	7574	911204	136562	285982
专用设备	68263	237765	95737	1929	358557	181526	735606
交通运输设备	29614	5096	33446	463	17565	28157	85694
电气机械和器材	21386	105326	336780	2784	531679	120258	143387
通信设备、计算机和其他电子设备	32172	4455	68985	424	105761	36364	15197
仪器仪表	3702	303	14235	8612	79529	26586	24311
其他制造产品	293205	2889	2093	41	8269	5744	4342
废品废料	18512	17459	1189516	1997	394932	412255	3146769
金属制品、机械和设备修理服务	148763	74460	168123	6130	541969	163885	202404
电力、热力的生产和供应	705118	361486	1614240	62286	4936915	1424319	2015091
燃气生产和供应	0	261	4124	0	4015	3593	32560
水的生产和供应	26380	23278	24109	1189	69707	20253	32357
建筑	18433	7056	15614	1225	50543	19798	15408
批发和零售	3696849	708910	1184724	635947	3051311	923133	815508
交通运输、仓储和邮政	642655	517119	691747	154667	2478381	1051673	637680
住宿和餐饮	156558	82897	146337	2804	557639	124798	83818
信息传输、软件和信息技术服务	661640	184087	296903	5161	557642	146938	167465
金融	997492	409568	1013889	86367	3701512	974984	1504257
房地产	69577	29001	68075	438	63136	30324	24915
租赁和商务服务	525885	218166	279639	49048	1584489	234843	146830
科学研究和技术服务	67650	39286	45574	955	371593	23727	36137
水利、环境和公共设施管理	13481	6398	12978	256	31851	12999	12750
居民服务、修理和其他服务	71610	27701	52751	2414	311982	53003	28472
教育	20138	9949	20648	949	33554	8289	8051
卫生和社会工作	0	0	0	0	0	0	0
文化、体育和娱乐	30666	16503	28946	446	83778	23036	18622
公共管理、社会保障和社会组织	8950	2741	9754	60	18673	3724	5293
中间投入合计	**38829210**	**14628735**	**30075226**	**12898262**	**103340569**	**17489200**	**47446774**
劳动者报酬	5144293	1777054	3130821	177557	6940732	1588601	2007930
生产税净额	1206153	1306184	2069803	1663080	3931657	1140704	1104493
固定资产折旧	901555	377000	1287452	216005	4340173	760172	1446284
营业盈余	3563511	983707	1652768	264643	8318483	1511669	3796172
增加值合计	**10815512**	**4443945**	**8140844**	**2321285**	**23531045**	**5001146**	**8354879**
总投入	**49644722**	**19072680**	**38216070**	**15219547**	**126871614**	**22490346**	**55801653**

续 2

产出 投入	中间使用						
	金属制品	通用设备	专用设备	交通运输设备	电气机械和器材	通信设备、计算机和其他电子设备	仪器仪表
农林牧渔产品和服务	60454	754	487	1288	1132	884	65
煤炭采选产品	74162	42122	15110	43525	12717	10850	1223
石油和天然气开采产品	55285	23324	8464	45999	32683	1897	140
金属矿采选产品	57762	16045	8537	91338	42734	11469	9028
非金属矿和其他矿采选产品	13311	1735	2108	2117	17748	2275	121
食品和烟草	6470	13219	7047	7127	10658	5433	2122
纺织品	34956	36755	20152	43284	20235	2124	5713
纺织服装鞋帽皮革羽绒及其制品	51384	56279	91614	42125	71788	17755	7718
木材加工品和家具	112601	140085	35129	94653	173838	7743	7251
造纸印刷和文教体育用品	401548	466416	137974	231697	596463	124311	105520
石油、炼焦产品和核燃料加工品	163803	352649	115079	134179	173409	39557	10194
化学产品	1844879	1062183	837787	2071891	3516652	695848	339612
非金属矿物制品	659933	444046	130423	188964	1546591	526332	336076
金属冶炼和压延加工品	11881001	14069646	5453879	6384784	12318318	2546447	378982
金属制品	3374899	2391462	682993	880321	1886980	397090	152197
通用设备	827643	13327408	3102645	3117513	2558220	384919	187210
专用设备	233459	483310	1801083	137020	920259	159936	167544
交通运输设备	18806	452433	34157	17702634	56074	1374	1073
电气机械和器材	437389	3275466	1361951	1575747	15050952	1795086	885749
通信设备、计算机和其他电子设备	114673	900442	429590	355129	2892845	9447944	1238836
仪器仪表	209287	1000443	371903	195203	581920	334219	1212984
其他制造产品	3964	12149	649	1469	125182	984	47622
废品废料	425207	342870	129746	221055	7330	8016	471
金属制品、机械和设备修理服务	88735	185361	49340	182270	86650	47480	15528
电力、热力的生产和供应	1214558	964953	424354	577568	759367	290489	78428
燃气生产和供应	49031	21635	6536	1520	20	222	0
水的生产和供应	30296	22358	11208	15115	13485	11476	2613
建筑	11385	15581	6834	22549	13485	6166	1263
批发和零售	598683	1115857	429788	964959	1364355	870393	228916
交通运输、仓储和邮政	584833	831630	368175	582703	691685	230180	95204
住宿和餐饮	127181	284010	179953	112195	207178	106816	48511
信息传输、软件和信息技术服务	292814	610034	325150	212209	231810	169930	61163
金融	864364	1258482	487022	1096057	1168961	377456	108942
房地产	41175	64049	43805	25358	39896	29940	17165
租赁和商务服务	266131	425094	220099	319358	587942	239786	91514
科学研究和技术服务	144375	207611	85249	120510	198298	34115	32655
水利、环境和公共设施管理	10484	22144	13690	9615	13066	8158	3355
居民服务、修理和其他服务	44692	110108	74645	58830	79902	23685	17164
教育	12212	24821	9454	7559	16135	6113	4589
卫生和社会工作	0	0	0	0	0	0	0
文化、体育和娱乐	21652	53917	27563	19191	29675	15597	7786
公共管理、社会保障和社会组织	5458	10082	4923	3487	11804	1986	3071
中间投入合计	**25470935**	**45138968**	**17546295**	**37900115**	**48128442**	**18992481**	**5915318**
劳动者报酬	2752993	4745198	2252379	4291493	4626243	2037635	819884
生产税净额	2135586	4649801	1205288	1693154	1835834	686545	141832
固定资产折旧	813504	1398054	742424	1349050	1392908	592876	155870
营业盈余	1951589	1989228	3065021	3751714	3764562	2248473	851969
增加值合计	**7653672**	**12782281**	**7265112**	**11085411**	**11619547**	**5565529**	**1969555**
总投入	**33124607**	**57921249**	**24811407**	**48985526**	**59747989**	**24558010**	**7884873**

续3

投入 \ 产出	中间使用						
	其他制造产品	废品废料	金属制品、机械和设备修理服务	电力、热力的生产和供应	燃气生产和供应	水的生产和供应	建筑
农林牧渔产品和服务	28580	52	187	8674	18	1645	1154905
煤炭采选产品	624813	1400	30383	10232604	0	16	590768
石油和天然气开采产品	184	0	4538	736726	1195383	0	380
金属矿采选产品	0	41385	0	0	0	0	0
非金属矿和其他矿采选产品	1256	15983	0	6442	0	1014	1376439
食品和烟草	51627	423	945	2294	75	3252	27987
纺织品	361275	1964	13	71	4	56	13880
纺织服装鞋帽皮革羽绒及其制品	67282	6703	4755	29313	496	10550	294286
木材加工品和家具	47992	5955	455	1908	67	278	1873520
造纸印刷和文教体育用品	132697	14041	9360	28425	967	9949	281471
石油、炼焦产品和核燃料加工品	21537	10542	15135	232176	84	4216	1119950
化学产品	792825	292795	20570	29497	3233	64453	2715332
非金属矿物制品	19384	25929	2271	8427	216	887	16568681
金属冶炼和压延加工品	468393	38027	324575	12251	3136	996	20884105
金属制品	137857	27886	43904	19991	536	1040	2887952
通用设备	67200	10876	110820	209848	4042	16486	637633
专用设备	5470	117	142	22364	60	5653	133046
交通运输设备	1784	1504	4462	837	29	685	38742
电气机械和器材	60384	2976	87624	328637	390	3715	3020125
通信设备、计算机和其他电子设备	10845	307	284	6672	47	1013	133913
仪器仪表	97010	82	25932	54095	4808	21905	35823
其他制造产品	129603	0	1	29	1	2	2613
废品废料	32	2309170	308025	55	3	2750	0
金属制品、机械和设备修理服务	30403	3568	56662	204248	241	101086	33565
电力、热力的生产和供应	186727	96084	55994	16583042	1098	273796	1356072
燃气生产和供应	0	799	0	0	396408	0	6515
水的生产和供应	4722	654	876	32330	66	179844	155223
建筑	1636	1066	0	27120	101	4979	1828110
批发和零售	171542	135646	36445	364787	65705	7041	4340593
交通运输、仓储和邮政	150563	48378	23690	879894	14531	12600	1825522
住宿和餐饮	33287	5564	16773	48820	1925	14235	266957
信息传输、软件和信息技术服务	60382	12642	19408	130178	2727	89618	126787
金融	79555	46920	40367	1927397	25596	198269	2662586
房地产	12268	984	1358	5476	124	2033	32026
租赁和商务服务	79766	8223	21128	186923	10490	45200	677611
科学研究和技术服务	11502	1029	219	44365	259	2794	2609212
水利、环境和公共设施管理	2873	879	1546	16619	158	7526	18446
居民服务、修理和其他服务	8365	1098	2827	47723	285	13788	230814
教育	4248	515	1568	11742	271	2785	55283
卫生和社会工作	0	0	0	0	0	0	0
文化、体育和娱乐	5650	1874	3136	18659	472	6816	186084
公共管理、社会保障和社会组织	1039	241	192	80413	56	873	13879
中间投入合计	**3972558**	**3174281**	**1276570**	**32581072**	**1734108**	**1113844**	**70216836**
劳动者报酬	615870	111227	444111	1263262	33644	248255	12500308
生产税净额	328343	217256	175884	577009	6979	91294	4011211
固定资产折旧	120400	43884	90094	3365990	95937	355671	424584
营业盈余	456770	410460	127972	5314680	158110	-1136	3827000
增加值合计	**1521383**	**782827**	**838061**	**10520941**	**294670**	**694084**	**20763103**
总投入	**5493941**	**3957108**	**2114631**	**43102013**	**2028778**	**1807928**	**90979939**

续4

产出 / 投入	中间使用						
	批发和零售	交通运输、仓储和邮政	住宿和餐饮	信息传输、软件和信息技术服务	金融	房地产	租赁和商务服务
农林牧渔产品和服务	110051	658	2093859	1337	7498	486	776081
煤炭采选产品	0	992	0	0	0	0	1
石油和天然气开采产品	0	0	0	0	0	0	0
金属矿采选产品	0	700	28	0	0	0	0
非金属矿和其他矿采选产品	0	601	7	0	0	5	16
食品和烟草	43855	23850	1954590	18017	123565	8465	11217
纺织品	20802	14593	23461	1404	2644	638	934785
纺织服装鞋帽皮革羽绒及其制品	54639	64985	57161	28329	234310	33928	17556
木材加工品和家具	6567	9177	20279	56490	26049	8312	1824
造纸印刷和文教体育用品	219740	191167	504698	1162218	2235335	93768	569235
石油、炼焦产品和核燃料加工品	547100	4257821	53170	60446	120731	28277	705645
化学产品	55511	98224	70406	296273	705541	2278	13618
非金属矿物制品	209	9861	12508	298	0	1268	134
金属冶炼和压延加工品	2108	14579	125	5	3	21	42
金属制品	269731	12264	16367	365	583986	2199	884845
通用设备	19367	57227	168578	16311	285727	44158	34311
专用设备	447	9129	5276	178	16637	4778	27729
交通运输设备	1275	1163844	10464	24115	32523	6554	701616
电气机械和器材	12380	29684	29851	667274	13902	2280	1755862
通信设备、计算机和其他电子设备	10711	8749	23442	1063220	46300	4591	282458
仪器仪表	181	4139	95	299047	0	111	397
其他制造产品	1759	9158	202305	872	4015	2902	1219216
废品废料	0	0	0	0	0	0	0
金属制品、机械和设备修理服务	106203	104870	3388	12496	8315	9414	10916
电力、热力的生产和供应	600416	198764	972577	191829	285211	227360	50712
燃气生产和供应	9072	110725	157756	0	0	6879	2558
水的生产和供应	93397	8946	32465	1628	19748	1466	6634
建筑	45639	39542	22652	6112	122367	13184	11730
批发和零售	1721400	395430	406913	351439	315498	17287	733908
交通运输、仓储和邮政	2452426	10610127	125985	141745	1023734	54267	426141
住宿和餐饮	592643	137561	42201	279109	1238303	116504	152380
信息传输、软件和信息技术服务	1003707	157101	114719	1285638	975342	103798	71441
金融	6214867	3326632	614247	872690	4587089	889580	5751571
房地产	1163639	83097	1098793	89986	735081	286696	62445
租赁和商务服务	4752988	259176	2106029	661078	2066971	988284	400516
科学研究和技术服务	606527	55110	12599	89784	31628	1368	172
水利、环境和公共设施管理	50749	24135	1756	17380	128285	8930	9819
居民服务、修理和其他服务	56413	214481	154253	25818	74262	6776	93921
教育	107108	24086	4722	9337	262634	12648	17244
卫生和社会工作	356051	26496	6980	40	0	0	0
文化、体育和娱乐	121080	40301	245745	72108	320393	34618	25868
公共管理、社会保障和社会组织	23904	5403	4624	35932	35588	7677	124720
中间投入合计	**21454662**	**21803385**	**11375074**	**7840348**	**16669215**	**3031755**	**15889284**
劳动者报酬	8427672	5511071	3859255	3331848	14195296	2255823	2645071
生产税净额	3328864	1684124	1471961	706041	6908419	3890814	605461
固定资产折旧	1666818	4438977	958021	1261018	1194796	279522	972542
营业盈余	19788780	2722659	2296686	3296104	13328893	14664987	2527830
增加值合计	**33212134**	**14356831**	**8585923**	**8595011**	**35627404**	**21091146**	**6750904**
总投入	**54666796**	**36160216**	**19960997**	**16435359**	**52296619**	**24122901**	**22640188**

续5

投入 \ 产出	中间使用						
	科学研究和技术服务	水利、环境和公共设施管理	居民服务、修理和其他服务	教育	卫生和社会工作	文化、体育和娱乐	公共管理、社会保障和社会组织
农林牧渔产品和服务	253249	526304	63537	41358	5261	8190	0
煤炭采选产品	0	0	0	0	0	6	0
石油和天然气开采产品	0	0	0	0	0	0	0
金属矿采选产品	0	0	39	0	0	0	0
非金属矿和其他矿采选产品	4130	82	39	47	0	52	7
食品和烟草	28444	2538	18520	6921	862	97455	66387
纺织品	78	17470	18194	5301	2	806	19649
纺织服装鞋帽皮革羽绒及其制品	7791	45235	96272	2952	593	11024	12821
木材加工品和家具	25627	18260	74157	131	59	4968	145
造纸印刷和文教体育用品	394618	66904	142600	314119	39665	985568	405251
石油、炼焦产品和核燃料加工品	31574	54728	675851	94769	20254	19513	113429
化学产品	105998	37695	486677	551713	3690627	43394	36513
非金属矿物制品	3548	677	46	13966	138	200	33253
金属冶炼和压延加工品	55234	555	301	231	23	102	0
金属制品	980231	133134	40755	3570	719	14098	6308
通用设备	76874	27204	39544	3762	5093	27799	7450
专用设备	2858	2270	273	988	1464703	250	2524
交通运输设备	113774	17774	24093	262951	8509	11095	244579
电气机械和器材	482271	17124	114231	731	462018	2642	0
通信设备、计算机和其他电子设备	183913	5214	74725	3247	5692	148571	17878
仪器仪表	285658	26216	89835	27269	321	140	62057
其他制造产品	20344	56502	120286	7912	272	1621	0
废品废料	7	0	0	0	0	0	0
金属制品、机械和设备修理服务	75837	9373	2225	29164	7318	7385	17569
电力、热力的生产和供应	94525	136023	104346	147829	117411	87351	204274
燃气生产和供应	92	21242	195218	720	0	4841	0
水的生产和供应	7305	19029	20462	11742	9830	2730	10053
建筑	16871	9531	22177	100522	41658	18197	53162
批发和零售	261208	82726	140320	77286	455455	95143	65890
交通运输、仓储和邮政	590949	48037	121596	258756	69175	66124	310897
住宿和餐饮	780451	38944	101926	249327	22148	77008	440837
信息传输、软件和信息技术服务	97773	15736	59409	181074	23843	41022	248692
金融	254728	160025	233393	53761	22428	226550	185547
房地产	148300	45465	228846	68606	67599	68521	115046
租赁和商务服务	288569	129614	214341	45005	53500	178131	129967
科学研究和技术服务	514726	209	30889	544	452806	67	861
水利、环境和公共设施管理	24691	105767	7455	6479	1543	5279	17244
居民服务、修理和其他服务	46357	45561	30067	1615233	149405	56576	1264082
教育	11746	5729	5023	982438	19032	13951	103387
卫生和社会工作	0	0	0	0	1252061	7649	0
文化、体育和娱乐	71104	13536	19802	80973	16063	191934	251204
公共管理、社会保障和社会组织	10057	1213	2770	12072	10759	2721	355870
中间投入合计	**6351510**	**1943646**	**3620240**	**5263469**	**8496845**	**2528674**	**4802833**
劳动者报酬	1120492	727005	3060815	5990306	3965734	1367722	11071501
生产税净额	217729	99068	291058	36322	19570	223346	356948
固定资产折旧	123662	351882	288054	842462	375677	388635	811944
营业盈余	952574	406952	1323662	36445	1057044	222543	250080
增加值合计	**2414457**	**1584907**	**4963589**	**6905535**	**5418025**	**2202246**	**12490473**
总投入	**8765967**	**3528553**	**8583829**	**12169004**	**13914870**	**4730920**	**17293306**

续6

投入＼产出	中间使用小计	最终使用 农村居民	城镇居民	居民消费小计	政府消费	最终消费合计
农林牧渔产品和服务	**21606420**	1350587	10294734	11645321	142243	**11787564**
煤炭采选产品	**15732823**	25475	7276	32751	0	**32751**
石油和天然气开采产品	**15465426**	0	0	0	0	**0**
金属矿采选产品	**3628850**	0	0	0	0	**0**
非金属矿和其他矿采选产品	**3975507**	0	0	0	0	**0**
食品和烟草	**12132125**	5021540	10638544	15660084	0	**15660084**
纺织品	**43612163**	275998	817943	1093941	0	**1093941**
纺织服装鞋帽皮革羽绒及其制品	**13510332**	1407558	8965322	10372880	0	**10372880**
木材加工品和家具	**10172814**	531418	762003	1293421	0	**1293421**
造纸印刷和文教体育用品	**26943357**	126232	1226358	1352590	0	**1352590**
石油、炼焦产品和核燃料加工品	**16680031**	703095	3903958	4607053	0	**4607053**
化学产品	**114187455**	1098125	4163015	5261140	0	**5261140**
非金属矿物制品	**28079805**	627592	713515	1341107	0	**1341107**
金属冶炼和压延加工品	**111658847**	208032	84218	292250	0	**292250**
金属制品	**18988667**	289038	183415	472453	0	**472453**
通用设备	**27938293**	31	118983	119014	0	**119014**
专用设备	**8988613**	0	61911	61911	0	**61911**
交通运输设备	**21173058**	1018287	4413123	5431410	0	**5431410**
电气机械和器材	**32942418**	160984	1911735	2072719	0	**2072719**
通信设备、计算机和其他电子设备	**17735921**	885051	1992083	2877134	0	**2877134**
仪器仪表	**5153478**	9958	322435	332393	0	**332393**
其他制造产品	**2298043**	597376	1435989	2033365	0	**2033365**
废品废料	**8979128**	0	0	0	0	**0**
金属制品、机械和设备修理服务	**3135652**	0	0	0	0	**0**
电力、热力的生产和供应	**41342862**	1135185	1808986	2944171	0	**2944171**
燃气生产和供应	**1055303**	339250	384837	724087	0	**724087**
水的生产和供应	**1014654**	127252	666022	793274	0	**793274**
建筑	**2623626**	255826	0	255826	0	**255826**
批发和零售	**34109775**	1209586	4921976	6131562	0	**6131562**
交通运输、仓储和邮政	**30595136**	506854	2521424	3028278	561076	**3589354**
住宿和餐饮	**7186261**	1536943	9425749	10962692	0	**10962692**
信息传输、软件和信息技术服务	**9633772**	724905	3896940	4621845	0	**4621845**
金融	**45362769**	1367062	5524077	6891139	2745	**6893884**
房地产	**4910039**	579133	1077235	1656368	0	**1656368**
租赁和商务服务	**19419687**	87154	3574690	3661844	370215	**4032059**
科学研究和技术服务	**6073981**	0	0	0	2691986	**2691986**
水利、环境和公共设施管理	**719757**	19319	381345	400664	2030505	**2431169**
居民服务、修理和其他服务	**5291595**	544610	2660492	3205102	0	**3205102**
教育	**1866273**	1147767	3649818	4797585	5712097	**10509682**
卫生和社会工作	**1877933**	1129896	1469922	2599818	9437163	**12036981**
文化、体育和娱乐	**2170000**	311760	1380741	1692501	939026	**2631527**
公共管理、社会保障和社会组织	**1742011**	0	0	0	15551295	15551295
中间投入合计	**801714660**	**25358879**	**95360814**	**120719693**	**37438351**	**158158044**
劳动者报酬	**147757581**					
生产税净额	**53531763**					
固定资产折旧	**38292678**					
营业盈余	**119528455**					
增加值合计	**359110477**					
总投入	**1160825137**					

续 7

投入 \ 产出	最终使用				
	固定资本形成总额	存货增加	资本形成总额合计	出口	国内省外流出
农林牧渔产品和服务	2693080	114728	**2807808**	180684	1650504
煤炭采选产品	0	191998	**191998**	0	62392
石油和天然气开采产品	0	8	**8**	595212	0
金属矿采选产品	0	4504	**4504**	90	3600775
非金属矿和其他矿采选产品	0	60652	**60652**	18132	391744
食品和烟草	0	432064	**432064**	2315462	8843288
纺织品	0	308959	**308959**	23118399	11309259
纺织服装鞋帽皮革羽绒及其制品	0	367258	**367258**	10083554	19279689
木材加工品和家具	352159	166303	**518462**	6929914	2919237
造纸印刷和文教体育用品	27957	343738	**371695**	3832592	9002009
石油、炼焦产品和核燃料加工品	0	654751	**654751**	1770096	7821634
化学产品	0	1571362	**1571362**	17704886	28550107
非金属矿物制品	0	966083	**966083**	1217391	2224182
金属冶炼和压延加工品	0	-476878	**-476878**	3455425	7763158
金属制品	1232785	998671	**2231456**	6527892	6265814
通用设备	9092072	219380	**9311452**	12919023	12857284
专用设备	13199065	73756	**13272821**	4114032	2534447
交通运输设备	1449951	182741	**1632692**	8155519	15948677
电气机械和器材	2339584	207000	**2546584**	14798709	12484337
通信设备、计算机和其他电子设备	1009822	219892	**1229714**	3205826	4346856
仪器仪表	609327	29395	**638722**	2953424	1573489
其他制造产品	0	61026	**61026**	2627220	1354894
废品废料	0	-5700	**-5700**	14552	1038389
金属制品、机械和设备修理服务	0	0	**0**	0	11822
电力、热力的生产和供应	0	0	**0**	0	163648
燃气生产和供应	0	0	**0**	0	249388
水的生产和供应	0	0	**0**	0	0
建筑	88100487	0	**88100487**	0	0
批发和零售	1702453	543111	**2245564**	11637216	12595308
交通运输、仓储和邮政	197928	85078	**283006**	3029129	5084463
住宿和餐饮	0	0	**0**	0	9797379
信息传输、软件和信息技术服务	0	0	**0**	2347693	187743
金融	0	0	**0**	11748	46169
房地产	17556494	0	**17556494**	0	0
租赁和商务服务	0	0	**0**	3274584	0
科学研究和技术服务	0	0	**0**	0	0
水利、环境和公共设施管理	0	0	**0**	0	1923609
居民服务、修理和其他服务	0	0	**0**	0	443904
教育	0	0	**0**	133920	84960
卫生和社会工作	0	0	**0**	102837	0
文化、体育和娱乐	0	0	**0**	91923	2089870
公共管理、社会保障和社会组织	0	0	**0**	0	0
中间投入合计	**139563164**	**7319880**	**146883044**	**147167084**	**194500428**
劳动者报酬					
生产税净额					
固定资产折旧					
营业盈余					
增加值合计					
总投入					

续 8

投入 \ 产出	最终使用合计	进口	国内省外流入	总产出
农林牧渔产品和服务	**16426560**	1467573	9978708	**26586699**
煤炭采选产品	**287141**	79243	15859846	**80875**
石油和天然气开采产品	**595220**	775485	15285161	**0**
金属矿采选产品	**3605369**	4880314	1877254	**476651**
非金属矿和其他矿采选产品	**470528**	50068	2591220	**1804747**
食品和烟草	**27250898**	1610427	7266123	**30506473**
纺织品	**35830558**	1194155	5983030	**72265536**
纺织服装鞋帽皮革羽绒及其制品	**40103381**	325025	3643966	**49644722**
木材加工品和家具	**11661034**	983707	1777461	**19072680**
造纸印刷和文教体育用品	**14558886**	1339096	1947077	**38216070**
石油、炼焦产品和核燃料加工品	**14853534**	3139782	13174236	**15219547**
化学产品	**53087495**	17335813	23067523	**126871614**
非金属矿物制品	**5748763**	147266	11190956	**22490346**
金属冶炼和压延加工品	**11033955**	4157922	62733227	**55801653**
金属制品	**15497615**	308813	1052862	**33124607**
通用设备	**35206773**	2098826	3124991	**57921249**
专用设备	**19983211**	1680479	2479938	**24811407**
交通运输设备	**31168298**	196407	3159423	**48985526**
电气机械和器材	**31902349**	2166432	2930346	**59747989**
通信设备、计算机和其他电子设备	**11659530**	399174	4438267	**24558010**
仪器仪表	**5498028**	2392372	374261	**7884873**
其他制造产品	**6076505**	765022	2115585	**5493941**
废品废料	**1047241**	5491121	578140	**3957108**
金属制品、机械和设备修理服务	**11822**	0	1032843	**2114631**
电力、热力的生产和供应	**3107819**	0	1348668	**43102013**
燃气生产和供应	**973475**	0	0	**2028778**
水的生产和供应	**793274**	0	0	**1807928**
建筑	**88356313**	0	0	**90979939**
批发和零售	**32609650**	2315159	9737470	**54666796**
交通运输、仓储和邮政	**11985952**	1443768	4977104	**36160216**
住宿和餐饮	**20760071**	0	7985335	**19960997**
信息传输、软件和信息技术服务	**7157281**	35748	319946	**16435359**
金融	**6951801**	16886	1065	**52296619**
房地产	**19212862**	0	0	**24122901**
租赁和商务服务	**7306643**	4086142	0	**22640188**
科学研究和技术服务	**2691986**	0	0	**8765967**
水利、环境和公共设施管理	4354778	0	1545982	3528553
居民服务、修理和其他服务	**3649006**	0	356772	**8583829**
教育	**10728562**	201631	224200	**12169004**
卫生和社会工作	**12139818**	102881	0	**13914870**
文化、体育和娱乐	**4813320**	415767	1836633	**4730920**
公共管理、社会保障和社会组织	**15551295**	0	0	**17293306**
中间投入合计	**646708600**	**61602504**	**225995619**	**1160825137**
劳动者报酬				
生产税净额				
固定资产折旧				
营业盈余				
增加值合计				
总投入				

附表 8 浙江省投入产出直接消耗系数表(2012 年)

投入 \ 产出	农林牧渔产品和服务	煤炭采选产品	石油和天然气开采产品	金属矿采选产品	非金属矿和其他矿采选产品	食品和烟草	纺织品
农林牧渔产品和服务	0.0487485	0.0000618	0.0000000	0.0001133	0.0003175	0.2343551	0.0480520
煤炭采选产品	0.0000000	0.3420958	0.0000000	0.0104941	0.0106530	0.0026892	0.0055909
石油和天然气开采产品	0.0000000	0.0000000	0.0000000	0.0000587	0.0000000	0.0006194	0.0006978
金属矿采选产品	0.0000000	0.0000000	0.0000000	0.2927488	0.0000000	0.0000000	0.0000000
非金属矿和其他矿采选产品	0.0004601	0.0000000	0.0000000	0.0008035	0.1960380	0.0006991	0.0000335
食品和烟草	0.0806119	0.0001607	0.0000000	0.0002685	0.0005502	0.2068192	0.0014167
纺织品	0.0000000	0.0000124	0.0000000	0.0002035	0.0000349	0.0009673	0.3571548
纺织服装鞋帽皮革羽绒及其制品	0.0000000	0.0062937	0.0000000	0.0024169	0.0030907	0.0009108	0.0018579
木材加工品和家具	0.0006532	0.0141947	0.0000000	0.0006105	0.0008007	0.0003013	0.0039990
造纸印刷和文教体育用品	0.0000000	0.0013354	0.0000000	0.0021546	0.0028397	0.0348277	0.0060921
石油、炼焦产品和核燃料加工品	0.0030505	0.0007913	0.0000000	0.0067576	0.0437962	0.0044018	0.0034934
化学产品	0.0627257	0.0001484	0.0000000	0.0371194	0.0477685	0.0600280	0.2008829
非金属矿物制品	0.0014353	0.0000247	0.0000000	0.0009189	0.0084139	0.0130776	0.0004825
金属冶炼和压延加工品	0.0002831	0.0000000	0.0000000	0.0878316	0.0048417	0.0011777	0.0031608
金属制品	0.0203623	0.0000000	0.0000000	0.0052533	0.0019177	0.0100113	0.0013150
通用设备	0.0000000	0.0000495	0.0000000	0.0125333	0.0138934	0.0029202	0.0046807
专用设备	0.0562932	0.0000000	0.0000000	0.1147422	0.0187107	0.0010562	0.0011679
交通运输设备	0.0005917	0.0000000	0.0000000	0.0019763	0.0007713	0.0003669	0.0000831
电气机械和器材	0.0000000	0.0000000	0.0000000	0.0043092	0.0158576	0.0008748	0.0020344
通信设备、计算机和其他电子设备	0.0000000	0.0000124	0.0000000	0.0002601	0.0001651	0.0001625	0.0007740
仪器仪表	0.0000000	0.0093601	0.0000000	0.0009231	0.0011021	0.0002715	0.0006041
其他制造产品	0.0000000	0.0000000	0.0000000	0.0000084	0.0000000	0.0000414	0.0001212
废品废料	0.0000000	0.0002968	0.0000000	0.0000189	0.0084810	0.0002188	0.0002897
金属制品、机械和设备修理服务	0.0007870	0.0014096	0.0000000	0.0102570	0.0170035	0.0023685	0.0029258
电力、热力的生产和供应	0.0039267	0.0333849	0.0000000	0.0388083	0.0959453	0.0327033	0.0366127
燃气生产和供应	0.0000000	0.0000000	0.0000000	0.0000839	0.0000000	0.0005507	0.0000294
水的生产和供应	0.0000000	0.0007172	0.0000000	0.0002308	0.0011015	0.0009234	0.0008490
建筑	0.0000000	0.0011005	0.0000000	0.0002601	0.0002427	0.0004973	0.0002229
批发和零售	0.0163079	0.0111777	0.0000000	0.0196202	0.0150941	0.0444051	0.0754588
交通运输、仓储和邮政	0.0024447	0.0464544	0.0000000	0.0178558	0.0954466	0.0271931	0.0097222
住宿和餐饮	0.0000000	0.0035981	0.0000000	0.0055303	0.0106358	0.0044611	0.0020819
信息传输、软件和信息技术服务	0.0000000	0.0890757	0.0000000	0.0114801	0.0211509	0.0065225	0.0088557
金融	0.0213824	0.0133539	0.0000000	0.0205014	0.0240566	0.0241432	0.0218685
房地产	0.0000000	0.0001978	0.0000000	0.0000713	0.0015786	0.0003952	0.0004406
租赁和商务服务	0.0004960	0.0011623	0.0000000	0.0162761	0.0169797	0.0188601	0.0041557
科学研究和技术服务	0.0039907	0.0071345	0.0000000	0.0033861	0.0049126	0.0009401	0.0007436
水利、环境和公共设施管理	0.0024199	0.0004080	0.0000000	0.0005790	0.0013326	0.0003153	0.0001979
居民服务、修理和其他服务	0.0030371	0.0035858	0.0000000	0.0023560	0.0136612	0.0018589	0.0004568
教育	0.0000000	0.0020402	0.0000000	0.0005497	0.0016551	0.0004090	0.0001719
卫生和社会工作	0.0086004	0.0000000	0.0000000	0.0000000	0.0000000	0.0000000	0.0000000
文化、体育和娱乐	0.0000000	0.0007790	0.0000000	0.0013469	0.0030076	0.0007595	0.0004968
公共管理、社会保障和社会组织	0.0340553	0.0000371	0.0000000	0.0013448	0.0001141	0.0003247	0.0000807
中间投入	**0.3726638**	**0.5904544**	**0.0000000**	**0.7330626**	**0.7039624**	**0.7444287**	**0.8093552**
劳动者报酬	0.6048363	0.1818980	0.0000000	0.0727954	0.0589872	0.0685715	0.0607501
生产税净额	-0.0278147	0.4880247	0.0000000	0.0242861	0.1259318	0.0737483	0.0238748
固定资产折旧	0.0503146	0.0274003	0.0000000	0.0162865	0.0267772	0.0249243	0.0264638
营业盈余	0.0000000	-0.2877774	0.0000000	0.1535694	0.0843415	0.0883272	0.0795560
增加值	**0.6273362**	**0.4095456**	**0.0000000**	**0.2669374**	**0.2960376**	**0.2555713**	**0.1906448**
总投入	**1.0000000**	**1.0000000**	**0.0000000**	**1.0000000**	**1.0000000**	**1.0000000**	**1.0000000**

续1

投入＼产出	纺织服装鞋帽皮革羽绒及其制品	木材加工品和家具	造纸印刷和文教体育用品	石油、炼焦产品和核燃料加工品	化学产品	非金属矿物制品	金属冶炼和压延加工品
农林牧渔产品和服务	0.0130602	0.0606910	0.0180046	0.0000102	0.0161207	0.0000389	0.0000110
煤炭采选产品	0.0012059	0.0018034	0.0096961	0.0063669	0.0074569	0.0494924	0.0160084
石油和天然气开采产品	0.0000766	0.0005666	0.0002341	0.6795902	0.0206044	0.0079702	0.0023493
金属矿采选产品	0.0000000	0.0000376	0.0024078	0.0000000	0.0005304	0.0054935	0.0524477
非金属矿和其他矿采选产品	0.0000038	0.0001918	0.0004765	0.0000004	0.0017517	0.0814676	0.0011337
食品和烟草	0.0042385	0.0027639	0.0044279	0.0002187	0.0044506	0.0011794	0.0001049
纺织品	0.2634901	0.0244817	0.0262941	0.0001249	0.0122748	0.0022839	0.0001599
纺织服装鞋帽皮革羽绒及其制品	0.2195075	0.0184203	0.0052707	0.0002603	0.0029991	0.0026043	0.0005060
木材加工品和家具	0.0017683	0.3100806	0.0218805	0.0001813	0.0015607	0.0019248	0.0003362
造纸印刷和文教体育用品	0.0174549	0.0263857	0.3136270	0.0001255	0.0135436	0.0154444	0.0026112
石油、炼焦产品和核燃料加工品	0.0047822	0.0043801	0.0055536	0.0677522	0.0350220	0.0162937	0.0103932
化学产品	0.0784366	0.0684849	0.0989715	0.0245527	0.5089560	0.0620671	0.0046876
非金属矿物制品	0.0010634	0.0121658	0.0057293	0.0000913	0.0108262	0.2171322	0.0053018
金属冶炼和压延加工品	0.0022576	0.0387659	0.0530182	0.0000742	0.0088619	0.0335252	0.5688266
金属制品	0.0032387	0.0225640	0.0187548	0.0001813	0.0051817	0.0054505	0.0020896
通用设备	0.0037912	0.0130909	0.0084996	0.0004976	0.0071821	0.0060720	0.0051250
专用设备	0.0013750	0.0124663	0.0025052	0.0001267	0.0028261	0.0080713	0.0131825
交通运输设备	0.0005965	0.0002672	0.0008752	0.0000304	0.0001384	0.0012520	0.0015357
电气机械和器材	0.0004308	0.0055223	0.0088125	0.0001829	0.0041907	0.0053471	0.0025696
通信设备、计算机和其他电子设备	0.0006480	0.0002336	0.0018051	0.0000279	0.0008336	0.0016169	0.0002723
仪器仪表	0.0000746	0.0000159	0.0003725	0.0005659	0.0006268	0.0011821	0.0004357
其他制造产品	0.0059061	0.0001515	0.0000548	0.0000027	0.0000652	0.0002554	0.0000778
废品废料	0.0003729	0.0009154	0.0311261	0.0001312	0.0031128	0.0183303	0.0563920
金属制品、机械和设备修理服务	0.0029966	0.0039040	0.0043993	0.0004028	0.0042718	0.0072869	0.0036272
电力、热力的生产和供应	0.0142033	0.0189531	0.0422398	0.0040925	0.0389127	0.0633302	0.0361117
燃气生产和供应	0.0000000	0.0000137	0.0001079	0.0000000	0.0000316	0.0001598	0.0005835
水的生产和供应	0.0005314	0.0012205	0.0006309	0.0000781	0.0005494	0.0009005	0.0005799
建筑	0.0003713	0.0003700	0.0004086	0.0000805	0.0003984	0.0008803	0.0002761
批发和零售	0.0744661	0.0371689	0.0310007	0.0417849	0.0240504	0.0410457	0.0146144
交通运输、仓储和邮政	0.0129451	0.0271131	0.0181009	0.0101624	0.0195346	0.0467611	0.0114276
住宿和餐饮	0.0031536	0.0043464	0.0038292	0.0001842	0.0043953	0.0055490	0.0015021
信息传输、软件和信息技术服务	0.0133275	0.0096519	0.0077691	0.0003391	0.0043953	0.0065334	0.0030011
金融	0.0200926	0.0214741	0.0265304	0.0056747	0.0291753	0.0433512	0.0269572
房地产	0.0014015	0.0015206	0.0017813	0.0000288	0.0004976	0.0013483	0.0004465
租赁和商务服务	0.0105930	0.0114387	0.0073173	0.0032227	0.0124889	0.0104419	0.0026313
科学研究和技术服务	0.0013627	0.0020598	0.0011925	0.0000627	0.0029289	0.0010550	0.0006476
水利、环境和公共设施管理	0.0002715	0.0003355	0.0003396	0.0000168	0.0002510	0.0005780	0.0002285
居民服务、修理和其他服务	0.0014424	0.0014524	0.0013803	0.0001586	0.0024590	0.0023567	0.0005102
教育	0.0004056	0.0005216	0.0005403	0.0000624	0.0002645	0.0003686	0.0001443
卫生和社会工作	0.0000000	0.0000000	0.0000000	0.0000000	0.0000000	0.0000000	0.0000000
文化、体育和娱乐	0.0006177	0.0008653	0.0007574	0.0000293	0.0006603	0.0010243	0.0003337
公共管理、社会保障和社会组织	0.0001803	0.0001437	0.0002552	0.0000039	0.0001472	0.0001656	0.0000949
中间投入	**0.7821418**	**0.7669994**	**0.7869785**	**0.8474800**	**0.8145287**	**0.7776314**	**0.8502754**
劳动者报酬	0.1036222	0.0931727	0.0819242	0.0116664	0.0547067	0.0706348	0.0359833
生产税净额	0.0242957	0.0684846	0.0541605	0.1092726	0.0309893	0.0507197	0.0197932
固定资产折旧	0.0181601	0.0197665	0.0336888	0.0141926	0.0342092	0.0337999	0.0259183
营业盈余	0.0717803	0.0515768	0.0432480	0.0173884	0.0655661	0.0672141	0.0680297
增加值	**0.2178582**	**0.2330006**	**0.2130215**	**0.1525200**	**0.1854713**	**0.2223686**	**0.1497246**
总投入	**1.0000000**	**1.0000000**	**1.0000000**	**1.0000000**	**1.0000000**	**1.0000000**	**1.0000000**

续2

投入＼产出	金属制品	通用设备	专用设备	交通运输设备	电气机械和器材	通信设备、计算机和其他电子设备	仪器仪表
农林牧渔产品和服务	0.0018250	0.0000130	0.0000196	0.0000263	0.0000189	0.0000360	0.0000082
煤炭采选产品	0.0022389	0.0007272	0.0006090	0.0008885	0.0002128	0.0004418	0.0001551
石油和天然气开采产品	0.0016690	0.0004027	0.0003411	0.0009390	0.0005470	0.0000772	0.0000178
金属矿采选产品	0.0017438	0.0002770	0.0003441	0.0018646	0.0007152	0.0004670	0.0011450
非金属矿和其他矿采选产品	0.0004018	0.0000300	0.0000850	0.0000432	0.0002970	0.0000926	0.0000153
食品和烟草	0.0001953	0.0002282	0.0002840	0.0001455	0.0001784	0.0002212	0.0002691
纺织品	0.0010553	0.0006346	0.0008122	0.0008836	0.0003387	0.0000865	0.0007246
纺织服装鞋帽皮革羽绒及其制品	0.0015512	0.0009716	0.0036924	0.0008599	0.0012015	0.0007230	0.0009788
木材加工品和家具	0.0033993	0.0024185	0.0014158	0.0019323	0.0029095	0.0003153	0.0009196
造纸印刷和文教体育用品	0.0121223	0.0080526	0.0055609	0.0047299	0.0099830	0.0050619	0.0133826
石油、炼焦产品和核燃料加工品	0.0049451	0.0060884	0.0046381	0.0027392	0.0029023	0.0016108	0.0012929
化学产品	0.0556951	0.0183384	0.0337662	0.0422960	0.0588581	0.0283349	0.0430713
非金属矿物制品	0.0199227	0.0076664	0.0052566	0.0038575	0.0258852	0.0214322	0.0426229
金属冶炼和压延加工品	0.3586760	0.2429099	0.2198134	0.1303402	0.2061713	0.1036911	0.0480644
金属制品	0.1018850	0.0412882	0.0275274	0.0179710	0.0315823	0.0161695	0.0193024
通用设备	0.0249857	0.2300953	0.1250491	0.0636415	0.0428168	0.0156739	0.0237429
专用设备	0.0070479	0.0083443	0.0725909	0.0027972	0.0154023	0.0065126	0.0212488
交通运输设备	0.0005677	0.0078112	0.0013767	0.3613850	0.0009385	0.0000559	0.0001361
电气机械和器材	0.0132044	0.0565503	0.0548921	0.0321676	0.2519073	0.0730957	0.1123352
通信设备、计算机和其他电子设备	0.0034619	0.0155460	0.0173142	0.0072497	0.0484174	0.3847194	0.1571155
仪器仪表	0.0063182	0.0172725	0.0149892	0.0039849	0.0097396	0.0136094	0.1538368
其他制造产品	0.0001197	0.0002098	0.0000262	0.0000300	0.0020952	0.0000401	0.0060397
废品废料	0.0128366	0.0059196	0.0052293	0.0045127	0.0001227	0.0003264	0.0000597
金属制品、机械和设备修理服务	0.0026788	0.0032002	0.0019886	0.0037209	0.0014503	0.0019334	0.0019693
电力、热力的生产和供应	0.0366663	0.0166597	0.0171032	0.0117906	0.0127095	0.0118287	0.0099466
燃气生产和供应	0.0014802	0.0003735	0.0002634	0.0000310	0.0000003	0.0000090	0.0000000
水的生产和供应	0.0009146	0.0003860	0.0004517	0.0003086	0.0002257	0.0004673	0.0003314
建筑	0.0003437	0.0002690	0.0002754	0.0004603	0.0002257	0.0002511	0.0001602
批发和零售	0.0180737	0.0192651	0.0173222	0.0196989	0.0228352	0.0354423	0.0290323
交通运输、仓储和邮政	0.0176555	0.0143579	0.0148389	0.0118954	0.0115767	0.0093729	0.0120743
住宿和餐饮	0.0038395	0.0049034	0.0072528	0.0022904	0.0034675	0.0043495	0.0061524
信息传输、软件和信息技术服务	0.0088398	0.0105321	0.0131049	0.0043321	0.0038798	0.0069195	0.0077570
金融	0.0260943	0.0217275	0.0196290	0.0223751	0.0195649	0.0153700	0.0138166
房地产	0.0012430	0.0011058	0.0017655	0.0005177	0.0006677	0.0012192	0.0021770
租赁和商务服务	0.0080342	0.0073392	0.0088709	0.0065194	0.0098404	0.0097641	0.0116063
科学研究和技术服务	0.0043585	0.0035844	0.0034359	0.0024601	0.0033189	0.0013892	0.0041415
水利、环境和公共设施管理	0.0003165	0.0003823	0.0005518	0.0001963	0.0002187	0.0003322	0.0004255
居民服务、修理和其他服务	0.0013492	0.0019010	0.0030085	0.0012010	0.0013373	0.0009645	0.0021768
教育	0.0003687	0.0004285	0.0003810	0.0001543	0.0002701	0.0002489	0.0005820
卫生和社会工作	0.0000000	0.0000000	0.0000000	0.0000000	0.0000000	0.0000000	0.0000000
文化、体育和娱乐	0.0006537	0.0009309	0.0011109	0.0003918	0.0004967	0.0006351	0.0009875
公共管理、社会保障和社会组织	0.0001648	0.0001741	0.0001984	0.0000712	0.0001976	0.0000809	0.0003895
中间投入	**0.7689430**	**0.7793162**	**0.7071866**	**0.7737003**	**0.8055240**	**0.7733722**	**0.7502109**
劳动者报酬	0.0831102	0.0819250	0.0907800	0.0876074	0.0774293	0.0829723	0.1039819
生产税净额	0.0644713	0.0802780	0.0485780	0.0345644	0.0307263	0.0279561	0.0179879
固定资产折旧	0.0245589	0.0241372	0.0299227	0.0275398	0.0233131	0.0241419	0.0197682
营业盈余	0.0589166	0.0343437	0.1235327	0.0765882	0.0630073	0.0915576	0.1080511
增加值	**0.2310570**	**0.2206838**	**0.2928134**	**0.2262997**	**0.1944760**	**0.2266278**	**0.2497891**
总投入	**1.0000000**	**1.0000000**	**1.0000000**	**1.0000000**	**1.0000000**	**1.0000000**	**1.0000000**

续3

投入＼产出	其他制造产品	废品废料	金属制品、机械和设备修理服务	电力、热力的生产和供应	燃气生产和供应	水的生产和供应	建筑
农林牧渔产品和服务	0.0052021	0.0000131	0.0000884	0.0002012	0.0000089	0.0009099	0.0126941
煤炭采选产品	0.1137277	0.0003538	0.0143680	0.2374043	0.0000000	0.0000088	0.0064934
石油和天然气开采产品	0.0000335	0.0000000	0.0021460	0.0170926	0.5892133	0.0000000	0.0000042
金属矿采选产品	0.0000000	0.0104584	0.0000000	0.0000000	0.0000000	0.0000000	0.0000000
非金属矿和其他矿采选产品	0.0002286	0.0040391	0.0000000	0.0001495	0.0000000	0.0005609	0.0151290
食品和烟草	0.0093971	0.0001069	0.0004469	0.0000532	0.0000370	0.0017987	0.0003076
纺织品	0.0657588	0.0004963	0.0000061	0.0000016	0.0000020	0.0000310	0.0001526
纺织服装鞋帽皮革羽绒及其制品	0.0122466	0.0016939	0.0022486	0.0006801	0.0002445	0.0058354	0.0032346
木材加工品和家具	0.0087354	0.0015049	0.0002152	0.0000443	0.0000330	0.0001538	0.0205927
造纸印刷和文教体育用品	0.0241533	0.0035483	0.0044263	0.0006595	0.0004766	0.0055030	0.0030938
石油、炼焦产品和核燃料加工品	0.0039201	0.0026641	0.0071573	0.0053867	0.0000414	0.0023320	0.0123099
化学产品	0.1443090	0.0739922	0.0097275	0.0006844	0.0015936	0.0356502	0.0298454
非金属矿物制品	0.0035283	0.0065525	0.0010739	0.0001955	0.0001065	0.0004906	0.1821136
金属冶炼和压延加工品	0.0852563	0.0096098	0.1534901	0.0002842	0.0015458	0.0005509	0.2295463
金属制品	0.0250926	0.0070471	0.0207620	0.0004638	0.0002642	0.0005752	0.0317427
通用设备	0.0122317	0.0027485	0.0524063	0.0048686	0.0019923	0.0091187	0.0070085
专用设备	0.0009956	0.0000296	0.0000672	0.0005189	0.0000296	0.0031268	0.0014624
交通运输设备	0.0003247	0.0003801	0.0021101	0.0000194	0.0000143	0.0003789	0.0004258
电气机械和器材	0.0109910	0.0007521	0.0414370	0.0076246	0.0001922	0.0020548	0.0331955
通信设备、计算机和其他电子设备	0.0019740	0.0000776	0.0001343	0.0001548	0.0000232	0.0005603	0.0014719
仪器仪表	0.0176576	0.0000207	0.0122631	0.0012550	0.0023699	0.0121161	0.0003937
其他制造产品	0.0235902	0.0000000	0.0000005	0.0000007	0.0000005	0.0000011	0.0000287
废品废料	0.0000058	0.5835499	0.1456637	0.0000013	0.0000015	0.0015211	0.0000000
金属制品、机械和设备修理服务	0.0055339	0.0009017	0.0267952	0.0047387	0.0001188	0.0559126	0.0003689
电力、热力的生产和供应	0.0339878	0.0242814	0.0264793	0.3847394	0.0005412	0.1514419	0.0149052
燃气生产和供应	0.0000000	0.0002019	0.0000000	0.0000000	0.1953925	0.0000000	0.0000716
水的生产和供应	0.0008595	0.0001653	0.0004143	0.0007501	0.0000325	0.0994752	0.0017061
建筑	0.0002978	0.0002694	0.0000000	0.0006292	0.0000498	0.0027540	0.0200936
批发和零售	0.0312239	0.0342791	0.0172347	0.0084633	0.0323865	0.0038945	0.0477093
交通运输、仓储和邮政	0.0274053	0.0122256	0.0112029	0.0204142	0.0071624	0.0069693	0.0200651
住宿和餐饮	0.0060589	0.0014061	0.0079319	0.0011327	0.0009488	0.0078737	0.0029342
信息传输、软件和信息技术服务	0.0109907	0.0031948	0.0091780	0.0030202	0.0013442	0.0495695	0.0013936
金融	0.0144805	0.0118571	0.0190894	0.0447171	0.0126165	0.1096664	0.0292656
房地产	0.0022330	0.0002487	0.0006422	0.0001270	0.0000611	0.0011245	0.0003520
租赁和商务服务	0.0145189	0.0020780	0.0099913	0.0043368	0.0051706	0.0250010	0.0074479
科学研究和技术服务	0.0020936	0.0002600	0.0001036	0.0010293	0.0001277	0.0015454	0.0286790
水利、环境和公共设施管理	0.0005229	0.0002221	0.0007311	0.0003856	0.0000779	0.0041628	0.0002027
居民服务、修理和其他服务	0.0015226	0.0002775	0.0013369	0.0011072	0.0001405	0.0076264	0.0025370
教育	0.0007732	0.0001301	0.0007415	0.0002724	0.0001336	0.0015404	0.0006076
卫生和社会工作	0.0000000	0.0000000	0.0000000	0.0000000	0.0000000	0.0000000	0.0000000
文化、体育和娱乐	0.0010284	0.0004736	0.0014830	0.0004329	0.0002327	0.0037701	0.0020453
公共管理、社会保障和社会组织	0.0001891	0.0000609	0.0000908	0.0018656	0.0000276	0.0004829	0.0001526
中间投入	**0.7230798**	**0.8021719**	**0.6036845**	**0.7559060**	**0.8547549**	**0.6160887**	**0.7717837**
劳动者报酬	0.1120999	0.0281082	0.2100182	0.0293087	0.0165834	0.1373146	0.1373963
生产税净额	0.0597646	0.0549027	0.0831748	0.0133871	0.0034400	0.0504965	0.0440890
固定资产折旧	0.0219151	0.0110899	0.0426051	0.0780936	0.0472881	0.1967285	0.0046668
营业盈余	0.0831407	0.1037273	0.0605174	0.1233047	0.0779336	-0.0006283	0.0420642
增加值	**0.2769202**	**0.1978281**	**0.3963155**	**0.2440940**	**0.1452451**	**0.3839113**	**0.2282163**
总投入	**1.0000000**	**1.0000000**	**1.0000000**	**1.0000000**	**1.0000000**	**1.0000000**	**1.0000000**

续4

投入 \ 产出	批发和零售	交通运输、仓储和邮政	住宿和餐饮	信息传输、软件和信息技术服务	金融	房地产	租赁和商务服务
农林牧渔产品和服务	0.0020131	0.0000182	0.1048975	0.0000813	0.0001434	0.0000201	0.0342789
煤炭采选产品	0.0000000	0.0000274	0.0000000	0.0000000	0.0000000	0.0000000	0.0000000
石油和天然气开采产品	0.0000000	0.0000000	0.0000000	0.0000000	0.0000000	0.0000000	0.0000000
金属矿采选产品	0.0000000	0.0000194	0.0000014	0.0000000	0.0000000	0.0000000	0.0000000
非金属矿和其他矿采选产品	0.0000000	0.0000166	0.0000004	0.0000000	0.0000000	0.0000002	0.0000007
食品和烟草	0.0008022	0.0006596	0.0979205	0.0010962	0.0023628	0.0003509	0.0004954
纺织品	0.0003805	0.0004036	0.0011753	0.0000854	0.0000506	0.0000264	0.0412887
纺织服装鞋帽皮革羽绒及其制品	0.0009995	0.0017971	0.0028636	0.0017237	0.0044804	0.0014065	0.0007754
木材加工品和家具	0.0001201	0.0002538	0.0010159	0.0034371	0.0004981	0.0003446	0.0000806
造纸印刷和文教体育用品	0.0040196	0.0052867	0.0252842	0.0707145	0.0427434	0.0038871	0.0251427
石油、炼焦产品和核燃料加工品	0.0100079	0.1177488	0.0026637	0.0036778	0.0023086	0.0011722	0.0311678
化学产品	0.0010154	0.0027164	0.0035272	0.0180266	0.0134911	0.0000944	0.0006015
非金属矿物制品	0.0000038	0.0002727	0.0006266	0.0000181	0.0000000	0.0000526	0.0000059
金属冶炼和压延加工品	0.0000386	0.0004032	0.0000063	0.0000003	0.0000001	0.0000009	0.0000019
金属制品	0.0049341	0.0003392	0.0008199	0.0000222	0.0111668	0.0000912	0.0390829
通用设备	0.0003543	0.0015826	0.0084454	0.0009924	0.0054636	0.0018305	0.0015155
专用设备	0.0000082	0.0002525	0.0002643	0.0000108	0.0003181	0.0001981	0.0012248
交通运输设备	0.0000233	0.0321858	0.0005242	0.0014673	0.0006219	0.0002717	0.0309898
电气机械和器材	0.0002265	0.0008209	0.0014955	0.0405999	0.0002658	0.0000945	0.0775551
通信设备、计算机和其他电子设备	0.0001959	0.0002420	0.0011744	0.0646910	0.0008853	0.0001903	0.0124760
仪器仪表	0.0000033	0.0001145	0.0000048	0.0181953	0.0000000	0.0000046	0.0000175
其他制造产品	0.0000322	0.0002533	0.0101350	0.0000531	0.0000768	0.0001203	0.0538518
废品废料	0.0000000	0.0000000	0.0000000	0.0000000	0.0000000	0.0000000	0.0000000
金属制品、机械和设备修理服务	0.0019427	0.0029001	0.0001697	0.0007603	0.0001590	0.0003903	0.0004822
电力、热力的生产和供应	0.0109832	0.0054968	0.0487239	0.0116717	0.0054537	0.0094251	0.0022399
燃气生产和供应	0.0001660	0.0030621	0.0079032	0.0000000	0.0000000	0.0002852	0.0001130
水的生产和供应	0.0017085	0.0002474	0.0016264	0.0000991	0.0003776	0.0000608	0.0002930
建筑	0.0008349	0.0010935	0.0011348	0.0003719	0.0023399	0.0005465	0.0005181
批发和零售	0.0314889	0.0109355	0.0203854	0.0213831	0.0060329	0.0007166	0.0324162
交通运输、仓储和邮政	0.0448613	0.2934199	0.0063116	0.0086244	0.0195755	0.0022496	0.0188223
住宿和餐饮	0.0108410	0.0038042	0.0021142	0.0169822	0.0236785	0.0048296	0.0067305
信息传输、软件和信息技术服务	0.0183605	0.0043446	0.0057472	0.0782239	0.0186502	0.0043029	0.0031555
金融	0.1136863	0.0919970	0.0307724	0.0530983	0.0877129	0.0368770	0.2540425
房地产	0.0212860	0.0022980	0.0550470	0.0054751	0.0140560	0.0118848	0.0027581
租赁和商务服务	0.0869447	0.0071674	0.1055072	0.0402229	0.0395240	0.0409687	0.0176905
科学研究和技术服务	0.0110950	0.0015241	0.0006312	0.0054629	0.0006048	0.0000567	0.0000076
水利、环境和公共设施管理	0.0009283	0.0006674	0.0000880	0.0010575	0.0024530	0.0003702	0.0004337
居民服务、修理和其他服务	0.0010319	0.0059314	0.0077277	0.0015709	0.0014200	0.0002809	0.0041484
教育	0.0019593	0.0006661	0.0002366	0.0005681	0.0050220	0.0005243	0.0007617
卫生和社会工作	0.0065131	0.0007327	0.0003497	0.0000024	0.0000000	0.0000000	0.0000000
文化、体育和娱乐	0.0022149	0.0011145	0.0123113	0.0043874	0.0061265	0.0014351	0.0011426
公共管理、社会保障和社会组织	0.0004373	0.0001494	0.0002317	0.0021863	0.0006805	0.0003182	0.0055088
中间投入	**0.3924624**	**0.6029661**	**0.5698650**	**0.4770415**	**0.3187436**	**0.1256795**	**0.7018177**
劳动者报酬	0.1541644	0.1524070	0.1933398	0.2027244	0.2714381	0.0935138	0.1168308
生产税净额	0.0608937	0.0465739	0.0737419	0.0429587	0.1321007	0.1612913	0.0267428
固定资产折旧	0.0304905	0.1227586	0.0479946	0.0767259	0.0228465	0.0115874	0.0429564
营业盈余	0.3619890	0.0752943	0.1150587	0.2005496	0.2548710	0.6079280	0.1116523
增加值	**0.6075376**	**0.3970339**	**0.4301350**	**0.5229585**	**0.6812564**	**0.8743205**	**0.2981823**
总投入	**1.0000000**	**1.0000000**	**1.0000000**	**1.0000000**	**1.0000000**	**1.0000000**	**1.0000000**

续5

产出 / 投入	科学研究和技术服务	水利、环境和公共设施管理	居民服务、修理和其他服务	教育	卫生和社会工作	文化、体育和娱乐	公共管理、社会保障和社会组织	中间使用合计
农林牧渔产品和服务	0.0288900	0.1491558	0.0074019	0.0033986	0.0003781	0.0017312	0.0000000	0.0186130
煤炭采选产品	0.0000000	0.0000000	0.0000000	0.0000000	0.0000000	0.0000013	0.0000000	0.0135531
石油和天然气开采产品	0.0000000	0.0000000	0.0000000	0.0000000	0.0000000	0.0000000	0.0000000	0.0133228
金属矿采选产品	0.0000000	0.0000000	0.0000045	0.0000000	0.0000000	0.0000000	0.0000000	0.0031261
非金属矿和其他矿采选产品	0.0004711	0.0000232	0.0000045	0.0000039	0.0000000	0.0000110	0.0000004	0.0034247
食品和烟草	0.0032448	0.0007193	0.0021575	0.0005687	0.0000619	0.0205996	0.0038389	0.0104513
纺织品	0.0000089	0.0049510	0.0021196	0.0004356	0.0000001	0.0001704	0.0011362	0.0375700
纺织服装鞋帽皮革羽绒及其制品	0.0008888	0.0128197	0.0112155	0.0002426	0.0000426	0.0023302	0.0007414	0.0116386
木材加工品和家具	0.0029235	0.0051749	0.0086392	0.0000108	0.0000042	0.0010501	0.0000084	0.0087634
造纸印刷和文教体育用品	0.0450171	0.0189607	0.0166126	0.0258130	0.0028505	0.2083248	0.0234340	0.0232105
石油、炼焦产品和核燃料加工品	0.0036019	0.0155100	0.0787354	0.0077877	0.0014556	0.0041246	0.0065591	0.0143691
化学产品	0.0120920	0.0106828	0.0566970	0.0453376	0.2652290	0.0091724	0.0021114	0.0983675
非金属矿物制品	0.0004047	0.0001919	0.0000054	0.0011477	0.0000099	0.0000423	0.0019229	0.0241895
金属冶炼和压延加工品	0.0063010	0.0001573	0.0000351	0.0000190	0.0000017	0.0000216	0.0000000	0.0961892
金属制品	0.1118223	0.0377305	0.0047479	0.0002934	0.0000517	0.0029800	0.0003648	0.0163579
通用设备	0.0087696	0.0077097	0.0046068	0.0003091	0.0003660	0.0058760	0.0004308	0.0240676
专用设备	0.0003260	0.0006433	0.0000318	0.0000812	0.1052617	0.0000528	0.0001460	0.0077433
交通运输设备	0.0129791	0.0050372	0.0028068	0.0216083	0.0006115	0.0023452	0.0141430	0.0182397
电气机械和器材	0.0550163	0.0048530	0.0133077	0.0000601	0.0332032	0.0005585	0.0000000	0.0283784
通信设备、计算机和其他电子设备	0.0209803	0.0014777	0.0087053	0.0002668	0.0004091	0.0314043	0.0010338	0.0152787
仪器仪表	0.0325872	0.0074297	0.0104656	0.0022409	0.0000231	0.0000296	0.0035885	0.0044395
其他制造产品	0.0023208	0.0160128	0.0140131	0.0006502	0.0000195	0.0003426	0.0000000	0.0019797
废品废料	0.0000008	0.0000000	0.0000000	0.0000000	0.0000000	0.0000000	0.0000000	0.0077351
金属制品、机械和设备修理服务	0.0086513	0.0026563	0.0002592	0.0023966	0.0005259	0.0015610	0.0010159	0.0027012
电力、热力的生产和供应	0.0107832	0.0385492	0.0121561	0.0121480	0.0084378	0.0184639	0.0118123	0.0356151
燃气生产和供应	0.0000105	0.0060200	0.0227425	0.0000592	0.0000000	0.0010233	0.0000000	0.0009091
水的生产和供应	0.0008333	0.0053929	0.0023838	0.0009649	0.0007064	0.0005771	0.0005813	0.0008741
建筑	0.0019246	0.0027011	0.0025836	0.0082605	0.0029938	0.0038464	0.0030741	0.0022601
批发和零售	0.0297980	0.0234447	0.0163470	0.0063511	0.0327315	0.0201109	0.0038101	0.0293841
交通运输、仓储和邮政	0.0674140	0.0136138	0.0141657	0.0212635	0.0049713	0.0139770	0.0179779	0.0263564
住宿和餐饮	0.0890319	0.0110368	0.0118742	0.0204887	0.0015917	0.0162776	0.0254918	0.0061906
信息传输、软件和信息技术服务	0.0111537	0.0044596	0.0069210	0.0148799	0.0017135	0.0086710	0.0143808	0.0082991
金融	0.0290587	0.0453515	0.0271898	0.0044179	0.0016118	0.0478871	0.0107294	0.0390780
房地产	0.0169177	0.0128849	0.0266601	0.0056378	0.0048580	0.0144837	0.0066526	0.0042298
租赁和商务服务	0.0329192	0.0367329	0.0249703	0.0036983	0.0038448	0.0376525	0.0075155	0.0167292
科学研究和技术服务	0.0587187	0.0000592	0.0035985	0.0000447	0.0325412	0.0000142	0.0000498	0.0052325
水利、环境和公共设施管理	0.0028167	0.0299746	0.0008685	0.0005324	0.0001109	0.0011159	0.0009971	0.0006200
居民服务、修理和其他服务	0.0052883	0.0129121	0.0035027	0.1327334	0.0107371	0.0119588	0.0730966	0.0045585
教育	0.0013400	0.0016236	0.0005852	0.0807328	0.0013677	0.0029489	0.0059784	0.0016077
卫生和社会工作	0.0000000	0.0000000	0.0000000	0.0000000	0.0899801	0.0016168	0.0000000	0.0016178
文化、体育和娱乐	0.0081114	0.0038361	0.0023069	0.0066540	0.0011544	0.0405701	0.0145261	0.0018694
公共管理、社会保障和社会组织	0.0011473	0.0003438	0.0003227	0.0009920	0.0007732	0.0005752	0.0205785	0.0015007
中间投入	**0.7245647**	**0.5508337**	**0.4217512**	**0.4325308**	**0.6106306**	**0.5344994**	**0.2777279**	**0.6906421**
劳动者报酬	0.1278230	0.2060349	0.3565792	0.4922594	0.2849997	0.2891028	0.6402189	0.1272867
生产税净额	0.0248380	0.0280761	0.0339077	0.0029848	0.0014064	0.0472098	0.0206408	0.0461153
固定资产折旧	0.0141071	0.0997242	0.0335578	0.0692302	0.0269982	0.0821479	0.0469513	0.0329875
营业盈余	0.1086673	0.1153311	0.1542041	0.0029949	0.0759651	0.0470401	0.0144611	0.1029685
增加值	**0.2754353**	**0.4491663**	**0.5782488**	**0.5674692**	**0.3893694**	**0.4655006**	**0.7222721**	**0.3093579**
总投入	**1.0000000**	**1.0000000**	**1.0000000**	**1.0000000**	**1.0000000**	**1.0000000**	**1.0000000**	**1.0000000**

附表9 浙江省投入产出完全消耗系数表(2012年)

投入＼产出	农林牧渔产品和服务	煤炭采选产品	石油和天然气开采产品	金属矿采选产品	非金属矿和其他矿采选产品	食品和烟草	纺织品
农林牧渔产品和服务	0.0857921	0.0089417	0.0000000	0.0118655	0.0128533	0.3319678	0.1032877
煤炭采选产品	0.0240727	0.5626847	0.0000000	0.1024505	0.1190064	0.0600372	0.0898662
石油和天然气开采产品	0.0194694	0.0197474	0.0000000	0.0380019	0.0790974	0.0346481	0.0544358
金属矿采选产品	0.0082475	0.0043036	0.0000000	0.4540907	0.0111419	0.0087783	0.0090231
非金属矿和其他矿采选产品	0.0025267	0.0009755	0.0000000	0.0047373	0.2471606	0.0054485	0.0037346
食品和烟草	0.1131286	0.0044883	0.0000000	0.0065227	0.0075989	0.2992914	0.0206212
纺织品	0.0076339	0.0119371	0.0000000	0.0142235	0.0134154	0.0172937	0.5795392
纺织服装鞋帽皮革羽绒及其制品	0.0028200	0.0156201	0.0000000	0.0098944	0.0100050	0.0058695	0.0101131
木材加工品和家具	0.0036847	0.0349693	0.0000000	0.0072346	0.0073378	0.0068489	0.0154991
造纸印刷和文教体育用品	0.0214731	0.0335502	0.0000000	0.0343030	0.0345201	0.0899968	0.0505355
石油、炼焦产品和核燃料加工品	0.0202873	0.0237351	0.0000000	0.0422178	0.1019633	0.0363029	0.0511845
化学产品	0.1911420	0.0464481	0.0000000	0.1879113	0.1854473	0.2611412	0.7065056
非金属矿物制品	0.0104568	0.0058734	0.0000000	0.0152646	0.0223220	0.0307394	0.0159406
金属冶炼和压延加工品	0.1007301	0.0509123	0.0000000	0.5149630	0.1298955	0.1003136	0.1026528
金属制品	0.0350069	0.0092454	0.0000000	0.0307624	0.0179376	0.0346673	0.0203353
通用设备	0.0193464	0.0089007	0.0000000	0.0710613	0.0425795	0.0205782	0.0276279
专用设备	0.0714820	0.0041032	0.0000000	0.1914416	0.0323209	0.0273357	0.0151908
交通运输设备	0.0054724	0.0086562	0.0000000	0.0148484	0.0165055	0.0096056	0.0081384
电气机械和器材	0.0151547	0.0224769	0.0000000	0.0480287	0.0515113	0.0203744	0.0259617
通信设备、计算机和其他电子设备	0.0074483	0.0263670	0.0000000	0.0219241	0.0170393	0.0099310	0.0139161
仪器仪表	0.0037608	0.0228359	0.0000000	0.0113519	0.0085181	0.0044445	0.0061144
其他制造产品	0.0012954	0.0018717	0.0000000	0.0034860	0.0035143	0.0032645	0.0031944
废品废料	0.0209249	0.0135201	0.0000000	0.0866456	0.0592120	0.0290092	0.0302127
金属制品、机械和设备修理服务	0.0037614	0.0047910	0.0000000	0.0212251	0.0266938	0.0076676	0.0111910
电力、热力的生产和供应	0.0468057	0.1077854	0.0000000	0.1682869	0.2454645	0.1218506	0.1722933
燃气生产和供应	0.0007262	0.0009463	0.0000000	0.0015039	0.0018941	0.0018282	0.0009279
水的生产和供应	0.0007143	0.0017959	0.0000000	0.0016536	0.0025924	0.0022721	0.0028611
建筑	0.0007530	0.0024787	0.0000000	0.0016056	0.0016260	0.0016830	0.0016832
批发和零售	0.0403225	0.0378015	0.0000000	0.0678332	0.0530884	0.0919545	0.1625694
交通运输、仓储和邮政	0.0310515	0.1228285	0.0000000	0.0866332	0.2112587	0.0891502	0.0795569
住宿和餐饮	0.0069841	0.0140296	0.0000000	0.0192311	0.0234298	0.0147136	0.0154742
信息传输、软件和信息技术服务	0.0101292	0.1572116	0.0000000	0.0417567	0.0506663	0.0251749	0.0375613
金融	0.0610349	0.0710446	0.0000000	0.1128023	0.1128698	0.1067861	0.1277975
房地产	0.0035397	0.0050731	0.0000000	0.0064272	0.0084794	0.0064571	0.0085985
租赁和商务服务	0.0163446	0.0215781	0.0000000	0.0497510	0.0461151	0.0489594	0.0441626
科学研究和技术服务	0.0073690	0.0144450	0.0000000	0.0101272	0.0107549	0.0065818	0.0079744
水利、环境和公共设施管理	0.0032602	0.0013788	0.0000000	0.0019632	0.0027536	0.0020744	0.0016554
居民服务、修理和其他服务	0.0082809	0.0084072	0.0000000	0.0078111	0.0217068	0.0075699	0.0058215
教育	0.0010496	0.0043594	0.0000000	0.0024851	0.0038510	0.0020222	0.0021407
卫生和社会工作	0.0105812	0.0004658	0.0000000	0.0006833	0.0006923	0.0038789	0.0022163
文化、体育和娱乐	0.0018934	0.0033785	0.0000000	0.0047186	0.0065149	0.0033081	0.0036486
公共管理、社会保障和社会组织	0.0381780	0.0012262	0.0000000	0.0034354	0.0017259	0.0128128	0.0047652

续3

投入＼产出	其他制造产品	废品废料	金属制品、机械和设备修理服务	电力、热力的生产和供应	燃气生产和供应	水的生产和供应	建筑
农林牧渔产品和服务	0.0328090	0.0148123	0.0096730	0.0068688	0.0016664	0.0134358	0.0288656
煤炭采选产品	0.2521197	0.0724472	0.0895396	0.6096975	0.0031544	0.1233476	0.1078687
石油和天然气开采产品	0.0445194	0.0417472	0.0340024	0.0500881	0.7357252	0.0259650	0.0502127
金属矿采选产品	0.0272023	0.0476556	0.0478362	0.0048342	0.0012249	0.0088750	0.0583677
非金属矿和其他矿采选产品	0.0043850	0.0166450	0.0053936	0.0012137	0.0001921	0.0026461	0.0472575
食品和烟草	0.0220248	0.0069970	0.0057606	0.0037044	0.0009199	0.0088278	0.0089136
纺织品	0.1304993	0.0188540	0.0111643	0.0081420	0.0018405	0.0145000	0.0165282
纺织服装鞋帽皮革羽绒及其制品	0.0236513	0.0100787	0.0079703	0.0088357	0.0009227	0.0132970	0.0113224
木材加工品和家具	0.0240072	0.0102297	0.0064714	0.0147922	0.0005118	0.0063221	0.0376970
造纸印刷和文教体育用品	0.0720067	0.0392923	0.0334539	0.0261411	0.0053343	0.0442614	0.0439097
石油、炼焦产品和核燃料加工品	0.0455705	0.0424205	0.0354825	0.0291640	0.0043284	0.0242998	0.0568967
化学产品	0.4305398	0.4174989	0.1470425	0.0396547	0.0110058	0.1391464	0.1913930
非金属矿物制品	0.0209267	0.0307906	0.0185489	0.0054070	0.0011327	0.0094126	0.2538705
金属冶炼和压延加工品	0.3406523	0.1461273	0.5473577	0.0583004	0.0150974	0.1034770	0.7278834
金属制品	0.0467527	0.0311148	0.0438556	0.0099030	0.0026260	0.0158129	0.0599210
通用设备	0.0381213	0.0238760	0.0920371	0.0189076	0.0047871	0.0311535	0.0378194
专用设备	0.0162886	0.0124220	0.0187998	0.0046601	0.0009010	0.0100083	0.0281513
交通运输设备	0.0105841	0.0091364	0.0120783	0.0078272	0.0018331	0.0079630	0.0129225
电气机械和器材	0.0436470	0.0197689	0.0836472	0.0319897	0.0037800	0.0325385	0.0742112
通信设备、计算机和其他电子设备	0.0244476	0.0092778	0.0209696	0.0159584	0.0024576	0.0221371	0.0201769
仪器仪表	0.0293481	0.0040951	0.0216325	0.0127645	0.0039512	0.0229822	0.0084163
其他制造产品	0.0275774	0.0023118	0.0026498	0.0019042	0.0008240	0.0038191	0.0032964
废品废料	0.0630222	1.4332375	0.4433914	0.0154263	0.0029850	0.0479828	0.1222419
金属制品、机械和设备修理服务	0.0130067	0.0078956	0.0336942	0.0107846	0.0005991	0.0680002	0.0105533
电力、热力的生产和供应	0.1546983	0.1593947	0.1322021	0.6788781	0.0061791	0.3184170	0.1507749
燃气生产和供应	0.0012420	0.0014666	0.0012648	0.0008084	0.2429985	0.0009784	0.0017530
水的生产和供应	0.0025392	0.0015549	0.0016793	0.0023014	0.0002092	0.1114919	0.0037521
建筑	0.0017713	0.0017351	0.0011430	0.0024628	0.0002514	0.0044323	0.0221803
批发和零售	0.0864671	0.1165294	0.0655334	0.0368007	0.0446279	0.0332254	0.1058323
交通运输、仓储和邮政	0.1046897	0.0885430	0.0667716	0.1045183	0.0187206	0.0538209	0.1098139
住宿和餐饮	0.0182058	0.0128803	0.0174244	0.0115228	0.0030178	0.0201569	0.0188211
信息传输、软件和信息技术服务	0.0507295	0.0268578	0.0314774	0.0709059	0.0042764	0.0825401	0.0296489
金融	0.1059814	0.1026696	0.0948894	0.1271061	0.0309157	0.1988607	0.1366573
房地产	0.0088503	0.0066982	0.0060764	0.0049958	0.0018640	0.0078821	0.0085494
租赁和商务服务	0.0455867	0.0334070	0.0339809	0.0249705	0.0131070	0.0535056	0.0424382
科学研究和技术服务	0.0090004	0.0055318	0.0045364	0.0083506	0.0009712	0.0056613	0.0369715
水利、环境和公共设施管理	0.0017573	0.0014862	0.0017650	0.0016086	0.0002786	0.0059305	0.0017402
居民服务、修理和其他服务	0.0068037	0.0045393	0.0049051	0.0064774	0.0006883	0.0123325	0.0082787
教育	0.0028597	0.0018240	0.0022597	0.0029418	0.0005116	0.0038367	0.0027490
卫生和社会工作	0.0010274	0.0010565	0.0006281	0.0004227	0.0003528	0.0004292	0.0011361
文化、体育和娱乐	0.0039594	0.0034598	0.0039762	0.0031797	0.0007683	0.0073774	0.0056646
公共管理、社会保障和社会组织	0.0023998	0.0015643	0.0013163	0.0039565	0.0002482	0.0024047	0.0022849

续4

投入 \ 产出	批发和零售	交通运输、仓储和邮政	住宿和餐饮	信息传输、软件和信息技术服务	金融	房地产	租赁和商务服务
农林牧渔产品和服务	0.0130383	0.0063152	0.1567881	0.0150263	0.0128430	0.0042861	0.0532642
煤炭采选产品	0.0186604	0.0180864	0.0532360	0.0343795	0.0184766	0.0099117	0.0447158
石油和天然气开采产品	0.0228920	0.1333286	0.0266572	0.0205743	0.0142915	0.0050632	0.0451978
金属矿采选产品	0.0040264	0.0052494	0.0065948	0.0121096	0.0050742	0.0014542	0.0165677
非金属矿和其他矿采选产品	0.0007069	0.0008463	0.0017259	0.0022784	0.0009965	0.0002648	0.0024539
食品和烟草	0.0064136	0.0047387	0.1431172	0.0089627	0.0099351	0.0023625	0.0124514
纺织品	0.0124442	0.0079195	0.0207111	0.0164864	0.0130971	0.0055497	0.0835192
纺织服装鞋帽皮革羽绒及其制品	0.0040398	0.0057343	0.0075223	0.0064946	0.0086106	0.0027745	0.0073459
木材加工品和家具	0.0027395	0.0030535	0.0066382	0.0122356	0.0050036	0.0015579	0.0072900
造纸印刷和文教体育用品	0.0320765	0.0302149	0.0704681	0.1368819	0.0849996	0.0145626	0.0794034
石油、炼焦产品和核燃料加工品	0.0301773	0.1880707	0.0231582	0.0231602	0.0167471	0.0058441	0.0581538
化学产品	0.0432461	0.0527536	0.0992552	0.1239762	0.0749188	0.0141331	0.1399083
非金属矿物制品	0.0036971	0.0043305	0.0092397	0.0139449	0.0049612	0.0014281	0.0136755
金属冶炼和压延加工品	0.0481468	0.0615586	0.0778869	0.1432224	0.0584112	0.0173231	0.2021146
金属制品	0.0183576	0.0095508	0.0205654	0.0192500	0.0223816	0.0046083	0.0665097
通用设备	0.0083810	0.0150284	0.0231772	0.0201130	0.0148823	0.0051152	0.0291188
专用设备	0.0041908	0.0037532	0.0142545	0.0093571	0.0041204	0.0014207	0.0144830
交通运输设备	0.0108189	0.0746610	0.0110153	0.0097903	0.0073543	0.0036232	0.0570729
电气机械和器材	0.0197105	0.0135733	0.0267741	0.0922677	0.0142572	0.0075806	0.1279671
通信设备、计算机和其他电子设备	0.0098547	0.0068642	0.0129528	0.1343055	0.0093815	0.0035501	0.0399490
仪器仪表	0.0027067	0.0025403	0.0037743	0.0290310	0.0022718	0.0008220	0.0069283
其他制造产品	0.0065100	0.0022844	0.0180704	0.0046517	0.0038411	0.0029158	0.0589029
废品废料	0.0117088	0.0147626	0.0197230	0.0341257	0.0169160	0.0042562	0.0402766
金属制品、机械和设备修理服务	0.0039134	0.0059951	0.0036549	0.0045446	0.0021576	0.0010012	0.0051369
电力、热力的生产和供应	0.0398806	0.0344097	0.1218029	0.0680984	0.0367696	0.0229683	0.0653832
燃气生产和供应	0.0009852	0.0059926	0.0107399	0.0008277	0.0007764	0.0005524	0.0012477
水的生产和供应	0.0024305	0.0008587	0.0026778	0.0009742	0.0009476	0.0002403	0.0014657
建筑	0.0017997	0.0023400	0.0021692	0.0013334	0.0031739	0.0008526	0.0021074
批发和零售	0.0496748	0.0366259	0.0532749	0.0549969	0.0235194	0.0068690	0.0736263
交通运输、仓储和邮政	0.0857157	0.4361668	0.0450094	0.0461761	0.0473077	0.0106200	0.0719605
住宿和餐饮	0.0200363	0.0122634	0.0107747	0.0273263	0.0304400	0.0074972	0.0214227
信息传输、软件和信息技术服务	0.0297930	0.0153616	0.0209210	0.0984390	0.0289429	0.0081600	0.0242372
金融	0.1840137	0.1713480	0.1136748	0.1219695	0.1368543	0.0611251	0.3445827
房地产	0.0277589	0.0081127	0.0608679	0.0121233	0.0195426	0.0138564	0.0122913
租赁和商务服务	0.1088212	0.0268836	0.1301560	0.0668925	0.0574590	0.0476812	0.0522246
科学研究和技术服务	0.0139355	0.0040315	0.0040982	0.0093624	0.0023738	0.0006004	0.0043206
水利、环境和公共设施管理	0.0018223	0.0016550	0.0012794	0.0020157	0.0031952	0.0006483	0.0020192
居民服务、修理和其他服务	0.0039229	0.0101537	0.0116948	0.0048642	0.0043315	0.0011721	0.0085557
教育	0.0036476	0.0022938	0.0016876	0.0020241	0.0066229	0.0010616	0.0035404
卫生和社会工作	0.0077210	0.0014891	0.0023143	0.0005991	0.0003545	0.0001051	0.0011056
文化、体育和娱乐	0.0046764	0.0034606	0.0149467	0.0072240	0.0083975	0.0022428	0.0050516
公共管理、社会保障和社会组织	0.0019088	0.0008975	0.0069838	0.0037781	0.0018125	0.0008792	0.0084300

续5

投入＼产出	科学研究和技术服务	水利、环境和公共设施管理	居民服务、修理和其他服务	教育	卫生和社会工作	文化、体育和娱乐	公共管理、社会保障和社会组织
农林牧渔产品和服务	0.0611497	0.1781200	0.0205183	0.0166013	0.0210883	0.0285754	0.0106021
煤炭采选产品	0.0518580	0.0498233	0.0295929	0.0273060	0.0511747	0.0471947	0.0190466
石油和天然气开采产品	0.0360670	0.0353457	0.0914002	0.0337814	0.0466136	0.0260901	0.0197609
金属矿采选产品	0.0247813	0.0097721	0.0061924	0.0055600	0.0158589	0.0117431	0.0036884
非金属矿和其他矿采选产品	0.0041915	0.0018436	0.0015671	0.0017765	0.0040378	0.0023976	0.0010498
食品和烟草	0.0266790	0.0237067	0.0092909	0.0084216	0.0091606	0.0369910	0.0113940
纺织品	0.0174646	0.0278380	0.0211356	0.0113958	0.0201319	0.0265145	0.0087913
纺织服装鞋帽皮革羽绒及其制品	0.0069489	0.0209136	0.0176757	0.0050770	0.0060882	0.0090328	0.0038588
木材加工品和家具	0.0125181	0.0127486	0.0162469	0.0059102	0.0059472	0.0153499	0.0039295
造纸印刷和文教体育用品	0.1089087	0.0530875	0.0437793	0.0619755	0.0384461	0.3418502	0.0528444
石油、炼焦产品和核燃料加工品	0.0418329	0.0372538	0.1022409	0.0386750	0.0437892	0.0283872	0.0238522
化学产品	0.1472142	0.1151662	0.1729876	0.1608686	0.6642090	0.1472431	0.0472885
非金属矿物制品	0.0209566	0.0093177	0.0081692	0.0094471	0.0183785	0.0120273	0.0066852
金属冶炼和压延加工品	0.3028300	0.1183354	0.0732926	0.0635250	0.1916147	0.1278111	0.0420633
金属制品	0.1557279	0.0598073	0.0165385	0.0097353	0.0250359	0.0235055	0.0069381
通用设备	0.0432650	0.0251316	0.0168070	0.0122623	0.0410073	0.0241480	0.0082661
专用设备	0.0183847	0.0173872	0.0057945	0.0045968	0.1357499	0.0088618	0.0030862
交通运输设备	0.0355841	0.0154038	0.0098963	0.0422913	0.0088180	0.0120082	0.0269584
电气机械和器材	0.1175299	0.0270931	0.0344976	0.0158554	0.0812412	0.0275373	0.0113344
通信设备、计算机和其他电子设备	0.0680795	0.0144393	0.0256641	0.0112012	0.0206518	0.0639160	0.0103417
仪器仪表	0.0486288	0.0133980	0.0157622	0.0072339	0.0087388	0.0045214	0.0070959
其他制造产品	0.0087197	0.0209877	0.0173811	0.0045859	0.0027985	0.0047293	0.0027845
废品废料	0.0628297	0.0263736	0.0170917	0.0178284	0.0404713	0.0482818	0.0119861
金属制品、机械和设备修理服务	0.0152266	0.0066144	0.0031792	0.0053328	0.0071544	0.0064269	0.0027064
电力、热力的生产和供应	0.0992498	0.1083171	0.0552515	0.0568682	0.0970973	0.0950906	0.0418124
燃气生产和供应	0.0026237	0.0088837	0.0289477	0.0048736	0.0011964	0.0025701	0.0027620
水的生产和供应	0.0024221	0.0070163	0.0032817	0.0020991	0.0021207	0.0017400	0.0012502
建筑	0.0034984	0.0037795	0.0033111	0.0101297	0.0045133	0.0051817	0.0039210
批发和零售	0.0770929	0.0542484	0.0430194	0.0288983	0.0788987	0.0592384	0.0183463
交通运输、仓储和邮政	0.1490419	0.0520262	0.0457340	0.0563005	0.0606851	0.0604914	0.0412137
住宿和餐饮	0.1061596	0.0192316	0.0181434	0.0288381	0.0154951	0.0263232	0.0306568
信息传输、软件和信息技术服务	0.0326922	0.0193726	0.0175661	0.0267779	0.0203404	0.0262535	0.0224088
金融	0.1276200	0.1113249	0.0748011	0.0464670	0.0765361	0.1228507	0.0410211
房地产	0.0301414	0.0189726	0.0311644	0.0140321	0.0117350	0.0219312	0.0125404
租赁和商务服务	0.0744379	0.0591515	0.0430940	0.0227941	0.0339281	0.0647937	0.0215690
科学研究和技术服务	0.0676707	0.0038819	0.0063303	0.0029614	0.0435735	0.0036140	0.0017241
水利、环境和公共设施管理	0.0043330	0.0321062	0.0015069	0.0012084	0.0011695	0.0021519	0.0014817
居民服务、修理和其他服务	0.0112148	0.0172423	0.0058968	0.1471498	0.0166351	0.0163234	0.0774175
教育	0.0033120	0.0031303	0.0015669	0.0886220	0.0029919	0.0048477	0.0072532
卫生和社会工作	0.0013135	0.0021320	0.0005528	0.0004368	0.0997029	0.0026091	0.0003065
文化、体育和娱乐	0.0128931	0.0062208	0.0040018	0.0093293	0.0039417	0.0447692	0.0168534
公共管理、社会保障和社会组织	0.0044866	0.0073943	0.0016338	0.0021822	0.0024193	0.0025551	0.0217822

附表 10 浙江省乡级以上统计行政区域代码

330000000000	浙江省	330106000000	西湖区	330109113000	瓜沥镇	330122202000	钟山乡
330100000000	杭州市	330106002000	北山街道	330109115000	益农镇	330122204000	新合乡
330101000000	市辖区	330106004000	西溪街道	330109120000	党湾镇	330122210000	合村乡
330102000000	上城区	330106005000	翠苑街道	330109401000	萧山经济技术开发区	330127000000	淳安县
330102001000	清波街道	330106007000	古荡街道	330109403000	萧山商业城	330127100000	千岛湖镇
330102003000	湖滨街道	330106008000	西湖街道	330109501000	围垦区	330127101000	文昌镇
330102004000	小营街道	330106009000	留下街道	330109502000	萧山空港经济区	330127102000	石林镇
330102008000	南星街道	330106010000	转塘街道	330109503000	红山农场	330127103000	临岐镇
330102009000	紫阳街道	330106011000	蒋村街道	330110000000	余杭区	330127104000	威坪镇
330102010000	望江街道	330106012000	灵隐街道	330110001000	临平街道	330127106000	姜家镇
330103000000	下城区	330106013000	文新街道	330110002000	南苑街道	330127107000	梓桐镇
330103001000	长庆街道	330106109000	三墩镇	330110003000	东湖街道	330127108000	汾口镇
330103002000	武林街道	330106110000	双浦镇	330110004000	星桥街道	330127109000	中洲镇
330103003000	天水街道	330108000000	滨江区	330110005000	五常街道	330127110000	大墅镇
330103005000	潮鸣街道	330108001000	西兴街道	330110006000	乔司街道	330127111000	枫树岭镇
330103006000	朝晖街道	330108002000	长河街道	330110007000	运河街道	330127200000	里商乡
330103007000	文晖街道	330108003000	浦沿街道	330110008000	崇贤街道	330127201000	金峰乡
330103008000	东新街道	330109000000	萧山区	330110009000	仁和街道	330127202000	富文乡
330103009000	石桥街道	330109001000	城厢街道	330110010000	良渚街道	330127203000	左口乡
330104000000	江干区	330109002000	北干街道	330110011000	闲林街道	330127205000	屏门乡
330104005000	凯旋街道	330109003000	蜀山街道	330110012000	仓前街道	330127206000	瑶山乡
330104006000	采荷街道	330109004000	新塘街道	330110013000	余杭街道	330127208000	王阜乡
330104007000	闸弄口街道	330109005000	靖江街道	330110014000	中泰街道	330127210000	宋村乡
330104008000	四季青街道	330109006000	南阳街道	330110102000	塘栖镇	330127211000	鸠坑乡
330104009000	白杨街道	330109007000	义蓬街道	330110109000	径山镇	330127212000	浪川乡
330104010000	下沙街道	330109008000	河庄街道	330110110000	瓶窑镇	330127214000	界首乡
330104102000	彭埠镇	330109009000	新湾街道	330110111000	鸬鸟镇	330127216000	安阳乡
330104103000	笕桥镇	330109010000	临江街道	330110112000	百丈镇	330182000000	建德市
330104104000	丁桥镇	330109011000	前进街道	330110113000	黄湖镇	330182001000	新安江街道
330104105000	九堡镇	330109100000	楼塔镇	330122000000	桐庐县	330182002000	洋溪街道
330105000000	拱墅区	330109101000	河上镇	330122002000	旧县街道	330182003000	更楼街道
330105001000	米市巷街道	330109102000	戴村镇	330122003000	桐君街道	330182101000	莲花镇
330105002000	湖墅街道	330109103000	浦阳镇	330122004000	城南街道	330182102000	乾潭镇
330105003000	小河街道	330109104000	进化镇	330122005000	凤川街道	330182104000	梅城镇
330105004000	和睦街道	330109105000	临浦镇	330122101000	富春江镇	330182105000	杨村桥镇
330105005000	拱宸桥街道	330109106000	义桥镇	330122102000	横村镇	330182106000	下涯镇
330105007000	大关街道	330109107000	所前镇	330122109000	分水镇	330182107000	大洋镇
330105008000	上塘街道	330109108000	衙前镇	330122110000	瑶琳镇	330182108000	三都镇
330105009000	祥符街道	330109109000	闻堰镇	330122112000	百江镇	330182109000	寿昌镇
330105010000	康桥街道	330109110000	宁围镇	330122113000	江南镇	330182110000	航头镇
330105011000	半山街道	330109111000	新街镇	330122201000	莪山畲族乡	330182111000	大慈岩镇

330182112000　大同镇
330182113000　李家镇
330182202000　钦堂乡
330183000000　富阳市
330183001000　富春街道
330183002000　春江街道
330183004000　鹿山街道
330183005000　东洲街道
330183006000　银湖街道
330183100000　万市镇
330183101000　洞桥镇
330183103000　渌渚镇
330183105000　永昌镇
330183108000　里山镇
330183109000　常绿镇
330183110000　场口镇
330183111000　常安镇
330183112000　龙门镇
330183115000　新登镇
330183116000　胥口镇
330183117000　大源镇
330183118000　灵桥镇
330183200000　新桐乡
330183201000　上官乡
330183204000　环山乡
330183205000　湖源乡
330183206000　春建乡
330183207000　渔山乡
330185000000　临安市
330185002000　玲珑街道
330185005000　锦南街道
330185006000　锦城街道
330185007000　锦北街道
330185008000　青山湖街道
330185102000　高虹镇
330185103000　太湖源镇
330185104000　於潜镇
330185106000　太阳镇
330185107000　潜川镇
330185108000　昌化镇
330185109000　河桥镇
330185111000　湍口镇
330185112000　清凉峰镇
330185113000　岛石镇
330185115000　板桥镇
330185116000　天目山镇
330185117000　龙岗镇
330200000000　宁波市
330201000000　市辖区
330203000000　海曙区
330203001000　南门街道
330203002000　江厦街道
330203003000　西门街道
330203004000　月湖街道
330203005000　鼓楼街道
330203006000　白云街道
330203007000　段塘街道
330203008000　望春街道
330204000000　江东区
330204001000　百丈街道
330204002000　东胜街道
330204003000　明楼街道
330204004000　白鹤街道
330204005000　东柳街道
330204006000　东郊街道
330204007000　福明街道
330204008000　新明街道
330205000000　江北区
330205001000　中马街道
330205002000　白沙街道
330205003000　孔浦街道
330205004000　文教街道
330205005000　甬江街道
330205006000　庄桥街道
330205007000　洪塘街道
330205103000　慈城镇
330206000000　北仑区
330206001000　大榭街道
330206002000　新碶街道
330206003000　小港街道
330206004000　大碶街道
330206005000　霞浦街道
330206006000　柴桥街道
330206007000　戚家山街道
330206105000　白峰镇
330206107000　春晓镇
330206201000　梅山乡
330206401000　保税区
330211000000　镇海区
330211001000　招宝山街道
330211002000　蛟川街道
330211003000　骆驼街道
330211004000　庄市街道
330211100000　澥浦镇
330211101000　九龙湖镇
330212000000　鄞州区
330212001000　下应街道
330212002000　钟公庙街道
330212003000　石碶街道
330212004000　梅墟街道
330212005000　中河街道
330212006000　首南街道
330212007000　潘火街道
330212100000　瞻岐镇
330212101000　咸祥镇
330212102000　塘溪镇
330212103000　东钱湖镇
330212104000　东吴镇
330212105000　五乡镇
330212106000　邱隘镇
330212108000　云龙镇
330212109000　横溪镇
330212110000　姜山镇
330212113000　高桥镇
330212114000　横街镇
330212115000　集士港镇
330212116000　古林镇
330212118000　洞桥镇
330212119000　鄞江镇
330212120000　章水镇
330212200000　龙观乡
330225000000　象山县
330225001000　丹东街道
330225002000　丹西街道
330225003000　爵溪街道
330225101000　石浦镇
330225102000　西周镇
330225103000　鹤浦镇
330225104000　贤庠镇
330225105000　墙头镇
330225106000　泗洲头镇
330225107000　定塘镇
330225108000　涂茨镇
330225109000　大徐镇
330225110000　新桥镇
330225200000　东陈乡
330225201000　晓塘乡
330225202000　黄避岙乡
330225203000　茅洋乡
330225204000　高塘岛乡
330226000000　宁海县
330226001000　跃龙街道
330226002000　桃源街道
330226003000　梅林街道
330226004000　桥头胡街道
330226101000　长街镇
330226102000　力洋镇
330226104000　一市镇
330226105000　岔路镇
330226106000　前童镇
330226107000　桑洲镇
330226108000　黄坛镇
330226109000　大佳何镇
330226110000　强蛟镇
330226111000　西店镇
330226112000　深甽镇
330226200000　胡陈乡
330226201000　茶院乡
330226202000　越溪乡
330281000000　余姚市
330281001000　梨洲街道
330281002000　凤山街道
330281003000　兰江街道
330281004000　阳明街道

330281005000 低塘街道
330281006000 朗霞街道
330281100000 临山镇
330281101000 黄家埠镇
330281102000 小曹娥镇
330281103000 泗门镇
330281106000 马渚镇
330281108000 牟山镇
330281109000 丈亭镇
330281110000 三七市镇
330281111000 河姆渡镇
330281112000 大隐镇
330281113000 陆埠镇
330281114000 梁弄镇
330281115000 大岚镇
330281116000 四明山镇
330281201000 鹿亭乡
330282000000 慈溪市
330282002000 宗汉街道
330282003000 坎墩街道
330282004000 浒山街道
330282005000 白沙路街道
330282006000 古塘街道
330282104000 掌起镇
330282107000 观海卫镇
330282108000 附海镇
330282109000 桥头镇
330282110000 匡堰镇
330282111000 逍林镇
330282112000 新浦镇
330282113000 胜山镇
330282114000 横河镇
330282116000 崇寿镇
330282118000 庵东镇
330282120000 长河镇
330282121000 周巷镇
330282123000 龙山镇
330282400000 慈溪市农垦场
330282401000 慈溪市林场
330282402000 慈东工业区
330283000000 奉化市
330283001000 锦屏街道
330283002000 岳林街道
330283003000 江口街道
330283004000 西坞街道
330283005000 萧王庙街道
330283100000 溪口镇
330283103000 尚田镇
330283104000 莼湖镇
330283106000 裘村镇
330283107000 大堰镇
330283108000 松岙镇
330300000000 温州市
330301000000 市辖区
330302000000 鹿城区
330302006000 五马街道
330302023000 七都街道
330302024000 滨江街道
330302025000 南汇街道
330302026000 松台街道
330302027000 双屿街道
330302028000 仰义街道
330302102000 藤桥镇
330303000000 龙湾区
330303001000 永中街道
330303002000 蒲州街道
330303003000 海滨街道
330303004000 永兴街道
330303005000 海城街道
330303006000 状元街道
330303007000 瑶溪街道
330303008000 沙城街道
330303009000 天河街道
330303010000 灵昆街道
330303011000 星海街道
330304000000 瓯海区
330304001000 景山街道
330304002000 梧田街道
330304003000 南白象街道
330304004000 茶山街道
330304005000 娄桥街道
330304006000 新桥街道
330304007000 三垟街道
330304008000 瞿溪街道
330304009000 郭溪街道
330304010000 潘桥街道
330304011000 丽岙街道
330304012000 仙岩街道
330304108000 泽雅镇
330322000000 洞头县
330322001000 北岙街道
330322002000 东屏街道
330322003000 元觉街道
330322004000 霓屿街道
330322101000 大门镇
330322202000 鹿西乡
330324000000 永嘉县
330324001000 东城街道
330324002000 北城街道
330324003000 南城街道
330324004000 江北街道
330324005000 东瓯街道
330324006000 三江街道
330324007000 黄田街道
330324008000 乌牛街道
330324102000 桥头镇
330324104000 桥下镇
330324105000 大若岩镇
330324106000 碧莲镇
330324107000 巽宅镇
330324108000 岩头镇
330324109000 枫林镇
330324110000 岩坦镇
330324111000 沙头镇
330324112000 鹤盛镇
330324400000 县特产场场区
330324401000 四海山林场
330324402000 正江山林场
330326000000 平阳县
330326100000 昆阳镇
330326101000 鳌江镇
330326102000 水头镇
330326103000 萧江镇
330326105000 腾蛟镇
330326107000 山门镇
330326108000 顺溪镇
330326109000 南雁镇
330326117000 万全镇
330326214000 青街畲族乡
330327000000 苍南县
330327100000 灵溪镇
330327101000 龙港镇
330327103000 宜山镇
330327104000 钱库镇
330327107000 金乡镇
330327112000 藻溪镇
330327113000 桥墩镇
330327116000 矾山镇
330327117000 赤溪镇
330327118000 马站镇
330327216000 凤阳畲族乡
330327218000 岱岭畲族乡
330328000000 文成县
330328100000 大峃镇
330328101000 百丈漈镇
330328102000 南田镇
330328103000 西坑畲族镇
330328104000 黄坦镇
330328105000 珊溪镇
330328106000 巨屿镇
330328107000 玉壶镇
330328108000 峃口镇
330328217000 周山畲族乡
330329000000 泰顺县
330329100000 罗阳镇
330329101000 司前畲族镇
330329102000 百丈镇
330329103000 筱村镇
330329104000 泗溪镇
330329105000 彭溪镇
330329106000 雅阳镇
330329107000 仕阳镇
330329109000 三魁镇
330329204000 竹里畲族乡

代码	名称
330329400000	乌岩岭自然保护区
330381000000	瑞安市
330381001000	安阳街道
330381002000	玉海街道
330381003000	锦湖街道
330381004000	东山街道
330381005000	上望街道
330381007000	莘塍街道
330381008000	汀田街道
330381009000	飞云街道
330381010000	仙降街道
330381011000	南滨街道
330381101000	塘下镇
330381116000	马屿镇
330381120000	陶山镇
330381122000	湖岭镇
330381125000	高楼镇
330382000000	乐清市
330382001000	城东街道
330382002000	乐成街道
330382003000	城南街道
330382004000	盐盆街道
330382005000	翁垟街道
330382006000	白石街道
330382007000	石帆街道
330382008000	天成街道
330382101000	大荆镇
330382102000	仙溪镇
330382104000	雁荡镇
330382105000	芙蓉镇
330382106000	清江镇
330382108000	虹桥镇
330382111000	淡溪镇
330382114000	柳市镇
330382115000	北白象镇
330400000000	嘉兴市
330401000000	市辖区
330402000000	南湖区
330402007000	建设街道
330402008000	解放街道
330402009000	新嘉街道
330402010000	南湖街道
330402011000	新兴街道
330402012000	城南街道
330402013000	东栅街道
330402014000	长水街道
330402100000	凤桥镇
330402101000	余新镇
330402103000	新丰镇
330402104000	七星镇
330402105000	大桥镇
330411000000	秀洲区
330411002000	新城街道
330411003000	嘉北街道
330411004000	塘汇街道
330411005000	高照街道
330411101000	王江泾镇
330411103000	油车港镇
330411104000	新塍镇
330411105000	王店镇
330411106000	洪合镇
330421000000	嘉善县
330421001000	魏塘街道
330421002000	罗星街道
330421003000	惠民街道
330421102000	大云镇
330421103000	西塘镇
330421105000	干窑镇
330421107000	陶庄镇
330421111000	姚庄镇
330421112000	天凝镇
330424000000	海盐县
330424001000	武原街道
330424002000	西塘桥街道
330424003000	元通街道
330424004000	秦山街道
330424101000	沈荡镇
330424102000	百步镇
330424103000	于城镇
330424105000	澉浦镇
330424106000	通元镇
330481000000	海宁市
330481001000	硖石街道
330481002000	海洲街道
330481003000	海昌街道
330481004000	马桥街道
330481101000	许村镇
330481103000	长安镇
330481105000	周王庙镇
330481106000	丁桥镇
330481107000	斜桥镇
330481108000	黄湾镇
330481110000	盐官镇
330481112000	袁花镇
330482000000	平湖市
330482001000	当湖街道
330482002000	钟埭街道
330482003000	曹桥街道
330482101000	乍浦镇
330482102000	新埭镇
330482103000	新仓镇
330482106000	广陈镇
330482107000	林埭镇
330482108000	独山港镇
330483000000	桐乡市
330483001000	梧桐街道
330483002000	龙翔街道
330483003000	凤鸣街道
330483100000	乌镇镇
330483101000	濮院镇
330483102000	屠甸镇
330483103000	石门镇
330483104000	河山镇
330483105000	洲泉镇
330483106000	大麻镇
330483107000	崇福镇
330483108000	高桥镇
330500000000	湖州市
330501000000	市辖区
330502000000	吴兴区
330502001000	月河街道
330502002000	朝阳街道
330502003000	爱山街道
330502004000	飞英街道
330502005000	龙泉街道
330502006000	凤凰街道
330502007000	康山街道
330502008000	仁皇山街道
330502009000	滨湖街道
330502010000	龙溪街道
330502011000	杨家埠街道
330502012000	环渚街道
330502100000	织里镇
330502101000	八里店镇
330502102000	妙西镇
330502104000	埭溪镇
330502105000	东林镇
330502200000	道场乡
330503000000	南浔区
330503100000	南浔镇
330503101000	双林镇
330503102000	练市镇
330503103000	善琏镇
330503104000	旧馆镇
330503105000	菱湖镇
330503106000	和孚镇
330503107000	千金镇
330503108000	石淙镇
330521000000	德清县
330521100000	武康镇
330521101000	乾元镇
330521102000	新市镇
330521103000	洛舍镇
330521104000	钟管镇
330521105000	莫干山镇
330521110000	雷甸镇
330521113000	禹越镇
330521114000	新安镇
330521201000	筏头乡
330521202000	三合乡
330522000000	长兴县
330522001000	雉城街道
330522002000	画溪街道
330522003000	太湖街道

代码	名称
330522101000	洪桥镇
330522102000	李家巷镇
330522103000	夹浦镇
330522104000	林城镇
330522106000	虹星桥镇
330522108000	小浦镇
330522109000	煤山镇
330522110000	和平镇
330522111000	泗安镇
330522200000	水口乡
330522202000	吕山乡
330522204000	白岘乡
330522205000	槐坎乡
330523000000	安吉县
330523100000	递铺镇
330523103000	鄣吴镇
330523104000	杭垓镇
330523105000	孝丰镇
330523106000	报福镇
330523107000	章村镇
330523108000	天荒坪镇
330523110000	梅溪镇
330523111000	天子湖镇
330523201000	溪龙乡
330523204000	皈山乡
330523205000	上墅乡
330523206000	山川乡
330600000000	绍兴市
330601000000	市辖区
330602000000	越城区
330602001000	塔山街道
330602002000	府山街道
330602003000	蕺山街道
330602004000	北海街道
330602005000	城南街道
330602006000	稽山街道
330602007000	迪荡街道
330602100000	东湖镇
330602101000	灵芝镇
330602102000	东浦镇
330602103000	鉴湖镇
330602104000	皋埠镇
330602105000	马山镇
330602106000	斗门镇
330621000000	绍兴县
330621001000	柯桥街道
330621002000	柯岩街道
330621003000	华舍街道
330621004000	湖塘街道
330621100000	齐贤镇
330621101000	钱清镇
330621102000	孙端镇
330621103000	福全镇
330621104000	马鞍镇
330621105000	平水镇
330621106000	安昌镇
330621107000	王坛镇
330621108000	兰亭镇
330621109000	稽东镇
330621110000	杨汛桥镇
330621111000	漓渚镇
330621112000	富盛镇
330621113000	陶堰镇
330621114000	夏履镇
330624000000	新昌县
330624001000	羽林街道
330624002000	南明街道
330624003000	七星街道
330624101000	澄潭镇
330624102000	梅渚镇
330624104000	回山镇
330624106000	大市聚镇
330624107000	小将镇
330624108000	沙溪镇
330624109000	镜岭镇
330624110000	儒岙镇
330624200000	城南乡
330624201000	东茗乡
330624203000	双彩乡
330624205000	新林乡
330624206000	巧英乡
330681000000	诸暨市
330681001000	暨阳街道
330681002000	浣东街道
330681003000	陶朱街道
330681101000	大唐镇
330681102000	应店街镇
330681103000	次坞镇
330681104000	店口镇
330681105000	阮市镇
330681106000	直埠镇
330681107000	江藻镇
330681108000	山下湖镇
330681109000	枫桥镇
330681110000	赵家镇
330681111000	马剑镇
330681112000	五泄镇
330681113000	草塔镇
330681114000	王家井镇
330681115000	牌头镇
330681116000	同山镇
330681117000	安华镇
330681118000	街亭镇
330681119000	璜山镇
330681120000	陈宅镇
330681121000	岭北镇
330681122000	浬浦镇
330681124000	东白湖镇
330681201000	东和乡
330682000000	上虞市
330682001000	百官街道
330682002000	曹娥街道
330682003000	东关街道
330682100000	道墟镇
330682101000	长塘镇
330682102000	上浦镇
330682103000	汤浦镇
330682104000	章镇镇
330682105000	下管镇
330682106000	丰惠镇
330682107000	永和镇
330682108000	梁湖镇
330682109000	驿亭镇
330682110000	小越镇
330682111000	谢塘镇
330682112000	盖北镇
330682113000	崧厦镇
330682114000	沥海镇
330682200000	岭南乡
330682201000	陈溪乡
330682202000	丁宅乡
330683000000	嵊州市
330683001000	剡湖街道
330683002000	三江街道
330683003000	鹿山街道
330683004000	浦口街道
330683100000	甘霖镇
330683101000	长乐镇
330683102000	崇仁镇
330683103000	黄泽镇
330683104000	三界镇
330683105000	石璜镇
330683106000	谷来镇
330683107000	仙岩镇
330683108000	金庭镇
330683109000	北漳镇
330683110000	下王镇
330683200000	贵门乡
330683201000	里南乡
330683202000	竹溪乡
330683203000	雅璜乡
330683204000	王院乡
330683205000	通源乡
330683400000	嵊州经济开发区
330700000000	金华市
330701000000	市辖区
330702000000	婺城区
330702001000	城东街道
330702002000	城中街道
330702003000	城西街道
330702004000	城北街道
330702005000	江南街道
330702006000	三江街道
330702007000	西关街道

代码	名称
330702008000	秋滨街道
330702009000	新狮街道
330702100000	罗店镇
330702101000	雅畈镇
330702102000	安地镇
330702103000	白龙桥镇
330702104000	琅琊镇
330702105000	蒋堂镇
330702106000	汤溪镇
330702107000	罗埠镇
330702108000	洋埠镇
330702201000	乾西乡
330702202000	竹马乡
330702203000	长山乡
330702204000	箬阳乡
330702205000	沙畈乡
330702206000	塔石乡
330702207000	岭上乡
330702208000	莘畈乡
330702209000	苏孟乡
330703000000	金东区
330703001000	多湖街道
330703002000	东孝街道
330703101000	孝顺镇
330703102000	傅村镇
330703103000	曹宅镇
330703104000	澧浦镇
330703105000	岭下镇
330703106000	江东镇
330703107000	塘雅镇
330703108000	赤松镇
330703200000	源东乡
330723000000	武义县
330723001000	白洋街道
330723002000	壶山街道
330723003000	熟溪街道
330723100000	柳城畲族镇
330723101000	履坦镇
330723102000	桐琴镇
330723103000	泉溪镇
330723104000	新宅镇
330723105000	王宅镇
330723106000	桃溪镇
330723107000	茭道镇
330723200000	大田乡
330723201000	白姆乡
330723202000	俞源乡
330723203000	坦洪乡
330723204000	西联乡
330723205000	三港乡
330723206000	大溪口乡
330726000000	浦江县
330726001000	浦南街道
330726002000	仙华街道
330726003000	浦阳街道
330726101000	黄宅镇
330726102000	白马镇
330726103000	郑家坞镇
330726104000	郑宅镇
330726105000	岩头镇
330726106000	檀溪镇
330726107000	杭坪镇
330726200000	大畈乡
330726201000	中余乡
330726202000	前吴乡
330726203000	花桥乡
330726204000	虞宅乡
330727000000	磐安县
330727100000	安文镇
330727101000	新渥镇
330727102000	尖山镇
330727103000	仁川镇
330727104000	大盘镇
330727105000	方前镇
330727106000	玉山镇
330727107000	尚湖镇
330727108000	冷水镇
330727200000	深泽乡
330727201000	双峰乡
330727203000	双溪乡
330727205000	窈川乡
330727206000	盘峰乡
330727207000	高二乡
330727208000	维新乡
330727209000	胡宅乡
330727210000	万苍乡
330727211000	九和乡
330781000000	兰溪市
330781001000	兰江街道
330781002000	云山街道
330781004000	永昌街道
330781005000	赤溪街道
330781006000	女埠街道
330781007000	上华街道
330781102000	游埠镇
330781104000	诸葛镇
330781106000	黄店镇
330781108000	香溪镇
330781109000	马涧镇
330781111000	梅江镇
330781112000	横溪镇
330781200000	灵洞乡
330781203000	水亭畲族乡
330781209000	柏社乡
330782000000	义乌市
330782001000	稠城街道
330782002000	江东街道
330782003000	稠江街道
330782004000	北苑街道
330782005000	后宅街道
330782006000	城西街道
330782007000	廿三里街道
330782100000	佛堂镇
330782101000	赤岸镇
330782102000	义亭镇
330782104000	上溪镇
330782105000	苏溪镇
330782106000	大陈镇
330783000000	东阳市
330783001000	吴宁街道
330783003000	南市街道
330783004000	白云街道
330783005000	江北街道
330783006000	城东街道
330783007000	六石街道
330783106000	巍山镇
330783107000	虎鹿镇
330783108000	歌山镇
330783109000	佐村镇
330783110000	东阳江镇
330783112000	湖溪镇
330783114000	马宅镇
330783116000	千祥镇
330783118000	南马镇
330783122000	画水镇
330783123000	横店镇
330783201000	三单乡
330784000000	永康市
330784001000	东城街道
330784002000	西城街道
330784003000	江南街道
330784105000	石柱镇
330784106000	前仓镇
330784107000	舟山镇
330784108000	古山镇
330784109000	方岩镇
330784110000	龙山镇
330784111000	西溪镇
330784112000	象珠镇
330784113000	唐先镇
330784114000	花街镇
330784115000	芝英镇
330800000000	衢州市
330801000000	市辖区
330802000000	柯城区
330802005000	新新街道
330802006000	府山街道
330802007000	荷花街道
330802008000	信安街道
330802009000	白云街道
330802010000	双港街道
330802011000	花园街道
330802100000	石梁镇
330802101000	航埠镇

330802205000	黄家乡	330822213000	大桥头乡	330881102000	四都镇	330903105000	东极镇
330802209000	七里乡	330822219000	新昌乡	330881104000	清湖镇	330903106000	普陀山镇
330802210000	九华乡	330822221000	东案乡	330881105000	坛石镇	330921000000	岱山县
330802211000	沟溪乡	330824000000	开化县	330881106000	大桥镇	330921100000	高亭镇
330802212000	华墅乡	330824106000	桐村镇	330881109000	新塘边镇	330921101000	东沙镇
330802213000	姜家山乡	330824107000	杨林镇	330881112000	廿八都镇	330921102000	岱东镇
330802214000	万田乡	330824108000	苏庄镇	330881113000	长台镇	330921103000	岱西镇
330802215000	石室乡	330824109000	齐溪镇	330881116000	上余镇	330921105000	长涂镇
330803000000	衢江区	330824110000	城关镇	330881118000	凤林镇	330921106000	衢山镇
330803001000	樟潭街道	330824111000	华埠镇	330881119000	峡口镇	330921200000	秀山乡
330803002000	浮石街道	330824112000	马金镇	330881120000	石门镇	330922000000	嵊泗县
330803100000	上方镇	330824113000	村头镇	330881121000	贺村镇	330922100000	菜园镇
330803101000	峡川镇	330824114000	池淮镇	330881201000	大陈乡	330922101000	嵊山镇
330803103000	莲花镇	330824202000	中村乡	330881203000	碗窑乡	330922102000	洋山镇
330803109000	全旺镇	330824205000	长虹乡	330881207000	保安乡	330922200000	五龙乡
330803110000	大洲镇	330824206000	张湾乡	330881211000	双溪口乡	330922201000	黄龙乡
330803111000	后溪镇	330824208000	何田乡	330881212000	张村乡	330922202000	枸杞乡
330803112000	廿里镇	330824209000	塘坞乡	330881213000	塘源口乡	330922203000	花鸟乡
330803113000	湖南镇	330824216000	林山乡	330900000000	舟山市	331000000000	台州市
330803114000	高家镇	330824217000	音坑乡	330901000000	市辖区	331001000000	市辖区
330803115000	杜泽镇	330824218000	大溪边乡	330902000000	定海区	331002000000	椒江区
330803200000	灰坪乡	330824219000	金村乡	330902002000	昌国街道	331002001000	海门街道
330803202000	太真乡	330825000000	龙游县	330902003000	环南街道	331002002000	白云街道
330803203000	双桥乡	330825001000	龙洲街道	330902004000	城东街道	331002003000	葭沚街道
330803206000	周家乡	330825002000	东华街道	330902005000	盐仓街道	331002004000	洪家街道
330803207000	云溪乡	330825101000	湖镇镇	330902006000	临城街道	331002005000	三甲街道
330803213000	举村乡	330825102000	小南海镇	330902007000	岑港街道	331002006000	下陈街道
330803218000	岭洋乡	330825106000	詹家镇	330902008000	马岙街道	331002007000	前所街道
330803219000	黄坛口乡	330825109000	溪口镇	330902009000	双桥街道	331002008000	章安街道
330822000000	常山县	330825110000	横山镇	330902010000	小沙街道	331002101000	大陈镇
330822001000	天马街道	330825111000	塔石镇	330902100000	金塘镇	331002400000	椒江农场
330822002000	紫港街道	330825201000	罗家乡	330902104000	白泉镇	331002401000	滨海工业区
330822003000	金川街道	330825203000	庙下乡	330902105000	干览镇	331002402000	月湖新城
330822104000	白石镇	330825207000	石佛乡	330903000000	普陀区	331003000000	黄岩区
330822108000	招贤镇	330825209000	社阳乡	330903001000	沈家门街道	331003001000	东城街道
330822109000	青石镇	330825211000	大街乡	330903003000	东港街道	331003002000	南城街道
330822111000	球川镇	330825212000	沐尘畲族乡	330903004000	朱家尖街道	331003003000	西城街道
330822115000	辉埠镇	330825213000	模环乡	330903005000	展茅街道	331003004000	北城街道
330822116000	芳村镇	330881000000	江山市	330903100000	六横镇	331003005000	新前街道
330822200000	何家乡	330881001000	双塔街道	330903102000	虾峙镇	331003006000	澄江街道
330822211000	同弓乡	330881002000	虎山街道	330903104000	桃花镇	331003007000	江口街道

331003008000　高桥街道
331003101000　宁溪镇
331003102000　北洋镇
331003103000　头陀镇
331003107000　院桥镇
331003108000　沙埠镇
331003200000　屿头乡
331003201000　上郑乡
331003202000　富山乡
331003203000　茅畲乡
331003204000　上垟乡
331003205000　平田乡
331004000000　路桥区
331004001000　路南街道
331004002000　路桥街道
331004003000　路北街道
331004004000　螺洋街道
331004005000　桐屿街道
331004006000　峰江街道
331004103000　新桥镇
331004104000　横街镇
331004106000　金清镇
331004107000　蓬街镇
331004400000　滨海工业城
331004401000　滨海新区
331021000000　玉环县
331021001000　玉城街道
331021002000　坎门街道
331021003000　大麦屿街道
331021101000　清港镇
331021102000　楚门镇
331021103000　干江镇
331021105000　沙门镇
331021106000　芦浦镇
331021200000　龙溪乡
331021201000　鸡山乡
331021202000　海山乡
331022000000　三门县
331022100000　海游镇
331022101000　沙柳镇
331022102000　珠岙镇
331022103000　亭旁镇
331022104000　六敖镇
331022105000　健跳镇
331022106000　横渡镇
331022107000　浬浦镇
331022108000　花桥镇
331022109000　小雄镇
331022200000　高枧乡
331022203000　沿赤乡
331022204000　泗淋乡
331022205000　蛇蟠乡
331023000000　天台县
331023001000　赤城街道
331023002000　始丰街道
331023003000　福溪街道
331023101000　白鹤镇
331023102000　石梁镇
331023104000　街头镇
331023105000　平桥镇
331023106000　坦头镇
331023107000　三合镇
331023108000　洪畴镇
331023200000　三州乡
331023203000　龙溪乡
331023204000　雷峰乡
331023207000　南屏乡
331023209000　泳溪乡
331024000000　仙居县
331024001000　安洲街道
331024002000　南峰街道
331024003000　福应街道
331024101000　横溪镇
331024102000　埠头镇
331024103000　白塔镇
331024104000　田市镇
331024105000　官路镇
331024106000　下各镇
331024107000　朱溪镇
331024200000　安岭乡
331024201000　溪港乡
331024202000　湫山乡
331024203000　淡竹乡
331024204000　皤滩乡
331024205000　上张乡
331024206000　步路乡
331024207000　广度乡
331024209000　大战乡
331024210000　双庙乡
331081000000　温岭市
331081001000　太平街道
331081002000　城东街道
331081003000　城西街道
331081004000　城北街道
331081005000　横峰街道
331081100000　泽国镇
331081101000　大溪镇
331081102000　松门镇
331081103000　箬横镇
331081104000　新河镇
331081105000　石塘镇
331081106000　滨海镇
331081107000　温峤镇
331081108000　城南镇
331081109000　石桥头镇
331081110000　坞根镇
331081400000　东部新区
331082000000　临海市
331082001000　古城街道
331082002000　大洋街道
331082003000　江南街道
331082004000　大田街道
331082005000　邵家渡街道
331082100000　汛桥镇
331082101000　东塍镇
331082103000　汇溪镇
331082104000　小芝镇
331082105000　河头镇
331082106000　白水洋镇
331082107000　括苍镇
331082108000　永丰镇
331082109000　尤溪镇
331082110000　涌泉镇
331082111000　沿江镇
331082112000　杜桥镇
331082113000　上盘镇
331082114000　桃渚镇
331100000000　丽水市
331101000000　市辖区
331102000000　莲都区
331102001000　紫金街道
331102002000　岩泉街道
331102003000　万象街道
331102004000　白云街道
331102005000　水阁街道
331102006000　富岭街道
331102007000　联城街道
331102100000　碧湖镇
331102102000　大港头镇
331102103000　老竹畲族镇
331102104000　雅溪镇
331102200000　太平乡
331102201000　仙渡乡
331102202000　峰源乡
331102204000　丽新畲族乡
331102206000　黄村乡
331121000000　青田县
331121001000　鹤城街道
331121002000　瓯南街道
331121003000　油竹街道
331121101000　温溪镇
331121102000　东源镇
331121103000　高湖镇
331121104000　船寮镇
331121105000　海口镇
331121106000　腊口镇
331121107000　北山镇
331121108000　山口镇
331121109000　仁庄镇
331121200000　万山乡
331121201000　黄垟乡
331121202000　季宅乡
331121203000　高市乡
331121204000　海溪乡

331121205000 章村乡
331121206000 祯旺乡
331121207000 祯埠乡
331121208000 舒桥乡
331121209000 巨浦乡
331121211000 万阜乡
331121212000 方山乡
331121213000 汤垟乡
331121214000 贵岙乡
331121215000 小舟山乡
331121216000 吴坑乡
331121217000 仁宫乡
331121218000 章旦乡
331121219000 阜山乡
331121220000 石溪乡
331122000000 缙云县
331122001000 五云街道
331122002000 新碧街道
331122003000 仙都街道
331122101000 壶镇镇
331122102000 新建镇
331122103000 舒洪镇
331122105000 大洋镇
331122106000 东渡镇
331122107000 东方镇
331122108000 大源镇
331122203000 七里乡
331122206000 前路乡
331122207000 三溪乡
331122208000 溶江乡
331122209000 双溪口乡
331122210000 胡源乡
331122211000 方溪乡
331122212000 石笕乡
331123000000 遂昌县
331123001000 妙高街道
331123002000 云峰街道
331123102000 新路湾镇
331123103000 北界镇
331123104000 金竹镇
331123105000 大柘镇
331123106000 石练镇
331123107000 王村口镇
331123108000 黄沙腰镇
331123200000 三仁畲族乡
331123201000 濂竹乡
331123202000 应村乡
331123203000 高坪乡
331123204000 湖山乡
331123205000 蔡源乡
331123206000 焦滩乡
331123207000 龙洋乡
331123208000 柘岱口乡
331123209000 西畈乡
331123210000 垵口乡
331124000000 松阳县
331124001000 西屏街道
331124002000 水南街道
331124003000 望松街道
331124101000 古市镇
331124102000 玉岩镇
331124103000 象溪镇
331124104000 大东坝镇
331124105000 新兴镇
331124201000 叶村乡
331124202000 斋坛乡
331124203000 三都乡
331124204000 竹源乡
331124205000 四都乡
331124206000 赤寿乡
331124208000 樟溪乡
331124211000 枫坪乡
331124212000 板桥畲族乡
331124213000 裕溪乡
331124214000 安民乡
331125000000 云和县
331125001000 浮云街道
331125002000 元和街道
331125003000 白龙山街道
331125004000 凤凰山街道
331125105000 崇头镇
331125106000 石塘镇
331125107000 紧水滩镇
331125201000 雾溪畲族乡
331125202000 安溪畲族乡
331125206000 赤石乡
331126000000 庆元县
331126001000 松源街道
331126002000 濛洲街道
331126003000 屏都街道
331126101000 黄田镇
331126102000 竹口镇
331126104000 荷地镇
331126105000 左溪镇
331126106000 贤良镇
331126107000 百山祖镇
331126200000 岭头乡
331126201000 五大堡乡
331126202000 淤上乡
331126203000 安南乡
331126204000 张村乡
331126205000 隆宫乡
331126206000 举水乡
331126207000 江根乡
331126209000 龙溪乡
331126211000 官塘乡
331127000000 景宁畲族自治县
331127001000 红星街道
331127002000 鹤溪街道
331127101000 渤海镇
331127102000 东坑镇
331127103000 英川镇
331127104000 沙湾镇
331127201000 大均乡
331127202000 澄照乡
331127203000 梅岐乡
331127205000 郑坑乡
331127208000 大漈乡
331127209000 景南乡
331127210000 雁溪乡
331127212000 鸬鹚乡
331127213000 梧桐乡
331127214000 标溪乡
331127215000 毛垟乡
331127216000 秋炉乡
331127217000 大地乡
331127218000 家地乡
331127219000 九龙乡
331181000000 龙泉市
331181001000 龙渊街道
331181002000 西街街道
331181003000 剑池街道
331181004000 石达石街道
331181100000 八都镇
331181101000 上垟镇
331181102000 小梅镇
331181103000 查田镇
331181104000 安仁镇
331181105000 锦溪镇
331181106000 住龙镇
331181107000 屏南镇
331181200000 兰巨乡
331181202000 宝溪乡
331181203000 竹垟畲族乡
331181204000 道太乡
331181205000 岩樟乡
331181206000 城北乡
331181207000 龙南乡

浙/江/统/计/年/鉴

主要统计指标解释

■ 消费者信心指数(Consumer Confidence Index,CCI)

是反映消费者信心强弱的指标,是综合反映并量化消费者对当前经济形势评价和对经济前景、收入水平、收入预期以及消费心理状态的主观感受,是预测经济走势和消费趋向的一个先行指标,是监测经济周期变化不可缺少的依据。消费者信心指数的取值均在“0-200”之间。“0”表示“极端悲观”,200表示“极端乐观”,“100”为“乐观”和“悲观”的临界值。当信心指数大于100时,表明消费者趋于乐观,越接近200乐观程度越高;小于100时,表明消费者趋于悲观,越接近0悲观程度越深。

■ 就业信心指数

是反映消费者对当前和未来6个月就业形势信心强弱的指标,是消费者信心指数的重要组成部分。就业信心指数由就业信心满意指数和就业信心预期指数加权平均取得。就业信心指数的取值均在“0-200”之间。“0”表示“极端悲观”,200表示“极端乐观”,“100”为“乐观”和“悲观”的临界值。当信心指数大于100时,表明消费者趋于乐观,越接近200乐观程度越高;小于100时,表明消费者趋于悲观,越接近0悲观程度越深。

■ 收入信心指数

是反映消费者对当前和未来6个月家庭收入情况信心强弱的指标,是消费者信心指数的重要组成部分。收入信心指数由收入信心满意指数和收入信心预期指数加权平均取得。收入信心指数的取值均在“0-200”之间。“0”表示“极端悲观”,200表示“极端乐观”,“100”为“乐观”和“悲观”的临界值。当信心指数大于100时,表明消费者趋于乐观,越接近200乐观程度越高;小于100时,表明消费者趋于悲观,越接近0悲观程度越深。

■ 总产出

是我省常住单位在一定时期内生产的所有货物和服务的价值,既包括新增价值,也包括转移价值。它反映常住单位生产活动的总规划。总产出按生产者价格计算。常住单位是指在我国的经济领土内具有经济利益中心的单位。

■ 中间使用

指常住单位在本期生产活动中消耗和使用的非固定资产货物和服务的价值,其中包括国内生产和国外进口的各类货物和服务的价值。

■ 最终使用

指已退出或暂时退出本期生产活动而为最终需求所提供的货物和服务。

■ 总投入

指一定时期内我省常住单位进行生产活动所投入的总费用。

■ 中间投入

指常住单位在生产或提供货物和服务过程中,消耗和使用的所有非固定资产货物和服务的价值。

■ 增加值

指常住单位生产过程创造的新增价值和固定资产的转移价值。它包括固定资产折旧、劳动者报酬、生产税净额和营业盈余。

■ 直接消耗系数

也称为投入系数,记为 $a_{ij}(i,j=1,2,\cdots,n)$,它是指在生产经营过程中第j部门(或产品)的单位总产出所直接消耗的第i部门(或产品)的数量。直接消耗系数的计算主法为:用第j部门的总投入 X_j 去除该部门生产经营中所直接消耗的第i部门的货换或服务的数量 χ_{ij},用公式表示为:

$$a_{ij}=\frac{\chi_{ij}}{X_j}\qquad(i,j=1,2,\cdots,n)$$

■ 完全消耗系数

通常记为 b_{ij},它是指第j部门每提供一个单位最终使用时,对第i部门货物或服务的直接消耗和间接消耗之和。利用直接消耗系数矩阵A计算完全消耗系数矩阵B的公式为:

$$B=(I-A)^{-1}-I$$

中国统计出版社最新图书简目

（仅供参考，以实际出版为准）

统计资料

中国统计年鉴　中国统计摘要　中国发展报告
中国经济普查年鉴2013　国际统计年鉴　金砖国家联合统计手册
中国-东盟国家统计手册　中国区域经济统计年鉴　中国县域统计年鉴
中国城市统计年鉴　中国农村统计年鉴　中国地区经济监测报告
中国贸易外经统计年鉴　中国对外直接投资统计公报　中国商品交易市场统计年鉴
大中型批发零售和住宿餐饮企业统计年鉴　中国零售和餐饮连锁企业统计年鉴　中国住户调查年鉴
中国价格统计年鉴　中国农产品价格调查年鉴　全国农产品成本收益资料汇编
中国环境统计年鉴　中国能源统计年鉴　国外资源、能源和环境统计资料汇编
中国工业统计年鉴　中国建筑业统计年鉴　中国房地产统计年鉴
中国城市建设统计年鉴　中国城乡建设统计年鉴　中国第三产业统计年鉴
中国证券期货统计年鉴　中国科技统计年鉴　中国高技术产业统计年鉴
工业企业科技活动资料　中国劳动统计年鉴　中国人口和就业统计年鉴
中国人才资源统计报告　中国社会统计年鉴　中国文化及相关产业统计年鉴
文化及相关产业统计概览　中国教育经费统计年鉴　中国民政统计年鉴
中国民族统计年鉴　中国工会统计年鉴　中国残疾人事业统计年鉴
中国妇女儿童状况统计资料（英）　中国乡镇街道行政区域简册

省级综合统计年鉴系列

北京 天津 河北 山西 内蒙古 辽宁 吉林 黑龙江 上海 江苏 浙江 安徽 福建 江西 山东 河南 湖北 湖南 广东 广西 海南 重庆 四川 贵州 云南 西藏 陕西 甘肃 青海 宁夏 新疆 新疆生产建设兵团

市(县)级综合统计年鉴系列

天津滨海新区 石家庄 唐山 邯郸 保定 沧州 邢台 廊坊 承德 衡水 秦皇岛 张家口 太原 大同 阳泉 长治 晋城 朔州 晋中 运城 忻州 临汾 呼和浩特 呼和浩特新城区 鄂尔多斯 包头 沈阳 大连 长春 四平 哈尔滨 齐齐哈尔 黑龙江垦区 上海浦东新区 南京 无锡 徐州 常州 苏州 南通 连云港 淮安 盐城 扬州 镇江 泰州 宿迁 江阴 丹阳 杭州 宁波 温州 嘉兴 绍兴 金华 衢州 舟山 台州 丽水 合肥 安庆 马鞍山 福州 厦门 宁德 南昌 九江 上饶 新余 抚州 济南 青岛 枣庄 滕州 郑州 洛阳 平顶山 三门峡 南阳 商丘 济源 武汉 十堰 荆州 宜昌 荆门 咸宁 长沙 广州 深圳 惠州 东莞 南宁 柳州 桂林 来宾 海口 三亚 成都 贵阳 昆明 西安 兰州 庆阳 银川 乌鲁木齐 兵团一师 兵团十师

调查年鉴系列

天津 山西 内蒙古 辽宁 吉林 上海　福建 河南 湖北 湖南 广西 重庆　四川 云南 甘肃 宁夏 新疆

“十二五”规划教材

统计学（经济管理类专业本科适用，单薇 等）　抽样调查理论与方法（冯士雍 等）
贝叶斯统计（茆诗松 等）　统计学（黄良文 等）　试验设计（茆诗松 等）
统计学：从数据到结论（吴喜之）　医学统计学（于浩）　统计学（经济、管理类专业基础教材，张小斐）
概率论与数理统计三十三讲（魏振军）　概率论与数理统计三十三：学习指导与习题解答（魏振军）
非参数统计（吴喜之 等）　统计学：经济与管理中的数据分析（李慧云 等）
卫生管理统计学（新编医学院校基础课教材，尚磊）　医院统计学（新编医学院校基础课教材，徐天和 等）
社会统计学（蒋萍 等）　现代金融投资统计分析（李腊生 等）
国民经济核算初级教程（经济类、统计类、管理类专业适用，蒋萍 等）

重点图书

图解中国经济2015　新编英汉汉英统计大词典　中华医学统计百科全书
挑大学选专业2016—考研择校指南　挑大学选专业2015—高考志愿填报指南